HIROHITO

AND THE MAKING OF MODERN JAPAN

真相

裕仁天皇与现代日本的形成

[美] 赫伯特 · 比克斯（Herbert P. Bix）◎著

孙盛萍 王丽萍◎译

新 华 出 版 社

图书在版编目（CIP）数据

真相：裕仁天皇与现代日本的形成 /（美）赫伯特·比克斯著；
孙盛萍，王丽萍译. -- 北京：新华出版社，2019.10
书名原文：Hirohito and the Making of Modern Japan
ISBN 978-7-5166-4953-4
Ⅰ.①真… Ⅱ.①赫… ②孙… ③王… Ⅲ.①裕仁（1901–1989）—人物研究
②侵略战争—研究—日本—现代 Ⅳ.①K833.137=5 ②K313.46
中国版本图书馆CIP数据核字（2019）第269330号

著作权合同登记号：01-2018-8420

真相：裕仁天皇与现代日本的形成
作　者：（美）赫伯特·比克斯　　　译　者：孙盛萍　王丽萍

责任编辑：高映霞　　　封面设计：李尘工作室
选题策划：黄绪国　　　责任校对：刘保利

出版发行：新华出版社
地　址：北京石景山区京原路8号　　　邮　编：100040
网　址：http://www.xinhuapub.com
经　销：新华书店、新华出版社天猫旗舰店、京东旗舰店及各大网店
购书热线：010－63077122　　　中国新闻书店购书热线：010－63072012

照　排：六合方圆
印　刷：北京市文林印务有限公司
成品尺寸：170mm×240mm
印　张：31　　　字　数：530千字
版　次：2020年4月第三版　　　印　次：2020年4月第一次印刷
书　号：ISBN 978-7-5166-4953-4
定　价：69.00元

谨以此书献给妻子敏枝，

孙子玛丽、伊萨姆、丽丽，

以及未来的子孙们。

目 录
CONTENTS

目 录

CONTENTS

译者说明

一、本书为美国哈伯·科林斯公司2016年出版的 *Hirohito and the Making of Modern Japan* 的中译本。

二、本书中（）内为原作者注释。译者的补充注释标注“译者注”。

三、为了忠实传达史料，对原著中引用的日文，采取了直接从日文原始资料翻译的方法。

四、出于忠实原著和史料原貌的考虑，对于原著和所引日文资料中与中国有关的人名、地名、官职、图表等，一部分采用了旧称。特别是日文资料中的“支那”“满洲国”等有悖中国历史、有损中国人民感情的歧视性表述，出于同样考虑，亦维持了原状。

五、对原著中固有名词、时间、人数、地点等事实性错误，征得作者同意，直接予以修订，未加译者勘误说明。

六、征得日文版译者的同意，在翻译日文资料和对原著的事实订正方面参考了日文版。

致中国读者

《真相：裕仁天皇与现代日本的形成》一书聚焦于日本一位不同寻常的政治领袖的性格、行为和思考方式，目的是更好地解读20世纪的日本社会和政治。全书关注的中心在于昭和天皇是如何在近臣的帮助下为自己开创了一方政治空间，并从此（在这片空间里）逐渐成为一股独立的政治力量，在决策过程中行使了领导者的权力。他不仅在统治的前20年里，在日本人的生活中扮演了最为重要的公众角色，而且，作为一个在幕后操纵局势的首脑，当形势危急的时候，他往往倾向于服从军部所主张的政策导向。这与明治天皇的亲英美路线完全背道而驰，而这位祖先对裕仁的个性有着极大的影响。

这部批判性传记的三角结构还凸显了另一个重要主题。在这里，我们需要从三种交叉的路径来了解这位天皇。他是一个很有特性的存在——身处一个复杂精细、等级鲜明、协调一致的决策系统的中心，掌控着真正的权力。他代表了一个有着自己的目的论和独特的正统化模式的官僚政治制度，这种制度在战时条件下发生了转化。同时，他又体现、表达并鼓励了一整套美化20世纪30—40年代初侵略战争的思想言论，他统治的每一个阶段都遏制了日本民众民主主义思潮的发展。

具有讽刺意味的是，日本统治集团对君主政体在裕仁的父亲——1912年登基、患有慢性病的大正天皇统治下的延续问题的担忧，影响了对裕仁的培养和教育。书中的第一部分和第二部分主要讲述了对裕仁的教育，以及他如何演变成一位精悍活跃的天皇。这一部分的探讨为下一步的考证奠定了基础。第三部分记述了在秘密状态和无责任体系背景下，寡头政治有关战争的决策是如何做出的。书中至关重要的、关于战争的章节揭露了天皇作为一个机会主义者，缺乏清晰的道德原则这一史实，这些道德原则本来是有可能将他与日本社会中支持侵略的力量区别开来的。对于中国读者来说，这些章节中提及的许多问题都有着意义深远的重要启示。其中包括日本对皇权及其占有者虔诚的崇拜；东京方面以“自卫”名义发动的日本对满洲单方面的接管；日中战争中，日本违反战时国际法的行为；还有依然充满争论的南京大屠杀——关于这一事件，至今找不到能证明天皇曾就此开展过任何调查活动的公开线索。第三部分还论及了日本向南推进过程中日本海军的政策，在1939年初日本帝国海军占领了中国南海的海南岛之后，这个政策直接导致了珍珠港战争的爆发，并将日本的亚洲太平洋战争带入最后阶段。

总而言之，本书激发读者去正视战争是如何被正当化的，日本国家首脑及其近臣们的历史是如何被篡改的问题。在阐述这个问题时，我希望将裕仁作为一名特别的战争领导人而对其进行重新评价。书中还论述了亚太战争的起源和日本帝国主义的本质，以及由日本和美国官方共同编造的有关日本帝国主义终结的神话。1945年日本战败以及美国军事占领日本后，裕仁的继续在位，为他日后持续以不同方式对日本的民主政治施加影响提供了可能，而其影响后来被证明是有害的。

在本书的第四部分，我再次将笔锋探入裕仁的思想，描述了亚太战争和美国占领之后昭和天皇与日本民众之间关系发生的变化。我对裕仁行使最高统帅权所应附带的责任提出了质疑，阐明了（在美国人的帮助下）他是怎样逃脱了作为国家元首和最高统帅所应承担的全部法律、政治和道德责任的。

本书的意义在于超越了过去的研究，值得引起当今社会的关注，尤其是持有如下观点的人们的关注——认为国际秩序不应建立在寻求霸权之上，应该承认所有国家在形式上一律平等；大国不应无视国际共同体的存在而发动先发制人的战争。

20世纪90年代及21世纪初的“人道主义”战争和军事干预，使许多国家中存在的国家无责任制度和实践成为新的突出问题，这其中也包括了那些对外夸耀本国民主文化的国家。这种战争有可能使政治家们将其国家和民族主义引向极端，并使他们免于承担后果。在此背景下，我们就不能忘记过去的战争或将其“正常化”。日本曾经有过的典型的无责任体系既是我们借鉴过去历史考察当今问题的理由，同时也在提示我们，不触及昭和天皇，日本的过去就得不到充分的研究。

我希望本书的中文版能对读者更好地了解中日关系史中那段不幸的时期有所助益。

日本一桥大学的博士生、活跃的新闻记者王丽萍和哈尔滨工业大学的孙盛萍承担了本书艰巨的翻译工作。感谢她们付出的巨大努力，也感谢新华出版社对本书中文版的出版发行。

赫伯特·P. 比克斯

致　谢

首先我要感谢我的夫人敏枝，我将此书献给她。正是她不辞辛苦地工作，才使我得以处理大量的资料，文章中一些见解的表达也得益于此。

我要特别感谢居于清静的弗吉尼亚州米尔保罗谢南多亚溪谷的山姆·希尔曼，他是一位艺术家，曾经还是编辑，他对全书的原稿进行了详尽的评论。他不但完善了每一章节的流畅性，而且成为我思想观点的丰富源泉，他是一位敏锐的评论家，也是我的挚友。我非常感激他为本书的充盈所做的贡献。哈伯·科林斯出版公司的蒂姆·达根是一位出色的编辑。他的批评深刻透彻，他本人在各方面都对本书表现出了耐心和支持，对他，我由衷地表示感谢。我还要特别感谢哈伯·科林斯出版公司的苏珊·卢埃林，她对全文所进行的审稿工作是非常出色的。自始至终，我的组稿人苏珊·雷宾尼都给予了本书全面的支持。

约翰·道尔为本书提出了明智的建议，他还对关于战争的两个章节的早期文本做出了宝贵的评论。二十多年前，我访问英国的设菲尔德，老友中村正则送给我一本他关于战后日本君主制的书。大约同一时期，居于设菲尔德的格伦·胡克送给我一本《昭和天皇〈独白录〉》。这两本书促使我开始了本书的写作。在我调查研究和写作的初期阶段，大卫·斯温为我提供了重要的反馈意见。马丁·舍温对原稿的早期文本进行了深刻敏锐的评论，而多年来一直毫无保留给予我帮助的马克·塞尔登则对最后一章做出了评论。对上述各位以及对本书做出评价的费罗兹·阿迈、布莱恩·维多利亚、埃德·弗里得曼和乔恩·哈利迪，本人深表感谢。诺姆·乔姆斯基为改进书中战争临近部分提出了见解深刻的建议。在安德鲁·戈登的帮助下，我得以重新回到哈佛大学执教一年。

我还要感谢哈佛燕京研究所图书馆和一桥大学图书馆，为我提供了调查研究的园地。感谢埃利·克莱阅读了第七章初期的草稿；感谢乔纳森·德雷斯纳和克里斯蒂娜·金对本人多次向哈佛图书馆请求资料所做出的回复。还有菊池伸辉，他娴熟的计算机技术以及参加我关于昭和君主制的讲义对我助益良多。

美日教育委员会研究基金（富布莱特计划）的资助使我得以于1992年在东京的一桥大学开始本书的写作计划。在那里，我遇到了吉田裕和渡边治，他们两人就现代君主制的变化问题撰写过大量杰出的著作。他们论述了自己对裕仁天皇的见解，并向我讲述了他们对现代日本的军事、政治和宪法历史的深邃认识。多年来，他们解答了我的各种问题，对我的帮助一直都是富有理解力和慷慨无私的。在另一位对我至关重要的老友粟屋宪太郎的帮助下，我得以接触关于东京审判的资料，而他也是我思想的源泉，给我提了大量的建议。如果没有他们，我可以肯定地说，这本书的分量会减轻很多，我也会忽略许多重要的日本原始资料。20世纪90年代末，我成为一桥大学社会学研究生院的一名教师，在这个非常理想的环境中完成了调研工作和对原稿的最终改写。

我还要对冈部牧夫和山田朗致以深深的谢意，他们与我分享了研究资料并和我一道探讨问题。此外，许多杰出历史学家的大量著作帮助我理解了裕仁的生活，但我还是要特别提及田中伸尚和藤原彰以及田中宏巳，后者帮助我获得了还未出版的奈良武次将军的自传资料。感谢赤川博明对我的支持及其所提供的资料。

在我从事写作的十年里，我的岳父渡边重明向我讲述了昭和早期的往事。吉田了子夫人也配合我的工作，不间断地为我提供了日语资料。

第十三章的某些部分源自我的论文《日本延误的投降——再解释的尝试》，此文发表于《外交史》（*Diplomatic History*）（1995年）；第十四章和第十六章的一些段落取自论文《日本象征天皇制的创造》，此文发表于《日本研究期刊》（*Journal of Japanese Studies*）（1995年）。感谢两期刊允许我使用其中的资料。

序　章

1946年冬末，来自日本国内外的压力不断增大，45岁的裕仁天皇将面临作为战犯被起诉的局面。1941年，他任命东条英机为总理大臣，随后又向美国和英国宣战，如果裕仁天皇被起诉，他将因此而受到审判。接下来等待他的将是法庭宣誓后的提问，比如他是何时得知珍珠港偷袭计划的、他在御前会议上所起的作用、战俘待遇等。一旦无法证明裕仁天皇是清白的，他将遭受某种形式的惩罚，对他来说，这是一种耻辱。皇室成员中有人劝他退位，以逃避政治责任，维护天皇制；一些自由主义知识分子也公开要求他退位，以期为国民树立一个道德典范。

与此同时，新宪法草案刚刚完成，这部由占领了他的国家的美国占领者设计的新宪法草案，既保留了君主政体又剥夺了君主的一切政治权力。国会准备开始就新宪法及裕仁被削弱的地位问题展开讨论。①为了达到占领目的，他的美国保护者们希望继续利用他，但他们也意识到压在裕仁头上的证据的分量，因此，他们需要了解裕仁本人对战败的看法，因为战争是以他的名义进行的。他们特别希望他能解释一下，既然他有足够的力量让他的国家在战争结束时投降，为什么没有同样有力地在战争开始的时候阻止它，以使百万生灵免遭涂炭。

要避开所有这些对他的皇位以及个人的威胁，裕仁得准备一份说辞，对他作为日本国最高元首在这20年的行为做出解释。这份说辞要能帮他抵挡那些指控——也许他永远也不会去面对但又未必能躲得过的指控。由于他的自我辩白将把战争和战败的责任归因于他最忠诚的某些大臣身上，所以他必须秘密地准备。这些事情在当时一旦曝光，维系裕仁与日本国民本已很脆弱的精神纽带将会断裂。随之，他对道格拉斯·麦克阿瑟而言也就不再有什么用处。②

1946年3月8日上午10点30分，一个寒冷的星期天早晨，皇宫中钢筋混凝土掩体里的裕仁办公室。裕仁自太平洋战争伊始就住在那里。这天，他虽然感冒了，可还

---

① 关于战败带来的君主危机，使裕仁最感不安的是不久之后出现的有关意大利普选的新闻报道。该选举将决定日本的旧同盟者、法西斯主义支持者意大利国王维托里奥·埃马努埃莱三世的命运，同时也是一次决定是否成为共和国的民意测验。参照《朝日新闻》1946年3月15日、《每日新闻》3月21日开始至6月2日意大利全国选举决定废除君主制、采用共和制为止的报道。

② 东野真《昭和天皇的两个〈独白录〉》，日本放送出版协会，1998年，158页。

是召集了最信任的五个近臣。近臣们将要听他回忆他在位期间发生过的大事。走进他的办公室，近臣们看到裕仁靠在一张西式的单人床上，这张床是临时搬进他书房的。在床脚，已为近臣们准备了几个座位。天皇身着亮白缎睡衣，枕头和织绣精美的被子也是纯白纺绸的。在神道宗教里，天皇是最高宗师，这种衣着象征着宗教仪式的纯洁，而非忏悔。近臣们落座后，开始提问一些事先拟好的问题，其中有些问题是麦克阿瑟将军的军事秘书暗示给他们的。他们听裕仁口述他的回答，宫内省内记部长稻田周一做了笔录。后来，稻田在他的笔记中写道："人们可能要问，为什么要在那种时刻仓促地听取天皇的解释？那段时间，在战犯审判问题上，有人提出陛下的责任，因此，有必要马上把天皇真实的想法记录下来。"①

很快，一份概要由天皇的一个近臣交给了麦克阿瑟将军的军事秘书，概要是根据天皇那天早上的口述以及之后三周内进行的另外四次口述的内容整理的。然而这份概要没有引起任何反响，这或许是因为占领军司令部（GHQ）的美国当局者早已成为天皇最大的维护者和神话编造者的缘故。在《独白录》的日文原稿中，天皇试图传递这样一种信息，即1928年以后，除了两次特别事件——1936年的军队反叛和1945年的战败投降，他一直远离政治，避免直接干涉决策的制定。他还暗示，与美国和英国的战争是无法避免的，尽管他个人一直反对，但他无法用他个人的影响力阻止战争。一部分原因是担心国内动乱，但主要是由于宪法的约束。"作为一个立宪政治下的立宪君主，在战争行为发生时，我不能不同意东条内阁的决定。"②

裕仁的《独白录》完成大约十天后，他与那几个近臣又用英文起草了另一份文件，概括了他为自己辩护的要点。他强调说"实际上我跟囚徒一样无力"。③那份较长的《独白录》直至1989年裕仁死后才公之于众。英文版本直到1997年才被发现并在日本公布。它把裕仁描绘成一个无助的"军国主义"的傀儡，而且篇幅上也被大幅压缩。这两份材料正是裕仁隐蔽、神秘和被误传的一生的最好象征。

作为20世纪日本历史上最复杂、最令人费解的政治人物，1926年末，裕仁开始了他的统治，时值日本与中国关系再次出现冲突的前夜。他的统治持续了62年，经

---

①《稻田周一备忘录》3月18日条，东野真，上述225页。宫内省内记部长稻田可能将所有《独白录》的最初速记都做了整理。此外，在场的还有为裕仁做GHQ联络员兼翻译的寺崎英成、宫内大臣松平庆民、侍从次长木下道雄、（宗秩寮总裁）松平康昌。

② 寺崎英成、Mariko Terasaki Miller编著《昭和天皇〈独白录〉——御用随员寺崎英成日记》，文艺春秋，1991年，136页。

③ 英语版《昭和天皇〈独白录〉》原文，东野真，上述212页。该部分原文没有标题和日期。东野真推测，根据当时的内部情况，这是日语《独白录》完成一周左右由寺崎译好，在裕仁与麦克阿瑟预定第二次会谈的4月23日（后因故取消）或在此前后，交给麦克阿瑟的军事秘书陆军准将邦纳·费勒斯的。

历了战争、战败、美国占领、冷战和日本繁荣。前20年中，从最广泛和最深层的意义上说，他是国家政治、军事和精神生活的中心，事实证明他的权力行使给他本国人民和被侵略国家人民带来了灾难。尽管他的大亚洲帝国的时间跨度不长，但影响是巨大的。他所领导的扩张行为将他的国家带入战争，并夺去了大约2000万亚洲人民的生命（据政府1945年后公布的官方估计）、310万日本人的生命以及超过6万西方盟军的性命。①

事态没有像裕仁所预想和期望的那样发展。然而，当需要他对那些事件中他所起的作用做出解释，留下真实记录时，他和他的近臣们却很不诚实坦白。他们巧妙地制作了一份文件，目的是引出他一直是一个英国式的立宪君主及和平主义者的结论。裕仁没有提及他和他的近臣们是怎样帮助军队成为一支巨大的、强有力的政治力量，并推动了军备扩张的。他故意忽视了一个事实，即他和他的近臣们曾多次妨碍对明治政治制度中更民主、更非军事化的政治程序的利用。在有关他作为一个军事领袖和国家元首所起作用的问题上，他有意捏造一些细节，混淆自己行为的动机，以及能证明行为和理论的时间。另外，在以天皇为中心的新民族主义思潮下，他是如何通过充当积极的意识形态核心的角色，来鼓励民众的好战性这一问题，他也保持了沉默。

曾负责撰写《独白录》前言部分的一个近臣说，天皇要求他只简略地写出“大东亚战争的背景原因和直接原因、战争发展和结束的过程”，这也是不真实的。裕仁也没有解释他和他的宫廷近臣们是怎样使用各种手段动摇1920年中期和后期发展起来的政党内阁体系，坚持选举了下一任总理大臣并将他们自己的国政方针强加给他。他没有说明在中国的战争是怎样发动的，没有说明在战争扩张中他的直接主导

① 第二次世界大战亚洲太平洋地区的死亡人数没有准确的统计。日本侵略造成的死伤以中国为最，可以肯定的是，中国仅死者就超过1000万人。菲律宾，根据政府正式资料，战争期间有110万人死亡。越南，起因于战争的饿死者约150—200万。印度尼西亚的死者人数，应该（可能是有意地）包含在与日本进行索赔交涉中提出的400万强制劳动的牺牲者之中，他们的主要死因也是饥饿。概算起来，有15万缅甸人、10万以上的马来西亚人和新加坡居民、20万朝鲜人和3万以上的台湾人在战争期间或者战争刚结束时死亡，其中绝大多数为非战斗人员。关于太平洋群岛，特别是所罗门群岛和新几内亚的丛林战应该有很大的牺牲，但是没有正式的死亡数字。澳大利亚死者也有将近1.8万人。被日本杀害的同盟国的士兵、市民和俘虏达6万多人。作为亚洲太平洋地区的侵略者，日本自身也有310万死者，其中近1／3为非战斗人员。与纳粹德国一样，日本的死亡人数比一些受侵略国要少得多。如上所述，亚洲遭受了空前的浩劫，欧洲的战争损害更大，特别是承受了纳粹德国一半以上战斗的苏联更是如此。参照小田部雄次、林博史、山田朗《日本的战争犯罪关键词》，雄山阁出版，1995年，54页。有关苏联的牺牲情况，参见John Erickson，“Soviet War Losses: Calculations and Controversies” in John Erickson and David Dilks, eds., Barbarossa: The Axis and the Allies, Edinburgh University Press 1994, p. 255—277.

作用，没有说明日本军在陆地和空中的所作所为。对于给他的人生以极大影响的经历和环境、他的价值观、塑造他人格和行为的思想等，裕仁也都一直缄口未提。一心要保住皇位，全然不计这样做将给别人带来的后果，在现代君主中，裕仁是最为阴险奸诈者之一。

本书致力于精确研究那些把裕仁塑造成一个君主、一个人的各种事项，以及深浅两个层面的社会观念。研究的中心将集中于亚洲—太平洋战争（1931—1945年）之前、之中以及长期的战后阶段，那些曾经塑造了裕仁及宫廷近臣们思想和行为的力量要素。本书还将探究，当裕仁处于事件中心时，他对政策制定所产生的实际作用。当然、这是一个复杂的课题，因为我关心的不仅在于由裕仁的祖父明治天皇构筑的现代神授君主制，它被用来转变日本人民的思想，使其具有军国主义及臣民价值观，使日本人民走向战争。我的关心还包括改革后的君主制，由于它被巧妙地与战争和官方记忆分离开，以至存续至今。本书追踪了宗教和世俗的天皇制对裕仁的影响，他与国家各机关的相互关系，以及裕仁在位过程中君主制的演变。最后，本书对裕仁漫长的一生进行了探究，因为在日本广泛的政界和政府—军事关系方面，没有任何一个人的影响力能与裕仁相比。他的一生可以向我们提示很多在那个刚刚过去的世纪里，日本人政治态度的转变。

这本书并不是一部正统的政治传记。裕仁不是一个社交型、外向的人，所以没有多少朋友愿意坦率地描述他。他是一个谨慎的人，有时会用一言不发代替雄辩。在公众面前，他习惯于保持暧昧的社会生活，在私生活方面也是小心谨慎，训练有素。裕仁没有留下多少能展示他思想的有他签名的文件，这使我们无从捕捉他对人生中各重大事件的反应。同他的祖父明治天皇一样，他确实也在一些仪式中写过和歌并成册出版。和歌共有860多首，多数写于1945年以后。[①]但他没有出版过回忆录，他总是通过别人传达他的想法或意图，而在日本，臣下对天皇的批判性表述是不敬也是不合适的。

他也是一个孤独的人。据说他从11岁起就开始认真地记日记。或许他确实记过。可是那份日记，被宫内厅牢牢地把握着，现在不肯，也许永远也不会让研究者们自由地接触到。这个机构正在编写裕仁统治的编年史，但编制的“前提也是不公布于众……因为它涉及有关人员的个人隐私”。[②]另外还有几个禁区，如裕仁与其家庭成员的信件、“圣谈拜听录”的各种版本、大量未公开的文件、侍者的日记等，这些资料能把裕仁的整个存在解释清楚。美国政府也没有向公众公开其所持有的有

① 田所泉《昭和天皇的和歌》，创树社，1997年，16—17页。

② 《读卖新闻》报道，在裕仁死后十周年，宫内厅已经为昭和天皇的编年史项目支出了9700万日元，1999年度也做了1274万日元的预算。

关裕仁的秘密记录。例如，裕仁与道格拉斯·麦克阿瑟将军的谈话以及美国国家档案馆中标有“裕仁”的文件。[①]

要探究裕仁的生平，了解他的行事动机，须依赖他随员中的记录官和日记作者，他们在他身边工作，因此能很好地了解他。实际上，他们已经发表了他们的记录和日记。此外，还必须依赖那些高级军官和外交官们的记述，战争时期，他们曾记录过裕仁的发言。最近，基于日本新一代学者们的努力，几百份文件、日记、回忆录得以公开，关于战时和战后的天皇的学术论文也陆续发表，这大大改变了今天日本人对天皇制的评价，使我们无论是在西方还是在日本都最终有机会去了解那些曾塑造了裕仁一生的智力性、道德性和社会性因素。尽管还有很多资料来源上的空白，可是这些新资料表明，裕仁在那个充满战争的世纪里的故事需要重新讲述了。

日本学者们的著作还让我们了解到，裕仁是多么远离日本民众。尽管他成了狂热的民族崇拜的中心，走到哪里都被人称为活着的神，然而，从这个词的世俗意义上讲，他从未“民众化”过。由于是在一个官僚政治的君主政体中执政，人们很容易认为裕仁是现代中央集权国家的一个“机关”，而且还是一个个人意志超越所有法律的存在。[②]由上所述，新的资料为我们提供了一种可能，即彻底了解裕仁是怎样具体体现了日本整个现代政治发展中逻辑的矛盾性，而这一点是其他任何日本人都做不到的。

日本现代政治的发展始于裕仁的祖父睦仁天皇，其死后被称为明治“大帝”。自1868年成为天皇后，明治天皇便成为国家现代变革的指南针。事实上，19世纪末明治确立自己的权力并且使之制度化的过程，直至1945年，一直是影响日本政治发展的决定性因素。在这个过程中，首先是宫廷与政府分离并按照欧洲君主制的模式重新组建，随后是宪法的制定。作为明治天皇1889年送给国民的“礼物”，这部宪法称天皇是一个具有完整的、神圣血统的继承人，由男性子孙继任。政府在此基础上隶属于君主制。[③]宪法将天皇定义为“神圣不可侵犯”“帝国元首”、军队的最高指挥者（大元帅）和国家所有权力的统揽者。他可以召集和解散帝国议会；发布诏书取代法律；任命和罢免国务大臣、文武长官并决定他们的收入。宪法的基本原

① 东野真，前述142页。东野认为是RG331，Box763（东野认为Box763中只有《天皇是战犯吗？》一文没有公开——日文版注释）。

② 安田浩《天皇的政治史——睦仁、嘉仁、裕仁的时代》，青木书店，1998年，277页。

③ 同时公布的皇室典范，将皇室从古代传袭下来的习惯、制度与明治时期新创的习惯、制度混为一谈。相对于议会根据宪法制定的法律，皇室典范加上为数不少的诏书，形成了另外一套法律体系。横田耕一、江桥崇编著《象征天皇制的构造——宪法学者的解读》，日本评论社，1990年，105—106页。

理是天皇作为法律的根据，超越宪法，宪法的目的不是要限制天皇的权力，恰恰相反，宪法一要保护天皇，二要提供一种机制，以保障天皇的权力行使不会受到任何限制。这种政体的外表虽然是立宪，但绝不是君主立宪制。[①]

明治天皇遗赠给裕仁的第二份伟大遗产是日本的殖民地帝国，以及作为地域强国的新地位，受其控制的不仅有大陆还有岛屿。日本决定通过加入亚洲的殖民地化竞争以赶上先进的西方各国，在这一决定做出近十年时，1894年，为了占领并控制朝鲜，日本的寡头政治统治者们对中国发动了战争（中日甲午战争——译者注）。中国战败，第二年割让了台湾、满洲南部的辽东半岛和澎湖列岛。中国同意支付巨额赔偿金，之后又签订了不平等的通商条约（《马关条约》——译者注），允许日本船只在长江航行，允许日本商人在内地和协议口岸开设工厂（如天津、上海和广州）。

战争的胜利进一步提高了明治天皇的威望。作为国家寡头政治统治者的主要维护者，43岁那年，他成为国家的象征，身兼神权君主和躬亲统治者的双重形象，决定国家的一切事务。在这个民众已习惯于不关心军事，对武士阶级怀有猜疑、恐惧和轻蔑心理的时代，1895年的胜利唤起了民众对新征兵制的军队的支持。同时，它还刺激了民众蔑视其他种族的民族主义情绪，并在其中注入了对朝鲜人和中国人的优越感。

日本打败中国后，东亚的国际形势变得更为复杂。来自德国、俄国和法国的威胁迫使明治天皇和他的寡头政治家将辽东半岛退还给中国。紧接着，列强们加剧了他们对中国领土和贸易专权的争夺。俄国取得了辽东半岛的租借权并于1898年将势力触角伸到满洲。俄国的目的是对朝鲜施加影响并以此牵制日本。[②]同一年，美国发动美国—西班牙战争，吞并了夏威夷，攻占了菲律宾、威克岛、关岛和中途岛。1900年，西方列强发动了一场国际远征去扑灭中国的义和团运动，日本军队也参加了。第二年，日本伙同西方主要强国与中国签署了《辛丑条约》。《辛丑条约》规定中国向各国做出赔偿，并给各国在指定的中国城市永久驻军的权力，以保护他们在那里的侨民和外交官。

三年后，1904年，日本对旅顺港的俄国舰队发动了突袭（日俄战争——译者注）。接踵而来的冲突夺去了约八万日本人的生命。战争以妥协的和平方式结束，没有赔款。首都东京发生了反对讲和的暴动，给人留下了终有一天俄国会寻求报复的预感。明治天皇在战争中并没有起什么作用，然而战争仍为他的形象增添了光彩。日本获得了俄国尚未到期的辽东半岛的租借权，贯穿满洲南部1100公里长的铁

---

① 寡头政治家与明治天皇都认为，天皇行使统帅权时完全不需要国务大臣的辅弼。他们认为明治维新的本质就在于恢复了天皇作为军人君主的地位。

② 台湾战斗持续了十年，日本兵战死9592人。君岛和彦《走向殖民地帝国之路》，载浅田乔二编《近代日本的轨迹（10）〈帝国〉日本与亚洲》，吉川弘文馆，1994年，60—61页。

路和鄂霍次克海中萨哈林（库页岛）的南半部。所有这些都作为明治天皇划时代的伟业而受到称颂。

亚洲太平洋地区的帝国主义竞争开始进入一个新时代，就在这时，裕仁登上了世界舞台。在他的统治下，日本的政治剧以战争和战败的形式步入了灾难性的结局。裕仁是这样一个人，他总是与他的人民格格不入，对民众的生活也不甚了解，而且从未完全肯定地得到他们的真正支持，他是战争和战后被占领下的幸存者。通过考察裕仁的为人，考察他是如何保住皇位，如何在20世纪后半叶延续了天皇制的传统，我们可以对日本的政治做出新的判断。

以情感、意识形态以及分担战争记忆为基础，裕仁与日本民众形成了一个政治共同体。通过观察他的一生，我们可以看出在一个密切共栖的关系中，他和他的国民是怎样并肩站在一起的。当然，控制和利用这种关系的永远都是天皇一方。在受到战争和战败打击之前、之中以及随后的时期，他向国民展示的是一个“传统的”地位崇高、居高临下的自我，只强调自我完美的一面，从不提缺陷。反过来，国民则要像对待一位活神和理想中完美的父亲一样，毕恭毕敬，诚惶诚恐。理论上讲，裕仁是不能承担责任的，因此，国民不仅要协助他建立他的统治，还要为他的权力担负责任。至于这种模式和国民生活的组织原则是否有失妥当，从来也没有让国民讨论过。（然而，每个时期，他们当中总会有个别人去讨论。）

1926年裕仁即位，随之而来的是日本政治家们对国家内外政策的不满。于是，一些政治和军事精英们开始讨论国家政体——“国体”的意义。他们认为，以皇室为核心的“国体”体现了日本国家以及社会最佳并且可行的原则。当对社会的不满深化时，很多人开始相信利用天皇的权威可以促成改革。在此背景下，一种新的、精神主义的、强有力的民族主义形式产生并得到了广泛传播，这就是被称为“皇道”的民族主义。“皇道”是一种具有鼓动性的政治神学。它源于这样一种理论，即天皇是日本过去和现在真正的活的化身，并且是所有人应该追随的道德完美的典范。这个词一方面表示了一种意识形态的斗争，另一方面又表示了行动的战略方针。此外，“皇道”还使日本避免了追随外来的主张学说，如西方的民主主义、自由主义、个人主义和共产主义。只要能主宰自己，这个民族就会重新获得自尊，就能够向西方的政治信条展开“圣战”。“皇道”思想虽来源于19世纪中期的危机，但是，它在20年代末的复兴和30年代初在日本外交上的实际应用，不但促进了日本与不久前的那段历史进行决裂，也使得这个国家可选择的范围大大缩小。

“皇道”成为压倒日本人热衷于西方精神和经济征服的惯用语。不仅是军事方面，包括社会生活的各个领域，它都为日本人提供了思想和感情上的方向。此外，它使日本人对于由于恶意攻击和自以为是而强加给他人的痛苦，感觉迟钝。正如一个时期，美国也曾以冠冕堂皇的“替天行道”，激发美国的民族主义一样。几乎是一夜之间，日本外交政策的审议和实施中曾经有过的国际协调精神不见了。取而代之的是，神道般冲动地表示要净化亚洲，以避免英美政治文化的毒害。“皇道”中还嵌结着一个日本佛教各派的千年王国的信仰，特别是日莲派对其鼓吹得最为强烈，他们认为由于拥有独特的君主制，日本国是教导道德和统一全世界的强大力量。参照“皇道”的神圣信条，“世界八方”都在天皇的统治之下（八纮一宇），“天皇仁慈深厚的心”（大御心）等成为一种常识，与之相应，对那些拒绝接受天皇那父亲般仁慈的人，要积极运用武力。

国民认为自己是以天皇为中心并且种族优秀，官员们则认为在道德上国家至高无上，在此背景下，裕仁和他的主要顾问们作为一股独立的势力，坚决且直接地参加到政策制定中。通过在幕后的积极活动，裕仁影响了最初三任总理大臣的权力实施，促使了政党内阁的崩溃，认可了反对强化国联和平机构的行为。当他的调停遭到拒绝并导致了陆军的公开反抗时，裕仁和他的顾问们便缩回来，默许了军事侵略。

从最开始，裕仁就是一个行动型的强有力的天皇，但矛盾的是，他给世人的印象却是一个防守型的被动的君主。全世界都认为在决策过程中，他没有起任何有决定意义的个人作用，坚持将他视为一个无能的、有名无实的元首，缺乏智慧，没有知性。事实上，他比大多数人评价得更精明、更狡猾，也更精力充沛。从裕仁的谨言慎行中，人们可以读出比他实际说的和做的更多的东西。在执政的前22年，他发挥了高度的影响力，对于想做的事，他很少表现出无能。当裕仁没有运用权力影响政策或改变已制定好的行动路线时，他的决定就另有深意。

从1937年末起，裕仁逐渐成为真正的战争领袖。在中国的作战，从计划、战略制定到指挥都受到他的影响。他还参与了陆海军最高将官的任命和提升。从1940年末起，当更为有效的决策机制到位后，他对各阶段的政策复审进行了重要的参与。这种参与在1941年12月对美英开战时达到顶点。与此同时，他和他的近臣们还充当了日本统治精英们情绪和不满的风向标。为了高居于决策过程的顶层，应对国际关系的新发展，他故意不去理会由他的祖父明治天皇制定的先例，改变了对外政策的方向。慢慢地但也是确确实实地，裕仁与领土扩张和战争的狂热情绪融合在一起。

第二次世界大战战败后，裕仁的生涯进入了一个新阶段。保住皇位，避免作为一名战犯被起诉成为他的当务之急。与处理他的那些陆海军将官的问题一样，在处理与美国的妥协政治上，他也表现得驾轻就熟。美国强加的改革破坏了相对独立的君主政体、内阁制政府以及日本国民的三角关系。被剥夺了最高统治者地位的裕仁被迫成为国民统一的“象征”。然而，即使在美国制造的从属于新宪法的“象征天皇”制中，他扮演的仍是抑制民主化倾向的角色，为使日本重返势力圈，在美国的强硬领导下对抗苏联，他曾经四处秘密游说。

1952年，占领结束时，君主制已恢复到它的前现代阶段：相对无权，非官方形式，所有男性对军事和法律制定上的发言权都被剥夺，重新处于国家生活的外围。裕仁成年以来，他在政治上的实际作用与人们对其名义上的元首认识第一次一致起来。另外，早期被开除公职的保守派精英们的权力复归，则给裕仁带来了希望。为了恢复裕仁丧失的一些权力，他们进行了近十年但最终以失败而告终的政治斗争。之后，尽管君主制本身进一步衰弱，可是，裕仁的继续在位、日本国民对他毫无疑虑的支持，都没有引起过多的道德和政治问题。

昭和君主制的历史及到1945年为止所维持的思想体系是与日本军国主义和法西斯主义历史分不开的。战败后，它被统治者们用来抵抗占领后的改革、抑制日本人的和平主义精神以及恢复作为一个强国的特性。裕仁的前半生与他的祖父明治天皇相似，即在任何政体中都显示出武力扩张的倾向，无论是在缺乏民主制度还是民主制度无法产生作用的状况下。普通民众的声音被拒之于国家政治事务之外，对军国主义滋长的制度性约束仅限于政府的监管力量，而他们的监管往往是不严格甚至是纵容的。裕仁的后半生，既失去了神权，又被剥夺了宪法上的权力，故而不再那么引人注目了。在东京审判战犯之时和之后与美国订立军事同盟的时候，裕仁和他的顾问们都曾经登场。在被占领期间，裕仁和天皇制还显示了天皇的力量是怎样被用来制服日本民众的解放运动，挫败他们的主权意识的。

因此，本书对有关裕仁的正统评价提出了挑战，这种评价确立于亚洲—太平洋战争之前，并由占领军的领导者们进一步充实。根据这种评价，裕仁不过是独裁的天皇制统治框架中有名无实的首脑，军部的傀儡。另外，本书还指出了一直被人们忽视的海军上层的作用，这也是对陆军应对20世纪30年代至40年代初日本的侵略负主要责任的观点的挑战。20年代，海军高级军官为反对削减军费进行游说，30年代轰炸毫无防备的中国城市，40年代初推动了太平洋战争进程。

本书还进一步指出，20年代中期，日本的政党内阁和裕仁本人曾宣称遵守将侵略战争确定为犯罪的新国际“和平原则”（《国联公约》以及1928年的《非战公约》中都有阐述），但实际推行的对中国的政策则违反了日本自愿同意的体现了这一原则的公约的义务。

即便是1945年8月投降协定签署后，日本的统治者们对于国际法规定的各主权国家的义务依然无动于衷。出于对日本帝国战时某些行为的担心和保护天皇的需要，内阁长官下令销毁有可能被用于审判战犯和再现昭和历史的文件。之后，保守的政治家和文人学者们又试图将东京战犯审判描绘成战胜者进行的一场私刑式的审判，尽管审判本身存在着一些局限性，但这种情绪不能不说是受到了日本战前对待国际法的态度的刺激。

在长达20多年的时间里，裕仁独立于政府和官僚政治，在一个彼此制约的复杂的体制中，行使了实权和权威。他熟知战争和外交情势，具有渊博的政治和军事知识；他参与制定了国家政策，并向陆海军将领们发布大本营命令；他在制定日本战争战略方面发挥了积极的作用，并指挥了对中国的所有军事行动。1941年，裕仁和他的宫廷近臣们，与陆海军中主张反美英的强硬派联手，从而使亚洲—太平洋战争成为现实。

战争开始两年后，丧失了主动权的日本被迫转入防御状态，但裕仁和他的最高司令部仍幻想着能赢得时间去抑制美国的进攻，重建战斗力以在太平洋的某处打赢一场决定性的战争。战争的最后一年，裕仁对军事行动继续发挥着一种直接的、有时甚至是决定性的影响。与此同时，他还把自己作为神的存在的影像投在太平洋战事上。只是在1945年前半年，战争快结束的时候，他对于是否要在本土进行决战犹豫了。正是他不情愿与主张坚持最后决战的军部拥护者们决裂，才导致了日本投降的延迟。

裕仁与他的军队指挥者的关系经常很紧张。他常常责备他们，阻拦他们单方面行动，并监督他们对军事政策和决策的执行。但是在他们的领土扩张行动中，他却支持他们，只要能打赢仗，他就会原谅他们的忤逆。在导致日本最终失败的各个因素中，作为最高指挥者，裕仁的一贯伎俩和他所发挥的影响，很少被人研究，因此就更需要重新探讨。

裕仁不仅是政治、军事的指导者，而且还是日本国民的最高精神领袖。他统领着一个宗教性的君主政体，在危机的时候，这个政体可以使日本宣称自己为神权国家。在皇宫大院西南角的一个木造建筑物里，他定期举行复杂的宗教仪式，清楚地显示了他对自己源于神的神秘血统的信仰，对日本国家和国土神圣性质的信仰。宗教、政治、军事领导权三位一体，这使得对天皇的研究变得复杂。更为复杂的是，自他一成年，就置身于一群不断更换的顾问之中，由于他们可以影响他，所以，他们总是通过他而互相施加影响——但他们总是小心翼翼，以免走到天皇前面。要了解裕仁，必须把这个总是更换的顾问团的构成和它的成员们的思想也纳入思考之中。同样，我们还必须坦率地指出另外一种可能性，那就是在决策的关键时刻，裕仁与其兄弟们的竞争对裕仁的行为也会有某种程度的影响。

本书关心的一个重点是裕仁的战争责任问题。对于那场以他的名义开展的、他作为国家元首和最高指挥官积极指挥的战争，他从未公开承认自己负有道义上、政治上和法律上的责任。大难临头时，裕仁没有退位，因为他相信他是神授君主，是日本必不可少的存在。他不认为他应该为日本在海外的所作所为负责任。那场持续13年零11个月的侵略战争夺走了那么多人的生命，而他却从未对此认过罪。他认为他欠的是皇室祖先的债，他决心要重建帝国，因为是他导致了帝国的崩溃。美国的占领政策和冷战帮他将皇位又保持了42年之久。在作为国民的象征、种族的延续的同时，也成了不间断的政治论争的对象。结果，裕仁成了日本国民对以往战争所产生的压抑心理的主要象征。他们没有追究裕仁在战争中所起的中心作用，也没有对自己的行为扪心自问。因此，裕仁的战争责任问题在战争和战败的年代里都没有受到追究。要讨论这个问题，必须与日本人对战败的不断变化的认识结合起来，与他们对战争的起因及性质的判断结合起来。

过去的半个世纪里，日本的历史学家、新闻记者及作家等不同领域的人士试图“搞清楚”并明确战时和战后的各种意义。部分原因是没有充分的资料来源。对裕仁的战争责任的批判性研究，20世纪70年代初才得以开始，但却一直持续着。受良心学者们的激励，出于对各种诡辩者、大屠杀否定者以及故意混淆事实的行为的反动，许多日本人开始不断重新检讨自己对天皇、战争、东京战犯审判以及占领期间一些关键事件的看法，虽然他们经常会为过去的事件找些借口，但他们也越来越能客观地看它们、批判它们并从中吸取教训。

本书中出现的天皇是一个容易犯错误的人，与所有普通人一样，容易受到欲望、需求、本能和缺陷的影响。他拥有被延长了的教育经历，在这一点上，恐怕世界上没有谁能比得过他。他一生的大部分时间都处于或近于权力中心，并充当了他自身及统治层利益的积极代理者。不管是政府公开的还是隐蔽的策划，没有人比裕仁知道得更多了。当他将皇室与国家的存留等同起来的时候，他是自负而又自私的，也是错误的。将他作为一个人来理解应是比较准确的，他的存在显示了现代日本政治上极其深刻的进退维谷的状态。他不是阴谋者也不是独裁者，确切地讲，他是20世纪日本主要政治、军事事件的重要参与者，同时也是了解这些事件的关键所在。我想他还是一个紧张忧郁的人，在使等级制度和社会秩序能够永久存在的斗争中，他比别人更多地强求自己、欺骗自己，而付出的代价则是民主主义的各种理念在战后日本宪法中没有得到弘扬。

第一部　皇太子的教育
（1901—1921年）

PART 1
THE PRINCE’S EDUCATION,
1901—1921

第一章　少年与家庭与明治遗产

1901年4月29日，东京的青山御所，明治天皇的第一个皇孙诞生了。他的诞生成了当时日本的一大喜事，举国上下，特别是皇宫，都举行了隆重的庆典。同时，皇宫把皇长孙健壮且精力旺盛的模样正式向天皇祖先的圣灵做了报告。一个继承人诞生了，古老的王朝又可以“不间断地”继续下去，至少几代之内是没有问题的。经过一些精通名号和尊称的学者们商议，婴儿的号定为“迪宫”，意指培养美德的人，名字定为“裕仁”，取自简练的中国箴言，意为国泰民安。[①]

那年春天，嘉仁皇太子21岁，虽很年轻却患有慢性病，作为皇位的第一继承人，下一个就该他登基了。皇太子妃节子刚刚16岁，正值豆蔻年华。后来她又给嘉仁生了三个儿子：雍仁（秩父宫）、宣仁（高松宫）、崇仁（三笠宫），他们分别出生于1902年、1905年、1915年。[②]至于孩子的祖父——明治天皇，那年48岁，已登基34年，并且还将继续统治11年。

按照传统，日本皇室的孩子要离开父母，由一个合适的代理人来照料。尽管嘉仁还是一个小小的婴儿，但也要遵守这由来已久的方式。1879年，嘉仁出生后不久得了脑膜炎，明治坚持不用西洋疗法，让他接受传统的中医治疗。[③]幼小的嘉仁反应有些迟钝，童年时代也是疾病缠身、经常因此卧床。以后的几年中，他一直都不是很强健，有时看起来还算正常，但更多的时候则要忍受病痛的折磨。好不容易从学习院的小学课程毕了业，中学只读了一年就退学了。[④]

嘉仁皇太子的病弱是否跟遗传有关呢？明治天皇同五个女人共生了15个孩子，但11个早逝。嘉仁是第三个儿子，也是唯一存活下来的男孩，他的母亲并不是皇后，而是明治的一个妃子。于是，宫中难免要猜测由于皇室几百年的近亲联姻，某

---

① 儿岛襄《天皇（1）年轻的亲王》，文春文库，1981年，12页。河原敏明《天皇裕仁的昭和史》，文艺春秋，1983年，10—11页。

② 祢津正志《天皇与昭和史（上）》，三一新书，1976年，11页。

③ 飞鸟井雅道《明治大帝》，筑摩书房，1989年，筑摩学艺文库，1994年，232页。

④ 1895年，天皇睦仁准许德国医生贝立兹为嘉仁患的几种慢性病做定期诊视。Awakening Japan: The Diary of a German Doctor: Edwin Baelz (Indiana University Press, 1974), pp. 105—106, 116, 67, 359—360, 376. 岩井忠熊《明治天皇——“大帝”传说》，三省堂，1997年，139页。

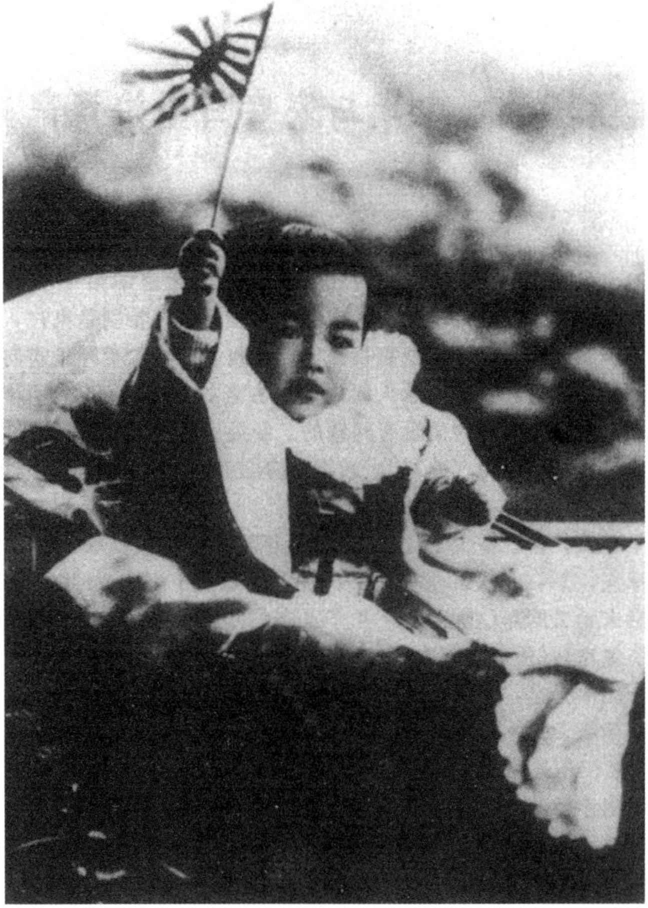

1902年，出生于猖獗的帝国主义时代、手握太阳军旗的一岁的裕仁。

种遗传的缺陷会在嘉仁的男性后代身上体现出来。

因此，在选定与嘉仁结婚并为其传宗接代的王妃时，明治天皇及其近臣们自然是极其谨慎的。他们最终选定了九条节子皇妃，一个出身最高贵的皇族家庭的年轻女孩。九条是古代藤原家族的一支，世系可追溯到12世纪末，其先祖曾为当时的天皇做过摄政。节子是女子学习院的才女，评价极高。聪明、善辩、娇小，最让人折服的是她令人愉快的性情和自然天成的尊贵气质。她性格的所有特征都与嘉仁截然相反。[①]

这对年轻人在有监护人陪同的场合见过几次后，1900年初结了婚。几年时间过去了，节子出落得风度卓然，自信而又成熟。因此，明治天皇在儿子娶妻问题上的明智选择愈发为人们所称赞。

明治天皇在和嘉仁、节子商量后，决定把他的皇孙裕仁托付给军人出身的人，

---

① 田中惣五郎《天皇的研究》，三一书房，1974年，218页。

按照公认的现代方式来养育。为此，选一个已婚的陆军或海军军官做裕仁的代养父亲似乎是一个明智的选择，孩子不但能有一个好的家庭环境，还会受到军人尚武精神的影响。明治天皇第一个考虑的是大山岩将军，但他婉言谢绝了这一重任。于是，他们又找到了年长的川村纯义伯爵，希望他把裕仁当成自己的孙子一样来抚养。川村出身旧萨摩藩（封建领地，属于半主权地区），是一名退役的海军中将，前海军大臣。他不仅是一位儒家学者，而且还是嘉仁母亲的远亲，所以更加令人放心。[①]7月7日，即裕仁出生后的第70天，他离开皇宫开始由川村家养育。据说从那时起，川村就下决心要将这个孩子培养成一个无私的、面对困境坚韧不拔的、尊重他人意见并且无所畏惧的人。[②]除了最后一点，其他几点成了贯穿裕仁一生的性格特征。

裕仁一岁零两个月时，他的第一个弟弟雍仁（秩父宫）也加入进来，和他一起住在川村在东京麻布的宅邸，那一带地势起伏，人口稀少，环境幽静。两个孩子和川村在一起生活了三年半。在那段日子里，三个医生、几个乳母和众多的侍从无微不至地照顾着他们，从吃的西式食品到常穿的特制的法国服装。1904年11月，正是日俄战争的激战期，69岁的川村去世。三岁的裕仁和两岁的秩父宫又回到了父母身边——先住在静冈县沼津的皇室御所，后来住进了在嘉仁皇太子的青山御所内新建的皇孙御殿，宽敞的青山御所有宫墙围绕，占地达80万平方米。1905年，宣仁（高松宫）出生，同年底也被送到皇孙御殿，和他的哥哥们住在一起。开始，由嘉仁新任命的一个重要内侍木户孝正负责管理他们的生活，后来又为他们指派了专门的内侍。

在裕仁人生形成的早期，主要负责他生活的是女官足立孝。22岁的足立孝，毕业于东京高等女子师范学校，后来成为裕仁最后一位战时首相铃木贯太郎的妻子。可以说孝是裕仁的代理母亲。晚年在回忆这段时光时，孝总是将孩儿时期裕仁那安静、谨慎、沉稳的个性与活泼好动、精力充沛、好奇心强、容易兴奋的秩父宫太子作比较。[③]这兄弟两个在情绪表现上确实非常不同，不论是孩提时代还是成人以后。但是，年轻的裕仁其实比孝所提示的更有主见，当他成为成熟的昭和天皇时，他是强有力的君主统治的化身，他比孝所预见的更易感情用事。

在裕仁人生的头十年，皇太子嘉仁的寓所与皇孙御殿同在一道宫墙之内，相距只有几分钟的路，嘉仁几乎每天都能和孩子们碰面。日后，秩父太子经常坦率地谈到他的父亲嘉仁，却不怎么谈明治天皇。从秩父太子无拘无束的回忆中可以看出，明治天皇对亲情表露的克制使皇孙们很难对他产生热爱的情感。他写道：“人世间那种爷

---

① 祢津正志，上述14页。

② 河原敏明，上述14页。

③ 保阪正康《秩父宫与昭和天皇》，文艺春秋，1989年，30—31页。

爷对孙子的无条件的疼爱，我从未感受过……我从未亲耳听过他说话。”[①]尽管裕仁保持着对自己父亲的记忆及感情，却很少谈起。可是谈到他的祖父时，他总是充满敬仰。[②]也许他从小就意识到，人们期待着他仿效其祖父，而不是他的生身父亲。

据保姆孝讲，明治天皇跟孙子们接触得非常少，除了他们的生日外，他几乎不见他们。[③]即使见面，通常也只有两三分钟，其情景与其说是充满温情的祖父与孙子的相会，倒更像是皇室的谒见。明治天皇身着全套军服站在桌边，当小孩子们向他鞠躬时，他只是点点头，然后就马上离去。[④]如果说他曾向孙子们表达过亲情，那就是送他们玩具。人们有这样的印象，相对于他从未真正了解过的、真实的祖父，裕仁似乎更仰慕理想化的“明治大帝”。在裕仁成长过程中，这种不同寻常的亲情环境，使他在与明治天皇和自己父亲的关系上充满矛盾。

裕仁是个听话的孩子，在保姆和亲戚们的呵护和娇宠中度过了他的幼儿园时期。和贵族阶层的其他孩子们一样，裕仁和弟弟们也是玩着扮演日俄战争的游戏长大的。[⑤]作为未来的天皇，小“迪宫”裕仁在游戏中也必须受到尊重，绝不可以被人斥责或恶待。即使在假设的战争游戏中，他也得永远扮演胜利一方的总指挥。秩父太子在回忆录中写道，一天他和裕仁因为玩具吵了起来，一气之下，他用大炮玩具的一个部件打了他的哥哥，这时，一个吓坏了的女官马上跑过来，抓住秩父太子，把他拖到了祈祷室，让他在太阳女神——天照大神、他的父母——皇太子和太子妃的肖像前道歉。在警告了小太子后，女官又让他向神灵起誓再也不打他哥哥了。在秩父宫太子的记忆中，这种事司空见惯。[⑥]

四至八岁这段时期，裕仁和弟弟们经常乘四轮马车去首都中心的一些地方参观，那里有国家现代历史博物馆。偶尔，指挥日俄战争的将领们以及明治的寡头政治家们也会到皇孙御殿来看望他们。为了让裕仁和他的弟弟们熟悉军事领域和战争，他们被带去观看军队的阅兵式，参观展示着日俄战争中缴获的各种兵器的陈列室，还被领到横须贺海军基地。1906年8月，裕仁和秩父宫来到“香取”号军舰，进行了一次特别的游览。[⑦]

---

① 河原敏明，上述30页。

② 保阪正康，上述26页。

③ 铃木Taka《今上天皇，命运的诞生》，《文艺春秋特集号：天皇白书》，1956年10月号，74页。

④ 传记刊行委员会编《高松宫宣仁亲王》，朝日新闻社，1991年，81页。

⑤ 同前72页。

⑥ 藤樫准二《天皇白书——不为人知的陛下》《复刻版　天皇的昭和史　星期日每日紧急增刊》（1989年2月4日）88页。

⑦ 财团法人秩父宫纪念会编《雍仁亲王实纪》，吉川弘文馆，1972年，44页。

1907年，裕仁六岁的时候，伊藤博文侯爵回东京汇报朝鲜的政治情况。经过日俄战争，朝鲜成为日本的被保护国。从1905年12月起，伊藤博文作为第一任总督在那里执政。9月，明治天皇授封他最高的贵族头衔“公爵”。就在那时，女官孝带着身着海军水手服的裕仁和他的弟弟们到皇宫拜见他们的祖父。在这里，他们和伊藤、山县有朋以及另外五位前萨摩藩和长州藩出身的寡头政治家们不期而遇。这些后来被称为“元老”的政治家们是为感谢天皇所赐礼物而来的。当裕仁在候接室遇到他们时，他紧盯着伊藤的勋章，伊藤靠近他问道：“是皇孙殿下吗？”裕仁面无惧色地回答：“是。”然后他问：“那你是谁？”伊藤向他说明了自己是谁，为什么来这里。让这些上了年纪的元老们高兴的是，裕仁详细询问了伊藤的那些勋章的来历，看起来他比实际年龄要大很多，而且仿佛已习惯了问答式的对话。

I

1901年，东京的人口已近150万。[①]尽管与当时这个国家一样，不能说很现代，却也是充满生机。明治天皇住在离裕仁出生地不远的皇宫里。皇宫很新，36栋木结构建筑，由一条回廊连接，因为明治不允许，所以回廊上没有装电灯。[②]占地约一平方公里，由石头宫墙和外围的护城河环绕的宫城，就像喧嚣城市中一个空旷宁静的绿岛。它的一侧是国家主要的金融、商业和政府机构开始聚集的丸之内和霞关地区。在未来商务中心区，坐落着新国会大厦和三菱公司总部大楼，还有日本第一个西式公园——日比谷公园。皇宫东侧是东京湾，湾两岸早已集中了一些轻、重工业。

裕仁所接受的是这样一种教育，即整个日本现代史是以他的祖父以及少数有才能的官僚为中心构筑的。实际上，一直到明治15岁登上皇位，除了京都，并没有多少人知道他。而到了他的第一个皇孙诞生时，明治得到了全日本的崇敬。其间，不仅是君主制得以成长发展，将政治、经济和军事权力掌握手中，而且，日本人民也确立了新的民族归属性，他们将自己视为他“忠实的国民”，即“臣民”。这种崇高的臣民意识暗示着一种特殊的表现形态：对天皇彻底尽忠效劳，天皇是恩惠日本大家庭的父母，全国民众都是他的“赤子”。作为臣民，应该勤恳工作竞争向上，尊重国家起源的神话，认同国家神道，为国家效劳、为天皇尽忠高于个人利益与享乐等，如此这般的期待与要求支配了大家庭中的每一个成员。裕仁也接受了同样的天皇制意识的培养与教育，但从另一个角度来看，他又成了所有人尽忠、效劳的对象。

---

①《第二十三回东京市统计年表》，东京市政府，1927年，150—151页。《日本长期统计总览（一）》，1987年，168页。

② Takashi Fujitani, Splendid Monarchy: Power and Pagentry in Modern Japan (University of California Press, 1996), pp. 123, 131; 岩井忠熊《明治天皇——“大帝”传说》，156页。

裕仁出生时，天皇崇拜已经法定在先。1893年颁布的出版法禁止诋毁批判天皇的言论。1898年、1900年的内务省法令以及随后出台的新闻法对出版物和报纸进行了限制。[①]如此，报纸须按照统一格式报道天皇及皇室，使用专门的敬语，天皇照片的使用则要服从相关的公安法规。

明治时代众多极为暧昧的遗产中，明治天皇遗赠给裕仁最重要的是宪法体制和统治思想。通过宪法，裕仁继承了在权力行使中独裁统治与精神约束相结合的政治传统。后来，在为继承皇位作准备的教育中，他又学会了除非有天皇的认可，否则任何法律或宫廷法令都不能成立的原则。[②]是天皇把宫廷和内阁结合在一起的，在他身上这两个世界合为一体。但宫廷和政府在结构上的分离很容易导致沟通困难的问题。随着年龄的增长，裕仁将体验这种分离的后果，同时他还要经常面对最上层的宪法程序创设者们做决策时所带来的混乱。[③]

尽管宪法明确规定天皇与议会共有立法权，但明治天皇和他的顾问们则认为议会应该只反映“天皇的意志”，而不是议会自己的。天皇与议会意见对立时，天皇对他不认可的议案有否决权。其实，作为明治大帝的所谓“赐物”，编纂成文的宪法程序在裕仁出生前夜已经发生了变化。1900年，伊藤博文创建了新的政党——立宪政友会，目的在于为寡头政府建立议会方面的支持，协助落实宪法机能。

政友会主要代表大地主和大工业资本家的利益，控制了议会中的政党政治。[④]元老们说服明治天皇接受了政党政治的这一新现实，甚至接受党派人士入阁。伊藤又一次发挥了关键作用，使明治天皇放弃了对立主张。不过，他承诺他的新政党将把总理大臣和其他国务大臣的任免权全部交给天皇。[⑤]屈从于天皇对专制的偏执，伊藤放弃了议会主义的基本原则，即应该由选举出来的众议院的多数党领袖进行组阁。

总而言之，明治确实是一个专制君主，宪法也没能改变他在此问题上的态度。

---

① 渡边治《从战后政治流向看天皇和日本民族主义的变化》，日本新闻事业会议编《日本与病态大众传播》，高文研，1995年，98—100页。

② 增田知子《天皇（近代）》《日本史大事典》，平凡社，1993年，1243—1244页。

③ 伊藤为了强化天皇的权力，把军队最高指挥权从总理大臣的权限中剥离出来，削弱了总理大臣的权力。他还把各国务大臣的辅弼权增大，内阁会议决议废除单纯多数表决，采取全体一致表决方式。在宪法制定的最后阶段，伊藤还为审议宪法创设了枢密院。明治天皇参加了枢密院所有宪法审议会议，但他在怎样的程度上理解了自己负有的重大政治、军事责任以及压在裕仁肩上的更重一层的责任，是个疑问。详细请见美浓部达吉《逐条宪法精义》，有斐阁，1927年，523页。坂野润治《内阁》《日本史大事典（五）》，289—290页。增田知子《明治立宪君主制下的枢密院》，增田知子《天皇制与国家》，青木书店，1999年，101—115页。田中惣五郎，上述168页。

④ Mitani Taichiro, “The Establishment of Party Cabinets, 1898—1932”, in Peter Duus ed., The Cambridge History of Japan, vol. 6, The Twentieth Century, Cambridge University Press, 1988, pp. 55—86.

⑤ 岩井忠熊，上述85—86页。

在内阁发生争论时，他总是支持军方。元老们不断提醒他要谨慎使用独裁的权力，在合议制范围内行使权力。在天皇拥有了宪法制定的前所未有的任免总理大臣及其他首要大臣的权力时，伊藤和元老们保留了他们独有的推举总理大臣的权力。[①]

明治天皇的主要顾问们还精心创立了以古代宗教意识和国家意识的融合为基础的统治思想，并通过明治传给了裕仁。伊藤曾如此断言，在日本，“所有的宗教都非常脆弱，没有任何宗教可以成为国家的基础”。因此，天皇就成为替代品，皇位的保持者必须成为国家所有权威的源泉。1889年，伊藤在其著名的《宪法义解》中对神权天皇做了经典性评说。

“开天辟地之时，确立神圣皇位。天皇实乃天神至圣，显现于臣民群类之前。须崇而敬之，不可亵渎。君主当尊重法律，而法律无责问君主之权力……指斥言议亦不可犯之。”[②]

然而，宗教神话中如此突出的天皇制意识并非自古而来。据说非教团的“国家神道”（以区别于“教派神道”）形成于明治天皇统治时期，其信仰基础是，日本是受神道的神灵佑护的神圣王国，受太阳女神天照大神的子孙天皇支配。神道核心思想的国有化促成了供奉太阳女神最重要的神道神社——伊势神宫的兴建。伊势神宫成为神道的主要象征，也成为国民崇拜的核心，在金字塔形的神社等级制度中，伊势神宫处于遍及全国乡村城市的下位神社的顶点。

1890年，未经国务大臣的副署，明治天皇发布了一篇简短的“教育敕语”。开头写着：“尔等臣民”，他用了“臣民”这样一个新造的合成词来代表“直接从属天皇的忠实的大臣们，以及恭顺地听从他们命令的民众”[③]。然后，从人世间的子女孝道开始，诏书列举了儒家数种美德，附加了“国家一旦有急，尔等须义勇奉公，以辅佐天地无穷之皇运”。诏书的最后一行写明天皇是所有道德之源。[④]

明治维新伊始，儒家思想和佛教都被视为国粹以外的外来物，应当被清除掉。

---

① 增田知子《天皇（近代）》，上述1243页。

② 伊藤博文《帝国宪法皇室典范义解》，金港堂，1889年，宫泽俊义校注《宪法义解》，岩波文库，1940年，25页。

③ “臣民”一词，1881年开始出现于官方文件，1889年成为法律用语。直到1946年为止，这个极度强调从属性的用语，将日本同其他国民国家分别开来。飞鸟井雅道《明治天皇、〈皇帝〉与〈天子〉之间——向世界列强的挑战》，西川长夫、松宫秀治编《幕末、明治期间的国民国家的形成与文化变化》，新曜社，1995年，46页参照。

④ 英文《教育敕语》原文见David J. Lu, Sources of Japanese History, vol. 2 (McGrew-Hill, 1974), pp. 70—71.

然而，“教育敕语”的颁布标志着明治后期路线的逆转，它改用传统的儒家而不是神道的语言来反击革新的民主思想和理念，向国民灌输“忠实的臣民”这一新概念。“教育敕语”将一代又一代的日本人塑造成了天皇制国家的忠实奴仆，官员们被认为十分清楚国民利益之所在，这是一种从本质到形式都是家长专制式的统治。另外，“教育敕语”还使所有日本人形成一种思维定式，即道德和文化与国家紧密相连，绝对不可以超越。

教育和军事是影响所有日本人的国民生活的两个重要领域，它们均被置于天皇超越宪法的直接控制之下，这使天皇成为可以使人皈依的神圣教师、可以向军队发布命令的最高统帅。[①]没有天皇的支持和协助，任何内阁和总理大臣都无法统治长久。

明治宪法和“教育敕语”的颁布，强化了君主制度，也改变了日本的思想状况。[②]在裕仁的童年时代，明治国家的制度和思想经历了进一步的发展。1900年，隶属于内务省的神社局和宗教局的设立，为国家神道和天皇“祭政一致”的观念注入了新的活力。[③]这以后，家庭所有成员，无论是佛教徒还是基督教徒（当时约占人口的1%），都被要求必须成为地方神社的区内居民，与守护神保持某种关系。地方神社从古代神话或历史传说中选择祭神，在升格为国家级神社时，地方神社中的祭神又与皇室宗庙的祖神——天照大神产生宗谱上的关系。这样一来，对明治天皇的敬仰之心进一步加深，很多人开始认为自己是属于天皇的。[④]

1908年，裕仁七岁那年，政府重申了对外政策，确定在和欧洲列强及美国继续瓜分领土的框架内，扩大日本在亚洲大陆的殖民地。同一年，文部省开始重编学校的教科书，把日本描绘成一个有组织的、和睦的、家长制的“家族国家”，所有日本人都与天皇有关联。社会在迅速变化，教科书需要修订，而且明治天皇的“教育敕语”是用古文写的，也有必要统一对它的解释。通过修订教科书，“教育敕语”被赋予了19世纪90年代所没有的意义。孩子们继续接受建国神话的教育：他们是天皇的臣民，要像顺从父母一样顺从天皇。于是，非人性的天皇制国家第一次以优先于所有价值形式、最高的实体方式呈现出来。皇室与国民的关系被表现为根本上的“主干家庭”与各“枝干家庭”和“茎叶家庭”的关系。1911年教科书修订完成时，君主专制的前提

---

① 飞鸟井雅道《近代天皇像的展开》《岩波讲座　日本通史（十七）近代（二）》，岩波书店，1994年，246—248页。

② 家永三郎《日本的民主主义》，家永三郎编《现代日本思想大系（三）民主主义》，筑摩书房，1965年，24—25页。

③ 安田浩《1894—1895年中日战争前后近代天皇制》，东方学会：东方文化研究所公报，1990年，57页。

④ 和歌森太郎《天皇制的历史心理》，弘文堂，1973年，199—200页。

被写入了公共教育。理论上，国家是建立在这个家族的亲密关系上的。①

当然，现实生活中，并不是所有的日本人都支持政府，或如新教科书所主张的那样强烈地认同皇室。这方面具有象征意义的是曾广为传播的1910—1911年的“大逆事件”。少数激进的社会主义者和无政府主义者因被指控为不敬罪而被处死，据说他们曾策划谋杀明治天皇。其中一个是年轻的曹洞宗派禅僧内山愚童，他全面批判天皇制的小册子曾广为流传：

诸君，如今的政府、相当父亲的天皇，并不像小学校教师及他人所言的那样，他不是神的儿子，什么也不是，都是骗人的。当今天皇的祖先出自九州的一个角落，杀过人，抢过东西，跟强盗是一伙……他们称（皇室）已有2500年，让人觉得好像真是神灵似的，其实，天皇多少代来，于外为蛮夷所扰，于内为诸侯做傀儡……如此明白无误的事，那些所谓的大学的博士学者们，胆小如鼠，既不说什么也不写什么，在那里满嘴谎言，骗人骗自己。②

Ⅱ

如果说裕仁总是把整个日本现代史与其祖父以及辅佐他自己的皇宫大臣们联系在一起的话，那么他对自己世界的认识，则主要局限于祖父遗赠给他的帝国范围之内。以明治天皇名义进行的两大战争——1894—1895年的中日甲午战争和1904—1905年的日俄战争，改变了日本国民的生活条件和日本所处的国际环境。

与中国的战争加深了日本国民的融合，促进了天皇制对寡头独裁政治的危机管理机制。同时，它还加速了政党间互投赞成票的进程，从而加强了政党在议会中的权力，为独裁政治国家提供了自由主义的法律手段。此后，随着日本经济的飞速发展，军部、官僚、议会和大企业家们之间发生利益分歧，国内政治因而变得越来越棘手。

十年后，日俄战争爆发，将日本带入一个政党政治活跃、为确保在亚洲大陆的权益不断增加军费开支的新时期。当时，陆海军统帅部的指挥权直属于天皇，军队的官僚组织开始摆脱内阁的控制。为了抑制这种危机，伊藤博文修改了内阁章程，将1889年被剥夺的一部分权力归还给总理大臣。③然而，这既没能解决军队的相对独

① 石田雄《明治政治思想史研究》，未来社，1954年，第1—2章。

② 内山愚童《入狱纪念 无政府共产、革命》，柏木隆法《大逆事件与内山愚童》，JCA出版，1979年，201页。

③ 增田知子《天皇制与国家》，49—64页。

立化问题，也没能使内阁成为天皇的最高顾问机构。1907年3月，海军大臣呼吁天皇推翻伊藤的规章，天皇表示赞同。[①]

六个月后，陆军和海军大臣发布了军令第一号，规定“有关陆海军统帅一项，经天皇认定的规定作为军令执行”，明治天皇批准了这一法令。由此，陆军和海军获得了“独立于内阁，独自制定军令这种新形式法令的权力”。这样，统领内阁的总理大臣的权力依然薄弱，而军部在明治天皇的支持下，进一步明确了天皇的“统帅大权”是独立的，不受政府约束的主张。[②]

裕仁的学龄期——日俄战争结束后，1907年至第一次世界大战爆发前夜，军部被允许掌握了法定外的不当权力。根据日本新的国防政策，明治天皇同意了保护“1904—1905年的战役中，以几万人生命及巨多财物换来的在满洲及韩国的权益”的方针。[③]至于军队方面，则开始了旨在灌输天皇制思想和武士道精神的新一轮努力。重新修订的步兵手册和军队教育令，强调了战争中人的精神力量、进攻意欲、轻武器和白刃战的重要性。同时，天皇的侍从武官的地位和权力也随之得到提高和加强。[④]

1907年，日本旨在通过控制朝鲜皇室来征服朝鲜人民的持久斗争也进入了一个新阶段。9月，朝鲜皇帝高宗向海牙和平会议派出三名使节，揭露朝鲜保护国的地位实属伪造，没有他的认可。可是列强们否决了朝鲜使节参加会议，理由是作为日本的保护国，朝鲜没有外交权。这个令人尴尬的事件发生后，明治天皇派皇太子嘉仁到朝鲜，以加强与朝鲜皇室的联系。10月下旬，嘉仁返回日本不久，明治天皇接受伊藤的策略，强迫高宗退位，并把“皇太子”懿愍带到东京，表面上是让他在东京接受教育，实际上是要威胁朝鲜皇室，防止进一步的反日行动。1907年12月15日，十岁的懿愍牵着伊藤的手，来到了皇孙御殿，被介绍给了裕仁、秩父和高松。之后的两年，在日本寡头政治家们决定要把朝鲜由保护国变成殖民地的过程中，明治天皇扮演成懿愍的保护者，在他身上不惜精力和礼物，远非他自己的孙子们所能比。而伊藤在每次拜访裕仁和他的弟弟们时，也总是带着朝鲜的皇太子。

有伊藤在场的裕仁和懿愍的最后一次会面是1909年9月14日。此前不久，伊藤辞去朝鲜总督一职，就任枢密院议长。六个星期后的10月26日，伊藤在满洲的哈尔滨被一名朝鲜民族主义者暗杀，当时他正在去商讨日俄关系的路上。作为人质的懿

---

① 安田浩《天皇的政治史——睦仁、嘉仁、裕仁的时代》，青木书店，1998年，150—151页。

② 吉田裕《日本的军队》，《岩波讲座　日本通史（十七）近代（二）》，153页。

③ 大江志乃夫《统帅权》，日评选书，日本评论社，1983年，85页。吉田裕，上述154页。

④ 吉田裕，上述156—167页。

愍，一直住在东京，只是在1911年他母亲去世的时候，才被允许暂回了一次朝鲜。①

在裕仁的孩提和以后的时代，明治天皇被标榜成为所有德行的试金石。虽然明治给人的是一种进步的、“西洋化”的君主形象，被誉为所有道德价值的源泉和精髓，实际上他与此差得很远。非公开场合，他表现出“反西方”倾向，政治上极端保守。他的性格也不讨人喜欢。他趋于放纵而且过度肥胖，总是花很多时间来满足他那惊人的胃口。他染上的许多疾病都与他饮食过量有关，特别是饮酒，最终毁了他的健康。②

1908年春，就在日本的统治精英们为明治天皇和日俄战争后的日本社会大肆歌功颂德并重写教科书以促进天皇崇拜的时候，七岁的裕仁进入学习院初等科。学习院位于四谷的尾张町，靠近元赤坂御所的正门（从皇孙御殿走过去大约20分钟）。学校建于30年前，由宫内省主管，用来教育所有皇族和宫廷贵族的孩子。根据1884年的贵族令，新授爵位的贵族子弟也可入学，学校的规模因此而扩大。明治天皇任命日俄战争的英雄乃木希典大将为学校的第十任校长，让他来教导皇孙。

乃木将军笃信儒教、武士道和禅宗训诫，倾向于严格的军事化教育。他绝不娇惯小太子们。按照乃木将军的要求，他们每天早晨在侍医和两名宫内省职员的护送下步行上学。行人们看到，他们排成一队，小裕仁一脸严肃地走在前面，然后是秩父太子，最后是高松太子。雨天的时候他们被允许乘坐马车，通常是裕仁独坐一辆，除非弟弟中有一个生病了，否则，总是两个弟弟一起坐后面的马车。③

因为裕仁不是一个强壮的孩子，所以乃木要求学校的教员们要重视体育和健康训练，就像重视礼仪举止、学问能力的培养一样。同时，遵照乃木设想的未来君主必须具备的德行和习惯，教员们特别用心地培养他们朴素、勤勉、忍耐的品质、男子气概以及困难面前极强的自控能力。还有，按照乃木描绘的理想的君主像，责任感和热心军事也是必不可少的品质。在乃木的教导下，裕仁很快开始认识到自己身体的弱点，意识到需要通过刻苦训练来克服这些弱点。从童年时代的这些体验中，裕仁还明白了只要有正确的教育和训练，一个人能够克服所有的弱点。

乃木很清楚，现代日本的军队自创立起就是天皇的军队，由天皇直接指挥。④因

---

① 李王垠传记刊行会《英亲王李垠传》，共荣书房，1978年，78、83、89页。吉田浩一《日本对韩国统治时期的韩国皇室的存在》，1992年度一桥大学社会学部学士论文（1993年3月，未公开发表），28—30页。秩父宫纪念会编《雍仁亲王事迹资料（一）》，1960年，14—15页。伊藤博文遭暗杀后，明治天皇以往那种对李垠的频繁会见也随之消失了。

② H. D. Harootunian, “Introduction”, in B. S. Silberman and H. D. Harootunian eds., Japan in Crisis: Essays on Taisho Democracy, Princeton University Press, 1974, pp. 6—7.

③ 传记刊行委员会编《高松宫宣仁亲王》，上述68页。

④ 藤原彰《昭和天皇的十五年战争》，青木书店，1991年，11页。

为小太子终有一天要掌管国家的军事事务，所以，他接受了连其祖父也未曾接受过的最高指挥官的特别训练，学习院的教官们被告知要在“军务方面注意指导他”。[①]1910年，明治天皇颁布了皇族身位令，要求皇族男子接受军事训练并要有服兵役的经历。[②]这个法令促成了皇族军事必修过程的实现，并且一直持续了30多年。然而对于年纪尚小的裕仁来说，现阶段的所谓军事学习只有从小学四五年级时就已开始的马术训练，另外就是跟他的弟弟和同学们模仿那些近期发生过的战争，玩战争游戏。[③]

在为裕仁制定斯巴达克式的训练课程时，乃木牢记嘉仁教育上失败的教训。皇太子嘉仁的情况是，指导教师和教育监督人数过多（包括伊藤博文和大山岩元帅），结果谁也说不清到底是谁在负责教育他。[④]乃木则不同，在裕仁的教育上，他得益于一套明确的思想意识教育体系和他自己刚烈不惧、坚定不移的性格。乃木坚持要裕仁及其弟弟们每天早上向他敬礼并称他为“阁下”，他们欣然从命。[⑤]

在学习院的几年中，裕仁通常是在静冈县沼津度过冬学期和假期，在群马县伊香保和神奈川县的叶山度过夏天。虽说他也经常和弟弟们在一起，但更多的是和那些为他特别挑选的13名男学友在一起，后来减到九名。他早已从宫内省任“祭典官”的贵族那里受到了神道仪式的指导。作为将来国家神道的最高神官，裕仁将成为宗教与政治双方的君主。[⑥]在裕仁的性格还没有定型之前，崇拜祖先的观念就已经通过神道仪式的演练灌输给他。他和弟弟们住在皇孙御殿时，每天早上起床洗漱干净后，就被要求在一间只有三平方米左右的小房间里向伊势神宫和皇宫方向礼拜。[⑦]稍微长大些后，裕仁开始参拜神社和皇陵，这加深了他对祖先特别尊重的情感。[⑧]裕仁思想中的宗教归属意识主要来源于他早期的这些教育。

这种宗教归属意识的中心是他对皇室祖先所怀有的强烈的道德责任感，他认为皇室祖先是他自身存在和权威的根本，是决定皇室命运的根本，说到底是决定他和国家命运的根本。皇室是典型的家长制，作为未来的家长，祖先的信条对裕仁来说

---

① 祢津正志，上述14页。

② 渡边治《战后政治史中的天皇制》，青木书店，1990年，395页。

③ 永积寅彦《昭和天皇与我——八十年间侍君侧》，学习研究社，1992年，39—41页。永积从1927年开始直到引退，历任侍从、侍从次长、掌典长。

④ 岩井忠熊，上述138—139页。

⑤ 祢津正志，上述14页。甘露寺受长《穿西装的天皇》，东西文明社，1957年，57页。大竹秀一《天皇的学校——昭和的帝王学与高轮御学问所》，文艺春秋，1986年，248—249页。

⑥ 吉田裕《昭和天皇的终战史》，岩波新书，1992年，224页。

⑦ 永积寅彦，上述39—40页。这个礼拜室也曾用于惩罚。

⑧ 小笠原写道，1916年，皇太子参拜了13世纪由于承久之乱连坐而被流放到佐渡的顺德天皇的陵墓。小笠原长生《摄政宫殿下的高德》《太阳》第二十八卷第一号（1922年1月），5页。

非常重要。裕仁被要求必须学会执掌各种宗教仪式。[①]这种传统与公务责任的关系被概要为“皇祖皇宗”（皇室的创始者与其他的祖先）。皇祖指的是他的神话祖先，以太阳女神天照大神为开始，经神武天皇传下来的一脉。皇宗指的是“皇室其他的祖先”，或者是将皇位代代传下来的历史上的天皇系谱。[②]就这样，“皇祖皇宗”将裕仁与神话和人为构筑的皇室传统直接连接了起来。这成为他道德观的源泉，后来又构成了他国家观的基础。“皇祖皇宗”成为他永远的公务责任对象，决定了他一生的献身方向：只要在位就要维护皇位。

“皇祖皇宗”和“万世一系的皇统”的理论有着极深的历史渊源。一直可以上溯到八世纪早期的有关皇室政史的《续日本纪》。《续日本纪》反复出现在明治时期大量的诏书和公告中，其中包括1889年颁布的大日本帝国宪法的诏书、宪法的前言、1889年的皇室典范、1890年的天皇教育敕语。裕仁的许多诏书中也使用了“皇祖皇宗”一词，就在他以整个家族的命运作赌，向英美宣战时的诏书也不例外。综上所述，“皇祖皇宗”代表了裕仁的君主意识，作为一个继承了逝去的祖先们精神权威的统治者，相对于他的臣民，他对祖先更负有道德上的责任，因为臣民毕竟不是他的权力来源，而是权力行使的对象。[③]就这样，承认对皇室祖先，而不是对“臣民”负有责任，成为贯穿裕仁性格的一个显著特点。

1912年，11岁的裕仁成为皇太子，被授予陆军少尉和海军少尉军衔。[④]同年，他那著名的祖父的长期统治终于结束了，他自己的生活境况也随之改变。自从19世纪80年代明治天皇的政治生涯开始以来，他一直是一个强有力的当权者，实行中央集权式统治，当那些寡头政治家上了年纪并且有了知名度时，他保护这些元老们不受批判并调解他们之间的纷争。他最大的成就在于，对那些令人憎恶的寡头政治家们创建的帝国进行颂扬并把它神圣化。通过这些，明治天皇成为日本民族主义和帝国主义活的象征，以及天皇统治合法性的象征。1912年7月29日，59岁的明治天皇去世，他的死意味着双重象征的消失，还有人们对天皇制惯行的质疑。[⑤]

裕仁的父亲，33岁的皇太子嘉仁即位，但他却没有能力继承明治天皇的遗产。嘉仁身体羸弱、懒散、缺乏政治决策能力，尽管已成为最高司令官，但对军事一窍

---

① 铃木正幸《近代的天皇》，岩波丛书，1992年，44页。

② 吉田裕，上述223—224页。

③ 同前224页。

④ 这时，皇太子被授予日本的最高勋章——大勋位菊花大绶章。秩父宫见到他在特别制服上别着勋章，有些嫉妒，说：“有什么了不起的，还没有金鵄勋章和外国勋章呢。”藤樫准二《天皇白书——不为人知的陛下》，上述88页参照。

⑤ 安田浩《近代天皇制的权力与权威——对大正民主时期的考察》，《文化评论　临时增刊　续　质问天皇制》（1990年10月），179页。

不通。嘉仁即位还不到一个月，新的大正时代（1912—1926年）刚刚开始，媒体就报道说，又有一些侍医奉命入宫。1912年12月，当需要推荐下一届总理大臣时，山本权兵卫海军大将提醒元老松方正义说，嘉仁天皇“与先帝相比，（才智方面）有不同之处。如果自己确信是对国家不利的政策，假使有违（大正天皇的）旨意，我认为不遵从反而是忠诚”。①

就这样，尽管没有发生任何制度上的变化，1912年裕仁父亲的即位成为国政运营上一个重要的转折点。元老们特别是山县，开始对宫廷加强控制以遏制冲动无序、无法预测的新天皇的意志。就在这个时期，总是被寡头政治家们用来约束不听话的议会和国务大臣，刚刚具有了法律效力的皇帝诏书，突然间成了激烈争议的对象，丧失了一些权威性。②此时，一种对宪法的新解释出现了：美浓部达吉教授的“天皇机关说”认为，国家的地位至高无上，天皇也是“机关”之一，应从属于国家。在议会政治家当中，兴起了一个新的“护宪”运动，提出要“保护宪法”不受“萨摩、长州派阀”专断统治的影响，当时，受明治天皇保护的这两大派阀控制着日本。日俄战争后有选举权的人成倍增加，因此，许多政治家开始推进男子普选法案的制定。③

历史学家们认为日俄战争后的时期，既是1912年政治变动的高潮期，也是日本“大正民主”运动开始的时期。“大正民主”这一用语由英美提出，主要指以政治家、新闻记者和知识分子为首进行的一系列民众运动：要求男子普选；由多数党组阁的政治形式；由议会政党取代那些独立于议会的旧藩阀来主导政治。第一次世界大战后，“大正民主”还意味着美国的文化、政治产品、生活方式以及诸如个人主义等社会观念向日本的传播。④特别是后者的个人主义思想，向只有明治国家才有资格对强化和定义固有的道德生活负责任这一前提提出了挑战。

III

祖父的去世成为裕仁和弟弟们生活中一个重要转折点。对裕仁来说，它标志着对他的训练进入了一个新阶段。为使他对即将继任的最高指挥官一职做好各种准

---

① 安田浩，上述《天皇的政治史——睦仁、嘉仁、裕仁的时代》，159页。

② 同前164—165页。

③ 铃木正幸《皇室制度——从明治到战后》，岩波新书，1993年，138页。三谷太一郎《近代日本的战争与政治》，岩波书店，1997年，43页。

④ 三谷太一郎《大正民主与华盛顿体制1915—1930年》，细谷千博编《日美关系通史》，东京大学出版会，1995年，78页。

备，又给他配备了一个新的内侍和一个侍从武官，两个人都受宫内省的一名高官指挥。[①]此人是前文部大臣，长期担任东京帝国大学校长的滨尾新，作为东宫大夫，滨尾新负责监督裕仁的教育，教授他极为复杂的宫廷和社交礼仪。

另外，兄弟间的日常接触越来越少，所受的教育也不一样了。1912年9月10日，明治天皇葬礼的前三天，64岁的乃木希典将军来到已更名为东宫御所的皇太子住所，最后一次访问了他们。乃木告诉裕仁“学校开学时他将不在那里了”。他教导裕仁要谨慎勤勉，并把自己最喜爱的两本历史书送给了裕仁。一本是17世纪的儒家学者、军事战略家山鹿素行的著作，另一本是三宅观澜的，后者是日本国粹主义的“水户学”的创始人和早期代表。[②]明治天皇去世，大正时代开始。明治天皇葬礼那天，乃木将军和他的妻子关上了二楼起居室的房门，准备结束自己的生命。他脱下军装，身着白衣，他妻子则着黑色葬礼服。他们向明治天皇和战死于日俄战争的两个儿子的肖像深深鞠了躬，葬礼钟声响起的时候，他们按照传统仪式自杀了。乃木夫人先自杀。乃木帮助夫人将匕首刺入了喉部，然后自己用剑剖腹自杀。这位昔日的日俄战争英雄留下了十封遗书和辞世的和歌一首（咏唱辞世和歌也是日本古代一项习俗，复兴于19世纪）。在一份遗书中，他为自己的行为向四名家族成员致歉，包括他的妻子。他还承认早在1877年的战争中，当他被夺了军旗时就曾想过自杀。他也提到了自己的年迈和失去的儿子们。另外一份给军医的遗书中，他表示愿将自己的遗体捐赠给医学供研究。[③]他另外还给小笠原长生海军大佐和田中义一陆军少将留下了遗书。[④]

乃木的辞世和歌是事先就准备向公众发表的，他向国民宣布他将追随先皇而死。这种被称为殉死的行为，早在德川将军时代就被认为属于野蛮行为，“于1663年作为陈规陋习”受到禁止。[⑤]新渡户稻造和三宅雪岭等热衷于批判日本传统道德崩坏的保守知识分子，评价说乃木的殉死是武士忠诚的象征，给国民和军队上了富有教育意义的一课。乃木的禅学导师南天棒为弟子的庄严行为所感动，给葬礼发去了贺电：“万岁，万岁，万岁。”[⑥]而《朝日新闻》则发表社论批判那些主张复兴武士

① 保阪正康，上述46页。

② 山鹿素行的《中朝事实》刊行于1669年，赞扬神道教义，断言日本人与生俱来的优越性，强调古代诸代天皇力行理想的政治。另外还有一册三宅观澜的《中兴鉴言》，也是充斥着崇拜皇室的观念。传记刊行委员会编《高松宫宣仁亲王》，上述84页参照。

③《国民新闻》1912年9月17日，大正新闻事典编纂委员会等编《大正新闻事典（一）》，每日传播，1986年，621页。

④《东京朝日新闻》，1912年9月20日，同前629页。

⑤ 辞世之歌，《国民新闻》1912年9月16日，同前620页。Carol Gluck, Japan's Modern Myths: Ideology in the Late Meiji Period, Princeton University Press, 1985, p. 221.

⑥ 冈田九司《战阵训与日本精神》，军事教育研究会，1942年，320页。

道、建设新道德的人，社论断言乃木的有害行动不会给国民带来任何有益的东西。[①]《信浓每日新闻》“气流悠悠”专栏的作者不仅批判乃木的死是“愚举的”“无意义的”，而且有预见地警告说，“只把死理解为忠义”是错误的道德伦理思想，是在“鼓励为国际上所不许的一大罪恶”。[②]

据报道，当裕仁从东宫大夫处得知“校长”乃木的死讯时，兄弟三人中，只有他悲痛欲绝，泪流满面，泣不成声。[③]不用说他还太年轻，无法真正理解乃木的行为，以及他那过时的武士道伦理可能给国民带来的危害。但是正如裕仁后来对一位美国记者谈到的，乃木对他的影响是长久的。[④]他将俭约克己的训诫、忍耐禁欲的美德灌输给裕仁，使之成为裕仁坚守了一生的尊严。对于裕仁来说，勇敢的乃木是一个规范的身体力行者，他的语言、他愿为自己的君主奉献生命的行为都在证明这一点。裕仁不但与乃木的行为有共鸣，而且还从乃木身上得到了一种信念，那就是坚强的意志可以在某种程度上弥补身体上的不足。在裕仁的心目中，乃木几乎可以与他的另一位英雄明治天皇相匹敌。

裕仁还有两年小学要读。因而，他的教育又将转托给两个新人负责：海军大将东乡平八郎和海军大佐小笠原长生子爵。后者是小蕃唐津最后一位藩主的长男，一位多产的战争小说和军事史作家。后来，这两个人在裕仁批准最初的国防政策时，都是主要的反对者。

Ⅳ

当时，几乎所有的日本学生在校十年中都没有军事训练项目，而且通常的“中学”只有五年。可是裕仁在13岁至19岁期间，已经和五名由小笠原从学习院特别挑选的学友，在东宫御学问所接受军事和人文教育了。[⑤]

御学问所是一座白色木制的西式校舍，在高轮的东宫御所内，专门为裕仁修建。[⑥]关于这个学校的规划，明治天皇去世前不久批准了东乡和小笠原长生提出的计

① 《东京朝日新闻》，1912年9月14日，上述《大正新闻事典（一）》，618—619页。

② 《信浓每日新闻》，1912年9月19—20日，同前627—629页。

③ 《东京朝日新闻》，1912年9月15日，同前619—620页。

④ 鹤见俊辅、中川六平编《天皇百话（上）》，筑摩书房，1989年，58—59页。

⑤ 所功《发掘　昭和天皇使用的特制〈国史〉教科书》，《文艺春秋》（1990年2月），131页。田中宏巳《昭和天皇的帝王学》，《THIS IS读卖》（1992年4月），87—106页。秩父宫在学习院毕业后进了陆军，高松宫进了海军。三笠宫1941年从陆军大学毕业。

⑥ 御学问所，位于熊本藩细川家的遗址。1703年，为了主人浅野候之死而向敌人发起复仇的著名赤穗浪士之中，大石良雄等17人在此切腹自杀。事件发生在1701—1703年之间，后被文乐、歌舞伎等编成剧本流传。

划。御学问所总裁由东乡担任，小笠原负责选任和监管全体教师。小笠原和后台的元老、宫廷的教师选任基准，外表上看竟是很简单：他们一致认为教育未来君主最好的办法是聘请国家最出色的军官和东京帝国大学最顶尖的学者。因为小笠原是从学术顶层选用教师的（只有一个例外），所以裕仁的教官们并不都是狂热的天皇崇拜者。裕仁在后来的独裁统治和战争时期之所以总是对一些人看不惯，也许是因为他们和这些学者的观点相同的缘故。

御学问所的强项是它的军事基础课。除了年轻军官教授的马术和军事训练以外，裕仁和他的学友们还学习了地图的识别及使用、军事史、统帅军队的基本原理、战略、战术以及国际象棋等内容。

日常军事教官有精通日俄战争的专家大迫尚敏陆军大将、两位海军少将、四名现役海军中将，这几个人差不多都有驻外武官的经历，并且还在海军大学教课。1919年开始，海军理论家佐藤铁太郎大佐为裕仁开设了美国海军上将艾尔弗雷德・塞耶・马汉（Alfred Thayer Mahan）的海洋权力论讲义。该理论强调，若想成功推行扩张主义的对外政策，关键是要用大型战舰编队对海上航路要道进行控制。马汉认为日本海军是未来美国在太平洋地区利益的直接威胁，佐藤在讲义中是否对裕仁说明了这一点不得而知。[①]佐藤还担当了西方和日本海战史讲义（包括东乡海军大将率领的联合舰队摧毁俄国波罗的海舰队的日本海战役）。

另外一名在御学问所任课的海军官员是裕仁的叔父，伏见宫博恭大将，一位德国军事理论家。在十几岁到20岁这个人生最容易接受外界影响的时期，伏见宫是在德意志帝国度过的，1895年毕业于基尔海军大学。对小笠原来说，监管御学问所，给他提供了一条可以通往皇室的渠道，即利用伏见亲王。为此，小笠原经常要给亲王提供某些方便，亲王为了儿子的海军生涯也曾以个人名义请他帮忙。而对裕仁来说，伏见宫只不过是从1916年7月开始负责他初级海军训练的一个亲戚，一张从小就熟悉的面孔而已。[②]至于伏见宫教过裕仁什么，或者说裕仁从他那里学到了什么，都不是很清楚。

裕仁的陆军课程由两名在第一次世界大战时期率领部队在中国作过战的将军，以及宇垣一成和奈良武次大将担当。除奈良大将外（他出身于陆军省军务局炮兵课），其他人都曾任过陆军大学校长。宇垣大将是新制（德意志式）陆军士官学校的第一届毕业生（1890年毕业），1900年陆军大学毕业。1917年，他参加策划了为制止俄国革命的传播而进行的西伯利亚远征，在西伯利亚东部建立了一个缓冲区。

---

① 关于Afred T. Mahan与日本，参照Walter LaFeber, The Clash: A History of U. S.–Japan Relations, W. W. Norton, 1997, p. 56; Anders Stephanson, Manifest Destiny: American Expansionism and the Empire of Right, Hill & Wang, 1995, pp. 84—87.

② 有关伏见宫，参照野村实《天皇　伏见宫与日本海军》，文艺春秋，1988年，55页。

1919年4月，宇垣开始在御学问所任课，时年51岁，在田中义一陆军大将的支持下，他开始在政党政治中崭露头角。①

军事问题方面，对裕仁影响最大的是以外交手腕高超而闻名的奈良将军。1920年7月18日，52岁的奈良被任命为东宫侍从武官长。作为裕仁的侍从武官长，他一直和裕仁在一起直至1933年。奈良参加过日俄战争，赴任过德国，担任过天津驻屯军司令官，以及陆军省军务局长。他也参加过国际联盟会议，并于1920年任委员会主席，负责调查俄国游击队在阿穆尔河（黑龙江）附近尼古拉耶夫斯克屠杀600多名日本平民和军人的屠杀事件。

1920年9月开始，奈良担任了皇太子在御学问所最后一个学期的军事讲义。应元老山县有朋的要求，他为皇太子今后的教育起草了七项教育方针，着重强调了裕仁必须把学习重点放在军事上，要对实际统帅陆海军抱有浓厚的兴趣。奈良写道："为此，应该让他实际指挥近卫步兵队，哪怕是中队下的小队也行，让他有一些指挥实兵的体验，山县元帅借鉴明治天皇年轻时代的实例，特别强调了这一点。"此外，辅导裕仁掌握马术，培养他对武器的兴趣并给他提供实践的机会，是奈良教育方针的另一个目标。1920年10月上旬，奈良让人在东宫御所内挖了一条战壕，以便裕仁进行机关枪的射击练习。他在二战后回忆道："我指导加藤中尉，大体上做了一下。然而，宫中有人认为鸟兽杀生有损君德。大夫、侍从们不太希望（皇太子）练习射击。"②

御学问所的课程仿照了陆军大学和海军大学的设置，军事课程的教官大部分是参加过日俄战争的军人。有一讲的内容是战术高于战略，这是为所有士官，特别是未来的最高指挥官准备的讲义。因此，讲义特别强调了军事决策的核心是实行战斗并且赢得战斗。而从战争是"国政的一个要素"的角度对战争进行研究却未被重视。也就是说，决定是否进行战争、部队的调动和配置、如何实现战争的最终目的等战略性问题，相对而言受到了忽视。③裕仁的海军教官在教学中向他灌输了这样一种观念：战争中，海军的目的在于通过投入强大的舰队来赢得一场决定性的胜利，就像日本海战役那样，它被认为是海军冲突中最好的范例。他的陆军教官教导他，步兵是陆军的核心，一场战斗的胜败主要取决于白刃战而不是火力强弱。炮兵和骑兵（近来是坦克和

---

① 关于宇垣，参照井上清《宇垣一成》，朝日新闻社，1975年参照。

② 波多野澄雄等编《侍从武官长奈良武次日记　回顾录（四）》，柏书房，2000年，118—119页。

③ Anatol Rappaport, Introduction to Carl von Clausewitz, On War, Penguin Books, 1968, p. 28; C. L. Glaser and C. Kaufmann, "What is the Offense-Defense Balance and Can We Measure It? " in International Security, 22 (4), Spring, 1998, p. 54, n. 35, citing Edward N. Luttwak, Strategy: The Logic of War and Peace, Haryard University Press, 1987.

飞机）主要是为支援和配合步兵的刺刀突击战而发展起来的。[①]

御学问所每天的日程由小笠原和东乡严格管理着。星期一到星期五和星期六的上午，作息几乎没有变化。早上6点，裕仁的学友五个贵族男孩被仆人唤起，一起吃早餐。在他们上面的二楼是皇太子的私人空间。完成了早间的各种准备，裕仁来到一间宽敞的铺着地毯的西式学习室（被称为“上课预备室”）。铃声响时，男孩子们上楼向他请安。他们列队进入学习室向皇太子敬礼（全日本只有他一个人戴着菊花纹饰的帽子）。学习室里，每个男孩都有指定的课桌和书箱。就座后，大家开始做预习，7点45分左右，向裕仁打过招呼后，他们返回各自的房间穿鞋并准备学习用品。然后，在御学问所教室的门口，他们和老师们一起等待皇太子的到来，正如裕仁在学习院读书时一样。

通常上午有四个小时的室内授课，然后是午餐休息。教室后面为随时来访的参观者准备了一些椅子。参观者一般是小笠原、东乡、侍从武官们、皇族成员以及宫内省的官员。[②]不难想象这种来自教室内外而且是持续不变的对裕仁的监管所产生的紧张感。中午，皇太子接受学友们的致礼后离开，独自或在一名侍从武官的陪同下用餐。他通常吃西餐，最后喝一杯牛奶，其他的男孩子们到餐厅吃日式餐。只有偶尔的星期六，一名或两名男孩子被准许同他一起吃午餐。

下午有一个小时的室内正式课程，之后是体育课和军事课。孩子们会进行诸如骑马、网球、日本式剑道或者是手枪的打靶练习。尽管裕仁比较笨拙，任何运动都不出色（包括相扑、剑道、幼儿园时就开始了的游泳和后来练的高尔夫球），但他非常下功夫，决心要胜过别人。永积寅彦从小学到中学的13年一直是裕仁的学友，他还记得裕仁跟大家较劲时那副极其严肃勤奋的样子。下午的课程结束后，男孩子们又在裕仁面前排成一列向他鞠躬。他们称他为殿下，甚至在游戏时也如此，而裕仁则称呼他们的姓名。放学后有一段自由时间，可以在御所园内做游戏，不受人监管。晚间还有很多学习，侍从武官们来到皇太子处，或教他如何识地图，或用军棋和他玩战争用兵的游戏。裕仁长大些后，海军侍从武官给他讲读机密军事计划并就其进行提问。晚上9点30分，学校的一天结束，所有的孩子都上床休息。

到了第三学期（1—3月），御学问所的教职员和学生就转到沼津的皇室御所上课，那里的气候比较温暖，他们的上课环境相对来说变得比较宽松。夏天的6月到9月这几个月里，学友们都回到了各自父母的身边，而他在父母身边的时间却很短暂。他的夏天几乎都是在繁忙地巡视国内主要陆军营地、海军基地和兵工厂中

① 山田朗《军备扩张的近代史——日本军的膨胀与崩溃》，历史文化文库，吉川弘文馆1997年，37—40页。

② 永积寅彦，上述80页。

度过。[①]他也参观军事院校，定期访问陆军参谋本部和海军军令部（即海军总参谋部——译者注），乘驱逐舰和巡洋舰进行巡航训练以积累航海经验，视察炮兵试验和师团级军事演习。[②]

裕仁的老师们参照明治天皇的模式，试图将裕仁培养成能适应各种角色的人物。他们把有关国家历史的官方解释教给了他。这个解释结合了他的祖先是神的神话中所具有的民族主义、种族主义要素。虽然作为皇太子，他处于一种道德领域，不会有人对他的权威和权力行使提出疑问，但他们还是把那些在全国小学校和军事学校教授的神话同样传授给了他。或许，作为国家世袭阶级最高层的“皇族”和位居其下的受封贵族（华族）不一定都承认皇太子是神的子孙，但是裕仁却很清楚这一信条的作用。最终，这个信条成了他特性中起作用的一部分。

裕仁一生下来就成为高度军事化的皇族的首领，这个家族的成年男性和女性在日本社会生活中，各自扮演着独特的公众角色。皇族是一个自治自立、由九级序列构成的同宗群体，包括了为数众多的堂表亲的兄弟姐妹。最上层是皇后，天皇的长子或皇太子，皇太后，亲王、内亲王及其孩子们。裕仁的弟弟们被称为直宫，他们构成了皇族中的一个特殊阶层，不受年龄、资历影响，与其他皇族在行为举止上区别开来。天皇，作为永恒的皇室首领，从严格意义上讲，并不属于皇族的“成员”，而是一个高高在上的首长，他居高临下地密切监管和统治着皇室成员。皇族的第二个和第三个儿子，成年后都自动地成为世袭贵族（华族），而且几乎都被授予“伯爵”称号。[③]他们享有土地、股票、公债、多处住宅、仆人以及由宫内省提供的丰厚的俸禄，一些皇族旅行海外，过着远远超过一般日本人的、自由舒适的生活。有些皇族也表达过“自由主义”的观点，但是裕仁的母亲，弟弟秩父宫、高松宫，或是他的叔父，陆军元帅闲院宫戴仁和海军大将伏见宫博恭，却从来没有表达过这样的思想。其中，海军大将伏见后来被陆海军中央统帅部当作向天皇施加影响的杠杆加以利用。

皇族的成年男子有资格由天皇直接任命到贵族院做议员，贵族院与众议院拥有同样权力，属于国会上层机构。另外，按照皇室典范，由他们构成了皇族会议。参加皇族会议的还有内大臣、枢密院议长、宫内大臣、司法大臣、大审院长。[④]这种

---

① 同前41—42页。

② 田中宏巳《昭和天皇的帝王学》，上述97—100页。

③ 作为摄政乃至天皇，裕仁向皇族赏赐金钱、授予荣典、每年举办生日赐餐、新年拜贺时则赠送偈语，还同意部分皇族参列进讲。1993年7月10日，笔者向山阶（浅野）芳正所做口头调查，另外还可参见田中伸尚《记录　昭和天皇（一）侵略》，绿风出版，1984年，122—124页。关于昔日皇族社会的叙述，参见小田部雄次《梨本宫伊都子妃日记——皇族妃眼中的明治、大正、昭和》，小学馆，1991年。有关华族，参见酒井美意子《某华族的昭和史》，讲谈社文库，1986年。

④ 井原赖明《增补皇室事典》，富山房，1938年，增补版第二次印刷，1982年，45页。

不经常召集的皇室会议仅处理与皇室有关的问题。根据法律，皇族不能作为政治顾问正式辅佐天皇，但他们的影响力依然存在，因为他们掌握着武装部队的主要指挥权，还能经常见到天皇。

皇族是一个富有的、拥有土地的阶级，并且能以军官身份参与国家事务，这一点可与普鲁士人的“贵族大地主”相提并论，尽管他们没有普鲁士人那种偏执和虔信，多了些布尔乔亚而不是职业军人的特征。帝国在壮大过程中逐渐军事化，男性皇族，无论他们是否愿意或是否适合做军人，都要从学习院时代开始接受军事教育。为了使他们成为职业军人，他们被编入武装部队的最高指挥层，并拥有到海外研修军事的机会。作为现役精英，他们在军队内部传播直接效忠天皇的意识，其重要性不可低估。①

第一次世界大战期间，年轻的裕仁完成了最初四年的军事训练，后三年的训练是在日本军出兵西伯利亚时进行的。1914—1918年的早期阶段，欧洲战争掩盖了日俄战争的光辉，而日本军人却还沐浴在日俄战争胜利的荣光中，扬扬自得。尽管日本与英美联盟对抗有职业军人典范之称的德国，但日本部队并没有领会到大规模战争中现代武器装备的重要性。常备军第十七师团的将校们依然崇尚古典著作《叶隐》中被理想化的武士道传统，它将死亡和以死尽忠美化成最崇高的价值观。②严酷的训练、频繁的体罚、强调尚武精神、培养同乡意识（各连队由相同地区的人构成，这样他们就会为本地区的荣誉而战）等仍然是日本军队的主要特征。军队的教化工作主要集中在武士道和“大和魂”的培养上，这两种精神中内涵了种族优越感和无敌的信念，③都与早在1882年的军人敕谕中就被明确强调过的日本以天皇为核心的国家体制，或称“国体”，“牢不可破地连接着”。④军队中严厉的体罚和各级军官的恃强凌弱一步步地侵蚀了军队道德，军官们通过暴力来维持纪律和管理军队逐渐成为公开行为。⑤

---

① 20世纪30年代，在日本陆军大将134人中有皇族9人，海军大将77人中有皇族3人。其中元帅级将官，陆军17人中有5人、海军11人中有3人为皇族。军事参议官中也有10人是皇族（包括朝鲜王族1人）。坂本悠一《皇族军人的诞生——近代天皇制的确立与皇族的军人化》，岩井忠熊编《近代日本社会与天皇制》，柏书房，1988年，230页。

② 藤原彰《“天皇的军队”的历史与本质》《季刊　战争责任研究》十一（1996年3月），65页。

③ YAMATO（汉字用“倭”“大和”等表示——译者注）为在许多古代氏族中用武力建立了日本最初国家的一族的族名。

④ 浅野和生《大正时期陆军将校的社会认识与陆军的精神教育》，中村胜范编《近代日本政治的诸相——各个时代的展开与考察》，庆应通信，1989年，447页。

⑤ 纐缬厚《天皇军队的特性——残虐行为的历史背景》《季刊　战争责任研究》八（1995年6月），日本战争责任资料中心，11页。

裕仁在御学问所最后的三年，1918—1921年初，维持军纪成为一大急务。同时，军人的价值观随着时代的变化也有所改变。第一次世界大战唤起了海外的布尔什维克革命和国内的“米骚动”，在这种环境下，军队被迫对其性格进行再确认。1918年夏天，为了平息在全日本爆发的“稻米骚乱”，5.7万多人的部队奉命进行了镇压。之后的三年中又连续发生了劳工运动、佃农纷争以及争取男子普选权的运动。日本历史上最严重的罢工事件也在这时发生：东京炮兵工厂（1919年、1921年）、釜石矿山（1919年）、足尾铜矿（1921年4月）、八幡制铁所（1920年），另外还有1921年夏天发生在神户的川崎、三菱造船厂的大罢工。神户大罢工有3.5万多名工人参加，被派去镇压的军队跟以往一样，再次站在了经营者一方。神户骚乱结束前，已有300多名工人受伤，250多人遭到逮捕。[①]就这样，军队的使命转变为维持国内的法律与秩序，于是，它在普通日本民众心目中的地位一落千丈。特别是每当军队被用于镇压农民运动和劳工罢工时，都会遭到痛斥。这是日本军队自创建以来第二次成为公开批判的对象，第一次是在19世纪的70年代和80年代。[②]

军队是社会的缩影，也是全国兵工厂和造船厂工人的主要雇用者。因此，1914年第一次世界大战爆发到1920年战争结束的六年间，日本社会的变化也为军队与君主制的关系拉开了新的帷幕。生产力方面，工业比重早已超过农业。另一方面，天皇的统治机能在降低，大元帅大正天皇的言行举止、他那毫无领导才能的姿态和元老们对他的无耻操纵在政治圈里早已是众所周知。1918年以后，大正天皇越来越无能，一些本该他出席的场合都不能参加，比如，陆海军的军事演习、军事学校的毕业典礼，或者是每年一度的皇室仪式，甚至包括出席国会的开幕式。就这样，正值日本社会思想意识动荡不安、军部在努力克服它在社会上的孤立境地之际，大正天皇从公众的视野中渐渐引退了。这些变化使那种以上官的命令就是天皇的命令训练应征士兵的方式，变得非常困难。

军部没有固执己见地与新思潮对抗，而是顺应潮流，修正了自己的教育制度，对大正民主的许多方面采取了容忍的态度。[③]甚至有一些陆军军官竟开始研究工人运动与农民运动的社会根源。不久，他们即开始对建立在神话传说基础上的“国体”，对它能否成为国家制度存在的精神基础提出了质疑。随即，陆军机关报《偕行社记事》上就登出了文章，含蓄地降低了皇室作为军队和社会统一的象

① 涩野纯一《大正10年川崎、三菱大争议文献与研究史》《历史与神户》第六卷第三号（1962年8月），11页。

② 黑泽文贵《大战期间的日本陆军》，美铃书房，2000年，154页。

③ 同前125—126页。

征的重要性。[①]

V

裕仁1921年从御学问所毕业时，寡头政治所面临的1912年由明治过渡到大正而引发的危机更加严重化：对君主制正当性的信仰危机。国外的朝鲜、中国的反殖民主义运动冲击着日本帝国，国内激进的工人运动和佃户的骚乱开始急剧蔓延，显示出公众不断增长的对现状的不满情绪。进入第一次世界大战后的新时期，日本民众开始强烈地表达自己的“国体”观，对由官僚、军队、资本家支配的不平等的社会秩序提出了质疑，明治后期和睦的家族式国家已经无法再维持下去。

裕仁的教师们并没有把这些社会变革转达给他。例如，对社会改革的要求；1918年以后，军队作为天皇的军队的意识在衰退；一些更为现实的利己主义的观念被很多团体接受——这些发展变化在裕仁的中学课程中都没有出现过。无论是在家，还是在学校，他们教授给裕仁的有关他的家庭、世界以及他本人的事情与外面实际发生的情况差异越来越大。

若想彻底了解裕仁的教导者们为什么要按照未来大元帅的角色要求对其进行培养设计，有必要考虑帝国军队的另外两个特征。首先是，军队创建伊始，就存在着天皇是日本现代武装部队最高统帅的思想。这一原则在明治维新时期所有的战争中都得到了坚持。早在明治宪法明确规定天皇的统帅权之前，在天皇是神实现其意志的载体这一古老观念中，就存在着只有天皇才拥有统帅部队的精神权威的思想。[②]

其次是，天皇作为军队最高统帅的职权早于宪法，优先于国家事务中天皇的其他权力，被认为是一种独立的权力。这与1787年美国宪法的条款大不相同，美国宪法标明总统有权成为军队统帅，但只有议会才有“权力”宣布战争和为陆海军制定“法规”。而天皇却独揽军权，在行使权力时无须受宪法约束，也无须事先听取内

---

① 同前139—141页。《偕行社记事》为陆军军官亲睦互助团体偕行社的机关杂志。本书第23页注4浅野论文443页注5，做出了与黑泽观点相对立的分析。

② 持国家主义观点的水户派朱子学者会泽正志斋，1825年刊行《新论》，认为“夫兵着于地，而天皇受命于天。是天地人合而为一。苟能因之而立规制，训练、讲习之，以时而动，以光天地之威令，鼓鬼神之功用，则功烈之盛，不胜言哉”。同样的主张也可见于1827年京都历史学家赖山阳所著《日本外史》，以及1860年代推动“尊皇攘夷”运动的“志士”们的思想之中。Bob Wakabayashi, Anti-Roreignism and Western Learning in Early Modern Japan: The New Thesis of 1825, Harvard University Press, 1986, p. 174. 藤原彰，上述《昭和天皇的十五年战争》，11、18页。

阁的意见或与之磋商。[①]

日本帝国的军队在创立的时候（19世纪70年代、80年代），尽管表面上看起来是一支基于欧洲模式的现代军队，但它的精神和价值观却远非现代式的。[②]构成征兵主体的是尚未从农业的封建社会关系中解放出来的农民，他们表现出不满长官权威的倾向，对免除长子兵役的征兵制极为愤恨。对此，那些独断的军队创建者们采取的对策是，制定严酷的惩罚办法和纪律来控制局面，并将天皇的精神权威贯彻到军队上下级的基础关系中。用“上级的命令就等于是天皇的直接命令”来教育下级士官，这意味着命令是绝对正确的，必须绝对和无条件地服从。[③]

除了过度强调军事命令和纪律外，明治政府还赋予了军队暧昧的双重使命。一方面，陆海军要抵御欧洲势力的进一步扩张；另一方面，军队作为政府的重要工具，要保证强制性法律的实施。其实，军队创建时最初的目的是打倒封建势力，推动日本的现代化进程。然而在明治时期，从来没有明确过军队的首要目的是保护人民不受外国的侵略，还是保证政府的目的得以实现。[④]

不幸的是，裕仁的老师们没有向他说明过，对未来最高统帅独立权力的行使，有一天会使他作为“立宪君主”的角色黯然失色。他们也没有告诉他，统帅权的范围是怎样随着时代而扩展的，是怎样使统帅与政府之间产生裂痕、使陆海军统帅部与各位国务大臣产生分歧的。简而言之，裕仁这一阶段的教育只让他看到了国家系统的表面运转，没有看到系统的实质。只有在他20多岁时，当野蛮的君主专制抬起它丑陋的头颅的时候，通过实际体验，他才会读懂政治结构的力学和病理学原理。

---

① 天皇直接统帅军队，直接掌握军事，继承了以天皇亲政为目标的明治维新的主要思想，为此，也成为天皇学问所需要彻底灌输的天皇形象不可或缺的属性。藤原彰《统帅权与天皇》，远山茂树编《近代天皇制的展开——近代天皇制的研究II》，岩波书店，1987年，197—198页。

② 纐缬厚《天皇军队的特性——残虐行为的历史背景》，上述9—10页。

③ Kazuko Tsurumi, Social Change and the Individual: Japan before and after Defeat in World War Ⅱ, Princeton University Press, 1970, pp. 92—93.

④ 片冈彻也《昭和初期　对日本陆军的社会学研究》，《军事史学》第二二卷第四号（1987年3月），16—17页。

第二章　天皇的培养

同其他国家机构相比，日本皇室与军队的关系最为密切。为了让裕仁了解这一点，老师们在对裕仁的教育中，军事方面投入了很多精力。[①]不过，在对裕仁的君主培训中，除了军事教育外，还有为他将来从事国家管理、教育以及国际关系等准备的内容。这种被称为“帝王学”的课程，由东京帝国大学和学习院的专家学者在课堂上做正规传授。明治宪法在赋予天皇巨大的军事权力的同时，还赋予了同样的文职权力。为了让裕仁学会如何行使这些权力，特意设置了这门课。如果明治宪法创立的是真正的“立宪君主制”而不是近似于独裁统治的话，就没有必要把天皇的教育放到如此重要的位置上，裕仁也就可以像英国的国王或女王那样，不一定非要求最好的教育不可了。

而且，从政治和宗教两方面教授“帝王学”，体现了官方的思想意识在学校教育中的贯彻执行，目的在于对抗民主主义思想。神权政治的表现方式是宗教仪式和政治支配的统一（祭政一致），明治维新时期，所有国家行为都被注入了宗教意义，因此就要求对天皇进行如何履行宗教仪式的训练。另外，在教育天皇的基本原则中，明治维新的核心思想也很重要，即日本的天皇应该永远是“身居文明开化的先端、促进文明教化的进程、具有领袖魅力的政治指导者”。[②]如果天皇要继续推进日本的现代化和西洋化，就必须接受广泛的实用科目，以及现代政治、社会和经济思想的教育。值得注意的是，在这种观点支配下，裕仁一直到17岁都是在与日本人的实际社会完全隔绝的环境中生活的，甚至连自由读报也不被允许。[③]

裕仁从1914年5月4日在御学问所上学开始，到1921年2月末毕业——离他21岁生日还差两个月，也是这所学校永久解散的前几周，裕仁学习了所有当时被认为是天皇教育所必需的课程。[④]数学、物理、经济、法律、法语（当时仍是外交语言）、汉文、日语、书法、伦理、历史——这些都是帝王学的一部分，为塑造一位天皇而

① 藤原彰《统帅权与天皇》，远山茂树编《近代天皇制的展开——近代天皇制的研究Ⅱ》，岩波书店，1987年，199页。

② 安丸良夫《近代天皇像的形成》，岩波书店，1992年，12—13页。

③ 藤樫准二《天皇白书——不为人知的陛下》，《复刻版天皇的昭和史　星期日每日紧急增刊》（1989年2月4日），89页。

④ 大竹秀一《天皇的学校——昭和的帝王学与高轮御学问所》，文艺春秋，1986年，289页。

设。另外还有自然史，这门课成了裕仁最喜爱的科目之一。

裕仁的军事教官们将教育的重点放在了卫生、强健体质和天皇直接统帅军队的培训上，与两个半世纪前德川幕府时代的天皇教导方法相比，有了根本性的变化。明治维新之前，除了明治的父亲是个有名的例外以外，天皇们的教育课程都是些与德川政权的政治和军事无关的科目。他们学习抽象的关于儒家哲学的古典文章，背诵神道的祝词，远远地避开了政治，全神贯注于宗教仪式和祈祷、诗歌和艺术。

裕仁的军事和民事教官们敏锐地意识到明治天皇遗赠的国家机构是一个复杂的系统，于是他们放弃了德川时代的传统，将教育重点放到了现实教育和管理国家的技能上。这种教育方针的前提是，天皇虽已继承了皇位，但还需要让他了解其中的惯例和程序，以掌握统治国家的技巧。位于各种权力顶点的皇位，必须成为统合和正统性的核心，作为国家机器的关键部分，支撑起所有的国家机构：内阁、各省的官僚机构、议会、枢密院、军队和政党。

负责把裕仁“制造”成一名运营整个统治系统的合格君主的是与东京帝国大学和学习院有关系的一些中庸派学者。他们是一些陈旧不变的日本和新的、处处都在摸索着向现代化道路迈进的日本的混合体。这些教师崇拜明治天皇，他们建起了关于理想天皇的正统说法。他们总是尽量避免让裕仁在具有儒教美德、热爱和平的君主和日本武士道式的理想武士这两种矛盾的道德观念和标准之间作选择。这两种标准对裕仁来说都很有吸引力，他试图以两种都适合的方式来规定自己的行动。

总之，裕仁是混合教育的产物，任何对裕仁的认真的记述，都不会无视这种混合教育所产生的张力。明治后期基于维新思想而创造的传统，决定了裕仁的归属意识和基本取向。这是传统与现代科学的冲突。在裕仁以后所做的每件事的核心，我们都会看到这两种世界观所造成的紧张感。

I

还在少年时期，裕仁就开始对自然着迷了。在学习院的时候，他在一个喜欢收集贝壳和昆虫的侍从的引导下，步入了自然的世界。1913年，12岁的裕仁自己制作了昆虫标本手册，用蝴蝶和蝉的标本图解植物与昆虫的共栖关系。[①]这是他发展自己严谨、理性判断事物的能力的第一步。

1914—1919年的中学时代，裕仁的自然史和物理老师是服部广太郎教授。他给裕仁做了30多年的科学研究随员，培养了裕仁童年时代对昆虫的喜爱，帮助他建立

① 佐伯真光《在生物学与现人神的夹缝之间》，《文艺春秋》特别号《大昭和》（1989年3月），490页。

起毕生对海洋生物学和分类学的兴趣。[①]在服部的引导下，裕仁阅读了畅销作家丘浅次郎1904年出版的介绍达尔文进化论的《进化论讲话》，好像还读过日文版的达尔文的《物种起源》。1927年前后，有人送给他一座达尔文的半身像，后来这座半身像与林肯和拿破仑的胸像一起装饰在他的书房里。

裕仁摄政第四年，1925年9月，裕仁在赤坂御所建了一间小规模的、设备精良的生物实验室。三年后，即他登基的第二年，又在吹上御苑建了皇室生物研究所，包括一间温室和两个大实验室，每间实验室都附有标本室和藏书室。服部也加入到实验室并在以后的四年间，每周一次为天皇做基础科学讲座。直到1944年，服部和其他侍从每年都陪裕仁去三四次他在叶山的私人海洋研究所。在那里，他们乘两条划艇和一艘经过改装的大捕鱼船采捞海洋标本。几年后，服部编纂了《相模湾产后鳃类图谱》，由真田浩男和加藤四郎绘制彩色插图，马场菊太郎编写注释说明。因为这本书的版权属于改革后的宫内厅，[②]所以推测可能是裕仁的著作，不过，全书一次也没有出现过裕仁的名字，因此人们不禁疑问，书中的研究到底有多少是他做的？[③]

裕仁本人在谈到自己对生物学的兴趣时，总是表现得很谦逊。《后鳃类图谱》出版时，服部在1949年10月2日《每日周刊》上的讨论栏目中发表文章，评价了他从前的这位学生对科学的热心。当被问及天皇的研究究竟是属于真正的科学研究还是业余爱好者的工作时，服部回答道：

> 最近，佐藤忠雄氏（博士，名古屋大学教授）在名古屋报纸上发表文章，认为它属于业余爱好者的研究。从某种角度来讲，我也同意。他从未以自己的名字发表过论文，结果只是为专家们提供材料，所以按照专业的看法，也许这仅仅是一个收集者。但是这不一样。他并不是单纯地把收集到的材料交给学者，他总是先亲自对材料进行全面的调查研究，从这点看，他并非一个业余爱好者。[④]

---

① 河原敏明《天皇裕仁的昭和史》，文艺春秋，1983年，41页。

② 皇室生物学研究所除此之外，在1953年至1989年之间，还出版了许多著作。这些著作用英文写的有《日本国天皇陛下采集》《解说担当——》《注释——》字样。偶尔裕仁也亲自为自己的生物学研究成果“撰写”序文，由侍从记录下来交给出版社。“利用公务之余”开头是这些序文的特征。伊藤健治，《昭和天皇裕仁的海洋生物研究》，研讨会论文，哈佛大学，1997年5月15日，第8页。

③ 合著在科研上是一个很普通的现象。但据说昭和天皇与人合著，是为了研究成果中可能出现的错误不受专家的批评。这大约是战前意识的残存吧。见Ito kenji上述研究。

④ 《作为生物学者的一面》，《星期日每日》（1949年10月2日），5页。《科学家天皇的生态》，《真相》三十六（1949年12月），9页。驹井卓《陛下与生物学》，安倍能成等《天皇之印象》，创元社，1949年，150—164页。

服部的评价说明了一些问题。收集标本和对分类学的研究无疑符合裕仁办事讲究条理的性格。确实，在他最活跃的时期，当他被严重的动乱包围着，找不到有效、实际的解决办法时，在他人生中，只有科学能使他镇定、使他放松。通过服部的传授，天皇成了一名自然科学者和海洋生物学的爱好者，他收集海洋植物和动物，比如蛞蝓、海星、水螅类和海蜇。

作为一个志愿成为科学家的人，一个研究海洋生物上千万年进化过程的认真的学生，面对巨大的时间跨度的差异，裕仁不得不正视日本皇室历史的短浅。在官方随心所欲的决定下，日本历史被上溯到2600年。不过，对时间反差的认识并没有使裕仁完全放弃曾深信不疑的、对神性化的祖先的信仰。他总是过高估计幼年时被反复灌输的价值观。随着成长，他更体会到虚幻的意识形态在强化服从官方行动规范上的价值。对他来说，现代科学与其他老师教授的关于“国体”的论说从根本上讲并不冲突，亦不矛盾。

然而，更为通常的观点认为，是科学培育了裕仁认识中理性和科学的一面：他将自己视为一个超脱的思索者，乐于接受有理性、有根据的议论和建议。但是，裕仁还有与其道德观和使命感联系在一起的另一面。这一面将裕仁对科学的热心和实践调整到神授皇权的义务与限制之中。他受杉浦重刚、白鸟库吉、清水澄等人传授的思想的影响更大，这些系统的思想掩盖和限制了裕仁理性的、客观的思考。

II

极端民族主义的儒家教育家杉浦重刚曾在英国接受西方教育，回国后成为“政教社”的创始人之一和著名杂志《日本人》的撰稿人。他办杂志的目的是“保存国粹”。[①]杉浦和朋友头山满一起参加了保守知识分子的复古活动，与明治维新后持续了15年的在日本呈主流思潮的文化启蒙运动相对抗。后来，他成了文部省负责道德教育的官员。1892年，杉浦创办“日本中学校”并兼任校长（直至1924年去世）。当小笠原推荐他做裕仁的（后来做良子）伦理教师时，他的很多弟子都已在日本的政界财界居于显要位置。

杉浦为裕仁讲授天皇的行为准则时59岁，已是极具声望的思想家和君主主义者。杉浦认为天皇的行为原则具体体现在象征皇位的三种神器上，它们是剑、勾玉、铜镜。据传是太阳女神天照大神赠给天孙琼琼杵，用来安抚日本国民的。神器主要是伦理的象征，代表了每位天皇都应具有的三种美德：勇气、智慧、仁爱。

① Kenneth B. Pyle, “Meiji Conservatism”, in Marius B. Jansen, ed., The Cambridge History of Japan, vol. 5, The Nineteenth Century, Cambridge University Press, 1989, p. 692.

裕仁虽然没有对此说教公开提出异议，但他有自己的理解。对他来说，三种神器是天皇政治和道德权威的象征，因此，需要忠实妥善地保管起来，只有在特殊场合才可以展示，以确保皇位的安全。此外，裕仁不能从血缘的正统性上深究自己统治权的起源，因为作为14世纪北朝皇族的子孙，他的家系被19世纪“国学”派学者或是明治政府认为是非正统的继承宗谱。[①]

裕仁被教育要遵从的其他原则均包括在“五条誓文”（1868年）和“教育敕语”（1890年）中。[②]这些条文曾帮助明治天皇强化了他的权力和威信，杉浦认为其中蕴藏的（所有的条款都要履行）完美的典范也应该成为裕仁未来行事的准则。

对于明治的“五条誓文”，杉浦的态度是强调其智慧的一面，降低其政治上偶然性的一面。在这个问题上，裕仁和杉浦的认识又不尽相同，通过阅读19世纪的日本历史，裕仁认识到应该把“五条誓文”放入当时的历史背景下来理解。在1868年4月6日的“誓文”发布大典上，明治天皇向皇室神话里的祖先太阳女神以及“五条誓文”宣了誓。这既是他主导的早期改革的指南，同时也是对付封建领主和京都宫廷贵族中潜在的反对势力的权宜之计。那些反对者有可能向致力于维新的武士阶层的领导者提出挑战。“誓文”发布大典是建立体现“圣旨”的独立权威的第一步。虽然裕仁后来主张誓文应是一份超越历史与时间的文献，应该成为日本自由主义的“大宪章”，而他执政的头20年，追求的却是要让“圣旨”得到体现。

“教育敕语”（包括杉浦就其中关键部分为裕仁准备的特别阅读材料）也给裕仁留下了深刻的印象。杉浦把“教育敕语”第一课的重点放到了如何认识“皇祖皇宗”上面。[③]他宣称，“皇祖皇宗是指天皇陛下及日本国民的祖先。自我们的祖先创建了日本这个国家，它便与天地无穷，永恒不绝”。[④]然后，他又讲了历代天皇在历史上是如何继承并努力实现“皇室皇宗遗业”的。[⑤]由于杉浦笃信日本天皇在道德上的优越性，他随后关于“教育敕语”的讲义，就不可避免地将日本的君主凌驾于其他国家君主之上了。

杉浦告诉裕仁，在其他国家，统治者与被统治者之间的关系是由权力决定的，仅限于服从关系。而在日本，“天皇不是用权力统治人民，而是以仁爱深入人心。因

① 对美浓部的“天皇机关说”攻击达到高潮的1935年，宫廷近臣在昭和天皇面前议论过南北朝正闰问题。昭和天皇对侍从武官长本庄繁说：“南北正统论是否需要定论，值得思考。现在，对我这样继承了北朝血统的人，即使大致不会发生变化，也觉得不太舒服。”本庄繁《本庄日记》，原书房，1967年，普及版，1989年，204页。引自吉田裕《昭和天皇的终战史》，岩波新书，1992年，222页。

② 祢津正志《天皇与昭和史（上）》，三一新书，1976年，15页。

③ 猪狩史山《进讲帝王伦理的杉浦重刚先生》，*King*（1928年12月），124—125页。

④ 猪狩又藏（史山）编《伦理进讲草案》，杉浦重刚先生伦理进讲草案刊行会，1936年，1103—1104页。

⑤ 同前1105页。

此，君主与臣民的关系牢不可破，臣民心悦诚服”。[①]裕仁是否接受了杉浦统治国家“不靠权力”的说法还令人质疑，然而，“天皇体现仁爱”的观点确实极大地吸引了裕仁。对他来说，越是扮演军事上的角色，这个有选择余地的观点就越有吸引力。杉浦不但在未来的君主身上注入了道德观，而且还助长了裕仁的矛盾与失落感。

纵观杉浦第一年为裕仁和学友开设的12次入门讲座和第二学年以后的讲座内容，裕仁的早期传记作者祢津正志写道：

> 第一学年的12篇序说主要有神器、日章旗、国家、军队、神社、米、刀、钟表、水、富士山、相扑和镜子等。第二学年除了仁爱、公平、改过、操守、正义、清廉等抽象题目以外，还有即位、上杉谦信、赤穗义士、德川光圀等具体的题目。第三学年，以外国事情为主，比如乔治·华盛顿、哥伦布、马尔萨斯人口论、彼得大帝、卢梭。第四学年，选择了威廉皇帝二世和穆罕默德。外国的事例只有30个，大部分都是儒家学说和日本（实际是天皇）的。戊辰诏书（1908年）四讲，军人敕谕（1882年）五讲，教育敕语（1890年）十一讲，而明治宪法只有一讲。可以看出杉浦对宪法的轻视。[②]

杉浦在讲座中，倾向于通过颂扬日本的民族主义和扩张主义来抵消裕仁正在学习的科学知识。在谈到皇室的菊花纹章时，他总结道：“我们称欧洲列国为先进国……（然而）我国，正如可以说菊花是花中之冠一样，无论是国力还是文明程度都是世界之冠。”另外，他还试图传播一种人种间的对抗观念。他指出：“欧美各国都属于同一种族的‘雅利安种族’……我们日本帝国要有将来独自与各种雅利安种族对抗的觉悟。”[③]尽管裕仁对杉浦从未像对服部那样抱有个人好感，但他从未摆脱过杉浦有关处理国际秩序的新达尔文理论。同样，裕仁也从未放弃过杉浦灌输的这样一个信念，即优越的道德和精神素质将最终决定冲突的结果。

杉浦认为对裕仁有积极教育意义的两位外国首领，正是当时经常被拿来与明治天皇作比较的两位。在明治天皇去世后的头五年，一些记者和官僚们经常将明治天

---

① 同前1106页。

② 祢津正志，上述15页。祢津并没有说，杉浦只讲过一次宪法是为了让其他教师担当这个角色。日俄战争后的戊申诏书，号召日本国民“勤俭”“醇厚”“忠实”，军人敕谕要求陆海军士兵为天皇献身，把长官的命令直接看成天皇的命令。

③ 祢津正志，上述16页。

皇的成就与17世纪俄国沙皇彼得大帝和德国的威廉二世相提并论。[①]杉浦在1917年关于彼得的讲座中，讲述了25岁的彼得沙皇留学海外学习外国的技术，回国后奠定了现代俄罗斯帝国的基础，可是他的继任者没能成功地在彼得的基础上建设好国家，导致了俄国的动乱。[②]当讲到德国的威廉二世皇帝时，杉浦把这个劣迹斑斑的种族主义皇帝说成了一个伟大人物。他认为威廉二世失败于缺乏有能力的顾问。杉浦衷心希望日本天皇能有许多优秀的顾问来辅佐他。[③]

另一方面，18世纪的法国思想家让·雅克·卢梭被杉浦描述成了一个无所寄托、放纵任性、连工作都保不住、根本不值得尊重的人物。卢梭的理论"引得民众诅咒国家和政府"。他指出，只要日本能"上、下互相爱怜，上、下互相忠诚，上、下各得其所，遵规守道，欧洲自由思想的余毒可免"。[④]

裕仁念念不忘仁爱、尽忠、奉职这些辞令，但是与杉浦相比，对来自外国的新思想，他表现得比较实际。对他来说，只要有利于进一步巩固国家独立，加强国家实力，任何西方思想体系都是可以接受的。裕仁二十多岁的时候就已经把国家与皇位等同理解了。无论是反动复辟还是自由主义觉醒的时期，对他来说唯一不容置疑的价值基准就是国家。

杉浦讲义中其他的题目还有"好学""身后名""进谏""中庸""虔诚"和"贤明"。在这些伦理课程中，他用相当的时间来赞颂八世纪的《古事记》和《日本书记》等日本王朝史中记述的以前的天皇，这些书都是用古汉语写成的。在一堂题为"樱花"的课上，他将日本人比喻成散落的樱花，并告诉裕仁说："我们的国民在一旦君国遭遇危难，会勇往直前，奋不顾身。"[⑤]在"科学家"的一章中，他又是这样指导裕仁的：

---

① 一般认为，1912年7月31日刊登在《大阪每日新闻》上的三浦周行的讲演，是"明治大帝"一词的最初使用。三浦讲明治天皇的主要业绩，列举了武士政治的废除、明治天皇亲政的开始和小小岛国的大帝国化。在"明治大帝"的推广普及上，出力最大的是大众杂志*King*1927年11月号的附属书刊《明治大帝　附明治美谈》。文相水野炼太郎在序文中写道："宝祚之际，于如天壤无穷之我邦国体核心，宇内古今，无可比拟。"犬丸义一《明治天皇与近代天皇制（上）》，《文化评论》三八五（1993年2月），129—130页。

② 猪狩又藏（史山）编，上述《伦理进讲草案》，753—761页。

③ 同前1055—1061页。精神状态不太安定的君主威廉二世，为争当近代欧洲的霸主而失败，亡命荷兰。作为政治性、象征性的领袖，他反映了那个时代德国的实力，也体现了德国人历史性的弱点——认为拥有支配整个欧洲能力的优越民族的自我陶醉、夸大妄想的自我暗示、深层里的自信心的缺乏、激烈的反犹太主义。Thomas A. Kohut, Wilhelm Ⅱ and the Germans: A Study in Leadership, Oxford University Press, 1991, p. 178.

④ 猪狩又藏（史山）编，上述958—964页。

⑤ 同前122页。

战争亦如此，充分准备好大炮、飞机、军舰以及其他的最新武器，如果运用这些武器的人再有忠勇义烈之精神，那么，我们才可以说战争的准备完全做好了。有了这些，才可以傲视天下无敌。这是五条誓文的宗旨。[①]

1919年，种族冲突问题成为巴黎和会的主题，日本外务省官员在会上抗议日本国民在各国遭受了种族歧视，对此，杉浦对存在于“高加索人种”（所谓白种人）和“蒙古人种”（所谓黄种人）之间，不分国籍身份、无差别的敌意做了详述。他认为世界“七个人种中”只有这两个人种“建立了强大的国家，拥有先进的文明”。[②]另外，对15世纪后期的瓦斯科·达伽马（Vasco da Gama）时代到第一次世界大战欧洲在亚洲推进的历史，他是这样阐述的：

最近欧洲人渐渐东进，白种人企图压倒黄种人。暹罗仅有独立之名，毫无实力可言。支那虽是大国，然连年内乱，国家无统一之实，根本无法与白人抗争。远东唯有我日本帝国，才有可能遏制西人东侵。

此外，美国也……实行了帝国主义，并逐渐向东扩张夺取了夏威夷和菲律宾。现状是他们想把通商特权扩展到支那和满洲。

由此可见，世界历史是黄白两种人竞争角逐的历史……白人大叫黄祸，我们则憎恨白祸。[③]

为了抵制“人种抗争”一词，“人种和睦”的表述被提了出来。杉浦在有关“人族”讲座中表示，“虽说有好几个人种，如果能携手推动文明前进，将是人类的理想”。可不幸的是：

欧美人有一种观念先行的轻侮黄种人的倾向。因此废除人种歧视实属困难。就看我国，王政维新以来，提倡人人平等主义。今日依然有鄙视旧时秽多非人（世袭性的受歧视阶层）风尚……无论废除人种歧视的主张能否得到贯彻，最重要的是要坚决站稳立场。只要我们国家、我们国民始终贯彻仁爱与正义的原则，就能达到让欧美人心服的地步。如果能做到这一点，就不用忧虑人种歧视的问题了。[④]

---

① 同前518页。

② 同前881页。对日本人歧视最为激烈的是美国及其领土夏威夷，那里不承认日本人加入美国国籍和所有土地。

③ 同前884页。

④ 猪狩又藏（史山）编，上述887页。

这样的伦理课很自然地促使裕仁思考，作为一个仁爱的君主，他应该去做什么。

杉浦的讲座抬高了以儒教和日本霸权主义为基础的皇室的理想；批判了外国那些谈论自由主义、个人主义和社会主义的思想家们；在反映以欧美为首的白种人和以日本人为首的黄种人之间冲突的国际关系中，助长了通俗的社会达尔文主义观念。[①]杉浦切中实质地指出天皇的权威来自他祖先的教诲，可以上溯到皇室神圣的先祖那里。这个观点与日本的扩张主义，与在“种族关系”中人种的区别，以及日本国家和日本精神优于西洋国家和西洋精神的观念紧密相连。它还认为天皇让臣民承受负担是十分自然的，因为臣民就是为天皇奉献自己而存在的，而不是相反。

Ⅲ

在年轻裕仁的生活中，另一个给他带来决定性影响的是讲授日本和西洋史的白鸟库吉。白鸟曾留学德国。1909年，他在《东洋时报》发表文章，揭露儒教中的中国圣人尧、舜、禹仅属于传说，并非实际的存在，以此强调中国传统文化的不合理性。[②]白鸟的中国观，可以理解为一种混合体，一方面是“脱亚”的思想方式，这与明治时期著名的教育家福泽谕吉一脉相通，另一方面是中日甲午战争后，在白鸟这一代人中涌现出的蔑视他人的思潮。他是一位19世纪德国利奥波德·冯·兰克（Leopold Von Ranke）传统下的、自由主义的实证史学家，也是一位公认的亚洲史和西方史专家。白鸟50岁时被招入宫，担任御学问所教务主任，同时兼任历史课。[③]

为了给皇太子和他的五个学友讲课，白鸟撰写了五卷“国史”。《国史》第一卷第一章的“总论”，讲述了日本民族的起源，阐明了其国家思想观的要点：

这个民族自悠久的太古时代起就居住在这块国土上，后来是皇室把他们统一起来，建立了帝国。皇室不但作为国家元首统治他们，而且作为宗家与他们亲如一家，由于相互之间存在的亲密情感，国家才有了一个极为坚固的基础。正如皇室的宗脉万世不绝一样，国民亦是代代相传，由父至子繁衍至今，种族也从未有过改变。这样，作为建国之初，曾经辅佐皇祖的国民的子孙，继承了先祖的遗志，成为永远忠良的臣

① 祢津正志，上述16页。祢津写道：“幼小的心灵接受七年这样的教育，如果不成为军国主义者反而是不可思议的了。在民主主义勃兴的时代，能够拥有进行这种保守主义教育勇气的，恐怕除了杉浦没有第二个。”

② 白鸟库吉《支那古传说的研究》，《东洋时报》一三一（1909年8月），38—44页。

③ 所功《发掘　昭和天皇学过的特制（国史）教科书》，《文艺春秋》（1990年2月），133页。笔者以下数段记载来自所功这些意义重大的研究成果。

民。历代皇室对祖宗的臣民都关爱备至，对他们的协力予以充分的信任。这才是我们国体的精华……就是说我国民自古就是同一民族，也绝对不是谬误。[①]

白鸟从日本“种族”卓越的特质开始论述，最后以同种同源的主题结尾，对国家思想意识形态做了异常明确的阐述。其中关于起源的部分，他坚持神话与神圣的观点，强调天皇与神的“女创始人”间不可分割的连续性，暗示日本将一直处于神的子孙的持续统治下。“国体”的特异性在于皇室与人民之间那种难以言表的紧密联系。日本臣民过去是，将来也还是“永远忠实的”，并将永远为代代天皇“实现他们的遗业”而奉献。

白鸟给裕仁灌输的“国体”思想，与19世纪80年代早期，明治时代起就在公立学校传授的内容完全相同。它要求历史教育要从建国神话的意义讲起。[②]白鸟通过强调天皇起源于神的观念，并将其与日本人的种族优越感和日本人同种同族的神话联系起来的方式，阻止了对于日本历史的所有客观性讨论。战前天皇制思想的这两个关键要素（种族优越和同种同族）成为裕仁精神形成中的重要部分。

《国史》没有明确区分神话和历史。它按照皇帝教育敕语的精神记述了有关天皇起源于神的神话。教育敕语将天皇放到了国民精神生活的中心位置，引导日本国民将天皇当作神来膜拜。在“神武天皇”一章中，白鸟继续讲述了和《日本书纪》中同样的，国家起源的“故事”。尽管《日本书纪》中描述的是一个理想化的、虚构的“神武”（天照大神的直系传人）而非史实，但白鸟在他的课文中从未指出过二者的区别。

（神武天皇）……征战四方，屡遭失败，狂澜乍起，痛失众皇兄。然而，灾祸亦不能使其屈服，困厄亦不能使其低头，且越战越勇……他与士兵同甘苦共患难。天祖神灵的帮助，诸臣的协赞，使他终于成就伟业。据此，他在亩傍山东南山麓的橿原，建起神宫，供奉神器，然后登上了皇位。[③]

白鸟指出神武之所以能够实现他的伟大目标，是“国民敬爱皇室，忠心耿耿拥戴皇室，诸臣忠勇克服困难，大家齐心协力辅佐天皇的结果”。神武登基后，论功行赏，任命有贡献者到各地做地方长官，并要他们“充分爱戴国民”。[④]

---

① 白鸟库吉《国史》，勉诚社，1997年，6—7页。

② 岩井忠熊《明治天皇——“大帝”传说》，三省堂，上述133—134页。

③ 白鸟库吉，上述26页。所功，上述133—134页。

④ 白鸟库吉，同前28页。

白鸟库吉的《国史》与现代“天皇制”相呼应，而他则是天皇制的忠实仆人。他从未对日本国的创始来自传说这一点进行过批判，也从未明确表示过与那些古老的故事有关的事件实际上并没有发生过，因此说那些故事构成的只是神话而不是事实。实际上，他的教科书帮助形成了天皇所有的宗教想象，就如同杉浦的伦理讲座一样。我们无法了解白鸟在讨论中口头向裕仁传授了些什么，但对于明显与神有关的概念，他确实没有留下过任何其他不同解释的文字，直至很久以后都是这样。[①]

正如历史学家所功曾指出的那样，从神武天皇以后，《国史》五卷的每一章都是以一位天皇的名字为题目。在白鸟的叙述中，他描述了神圣的镜子和剑是怎样被供奉在伊势和热田神宫的，皇室是怎样迫使地方统治者交出象征他们统治的圣物——镜、玉、剑的，这些象征皇位的“神器”又是怎样成为皇室合法性象征的。[②]

通过查考日本历史上有代表性的天皇们的“圣德”，白鸟同杉浦一样，不仅自己相信，并且还教导别人说天皇们通常是国家进步的驱动力量。这种认为天皇是进步的推动者的思想根植于明治早期，是现代天皇思想中又一重要的概念。它意味着君主对国家物质和精神文化有积极的推动作用，这与其他君主制所共通的君主的道义上的义务（noblesse oblige）的观念不同，也有别于君主仅是关怀臣民的观念。其实，白鸟所要强调的正是天皇主导性中“推动现代化”的一面。

白鸟的历史概论为裕仁提供了许多集权力和权威于一身的行动主义天皇的范例。他的讲义中虽然也列举了古代和中世纪天皇的例子，称其为道德和仁爱的化身，但他又总结说，中世纪一些天皇虽然拥有美德，但却没有能力纠正长期存在的政治混乱，以及给“人民造成的苦难”。[③]就是那些年幼、成年和退位的天皇的摄政者们掌握了主动权，也未能打破政治和经济僵局，这种状态一直持续到日本进入镰仓时代（1192—1333年），由幕府（军事政权）控制了国家。讲到武士时代时，白鸟讲述了在将政治和军事权力委任给幕府之后，皇室是怎样继续在政府中扮演重要角色的。

此外，白鸟还对北朝表示了肯定。裕仁是北朝的后人，可是北朝自明治维新以来一直遭到轻视。关于南北朝（1336—1392年）时期皇权正统性的古老的历史争议直到1911年才有定论。当时的桂太郎首相决定支持南朝的正统性，以后（小学的）历史教

① 1928—1929年，白鸟间接承认了把政治秩序正统化的神话的作用有所减弱，认为有必要在理论的基础上重建国家意识形态。参见海军军官团体机关志刊登的白鸟的讲演《日本民族的系统》《有终》第十五卷第九号（通卷一七八，1928年9月），《关于皇道》《有终》第十六卷第九号（通卷一九零，1929年9月）。

② 所功，上述139—140页。

③ 同前136页。

科书都将1336—1392年这一时期称为“吉野朝（即南朝）”。[①]就这样，由于担心会动摇民众对天皇统治的信仰，日本的一般教育故意掩盖国家历史中主要的王朝分裂史实，可是白鸟却承认了分裂的存在，并对北朝天皇系统寄予了同情。[②]

最后，白鸟对明治时期的对外战争也进行了评论，他向裕仁及其学友们解释了现代帝国是怎样通过不断寻求“东洋和平”，顾及他国民族利益，永远以仁爱正义对待邻国，从而取得战争胜利的。白鸟对1894—1895年中日甲午战争后，中国人抵抗台湾殖民化的运动做了阐述，但对致使朝鲜丧失主权的非正义行为却保持沉默，甚至主张发生的一切不但有利于朝鲜人民，而且有利于全体“东洋”。

能够确保东洋和平的不是他国，正是我们帝国。帝国先后与清国（中国）、俄国不得不大动干戈，实际上皆为朝鲜。帝国为永远根绝这个祸根，日俄战争（1904—1905年）一开始，就与朝鲜缔结了条约，使其承诺信赖并听从帝国的忠言。1905年，又更新了协约，帝国接管了朝鲜的外交权（即剥夺外交权），在汉城派驻了总督，掌管朝鲜事务。

在日本谋取了朝鲜的外交权以“保护它”不受“其他强国”的威胁后，遭到了来自朝鲜宫廷的抵抗，“1907年，朝鲜宫廷违背了协约”。这促使产生了一个新的协定，依此协定，总督取得了“内政监督”的权限，于是“朝鲜就成了纯粹的帝国的保护国”。

然而，该措施依然不足以改善朝鲜的施政，亦不足以增进其国民的安宁福祉。因此，1910年，帝国与朝鲜签订协约，永久合并了朝鲜。这样，就完全根除了困扰帝国多年的东洋祸根。[③]

白鸟对日朝关系的阐述反映了吞并朝鲜时，一般日本民众在道德上所持有的傲慢与伪善。同时，他还示意天皇的计划本身是合情理、有理性的，因为吞并朝鲜带来了地区和平，对朝鲜人民来说意味着进步。

讲义的结束部分正好是讲明治时代末期，白鸟对皇太子裕仁的祖父——明治天皇做了极其详尽的描述。明治天皇在儿童时期就表现得活泼勇敢，而且很严谨、

---

① H. Paul Varley, “Nanbokucho seijun ron”, in Kodansha Encyclopedia of Japan, vol. 5, Kodansha, 1983, pp. 323—324.

② 所功，上述136页。

③ 白鸟库吉，上述711—773页。

自律、节俭、仁慈、英明，对他的臣民总是很宽容。明治天皇通过讲座学习各种知识，认真听取周围的人给他传达的各种信息。不仅如此，“天皇深爱和歌，日夜吟咏。通过自己作诗，自己修得一颗仁爱的心（大御心）”。[①]

白鸟成功地达到了他的目的，通过实例向裕仁显示天皇的仁爱，讲述日本历史的发展进程，激发裕仁对历史的兴趣。[②]后来，裕仁通过阅读《明治天皇记》（明治天皇的编年史）获得了更为详尽的有关明治时期的知识。《明治天皇记》由宫内省官员于1933年编辑完成，但一直保存在宫内省，直到纪念明治维新100周年的1968年，它的第一卷才被出版发行。而即使是现在，学者们仍无法查阅编书时所使用的那些原始资料。[③]

裕仁还学习了西方史，由东京帝国大学箕作元八教授讲授。他撰写的《西洋史讲话》成为裕仁最喜爱的教科书之一。[④]裕仁如饥似渴地阅读了箕作的主要著作：《拿破仑时代史》、两卷本的《法兰西大革命史》（1919—1920年）、《世界大战史》（1919年），这本书正好出版于布尔什维克革命和整个欧洲君主政体崩溃之后。这些书主张革命和战争是君主政体最大的威胁，指出了强大的中产阶级作为革命的防波堤的重要性。

至于俄国的罗曼诺夫王朝和普鲁士霍亨索伦王朝垮台的原因，箕作的书为裕仁提供了合理解释。这些都加深了裕仁对历史和欧洲政治的兴趣，帮助他进行更为广泛意义上的思考，在特殊事件中寻找具有普遍性的因素。另一方面，白鸟的书还为裕仁留下了丰富的历史记述供其决策时借鉴。不过，这些书也是一种思想上的束缚，因为它们都没跳出官方的历史观。同时，这些书还表达了日本在民族起源上的困惑，教导裕仁按照天皇是国家权力、威望和帝国开创者的思维定式进行思考。

IV

学习院大学教授清水澄在学术界的声望显然不及杉浦和白鸟。但是，小笠原和元老们考虑到当时几位重要的宪法学者——穗积八束、上杉慎吉和美浓部达吉——

---

① 所功，上述137页

② 所功认为，杉浦是使用历史的素材，进行了独自“演绎式”的解释，而白鸟则是把日本历史的发展过程进行了“归纳式”的说明。白鸟的教科书，简洁地叙述了皇位继承和历代天皇是如何为人民谋幸福的。所认为其准确公正地记述了历史，有时也言及天皇的失政和缺点。所将白鸟的《国史》看成北畠亲房的《神皇正统记》，但没有论及亲房的论点。所功的这个比较停留在这样的表述上，《国史》“今天仍有说服力”，“可以说是近代版的《神皇正统记》”。所功，上述140页。

③ 岩井忠熊，上述5页。

④ 永积寅彦《昭和天皇与我》，学习研究社，1992年，76页。

全都太有争议，不宜做皇太子的指导教师，而清水不属于任何学派，并且还有1904年出版的宪法学巨著，故选择清水做了裕仁的宪法教师。1915年，清水成为宫内省的官员并承担御学问所的工作。在那里以及后来在宫廷里，清水给裕仁讲授明治宪法时，就宪法上政府权限的问题，对两个最有影响的学说做了解说。[①]一个是穗积八束和上杉慎吉的天皇亲政论，他们肯定天皇的绝对性，主张天皇对国家各个机关有监督责任，可以直接行使任免官吏的权力。这个观点得到许多陆军军官（除了宇垣一成是个著名的例外）和海军将校如东乡和小笠原的支持。另一个是美浓部较为自由开明的"天皇机关说"，他主张通过使内阁成为天皇唯一的最高顾问机关来制约天皇的专制权力，并约束那些辅佐天皇的宪法外机关的权力。

作为一个折中的、矛盾的思想家，清水表面上对两种观点都加以回避，但总的来说，他的文章还是更倾向于穗积而不是美浓部。清水认为有关宪法解释争论的主要焦点在于如何看待统治权，他主张统治权既属于天皇也属于国家。他认为国家是"土地、人民和统治权三者密不可分的结合体"，而在法律意义上，它则是"具有人格的统治权的主体"。[②]他还谈道："在我国，统治权既属于国家又属于天皇。在这一点上天皇与国家相互同化合二为一，而不是各自独立。天皇即是统治权的主体。"[③]

这种观点表明清水完全无法明确君主与国家的关系。东京帝国大学法律系的宪法学者上杉是穗积的弟子。他认为，天皇即是国家，他的所作所为，无论多么独断都是正当的。清水主张国家具有道德上的独立人格，天皇的行动理所当然都是为了国家利益。因为天皇的思维与行动永远都是为了国家利益，因此两者之间永远不会发生冲突。在清水这里，永远不会出现优先权的问题。就这一点，清水强化了杉浦所教授的内容，即有史以来天皇永远都是为了国家利益而行事的。

通过从"国体"优先的角度对宪法进行解释，清水将战前和战后早期那些试图保护"国体"不致因国内的分歧而遭到破坏的保守思想家的权威观点都囊括进来，而美浓部则认为没有必要这样。这些人认为，在危急时刻将那些最坚定信仰天皇思想的官员晋升至高位比发展政治制度更为重要。只要控制了忠诚的、受过良好训练的官吏，就会防止"国体"从内部被推翻。

清水从来没有直接谈论过议会及其权限、枢密院、元老等这些宪法外机关的问题。从根本上讲，他对议会制度的原则持有异议，也反对限制那些协助天皇的国家法律机关的权力。清水向裕仁灌输了这样一种认识，即对于天皇来说，所有的国家机关都是相同级别的，有着相同的权力。天皇根据情况来决定采纳哪个顾问的意见

① 铃木安藏《日本宪法学史研究》，劲草书房，1975年，260—267页。

② 同前261—262页。

③ 同前263页引用。

并予以赞同。但他并不是永远都要听从顾问们的建议，不管这些建议是否是顾问们的一致意见。

值得注意的是，清水没有明确阐述天皇政治行为的无答责问题。尽管明治宪法没有明文规定天皇的无答责，但是从宪法确立伊始，评注家们普遍认为，第三条中“天皇是神圣不可侵犯的”的“不可侵犯”一词，实际上就代表了这个意思。[①]因此，即使天皇违反了国内法律犯了罪，也不能惩罚他。另外，即使政府从事了非法活动，作为国家元首的天皇也不负有责任。唯一保证天皇不能违反宪法的是宪法第55条，它规定了国务大臣对天皇的辅佐责任，也就是说被追究的将是国务大臣的辅佐责任。

但是这项规定也不是对无答责的真正保障。因为在涉及统帅权的事情上，国务大臣被排除在顾问之外，天皇得不到大臣的建议，而且对天皇宪法上的责任也没有质疑的程序或制度。[②]清水试图向“不可侵犯”的概念注入这样的思想，即天皇拥有如此巨大的政治和道德上的权力，他不仅居于立宪君主制之上也在其外。就这一点看，清水与穗积、上杉的路线很接近，尽管他没有明确承认过。

清水将国家比喻成人的身体，天皇就相当于头脑，强调“就像头脑的作用一样，天皇是组织的中心存在”[③]。裕仁很喜欢这个把他称作国家首脑的比喻，20世纪30年代初期，美浓部因受到攻击不得不辞去官职时，裕仁还提起了它。这种认识普遍见于19世纪后期德国的宪法思想，特别是对日本的宪法思想家有着极大影响的法律哲学家格尔奥格·耶律内克（Georg Jellinek）（1851—1911年）就持这种思想。美浓部本人在1912年也曾把天皇比作人的头脑，只是他思考的出发点是国家而不是天皇。虽然后来清水又转而持相反的主张，但是，此时恰恰是清水思想中的这种含糊、模棱两可吸引了有着同样倾向的裕仁。

结果是，当明治天皇仍然是日本人的“伟人观”中最为生动的一部分时，清水将其作为最完美的君主典范加以偶像化，从而强化了杉浦和白鸟的理论。清水强调天皇应该像明治天皇在誓文中表示的那样，在处理国家事务时不能独断专行，要反映“公论”。可以说，在明治天皇神话的构筑上，清水起了添砖加瓦的作用。至于实现了将日本变成大帝国的伟大事业的明治天皇的个人资质（这也是大正天皇所

---

① 近卫笃麿《君主无责任之理由》，《国家学会杂志》第五卷第五五号（1892年9月），1224—1231页为其典型事例。

② 美浓部达吉《逐条宪法精义》，有斐阁，1927年，511页。山内敏弘《天皇的战争责任》，横田耕一、江桥崇编著《象征天皇制的构造——宪法学者给予的解读》，日本评论社，1990年，247页引用。

③ 清水把天皇与国家的关系，比喻成大脑和身体的关系，同时又说“国家为统治权的主体，与天皇为统治权的主体，无矛盾之处，非如斯论，我国国体不得说明”。清水澄《国法学第一编宪法篇》，日本大学，1904年，改订增补，1919年，21页。铃木安藏，上述266页引用。

完全不具备的），三个人则口径一致编造了一个神仙故事。三个人都期望裕仁能唤回已经失去的明治天皇的影像，一个由他们千方百计塑造并使之传奇化的明治天皇的影像。他们要裕仁明白，日本需要一个新的明治天皇，而他将是履行这一角色的人，他将取得不逊于他祖父的成就。

受杉浦、白鸟和极为矛盾的清水的影响，裕仁力求使自己能够达到已被偶像化的祖父的高度，尽管自己在气质、性格和兴趣方面与祖父大不相同。此外，裕仁也开始相信明治宪法中规定的他本人权威的神圣性。对于美浓部提倡的、20世纪20年代政党内阁采用的自由开明的“天皇机关说”，[①]他总认为它只属于一种学术理论，可用于大学中的讨论，而他自己的行动则无须以它为依据。他也没有遵照绝对论者的神学理论行动过。事实上，裕仁从未偏爱过立宪君主制的任何理论。对于他来说，宪法并不是制定重要政策的准则，因为与他祖父一样，他认为自己高于国家法律。对他行为真正的约束，包括明治天皇的精神遗产，都与宪法无关。根据情况需要，他甚至会无视宪法。

V

裕仁的教育过程一直没有结束。它的最终目标是在处理政府和统帅部提出的政策文件时，他能够做到置身于形成这些文件过程中的政治纷争和对立之外去理解，并现实地评价和自主判断。另一个目的是使神圣无敌的日本的政治组织保持均衡，把官僚派阀间的竞争引向统一与和谐。裕仁不会通过辩证的质疑方式和理论的思辨技巧来实现目标，因为日本的领导人似乎不太相信讨论具有能澄清问题、解决争端的效果。他将通过学习怎样利用他详尽的政务和军事知识、他神圣的权威来促成认识一致。如果他恰当地发挥了他的作用，他的决定和意志将渗透到统治系统中的各个团体，统一与协调即由此产生。这里，裕仁自身平凡的先天条件——细小的身材、尖厉的声音、仅达到平均水平的才智——既是教育的资产又是一个将他从危险的神话宣传中拉回现实的锚。裕仁也不是一个不靠直觉理解事物的人，但是，根据需要，他能够很快学会。

---

① 从创设内阁制度的1885年始至1946年止，日本的总理大臣来自做过众议院议员的只有四位——原敬、加藤高明、浜口雄幸、犬养毅。首相即使得到议会多数党的支持，却不一定是该党党首。选任首相的是“元老”，在裕仁的统治下，天皇和宫中近臣担任选任者。他们有时根据自己的需要也考虑众议院保守多数党的意向，但也经常无视他们的意向。也就是说，日本帝国是“政党内阁制”，而离议院内阁制还有很大的差距。当然，战争期间英国议院内阁制的民主机能也并未能得到发挥。劳合·乔治或拉姆齐·麦克唐纳也都不是执政第一党的领袖。将日本政党机构和英国模式的议院内阁制进行比较是一个很有意义的课题。

第三章　面对现实的世界

1919年春，18岁的皇太子裕仁庆祝了自己的成人式，此时的天皇制正处于权威低下并且受到各方冲击的境地。议会和总理大臣的权力不断增强，政党势力越来越大。在国外，悠久的君主制崩溃于一夜之间：俄国的罗曼诺夫，德国的霍亨索伦，奥地利—匈牙利的哈普斯堡和安纳托利亚的奥斯曼、巴尔干和中东。世袭君主制从未显得如此动荡不安，或者说国际环境从未对它如此抱有敌意。当时参加巴黎和会的日本代表们目睹了强大的国际和平与民主潮流正席卷着战后的欧洲和世界。

1918年11月上旬，经常被用来与明治天皇作比较的德国皇帝退位，不久，他出逃德国，在未被邀请的情况下流亡到了荷兰。1919年1月18日，巴黎和会召开。为了在特别国际法庭起诉前皇帝威廉违反"国际道德"，践踏条约尊严，协约国马上组建了一个战争责任委员会。同年，在委员会开展工作期间，日本报纸报道了协约国拒绝了日本关于种族平等的提案，并对日本在战争期间占领山东省提出了异议。考虑到将一位前任君主送上战犯法庭会威胁到君主的不可侵犯性，所以日本报纸只做了很少的报道。然而在幕后，外务省和日本代表团的首席代表牧野伸显、珍田舍巳也在担心对国家元首的审判会对日本人神圣的"国体"信仰产生影响。①

这就是裕仁成人式以及在御学问所最后三年（1918—1921年）的教育背景：在国外，君主制的原则遭到怀疑；在国内，公众对天皇制越来越漠视，对社会和政治体系的公开批判越来越多，要求国家改革的呼声越来越高，而君主亲政的观念则越来越弱化。由此看来，统治精英们完全有理由担心皇位的稳定性和年轻皇太子的未来。

更令人担心的是裕仁的个性，很多传记在记述他多方面的活动时都忽略了这个问题。他的沉默寡言、他的声音、他所表现出的缺乏"军人精神"是贯穿他作为天皇的统治生涯的一个性格特征。此外还有他极易受外界影响的天性，1920年，19岁的裕仁写的一篇文章可以证明这一点，那篇文章明显是模仿了他周围的大人们的观

---

① 1919年5月28日，内田康哉外相给驻巴黎日本大使发电报说，对威廉二世的审判"将使国民对我国体的信仰"产生不好的影响。过后，牧野站在威尔逊和Lansing（美国务卿，巴黎和会代表——日文）一边反对审判。见内田发给驻法大使松井的电报。外务省编《日本外交文件》（大正八年第三册下卷），1971年，1078页。

点。1921年3—9月的西欧之行对裕仁的成长很有帮助，回国后，他决心在政治事务中确立自己的地位并为之做好准备。

I

过完18岁生日的一周后，1919年5月7日清晨，裕仁在皇家近卫骑兵队的护卫下，乘坐马车出了赤坂御所。当他的行列经过二重桥进入皇宫时，祝福的人群发出了一片欢呼声。裕仁更衣净身，然后在皇宫内的神殿以神道仪式举行了成年式。仪式结束时，礼炮齐鸣，首都东京和全国各地都举行了庆祝活动。[①]

那时，裕仁已完成了大部分的中学课程，正在接受作为下一届君主的训练。为祝贺裕仁成年，杉浦、白鸟和御学问所其他教师在报纸上发表文章，赞颂皇太子的德行。教头小笠原写道：

> 殿下天资聪慧自不待言，且一心切磋琢磨，故诸学科融会贯通。面对教官的各种提问，对答完美无缺，令人感动不已。尚有演讲练习，殿下亦是见解卓越、表述明晰、声音洪亮，拜听者无不为之感叹。高中课程含军事、武术、体操、马术，故殿下具备军事知识与尚武精神之涵养。同时，殿下的身体亦因此得以强健。[②]

小笠原对裕仁的才智、勤勉和学业的评价，与其他所有了解裕仁的人的评价基本一致。问题在于他的“尚有”和“同时”的评价。如果说小笠原在表述皇太子擅长演讲并富有“尚武精神”上很谨慎，大概是（正如历史学家田中宏巳所指出的）顾及那些对御学问所的批判。成人式之前的3月末，《时事新闻》曾报道说，由于御学问所过于保护的、封闭的环境，皇太子在公开场合几乎讲不了话而且缺乏军人精神。元老山县和首相原敬的心腹，子爵三浦梧楼也曾呼吁改革学校脱离现实的教育方针。[③]其实小笠原和其他教师都很清楚皇太子很腼腆且不擅长演讲。事实上，在小笠原对皇太子的进步做公开评价之后，奈良武次——裕仁未来的侍从武官，在他的日记中曾对皇太子在5月8日的宴会上沉默无言的表现有过记述，那是继成人式后的一次晚餐会，他写道：

---

① 《东京日日新闻》1919年5月8日，大正新闻事典编纂委员会等编《大正新闻事典（四）》，每日传播，1987年，656—657页。

② 田中宏巳《昭和天皇的帝王学》，《THIS IS读卖》（1992年4月），101—102页引用。田中认为这些赞辞来自御学问所的“通信簿”。

③ 同前102页。波多野胜《裕仁皇太子欧洲外游记》，草思社，1998年，18—21页。1895年，三浦梧楼为驻汉城公使，因为杀害皇后闵妃而恶名远扬。

殿下只对来宾表示了致意，就座后便一言不发。即使跟他说什么，基本上也是不作答状态。宴后休息之际，一向有说话直率定评的枢密院顾问三浦梧楼子爵，在众人面前对东宫大夫浜尾进行了批判攻击。他大声斥责说“这就是对殿下实施封闭式教育的结果”。或许是有感而发，山县、西园寺两元老论及有必要对殿下的教育和辅导进行大改革。①

接着，奈良又记录了与陆军元帅山县的谈话。山县回忆说他拜见皇太子时，曾向他提出过问题，而皇太子既没有回答他，也没有向他提任何问题。

（他）就像一尊石刻的地藏菩萨，令人深感遗憾。我认为这主要是浜尾封闭式教育方针造成的。今后，应该给他提供更为开放的教育，以培养他自由活泼的气质。也是由此，我觉得非常有必要让他到海外去看看……浜尾的迟钝令人遗憾。②

奈良可能也注意到了，处于青春期后期的皇太子不同于他的弟弟们，在公众面前不但没有展示任何“个性”，而且行动笨拙，声音尖厉。但是怎么看待裕仁的沉默寡言呢？表明他经验不足、缺乏自信吗？或者是被别人塑造的性格的一种表现？抑或是君主教育刻意培养的产物？那与年龄不符的尖厉声音又是怎么形成的？这是人为培养的结果，还是荷尔蒙分泌迟缓的结果？

裕仁是一个情感激烈的人，比他的弟弟们有过之而无不及，只是他从不表露。他也是一个孤独的人，早在中学时代就养成了遇到压力时自言自语的习惯。③那个几乎从未对他说过话却被他奉为榜样的祖父，也许助长了裕仁年轻时沉默寡言的个性，因为他非常想仿效他的祖父。此外，白鸟教授还给他列举了许多先辈天皇的范例，他们都是些沉默寡言的君主形象，符合中国儒教（或者佛教）无言胜有言的理想的君主像，他们的沉默成为一种典范。也许沉默寡言还是裕仁的一种策略，用来回避他的老师们无所不及的审视的目光。

从某种意义上说，他的不善言辞体现了日本的文化及美学传统。与他的祖父是一个纯粹的独裁者不同的是，裕仁很想成为一个明治宪法“下”的君主（严格说来是在宪法之下或被宪法保护的）。他负有宪法上的义务，当他履行这些义务时展露

① 波多野澄雄等编《侍从武官长奈良武次日记　回顾录（四）》，柏书房，2000年，115页。田中宏巳，同前102页。承蒙田中教授好意，笔者得到一本奈良武次日记（执笔此书时尚未刊行）。

② 同前，《侍从武官长奈良武次日记　回顾录（四）》，116页。

③ 自言自语的毛病随年龄俱增，12人的侍从之一、1936年3月—1946年4月在裕仁身边勤务长达十年的冈部长章等在许多回忆录中都有言及。冈部长章《一个侍从的回想记——动荡时代的昭和天皇》，朝日Sonorama，1990年，97—99页。

出来的面孔更像是一张面具而不是本像。那张面具是他心理服装的一部分，就像他在演示宗教及各种仪式时披在身上的祭服一样，并且他最重要的职责之一就是要体现日本的道德。

矛盾的是，这个沉默的面具反而引起了人们对裕仁内在自我的注意和赞赏。而另一方面，当他披上沉默的外衣履行他的政治和军事职责时，面具有时会引出问题。那些直接向他报告的人不但要根据当时的情形来理解他那极少的发言，还要看他的表情，揣测他被“触动”的程度。即使事关他个人的重大问题，也不要指望他会说些什么，所以属僚们学会了通过观察他面部细微的表情来获取他内心的思考和对未来行动的暗示。[①]在一个历史上重视戴面具并把它视为象征性表情的最高形式的社会中，天皇沉默的面具的意义不同凡响。

他的声音也是如此，很多日本人从他的声音中“听取”他们的民族意识。在裕仁1921年11月就任摄政之前，精英中少数听过他声音的人感到的是不安。只是随着教师们对其声音的指导，随着他在政府事务上的经验积累，随着国家在战争中越陷越深，民众才开始将他的声音想象为超人。1945年8月日本投降以及后来占领期间巡视全国时，裕仁的声音都再次引起了人们的议论。[②]

除了年轻裕仁的不善言辞，以及日本人对他的声音的不同理解之外，第一次世界大战后日本的统治者们还必须全力对付如何处理精神与身体都极不健康的他父亲的问题，以及如何应对社会变化所引起的民主主义骚动中君主制权威失落的问题。在这种特殊背景下，皇位继承人外观上的身体条件就显得极其重要。很自然，元老及其接班人们开始担心嘉仁天皇这个安静的、看起来羸弱的儿子，因为日本民众已经习惯了明

---

① 有关裕仁的沉默寡言，《牧野伸显日记》1926年10月28日记有这样一个好例。

西公依约来访。

公曰，过日拜谒殿下，西园寺亦致老衰，且挂念将来之事，今后政变等场合，亦请向内大臣下问，又西园寺没后，主要向内大臣下问，若内大臣需与他人相商，请予许可。此段西园寺有感而发，冒昧上言，对此，天皇未置一言。此固常有之事云云。

伊藤隆、广濑顺皓编《牧野伸显日记》，中央公论社，1990年，261页。

② 小说家大江健三郎在回忆录中说，日本投降那天，他还是少年，第一次听着天皇的声音竟笑了起来，但也感到一种奇妙的不安。

我们小孩，都不懂讲话的内容，但声音确实是听到了。我的一个幼年伙伴，还学得很像。我们围着那个穿着脏短裤模仿“天皇的声音”的伙伴，乐得笑出声来。

我们的笑声，在夏天静静的山村里响起，化成小小的回声，消失在高高的晴空。这个时候，突然从空中的高处飘下一丝不安，抓住了我们这些不敬的孩子。我们沉默不再出声，你看看我，我看看你。

大江健三郎《正是不知好歹的年纪（一）天皇》，《周刊朝日》（1959年1月4日），30页。日本人都是怎样接受了广为人知的裕仁投降广播的呢，关于这点，详见竹山昭子《玉音放送》，晚声社，1989年。

治天皇那威严的举止，而他却完全不能在民众面前用语言来表达自己的个性。戴近视镜、体格瘦削、佝偻肩、神经质、一点也不响亮的声音，这一切使期待他具有“尚武精神”的政治领导层深感忧虑，而这种忧虑最终又影响到报纸也就不足为怪了。[①]不过裕仁很聪明而且总是意志坚强。他注意节俭，非常重视军事成就和军事战备，见解现代而且内行。换言之，他真实的性格在很多方面与他虚弱的身体外表是相左的。

少年时代，裕仁就接受了自制力训练和严格的军事教育，这使他习惯于刻板而严密的例行公事。他的祖父曾经在假设外国军队入侵的军事演习中亲自指挥陆海军，与他的父亲大正天皇完全不同的是勤于参加陆海军学校的毕业典礼。[②]但是明治天皇没有接受过军事教育，实际上对战略和战术也一无所知。裕仁的军事训练是为让他到户外活动以改善他不健康的生活方式而设计的。裕仁将明治天皇当成自己人生的典范，设法追随被理想化的明治天皇的足迹是裕仁的强烈愿望之一。但这并未妨碍他根据情况需要随时自由地改变明治天皇的先例。与他的祖父不同，裕仁配备了常时侍从武官，他们鼓动他采取军人般的言行举止，特别是1926年12月成为天皇之后，除了宗教仪式外（那时他身穿古代神道祭司的服装），他几乎总是穿军服。这种日常习惯对于他人格的成长有着深远的影响。[③]

同样重要的是，裕仁毫无质疑地接受了他诞生于其中、被精心构成的权力秩序。他从小时候起就知道，他生来就是一个注定要在政治权力和军队指挥领域里作决定的人。然而，随着他长大成人承担了天皇的责任，他知性的兴趣开始倾向于历史、政治、特别是自然科学方面。不过，这些生活理想和愿望并没有妨碍军事在他日常生活中的绝对地位。

这个将成为日本“绝对”君主和最高军事统帅的年轻人爱好科学，然而，占用他绝大部分时间、甚至与他拥有亲密私人关系的都是军人而不是科学家。在御学问所的最后两年中，他似乎和极为自负的宇垣将军交上了朋友。后来他和大臣们一起统治国家的时候，戴上大元帅面具的昭和天皇开始更多地表达自己的意思。他强有力的发言，发挥了巨大的政治影响力。裕仁对他任命的高官中有能的官僚给予了全部的信任。但是他与固执己见的、炫耀武力的人物以及政治上的极端保守分子合不来，比如像帝国海军最初的宣传家、御学问所教头小笠原大佐（后为中将），以及

---

① 宫内省禁止拍摄只有裕仁上半身和从背后（他有点驼背）角度的照片。所以裕仁的照片，总是那副脸上没有笑容、两手垂直向下的僵直的样子。中山俊明《纪子妃的右手》，情报中心出版局，1992年，103—104页。

② 渡边几治郎《明治天皇的圣德和军事》，藤原彰《昭和天皇的十五年战争》，青木书店，1991年，46页。

③ 祢津正志《天皇与昭和史（上）》，三一新书，1976年，20页。

有名的海军大将、御学问所校长东乡。①

由此产生的问题是：我们应该怎样理解裕仁在他人生不同阶段所展现出的如此之多的矛盾的自我意识？他是怎样控制了自己的感情并成功地承担了各种角色，应对了对他的各种要求，他付出的代价是什么？毋庸置疑，他身上根深蒂固的、永远不会抹消的自我意识是天皇神授的意识。他所受的教育记叙了如何让他意识到自己是一个发令者、一个政策制定过程的参与者、一个给亚洲国家带来现代化的领导者的经过。

Ⅱ

裕仁很自然地具备了让他的老师们感到满意的政治态度。②就此时裕仁的社会观，我们可以从杉浦提供给宫内大臣牧野伸显，而牧野又把它写入日记的一篇作文中有一个大致了解。协约国与德国缔结的和平条约最终生效后，1920年1月裕仁写了只有两页的短文《读实现和平的皇帝诏敕有感》。19岁的裕仁展望了将来他“承担指导政事之大任”后的情形，文中使用了“我的父亲，天皇”这样的词语。③这篇作文表露了一个既认同军事战备的意义，同时也希望实现“永久和平”的年轻人对于“极端主义思想”的担忧。他的第一个论点是：

> 世界思想界极为混乱，极端主义思想泛滥，劳工问题棘手。世界各国目睹战后惨状，渴望和平及各国协调共事。因此，我们看到了国际联盟的成立，还有早些时候劳工会议的召开……值此之际，我国民必须遵照诏敕的教导，走奋力自强、随机应变之路。

“极端主义思想”在这里暗指的是第一次世界大战后在日本和世界各地兴起的民主主义、反军国主义、社会主义和共产主义革命思潮。在表达了他对这种现象的担忧，并指出“劳工问题”给社会带来了动乱后，裕仁严格按照诏书的说法继续陈述了他的观点：

---

① 田中宏巳，上述101—106页。田中宏巳《日清·日俄海战史的编纂与小笠原长生（二）》，《军事史学》第十八卷第四号（1983年3月），43—44页。小笠原在撰写教科书上广泛为人所知的“广濑大佐”“军神东乡平八郎”等模范军工的著述活动上很活跃。

② 据小笠原说，“殿下对政治、对所有事物都有见解，说出来难禁敬畏之情。杉浦重刚翁曾进讲各种金言格言，有一次问到哪句话印象最深，殿下立即说是‘天无私心’一句”。小笠原长生《摄政宫殿下的高德》，《太阳》第二十八卷第一号（1922年1月），5页。

③ 上述《牧野伸显日记》，21—23页。牧野从杉浦那儿看到作文，将其写入1921年8月17日的日记当中。这是皇太子留下的极少的文章之一，而且，从他谈论他的父亲大正天皇这一点来说，更是少有。他对父亲的言及，在《本庄日记》中也可见到。

特别是关于国际联盟，诏敕如下阐明："朕（指嘉仁天皇）诚感欣幸，同时亦觉今后国家负荷之沉重。"我也向国际联盟的成立表示祝贺。我将遵守联盟的公约并发扬它的精神。

但是，不要把裕仁肯定新的世界联合的热情理解成他对英美的世界观或是作为国联创建基础的"新外交"原则的赞同。他对国联精神的肯定只是反映了他年轻的理想主义和乐观主义。尽管如此，现阶段他的理想主义与原内阁的怀疑主义形成了鲜明的对照。政府希望能够延迟承认国联的成立并指示在凡尔赛的日本代表团对欧洲事务保持沉默，集中保护日本在中国的"权力和利益"。

紧接着的下文中，裕仁声言："必须完成在世界建立永久和平的重大义务。怎样才能实现这个使命？"他的回答是，日本作为一个大殖民帝国必须在"万国公约"的基础上和其他国家保持一致，而在国内则要避免奢侈和铺张浪费。然后，他将"军备"和工业基础建设与"外交利益"和"与列国保持步调一致"联系起来，为将来行动的前提做了提示："军备不充实……则无外交利益可言，磋商将很困难。而且，只有振兴工业和交通，提高工人效率，国家才能富强。如果做不到这一点，将无法与列国保持步调一致。"

结论部分，裕仁强调说面对国际竞争，全国要团结一致，以完成"国家使命"。

"思想界的混乱""极端主义思想""浮华""骄奢""军备""永久和平"顺应时代趋势、若想实现国家使命，必须实现国家的联合统一——这些都是日本保守统治者和军队领导人以及年轻的裕仁描述第一次世界大战结束后的状况时的用语和概念。从更广泛的意义上讲，这些用语属于保守主义者标榜的思想体系，目的在于防止日本陷入社会紧张局势。然而，不断扩大的阶层和阶级之间财富和权力的差距所造成的社会紧张局势，仅仅用修辞疗法是远远不够的。

III

第一次世界大战时的日本总理大臣大限重信（1914—1916年）和寺内正毅（1916—1918年）在虚构的大正天皇亲政的基础上统管了国家政治。战后的原敬首相（1918—1921年）已经无法再掩盖这一点，即嘉仁仅是一个傀儡，至多也不过是一个必要的形式而已。[①]原敬和年迈的元老们都为当时风起云涌的社会潮流所困扰，比如说1918年日本国内爆发的"稻米骚乱"，还有不断恶化的天皇的健康，以及不

① 安田浩《近代天皇制的权力与权威——对大正民主时期的考察》，《文化评论　临时增刊　续　质问天皇制》（1990年10月），182页。

断发生的批判皇室的不敬事件。

战后的不敬事件是大正时期挑战天皇崇拜的一个表现形态。[①] 1921年11月裕仁摄政后，只要说过“一个毛孩子要用这么多人”，或者“天皇陛下乳臭未干还挺神气的。不管什么时候他经过，所有的交通都要先停下来几小时。有些傻瓜居然等十个小时去看他的行列经过”。[②]那么说这话的人就会被捕并被控告犯有不敬罪。

尊重皇权的意识逐渐受到侵蚀，除了天皇久病的事实被公众周知以外，社会经济的变化以及大正民主运动的兴起也是原因之一，特别是后者提出的扩大选举权的要求切实有力。[③]然而，原内阁和元老们只做出了一点有利于农村男性骨干分子利益的改革。他们没有为反映社会变化，着手对政治权力进行根本性的合理化改革，而且否决了通过男子普选法的要求，在保存了世袭贵族和枢密院特权的同时，又在摸索保护君主制以及对抗大正民主运动的途径。

原最担心的一点是民众对皇室巨额财富的批判。他对宫内大臣波多野敬直说：“如果能让民众有皇室的财富就是国家的财富的认识，那么有多大的收入也绝不会有人抱怨。”[④]在这个由于阶级斗争而逐渐被分裂的国家中，原知道君主制有被卷入论争的危险。在被称为“稻米骚乱”的民众抗议活动中，有一百多万的农村、渔村民众以及全国37个县外加北海道，东京、大阪、京都三府的乡镇和城市居民参加了运动。尽管骚乱者愤怒的矛头指向的是上涨的物价，但是骚乱产生的深层原因在于地主制度。在这个制度下，佃农们要将他们谷物的绝大部分作为地租缴出去。原无法否认皇室的“巨额收入”，因为皇室实际上是日本最大的地主，为避免事态更加艰难，从今往后他们还要注意保证皇室的经济活动不被察觉。

元老山县对此也表示赞成。1919年10月，他曾警告过波多野马上卖掉天皇持有的股票，并将皇室地产中的湿地和旱田处理掉。当时皇室仅从山林经营一项中，每年的收入就达600—800万日元。[⑤]另外，它还拥有皇宫、宅第、学校、陵墓和京都、奈良及东京的博物馆。从投资公司的股票和债券中也获得收入，还有政府每年300万日元的皇室经费。它还从购买殖民地银行和企业的股票中取得收益，比如朝鲜银行

---

① 20世纪20年代前半期的不敬罪事件中，近20%属于对皇族照片的玩笑或有意亵渎。比较多的，如剪坏报纸上刊载的天皇照片、把有关皇室的报道用于不适当的场合、侵害象征天皇的物品和设施等。政府不问其背后是否存在对天皇制的批判，将这些行为都作为不敬罪进行处理。渡边治《天皇制国家秩序的历史研究序说——以大逆罪、不敬罪为素材》，《社会科学研究》，东京大学社会科学研究所，第三十卷第五号（1979年3月），252、258—261页。

② 同前253页。

③ 安田浩，上述183—188页。

④ 原奎一郎编《原敬日记（五）》，福村出版，1965年，21页。铃木正幸《近代天皇制的支配秩序》，校仓书房，1986年，187页引用。

⑤ 黑田久太《天皇家的财产》，三一书房，1966年，133页。

和南满洲铁道公司（1925年开始）。这份财富再加上国内矿山和其他所得，使宫内省成为日本几个最大资本企业的保证人和董事，从而使它成为“日本资本主义发展……伟大的信用创造者”。[①]由于拥有与最大财阀（大的金融机构或资本团体，战前和战时的日本企业都与它们有着紧密的联系）相匹敌的巨大财富，皇室与国民发生了众多的联系，这在明治时期是不可能的。如果说波多野还没有明白这个事实，原和山县却很清楚。用皇室的经济实力收买国民好感的时机到了。

在这种背景下，1920年下半年，正值裕仁从御学问所毕业之前，宫廷内发生了一个事件。这个事件显示了君主制是多么容易被卷入大正民主时期的政治倾轧之中。事件起源于统治阶级上层对裕仁未婚妻家系中色盲问题的小题大做，同时还涉及1919年6月裕仁订婚时出现的皇太子的教育问题。裕仁的教育、订婚和欧洲之旅的问题从一开始就搅在一起，很快激起了关于是谁最终掌握着皇室组织中固有的政治经济权力的论争。

事实的经过是：裕仁被正式授予皇太子称号一年后的1917年，小笠原给他的母亲节子皇后（后来的贞明皇后）呈上了他认为适合做皇太子配偶的三个公主的名字。她选择了久迩宫邦彦亲王的女儿良子公主做裕仁未来的妻子。那时和现在一样，皇太子的婚约被视为国家一大盛事，需要做许多复杂的准备。裕仁已经见过良子且很喜欢她，而她则具备了作为皇后所必需的所有条件，因此，1918年1月，波多野就写信通知久迩亲王，她的女儿已被选作皇太子的未婚妻。从那时起，久迩家族就雇用了裕仁的伦理教师杉浦，每星期为她上一节伦理课。

皇室的订婚庆典定于1920年末举行，可是同年6月，尚在世的元老中最有权势的陆军元帅山县企图取消这门婚事，理由是良子母亲一方的岛津家族有色盲症。6月18日，山县强迫波多野辞职，表面的理由是调查不力，实际是因为他促成了裕仁的海外之行。然后，山县开始安插他自己派阀的追随者，任命陆军中将中村雄次郎为宫内大臣。原首相支持山县，他也担心大正天皇长期的病态和智力上的低弱有可能是因为皇室遗传缺陷造成的，不过他更希望通过培养和山县的良好关系来加强他对宫廷事务的影响力。考虑到未来能有一个健康的皇室，而不只是维系皇室血统的纯粹性，山县给久迩亲王写信要求他“出于对皇室的尊重自动退婚”[②]。

久迩亲王并没有听从他的要求，他在得到节子皇后和杉浦的支持后开始了反击。裕仁也参与了对良子的选定，他是否预计到后来发生的这一切不得而知。杉浦

① 后藤靖《天皇制研究与〈帝室统计书〉》，后藤靖、大泽觉解题《帝室统计书（一）》（复刻），柏书房，1993年，3页。

② 渡边克夫《宫中某重大事件的全貌》，《THIS IS读卖》（1993年4月），70页。我的叙述基本源于渡边此文。有关此事件的初期研究，参见George M. Wilson, Radical Nationalist in Japan: Kita Ikki, 1883—1937, Harvard Univesity Press, 1969, pp. 100—101.

试图统一宫内省官僚们的意见，所以强调说违背婚约将给皇室留下一个不好的先例，也会给皇太子将来的人生留下伤痕。当他的“伦理”说服失败后，杉浦便开始调动久迩家族中倾向岛津一方的贵族，期待他们一旦参与了反对山县的斗争，将会对萨摩藩的旧家臣出身的高级官僚施加影响。

杉浦想利用萨摩藩家族间的姻亲关系的尝试也没有什么成果。山县和原仍然在为皇室家族的未来焦虑，不能否定他们的担心有其合理的部分。这时，维新运动的伟大领袖大久保利通的次男，被认为是萨摩藩派中心人物的牧野伸显参加完巴黎和会回到了日本。杉浦的弟子八幡制铁所所长、高级官僚白仁武在拜访了牧野并讨论了这个问题后，对杉浦报告说牧野“看起来正在苦虑中”。[①]萨摩藩派的海军大将山本权兵卫也对杉浦的恳求反应冷淡。

对战胜最有权势的元老感到绝望的杉浦决心将他和山县的冲突进一步升级。他把山县要解除皇太子婚约的企图告诉了他从前的学生——身为众议院议员同时又是国民党领导人的古岛一雄。古岛马上把这件事告诉了国民党主席犬养毅，很快宪政会的大竹贯一也知道了这个纠纷。如果原的政友会的两个主要政敌国民党和宪政会在这时打破皇室的静谧，对于原来说将是一颗危险的炸弹，因为在1920年12月27日召开的以普选法为议题的第44次帝国议会上，他们可以利用这个事件来反对原。此外，有关杉浦要辞去御学问所职位的消息开始出现在报刊上，公开理由是健康原因，可是此时离皇太子毕业只剩下几个月了。很明显，杉浦越是对改变局势感到孤立、无力和绝望，他就越使别人戒备，这个事件就越被政治化。

最后杉浦对他的老朋友——极端民族主义的“旧右翼”领导人头山满说山县憎恨久迩亲王，想扩大在宫廷中的权力。1881年，头山和平冈浩太郎结成了玄洋社。这是一个在政界、经济界和学界都不乏支持者的压力集团，其目标是使日本成为亚洲联盟的核心以对抗欧洲帝国主义。[②]头山在黑龙会（1901年成立）的同志们和内田良平的浪人会的成员们也开始对山县进行人身攻击。1921年1月，两名“新右翼”的泛亚洲主义者，一个是东洋学者大川周明，另一个是皈依了日莲宗的思想家北一辉，他们也知道了山县正在策划取消皇太子婚约的事情。大川与拓殖大学的满川龟太郎教授一起刚刚成立了民族主义者及反马克思主义者的讨论小组——犹存社（取陶渊明诗句“松菊犹存”），后来北一也加入进来。从这里，流出了暗杀山县的传言。

1921年2月上旬，第44次议会期间，“国体”问题浮上表面并成为反对党手中的武器，鉴于此，原首相撤回了他对山县的支持。因担心无法控制局面而被打上“国

---

① 同前82页。

② 有关泛亚洲主义，参见John Welfield, An Empire in Eclipse: Japan in the Postwal American Alliance System, Athlone Press, 1988, pp. 8—10.

贼”的烙印，日本政界最有实力的人物之一山县最终向以民间右翼为中心的势力屈服了。宫内大臣中村和山县的另一个支持者，宫内高级官僚平田东助也服从了杉浦。一系列的失利，以及原对皇太子婚约问题政治化的深深忧虑（更不用说浪人会的活动和对他生命的威胁），使山县放弃了这场争斗。

1921年2月10日晚，以及宫内省和内务省向东京报界通报了皇太子的订婚仪式将如期举行，宫内大臣中村和副大臣石原健三辞职的消息。①2月12日，《读卖新闻》发表了一篇严厉批判山县的社论，指责他引起了“宫中某重大事件”。十天后，山县辞去了元老称号和枢密院院长职务，交回了众多的勋章并声明放弃爵位。他在那天的日记中写道：“现在的内务省和警视厅毫无能力取缔（右翼势力）……所以我想从陆军大臣那里借50名壮士把他们全杀了。”②（据日文版译者补注，事实是2月10日，山县跟台湾总督田健治郎的秘书松本刚吉说的这番话，松本记在了自己的日记里——译者注）尽管原和宫廷没有接受他的辞呈，但是显而易见山县已经跌下了权力的顶峰。和山县一起反对婚约的元老松方和西园寺的力量也多少受到了削弱。为了使宫廷恢复平静，元老们推荐牧野进宫担当管理宫廷事务的主要角色。

2月15日，原内阁通过宫内省正式宣布皇太子将开始欧洲之行。以杉浦和头山为代表的右翼虽然在裕仁婚姻问题上赢了，却在被同时提起的皇太子西洋之行问题上输了。原以及主要的皇族和所有元老都支持这次出游，部分原因是将它当作了对付战后民主改革热情的一个手段，而极端民族主义者则以“盲目崇拜外国思想”为由表示反对。

“宫中某重大事件”显示了围绕皇室问题是多么容易引起激烈的政党派阀的纷争。从这件在皇室历史上看起来微不足道的插曲里，我们看到了20世纪30年代式的右翼恐怖主义的原型。在裕仁的婚姻问题上，右翼势力成功地遏制了元老和最大政党党首的意志，并营造出一种可以把明治王朝公认的领导者称作国贼的社会环境。③

从另一个层面上看，这个事件揭示了大正民主潮流同皇室以及民间右翼团体之间微妙的对抗态势。在大正晚期的政治舞台上，主要的政治演员都登台亮相了。他们是政友会及其在议会中的反对派、元老及其年轻的部下、萨摩藩和长州藩的藩阀、亲山县和反山县阵营。其他的主要人物是欧洲主义者、泛亚洲主义者、继续西化和改革天皇制的提倡者、传统“国体”概念的提倡者，而“国体”则是建立在极易与史实混淆的神话基础上。在元老们从前台退去，新的政治联盟开始形成时，每

① 渡边克夫，上述108—109页。

② 冈义武、林茂校订《大正民主主义的政治——松本刚吉政治日志》，岩波书店，1959年，54页。高桥秀直《原敬内阁下的议会》，内田健三等编《日本议会史录（二）》，第一法规出版，1991年，251页引用。

③ 同前250—251页。

个人都做了亮相。

同样值得注意的是日本民众对皇太子婚约问题的无意识。而以实施流氓手段为第二天性的民间右翼组织的首领很容易就掌握了宫廷动向，他们在幕后对宫廷和保守的政党政治施加了影响。[①]譬如头山，在事件之前及事件之后，一直与许多宫廷官员保持着亲密的私人关系。北（后来在1936年2月26日的陆军反叛事件中虽然没有起什么重要作用，却被处以极刑）也利用这个事件加强了他和皇室成员的关系，他向秩父宫献上了自己著名的《日本改造法案大纲》。书的第一章“国民的天皇”中号召军队在政变中攫取权力，重新改造国家。天皇应该对此赋予合法性，并通过这个过程接近国民。从1922年起，北开始向东乡和小笠原长生施加政治影响，当时他们正在为海军军扩做新的一番游说。[②]（小笠原在日俄战争期间皈依日莲宗，同煽动性很强的传教士田中智学关系密切。）

御学问所关闭之后，作为前校长和教导主任的东乡和小笠原加强了他们之间的合作关系。东乡当时75岁，只能通过他精力充沛的代言人小笠原来维持社会活动。1921年小笠原被编入预备役后，对他来说维持与那些当权者的关系最有效的方法就是跟东乡搞好关系。作为仍在职的元帅，东乡参加军事参议院会议，掌握着海军军事机密。东乡和小笠原都与以宗教信念为精神支柱的极端民族主义右翼有着紧密的联系，同时他们又很快成为建设潜水艇舰队和海军航空兵的主要倡导者。1922年2月华盛顿五国海军裁军协定签署后，他们与海军中将加藤宽治及海军大佐末次信正等成为海军压力集团的核心，反对国际新秩序和进一步裁军。[③]

1921年，牧野伸显也走到了日本政治的前沿。牧野被西园寺内阁任命为阁僚，1919年，他作为日本五人代表团事实上的团长，参加了巴黎和会。他怀着对欧洲资产阶级君主制崩溃的深深忧虑回到国内，迫切希望抑制已经开始席卷世界的民主主义潮流。在宫内大臣中村因为皇太子婚约的纷争引咎辞职后，西园寺在松方的支持下，推荐牧野做新的宫内大臣。[④] 1921年2月19日，牧野带着他的副大臣关屋贞三郎走马上任，关屋是一位对殖民地行政和警察事务都很有经验的内务省官僚。

牧野一开始就与北一辉和大川周明这些未来的日本式“自上而下的法西斯主义”

---

① 藤原彰等《天皇的昭和史》，新日本新书，1984年，32页。宫廷与右翼过激派及暴力团的关系，可以追溯到明治时期以前，渊源远自京都宫廷贵族中的神道改革派。

② “北四五天一次，访问小笠原，提供各种情报。有时在小笠原面前哭泣（哭叫），小笠原便对他进行安慰。”田中宏巳《昭和七年前后东乡集团的活动——通过小笠原长生日记（一）》，《防卫大学校纪要》五十一（1985年），15页，注4。

③ 同前1—10页。

④ 波多野胜《大正十年皇太子访欧——决定过程与成果》，《法学研究》，庆应义塾大学，第六十六卷第七号（1993年7月），48页。

知识分子领袖保持着亲密关系，同时，他还与稳健的右翼分子安冈正笃交往深远。很显然，牧野是一个由大正民主主义时期向法西斯主义时期转化的过渡性人物。[①] 1925年3月，牧野成为宫内大臣，作为裕仁最重要的政治顾问，他在这个位置一直干到1935年，他75岁的时候。[②]其间，他主要是通过秘书和裕仁联系，实际上真正见天皇每个月也就一两次。[③]尽管英美方面把牧野看成宫廷中的亲英美派，以及宫廷中最重要的"稳健派"和"自由派"，可是他的整个生涯证明这种简单的标签式判断是一种误解。

1920年后期，在美国受过教育的基督徒珍田舍巳也进入了高级宫廷官员的圈子。在参加牧野的巴黎和会代表团之前，他曾历任奥地利、德国、美国和英国大使。他先后被任命为东宫大夫和皇后宫大夫的部分原因在于宫内省的改革，精通西方国家情况、有经验的外交家和军人被重用。

1921年2月和3月成为裕仁人生中的分水岭。裕仁最初的社会是以宫廷为中心，以学习院出身的同学为主要人际关系，是一个被限定的环境，随着1921年3月1日御学问所正式解散，以这个社会为主导的时期宣告结束。他人生中最基本的精神教育和身体准备已经完成。为了使宫廷摆脱政府的控制获得独立，一个由刚刚升为高官的宫廷官僚组成的集团形成了。此后，他们将重新调整皇太子的生活，使君主制成为处于政府和国民之间的独立的政治力量。两天后，裕仁离开日本去欧洲旅行，这次旅行是对他教育的一环，目的在于推动他进入成人期，并反驳皇室衰落的公众认识。

Ⅳ

皇太子裕仁从御学问所毕业时，离他20岁生日还有两个月，宫墙外的政治斗争也进入了一个新阶段。当时的政府正在寻求办法以抵挡第一次世界大战后传入日本的议会制民主主义、反军国主义、马克思主义和共产主义等新思想对君主制的威胁。在总理大臣原敬看来，这种情况下，最好的办法就是让皇太子出国进行一次"视察"西欧的旅行，同时他还注意到，在裕仁的正规教育过程中围在他身边影响他的都是一些年龄足以做他父亲或祖父的人。

皇太子外国之行的公开理由是对康诺特公爵（乔治五世的叔父）于1918年6月寺内内阁末期访问日本皇室的回访。但是对于极力主张出访的原和元老们来说，恢复不断衰弱的君主制权威才是他们的真正目的，完全是一种政治上和心理上的考虑。[④]

① 波田永实《牧野伸显关系文书——以宫中集团为中心》，《史苑》第四十三卷第一号（1983年5月），69—70页。

② 上述《牧野伸显日记》，751页。1936年2月二·二六事件时，牧野是宫内省帝室经济顾问。

③ 岸田英夫《侍从长的昭和史》，朝日新闻社，1982年，130页。

④ 铃木正幸，上述188页。波多野胜，上述《裕仁皇太子欧洲外游记》，14—16页。

皇室担心裕仁的安全，起初反对出访，议会的一些成员如国民党的大竹贯一、宪政会的押川方义、民间右翼的重要人物内田良平和头山满等也持反对意见。裕仁出发的前几周，右翼民族主义分子举行了强烈的抗议活动，宣称父亲病卧床榻时的出游，是不孝行为，有伤“国体”。

西园寺、松方、山县和原等领导层则认为皇太子在结婚之前进行一次“西方巡视”是一件“对国家有重大意义”的事情。他们对因病无法在公众面前露面的嘉仁天皇早已感到绝望，希望裕仁多出头露面，参与政治事务，学习处理人事。[①] 1920年，随着大正天皇亲政的谎言被逐渐揭穿，他们比以往更加着急要将皇太子作为他父亲的代理人推到前面去。第一个反对出游的是裕仁的母亲节子皇后，考虑到这种旅行中的种种人身危险，她不想让大儿子出国。但是原和元老们考虑到皇太子的教育还不够充分，认为有必要冒这个险。1920年末，他们终于以“政治需要”为由说服了皇后。[②]元老松方在给她的上奏文中阐明凡尔赛会议后视察欧洲的重要性时说：“眼前的形势是民众运动迭起，思想动摇不定，各国势力此消彼长，因此，若想探明治乱兴废因由之所在，恐再无如此空前绝后之好机。”[③]

一旦解决了节子反对的问题，政府和宫廷官僚们就可以更加坦率地讨论旅行的真正目的了。已经越来越清楚地可以看出裕仁很快就会摄政。为了有能力处理日本民众的新思潮，需要让他了解国外的情况。[④]

欧洲大陆的君主制已经崩溃，战争引发了世界范围要求和平、民主、裁军和独立的运动。在反君主制的大潮中，作为摄政者的他将不得不应对日本也在逐步聚集着力量、要求社会变革的冲力。此外，他还要应对日本国内蔓延的轻视民族主义、军国主义和国家的新倾向。更重要的是裕仁身承明治天皇血脉，是家系中关键的“第三代”，所以要想皇室存留下来并繁荣起来，他就必须成功。[⑤]正是联系到这些内外压力，加上对皇室未来及其越来越孤立的状况的恐惧，使裕仁的西欧之行显得愈加必要。

尽管最初设想的是一个小规模的旅行，可是后来却发展成了一次正式的访问。在国内，它标志着一场以皇太子为中心的公众宣传运动的开始，目的在于反

---

① 上述《原敬日记（五）》，166页。铃木正幸，同前189页引用。

② 同前305页。铃木正幸，同前90页引用。

③ 佐佐木隆尔《现代天皇制的起源与机能》，昭和出版，1990年，88页引用。

④ 上述《原敬日记（五）》，319页。铃木正幸，同前191页引用。

⑤ 1920年12月11日，原见山县，劝说他不要辞去枢密院议长职务，同时表达了设置摄政极为重要的观点。“摄政无论是对皇室还是对国家，都是重大事情。尤其是，无论在王家还是臣民之家，第三代都很重要，德川因家光建立基础，由德国虽经历失败，到第三代的帝王仍隆盛至极。”王朝血统历经一定时期易于稳固的认识，从古至今在许多文明中都可见到。

击皇室衰退以及大正天皇身体和政治上完全无能的公众认识。全部的运动都是为了树立裕仁是代表着“国民的皇室”“我们的”智慧而伟大的摄政者的形象。牧野和宫内省的高官们竭尽全力地指导裕仁在海外的言行举止，以及如何利用新闻界报道此次旅行。[①]

在他出发去欧洲的五个月前，1920年10月28日，原对宫内大臣中村说：

皇太子殿下的举动，比如说像经常抖动身体这样的事，近侍中要有人提醒并帮他矫正。我看殿下对洋食的吃法实在是不熟悉，这也需要有人认真教他……我认为这些事都非常重要……[②]

总而言之，为了保证旅行的成功，直至最小的细节都被精心筹划到了。由于大正天皇健康状况不稳定，所以旅行时间不能拖得太长。皇太子的时间只够访问五个欧洲国家：英国、法国、比利时、荷兰以及包括梵蒂冈在内的意大利。哈定总统也计划邀请皇太子，而原内阁在听取了日本驻华盛顿大使币原喜重郎的建议后，决定从旅程表中删去美国。币原在一封给外务大臣的秘密电报中，担心皇太子可能处理不了“由于日美国情不同……一般美国人的随意言行”特别是新闻记者粗暴的采访方式。[③]另外，币原也为裁军会议前夕日美关系不安定的状态感到担忧。皇室访问期间出现任何意外事件，都会对两国的公众舆论产生毁灭性的影响。[④]就这样，裕仁失掉了访问美国的机会。

1921年3月3日，皇太子裕仁和他的34名随行人员在闲院亲王、珍田舍巳伯爵、奈良武次陆军中将的率领下，由总理大臣原敬陪同从东京站乘火车来到横滨港。一行乘船登上新改装的“香取”号军舰。原向他们道别后返回岸上汇入了岸边五万多人的欢送队伍中，“香取”号在护卫舰的护卫下驶出港口。[⑤]

第一次接触日本以外的世界并且是前往欧洲，裕仁为之兴奋不已。在之后六个月的旅行期间，他按照作息时间表安排学习和运动，从未松懈过。他对法国特别是

① 铃木正幸，上述191—192页。

② 上述《原敬日记（五）》，305页。

③ 波多野胜《大正十年皇太子访欧——决定过程与成果》，上述47页。木坂顺一郎《民众意识的变化与支配体制的动摇》，藤原彰编《日本民众的历史（八）弹压风暴之中》，三省堂，1975年，76页参照。

④ 波多野胜，上述《裕仁皇太子欧洲外游记》，59页。

⑤ 关于原去横滨的同行、“香取”舰上的欢送，参照伊藤之雄《原敬内阁与立宪君主制（三）——近代君主制的日英比较》，《法学论丛》，京都大学，第一四三卷第六号（1998年9月），8—9页。

主要目的地的英国印象最为深刻。西方之行是大正时期日本统治精英们巧妙处理裕仁形象的第一次重要尝试，后来，在阐释促使裕仁决意奉行“立宪民主主义”的要因时，裕仁的拥护者们总是提到这次西方之行。

“香取”号的海外航行从香港开始，顺序经过了英国在亚洲和欧洲的领土，因为担心朝鲜刺客的袭击，他在香港只上岸待了很短的时间。他在英国总督的陪同下及岛上全部英国警察护卫，在市内漫步了大约40分钟，然后在一艘英国战舰上共进了午餐。[①]之后，“香取”号驶向已成为东南亚所有殖民地重要商业中心的新加坡。在新加坡停留的四天（3月18—21日）中，他参加了英国方面举行的表敬欢迎会，访问了一个由日本人经营的橡胶种植园和博物馆并乘船绕岛一周。[②]

3月22日，“香取”号驶向锡兰（现在的斯里兰卡）。锡兰是印度洋中第二大岛，也是英国殖民地，为西方的工业经济提供橡胶和茶叶。六天后，“香取”号到达首都科伦坡。这个孤岛上既没有日本人也没有被放逐到国外的朝鲜人，一行人终于为摆脱了危险松了一口气。在科伦坡逗留了五天，“香取”号4月1日出发前往海水温暖的红海——他们的目的地苏伊士运河——大英帝国著名的“生命线”。4月15日，他们到达运河，第二天又开始了160公里的水路行程，两岸延伸的是荒芜的沙漠。

“香取”号在运河出口的塞得港靠岸后，4月17日，他们来到古埃及的首都开罗，当时开罗正处于英国保护领属下的最后一年。第二天，英国当地司法行政长官陆军元帅阿伦比子爵接待了皇太子，安排他们游览金字塔和斯芬克斯狮身人面像，并一起访问了即将成为埃及独立后第一代国王的弗阿德（Fuad）。4月20日，他们离开开罗驶向地中海，前往英国殖民地马耳他——保卫苏伊士运河航线的军事基地。4月25日，“香取”号到达马耳他，皇太子一行受到当地英国居民的欢迎，并在他们的引导下瞻仰了第一次世界大战中牺牲的日本水兵墓地。4月30日，在英国殖民地直布罗陀，他们同样受到了外交欢迎，皇太子在那里停留了三天，然后开始了他漫长的海上旅行的最后一段航程。

“香取”号终于在5月7日到达了英国的朴次茅斯。刚刚过了20岁生日的裕仁受到了隆重的欢迎，英国军舰上旗帜招展，站得笔直的船员们向他致敬。根据旅行计划，他要在英国停留24天，在法国停留26天，在比利时和荷兰各停留五天，在意大利停留八天。除了意大利，各国王室都以相同的正式礼节招待了他：即作为王室的宾客最初三天住在宫中，然后作为国宾住在民间宾馆或者私邸。由于在意大利停留

---

①《大阪每日新闻（晚刊）》，1921年3月13日，大正民主事典编纂委员会等编《大正新闻事典（五）》，每日传播，1988年，229—230页。

②这一段与接下来三段的叙述，均依据《侍从武官长奈良武次日记　回顾录（四）》。

1921年5月9日，皇太子裕仁与英国国王乔治五世。乔治传授给裕仁的真正“教诲”与立宪君主制完全无关。这位国王在幕后行使政治决断，利用仪式加强英国战时体制下的民族主义精神，并以各种方式在后君主时代伸张了君主制的影响。

时间比较短，在国王的建议下他一直住在皇宫里。

在英国，高级军事官员和外交官们组成了一个以威尔士王子为首的欢迎委员会。在裕仁正式访问或出席庆典活动时总有委员会的成员和其他王族成员陪同。英国访问的主要内容包括在白金汉宫住三天，在伦敦市政厅和伦敦市长官邸发表讲话，访问众多的英国军事设施（那时他曾几次身着英军的将军制服），访问上下议院、大英博物馆、首相在伦敦郊外的乡间别墅、温莎和牛津城、牛津大学、剑桥大学以及爱丁堡大学，在阿索尔公爵苏格兰的城堡停留三天并巡视曼彻斯特和中部工业区。

5月31日开始的法国之行分为两个阶段，各为10天和16天。与在君主制英国的体验相比要自由得多。在巴黎的第一天，他逛了商店和埃菲尔铁塔并让海军大佐山本信次郎买了埃菲尔铁塔的微雕，作为送给未婚妻良子公主和弟弟们的礼物。[1]然后又游览了卢浮宫，访问了议会、巴黎大学、荣军院。在法国期间，他花了许多时间视察战场遗址和军事学校，在福煦、霞飞和元帅贝当的陪同下参观了法国陆军演习。作为国王艾伯特一世的客人，他在比利时（6月10—15日）参观了更多的战争纪念馆和战场遗址。在荷兰（6月15—20日），他游览了阿姆斯特丹、海牙

①波多野胜，上述118—120页。

和鹿特丹，出席了许多官方为欢迎他而举行的仪式和宴会，其中还有威廉明娜女王主持的欢迎晚宴。威廉明娜女王后来就皇太子的来访给大正天皇写了一封热情洋溢的信。从海牙回巴黎的途中，6月20日，为了游览列日和另一个第一次世界大战的战场遗迹，他的火车在比利时东部作了停留。法国访问的第二阶段，裕仁到了东部和东南部城市，7月8日，他在土伦港又登上了“香取”号，这次的目的地是意大利。

1921年7月10日，裕仁到达了贵族势力强大而君主制又不稳定的意大利，此时距墨索里尼和法西斯党上台还有15个月。他用八天时间走访了那不勒斯、罗马和庞贝，给他做向导的是维克托·伊曼纽尔三世，后来他很快成了墨索里尼的狂热崇拜者。7月15日和16日，在维克托·伊曼纽尔的皇宫中，裕仁摘掉军人勋章和肩章，两次拜访了独立的梵蒂冈，与教皇本尼迪克特十五世互致了问候。本尼迪克特在第一次世界大战期间，曾经尝试进行调停，但是没有成功，后来他又保护了德国皇帝免受战犯法庭的审判。在其余的时间里，裕仁还出席了常规的宴会，参观了爱国主义战争纪念馆，观赏了意大利军队主办的体育比赛，其实那时的意大利军队早已受到了墨索里尼的法西斯主义运动的影响。

7月18日，裕仁开始返回日本，由于“香取”号是按来时路线经苏伊士运河和印度洋到新加坡，所以途中裕仁几乎没有什么观光活动。只是在船停靠法属印度支那的金兰湾装煤时，他走上岸在热带雨林中散步，后来又坐上汽车沿着与联结河内和西贡的铁道平行的新建的一号干道跑了一段。8月25日，“香取”号离开金兰湾，9月2日到达千叶县的馆山，第二天回到横滨港，总理大臣原敬先乘一条小船登上“香取”号问候皇太子，他的内阁和皇室成员们则等候在码头。[①]尽管还有要向父母和先祖天皇之灵报告旅行情况的工作待做，但不管怎么说，首先是他成功地完成了政府为反击皇室衰落的公众认识而策划的第一次公共宣传运动。

值得注意的是，日本的报界对这次西方出游做了大量的报道。裕仁离开日本的时候，《东京朝日新闻》非常张扬地写道：“日出之国皇太子的旗帜，遮天蔽海驶向西方。历史要特别记住这一天，辉煌的3月3日。”[②]之后，以《朝日》为首的其他主要报纸无一不就“我们的皇太子”胜利的欧洲之行大做文章，引起社会轰动，与此同时，内务省也放松了对刊登皇室照片的限制。6月4日，报纸上登载了皇太子微笑着身着军服的照片。6月24日，报纸又刊登了裕仁穿着高领礼服大衣、手持文明棍的照片。以前，报纸只被允许拍摄他正式出访时坐在车中的照片，然而这次访问欧洲的照片却显示了他身穿平民服装走在街头的形象。当裕仁

① 伊藤之雄，上述9页。

② 木坂顺一郎，上述77页。

访问阿索尔公爵在苏格兰的城堡时，领主一家与佃农间热情亲密的关系给他留下了深刻的印象，日本报刊获准报道他的感想："公爵一家生活俭朴，深爱当地的住民。如果我们实行这种政治，就不必担忧极端主义思想的兴起了。"[①]报纸还报道了他7月9日视察凡尔登战场时的谈话，让那些仍然美化战争的人"看看这里的景象"。[②]

裕仁回国之后很长的一段时间内，报纸都在继续刊登他的照片，而且是军服照片多于便服，同时还有随行记者的评论。[③] 1922年，《朝日新闻》的名仓闻一写道，裕仁在旅行中很少讲话，从不吸烟喝酒，只饮碳酸水（不像他的祖父那样狂饮）。然而，名仓并没有停留在仅是描写裕仁沉默寡言和节制这一问题上，他对英国人以落后固有的观念评价日本人这一点表示愤慨：

有趣的是英国的报纸，《泰晤士报》等还算明智，刊登了欢迎日本皇太子的文章。当然，这与日本大使馆出钱作宣传有关，最后一天《泰晤士报》还发行了日本专号，而且报道中也没什么大错。可是他们居然认为日本人至今还是扎发髻身着和服……其中最糟糕的是工党的机关报《每日先驱报》从《教会时报》（*Church Times*）上转载的一篇文章。因为是工党，所以对日本的军国主义很反感，文章说现在的日本天皇有病，皇太子政务太忙，绝对不可能有时间出国旅行，故此次来访的是皇太子的替身，为了防止真相泄露，当局没收了所有陈列在城市店铺中的皇太子的照片等，竟然荒唐至此，让人哭笑不得……5月12日，日本的皇太子访问了英国下议院……但安排的却是普通旁听席，当时阿斯特女议员正在就住房改善问题发表演说和提问……在上议院，观摩了上议院对下议院提上来的议案进行裁决的情景。在这里，皇太子的席位在议长席旁边……既没有致欢迎词，也没有起立……如果英国的皇太子来访，日本的议会会怎么做？[④]

《报知新闻》记者御手洗辰雄评论说皇太子出访反映了大正民主精神。他先将他心中天皇与民众亲密关系的理想形象，与明治天皇死后死板的受限制的现实关系做了比较，然后指出"皇族肯定也有同样的感觉。看到正在巴黎留学的东久迩宫殿下和最近去欧洲的北白川宫殿下在海外的生活方式，我想不能否定宫内当局的思考方式太过于刻板"。[⑤]

---

① 同前。

② 同前。

③ 伊藤之雄，上述10页。

④ 名仓闻一《英国印象断片》，《新小说》（1922年4月），63—65页。

⑤ 御手洗辰雄《殿下及日本得其所——皇室与国民关系的一新纪元》，同前65页。

对于御手洗来说，旅行标志着越过了皇室不可逾越的界限。

我认为其最大的成就在于撤掉了他与民众间的帷帐，将宫内当局古板的思想方式一扫而光。皇太子所到之处，都有机会感受刺激，特别是英国上下对他的欢迎，英国皇太子殿下（未来的温莎公爵）和第二皇子约克亲王（未来的乔治六世）的社交表现，都是最大的机会。[①]

裕仁的西方之行有助于在世人面前树立新的皇太子形象，年轻、热情、顺应时代，对英国式的殖民地管理兴趣浓厚并且易于接受变革。对于那些把国家正在发生的事情看作是改革的呼唤的人来说，他的西方之行传达的信息很明确：一个有魄力的皇位继承人正在与欧洲的领导人们见面并埋头于世界事务当中。有一天他将运用他的意志推动国家向前。由此可以看出，皇太子的出访强化了实行政治改革君主制是必不可少的这一前提。

总理大臣原敬对于裕仁在欧洲受到新闻舆论的好评感到很高兴，他在1921年7月6日的日记中表达了他的喜悦："这次旅行看起来确实是一次很大的成功。对于国家和皇室的今后来说，没有什么比这更有意义了。"[②]裕仁一回国，原便焦急地从随行人员处打听所有关于皇太子表现进步的事。[③]裕仁的法语老师，海军大佐山本信次郎马上向原报告了皇太子在去欧洲的途中受到的所有培训：

由于殿下对外国事情及与别人社交极不熟悉，所以对他的餐桌举止和起居都事无巨细地进行了指导。重要的原则由闲院宫提醒注意了两三次，其他的由供奉长提示。年轻的侍从西园寺（八郎）和泽田（廉三）更是无所顾忌地提醒了他。[④]

后来当原得知皇太子邀请两名皇室成员到皇宫去，特别嘱咐他们穿西服即可，不必穿正式的宫廷服装时，他很高兴，写道：

有些人很羡慕英国皇室与民众的关系如此如此。我认为这不是理论问题，而完全是从感情而来。尽管我们的皇室与国民的关系无法与英国相比，但只限于理论上希望二者关系圆满是不对的，还必须依靠情感。从这一点上看，就知道最近西方之

① 同前65—67页。御手洗说到在温莎的受欢迎程度，市民不停地高呼"万岁！裕仁"。

② 上述《原敬日记（五）》，408页。铃木正幸，同前192页。

③ "香取"提前一天，于9月2日回到东京湾，但由于正式欢迎仪式预定于3日举行，所以皇太子不得不在舰上滞留了一天。铃木正幸，同前192页。

④ 上述《原敬日记（五）》，450页。

行的成功在融合上下关系方面是多么有效。[①]

不过对于出访，国内舆论并不都是支持的，当皇太子对着欢迎人群致意的形象出现在报纸和新闻纪录片上时，又引起了一些极端民族主义分子的反对。[②]此外，与原的观点不同，统治精英中有人对裕仁在欧洲的表现，或者对于欧洲的经历在他身上引起的变化并不满意。珍田本来就对把皇太子送到国外的事不热心，但是在原的请求下陪皇太子去了英国并负责照顾他。1921年9月6日，裕仁返回日本四天后，珍田向牧野描述了皇太子在欧洲旅行期间的行为："他的弱点是性格似乎不够沉稳，缺少研究意识。"[③]

"沉稳不足"和"神经质"是很多人对这个时期皇太子的共识，包括他自己的母亲节子皇后。在1922年9月22日召见牧野时，她透露说她的儿子不能参加"每年一度的神尝祭"，因为"他不会跪坐"。更糟的是，他开始怠慢宗教仪式，近来变得对"体育运动极为热心。我以为不能太过分。倒是希望他能在静思修养方面多下功夫。不过，现在专心体育运动有助于克服他神经质的弱点"。[④]

但是珍田根据什么说他缺乏"研究意识"却不是很清楚。从他在御学问所的表现，那些了解他的人都说他记忆力强健，还有记录着他热爱生物研究的笔记，应该是与上面的说法正相反似乎才更真实。珍田暗示皇太子并不很聪明的评价，只是反映了一个煞费苦心的65岁外交家和一个20岁的正全身心享受他新发现的自由的皇太子之间固有的思维方式的不同？[⑤]还是反映了一个年长高官诚实的观点？

无论如何，上述情况至少表明，年轻的裕仁身边的人对他能否担负起即将落到他肩上的重担感到担心。他们一致认为他拥有平均水平的智力和极为出色的记忆力，但是他们从未说过他想象力丰富或是富于独创性。他们主要担心的还是他的健康，因为他表现出一定程度的身心不安（"神经质"）和社交上的笨拙，这对于一个君主来说是很令人头痛的，但是他们相信在随从们的帮助下，这些问题会随着时间得到矫正。[⑥]

---

① 同前450页。铃木正幸《皇室制度——从明治到战后》，岩波新书，1993年，150—151页。

② 上述《侍从武官长奈良武次日记　回顾录（四）》，127页。

③ 上述《牧野伸显日记》，26页。

④ 同前65页。"神尝祭"为向天照大神供奉新谷的祭祀，每年10月17日举行。

⑤ 关于珍田对明治天皇的感恩之念和对皇太子道德修养的强烈责任感，参见草泽学人《珍田舍巳》《现代》第八卷第六号（1927年6月1日），291页。

⑥ 儿岛襄介绍了皇后良子父亲久迩宫邦彦1929年1月27日的临终遗言。"今上陛下，意志有薄弱之处，故需皇后陛下之内助。要好好的、好好的……"儿岛襄《天皇（二）满洲事变》，文春文库，1981年，58页。让人吃惊的是，20世纪20年代许多宫内省高级官员也认为皇太子意志薄弱。

V

皇太子英国之行的主要任务是向乔治五世学习。第一次世界大战引发了英国及全世界范围的政治改革风暴，导致了全欧洲君主制的崩溃，而乔治五世却巧妙地生存了下来。[①]乔治“从他在位开始（1910年）……就摸索着将君主制和平民的需要与愿望联系起来的途径，因此他经常视察工业区，出席足球比赛，视察伦敦的贫民区，并且到矿工和工人的家里访问”。[②]之后，他协助平抑了国内的反战思潮，鼓舞部队的士气。根据乔治的官方传记作者哈洛德·尼科尔森的记述，他曾视察英帝国舰队和各个海军基地，检阅派遣法国的驻军，慰问了300多家医院，颁发了上万枚勋章以及不断地视察工业区。乔治尤其热心于对灾区的慰问，“与病房中的伤员谈话。从未有任何一位君主曾与如此多的臣民有过如此密切的接触”。[③]

除了以各种有效的形式为英国的战争尽力外，乔治五世还通过处理与其他王室的关系进一步保护了国家利益，强化了英国的君主制。[④]他曾拒绝了俄国布尔什维克革命中被赶下台的表兄弟沙皇尼古拉二世到英国避难的请求，但是1919年战争结束后，他又竭尽全力阻止了劳埃德·乔治要将他的表兄弟德国皇帝威廉二世作为战犯送上伦敦法庭的努力。[⑤]如今有了支持日本皇室提高权威的机会，乔治决心利用裕仁的来访加强与日本的合作。[⑥]

5月9日，年近56岁的乔治五世亲自到维多利亚火车站欢迎这个处于兴奋中的20岁的皇太子。乔治特意像对待一位大国之君那样款待裕仁，5月29日，裕仁即将结束在英国的逗留时，乔治率王妃玛丽和高官们到维多利亚火车站为皇太子送行。英王的欢迎策略，包括与裕仁同坐一辆敞篷马车在夹道人群的欢呼声中驶向白金汉宫，后来又特意让人们看到他与裕仁亲密地在一起的情景，肯定都给裕仁留下了深刻的印象，增强了他对英国的好感。事实上，裕仁在英国的所有经历，包括被授予学位和皇室爵位都增强了他的民族自豪感。

裕仁访问英国的整个场面也感动了日本驻伦敦大使馆的一等书记官吉田茂，这一点可以从他给岳父牧野的信中看出：

---

① 佐佐木隆尔，上述86页。

② Harold Nicolson, King George V: His Life and Reign, Constable, 1952, pp. 141—142.

③ 同前252。

④ 佐佐木隆尔，上述87页。

⑤ James F. Willis, Prologue to Nuremberg: The Politics and Diplomacy of Panishing War Criminals of the First World War, Greenwood Press, 1982, p. 103.

⑥ 佐佐木隆尔，上述87页。

> 东宫殿下的访问受到该国的极大欢迎。（英国）王室的热忱接待无可挑剔，上下一同的欢迎光景令人狂喜至极。这可能主要是东宫殿下天真自然地表露了自己朴素的思想，因此很自然地受到上下一致的敬爱。虽然是天性资质，但同时也表现了他的睿智。[①]

吉田给牧野写信之前可能没有什么机会见皇太子，当然也不可能对其进行观察。但是没人怀疑他在见到裕仁时对其怀有的深厚情感，以及他对裕仁“天生”品质的印象。根据解释，这个印象是与以皇室为中心的“国体”结合在一起的。尽管是吉田在皇太子的人格中看到了自己理想中的天皇形象，其实日本许多精英都与吉田持同样的印象。严格地说，像吉田这样的人的热望和理想化，应该被认为是此次西行成功的理由之一，因为他们相信皇太子象征了日本未来的美好。

此后，裕仁称欧洲之行使他意识到他一直生活得像“一只笼中的鸟”，以后要向现实世界开放自己。[②]他还透露乔治五世教给他英国君主就政治和军事问题如何向政府提出建议，如何实行鼓励和警告，这使他对英国式的立宪君主制充满向往。但是乔治五世所传达的真正形象，是一个判断首相候选人的资质，在幕后（当然总是装作中立，超脱于争端之上）行使他巨大的政治权力的能动型的君主形象。如果是乔治五世给年轻的皇太子留下了深刻的印象，这将会鼓励他去恢复他父亲没能行使的皇室特权。由于乔治五世认为内阁在阁僚的任免、改变不合他意的政策上，应该忠实地反映君主的政治判断，因此这一教诲也将鼓励裕仁（和他的随员）去重新争取正日渐衰落的皇室权力。

乔治五世强化了裕仁君主应该有独立于大臣们的政治主张的信念，这一“教诲”与“立宪君主制”没有任何关系，而且也与当时倡导削弱天皇的政治权力，使天皇成为象征性元首的大正民主精神相抵触。如果乔治五世真像裕仁后来所说的是他的榜样的话，那么他从乔治五世那里学到的课程将无法指导他成为一个真正的立宪君主。[③]考虑到英国和日本立宪君主制的巨大差异，也就不会为此感到奇怪。第二次世界大战前的日本天皇制下，政治、宗教和军事统帅不可分割地联系在一起，天皇拥有独裁的权威和无限的权力。在军事事务中，他无须听取任何国务大臣的意见，而且人们期待他来统治以使国家机构得以正常运转。英国的模式则完全不同。

裕仁及其一行从对乔治五世的观察中得到的最重要的经验是有关社会宣传，利用大型庆典和宫廷仪式宣传君主制和激发民族主义。[④]第一次世界大战期间，当“人民

---

① 同前88页。

② 旅行没有能够填补皇太子的隔离教育造成的空白，也没有教导他理解自由意味着从劳苦和贫困中获得解放。在欧洲的生活、突然接触不同文化，没有能够让他支持自由作为个人真理。

③ 佐佐木隆尔，上述89页。

④ 同前87页。

要求‘德国皇帝’退位”时，乔治五世马上将德国式的英国君主制改革成英国式的，防止了王室被英国人推翻。通过将王室和家族的日耳曼姓氏汉诺威改为温莎，采用了“古老”礼俗的君主制。乔治五世“使王室看起来超越了时间，牢牢地扎根于道德领域，使他们如此有效地保护了阶级特权制度”。[①]裕仁和他的随员们不像乔治五世那么富有创新精神，但他们却注意到了在大众传媒的新时代，乔治五世良好的宣传意识，以及他为了永久保持君主制的政治影响，巧妙运用各种仪式庆典的策略。

西方之行除了让裕仁亲身感受了乔治五世的治国之道，还使裕仁有勇气在那些甚至连名字都不知道的随行人员面前引人注目地展露了自己的性格。根据军事侍从武官奈良未公开发行的回忆录记载，裕仁回国后不久曾坦白他并不相信自己的父亲及皇室祖先的神性。奈良的记录是这样的：

极富理性的殿下不相信皇室的祖先真是神灵，亦不相信现在的天皇是现人神。他认为国体应该维持现状，但天皇作为神与国民完全脱离有些过分。我曾听他流露过皇室应该像英国王室那样，与国家和民众的关系最好是君临但不统治的感想。[②]

奈良于1956年末，即战后裕仁否定自己神性的十年之后，完成了他的回忆录。当时很多天皇的拥护者仍在试图混淆裕仁未被追究的战争责任，掩饰他曾经被当作宗教崇拜对象的事实。如果奈良准确地记录了裕仁的内心，那么裕仁在20岁时就提出了三个值得注意的论点：

第一，他宣布不再相信他的祖先或者他的父亲是现人神——他们因此可以不负任何责任。第二，然而，他又肯定了国家将“皇室的祖先是真正的神，现在的天皇是现人神”的信仰强加于一般民众的权力。另一方面，他坚持了自己的信仰，并没有因为“国体”抑制了对日本史的客观评价而要改变它，他认为他应该如人们期待的那样接受虚构的现实，维持“国体”。裕仁以实用主义态度使自己的思想自愿地服从了天皇制的教义，这预示着他和他的近臣们将会积极接受20世纪30年代中期和晚期出现的极端狂热的天皇崇拜，这种崇拜毁掉了国家的事业。这位皇太子的公共行为永远不会受他本人所持的善良、道德和诚实的标准所左右。第三，裕仁在阐述自己对英国式的君主与民众关系的好感时，无意中与日本君主制的根本原则发生了抵触。这暴露出他为出演天皇的角色尚未做好充分的准备。因为，如果在明治宪法下，要想让国家和军事系统顺利运转，使皇室成为连接国家与国民、政府与军部的一种有效力量，天皇则必

① Ilse Hayden, Symbol and Privilege: The Ritual Context of British Royalth, University of Arizona Press, 1987, p. 45.

② 上述《侍从武官长奈良武次日记　回顾录（四）》，127页。

须行使他巨大的——事实上是独裁的——政治和军事权威。再说，战前的日本民族主义需要的是一个真正行使统治的君主，而不是一个仅仅名义上君临的君主。

奈良敏锐地觉察到这些原则性问题，但是考虑到皇太子易受外界影响的性格及其理想主义的情感方式，他示意裕仁对天皇神性的不信表明并不像看起来的那么严重。皇太子只不过是反映了他周围的气氛和情绪。他本人并没有因为自己的不信而感到内心的矛盾。事实上，与其说是表明了他坚定的信念，不如说是他为“欧洲大战后在全世界突然爆发的”、同时也充斥了日本的思潮所折服。这并不是裕仁一个人的问题，正如奈良下面写道的：

> 即使是元老们特别是山县和西园寺也为新思想所熏染。宫内省年轻官员中这种空气也很浓，很明显西园寺（八郎）、二荒（芳德）和松平（庆民）是他们的先锋。肯定是这些年轻的宫内省官员受到元老西园寺等影响，然后又去接近殿下向他鼓吹了这些思想……我相信维持皇室安泰的最佳方法是在坚持国体固有观念的同时，逐渐接近国民。我认为宫内省的大部分官员大多与我有同感。但是从四周环境来看，日本皇室与英国不同，因此在言及君临但不统治的话题时须慎之又慎，至于国体观念，要坚信它与从前没有任何改变。因此我应该时刻用心体察皇太子殿下的困难处境，利用可能的机会尽心为他创造一种多少能让他感到放松的环境。[①]

年轻裕仁的“困难处境”——他在青年时代对于归属到他和他祖先身上的神性所产生的个人精神上的不安——很显然，不应该过大化评价。在某种程度的理性意识中，为了扮演神道的最高祭司，他必须相信神性的神话。20世纪20年代，经过了短暂的怀疑阶段，裕仁服从了既定秩序，克服了初期的理想主义，丧失了他曾有的对于宫廷改革的热情。最终，裕仁学会了将他本人的神性与“万世一系”的神话融合起来的方法。万世一系是被明治宪法确立下来的思想，即天皇体现了永恒的、至高无上的天皇的宗谱，男性继承的家系从神的时代起就“未曾间断过”。皇室象征的神话——天皇对神器的拥有使他的权威有了正统性并保护了他的家族的观念——虽然是一个同样使人困惑的问题，但也可以用同样的方法解决。从后来宫廷举行神道仪式时裕仁的认真严肃，以及向神灵“奉告”国家要事中都可以看出裕仁的虔诚。不过，他的虔诚主要是通过对皇室祖先和伊势神宫的顶礼膜拜表现出来的。

当裕仁成为天皇时，他已经认识到了神话的实用价值，他就像掌握其他国家机器一样牢牢地掌握了它。当他欲为自己的行为赋予合理性时，当他想扶持宫廷的力量使之与统治集团中其他中坚分子相对抗，并把自己置于政治和世俗的责任之外

---

① 同前。

时，他总是利用这些神话。同时，裕仁越是扮演“神圣一贯”的君主角色，他就越依赖宗教信仰，在困难的情况下，将其作为一种权力的工具和力量的源泉。

VI

裕仁从欧洲回国的两个月后，1921年11月4日，19岁的铁路扳道工中冈艮一刺杀了总理大臣原敬。据说刺客是旧土佐藩的一个明治期保皇者的孙子。他的目的还不清楚，不过似乎与几星期前因海军大臣加藤友三郎去出席华盛顿会议，原敬临时代理海军大臣，在皇太子婚姻问题上支持山县，以及他的政友会内阁送皇太子访问欧洲国家元首等有关。[①]山县的垮台和随后原的遇刺显示出，只要皇室问题成为政治的焦点，就会产生巨大的破坏性力量。原死后，牧野（在关屋和西园寺的远程操作下）掌管了宫中事务，君主制平稳地进入了一个逐渐独立于内阁的新时期。

第二天，报纸报道说刺客的动机主要是出于对“时代腐败”的“愤慨”，不经意中引起了人们对刺客的同情。就在这时，宫内大臣牧野将原的死讯告诉了节子皇后。焦虑万分的皇后，边流泪边对牧野说，原“总是微笑着，我常想他可真有胸襟。更何况是日常多难忧患重重，实在是一个难得之人”。[②]她为在岩手县盛冈举行的原的葬礼派去了使者。但是，更使她感到气馁的是她丈夫嘉仁天皇的窘状，他已经到了无法理解周围发生的事情，只会一味地在公文上盖章的地步。嘉仁天皇病情的恶化，加上原的死亡带来的政治危机，都加快了摄政统治的建立。

这时，考虑到内阁要为当月在华盛顿召开的太平洋主要国家的重要国际会议作准备，所以元老松方和西园寺决定不让原内阁总辞职。他们也没跟嘉仁天皇商议就要求大藏大臣高桥是清就任总理大臣。

1921年11月25日，皇太子裕仁成为他父亲的摄政。在承担了天皇使命的那一刻，裕仁就知道他将与良子结婚并成为明治天皇在宪法中规定的君主。他也许认为全力以赴地保护皇室的威严，拥护天皇，弥补他父亲的不足是他的责任。然而，能否实现这些重要的抱负取决于他能否获得更大的行动自由。考虑到他还年轻，有着特殊的成长过程，要对围在身边的年长者表示尊重，还有宫廷传统的重荷，所以说不是件很容易的事情。

---

① 关于原的暗杀，参见后藤武男《阻止皇太子外游的因素》，《特集文艺春秋　天皇白书》（1956年10月），96—97页。《东京日日新闻》，1921年11月5日，大正新闻事典编纂委员会等编，上述567页。

② 上述《牧野伸显日记》34页，1921年11月5日条。

第二部　仁善的政治
（1922—1930年）

PART 2
THE POLITICS OF GOOD INTENTIONS,
1922—1930

第四章　摄政统治与大正民主的危机

早在1921年11月裕仁摄政之前，政府就开始了舆论准备工作。宣传中，裕仁被描绘成一个精力充沛、强健有力的皇太子形象，能亲率部队进行野外军事演习，具备了作为天皇军队最高统帅的资质。[①]通过大众传媒，政府继续塑造着具有活动能力的皇太子形象，有关他会见政府官员和国外要人、召集议会、到国内各地参加阅兵和军事演习、行使陆海军统帅的职责以及巡视殖民地的消息不断见于报端。1922年，裕仁确实在努力使自己融入新的随从们为他布置的日常公务中（他的努力时而成功），同时他依然幻想着使宫廷的习惯能尽量接近欧洲，就如他所看到的那样。但是他的大部分时间还是用在了运动、骑马和学习法语上。

高龄的平田东助（前一年被任命为内大臣）和宫内大臣牧野（1925年3月20日正式就任）知道元老和政府首脑们对裕仁的经验不足很不放心，也知道怎样才能让他们欢欣，因此就不断督促他要更加努力。他们告诫皇太子，要履行摄政的职责，必须继续接受教育，要着重培养合乎天皇身份的举止风度和庄重的表达方式，要更好地了解政治、经济和军事。

为了培养裕仁对政府事务的兴趣，平田和牧野最初的教育方案是让他出席宫内廷高级官员会议。会议之后，再就讨论的问题提问他，看其是否理解了问题要点。结果这个方法被证明不可行，因为裕仁对教给他的东西就是不感兴趣，况且平田的健康也每况愈下。平田病得无法再从事摄政的教育，经常缺勤。1922年末，牧野介入摄政的教育，给裕仁讲解宫廷里成文与不成文的规则及对政治事务的见解。

1922年期间，国内各方的协作关系和精英分子间的合意出现崩溃，伴随宫内省高官们对此的反应，宫廷中的情绪亦开始发生变化。第一次世界大战中，围绕国内外政策，统治精英之间的意见分歧就曾表面化过，但被设立于1917—1922年初的临时外交调查委员会掩盖。在那段时间里，政党方面拓宽了各自的选举基盘并想方设法将他们的影响扩展到一直是陆军管辖范围的殖民地。那些与政友会的高桥和以前的原持同样观点的政治领导者认为，为了繁荣经济，日本必须采取满足美国需要

① 安田浩《天皇的政治史——睦仁、嘉仁、裕仁的时代》，青木书店，1998年，96页。

的政策。不久前政府在《华盛顿条约》中承诺的大规模裁军义务就与高桥的观点一致。然而，右翼团体和一些军人对《华盛顿条约》却非常不满。裕仁的侍从武官长奈良陆军中将在其回忆录中记述了这个时期的情况：

“考虑到殿下访欧以来的意识心态，我们为殿下的晚餐会准备的是燕尾服而不是军服。不过，渐渐感到有必要考虑社会上的情绪，11月初，跟珍田大夫商量后，决定今后尽可能让他穿军服，但对殿下什么也不说。”①

I

后来的几年中，对裕仁的教育程序进一步改善，他开始每天听两三个小时的讲义，所有被牧野、河井、奈良和他自己认为有必要的题目都成为学习的内容。天皇的这种学习方式并非很早以前就有，只是从明治时期才开始。宫廷主要考虑的是在任君主终生要承担其与生俱来的责任，他为了实行统治需要不断地接受训练。正是通过宫内省高官组织和严密监督的日常学习，君主才能提高技能，陶冶情操，克服身心弱点。为了这个目的，一些特别的宫廷教师、陆海军的将军、海外归来的外交官和授勋贵族都成为聘用对象。

牧野和他召集来的“教师”都认为，宫廷官员把自己视为通过生涯教育“塑造”君主的组织程序的一部分，历史上这方面可借鉴的先例很多。在牧野和裕仁的印象中，最经典的人物就是不爱学习的明治天皇。他十几岁继承皇位时，既无自理能力，又没受过正规教育，可是后来通过学习训练掌握了统治艺术。明治天皇的实例证明在宫廷顾问对君主的不断训育下，以及针对君主的心理需要进行的劝诫创造了奇迹。

摄政以后，裕仁知道了第一次世界大战期间，内大臣、宫内大臣和元老们是如何联手限制他父亲介入政治事务的。他开始认识到阻止由政党领导的内阁左右宫廷是多么的重要。他也目睹了他们是如何把君主的裁可权尽可能地限制在最小范围，以至于他的天皇父亲和他都无须传达“圣旨”了。此外，他还了解到与其他辅佐皇室的顾问机构相比，宫廷官员的政治影响力很微弱。年轻而又经验不足的裕仁在学习的同时，还听取了随从们的意见，他们鼓励他更加明确地保卫君主的权限，因为政党内阁的抬头已经开始对它造成威胁。随着他即将成为政治的主导者，和他要重新夺回天皇失去的权力的愿望不断增强，牧野和其他辅佐者的影响开始越出宪法体制。他们认

① 波多野澄雄等编《侍从武官长奈良武次日记　回顾录（四）》，柏书房，2000年，132页。

为，通过向裕仁施加影响，就可以在一个更强大独立的基础上重建君主制。

摄政之初，式部长官井上胜之助、掌典长九条道实，还有在式部供职的元老的养子西园寺八郎三位贵公子就开始对裕仁进行宫廷祭祀的训练，这是他母亲强烈要求他掌握的科目。与此同时，牧野和其他近臣制定了一个雄心勃勃的皇室讲座大纲，以便裕仁能够在一个更高的层次上继续学习。①四位东京帝国大学的教授担当了“定期讲座”。讲义内容都打印出来，根据讲座计划按天或按周分好，事先交给裕仁。②宪法学者清水澄，历史学家三上参次，经济学家山崎觉次郎和国际法专家立作太郎分别担当了讲座。③由于这四位既是天皇的老师又是牧野、河井等其他主要近臣的顾问，所以他们的思想影响是不可估量的。

关于山崎等人，包括日本银行总裁井上准之助的经济学讲座内容不甚清楚。事实上，他们被认为并没有对裕仁有过很大影响。宫廷官员一般都对经济政策一无所知，也不谙金融原理。1929年，裕仁为应对昭和金融恐慌拟定的那份无足轻重的节省费用的措施表明了他和他的宫廷班子连基本的经济学都不懂。可以说，裕仁对经济的关心主要集中在法律和秩序、国内安定和国际关系的稳定方面。

法律学者清水对裕仁的影响也很难评价，但看起来要比山崎的影响大得多。每星期二他给裕仁讲授明治宪法和“行政法”，这是一个包括时事政治讨论的科目。星期五清水为他讲解涉及皇室令的制定、摄政的规定以及天皇继位的程序等内容的“皇室典范”。④清水在宪法和民法的讲义中总是致力于介绍正统的、保守的观点，至于摄政期间他在讲座中突出强调了什么主题、表明了什么立场却不太清楚。

知道较多的是裕仁的历史教授三上参次的情况。他在裕仁摄政之前就讲授明治时期的政治史，是明治“大帝”这一固有概念的始创者。比如说，1924年1月14日，三上讲到了现代日本帝国主义史前期的一个著名事件：1873年造成明治政府分裂的有关“征服韩国”的争议。明治天皇在听取了太政大臣三条实美的上奏后，态度倾向征韩，但他指示主动请命赴韩远征的西乡隆盛，在岩仓具视率领出使西方的外交使团回国之前不要轻举妄动。就这样，代价高昂的对外政策的实施得以推迟，直至

---

① 牧野在1921年8月23日的日记中写道：“昨22日，武官长来谈。提出皇太子殿下归朝后政务见习的当行方法，尤其是其次第……应加充分考虑。”伊藤隆、广濑顺皓编《牧野伸显日记》，中央公论社，1990年，25页。

② 关于定例进讲，参见永积寅彦《昭和天皇与我——八十年间侍君侧》，学习研究社，1992年，109—111页。

③ 20世纪20年代，进讲的学者还有国文学的芳贺矢一、中国文学的服部宇之吉、中国史的加藤繁、裕仁的翻译法语教师山本信次郎（海军大佐——日文）、右翼宪法学者筧克彦等。

④ 清水澄《宪法与皇室典范进讲》，《实业之日本增刊　大典纪念写真号》（1928年11月），20—21页。

国家为其做好了充分的准备。牧野认为三上的讲义对于年轻的皇太子是一个很好的参考，他在日记中写道：“……在（明治天皇）的圣断下，国运终于好转，应该说这是维新创业时期的最难关，让他听听这个时代天皇的深忧远虑和重臣们是如何尽忠报国的事迹，我认为会对培育君德起很大作用。”[①]然而，由于裕仁的沉默寡言，牧野或其他侍从都无法知道裕仁对讲座中谈到（或没谈到）的一些题目的看法。

三上的讲座以介绍明治天皇无边的美德和仁爱为中心。就在大正天皇将不久于人世、宫廷为裕仁登基作准备的时候，三上反复地向裕仁灌输着这个主题思想。内大臣秘书官长河井弥八曾提到，1926年11月19日，三上讲述的是维新的领袖们如何鼓励明治天皇要永远行善，谨慎邪恶。牧野同一天的日记中也提到裕仁似乎深受感动：

宽容、敬爱、深虑、威严等皆为君子之大德，讲义就此开诚布公大胆进谏……三上博士引用国内外史实并加以详述。今天这样的讲义内容非常必要。所以，在另一房间，我向博士表示非常满意，同时提出一两点注意事项，供参考之用。[②]

结果，1926年一年的讲座都是以明治天皇的美德为素材，内容涉及他的节俭、学识以及对儿子教育的思考。讲义还特别强调了明治天皇的顾问们为了培养他的仁爱之心所做的煞费苦心的努力。[③]1926年12月3日，三上（根据日文版译者补注，这段话是岩仓具视向天皇进呈的意见书中所述——译者注）在最后一讲中强调：“陛下宜慷慨，视民为宝，珍重玉体，既崇尚威德，亦和蔼可亲，善待臣下。”[④]

三上的讲座也影响了裕仁的侍从官们，在他们的倡导下，1927年设立了纪念明治天皇的国家节日（明治节），以颂扬他的“崇高美德”。[⑤]三上的思想对裕仁的影响更为复杂。每周一次近乎神话般的有关明治天皇的讲义对裕仁的影响，一方面可能坚定了他做一个行动派、充满活力的君主的理想，他想证明自己具备了被公认的明治天皇仁爱的品格。另一方面，他的“神经质”及精神紧张症可能由于受到明治天皇的刺激而加重。一个过高评价的、不现实的行为标准摆在裕仁面前，让他去效仿和成就。几乎可以肯定，这种压力引起了他极大的焦虑。此外，在被要求做一个温和的、仁慈的君主的同时，他还接受了军事科学、经济学和国际法以及外交等教

① 上述《牧野伸显日记》109—110页。

② 高桥纮等编《昭和初期的天皇与宫中——侍从次长河井弥八日记（一）》，岩波书店，1993年，49页。同前263页。

③ 同前（一），115、142、152、219、252、260页。《昭和初期的天皇与宫中——侍从次长河井弥八日记（二）》，32页。

④ 同前（一），55页。

⑤ 同前79—80、85、87页。

育，而这些科目要求的完全不同，它们要求更有组织性、更雄壮有力的举止。

这几年中，裕仁还学到了一点，那就是统治者出于必要经常要做出一些道德意义上的暧昧举动。他的老师们传授给他的信条是在决定国际政策时，国家不能为伦理道德所束缚，为了最有效地实现国家利益，必要时要动用武力。他领悟到只有一个问题最重要，那就是：是否符合国家利益。

设法将裕仁的注意力集中在对国家利益的追求上是立作太郎教授的任务。他是日本一位优秀的国际法学家。他在外交史及国际法规则和禁则讲义中，对国家利益的构成做出了解答。在进东京帝国大学任职之前，立于1900—1904年曾在德国、法国和英国留学。[①]他曾是1919年巴黎和会和1921—1922年华盛顿会议日本代表团成员。[②]他在国际法问题上的民族主义立场使他受到日本外务省和陆军高官的器重。因此说，一个接受外务省指挥的民间学者被选到宫廷教授国际法也就不足为奇了。

立开始给裕仁讲课时，正是日本参加了新凡尔赛—华盛顿体系之后（美国没有参加《凡尔赛条约》），这个体系的基本原则是主权国家之间形式上平等，和平解决争端和侵略战争的非法化。与三上不同，立不谈论美德和仁慈。在理解国际法的时候，他不仅回避了道德标准，还避开了限制武力使用的法律规则。立教导说，一般意义上战争永远是合法的，“现成的国际法”是为了保护国家利益而存在的。国家的自卫权包括为扩张领土、保护旅居海外的本国国民的生命和财产而进行的战争。这种19世纪的国际法观，在《凡尔赛条约》和《国际联盟公约》宣布新原则（美国提倡）、建立解决国家争端的新组织之前很普遍。然而，这些新原则没能触动立以及任何一位外相领导下的日本外务省，包括自由开明的币原。

立在国际法上的民族主义观点同时也是日本官方的观点，从20世纪20年代末到20世纪30年代初，裕仁一直被灌输着这一观点。正如历史学家筱原初枝所指出的，在此期间，美国国务卿亨利・L．斯廷森和美国许多主要的国际法专家——如芝加哥大学的昆西・赖特、哥伦比亚大学的詹姆斯・T．肖特韦尔和纽约大学的克莱德・伊格尔顿正在探索一种与上述19世纪的国际法观对抗的理论，定性侵略战争违法，废除交战国应平等对待的原则。随着裕仁建立起自己的知识体系并且积累了政治和外交经验，他逐渐在预定的“特别讲座”时采取主动，选择他认为需要外面的专家讲

---

① Shinohara Hatsue, “An Intellectual Foundation or the Road to Pearl Harbor: Quincy Wright and Tachi Sakutaro”. Paper presented at the Conference on the United States and Japan in World War Ⅱ, Hofstra University, Dec. 1991, p. 3. 该段落与下一段落的事实，来自原初枝的这些有益的论考。

② 立的大部头国际法研究，分为平时国际法和战时国际法两部，于1930—1931年刊行。在河井弥八的日记中，立最初的登场是1926年9月30日及10月14日。参照上述《昭和初期的天皇与宫中——侍从次长河井弥八日记（一）》，31、36页。

解的课程。[①]为了让他跟上国际形势和日本殖民地形势的发展，讲义特别介绍了魏玛德国、苏维埃俄国、中国、朝鲜和国际联盟的政治形势。由军队高官、陆海军大臣以及侍从武官讲授的军事科学，基本上是每周授课。通过让他参加年度的野外军事训练和“军事大演习”来强化课程内容。而且，这些活动又为他提供了会见并垂询将校团中精英分子的机会，还能现场对陆海军指挥官们的正式请求做出反馈。[②]

Ⅱ

为了使皇室更能适应日本社会，摄政期一开始，政府和宫内省的高官们就尝试了一些新方法。在这些恢复皇室失去的权威的努力中，他们放松了第一次世界大战前不许新闻界拍摄天皇的法规。1921年，为了使皇太子成为事实上的天皇所有的印刷和视觉媒介——报纸、杂志和电影都被动员起来。摄影器材很快涌入日本，其规模可与电子机械和棉纺织品的进口相匹敌。《东京日日新闻》[③]上一则使用了摄政和妃子照片的广告顺利地通过了审查。从前被禁止的有裕仁手迹和玉玺影印照片的书亦得以顺利地出版。

在牧野的指示下，宫内省安排皇太子到神奈川县和四国岛做最初的“试验性巡视”，这也是为日后去台湾殖民地巡视作准备。[④]这些旅行与“天皇制”尚未建立之前，1872—1877年间，明治天皇每年六次的巡幸不一样。[⑤]明治天皇的巡幸所要表达的是作为现人神，他正在从事统领国家的大业的信息。而裕仁的第一次国内巡视却截然不同，它没有思想意识形态色彩，主要目的是让宫廷官员们得以观察他的举止表现，为进一步改善提供参考意见。其次是希望巡视能使皇室更接近民众，由此抑制仅仅是由于裕仁的父亲缺乏主动性、不作为、无判断性而不经意间助长的大正民主思潮。牧野写道：

---

① 同前（五），16页。1931年1月29日条。

② 牧野认为皇太子参加军事演习，对他自己也好对天皇也好，在军事政策上是有效的。昭和天皇对铃木贯太郎、冈田启介等海军将官青睐有加，可以说是牧野影响的体现。上述《牧野伸显日记》，289—291页。

③ 渡边治《天皇制国家秩序的历史研究序说——以大逆罪、不敬罪为素材》，《社会科学研究》，东京大学社会科学研究所，第三十卷第五号（1979年3月），259页。

④ 1921年11月25日，宫内省发表消息说，大正天皇生后不久患有类似脑膜炎的疾病，1914—1915年开始“姿势有失端正，步行不够稳定，言语表达不太流畅”。对这项公表，侍从武官兼东宫武官四竈孝辅持批判态度，参见四竈孝辅《侍从武官日记》，芙蓉书房，1980年，280页。

⑤ 岩井忠熊《明治天皇——“大帝”传说》，三省堂，1997年，40—42页。渡边几治郎《皇室新论》，早稻田大学出版部，1929年，320页。

为统帅大演习，上午9点45分乘火车出发。我奉侍（摄政）。下午2点15分到达静冈。至御用邸……他阅览古文书。晚上观看焰火表演。

就此次巡视，另外还有日志，故不一一详述……

将来经充分商议后必须改进的事项……一、关于（摄政）态度问题……四国地区民俗质朴，故应有与其相应之态度。与北海道、东京等都市人主动请求不同，这些地方的人仅是拜见天皇玉体就已是无上荣耀。没必要一一答礼。奉迎者中最常听到的话是“拜见到了”。由此话可见人心一斑。①

四国巡视之后（1922年12月4日），牧野更加放心。他写道：“我对前途增强了信心。在此之上，他若能审慎、深思熟虑地分析事物，培养君主气质，将使君德愈加高尚。”②

1923年4月12日，裕仁在横须贺海军基地登上军舰“金刚”号，驶向台湾。日本殖民地台湾不受明治宪法制约，气候、习俗和住民感情也与日本相异，那里的日本住民明显处于少数。在强有力的原敬内阁废黜了军人统治的殖民地体制，将日常决策委托给文官总督大约四年后，裕仁通过另一种旅行形式访问了此岛。

这个改革，部分是要怀柔日本殖民地内的反殖民运动，部分是要通过使其符合西方在亚洲的殖民地统治规范来改善日本形象。然而，同其他的日本殖民地一样，军部仍继续在台湾参与统治，尽管不像在朝鲜那么残暴。

裕仁的访问有两个目的：首先同时也是最重要的是要提醒国内民众，皇室是他们所有社会生活成就的道德源泉，现在他就是象征；其次是通过在明治天皇的殖民遗产上盖上自己的印章，重新确认日本对台湾的占领。他的巡幸行列先到了“当年日本远征军最初登陆台湾，也是率领近卫师团的皇族北白川宫染疟疾而亡之地”。换言之，摄政皇太子关心的对象并不是殖民地住民，而是在征服战中死去的一名皇族成员。台湾岛上68个神道神社中有58个供奉着北白川宫的灵位。③ 20世纪30年代，日本借口推行同化政策，强迫台湾人（在朝鲜则是朝鲜人）到这些神社参拜，不过这个时期，手段还不是那么强暴。

裕仁除了访问神社、多数的军事设施和一家日本食用糖精炼厂外，还以殖民地的年轻人为对象，访问了13所日本建的学校。此外作为他仁爱的象征，给535名政治犯减了刑，他们都是1915年因策划反对日本统治的武装起义而被逮捕。④不过，此

① 上述《牧野伸显日记》，68—69页。

② 同前。

③ 若林正丈《一九二三年东宫台湾行启与“内地延长主义”》，《岩波讲座　近代日本与殖民地（二）帝国统治的构造》，岩波书店，1992年，108页。

④ 同前113页。

次旅行的主要目的是强化人们对君主制的信赖，并出演一个模范的、道德完美的形象。要实现这个目标，他只需把庄严高贵的自己展现在公众面前，加上新闻界对出访所做的详尽报道就可以了。

例如，《台湾日日新报》报道他到达台中时的情景说，当他的火车驶进车站时，乐队奏起《君之代》（日本国歌）。站长打开车门，他“英姿勃勃、神采飞扬来到站台上”。站台左侧，排成一列的无数文武官员及民间人士恭候在那里。裕仁向“内地人本岛人中有爵位带勋者挥手致意。然后乘上一辆饰有菊花纹章金光闪亮的汽车”。宪兵和警官在前先导，殖民地总督率汽车队跟在后面。[①]

这里，宫廷官僚和殖民地官僚安排的与皇太子相见的顺序体现了皇室的公众性特色，而且暗地里还有意强调了日本和其殖民地之间等级上的不平等关系，而这种不平等则是强加到殖民地人头上的。

裕仁离开台湾后，总督府总务长官贺来佐贺太郎在1923年5月和6月的《台湾时报》上阐述了摄政作为日本帝国道德和仁慈的典范的重要性：

> 国民道德渊源唯我皇室，殿下此行明确体现了这一事实。殿下广示礼仪垂范于庶民，令人敬畏至极。殿下孝顺友悌之德甚丰，宽大温厚喜怒不显于形，博爱仁恕德及禽兽，俭素简约垂范臣下，如此等等不一而足。殿下言行尽现道德精髓。面对臣民，不论贵贱贫富，和蔼温容以礼相见，此尤令人感激不已。[②]

贺来借裕仁的来访，宣传了皇室作为国家道德的源泉，天皇作为“庶民典范”的作用和形象。贺来之所以强调“孝顺”和“友悌之德”，是预期这些儒家的家庭伦理用语会受到台湾的中国人的欢迎。但是无论对摄政太子的言行进行怎样的说明，贺来的意图在于向中国人证明殖民秩序的正当性，其实殖民地秩序早已因民族自决与国家独立的要求不断高涨而动摇。

裕仁结束台湾之行，1923年4月27日，在基隆登上“金刚”号起航回国。两天后，他在海上庆祝了自己的22岁生日。在前面等待他的是被延迟已久的与良子的婚礼，继续宫廷里的学习，还有响应皇室要更加贴近民众的新政策，参加更多的出巡和仪式。

裕仁返回东京后，发生了两个事件，对他后来的人生产生了预想不到的影响。一件是1923年6月发现了非法成立的日本共产党组织，这是日本现代史上第一个要求废除君主制的团体；另一件发生在他第一次经历了内阁更换后不久，是20世纪最严

---

① 同前99—100页。

② 《台湾时报》四六（1923年5、6月），7—8页。同前103—104页引用。

重的一次自然灾害。

1923年8月24日，加藤首相去世，海军大将山本权兵卫被任命为继任者。一周后的9月1日，正当山本组建内阁时，关东大地震袭击了东京和横滨地区。地震以及随之发生的火灾造成9.1万多人死亡，1.3万人失踪，10.4万多人受伤，仅东京地区就有68万栋房屋被毁。[①]正当两个城市的大火还在熊熊燃烧，余震仍然持续的时候，日本治安维持会在军队和警察的纵容下，对朝鲜人和左派分子进行了残忍的大屠杀，因为社会上谣传他们曾经纵火、抢劫并向井里投毒。在关东和其他地区，共有6000多名朝鲜人被抓并遭杀害。[②]这时，裕仁作为事实上的最高统帅，第一次体验了紧急天皇令的发布。9月3日，他对东京及其周边地区发布了戒严令。当地震的所有危险都过去之后，他身着军服，在戒严司令官福田雅太郎陆军大将的陪同下，骑马巡视了首都受灾地区。10月10日，他还同样视察了横滨和横须贺地区。[③]

关东大地震之后，不敬事件不断增加，尤以臭名昭著的东京虎之门事件为顶峰，它导致了裕仁婚礼的进一步延期。1923年12月27日，年轻的无政府主义者难波大助在裕仁前往议会的途中向裕仁的马车开了一枪。子弹打碎玻璃，割伤了一名侍从，但是裕仁毫发未损。难波是众议院议员的儿子，他用的是一只普通的鸟枪。如果他不是瞄向皇太子，最多也就是被指控为伤害未遂。[④]可是，由于他有意加害未来的天皇，其行为就属于大逆罪，事件震撼了全国。

为此，以首相山本为首的内阁总辞职，警视总监汤浅仓平被罢免，事件发生地区的一般警察被全体解雇。此后，裕仁在公共场合的展现和警备问题被全面重新研究。[⑤]

事件发生的第二天，12月28日，在第48次议会开始之前，贵族院举行了秘密会议，这是16年以来的第一次会议。[⑥]会议集中讨论了难波的动机、社会背景和强化思想统治的必要性。议员中川良长说：“民众的社会意识和政治意识一旦觉醒，就会因为不堪忍受而爆发，到那时再采取措施可就来不及了。”他主张要“改善不完备的制度”。另一位贵族土屋光金指出难波曾一直阅读《改造》和《解放》等杂志上

① 田崎公司《关东大震灾七十周年纪念集会参加记》，《历史学研究》六五三（1993年12月），32—34页。

② 朝鲜史研究会编《入门朝鲜历史》，三省堂，1996年，166—170页。有关关东大地震的情况，参见Roman Cybriwsky, Tokyo: The Shogun's City at the Twenty First Century, John Wiley & Sons, 1998, pp. 82—85.

③ 上述《侍从武官长奈良武次日记　回顾录（四）》，138—140页。藤原彰《昭和天皇的十五年战争》，青木书店，1991年，42页。

④ 大江志乃夫《首次公开的贵族院秘密会议事速记录集》，《UP》，东京大学出版会，二七六（1995年10月），30—31页。

⑤ 渡边治，上述253—254页。

⑥ 大江志乃夫，上述30页。

发表的国立大学教授们的论文，他呼吁政府要加强对危险思想的管制。[①]

难波作为刑事犯受到指控并迅速被提交大审院审理。据报道，担当审讯的审判长横田秀雄极力规劝难波悔悟，希望他的陈述有利于以后继续维持民众对皇室的崇敬。然而难波的回答非常辛辣，他反问审判长是否真的相信天皇的神性，是否只是由于恐惧才承认了这种信仰。报道还说，当横田拒绝回答这些问题时，这个准刺客宣称："我赢了。你们回答不了问题，你们在自欺欺人。你们是卑怯者。事实证明我为活得真实而快乐。你判我绞刑吧。"[②] 1924年11月13日，当宣判难波死刑时，他高呼："日本无产阶级和共产党万岁！俄国社会主义和苏维埃共和国万岁！共产国际万岁！"[③]两天后他被处决，1924年11月17日——事件发生11个月之后，他被秘密地埋葬在一处不为人知的公共墓地。[④]

虎之门事件当天牧野的日记中提到了难波行刺的背景："近来，民众的思想变化越来越剧烈，事实上在一些国民中，甚至有关国体的观念都发生了惊人的变化。尽管从根本上看还只限于极少数，但实际出现了试图付诸行动的人，目睹此次大不敬事件，痛感人心失衡的危险性。"[⑤]裕仁对行刺事件的反应很冷静，当奈良向他报告难波的行刑时，他对珍田舍巳和东宫侍从长入江为守说：

> 我一直认为，在日本，陛下与臣下的关系，于理是君臣，于情则是父子。我一直是心怀此念，可是看到这个事件，特别是知道胆敢犯上的竟是陛下的子民，真是遗憾不已。我希望我的这个思想能得到彻底贯彻。[⑥]

23岁的裕仁，此时在感情上已经超然。他对天皇制的这种认识，基于孩童时代起给他灌输的思想意识：天皇之于国民就如父与子。有趣的是，奈良建议他不要将这种感想公开，因为它们只会招致社会主义者和共产主义者更多的非议。也许是裕仁被劝说改变了主意（这种可能性不大），也许是侍从们忽略了他的意思，总而言之，皇太子关于刺杀未遂事件的见解从未公开发表过。[⑦]

① 参议院事务局编《贵族院秘密会议事速记录集》，参友会，1995年，251页。《朝日新闻》，1995年6月5日言及。

② 儿岛襄《天皇（1）年轻的亲王》，文春文库，1981年，322页。

③ 渡边治，上述256页。

④ 同前257页。渡边认为，这是近代日本第二个大逆罪事件的审判（253页）。最初的事件，是在1910—1911年对幸德秋水等十人的审判，他们被指控企图暗杀明治天皇，曹洞宗的禅僧愚童也是其中一员。

⑤ 上述《牧野伸显日记》，107—108页。

⑥ 儿岛襄，上述298页。

⑦ 同前299页。

虎之门事件的风波尚未平息，陆续又出现了一些小规模的不敬罪事件，一些普通的日本人对皇太子试图亲近他们的努力并不欣赏。[①]据裕仁最早的传记作者祢津正志记述，从1921年到1927年的六年间，共发生了35起不敬事件。[②]它们不仅加深了政府高官对共产主义和其他“危险思想”扩散的担忧，[③]同时也暴露了裕仁作为“大众时代的皇太子”这一角色的脆弱。

尽管如此，在摄政的前几年，想使裕仁和皇室大众化的思想一直都存在。1924年初，裕仁结婚的时刻终于到来时，他和近臣们都认为在遭受完全破坏、刚刚开始重建的首都举行奢侈的皇室婚礼是不恰当的。适逢经济和社会迅速发展变化的时代，考虑到一般日本民众寻求稳定和持续性的心理，裕仁试图迎合他们的期望。对他来说，只要婚礼能适度地展示皇室的尊严，宫廷的传统仪式能够得到强调就足够了，而且这样做还会使他更加接近民众。

1924年1月26日，皇太子裕仁和良子公主举行了一系列简短的仪式庆祝他们的婚礼。按照平安时代的古老传统，婚礼以精心设计的交换情诗的仪式为开始。一名身穿全套礼服头戴礼帽的宫廷侍从将裕仁的诗（写在一张浅粉色的纸上，装在白色的柳木盒里）送到久迩宫邸，那里已经专门用红色和白色帷幔装饰好。几个小时后，侍从将一个同样的盒子送到了东宫御所，里面装着良子回复的诗。[④]

婚礼当天，良子公主清晨3点钟便起床，她来到花园中的小神社，向祖先做了祈祷。沐浴并吃了一点早餐后，她花了三个小时把头发做成平安时代的样式，最后穿上沉重的宫廷妇女的典礼服装。上午9点，向全家和自己的同学道别后，良子坐上皇室派来的汽车离家而去。[⑤]裕仁是早上5点30分起床，先是向祖先祈祷，之后吃早餐，最后穿上陆军中校的全套礼服。他们分乘两辆马车，在仪仗骑兵的护卫下，差不多同时出发前往皇宫，沿途无数的群众发出祝福的欢呼声。到了皇宫，裕仁穿上为天皇作为神道的神官而特制的橙黄色长袍，在“贤所”举行了宗教仪式，向诸神报告了他们的结婚。

在他们通过二重桥返回赤坂御所的途中，警戒森严的路两边成千上万的人守候在那里。裕仁和良子在装饰着红白两色帷幔的东宫御所前向欢呼的人群起身致意，然后进入宫中继续下一步的婚礼仪式和一直持续到傍晚的宴会。

---

① 渡边治，上述257页。

② 祢津正志《天皇与昭和史（上）》，三一新书，1976年，37页。1938年一年之间，就有高达35起不敬罪事件。

③ 渡边治，上述253页。

④《举行赠书仪式》，《东京日日新闻（晚刊）》1924年1月26日，大正新闻事典编纂委员会等编《大正新闻事典（六）》，每日传播，1988年，344页。

⑤ 小山伊都子《皇后》，主妇之友社，1956年，43—44页。

当天，47架军用飞机在首都上空飞行，撒下了带有祝福条文的小降落伞。陆军参谋本部鸣礼炮101响，停泊在横须贺海军基地的“长门”号战舰鸣礼炮21响以示祝贺。据《东京日日新闻》报道，皇室借此机会向有功者颁发了奖金，其中包括258名在各个殖民地为社会做出贡献的日本殖民者。它还报道说，嘉仁天皇对刑事犯实行了赦免或减刑，向国内外的社会事业慷慨捐助，还将皇室的财产赐予东京和京都辟为公园和博物馆。①

就这样，在牧野和西园寺的建议下，这对年轻人利用了他们的婚礼去争取民众对天皇制的支持，强化新郎作为仁慈的皇太子的形象。这次如此，许多其他场合亦如此，皇室的慈善是恢复降低了的天皇权威并使皇室更加接近民众的一种手段。如今公司股票的收益已占皇家财政的较大份额，皇室的经济力量增强了，裕仁的慈善资金和物品的授予也随着外交赠答的增加而增加。②虽然慈善行为是君主们扩大自己威望的常用手法，但至今也没搞清楚的是，裕仁的慈善是由臣民的税金支付的，还是由皇室的财产支付的。

结婚七个月后，当国家开始从大震灾中恢复重建时，裕仁和良子离开首都到地方休养一个月，算是度蜜月。他们先在日光住两宿，然后来到福岛县的猪苗代湖，住在高松宫的乡村别墅，打网球、钓鱼、登山和赏月。③

1925年12月，裕仁做了父亲。他让牧野为他和良子安排了一系列有关育儿和儿童心理学的宫廷讲座。四年前就任摄政时，裕仁就告诉牧野，将来自己的孩子要在宫中抚养，不交给仆人。④虽然他的母亲、牧野和元老西园寺都曾经反对，但裕仁的执着使他达到了目的，他向牧野和其他人明确表示，他将把自己的“家庭”放在首位，最优先考虑。现在他很满意地看到良子能给孩子哺乳，从女儿照宫开始，他们的孩子到三岁为止都由良子喂养。⑤这个婚姻为改革旧习惯提供了契机，那些原来住在内宫侍奉的女官们因此改成仅在白天服侍的通勤制。这样的改革，一方面是裕仁担心良子终日被一群没受过教育的侍女簇拥着会受到不良影响，另一方面是担心自己不经意间流露出的不当言辞会被她们传到外面去。⑥

这样，裕仁就获得了一个不会受到时刻监视的私人生活空间。这个成果归于他对皇室后宫制度的彻底废除和对女官数量的削减。不过，这些行动没有使他成为一

---

①《东京日日新闻》，1924年1月27日，大正新闻事典编纂委员会等编，上述348页。

② 大泽觉《皇室财政与〈帝室统计书〉》，后藤靖、大泽觉解题《帝室统计书（一）》（复刻），柏书房，1993年，12页。

③ 河原敏明《天皇裕仁的昭和史》，文艺春秋，1983年，75—76页。

④ 上述《牧野伸显日记》，44—45页，1922年1月28日条。

⑤ 高桥纮《解说》，木下道雄《侧近日记》，文艺春秋，1990年，289页。

⑥ 上述《牧野伸显日记》，44页。

名宫廷改革者，就如同他在摄政期间的公共表现并没有使他成为“大正民主之子”一样。甚至还在青年时代，裕仁就反对大正民主，提倡传统和民族主义。他对1894年以来日本进行的三次战争也持同样态度，在为胜利感到骄傲的同时，他还接受了大战结束时参加巴黎和会的近臣们的观点，认识到重新开始海军竞争和在中国过度扩张的危险性。

Ⅲ

摄政期间，日本外交政策的重心开始向多边协定、国际联盟以及联盟公约所体现的“和平原则”方面倾斜。[①]只要回想一下第一次世界大战中日本领导人秘密奉行的“亚洲门罗主义”，我们就能明白日本这种脱离固有的国际秩序的行为是多么大胆，当然，这是一种建立在军国主义、帝国主义势力范围和双边协定基础上的国际秩序。[②]在海军的主导下，在首相大隈和亲英派外相加藤高明的支持下，他们决意通过把德国军队从中国的重要港口青岛驱逐出去的方式来参加欧洲战争，这甚至是在英国政府提出请求之前。[③]在第一次世界大战的不同时段，尽管有一些元老持不同意见，加藤和军部还是制定了秘密且宏伟的战争目标，为20世纪30年代末日本的战略扩张预先做好了准备：将整个中国置于日本的保护之下；消除俄国人在满洲北部的势力范围；将资源丰富的荷属东印度（现在的印度尼西亚）从荷兰殖民统治者手中夺过来，让西方意识到，亚洲应该由亚洲人（即日本人）来统治。虽然日本与英国结盟，日本的军事战略家仍然希望西方列强之间相互争斗残杀，两败俱伤，从而无力反对日本战后在亚洲的行动。然而，德国被打败后，美国开始向日本施加压力，要求它尊重美国和盟国在中国的权益。由于在资本、钢铁和原材料的进口上要依赖美国，所以日本的上述战争目标不得不被搁置一边。但是它们为日本将在20世纪30年代实施的未来政策提供了很好的蓝图。

在华盛顿会议上（1921年11月12日—1922年2月6日），高桥是清首相领导的政友会内阁与欧洲列强和事实上已经成为世界大国的美国签署了三个协定，为日后日本同这些国家的关系建立了新基础。日、英、美、法四国协定不仅取代了日俄战争以来一直就是日本外交支柱的英—日同盟，而且还使签约国在太平洋的领地得到保障。后来，意大利也加入进来，五国签订了限制海军军备协定，就削减主力战舰和

---

① “和平原则”一词，来自Dorothy V. Jones, Code of Peace: Ethics and Security in the World of the Warlord States, University of Chicago Press, 1992.

② 小林道彦《世界大战与大陆政策的演变》，《历史学研究》六五六（1994年3月），1—16页。

③ 齐藤圣二《日德青岛战争的开战外交》，日本国际政治学会编《国际政治——国际行为主体的再探讨》一一九（1998年10月），192—208页。

航空母舰的数量达成合意。日本也同意将主力舰的持有吨数控制在美国的60%，即海军力量上与美国保持10∶6的比例。[①]

九国协定要求尊重中国的领土完整、主权和独立，在开采中国的自然资源和利用廉价劳动力方面，所有在中国的国家都要遵守“开放门户”和“机会均等”的原则。这是自1899年国务卿约翰·海的“门户开放宣言”以来，美国对亚洲的一贯政策。另外，会议在决议中呼吁召集会议商讨恢复中国关税自主权问题；设立委员会解决治外法权问题，这是构成对中国不平等条约体系的基础。

20世纪20年代，年轻的裕仁和他的近臣们以及外务省中的币原派都支持这个由美国主导、重新确立的国际关系新秩序，强调日本要与在中国的西方各国相协调，支持裁军以及取消英日军事同盟。当然，他们很清楚战后的世界秩序根本就不够平等。西方大国拒绝了日本提议的在《国际联盟公约》中加入种族平等条款的适当请求，美国策划华盛顿会议，也是意在抑制日本在中国的势力扩张并使其退回到第一次世界大战前的水平。尽管如此，他们仍然支持新秩序，支持国际联盟，因为他们希望能够借此削减正将政府逼入破产边缘的过度的军费开支。此外，虽然美国改变了游戏规则，但日本1919年在巴黎主张的国家平等原则，已经在国际联盟和国际劳工组织（ILO）中得到体现。所以，尽管新秩序没有承认种族平等的原则，但事实上承认了日本是一个大国。这些原因足以让裕仁和牧野去支持华盛顿会议。[②]

另外，新的国际秩序似乎建立（而不是改变）在“不平等条约”体系下中国特殊的国际地位上。它既认可了中国发展成为一个独立的民族国家的可能性，同时又保证了“协约”国家在亚洲的霸权主义。因此对日本来说，与新英—美秩序的合作无论多么不公正、不平等，但它至少保证了局势的稳定，与反君主制度的俄国共产主义所引起的混乱及其在中国的蔓延相比，选择民主主义更保险一些。

然而，在中学学习的关于白种人和黄种人注定有冲突和竞争的观念，裕仁并没有忘记。这是一种强烈的信念，是第一次世界大战时日本战略思想和战争目的的前提。美国对公然宣扬种族主义的1924年移民法的通过加强了裕仁对种族冲突的警觉。与此相似，裕仁也没有忘记20世纪20年代早期，从清水澄等文官教师的宫廷讲座中学到的知识，这些人不承认裁军的紧要性。为了反对自华盛顿会议以来滋长的反军事情绪，清水向裕仁强调：“在当前世界各国互相对峙的形势下，每一个国家

---

① 藤原彰，上述40—48页。

② 上述D. V. Jones，p. 44，认为日本的“关于人种平等的象征性主张……（与威尔逊特别希望的对宗教的宽容主张一起）虽然没有被公约采用，但是国家之间的平等在联盟自身构成上得到明确的采用”。

至少要拥有确保国家防卫的军备，这是一个不可回避的问题。”[①]这既是近臣们的一致见解，也是裕仁的观点。

裕仁对华盛顿会议裁军和永久和平这一理想化目标的欣然接受，也反映出牧野、珍田和西园寺（程度要小得多）对他的政治影响。这几个人与外交官币原一起，直接参与了战后体制的构建，努力促成宫廷与西方的和解。但是，他们中没有人完全无条件地支持过战后的“和平原则”，或是赞同仅以和平和国际合作为目标的想法。换言之，宫廷对华盛顿条约体系的支持，是出于国际主义和通过与英美的外交协调来获取经济利益的考虑，只不过没有明说而已。

从根本上讲，裕仁的近臣们认为合作的、和平的外交政策可以与保护日本的、特别是在满洲的殖民地利益相互兼容。而且，他们还认为日本可以无视中国的民族主义，继续发展他们从中国强占的，已经是既成事实的在满蒙的“权力和利益”。当时没有一个华盛顿条约国注意到或了解中国的民族主义现象。他们都推测中国不会背离华盛顿条约体系，对鸦片战争以来构筑起的不平等条约体系提出异议。

最后，裕仁的近臣们还有两个未得到普遍支持的信念，即西方主要国家不会阻止日本在亚洲逐渐占据主导地位；日本能够将国内事务与外交政策分离，即使在国内实施狭隘的民族主义和压制性政策，同时也能与西方进行合作。后来，当这些设想中的某些部分被证明是错的时，裕仁和他的随从们就撤回了对华盛顿条约体系的支持，放弃了在中国与其他国家的合作，转而支持直接违反九国协定的行动，完全不顾日本同意签署的《国际联盟公约》的原则。

Ⅳ

摄政期间，裕仁和他的近臣们毫无异议地接受了内阁政府所具有的联合特性，其中军队比其他国家机关享有更多的特权。在这个体制下，陆军和海军大臣都是从现役资深军官中选任，因此每一届内阁都必然是“混合型”——武官和文官的联盟。1888—1945年，统治日本的42届混合内阁中，“军部可以合法介入政治的权利得到了保证”，而总理大臣却只能通过天皇或者军人阁僚统制军队。[②]由于摄政太子的年轻和经验不足，军人阁僚和统帅部的首脑们都是在内阁范围处理事务，避免将未解决的问题交给病弱无能的天皇或是缺乏经验的摄政太子。但是也有几个重要的

① 柴田绅一《发现！昭和天皇使用的帝王学教科书》，《文艺春秋》（1998年2月），131页。

② 永井和《近代日本的军部与政治》，思文阁出版，1993年，256页。

例外，没有回避摄政太子。

早在1923年，裕仁就面临着由华盛顿会议引发的修订日本长期国防计划的问题。为应对苏联列宁革命政权的出现，英日军事同盟的废弃以及华盛顿会议达成的海军裁军协议等情况，陆军参谋总长和海军军令部长修改了日本帝国防卫作战计划。他们继续将俄国定为头号敌人，沿用了日俄战争以来的一贯方针。尽管他们并没有起草具体针对中国的战争计划，但已经表现出高度的警惕，将其定为第三号潜在敌人。同时，两统帅部将美国指定为继苏联之后的第二号敌人，这在日本历史上还是第一次。

从此以后，为设想在亚洲大陆的战争，陆军要准备40个师的战时军事力量。帝国海军的规模将维持在华盛顿海军裁军协定的框架之内，而为了保卫本土和维护“台湾海峡以北”与亚洲大陆连接的海上交通线，军队将进行整编和训练。[①]这意味着主要针对的是美国的海军军事力量。首相加藤友三郎是一名海军大将，他认为在辅助舰的建造还未完成时要不惜一切代价避免与美国的战争，这是海军面临的新课题。海军中将加藤宽治和海军大佐末次信正等少数派则认为，如果日美在中国的利益冲突成为严重的政治问题，华盛顿有可能凭借外交和军事压力迫使日本屈服，那么战争爆发的可能性就很大。作为摄政，裕仁接受了加藤友三郎和海军主流派的看法。他们这些人在20世纪30年代早期被称为“条约派”。裕仁是在1923年初同意改变防御政策的，不过那是在统帅部的长官们向他做了详细说明之后。

首先是同年2月17日，在沼津的皇室御用邸，他让陆海军两统帅部部长向他做出正式的报告。第二天，他又征求了最高军事顾问机关元帅府的意见。2月21日，陆军元帅奥保巩在沼津又向裕仁做了汇报，2月25日，裕仁让加藤首相过目修改过的防御政策草案。最后，裕仁于2月28日再次传唤两统帅部长到沼津，向他们表达了对草案的赞同意见。所以说，他是“在完全理解的基础上”才同意了修改国防计划的，而不是盲目地在上面盖的章。[②]在没有得到有说服力的说明和解释之前不示认可，裕仁的这种做法也是他成为天皇之后处理事务的常规做法。

随着1923年国防计划的被采纳，陆军于1922—1924年，分三次实施了裁员计划。海军为了发展现代化的舰队航空力量和潜水艇部队，停止了主力舰的建造并开始报废旧舰艇。同年，加藤首相的无党派内阁（他曾率领日本代表团参加华盛顿会议）开始从中国的山东省撤回日本军。两年后的1925年5月，陆军大臣宇垣（加藤高明的政党内阁）削减了四个师的兵力。他利用节省下来的费用开始了对陆军的现代

---

① 黑野耐《昭和初期海军的国防思想对立与混乱——在国防方针第二次改定与第三次改定之间》，《军事史学》，第三四卷第一号（1998年6月），10—11页。

② 藤原彰，上述42页。

化建设和部队重组，为未来的“全面战争”作准备。通过这些措施，十年间，陆海军的军费开支在政府年度经费中的比例确实有了缩小。①

这些在人员、装备和费用上的压缩不仅引起了军官们深深的失望和愤怒的指责，还滋长了一种情绪，那就是日本已经在经济、社会和政治上落后于其他强国。然而，陆军和海军在20年代并没有进行根本的制度改革。由于陆军的缩减是在没有外国压力下进行的，因此宇垣将军成了中层军官发泄愤怒和不满的对象，被指责为屈服于财政上保守的政治家和财界的意志。

与此同时，20世纪20年代一直还存在着另一个问题，即在西伯利亚与布尔什维克进行的事实上的战争（1918—1922年）中，军队表现出的军纪腐败和士气低下问题。军中无条件服从命令的风气变弱，不服从命令的事件激增。② 1919年3月，驻守卫戍师司令官在给陆军大臣的《关于回防部队的思想和行动的报告》中指出：“由于一般知识水平的提高和从报纸杂志等受到的社会教育，还有国民思想的变化，无形中下士以下的士兵变得不再盲从。”③两年后的1921年，陆军大臣田中义一警告他的师级司令官要注意下级军阶纪律松弛的现象：“近来……变得很露骨，士兵表现出反抗态度，而且触犯刑律者增加，特别是有结党暴行。”④

为了响应这些警告，兵营中规范军队生活的规章制度依据更合理的标准都重新做了修订，同时在军事教育中开始强调“自觉教育”。⑤然而，这些变化只持续了几年。1924年，鉴于“下级军官犯罪行为的增加”和“（新的）社会思想的影响”，陆军大臣宇垣提请师团长们要高度注意士兵们的行为。⑥ 四年后，在裕仁开始统治的初级阶段，工人、农民的抗议运动愈加激烈起来，兵营中的一些士兵开始对天皇制持批判态度，对此，上级军官们则再次提出了警告。

面对这些情况，日本的军事领袖们不得不考虑武装部队的性质，是将军队继续定位于接受天皇及其政府的领导，还是转向国民，成为人民的军队。陆军大臣田中和宇垣两个人都是缩减财政和与政党合作的支持者，他们主张有必要重新强调部队传统的“建军精神”，即日本人都是天皇直接统帅下的士兵，他们不介入政治也不

① 军费比例在1920年为60.14%，到1930年降到了28.52%。对国民生产总值（GNP）比率从5.86%下降到3.03%。参照山田朗《军备扩张的近代史——日本军的膨胀与崩溃》，吉川弘文馆，1997年，10页。

② 在四年西伯利亚战争中投降的俄国士兵，没有被作为俘虏对待，大都为日本兵杀害，只有极少数在签了不再拿起武器作战的誓约后得到释放。油井大三郎、小菅信子《联合国俘虏虐待与战后责任》，岩波丛书，1993年，16页。

③ 吉田裕《天皇的军队与南京事件》，青木书店，1985年，191页。

④ 同前。

⑤ 同前193—194页。

⑥ 同前191页。

让政治家介入军事，保卫国家和天皇统治的基础是他们的使命。但是陆军在20年代早期和中期出现了分裂。一些军官主张上述原则，另一些人则认为军队是由国民大众组成的，应该完全独立于中央政府。①

最终，宇垣军缩政策的主要反对者，后来的陆军大臣荒木贞夫将军通过提倡“皇军”（天皇的军队）这一概念平息了争论。就荒木看来，“皇军”是工人和农民在天皇的领导下为保卫国家而组建的军队，而不是保卫统治集团的“布尔乔亚的军队”。②但是在20年代中期，陆军尚未开始向部队贯彻荒木的思想。③

到了摄政的末期，裕仁也开始意识到陆军在体制认同和使命认识上存在的危机。奈良将军向他报告了军部内日益增强的派系斗争，宇垣将军在宫廷做了关于军队最高统帅权“独立”的重要性的讲座。“统帅权”这一名词具有军事和法律两方面的内涵，现实中经常被军人们夸大或含糊地使用。④尽管天皇统帅军队的权力在明治宪法制定前就早已经“独立”，但是宪法从未明确承认过这种“独立”。它只表明“天皇统帅陆海军”（第11条）和“天皇决定陆海军的编制及常备兵额”（第12条）。此外，第55条的第一项，宣布“国务各大臣要辅佐天皇并承担责任”，这为文官“介入”统帅权留下了宪法上可能的余地。

摄政期间，统帅权第一次成为一种组织的自我主张的思想意识，同时也成为让文官和政党政治家远离军队的工具。军人们仍然记得最初是明治天皇赋予了他们权力。他们为曾经直接接受过明治天皇的统帅而自豪，并把1905年日本战胜人数占优势的俄国军队归功于最高统帅的卓越威望。但是，1922年山县死去，1924年政党内阁制开始后，他们对“统帅权”这个词显示出特有的崇敬，对任何干涉天皇统治权的政治家或是文官官僚都予以坚决的反击。

面对大众不断高涨的批判、天皇制威信的下降以及政党内阁实施的严格的财政紧缩政策，特别是陆军为了统帅权的“独立”进行了不懈的努力。这意味着对内阁参与军事统帅事务的否定，也否定了对武装力量进行“文职统制”的原则，其后果是军队完全独立于文官的权限。⑤文职统制的问题最初出现于1920年10月，当时财政

---

① 片冈彻也《昭和初期　对日本陆军的社会学研究》，《军事史学》第二二卷第四号（1987年3月），20—21页。（日文——片冈在这里议论的，即所谓“建军的本意”）。

② 同前23—24页。

③ 同前25页，叙述了荒木贞夫、小畑敏四郎、铃木率道等在1928年修改了“统帅纲领”，把精神主义能够战胜攻势主义和物质威力变成了日本陆军占统治地位的思想。

④ 前原透《“统帅权独立”理论在军中的发展经过》，《军事史学》第二三卷第三号（1988年1月），18—19页。

⑤ 永井和，上述255页。

大臣高桥在给首相原的一封信中建议撤销陆海军统帅部和另外几个机构。[①]从此，陆军就开始研究怎样才能最有效地防止自己不受文职的统制。[②] 1925年11月5日，陆军大臣宇垣利用在宫中举行的特别讲座向裕仁施加影响，反对文职统制。[③]尽管民众的情绪支持对军国主义进行制度上的改革，但是裕仁却主动拒绝了文职统制的观点，欣然接受了统帅权“独立”、内阁不应介入的理论。

这是裕仁不遵循传统的一个范例，因为20世纪20年代中期，陆海军通过无条件地强调“独立”，开始了全新的启程。按照这个新原则，陆海军不但直接隶属于天皇而不是内阁，而且凡是与军队制度利益有关系的都是最重要的，远远高于各届内阁的命运及其财政政策，就更不要说其他国家机构了。受这种观念影响的军人必然会对文职政府产生藐视的态度。[④]随着政党权力的增大，这种轻蔑的态度很容易使军官们认为，由经济困难引发的所有的社会不满情绪和日本在中国遭遇的种种问题都应归咎于政党内阁。不过，在摄政时期，比起国家的政治改革，军队的高官们对加强天皇制和把军事教育引进公立学校更有兴趣。

1925年，陆军大臣宇垣征得裕仁的同意，安排现役军官进入国家的中学和大学指导军事训练。这一举措在职业教育者中很不得人心，很快便引发了文官和武官之间的冲突。可是在侍从武官长奈良看来，这个措施至少“是一味使军队安静下来的良药”。[⑤]这令人猜想裕仁是想通过这个举措提高学生为国家和他本人奉献的热情，同时也传播有关军队的知识，但他对这件事的真实想法，没有史料记载。

1925年也是很值得关注的一年，这从裕仁自身军务的增加、与军事相关的巡视、对陆军内部严重的派系问题的逐渐认识可以看出。8月5日，他和高松宫从叶山登上战舰“长门”号，在四艘驱逐舰的伴航下驶向南萨哈林（库页岛）的科尔萨科夫港（Odomari），对日本帝国最北面的殖民地进行为期一天的访问。裕仁上岸时，受到约六万日本人居留民的欢迎。他乘坐汽车，视察了一个木浆工厂和一所学校，不过大部分时间被用在观察当地特有的植物上了。[⑥]回到东京后，他去日光看望了父母。10月11日，他参加了在东北地区举行的陆军大演习的最后阶段，可是在野外待了两周

---

① 前原透，上述27—28页。

② 1922年2月，参谋本部完成了“关于统帅权的独立”的绝密研究。这是第一份把“统帅权独立”作为标题的官方文件。同前30页参照。

③ 同前34—35页，引自《宇垣一成日记》。参照同前40页注50。

④ 田中宏巳《虚构的军神东乡平八郎》，《THIS IS读卖》（1993年9月），240页。

⑤ 波多野澄雄等编，上述145页。

⑥ 同前143页。《时事新报》1925年8月10日，大正新闻事典编纂委员会等编《大正新闻事典（七）》，每日传播，1989年，177页。

后，“由于便秘引起发烧”而不得不返回东京。[①]之后不久，他晋升为陆海军大佐。

此时，裕仁开始意识到陆军里有些人与陆军大臣宇垣闹对立。也许奈良跟他讲了，年轻和中层军官中的不满和不守纪律是反军国主义思潮的时代反应，此外，持续的国防裁减也是起因之一。看起来他很冷静地接受了这个信息。然而，24岁的裕仁还缺乏经验，无法想象这种动荡会引发什么，也没能在其中看出将来会给他本人带来麻烦的任何前兆。由于支持把现役军官派进教室，他不经意间助长了军官们的一种自负，他们想当然地认为自己很适合做社会道德的领袖。在这个过程中，裕仁的支持使为国家爆发战争而做的总动员准备向前迈进了一大步。[②]

V

在一个政治多变、既成的制度受到来自下面挑战的时代，裕仁积累了军事经验并注意观察了牧野是如何加强宫廷独立性、摆脱政党政治控制的。这正是原死后，牧野和西园寺所希望的。但是，他们都不相信摄政太子已经非常成熟，已经具有丰富的知识能够依靠自己的判断介入政治。因此，1921—1926年，裕仁亲临了五次内阁更替，可是没有人跟他商议，听取他的意见。他还经历了从45至52共八次的议会常规会议。他摄政期间的最初三位首相——高桥是清、加藤友三郎和山本权兵卫，都是由元老们选定的。但是1924年7月元老松方正义去世后，只剩下西园寺来承担推荐下一届首相的任务。当山本内阁由于虎之门事件引咎辞职后，裕仁听从了西园寺亲王（被认为是一个伟大的“宪法主义者”）的建议，任命枢密院议长、政党内阁的死对头清浦奎吾组建下一届无党派内阁。

清浦的“超然内阁”无视选举产生的众议院的意愿，以天皇任命的贵族院的领导人为基础，这刺激了议会政党，最终引发了一场议会政党保卫自身政治权力的运动（称为“第二次保卫宪法运动”）。[③]尽管清浦有摄政的支持，五个月内政党还是成功地挫败了他。1924年5月10日的普选中，“护宪三派联盟”赢得了全面的胜利，6月7日，清浦辞职。裕仁随即派使者到正在京都养病的西园寺那里，西园寺向他推荐了宪政会总裁加藤高明接任清浦。[④]加藤马上组成了一个象征大正民主运动胜利的三党联合内阁。然而，这个政党联合战胜寡头政治和特权阶级的胜利只持续到1925年夏天，之后，议会冲突又再度开始，“国体”（即天皇制）成为政党们相互攻击的有力

---

① 上述《侍从武官长奈良武次日记　回顾录（四）》，144页。

② Asano Kazuo《大正时期陆军将校的社会认识与陆军的精神教育——对Kaikousha报道的社论的分析》，中村Katsunori等《近代日本政治的诸相——时代展开与考察》（《庆应通信》1989年），455页。

③ 藤原彰，上述43页。

④ 同前44页。

武器。

加藤的任期跨越了1924年6月28日的第49次至1926年12月26日的第52次，一共四次议会。在此期间，裕仁和宫廷派对宇垣将军实行的军事改革，外务大臣币原推行的不干涉中国政策，以及一项强制性的治安维持法给予了支持。西园寺认为后者很有必要，有助于抑制左派在议会中取得席位。如此，就可以保持一个合适的“框架”，有一天可以在其中发展“正规的立宪政府”。[①]新治安维持法强调了以皇室为基础的“国体”的神圣性，西园寺并不担心这会使政党团体把不可侵犯的“国体”的概念作为攻击政敌的政治武器。[②]

1925年3月7日，众议院通过了治安维持法，目的在于彻底铲除无政府主义、共产主义或共和主义思想。1885年的太政官制废止以来，这是第一部有“国体”一词的法律。[③]议会在讨论时引出了这样的问题，是将“国体”仅限于皇权，即主权的所在，还是将它与人际关系及家庭体系紧密联系起来，以便更广泛地引导国民的行为。加藤内阁和主要政党的立场是，“国体”应该只限于天皇对主权的行使，不应扩展范围将社会秩序和道德范畴也包括进来。[④]因此，只要那些要求国家改革的团体组织表明效忠皇室就可以容忍。然而，新治安维持法生效后不久，形势就开始发生变化。1926年末，“国体”成为政党冲突中致命的武器，就如那场围绕裕仁婚姻的争论所表露出的情形一样。

宫中的近臣们迅速地觉察到保守党派间正在增加的摩擦，以及两个利益集团之间的紧张局势：需要选举的众议院与无须选举的天皇的贵族院、枢密院。议会中党派间合作的破裂始于1925年夏，而且从裕仁摄政的最后一年到他成为天皇后的第一个月，裂痕一直在加深。若槻礼次郎（1926年1月30日至1927年4月20日任首相）则不得不忍受议会中剧烈的冲突，整个政治形势变得比以往任何时候都更加动荡和紧张。裕仁亲历了这些冲突，但他似乎没有意识到其中的危险。三上教授关于明治天皇“仁爱”的讲座，使裕仁全身心地投入到展现他自己的仁爱之中：在议会中政党行为的刺激和牧野的影响下，他在幕后更加热心于展示他的仁爱，致使形势迅速恶化。

在第51次议会，政友会提出了执政党腐化问题，指控两名宪政会的高级官员

---

① 宫地正人《天皇在政治史上的机能》，历史学研究会编《探讨天皇与天皇制》，青木书店，1986年，97页。

② 安田浩《近代天皇制的权力与权威——对大正民主时期的考察》《文化评论　临时增刊　续　质问天皇制》（1990年10月），188—189页。

③ 铃木正幸《近代天皇制的支配秩序》，校仓书房，1986年，196—197页。治安维持法的第一条为：以变革国体或以否定私有财产制度为目的的结社，以及知情参加者，处十年以下徒刑或禁锢。

④ 同前，188—189页。

卷入了妓院丑闻，要求若槻辞职。第51次议会结束后，1926年11月29日，政友会将“国体”问题提了出来并让议员们传阅一张照片，照片上一个年轻的日本女人金子文子在警察局的审讯室里坐在她朝鲜丈夫的腿上，她的丈夫就是持不同政见的朴烈。这对夫妇1923年9月被捕，被关押了近三年，最终被判企图暗杀皇太子罪。1926年4月5日，在他们被宣判的11天后，若槻内阁以天皇的名义对他们减刑，由死刑改为无期徒刑。此时出现的这份出自无名氏之手、内有这张照片的小册子，指责若槻的宪政会和司法大臣江木翼缺乏“国体观念”，免除了这对夫妇的死刑。

当然，没人提到皇太子，尽管是他在幕后的行动促成了减刑。裕仁曾直率地对珍田说他觉得这对夫妇并没有做什么，不应该受到如此严厉的惩罚。[①]此事在议会和内务省内搞得沸沸扬扬，批判之声不绝，这与激发裕仁行动的天皇的仁慈和同情的理念非常不和谐。裕仁想通过挽救朴烈和金子文子的生命显示自己独立姿态的这种要求，尽管不是他的本意，可结果却加剧了议会关于“国体”问题的争论。

政治家小川平吉、森恪和政友会及政友本党的领袖们支持了议会中批判若槻“缺乏国体观念”的论调。[②]1926年9月，在议员总会上，政友会总裁田中义一宣称：“这个（朴烈的照片）问题……从根本上说超越了政策是非的范畴，直接涉及‘国体’观念的根本。”[③]10月，在一次政友会的支部会议上，一位党的领导人断言：“应该说它开了一个破坏‘国体’的先例。政府（若槻内阁）没有重视这个问题，在有关皇室和‘国体’的根本观念上，与我们不相容。”[④]

因此，一旦政党击败了寡头政治家这个敌手之后，他们就无法抑制地将皇权当成了政治武器。在议会关于治安维持法和朴烈事件的讨论中，有关国家权力和日本国家特性的感情化的争论显得非常突出。在这种情况下，裕仁和他的近臣们发现想不被卷入政治冲突中是不可能的。

Ⅵ

摄政时期，日本的经济和社会经历着急剧的变化，为了寻找某种根本的、经久不衰的民族特性的观念和目标，各个阶层的日本人都在议论“国体”的意义。如果说年轻摄政的存在、大正民主主义的兴起、日本对外政策的基础和方向的变化赋予了这个时期一定意义的话，那么在“国体”讨论中日本国民质疑和再定义的过程也

① 儿岛襄，上述343页。金子最后在狱中自杀。

② 金泽史男《行财政整理、普选、治安维持法——第四九届帝国议会至第五二届帝国议会》，内田健三等编《日本议会史录（二）》，第一法规出版社，1991年，400—401页。

③ 铃木正幸《皇室制度——从明治到战后》，岩波新书，1993年，167页。

④ 同前。

是如此。裕仁和牧野以及近臣们没有人知道究竟是什么对既成的思想体系造成了缓慢而持久的侵蚀。显而易见，挑战来自左翼，为了应对这个挑战，宫廷试图从“国体”的意识形态和天皇的权威两方面来强调其正统性，为裕仁登基作准备。

摄政期间，无论是精英集团还是非精英集团，有关“国体”的讨论都进行得非常热烈，这标志着对君主制信赖程度的降低、连接各官员团体与皇室之间的精神纽带的松弛、对正统“国体”思想信仰的逐渐弱化。到了摄政末期，“国体”这个词已经脱离了非现实的神话概念，开始被随意而广泛地使用，并被用来去适应任何人或群体的需要，安抚不满情绪，惩罚对手，强化权力或者调整日本民众的政治视野。

这就是说，20世纪20年代的日本是一个思想与文化剧烈冲突的时代：当政府、摄政和他的宫廷近臣们不加批判地坚持“国体”的官方解释时，各个领域中有改革意识的人们正在努力使日本国民的思想意识适应现代科学思想，与非人性化的官僚统治相抗衡。政界、军界、宗教界以及大学教授们也在讨论“国体”。但这些讨论中，依旧是都必须强调天皇统治的正统性和天皇以及天皇制在日本社会中所具有的或者应该具有的道德价值。[①]

极少数的自由主义者试图使皇室与大正民主主义精神和逻辑一致起来。在“国体”讨论成为时代主流的情况下，他们设想了一个遵循西方式议会民主的政治体系，希望通过单纯地使皇室完全脱离政治来保留皇室。而大多数的改革论者则把关注点仅仅集中在修正国家用来使其政治生活合理化的“神话起源”上。站在对立面反对他们的是传统的保守主义者，他们认为，只有皇室世袭的血统才是“国体”的根本，强调继承皇位的男性天皇的亲政和他们的绝对政治权威。传统主义者们对于日本附属于西方愤愤不平，根本不希望与民主主义发生任何联系。他们认为“国体”是永远不变的，那些妄图将天皇变成一个单纯的象征的人是犯了不敬罪。

在统治精英那里，关于“国体”的讨论总是与取缔危险思想有关。对于日本政治来说，一个真正稳定的道德基础要求对“国体”整体的认同。但“国体”越是被争论、质疑和解释，就越难维系共有的道德基础。为了抗拒民主主义潮流，支撑衰弱的天皇权威，1923年11月10日，清浦内阁根据摄政的“振兴民族精神诏书”，采取了“教化政策”。1924年1月，首相清浦成立了全国教化团体联合会，以响应裕仁改善思想和“唤醒国民精神”的号召。为了对抗与工人运动和左派有关系的“危险思想”，神道、基督教和佛教，包括日莲宗的领袖们应邀参加了教化联盟会议，就发动一场全国性的反对“危险思想”的宣传运动进行协商。

利用这个契机，创始于13世纪的日莲宗迎来了其影响力和成长的黄金时期。它的两个主要的传教家——本多日生和田中智学——马上抓住了这场宣传“国民精

① 铃木正幸《近代的天皇》，岩波丛书，1992年，52页。

神”运动的机会，呼吁宫廷颁布诏书，追封日莲宗的创始人日莲为“立正大师”，以便利用这个头衔去传教。[①]在宫廷追封了日莲后，据说宫内大臣牧野宣称：“针对日本思想界的现状，无论如何都需要用健全的思想，特别是坚定的宗教信仰来引导，陛下正是出于这样的考虑做出的决定。”[②]

实际上，由牧野和裕仁控制的皇室之所以授予这个封号是因为社会形势已经糟糕透顶，需要那些坚决反对大正民主主义的日莲宗信徒的协力。本多到宫内省领取封号时遇见了牧野，他说日莲宗是“当今思想界斗争中进军者的旗帜”。此外，本多还表达了他的爱国心，夸耀了日莲宗反民主、反共产主义的本质。[③]不得不调动佛教（或日莲宗信徒的信仰，信徒当中许多都是上层军官和文官中的右翼思想家）来补充天皇制思想，表明官方的信念已经无法对日本社会中所有阶层施加控制性影响了。[④]

这些年当中，与引导国民思想和维护“国体”有密切关系的势力还有军部、行动主义的右翼政治组织和新民族主义的“研究会”。[⑤]平沼骐一郎男爵1924年创立的“国本社”和安冈正笃1927年创建的“金鸡学院”，在20世纪30年代的官僚制改革运动中都颇具影响。“金鸡学院”通过安冈的帮助与皇室建立了直接联系，牧野伸显安排宫内次官关屋贞三郎作为他个人的代表，协助安冈的教育和宣传活动。[⑥]

除了这些由政府支持的意在控制“国体”讨论的运动，民间通过重新对“国体”做出解释，旨在拓宽民众政治视野的努力也在继续。1921年，内务官僚出身的贵族院议员永田秀次郎写了一本书，从天皇制的象征意义和社会功效两方面为天皇制做了辩护。[⑦]他抛弃了建立在神话基础上的“国体”的正统观点，指出如果皇室成为置身政治之外的“缓和力量”，那么它就能赢得民心。[⑧]1925年，帝室编修官及作家渡边几治郎出版了《皇室与社会问题》一书，鼓励工人运动中的年轻工人和行动

---

① 户顷重基《近代社会与日莲主义》，评论社，1972年，130—132页。

② 同前133页。

③ 同前135页。

④ 丸山照雄《天皇制与宗教》，井上清等《昭和的终结与天皇制的现在》，新泉社，1988年，183页。

⑤ 右翼组织从1926年的23团体，发展到1932年的196团体。1929年以后，这些团体大多在以往的反西方主义之上，开始标榜反资本主义。其代表，为以年轻官僚为主导的研究团体。参照铃木正幸上述《皇室制度——从明治到战后》，170—172页。

⑥ 安冈在20世纪30年代初期再度开始强调“国体”与“政体”的区别，主张无论是走议会路线还是军事独裁，只要能够维护国体就都可以接受。小田部雄次《天皇制意识形态与亲英美派的系谱》，《史苑》，第四三卷第一号（1983年5月）。

⑦ 铃木正幸，上述153页。

⑧ 同前154页。

主义者依靠皇室来解决国家的社会弊病。[①]

关于“国体”的神话观念甚至在军人中也遭到抨击。1923年，陆军中尉堀木佑三出版了《近代思想与军队教育》一书，指出“国家的危险不在于新思想的流入，而在于逆势而动守旧的国家思想”。他预言，其结果“将导致国民误以为我们的‘国体’终究不能与新思想相调和”。[②] 1924年，当陆军军官的自治组织偕行社在其机关刊物《偕行社纪事》上征集对士兵进行“国体的尊严与威望”教育的教案时，主管审查的陆军少将奥平俊藏就抱怨说：“年轻的将校们没有太郑重地对待这个问题。”[③]

近来的证据显示，构成日本民族个性共同基准的“建国原则”的神话在第一次世界大战期末，即开始陷入一种缓慢的、逐渐衰落的状态。[④]许多将校军官指责大正民主运动致使建军精神逐步丧失，正如他们指责“民主”造成了军队纪律松弛、军民之间产生隔阂一样。

有关两次大战之间的几十年中天皇在陆军内的“形象”的研究也显示出，被认为最效忠尽职、愿为天皇而死的“支持阶层”中，皇太子的“支持率”在降低。[⑤]帝国陆海军在三年制的士官学校，对严格选拔出来的一批大约十六七岁的少年进行训练。这些学校的毕业生通常继续升入陆军或海军学院。[⑥]河野仁对当时的意识调查报告，以及第二次世界大战后对数千军事学院和士官学校的毕业生——他们当中的绝大部分在太平洋战争期间服务于东京的参谋机构——的问卷调查进行了研究，根据这个研究，河野仁推定1922—1931年期间，将“为天皇服务”作为选择军事生涯动机的意识在逐渐变弱。[⑦]他还发现，1922—1945年的整个调查期间，崇拜天皇和志愿为他而死的意识在两个军种（特别是海军的精英）中出现了缓慢的低落倾向。[⑧]

为了遏制这种趋势，政府诉诸镇压手段，降低了对批判“国体”言论的容忍限度。发生在摄政时期最后一个月，受到河井和牧野密切注意的井上哲次郎不敬事件表明“国体”这个将日本国家“正统化”的概念，是如何不但被用来分裂日本民众，甚至被用来颠倒市民社会的权利关系的。

1926年10月，内务省取缔了贵族院议员井上写的一本书（《我国体与国民道

---

① 同前155—156页。

② 黑泽文贵《大战期间的日本陆军》，美铃书房，2000年，141页。

③ 同前140页。

④ 同前。引自1932年3月教育总监武藤信义的发言。

⑤ 河野仁《大正、昭和期军事精英的形成过程——关于陆海军将校的军历选择与军事学校适应的实证分析》，简井清忠编《“近代日本”的历史社会学——心性与构造》，木铎社，1990年，120—121页。

⑥ 秦郁彦编《日本陆海军综合事典》，东京大学出版会，1991年，736—737页。

⑦ 河野仁，上述105—106页。

⑧ 同前120页。

德》——译者注），因为河井弥八和牧野看后认为书有问题，同时此书还激起了右翼的愤怒。[①]井上是皇帝教育敕语的官方评论员和保守的基督教批评家，他在书中分析了“国体”与国民道德的关系，试图为天皇制的正统性寻找合理的依据。他1925年的研究批判了关于三种神器和皇统“天地无穷”的神话。他还试图说明仅以“万世一系”的“神话”为依据的官方理论是不能为现代民众所接受的。[②]井上认为，“国体”的独特性在于其“道德的”“人道的”以及改良主义的特性。正是后者使“民主主义”和“劳动者的解放”成为皇室传统精神的一部分，[③]井上在政治上一直是持反动观点的，这次却明确地将自己融进了大正民主主义潮流之中。

井上的书通过了警方的审查并于1925年9月在东京的书店发售。但是第二年便受到攻击，书被召回并遭到取缔。[④]右翼分子的一本小册子（同时也被送到了内务省和宫内省）攻击并指责他对三种神器犯下了不敬罪，要求对他的书发布强制令，禁止其销售和传播。[⑤]要求审查井上的人原来都是大东文化学院的教员，而他则是这个学院的院长。这些教员因为反对学校改革被井上解雇，为此，他们进行罢工，封锁学院，还煽动年高德劭的“国士领袖”头山满及其一派的右翼思想家，策划出版了批判井上的宣传小册子，旨在检举井上对主导日本的思想意识所持的怀疑态度。[⑥]归根结底，不论是井上的不敬事件，还是政友会将朴烈的事件政治化，都标志着大正时期为天皇制国家的正统性寻求新支撑的探索无果而终。

裕仁的近臣们密切关注了井上事件，但似乎并没有注意到在争论的主流下面涌动着的各种异端倾向和原理主义思想（如以神道为基础的大本教），它们助长了日本民族主义中“极端主义”的形成。从宫中高官的日记中可以看出，由于无法理解被“国体”至福千年的预言吸引的民众的道德观念，他们忽视了这些问题。尽管警方的报告中提到了，裕仁可能也没有注意到它们。如果说他们在有关皇太子的记录中占有一席之地，那仅仅是因为他们对大正后期的政治产生了影响，为昭和初期君主制沿着更为国家主义的方向重新起步，准备了土壤。

20世纪20年代兴起的至福千年的“国体”观的一个最具影响的形式是日莲宗内

---

① 上述《昭和初期的天皇与宫中——侍从次长河井弥八日记（一）》，33—35、37、41—42页。

② 渡边治，上述264页。

③ 同前265页。

④ 同前262—263页。

⑤ 高桥阳一《井上哲次郎不敬事件再考》，寺崎昌男等编《近代日本知识分配与国民统合》，第一法规出版，1993年，347页。在书册上标上名字的还有头山满、田中宏巳、五百木良三、苇津耕次郎。

⑥ 同前347—349页。

的国家主义团体向城市中产阶级的游说。田中智学——团体的精神领袖之一，对大正民主主义怀有很深的敌意。他将日莲宗与日本帝国的扩张联系起来，把“净化国体”作为终身目标。田中的原理主义虽然是国粹性的但并不激进，为使日莲宗成为日本的国家宗教，他努力迎合宫廷。1914年，他将自己主要的布教组织改称为“国柱会”（国家的栋梁），其中“柱”代表“国体”，并开始就“净化”进行演说。①与许多20世纪20—30年代其他敌视民主主义的保守主义者一样，田中在他的讲义中也加入了反犹太人的内容。在他的后半生中，他经常提及《犹太人长老议定书》，这是一本沙俄时的警方小册子，这本小册子成为日本人以及许多欧洲人反犹太主义的主要理论根据。②田中通过“国柱会”的活动和他本人的演讲以及大量的著作，鼓吹要与天皇制国家合作，共同进行一场伟大的统一全球的计划。他的主张对大正时期的民众情绪产生了很大影响。

“国柱会”成员中出现了被裕仁提拔至重要位置的陆军将校，石原莞尔就是一个。石原1920年4月从陆军大学毕业后，加入了“国柱会”，在其资助下做过几次演讲。石原既是世界战争的预言者，又是1931年满洲事变的主要策划者。驱使石原行动的不单是担心日本在满洲的利益受到中国民族主义者和苏联的威胁，也是田中“国柱会”思想的体现。石原的同僚，当时身为满洲关东军司令官的本庄繁，也是日莲宗的信徒。北一辉与田中的“国柱会”虽没有直接的联系，但他的家族属于日莲宗派，他本人的精神发展也使他最终成为一名日莲宗信徒。③

具有国家主义性质的日莲宗运动成为引发日本极端国家主义现象的主要催化剂。这个宗派不但影响了许多在两次大战期间参与政治的军人，而且还成为裕仁登基过程中复活的统一世界乃日本国家使命的思想背景的一部分。

---

① 户顷重基，上述119—121页。

② 田中巴之助（智学）《师子王谈丛篇　我的经历　第六篇》，师子王全集刊行会，1937年，353—354页。

③ 田村芳朗《近代日本的发展与日莲主义》，田村芳朗、官崎英修编《讲座　日莲（四）日本近代与日莲主义》，春秋社，1972年，3页。

第五章　新君主制与新国家主义

1926年12月25日凌晨1点25分大正天皇去世，裕仁皇太子为他父亲的摄政至此宣告结束。他立即登上了皇位，皇室的神器传到了他的手上。此时裕仁25岁，根据他的血统、传统、神话和历史，也依据宪法的权威，他成为日本第124代天皇。[①]经过一个简短的仪式，宪法第一条“大日本帝国为万世一系的天皇所统治”得到履行。与此同时，他还成为军队的最高统帅，拥有无须听取内阁意见即可发布命令的权力。

按照明治维新以来的惯例，枢密院马上召开会议，根据新天皇的即位制定了历法。他的统治和将来追封的名号为“昭和”，12月28日正式予以宣布。“昭和”的意思是“光明与和谐”，也可作“辉煌的和平”之解释。

同一天，新天皇向陆海军的将士们、闲院亲王、首相若槻和公爵西园寺以及全体国民颁布了一系列诏书，在昭告他继位的同时，还要求他们继续对皇权保持忠诚。通过这些诏书，裕仁告知全体国民，在他的眼中，军队仍享有特权地位，最后一位元老——西园寺将继续掌握下一届首相的选拔。[②]他承诺他将遵守宪法：“明治天皇以他文武兼备的卓越素质，于内广泛施教，于外屡建战功，建立了丰功伟业。我将不忘遗训，继承遗志。”

I

现在，裕仁可以更全面地进入政治生活，专心致志地实现他年轻时关于天皇统治的构想了。在这方面坚定支持他、引导他的是他身边有限的几个人：七位比他年长许多、成熟且彬彬有礼的绅士，他们在宫廷不断对他施加着影响。谈到这七个人的时候，我将他们称为“宫廷派”“宫内高官”或宫廷“近臣”。他们是1920年后期正式担任官僚职位的内大臣牧野、侍从长珍田、宫内大臣一木喜德郎、侍从武官

① 高桥纮等编《昭和初期的天皇与宫中——侍从次长河井弥八日记（一）》，岩波书店，1993年，66页。至此为止的124代的数字，是在几个世纪之前，排除女帝、南朝的天皇等没有确实史料的部分加工出来的。准确的数字不得而知，因为王朝的各种记录缺乏关联，矛盾很多，天皇的命名方法也因时代而不相同。

② 关于四个诏书，参见千田夏光《天皇与敕语与昭和史》，汐文社，1983年，21—24页。

长奈良将军以及三位管理下属职员的秘书长和次官。

1929年1月22日，侍从长珍田去世一个星期后，牧野让已退休的海军大将铃木贯太郎接替了珍田的位置。铃木是海军裁军的支持者，他在这个岗位上干了七年直至1936年辞职。另外，侍从武官长奈良一直任职到1933年4月退休。尽管奈良在军事上的作用与牧野在政治上的作用相同，但是与牧野相比，他作为宫内官的成分较少，政治分量也较牧野为轻。①

三位秘书长是河井、关屋和冈部长景（只是很短的时期）。他们协助解决政府内的分歧，为天皇收集情报并对其施加政治影响。河井的官宦生涯是从贵族院秘书官的经历开始的。1926年夏天，他入宫做了牧野的秘书长，第二年接受特别职务，担任皇后宫大夫和侍从次长。在他1923年成为帝室会计审查局长官前，一直都是身兼数职。他是一个细心挑剔、工作勤奋、严肃认真的人，对于为天皇服务怀有强烈的使命感，对天皇十分敬畏。在宫廷任职的这段时期，河井几乎每天都能见到裕仁，且与内务省的政治警察的负责人保持着密切联系，以便裕仁通过警方的消息来源了解国民的动向。

关屋最初是内务省的一名官僚并在日本的殖民地帝国积累了经验。1921年，他经过短期担任静冈县知事后，作为牧野信赖的情报收集者和传递者进入宫内省。他参加了裕仁的西方旅行和1924年婚礼的筹划工作。当宫内省开始将天皇广大的土地收益投资于殖民地企业股票时，有着第一手殖民地行政管理知识的关屋起了很大作用。同河井一样，关屋办事有条不紊、有能力而且勤奋，这正是裕仁所喜欢的官僚类型。他还与牧野一样专注于维护宫廷独立，使其不受政党内阁的左右。

宫廷派的第三名成员是富裕的贵族冈部长景子爵，他负责宫廷和政府各部门之间的联系。1929年2月，冈部成为牧野的秘书长，同时兼任仪式部次长。冈部比河井和关屋的阶层和社会地位都高，他个人对天皇的态度较为随意，对于自己对政治问题的见解也很自得。另外，他也不像牧野和关屋那样倾向于激进的右翼。

与这些宫廷官员及其周围的一部分人保持着联系，而自己却身居宫廷之外的是那些皇权的特别保护者。其中排在最前面的是最后一位元老，年高德勋的西园寺公望。虽然西园寺老练的判断和经验很有分量，也常给裕仁和宫廷派一些重要提示，但历史学家们还是夸大了20世纪20年代后期和20世纪30年代前期他对政治的影响力。1849年，西园寺出生于一个古老的、在文官贵族阶层位居第二的文官贵族（公家）家庭，与宫廷官僚们保持着特殊的关系。尽管他很少与宫内官僚们在一起，但是他们仍然要

① 波多野澄雄《满洲事变与“宫中”势力》，《栃木史学》五（1991年3月），108页。奈良经常以自己所从属的陆军组织的利害为优先，并不总是与其他宫中集团“抱团行动”。

听取他的建议。[①]另外，他还是住友财阀经济利益的坚定护卫者，因为这是他弟弟住友吉左卫门男爵的事业。[②]

牧野担任宫内大臣期间，西园寺通过代理天皇行使推荐总理大臣后任者的特权行使自己的权力。一直到1923年5月裕仁实际上剥夺了他的控制权为止，他一直影响着每一届政权。此外，他还可以对宫廷官员的任命指手画脚。[③]1927年以后，每次宫廷派商议了新首相的人选后，都会派一名使者到年高的西园寺在京都、小田原、兴津等地的住所送信。西园寺对他们的决议予以认可后，便又恢复了他非政治性的生活，远离宫廷的日常俗事。西园寺总是仔细倾听，小心建议，除非极端的情况，比如暗杀和叛乱，他从不主动采取行动。[④]然而，只要他有所行动，他的努力对于日本的自由主义事业和政党政治都将是灾难性的。

不过，在整个宫廷派和有宫廷背景的人当中，只有西园寺一个人希望转入两大政党体制。当时，议会分别由代表大地主和大企业利益的政友会和宪政会（后来的民政党）这两个主要的保守党控制着，他们支持有关“国体”的正统观念，完全服从天皇的意志，信任天皇胜于信任议会。[⑤]

1929年，当政党内阁的权力接近顶点时，西园寺与宫廷派（包括裕仁）之间出现了明显的分歧。西园寺和牧野的共同之处在于对现代政党的运行基本无知，对议会制度的原则持怀疑态度。但是，与牧野和宫廷近臣认为困难的政治问题只有通过天皇的干预才能解决的认识不同，西园寺希望天皇回避政治裁决。[⑥]另外，西园寺对于牧野同情激进右派的倾向也心存芥蒂。由于西园寺在这个和以后的时期都处于宫廷决策的过程之外，牧野和其他近臣们就不得不经常要争取他的协助。通常西园寺会按下疑念同意他们的决定。

除上述人员外，在宫廷周围充当天皇制特别守护者的还有三位贵族。他们是原田熊雄男爵、近卫文麿公爵和木户幸一侯爵，后者1930年登上政治舞台并立即发挥

---

① 关于宫中集团的定义，中园裕的《政党内阁期昭和天皇及近臣的政治行动与作用》，青山学院大学研究生院硕士论文（1992年，未公开）3页有所议论。

② 1926年6月，吉左卫门死后，西园寺向牧野表示了今后维持住友家的忧虑。“住友家现今当主年幼，且影响广大，超出自家范围，作为国家机关，其前途基础日益强固、日益安全、符合公益，是大家所希望的。”完全同意这一点。参照伊藤隆、广濑顺皓编《牧野伸显日记》，中央公论社，1990年，259页。

③ 波多野澄雄，上述107页。

④ 1932年5月犬养被刺时，裕仁叫西园寺赶来东京，其后的1936年2月26日陆军暴乱时也同样叫西园寺赶来东京。这次，西园寺参与了选任广田弘毅担当首相的工作。原田熊雄《西园寺公与政局（五）》，岩波书店，1951年，6、8页。

⑤ 增田知子《天皇（近代）》，《日本史大事典（四）》，平凡社，1993年，1244页。

⑥ 中园裕，上述28页。

了积极作用。与西园寺的思想不同，他们三人一致认为解决政治问题应该动用天皇的权威。

1924年，原田成为加藤高明的秘书官，此前他在宫内省做了两年特别官员。1926年夏天，他辞去官职加入住友公司，但马上又离开成了西园寺的私人秘书。他在这个岗位上一直干到1940年11月西园寺去世。[①]作为西园寺的情报收集员、信使和“智囊”，原田充当了京都的西园寺和镰仓的牧野之间的联络人和协调人。同时，他还是河井、关屋和冈部三位秘书长以及他的密友近卫、木户极其信赖的情报收集者和政局分析家。

生于1891年的近卫，相对于明治维新后成为贵族的原田和木户，是一位传统贵族。昭和早期，近卫是贵族院年轻的保守主义者和激进的右派中一颗上升的明星。他很快升到领导地位，1931年当上副议长，1933年又成为议长。近卫主张亚洲和中国经济应受日本支配，从欧洲的侵占下拯救亚洲是日本的使命，他的这些观点深得人心。从1921年登上政治舞台直至1945年12月自杀身亡，近卫与宫廷派各群体的重要人物都有着最亲密的个人关系。[②]

近卫曾是巴黎和会日本代表团成员之一。他在那里，以及战后不久穿越欧美的旅行中的所见所闻，使他抱定了日本应该支持国际联盟精神，与其他强国合作发展亚洲的信念。但是巴黎和会同时也让他抛弃了被他称之为“英美式的和平主义”信条。使他的思想复杂化，使他对华盛顿体系的稳定性产生怀疑的，是他所坚持的极其强烈的种族主义和泛亚洲主义思想。从根本上说，近卫认为由于种族、历史、地理的原因，日本有足够的理由和根据在中国领土上扩大势力范围，以满足自身爆炸性的人口过剩的需要。

裕仁统治初期，近卫是贵族院主流派的成员，也是他父亲创建的东亚同文会会长。他对华盛顿协定中容忍美英将日本移民拒之门外、怀疑日本在中国大陆的意图感到不满与恼怒。他思想中的这个特征与裕仁有很大区别，裕仁尚能接受华盛顿体系的制约。然而，在其他方面，近卫与宫廷中“稳健派”的政治立场基本相同。后者可能没有近卫联合中国反抗白种人的梦想，但他们都对共产主义充满敌意。他们与近卫一样，也认为中国理所应当为日本的社会和工业需要做出牺牲。[③]最后一点是，近卫（包括全体宫廷派）对于在一个后君主制的世界里如何保护根基不稳的君

① 关于原田的经历，参照Thomas F. Mayer-Oaks, Fragile Victory: Prince Saionji and the 1930 London Treaty Issue, from the Memoires of Baron Harada Kumao, Translated with an Introduction and Annotations, Wayne State University Press, 1968, pp. 41—42.

② 近卫与昭和天皇在特定的外交政策上存在较大分歧，但直到1941年中期两者关系亲密。

③ 庄司润一郎《近卫文麿像的再探讨——以对外认识为中心》，近代外交史研究会编《变动期的日本外交与军事——史料与探讨》，原书房，1987年，主要参见101—105页。

主制感到忧虑。必须使“国体”存留下来，他的任务就是帮助天皇在运用其权威进行必要改革的同时保存“国体”。

木户幸一生于1889年，与近卫相同，是第三代世袭贵族，对苏联革命的影响和大正民主潮流可能会卷走其特权阶级的地位充满恐惧。为了与这种趋势相对抗，他研究了俄国社会主义者，探讨了在布尔什维克的挑战下如何生存的贵族著作。他还与其他贵族冈部长景、有马赖宁一道设立和经营了一所工人夜校，还曾推动贵族学校的改革。[①]在这些活动过程中，木户和其他有改革意识的贵族成立了“十一会”，这是一个讨论小组，它的成员都向往带头促进政治和社会变革。到了1920年末，木户对左翼革命的恐惧有所减弱，他的注意力转向了政府改革。

1930年末，当木户离开商工省成为牧野的秘书长时，他头脑中已有了国家改革的设想。1930—1932年是政党内阁的最后两年。其间，（通过“十一会”）他迅速地证明了自己是一个不可或缺的顾问和情报收集者。军部崛起后，在改革宫廷陈习中发挥主导作用的不是牧野，而是与原田熊雄关系密切的木户。同近卫一样，他本质上是一个20世纪30年代型的“改良主义者”，而不是传统主义者。1937年，在近卫组织他的第一届内阁时，木户离开宫廷就任近卫的文部大臣和顾问。在他政治生涯的最后阶段1940—1945年，他回到皇宫，成为裕仁最重要的政治顾问，负责协助选定继任首相工作。木户为了促成宫廷与军方的一致殚精竭虑，最终帮助实现了两者的联盟，使日本向美国和英国宣战成为可能。[②]

昭和时代一开始，裕仁周围少数精干、视野广阔的宫廷派对他的辅佐和支持就完全是在宪法之外进行的。这是一个特权阶级的飞地，是日本权力精英的核心，它由传统的统治阶层和明治以后被封爵位、富裕起来的群体组成。高居于日本社会阶级、权力和财富顶点的宫廷派代表了日本国家所有统治阶级包括军部的利益。然而，如果只是与军部做单纯的对比——如当时的西方观察家和后来因循守旧的历史学家所设想的那样，是无法理解宫廷派的。如果脱离了皇室，特别是脱离了裕仁的弟弟们，那么关于宫廷派的讨论也将无从论起，因为他们与宫廷派保持着经常而密切的联系。

宫廷派的成员对从各种消息源，包括英国和美国大使馆，收集到的政治情报进行汇总处理，然后送到裕仁那里。天皇对于这些情报，加上由政府和军部直接向他口头或书面报告的大量的政治和军事信息拥有专用权。另外，作为皇族之长，裕仁还从弟弟秩父宫的侍从那里听取有关他弟弟的政治活动的密报。就像一只静静地伏在一张宽大多边的蜘蛛网中心的蜘蛛，裕仁将他的线索伸到国家和陆海军的每一个

① 后藤致人《大正民主与华族社会的再编》，《历史学研究》，六九四（1997年2月）。

② 三谷太一郎《宫廷政治家的理论与行动——关于〈木户幸一日记〉》，《大正民主论——吉野作造的时代及其后》，中央公论社，1974年，275—287页。

机构，吸收并记取他们提供的情报。

他的近臣们之所以能为他张网并向他准确地提供情报，是因为天皇制国家的顾问机构——内阁、议会、枢密院、陆海军统帅部和官僚机构等，都与天皇有直接联系而他们之间却相互独立，没有横向联系。在他们自己的眼中，国务大臣和各机构的领导人相信自己直属于天皇；而在裕仁看来，正如清水澄屡屡提醒的那样，无论他们的宪法地位如何不同，仅就职权而言，他们都处于同一水平，没有高低之分。

宫廷派成员的构成随时间而变化，就像他们的政治思想、特殊性和对日本政治构造中其他势力的操纵策略一样。不过在各个时期的政治问题中，他们都很小心地避免走到天皇的前面。通常，不需要内大臣的暗示，裕仁会主动鼓动他的近臣们将他的意图（圣旨）反映到政治过程中，必要时，将他的意志集中传达给任何顾问机构或者他的代表。总而言之，裕仁"统领"的宫廷派，除了起沟通各方的作用外，没有实权。正如人们所知道的，在裕仁的指挥下，宫廷派通过提出忠告和建议的形式，代表他向阁僚和各省施加有力的影响。

1927年以后，宫廷派努力将君主制置入一个新的思想框架，同时寻找途径突破近15年来由于大正天皇的病弱而逐渐形成的对天皇权力的限制。为了达到目的，他们继续利用天皇是"立宪君主"这个便利的谎言。当然，在他们自己的观念中，"立宪君主"永远不会像西方一样，成为限制君主巨大权力的工具。它只是一个保护层，天皇在它的后面可以自由行使权力，甚至可以按照实际需要扩大权力，而天皇对此却可不负任何责任。[①]昭和新时代伊始，宫廷派的主要目标是帮助裕仁实施真正的统治权，辅佐裕仁选任总理大臣，并保证他的意图在内阁决策中得到体现。根据他们"宪政的常道"的概念，内阁的意志一定要反映年轻天皇的意志。

这种意志的集约一般要通过这样一个过程来实现，内阁的决定正式提交给天皇之前，首相、阁僚和统帅部长要先实行日常的非正式汇报（内奏），天皇针对这些汇报提出质询（御下问）。这个在幕后巧妙操纵以取得天皇同意的过程，就是裕仁在政策制定和高级军官的任免上实现其意志的过程。同时它也表明了宫廷派一直是怎样理解"国体"的意义的，对他们来说，"国体"是一个保障天皇行使统治权的政治体系，而不仅仅是君临。[②]

然而，在普遍选举的时代，宫廷派必须与天皇最重要的顾问总理大臣相配合，提高警惕，谨慎行事，以免天皇被卷入政党冲突中。按照内大臣牧野的话说，基本的规则是无论什么时候出现了政治问题，"第一位重要的是不能连累陛下"。[③]因

① 增田知子，上述1243页。

② 渡边治《天皇（战后）》，《日本史大事典（四）》，平凡社，1993年，1246页。

③ 伊藤隆《解说》，上述《牧野伸显日记》，715页。日记本文见272页1927年7月3日条。铃木正幸《皇室制度——从明治到战后》，岩波新书，1993年，169页。

此，从昭和开始，宫廷派的主要任务就是既要政党内阁接受裕仁的统治，又要保证他不会因此而受到褒贬。

从根本上讲，宫廷派认为现在有了明治天皇型的真正的统治者在位，正当的统治方法应该是首相在非正式的情况下，事先与天皇充分商议（即内奏），领会天皇的意图，然后将天皇的意志付诸实施。实践中，这意味着宫廷派要整肃环境和情报网，通过它们，天皇可以在其宪法顾问（他的国务大臣）的正式报告提交之前，影响并含蓄地对一项决定、一个问题、一项政策或者议会法案发表认可意见。这需要在公众的视线之外运行政治。天皇越是将自己卷入政治和军事决策之中，他和他最亲密的助手们就越深地卷入欺骗，在拒绝承认事实上面下的赌注就越大。

因此，在昭和天皇的体制下，宫廷高级官员极度的保密和不断的伪装、掩饰、谋略、默许；国务大臣和国家各机关的首脑们的团结、自制和极端的谦卑成为维持适当统治的必要条件，而他们中的一些人又彼此敌对，互相怀疑。另外，根据自古以来的实践，还需要天皇具有君王和政治家双重的道德观。因为这个复杂的工作程序，首相要积极主动地不断地与天皇商议，即使是当天皇的意见与他不一致时，也必须考虑天皇的意见。至于天皇是否为活着的神姑且别论，他只有这样做才是妥当的。

Ⅱ

因为大正天皇去世而休会的第52次帝国议会，于1927年1月18日重新开会。裕仁和近臣们抓紧时间寻找介入政局的时机，以增强他在政界的存在感。

首先是1月19日，贵族院提出了设立第四个国民假日的议案。从形式看，这个提案来自贵族院而不是宫廷。实际上，两天前，内大臣牧野的秘书长河井就拜访了近卫公爵，建议议会两院考虑设立一个节日，以纪念明治天皇的丰功伟绩。[①]不久议会就通过了一项法案，将11月3日定为“明治节”，3月3日，皇室敕令予以认可。

1922年7月30日，明治天皇逝世十周年，相对来说，无论是皇室还是民众都没有特别重视这个日子，当时只有摄政太子拜谒了京都和桃山的陵墓。[②]那么为什么此时要设这个新节日？这是因为在裕仁临近正式登基的时候，近臣们需要运用所有能调动的手段，为他增添更多的领袖魅力，以抹去大正天皇的印象。不可能将裕仁送回

① 上述《昭和初期的天皇与宫中——侍从次长河井弥八日记（一）》，79—80页。近藤的意见传给宫内高级官员以后，河井再次在贵族院见了近藤。回到宫内省后，把两院请愿书的抄本寄给了近卫。河井还就此事征询了宪法学者上杉慎吉的意见。同83、85页。

② 波多野澄雄等《侍从武官长奈良武次日记　回顾录（四）》，柏书房，2000年，131页。明治天皇直到死后八年的1920年，没有被作为神来尊崇。

过去，参加他四岁时日本赢得胜利的那场战争（日俄战争）。但是，通过新节日和特定仪式开始前嘹亮的号角声，在新世代和新时期唤醒明治天皇，借助明治天皇的光辉，使裕仁也随之明亮起来则是可能的。

由于正为大正天皇服丧，第二年，明治节的第一次国家庆典才得以举行。于是，对明治天皇表示崇敬的仪式，就在他孙子的登基大典和被神格化的过程中举行，而不具备领袖魅力的裕仁早已被新闻媒体描述成了新的“明治天皇的化身”。[①]为大正天皇服丧尚未满一年，民众已经习惯于将即将登基的天皇当作新的明治天皇，作为他孙子的裕仁将完成他的遗业。[②]

后来，为了在民众中塑造并推广年轻的天皇体验稻农栽培劳作的辛苦，关心农业萧条时期稻农困境的形象，河井创造了一个新的宫廷仪式。他建议裕仁在宫中种植稻子。裕仁同意了这个提案并让人在赤坂御所内备了水田。1927年6月4日，裕仁用全国各地农村提供的稻秧，举行了第一次种稻仪式。登基后，他的住所移到皇宫，为种稻仪式特别开垦了70坪旱田和80坪水田（分别为232和265平方米）。另外还为良子皇后养蚕准备了桑园，由此将她的形象与日本最重要的出口商品生丝联系了起来。[③]

裕仁和宫廷派介入政治的第二项与若槻首相的议会运营有关。1927年初期，政友会与政友本党的干部们重提大阪妓院丑闻和朴烈事件，对若槻内阁展开攻击。就在他们对政府的不信任案正式提交之前，若槻首相宣布休会三天。然后他秘密会见了政友会的田中和政友本党的床次竹二郎，要求他们考虑新天皇的统治刚刚开始，停止政治斗争。

在贵族院主流派领导人的斡旋下，妥协成立。在幕后起作用的是内大臣牧野和宫内大臣一木喜德郎。他们强烈反对在新皇权开始之际，解散议会实行总选举，希望各政党顾及新天皇这一现状，各自克制。自从若槻就任首相后，牧野和一木就一直在政治事务上辅导他。现在他们又让他与反对党领导人见面，解决议会中的政治冲突。不信任案被撤回，预算案通过。[④]用这种方式，他们成功地推迟了根据新颁布

---

① 中岛三千男《天皇的代替与国民》，青木书店，1990年，117页。

② The Japan Times and Mail, Nov. 5, 1928.

③ 上述《昭和初期的天皇与宫中——侍从次长河井弥八日记（三）》，72页，1929年5月1日条。高桥纮《解说　创作出来的宫中祭祀》，《昭和初期的天皇与宫中——侍从次长河井弥八日记（六）》，256—258页、261页。高桥指出，稻作和养蚕，都与宫中最重要祭祀的新尝祭有很深的渊源关系。天皇向神供奉新谷的稻穗，在新尝祭的头天晚上举行的镇魂祭上，使用半匹丝绸为天皇和皇太子安心定神。

④ 详见中园裕，上述4—6页。参见金泽史男《行财政整理、普选、治安维持法——第四九届帝国议会至第五二届帝国议会》，内田健三等编《日本议会史录（二）》，第一法规出版社，1991年，401页。

的男子普选法施行的第一次民主普选——预计各政党的选举费用将很高。

宫廷派取得了胜利，在若槻的突然休会之后，议会再开。主要反对党撤回了他们的不信任案，这激起了局外议员的批判，他们指责说三政党领导人会谈扼杀了自由讨论。尽管议会中围绕“国体”问题的政治斗争暂时减弱，但各政党现在都明白了，“保护‘国体’”比“保护明治宪法”更具有攻击力，能获得更多的政治资本。

三个月后，1927年4月17日，若槻内阁崩溃——被枢密院而不是议会的反对者推翻。若槻的垮台源于枢密院议员伊东巳代治和平沼骐一郎反对外务大臣币原的中国政策，由于币原不同意向在中国租界内发生的反日运动派遣日本军队，而被伊东和平沼认为过于温和。对于裕仁天皇和宫廷派来说，若槻的辞职给他们提供了又一个发挥决定作用的机会。河井、珍田、一木和牧野几个人商量后又与裕仁进行了磋商，决定让议会中第一大党的党首，陆军大将田中义一组织下一届内阁。在达成合意后，他们报告给西园寺元老，西园寺马上同意了他们的选择。从那以后，直到五年后犬养毅暗杀事件为止，日本的总理大臣不再由元老选定，而是由以内大臣为中心的协商系统决定，然后由西园寺对裕仁和宫廷派的选择做事后的追认。

田中于1927年4月20日组织了他的内阁——与蒋介石将军在南京建立国民党政府，重新开始统一中国的北伐是同一天。从那时起，日本的对外政策转向更加露骨的干涉主义，由于中国内战加剧，日本以保护在中国的日本人生命财产的名义向中国派兵的可能性不断加大。宫廷派在选择田中任首相的过程中发挥了主导作用，现在他们又试图将他们自己的政治方针和目标强加给新的立宪政府。

田中是第一个发现一个能在政治中发挥主导作用并且意志坚决的天皇会使政党领导人的生活变得痛苦不堪的总理大臣。几乎从田中成为首相的那一刻起，裕仁和宫廷派就十分关心他的举动，他们很快就发现在很多政策上与他不和谐。他们不赞成政友会以露骨的人事政策扩张势力。受过儒家和武士道教育的裕仁希望能做到任人唯贤，而不是依照政治判断或者政治关系。

1927年6月15日，裕仁唤来牧野向他表露了对田中人事政策的不满。牧野也感到政党特别是政友会怠慢了年轻的天皇。他保证将跟田中谈这个问题。牧野对政党们将“国体”当成政治工具感到困惑，为他们在议会的行为感到羞愧，他认为，“在国事多难之际”，天皇对政治的关心应视为“国家和皇室最大的幸事”。他不仅不认为一个在政治上活跃的天皇有什么问题，而且把它归功于“为培养圣德，近臣们奉献的结果”①。

田中不能理解为什么裕仁对他的人事政策不满。在田中看来，尽可能多地给政友会的成员安排官职，这只不过是遵循了可以追溯到原敬内阁时“宪政的常道”而已。

---

① 上述《牧野伸显日记》，268—269页，1927年6月1日条。

1927年夏天的一次拜见中，田中向裕仁报告：“与从前相比，短期内被更迭官员的数量并没有增加。”[①]但是田中的话只是更激怒了裕仁，他再次指示首相要安分守己。

Ⅲ

与此同时，裕仁和宫廷派的注意力逐渐集中到即将到来的登基大典上。宣布全国为大正天皇服丧的布告和裕仁的登基典礼都是遵循政教合一的神道原则及优先于宪法的独立的皇室法规惯例进行的。这种重大时刻的祭祀和仪式并非依据宪法或是议会立法。帝国议会的作用只不过是对这一系列活动所需经费表决通过而已。

尽管昭和的登基仪式、庆典和全体国民的庆宴是在经济不景气下筹划并实行的。然而，第55次议会却为政府各机关举行庆祝活动一致通过了相当于当时736万美元的预算。费用、规模、预先准备、参加者人数以及担任警备的警察数量，无论哪方面都超过了以往的登基大典。[②]但是鉴于当时的状况不算“正常”——裕仁一直在摄政，而大正天皇几乎在大众面前从不露面——主持登基典礼的寡头精英们认为有必要越过大正天皇的空白，将裕仁直接与明治天皇联结起来。这就需要重新明确地阐述关于天皇制的所有神话。尽管还存在着潜在的冲突，但毕竟是传统和神话将这个社会结合在一体。

科技也被调动起来颂扬君主制。1928年，登基之年开始之际，日本已经进入大众宣传和大众消费文化时代。近三年中，全国性无线电广播一直影响着公众的思想和价值观。[③]

在日本重新开展在亚洲大陆的军事活动，国家专制手段被进一步强化以支撑脆弱的君主制背景下，登基大典被认为是一次象征性的权力演习。因此，要彻底了解它的影响需要将其与日本政治反动的抬头联系起来。这种反动表现在田中内阁不断向中国山东省派兵，以及1928年以后负责思想管制的官员数量不断增加。

治安维持法修订后，政府在所有的道、府、县配置了“思想检察官”和“特高警察”。军队也建立了自己的“军事思想警察”，内务省的特别警务官员被指派

---

① 中园裕，上述8页。

② 军事参议官宇垣一成在1928年10月30日的日记中写道，“关照大众穷于衣食者多之现状”，批判即位典礼耗费甚巨。他还写道，“即位大礼期间，警察的取缔活动异常严峻。有些时候，严得超出常识，批评之声不绝”。引自荻野富士夫《“昭和大礼”与天皇制警察——以〈昭和大礼警备记录〉为中心》，西秀成等《昭和大礼记录资料　解说》，不二出版，1990年，30、55页。

③ 1927年，东京放送局（NHK前身）从兵库县西宫市的甲子园球场对全国初中棒球大会做了实况转播。第二年开始转播相扑的实况。佐佐木隆尔《现代天皇制的起源与机能》，昭和出版，1990年，90页。

专职负责检举揭发由共产主义者和其他激进分子策划的“反国体阴谋”。于是，从1928年开始，天皇制国家对异己分子采取了更加严厉的措施。首先是共产主义者和教派神道组织大本教和天理教的领导者，由于他们拒绝承认天照大神是最高神灵而受到警察的严密监管和镇压，后来监管扩大到新闻界和大学里的自由主义知识分子。[①]就这样，通过仪式和宣传创造新天皇的过程与思想统制机构的强化及扩张紧密地联系在一起了。

以闲院亲王为总裁、近卫亲王为长官的总庆典委员会负责昭和登基仪式的组织工作。内阁书记官长鸠山一郎、宫内省官员关屋和河井、各省的副大臣和庆典举办地京都府知事等分别担任了委员会的工作。[②]委员会的任务是保证庆典的所有项目和纪念性策划都得到精心的准备，以反映忠诚和效忠新天皇的主题。[③]所以，登基大典主要的成就在于广泛的组织性和思想性。为了阻止背离君主制的神话特性和君主制的衰退进程，委员会对所有方面都进行了最大限度的控制，将自发性行动减至最少，同时对本不具备领袖气质的裕仁进行包装，尽可能地增加其领袖威严。此外，他们还向国民灌输一种观点，即日本是“神国”，在神的国度里，天皇与神合为一体，天皇同时还作为全体国民的“父母”与臣民们联结在一起。

值此重塑天皇制之际，刚刚兴起、相对独立的大众传媒，主要是广播和报纸发挥了积极的作用。它们协助委员会，对那些生疏的仪式和庆典的意义向国民做出解释。日本的报纸发行亦因此得到扩大，由地方报纸成长为全国性报纸。记者们开始热衷于迎合政府官僚。电台的播音员也如此，在报道京都的盛典时，他们用的是宫内省事先准备好的底稿。[④]

这一年中，报纸和广播在日本本土和殖民地不分昼夜，每天都在报道跟庆典和仪式有关的消息。裕仁和他的近臣们非常巧妙地实践了从乔治五世那里学到的实用的一课——在强化君主的庄严和权威上，国家祭典和礼仪比立宪政体更重要。[⑤]全部结束以后，庆典委员会对印刷媒体给予了至高评价，赞扬他们充当了日本国家新圣典的角色。[⑥]服从国家意志，迎合时代风潮——这些就是现代日本新闻界将继续扮演

---

① 在完全由政府创造的国家神道以外，还有教派神道。在与“国体”意识形态不冲突的范围之内，被允许对神道进行宗教解释。

② 高桥纮《解说　神格化的征兆　昭和即位典礼》，上述《昭和初期的天皇与宫中——侍从次长河井弥八日记（一）》，307—308页。

③ 中岛三千男，上述109页。

④ Takashi Fujitani, Splendid Monarchy: Power and Pageantry in Modern Japan, University of California Press, 1996, p. 236.

⑤ 佐佐木隆尔，上述90—91页。

⑥ 中岛三千男，上述119页。

的角色。即使没有权力机关的审查，新闻界也会自我审查、自我约束，新闻界永远无法成为反映国民心声的有良心的自由之声。

1928年1月开始12月初达到高潮的登基仪式和庆典，为年轻的天皇塑造一个新的君王形象发挥了作用。登基仪式以裕仁派四位使者到他的四位祖先以及神武天皇的陵墓前，向他们报告即将到来的登基大典为序幕。同时还公布了这一年中在皇宫三个殿内举行的各种仪式的日程。随后，2月5日，天皇参加土地占卜仪式，以决定在什么地方种植专门奉献给太阳神天照大神的稻米。从春天到夏天、秋天，随着季节的转换，仪式的进程开始加快。此时的政府官员和著名的知识分子利用报纸、广播和公开演说，以复兴天皇制思想为主题，对民众进行了教化。他们经常拿异端观念，例如与正统的“国体思想”相抵触的共产主义和反政府主义思想作对比，以示二者的对立。[①]

1928年11月至12月，登基大典达到高潮。11月，全国县市区村的几十万人参加了庆宴和受赏仪式，上百万小学生打着旗帜提着灯笼参加了庆祝活动。为了显示天皇的仁爱，到年底，在赈济穷人、授封爵位勋章上的支出就达几百万日元，就连13、14世纪至19世纪效忠天皇的历史人物也被追授了勋章和爵位。[②]政府以天皇的名义对包括暗杀原敬在内的3.2968万名罪犯、殖民地的2.6684万名罪犯给予减刑；还特赦了1.6878万名囚犯。[③]从道府县到市区村的各级政府搞了一系列的建设工程，为空前数量的普通民众参加开创君主制新时代的活动提供了机会。

殖民地萨哈林（库页岛）的情况就很典型。庆祝活动结束后，萨哈林殖民地政府马上着手进行纪念工程，从公园、试验农场到“青年会馆、天皇像供奉所、忠魂碑、政厅”[④]，项目多达500多个。几乎全部人口29.5万人（包括约2000爱伊努人和其他原住民）都被动员起来。[⑤]

同萨哈林（库页岛）一样，在朝鲜殖民地也搞了纪念活动，只不过略有收敛。作为20世纪20年代日本“文化政策”的一环，齐藤实总督曾容许了朝鲜语报纸的发

---

① 中岛三千男举出文相胜田主计1928年6月11日在地方长官会议上的训示，作为对立的典型事例（同前110页）。

最近，在我国民之间，抱有悖国体、有反国情思想者不在少数。学生之中，受之感染，忘其本分，以致产生与本次共产党事件连坐之人，为了国家，不堪深忧……为匡救此，首先要使彼等体会我建国之由来，涵养确乎不拔之国民精神……相信，秋季的大礼对紧张学生之精神、体会国体观念是一次绝好的机会。

② 藤原彰《弹压体制的强化》，藤原彰编《日本民众的历史（八）弹压风暴之中》，三省堂，1975年，180页。

③ 中岛三千男，上述61页。

④ 西秀成《“昭和大礼”与国民——以〈昭和大礼要录〉为中心》，西秀成等《昭和大礼记录资料　解说》，不二出版，1990年，25页。

⑤ 同前。

展。11月3日明治节，总督府在景福宫举办午宴，以此开始了当月的庆祝活动。学校的孩子们挥舞旗子（当然是日本旗）提着灯笼参加了游行。以天皇的名义举行了隆重的授勋典礼，800多名高龄者收到了天皇的赐品。朝鲜王宫举行了晚餐会，招待那些经过挑选与日本人合作的朝鲜人。汉城的中国人居住区的舞蹈演员应召进行了街头表演。新成立的京城（即汉城）广播公司按照规定形式报道了11月的庆典和登基仪式。总督府的官方朝鲜语报纸亦如此。这份报纸拥有2.2万多名订阅者，相当于殖民地三大日报读者的22%。①

然而，一般的朝鲜民众更多受到的是另外三份朝鲜语报纸的影响。这些报纸经常登载一些充满民族主义色彩的文章，以及与官方相悖的报道。他们不仅拒绝为皇室盛典保留报道版面，反而无所顾忌地刊登许多文章，呼吁人们注意不断增加的警察镇压事件和对朝鲜人的预先逮捕，以抵制天皇登基的庆典活动。11月9日，裕仁被神格化仪式举行的前夜，《东亚日报》登载了一篇关于朝鲜民族的祖神檀君建国神话的文章，用来与天照大神相对抗。此外，为了唤起读者的注意，报纸还就“朝鲜日”发表了评论，称赞用朝鲜语写作的行为。

由此可见，1928年天皇制的盛大庆典和仪式引起了各民族完全不同的反应，在朝鲜则暴露出严峻的紧张局势困扰着日本帝国。不过，日本人移民的绝大部分参加了庆典和纪念性公共工程。11月庆典高潮时，所有人都收听了对仪式的广播以及12月初对军事阅兵的描述。这些行动对苍白无力的思想信仰是一种支持，它使民众更加支持国家。

Ⅳ

依据天照大神神话举行的即位礼，以1928年11月6日，从东京到京都的巡幸为开始，四天后，裕仁在京都接管皇室的三种神器并向祖先的神灵报告他的登基，使祭祀达到高潮。11月10日下午的仪式中，裕仁在大约2700名文武官员以及议员面前，向日本国民大声宣读了下面的内容：

于内，朕致力于醇厚贤达之教化。祈愿民心愈加和睦，国运愈加隆昌。于外，朕致力于亲善外交。期盼世界永久和平，人类福祉兴盛。汝等，必齐心协力，公而

① 本段落以及下一段落记述，来自Christine Kim，“Imperial Pageantry in the Colonies: An Examination of the Korean Response to Hirohito's Enthronement”，Paper, Haryard University, 1997.

忘私，成就朕之志愿。使朕能发扬祖宗遗志，不负祖宗神灵之精神。①

即位礼结束后，在随天皇移动的“贤所”（皇宫中供奉代表天照大神之灵的神镜的场所——译者注）前表演了“神乐”。11月14、15日晚上，京都举行了“大尝祭”（天皇即位后用当年的新稻米祭祀天照大神、天神、地神的仪式——译者注），随后是连续两天的宴会。②

“大尝祭”是即位礼中最重要也是最引人注目的仪式，标志着天皇的神格化及其“神的血统”的确定。统治者的神性观念是明治时代天皇制思想的核心，也是使天皇思想得以保持至20世纪中期的一个必要条件。按照1909年的皇室令，“大尝祭”区别于古代宗教仪式，它着重强调天降天皇的神话，强调天皇即位后要参拜伊势神宫、神武天皇陵墓，以及19世纪后期到20世纪初期四位天皇的陵墓。③

“大尝祭”于11月14日晚开始，持续到15日清晨。首先是官员宾客入座，在“大尝祭”社殿附近有为他们特设的席位，与此同时仪仗兵就位。然后是身着白丝绸祭祀服的昭和天皇在宫廷女官和典籍官的陪同下，进入为祭祀特别准备的、以三座木建筑为中心的社殿。在那里，他再次象征性地扮演了天皇来自“天国高原”的神道神话。在第一个社殿里，为神灵沐浴净化自己后，他和侍者穿过走廊进入被称作悠纪殿和主基殿的两间并列的茅草房。在最深处的房间内摆着长方形的床和神座、御座。他在上面履行了神秘的仪式。神座被人们认为代表了太阳女神天照大神的神灵。根据神道教理，天皇裹着被子卷曲着身子躺在上面，与天照大神的神灵结合在一起，从而完成了象征性的与祖先神性的“结婚”。之后，他面对天照大神坐在御座上，向天照大神及其他祖先的神灵供奉食物。至此，他作为活着的神，即“现人神”的过程宣告完成。

就这样，在黑暗的夜色中，在厚厚的秘密的帷幕后，对天皇进行神化的“大尝祭”达到了高潮。它赋予了裕仁一直到仪式举行为止还不曾具备的作为天皇的特

① 千田夏光，上述77页。祢津正志《天皇与昭和史（上）》，三一新书，1976年，46—47页。《特集文艺春秋　天皇白书》（1956年10月），77页。冈田精司、日限威德《即位之礼与大尝祭的历史探讨》，《文化评论　临时增刊　续　质问天皇制》（1990年10月），62—87页。

② 历史学家安丸良夫指出，按照宫地正人的说法，大尝祭在1466—1687年间中断，登基典礼上代之以佛教的灌顶，所以就不再需要举行这个仪式了。在强调天皇万世一系的垂加神道的影响下，1687年恢复了大尝祭的仪式。从此，天皇成了神，不仅是因为其血统，而且是由于他与天照大神分享了神圣的谷物而被注入了神性。这就是1871年关于大尝祭的官方指示中被明治精英们采纳引用的概念。参见安丸良夫《近代天皇像的形成》，岩波书店，1992年，23页。大本教和天理教等异端神道教派的信徒们拒绝接受这一官方观点。

③ 中岛三千男，上述58页。冈田精司、日限威德《即位之礼与大尝祭的历史探讨》，上述79页。

性。[①]皇族和应邀宾客都看不到这个仪式。至于一般民众，报纸告诫说，他们也看不到“令人敬畏的神秘仪式”，阻止了人们对其做理性的评价。[②]另一方面，新闻界为了避免触犯“不敬罪”，对于在国家不景气的情况下举行登基大典的经费问题也没有提及。但还是有少数人制作了一些写着“反对典礼！庆祝革命纪念日！”之类的批判性标语。另外，1929年为纪念五一劳动节出版的“无产阶级”的诗集中有这样一行诗：“京都喧闹的登基大典1600万日元，穷苦人的脊背都被压断了啊！”[③]

两周后的1928年12月2日，披上了神的外衣的裕仁来到东京代代木练兵场，出席日本历史上规模最大的陆军和空军阅兵式。部队在阴冷的雨中行进，裕仁在高高的检阅台上，一直站了几个小时，检阅了包括4500名骑兵在内的3.5万多人的部队。[④]两天后，他到横滨参加了舰队的大阅兵。39艘潜水艇和208艘舰艇，其中包括巨型航空母舰“加贺”号和“赤城”号，约4.5万名船员和2.5万名后备役在乡军人会会员参加了这个具有决定意义的阅兵式，到场的还有几千名地方上的实力人物。几十万普通民众会集横滨，观看了阅兵式。上百万人在收音机前听播音员描述阅兵式，描述最高统帅是如何检阅舰队的，以及130架海军飞机如何以战斗队形轰鸣着慢慢飞过港湾。

这两次规模巨大的军事力量的展示标志着裕仁登基大典的真正结束。[⑤]两次阅兵都从东京进行了广播，并通过特殊的联播网在全国重播，以便日本国民都能听到“皇家礼炮的轰鸣声、国歌的旋律、步兵的足音、骑兵的马蹄声以及飞机螺旋桨的嗡嗡声”。[⑥]

对即位典礼极有研究的中岛三千男评述说，策划军事大检阅是为了向国民显示，他们的君主现在已经具备了他的地位所应有的全部属性，已经是一名真正的天皇。这些活动一方面强调了裕仁作为国家最高宗教权威的抽象的、象征性的身份，而实践中却总是与具体的、最高军事统帅的形象联系在一起。两个形象，两个概念——但认识只有一个：一个天皇扮演着两个形态不同却互为融洽的、同样庄重的角色。

---

① 户村政博《神话与祭祀仪式——从靖国到大尝祭》，日本基督教团出版局，1988年，68页。弓削达《罗马皇帝礼拜与天皇神化》，《历史评论》四〇六（1984年2月），9页。弓削把古代罗马人在皇帝死后公然对其神化与日本人在皇帝生前、于深夜将其神化做了对比。另外，参照冈田精司、日隈威德，上述77页。井原赖明《皇室事典》，富山房，1942年，第二次印刷，1979年，75页。“御座”为天皇、皇后、皇太后与神面对面时坐的席位。

② 《东京日日新闻》，1928年11月15日报道：“殿之深处神座，由来神秘中之神秘，没有敬畏参拜之理”，“神秘的殿内不该过分窥伺”。弓削达，上述9页引用。

③ 西秀成，上述26页。

④ The Japan Times and Mail, Dec. 3 and 4, 1928.

⑤ 中岛三千男，上述79—80页。

⑥ The Japan Times and Mail, Nov. 23, 1928.

V

就这样，官方的、加速型的天皇崇拜开始了。裕仁外观并不魁伟，尽管接受了严格训练，可依然缺乏神的气质风度，而天皇崇拜能提高他作为统治者的个人形象。天皇崇拜还对加强国民团结，通过天皇将个人和集团与国家联结在一起，起到了强化作用。[①]如果天皇即神的教义要求限制有关君主制的理性思考和讨论的话，那么就是通过镇压“不健康思想”（即不同政见）和提倡尚武精神来实施这种限制。

1928年12月末，长达一年的登基庆典活动结束了。大典中报纸上频繁出现的民族主义狂热也收敛了。不过，京都的御所仍向公众开放，纪念登基的出版物仍不断被推出。官员们则继续宣扬着天皇和臣民是一体，“上下一心”的思想。

报纸就“年轻日本”的使命反复发表着社论。“思想警察”大肆搜捕共产主义者和其他持不同政见者。而许多日本人通过登基大典，可能比以往更加确信了自己民族和种族的天赋的道德优越性。这种认识将很快对20世纪30年代的政治事件产生深刻的影响。这种认为日本文化是拯救世界精神，使世界再生的力量，而西方文化则是污浊的需要被清除的信念毒害了整个国家。[②]

重新强调种族—民族—国家而不是国家内部各阶级的关系，对这种日本国家属性的政治性重建有必要进行仔细的研究。这种新的种族意识产生于国家经济形势恶化、农村的佃农与地主尖锐对立的背景下，而在农村，地主阶层是天皇制的基础。发自佃农的斗争越来越激烈，从1928年的1866件剧增到1931年的3419件；工人罢工也在增加，1931年是战前的高峰，多达984起。[③]就在社会冲突变得白热化时，清晰易懂、令人欣慰的种族主义从天而降，给日本的民族主义注入了一种世界性的推动力。

随着时间的推移，裕仁减少了在日本公众面前露面的次数。1928年的一年中，他进行了多次巡游。到陆军及海军大学访问并参加毕业典礼，出席议会，去他的御所，访问皇族家庭，参拜祖先陵墓等——在所有这些地方，任何人都没有机会接近他，直接向他上诉。作为大元帅，他参加了陆海军的特别军事检阅和演习，从1928年到第二次世界大战开始，基本保持着每年四到六次的频度。可是，作为天赋主权的统治者，他以神的资格进行的长时间的地方巡行却急剧减少，1936年访问北海道

---

① 安丸良夫，上述23—24页。

② 中岛三千男，上述129—130页。

③ 中村政则《日本的历史（二九）工人与农民》，小学馆，1976年，325页。法政大学大原社会问题研究所编《社会　劳动运动大年表（一）》，劳动旬报社，1986年，278页。

之后就干脆停止了。[①]天皇检阅海军和陆军大演习之类的巡行对动员全民族、并同时强调他既是神也是军人的天皇形象发挥了作用，而他的“立宪君主”身份则居次要地位。实际上，在经济困难时期，他并没有表现出对臣下的关怀，上述在公众面前虚假的露面使他仍旧远离他们的日常生活，让人感到不可捉摸。[②]

昭和统治前20年，被奉为神明的天皇仅有几次出巡视察民情。对于内务省和地方官员来说，他的巡视是极其重大的事情，每次都需要做最精心的准备，不允许有任何差错。一旦出现差错，后果将很不幸。比如，1934年11月16日，在群马县桐生市，一位骑摩托车引导天皇车队的警察，在一个十字路口应该向左转弯时，却领着车队径直开了过去，稍微打乱了巡行的路线。七天后，出错的警察自杀，群马县知事和所有参与筹划巡行的高官都受到处分，群马县警察局官员被扣去两个月的工资，内务大臣本人在议会遭到严厉批判。[③]

为了保护和欢迎天皇，保证让在他面前鞠躬的人群保持安静和有所控制，使天皇在县内时不出任何差错，当地官员成立了特别委员会。那些参加服务的人，要先对神祈祷，祈求神给予力量，然后接受为欢迎天皇仁慈的来访所进行的排练，每一个微小的细节都不会放过。[④]所有的力量都被动员起来，裕仁走过的地方铺上了红地毯，车队经过的道路要清扫和装饰，他乘坐的轿车、有轨电车和皇室列车，甚至是下车的车站，都要进行消毒（名副其实的）和净化（仪式上的净化）。有时他路过的铁轨都要磨得锃亮，特别是他计划下车的地方，甚至要用消毒剂冲洗。

裕仁经过的路要极其清洁甚至无菌化，他的存在不能让人看见（因为所有的眼睛都必须向下看，不能望他），这是一种过度的、近乎病态的需要。它为我们提供了考察神道信仰的根据和线索。在天皇登基大典和此后的出巡中一直呈现着许多令人困惑的双重性：清洁与不清洁，纯洁与不纯洁，个人与他人。这种极端概念化和情绪化的两分法在20世纪30年代至40年代早期，将自然而然地、几乎无法避免地发展成一种社会认识：我们日本人作为一个种族纯净的民族在勇敢地面对世界，因此我们的战争是正义的、神圣的。我们的胜利将在东亚创立“新秩序”。[⑤]

---

① 这个时期的巡幸，1929年5月28日—6月9日于关西（大阪、神户、京都），1930年5月18日—6月3日在静冈县，1934年11月去群马、枥木、琦玉各县，1936年9月24日—10月12日为北海道。坂本孝治郎《迈向象征天皇制的表演——昭和期天皇巡幸的变迁》，山川出版社，1989年，4—5页。大霞会编《内务省史（三）》，地方财务协会，1971年，772—773页。

② 奈良认为，1928年对治安维持法的修改与政府对天皇巡幸时直接接触百姓的担心有关。波多野澄雄等编，上述149页。

③ 大霞会编，上述761—762页。

④ 同前761—763页。

⑤ 安丸良夫，上述289—290页。

要使裕仁作为神的化身、纯洁而又“神圣不可侵犯”地出现在公众面前，不受政界、宫廷和社会邪恶的沾染，需要烟幕、镜子或其他的魔术，或者至少是隐藏手段。若槻和田中内阁时期，宫廷派找到了向公众隐藏裕仁的政治活动的另一个理由。如果说他们一直都在小心地掩盖着登基前他们与摄政对政治的介入，那么对登基后众多的干涉就更需要掩饰。正是这种秘密的政治操纵与公众欺骗、权威主义和缺乏个人责任意识的结合，成为昭和天皇和宫廷中支持他的“稳健派”的特征。

1928年的昭和登基仪式、庆祝活动和纪念活动从各个层面上影响了日本的政治文化，但它的主要作用还在于向那些负有公共责任的人——特别是政府官员、学校教师和警察——再次灌输了日本起源的神话的神圣性。大正天皇的无能助长了大正民主主义的兴起，裕仁的登基则加速了它的灭亡，使政教合一的神权政治理想得到复兴。因此，昭和的仪式和庆典促使日本社会再一次关闭了吸收新的西方思想的大门。他的登基大典宣布了天皇既统治又君临，已经是活着的神。

许多应邀参加京都庆典的显贵们在大众商务杂志《实业之日本》1928年11月的特刊上撰文，宣扬天皇神性的思想。大日本糖业公司总裁、贵族院议员藤山雷太表述道：“目睹这场盛典，我感到陛下真是神的后代，我们国民永远与神同在。”①此外，宫内省的掌典官星野辉兴重申道：

> 大礼的整个过程体现出天皇以皇祖仁慈之心君临天下，他继承了皇祖的灵德，进一步发扬光大了皇祖的精神。成为我们几千年，埋藏内心深处、头脑深处的信仰的出发点及核心，即我们的天皇是神，是一个活着的神。②

登基典礼明确宣布了天皇的神格化，大多数一般日本平民狂热地接受了这个信息，就连研究登基典礼的学者也都为这种热情所感动。至于裕仁，当时和后来从没有公开、主动地采取过任何行动，让民众质疑他是一个“活着的神”，或者由于他和他的国民已结合为一体，所以日本就是“神国”的思想抱有疑问。③

历史学家中岛三千男分析了横滨的报纸1928年1月—1929年1月刊登的有关登基大典的社论，总结出大典中浓重烘托的三个主题：

第一，登基大典被视为向民众灌输国家道德，以此协助政府控制危险思想的绝

---

① 《实业之日本　增刊　大典纪念写真号》（1928年11月），57页。

② 星野辉兴《大礼的诸仪式及其意义》，同前69页。

③ 1927、1928两年，昭和天皇的神的、军事形象的扮演，直接由宫廷主导，通过宫中近臣和内务官僚的上层进行。他们着手改变日本人的精神，给正统“国体”观念中潜在的过激主义注入了新的生命。

好机会。[①]为了达到这个目的，社论编辑们呼吁采纳“父母之道”这一“东方的道德”，这个概念的前提是母亲使爱具体化，父亲则是“道德的载体”。[②]男人，或者至少是日本男人在道德上优于女人的观念受到当时君主主义者的推崇。但是国家道德的最高价值观在于对天皇的忠诚和对父母的孝顺（即忠孝之道）。天皇向80岁以上的老人赐酒杯，村镇官员对超过60岁的老人予以表彰，都反映了这个观念。[③]

第二，登基典礼的宣传活动还强调了“国体”与现代科学的兼容性。与早期关于“国体”的议论中，多数派强调了“国体”与现代思想的背离相比，目前的主张标志着一个立论上的明显转变。现在新闻记者们声称“现代科学”实际上证明了“国体”的正确性。科学研究每天都在证明“敬神崇祖、君臣一体、祭政一致、忠孝如一的精神是人类最高的美学原理”。[④]

社论的第三个主题是，昭和天皇的登基宣布了一个新时代的开始，年轻的日本将成为整个世界的中心，承担领导全人类的使命。[⑤]1928年12月1日《横滨贸易新报》的一篇题为“年轻的日本及其世界使命”的社论中，声称忠义和孝道构成了指导全世界的原则：

今日之日本不应限于日本这一小范围。更不应停留于东洋的日本的地位，也不应止于世界的日本的地位。这是日本承担世界使命的时代。日本要成为中心，成为主体，成为指挥者，日本正进入领导全世界的时代。[⑥]

中岛总结了他对1928年横滨报纸的分析，指出：“与日后法西斯主义时期‘八纮一宇’（天下归一）相联系的理论已经出现。”[⑦]普天之下，每个国家各得其所，同时又都承认日本的领导地位，这个和平统治世界的思想一直休眠于江户时代学者们的著作里。[⑧]在19世纪50年代到60年代的日本开放时期，“八纮一宇”再次复活并与新的信念相结合，它确信日本的天皇将永远是“一个站在文明开化最前沿推动前

① 中岛三千男，上述123—125页。

② 《横滨贸易新报》1928年7月14日社论《大礼与国民道德——努力振兴父道母道》。同前124—125页。

③ 同前127—128页。

④ 同前。

⑤ 同前129—130页。

⑥ 同前129页。12月1日的社论《青年日本与世界性使命》。

⑦ 同前130页。

⑧ D. C. Holtom, Modern Japan and Shinto Nationalism: A Study of Present-Day Trends in Japanese Religions, University of Chicago Press, 1943, pp. 23—24.

进的、具有领袖资质的政治领袖”。[①]后者的思想在明治天皇统治期间，对他的形象起到了很大的影响。1928年开始，裕仁及其统治又重新发现了“八纮一宇”的意义，这个扩张主义的信仰给日本的国家主义注入了新的活力。

显然，20世纪20年代漫长的登基过程建立并释放了大量的民众能量和热忱。[②]由于庆典被安排在一个被文学和艺术表现的早期的军事胜利——日俄战争的背景中，所以，庆典的高潮就变成了一种胜利的对外战争的经历。毫无疑问，登基大典在引诱民众站到天皇和国家一边，在动员自治团体，如宫廷资助的青年团、在乡军人会、邻里协会和右翼团体上都起了主要作用。在这些活动进行期间，太阳旗因为被到处分发而得到普及，宫内省向全国的学校“下赐”新国家主义最重要的象征——天皇和皇后神圣的肖像照的准备工作业已就绪。照片上裕仁身着大元帅新制服，胸前佩戴勋章，皇后站在他身边，身穿西式长礼服，披挂绶带。

1928年之后，动员国民精神的运动一直在继续。它将国民对裕仁以及对自身民族的自豪感推到了新的高度，天皇的神性成了检验政治是否正确的试金石。1928年12月1日，田中内阁发布了《关于引导思想的声明》，提倡“振兴教育”和“培养国体观念”。九个月后，另一个内阁（浜口雄幸内阁——译者注）开始着手一项自摄政时期就受到宫廷派重视的计划：进行全民总运动，启发和引导国民认识反政府群众运动的危险性，同时要“改善经济生活，培养国家力量”。宣传运动还试图“明确‘国体’观念，振兴国民精神”。配合这些目标，文部省很快发布了训令，指令在全国的学校开展新思想运动。[③]

就这样，通过向大众灌输对日本精神的信仰和对神圣统治者的敬畏甚至崇拜，昭和的君主制在思想意识上得到强化。不可忽视的是，日本的这些国家主义倾向出现于20世纪20年代晚期，正值世界经济大萧条的前夜，意大利法西斯主义第一次在国际上登台亮相，纳粹党开始在德国掀起选举的浪潮。昭和的国家主义主张和妄想首先主要是从“上面”汇入主流文化，而不是出自平民百姓。在自我扩展的过程中，新国家主义推翻了明治宪法结构，同神道的正统说法重新结合起来。在裕仁统治的第四年，被战争和帝国主义扩张激起的民众热情又从下面加进了新的成分和动机，进一步改变了宪法秩序。在裕仁开始其统治的时候，天皇思想明显地受到侵蚀，已成为一种心理上的重负。对此，裕仁和宫廷派从一开始就竭尽全力，使所有与皇权有关的荒谬信仰得到了新生。他们积极鼓励民众将天皇视为他们道德的源泉——一位具有宗教权威的政治和军事上的全能统治者。

---

①安丸良夫，上述12—13页。

②中岛三千男，上述131页。

③藤原彰，上述178—179页。

裕仁及宫廷派的政治活动为重新启动的君主制赋予了日本国家主义更多的军国主义形态。通过美化明治天皇的过去，赞美明治天皇的人格和“美德”，同时抬高昭和天皇，这些都为20世纪30年代对天皇的狂热崇拜奠定了基础。裕仁是载体，在他下面，在他的积极鼓励下，这项运动迅速展开并改变了已经变得多元化、分裂和压抑的日本政治。

此外，裕仁的登基和神格化正值政党及其权力上升到最高峰的特别时期，这为他作为“现人神”和“大元帅”的双重形象增添了神秘的力量。一系列仪式所释放出的强烈的情绪反击了国内的“民主主义”、和平主义以及国际上的裁军倡议。只有在裕仁和他的近臣们对大正民主运动给予了这些打击之后，那些对政党政治不满的军人们才有可能在满洲实施侵略行为。

至于以天皇制思想和天皇的神话及其仪式为基础的昭和早期的国家主义，是否可以被看作世界“法西斯主义”现象的一部分，在历史学家当中仍有争议。然而，在借个人崇拜从而将民族、种族集团神化这一点上却是共同的。当然还有其他的共同要素，比如强调军国主义、独裁，赞美战争、年轻、精神性、道德复兴和国家使命。确实，日本一直处于常态并自成一统，裕仁也不是靠煽动民众、施行蛊惑术成为操纵民众的总统或元首。而德国和意大利在思想意识和组织形式上也不是完全一致的。总而言之，20世纪30年代主要的修正主义法西斯国家之间在思想意识形态上的相似性、被崇拜领袖人物相似的心理作用以及后来相似的历史发展轨迹，比各自显而易见的相异性更重要。

第六章　一个政治君主的诞生

从1927年起，日本与中国就满洲问题发生冲突的报道又重返日本报纸头版，昭和金融危机爆发，这两个危机且年年恶化。与此同时，尽管以裕仁为中心的登基仪式向日本人灌输了昭和天皇具有可与明治天皇相媲美的领袖权威的新形象，然而，被舆论制造者们称为“思想问题”的对君主制和资本主义的批判仍然传播开来。

同时困扰裕仁的还有互相矛盾的海军高官们关于国防问题的内奏。①海军上将加藤宽治是《华盛顿条约》的主要反对者。他开始向裕仁施加压力，要求扩展国防圈的地理范围。加藤主张要“与部署在西太平洋的美国海军兵力抗衡，以期帝国本土的安全”，而不是按照1923年政策决定的在国土近海海域设防。②裕仁同意了加藤的上奏并于1929年11月27日通知了加藤，不过，裕仁还是赞同加藤的反对者“条约派”的主张。其实，条约派也希望拥有一支强大的海军，通过一场海军决战赢得战争，但他们坚持认为，日本与美国国力悬殊，除了被动的国家防御以外，暂时不可能有所作为。

裕仁在他的统治一开始，就尽量避免正面应对海军内部一直存在的、在国防思想上对立的局面。尽管他对自己公职中军事的一面非常感兴趣，但是他和他的近臣们更愿意将精力集中于内部事务上。其中一项就是他们设想要他在天皇的系谱里超越时空，永远留下自己的足迹。因此，他们第一个最重要的目标就是将裕仁的“意志”贯彻到政府行为中去，重新恢复君主制的权力，加强他的形象，使其具有明治天皇同样的权威。

在与西方的关系方面，从这个时期日本两个主要的外交课题——1928年8月的《白里安—凯洛格公约》（Kellogg-Briand）和1930年4月的《伦敦海军条约》上可以看出，协调精神还是存在的。但是变化的前兆开始增加，第一次世界大战后背离和平主义和宽容政策的征象也开始增加。1928年2月20日，从事渐进改革运动的左翼党

---

① 铃木正幸《战争期间的国体问题》，铃木正幸《近代天皇制的支配秩序》，校仓书房，1986年，171—238页。

② 防卫厅防卫研修所战史室《战史丛书（三一）海军军战备（一）》，朝云新闻社，1969年，375—377页。黑野耐《昭和初期海军的国防思想对立与混乱——在国防方针第二次改定与第三次改定之间》，《军事史学》，第三四卷第一号（1998年6月），12—13页。

派代表，在依照扩展后的选举法进行的第一次国民选举中，赢得八个席位，从而开辟了一条与精英统治对抗的新战线。可是，3月15日，田中内阁就在全国范围内大规模地逮捕了1568名共产党员和工人及农民运动积极分子。[①]4月，京都、东京和九州的国立大学的马克思主义学者成为第一批被开除的对象。6月29日，田中内阁又在未履行宪法程序的情况下，只是根据紧急皇室令就修改了1925年治安维持法。根据改定后的法律，“企图篡改‘国体’者”可判死刑。[②]

对于共产党员和受到马克思主义影响的知识分子来说，普选和随之而来的镇压成为重新将新天皇定义为压迫者、将批判的矛头指向天皇制社会本质的契机。就在天皇制国家逮捕共产主义者和他们的支持者的同时，“推翻天皇制”成为新的政党口号，在受到马克思主义影响的知识分子圈内传播。与此同时，6月4日，在国外守备南满铁路区的关东军将校谋杀了当地军阀张作霖。第二年，年轻的裕仁天皇宽恕了部队对这一事件的隐瞒，从而助长了进一步的军事挑衅行为。

这个时期还为日本军队未来犯下残暴的战争罪行奠定了基础。1928年，田中内阁没有在禁止化学和生物武器的国际公约上签字。第二年，枢密院迫于军队压力，也没有批准两年前签署的《日内瓦战俘公约》。枢密院顾问认同了陆海军大臣以及外务大臣的主张，认为有关俘虏待遇的条款过于宽大，不可能得到执行，因为天皇的士兵是永远不会允许他们自己成为俘虏的。[③]特别是这个决定，为日后日本拒绝承认有关俘虏和伤兵待遇的国际条约铺平了道路。[④]

关于裕仁统治这关键的前几年，裕仁的亲密顾问牧野、河井、奈良和冈部都在他们的日记或者回忆录中赞美了年轻的天皇。他们赞赏裕仁不愿为政党所利用——似乎这不是天皇制国家理所应当遵循的原则。他们称赞他在政治中发挥指导作用的决心，而他的父亲由于身体原因完全无法行使这些职责。同时，他们还对他们自己的指导能力表示满意，因为这一切都是在他们的指导下实现的。只有奈良将军的记述暗示了裕仁在这个阶段对行使宪法授予他的统帅权还不热心。

近臣们的日记显示了裕仁对政治活动的关注一直没变。因不满足于只是被动地

---

① 关于年代学，见中村正则等《年表昭和史》，岩波书店，1989年，5页。

② 枢密院讨论该诏书时，昭和天皇在场，对强化取缔左翼十分清楚，而且似乎还考虑过为诏书草案增添某种条件。但不清楚其具体内容以及对田中奏折的何处持有疑问。高桥纮等编《昭和初期的天皇与宫中——侍从次长河井弥八日记（二）》，岩波书店，1993年，110—111页。伊藤隆、广濑顺皓编《牧野伸显日记》，中央公论社，1990年，321—322页。

③ 神田文人《近代日本的战争——以俘虏政策为中心》，《季刊　战争责任研究》九（1995年9月），15页。

④ 油井大三郎、小菅信子《联合国俘虏虐待与战后责任》，岩波丛书，1993，19页。反对批准“俘虏待遇条约”的军队强调，“日本禁止军人做俘虏”，“条约如果适用以后……必须修改国内的惩罚令，这样军纪就很难维持了”等。

看着历史沿着自己的轨迹前行，裕仁参与了政党内阁和枢密院的决策，间接地仲裁了主要政党之间的争端，甚至强迫议会中的政党为了他的利益而停止论争。不久，受到牧野和宫内官的影响，裕仁做出了连明治天皇都未曾做过的事：呵斥并实际解除了陆军大将、政友会总裁田中义一的首相职位——美浓部的“天皇机关说”由此被打破，而这个理论正是政党活动合理化的根据。

废弃了田中及其政友会政权后，裕仁及其近臣开始全面支持外交上比较稳健的民政党总裁浜口雄幸，1929年7月，任命他为田中的继任者。1930年4月，在浜口组阁的几个月后，裕仁天皇在宫廷派和西园寺的支持下，又推翻了海军军令部长加藤及次长末次关于存有争议的海军裁军的建议。尽管华盛顿和伦敦曾暗示，如果日本不遵守华盛顿会议制订的战舰比例，他们将组成海军联盟对抗日本，但是加藤和军令部内的支持者们仍试图阻碍在伦敦进行交涉中的最终妥协案。他们拒绝接受“将重型巡洋舰的吨位限制到美英各国舰队的70%以下”。[①]正如加藤向条约派的冈田启介大将所表示的那样：“这个问题关系到海军的死活，我希望你确定它比政府的命运更重要。”[②]

20世纪30年代，支持海军公开介入政治并与加藤一样藐视政党政治（加藤将其称为日本的“犹太化组织”或者“我们心中的犹太敌人”）的还有陆军中将荒木贞夫和小笠原以及东乡大将。[③]这四个人与民间极端国家主义思想家联系密切，对军部大臣、议会、枢密院和宫廷（通过伏见亲王）都有影响力。然而，他们的努力并没有取得什么成果，因为浜口坚决反对加藤、末次和东乡，并按照宫廷派的要求，接受了巡洋舰吨位比例的妥协方案。于是政友会跟军队联合起来，公开攻击浜口和宫廷派，指责他们没有得到军令部承诺就签订了条约，侵犯了天皇的“统帅权”。

为了推翻民政党内阁，也是出于对宫廷派前些时候强迫田中辞职的积怨，政友会的领导者们称浜口和牧野、铃木和河井等是“君侧之奸”，指责他们依靠裁军条约，与英美“合作”以保护日本在中国的利益。通过指控侍从长铃木阻止军令部长的上奏以及断定政府实行错误的国防政策，政友会的政治家们煽动起一股极端的国家主义情绪。

与此同时，文学、艺术、政治和外交相汇合，为日本营造出一种新气氛。整个大正时期都没有人为胜利的日清战争（中日甲午战争）和日俄战争写过什么东西，可是，1930年，就在五年前刚刚纪念过之后，军部又举行了纪念日俄战争胜利25周

---

① Gordon M. Berger, “Politics and Mobilization in Japan, 1931—1945” in Peter Duus, ed., The Twentieth Century, Cambridge University Press, 1988, pp. 105—106.

② 田中宏巳《虚构的军神东乡平八郎》，《THIS IS读卖》（1993年9月），240页引用。

③ 加藤宽治《国家民人的清新化》，《国本》（1926年1月1日）。

年的庆祝活动。这期间，出现了许多情绪化的文章、书籍、画报和戏剧，使日本国民的注意力集中在日俄战争和海军大将身上，后者被称为在与俄国的对决中，用“神业”（神的行为）拯救了日本。[①]这些故事以仍然在舰队服役的东乡大将和1904年在旅顺港第二次封堵海湾战役中战死的广濑武夫司令为主角，他们不仅被誉为“军人的楷模”而且是“军神”（不单是英雄）。[②] 1930年，东京的歌舞伎剧场上演了《旅顺包围录》，表现了在这场战斗中失去两个儿子的乃木将军。剧中当一名俄国将军向乃木表达他的同情时，乃木回答道：“我跟我的儿子们不能一起回东京了。作为一个父亲，我对于两个儿子为天皇而死感到高兴。”这时，疯狂的观众拼命鼓掌喝彩。[③]

借助如此大量的对现实记忆的文学再现，长久以来对明治后期战争的传媒封锁结束了。父辈曾经历过1904—1905年战争的儿童和青年，对那场日本赢了大陆帝国的战争有了更多的了解。因此，这个以反军国主义为开始的十年将以完全相反的精神结束：重申帝国的强大；将希望寄托于东乡元帅和乃木大将之流的“军神”神话上，还有年轻天皇的“圣德”之中。

同时，国家事务中最突出的是海军军令部、政友会领导人和枢密院顾问官，针对1930年4月22日日本与英美共同签署的《伦敦海军裁军条约》，煽动公众的不满情绪。这个条约限制了每个签约国主力舰的数量，第一次对各国建造巡洋舰和其他辅助舰的规模做了限制。日本代表团最初宣布所有的辅助舰将维持对美国70%的比例。最终日本做出妥协，接受了相当于美国69%的比例，潜水艇吨位数也保持相等的方案，并同意六年后重新就条约进行协商。[④]

在东京批准条约两个月后，11月14日，正当裕仁在冈山县指挥陆军特别演习时，右翼刺客佐乡屋留雄在东京车站向浜口首相开枪并使他受到致命伤。犯人属于政友会政治家小川平吉支持的“爱国社”。得到宫内大臣一木有关枪杀事件和浜口状况的报告时，裕仁第一个反应是“立宪政治”不要因此受到妨碍。[⑤]关于裕仁对海军游说团策动的反条约的恶意宣传和明显因受其直接影响而发生的刺杀事件有何感

① 小笠原《东乡元帅详传》曾在1921年夏天出限定版发行，1925年又以廉价版重刊。参照田中宏巳，上述234—235页。

② 同前225、236、239页。

③ “Answer to Japan” (restricted and no date or place of origin), Southwest Pacific Area, July 1, 1944, p. 9. From the Bonner F. Fellers Collection at the Hoover Institution.

④ 清泽洌《现代日本文明史（三）外交史》，东洋经济新报社，1941年，437页。Stephen Pelz, Race to Pearl Harbor: The Failure of the Second London Naval Conference and the Onset of World War II, Harvard University Press, 1974, pp. 2—3.

⑤ 上述《牧野伸显日记》，417页。

想尚不可知，如果他因浜口的死做出了什么决定的话，那么是在次年的8月，即满洲事件前夜。

20世纪30年代的第一次政治暗杀事件，结束了宫廷与政党内阁短暂的和睦时期。下一个登台的是日本帝国最后一个政党内阁。[①]就在军队研磨新权力——“最高统帅权”的锋刃，并且得到民众的合力支持的背景下，一个新时代即将开始。陆海军大臣与统帅部之间在裁军问题上继续对立着。军官团的纪律也越来越松散。陆军作为一个机构实体呈现失控的先兆。天皇崇拜的宣传降低了国家政治议会的整体水平，更不要说公众道德了。

1928年11月10日裕仁即位。他身着棕黄色并织有只有天皇才能使用的特殊图案的传统丝绸套装。典礼帽也是天皇固有的，非常引人注目；他手中的笏是权威的象征，也许刻下了他希望记住的思想。

就这样，裕仁和近臣们轻率并且极端违背传统的权力运用法则——1929年辞掉田中，然后宁可置国内实力层的一致见解于不顾，也不愿在伦敦海军裁军洽谈中冒外交风险。他们助长了所有对昭和早期日本社会和经济状况不满的人们的愤怒情绪。身居政治顶点的宫廷派从未想到他们正在促成政党政治的崩溃。在他们追求自己的政治路线（有时被田中忽视却得到浜口的积极推行）时，摄政时期不曾存在过的不安定因素被导入进来。[②]结果，裕仁越是舞弄他的权威，他与统治精英之间的裂痕就越大。

① 中园裕《政党内阁期昭和天皇及近臣的政治行动与作用》，青山学院大学研究生院硕士论文（1992年，未公开），59—60页。

② 增田知子《天皇（近代）》《日本史大事典（四）》，平凡社，1993年，1244页。

I

当登基仪式展现在国内外观众面前时，作为角色变化的一部分，裕仁正准备将其私人住所和办公室搬入按照他和他家人需要改建的明治皇宫。[①]此时东京的政局继续向前发展，而且越来越成为一个秘密谋划的过程。

1928年4月23日至5月7日召开的第55次帝国议会为宫廷派与田中下一轮的冲突提供了机会。这时的问题主要有：田中重组内阁，将只有一年议员经历的商人久原房之助纳入内阁，此人被认为是危险的右翼极端分子；田中对议会的运营；天皇对田中提供的议会议事录的真实性产生怀疑。裕仁有自己的情报网，他知道田中内阁与反对党的冲突陷入僵局；他的议会运营无疑进行得不顺利。裕仁多次向牧野抱怨说田中给他的报告不充分，“圣旨”被滥用。最后，河井不得不把天皇的忧虑告诉了田中。[②]

裕仁希望首相对天皇想参与宪政这一愿望绝对保密，可是田中没有做到这一点。他一直试图将天皇、宫廷派和元老与他的政友会的政策协调起来。最终，1928年5月14日，第55次议会闭会一周后，也是田中当首相一年多后，牧野的秘书官长河井对田中很失望，他在日记中提到宫廷已经对田中的表现很不满意：

今早的报纸都登载了首相拜访西园寺公时的谈话要领。如果真是首相说的话，（一）公开这种事乃不懂事理；（二）他处理宪政的资质受到质疑；（三）思虑不足，幼稚得令人担忧。他连西公的意思都不能理解。因此他极有可能让国民失望。[③]

---

① 宫殿（天皇日常办公的部分）改修以后，一楼设置了参拜者休息处和拜谒用的大房间，通称“学问所”。大房间约有33平方米，分为两个部分，摆放着简朴的家具。在铺着地毯的走廊，墙上挂着可以与休息处房间通话的电话机，侍从在此伺候。天皇准备好了以后，侍从告诉在休息处等待的参拜者去学问所第二个部分。参拜者进入第二个部分之前，要先轻轻地低一下头，到了第一部分的入口要再度行礼，到了天皇的办公桌前要行大礼。从天皇面前退出时，绝不能背向天皇，要走“蟹步”，也就是面向前面横着退出去。

间壁炉内放有电热炉的拜谒室也用于进讲。天皇的椅子与办公桌就放在壁炉前面。办公桌的旁边放了一张椭圆形的桌子。墙上画着波千鸟，波的颜色是皇室传统的紫色，千鸟为金色，上面霞光万道。另一面墙前摆着一些装饰棚架。

个拜谒室的二楼是天皇的书斋，也是图书室、办公室。这里保管着玉玺，宫内高级官员和侍从以外不得进入。在这里，天皇阅读需要他裁决的文件，在文件上署名。日本现代史资料研究会编《冈部长章氏谈话记录》，同会（非销售品），1985年，11—15页参照。该文献是从冈部牧夫处得到的。

② 中园裕，上述10—11页。

③ 上述《昭和初期的天皇与宫中——侍从次长河井弥八日记（二）》，81页。

河井写下这些文字后不久，政友会的政治家，田中内阁的文部大臣水野炼太郎因反对久原入阁向天皇递交了辞呈。第二天，为了避免田中新组内阁垮台，裕仁让人转告水野，希望他留任。5月23日，水野收回了辞呈，并表明他留下来是因为“天皇的旨意”。水野的发言立即引起了一场政治骚乱，因为它表明天皇站到了有益于政友会的一边，损害了民政党。民政党的第一个反应是指责政友会为了维持政权恶用天皇的意愿，同时在党内成立了天皇旨意问题委员会。①委员会决心进行一场浩大的国民运动，保护立宪政府和“国体”。民政党非常暧昧地表达了他们的决心：“为了坚持皇室为中心，拥护‘国体’，我们决心推翻田中内阁。”②

如果此时裕仁就水野事件进行了反思，他应该意识到由于他自己的存在而产生的内在矛盾。在这个过程中，他也有可能对必须将他对政治的干涉完全置于秘密状态的理由有更深的理解。然而他还很年轻，没什么经验，缺乏自我反省。到了适当的时候，他会对自身的困境有所觉察，那时他将变得更加神经质，因为裕仁慢性心理压力的根源在于神圣的君主制本身，以及他本人与日本民众之间根深蒂固的，但永远不会被认识到的摩擦中。

有关“国体”的政治论争再度点燃，宫廷派在所有政策上都与田中内阁对立，在这种情况下连续发生的四个事件，将对以后十年的中日关系和日本政治产生持久的影响。这些事件中，裕仁一直处于中心位置。它们是济南事件（1928年5月）、日本关东军将校暗杀张作霖事件（1928年6月4日）、《白里安—凯洛格公约》的签署（1928年8月27日），另外是1928年下半年，即位与神格化的思想意识的公然登场。

Ⅱ

1927年3月24日，中国国民革命军的士兵掠夺了南京的日本领事馆并袭击了领事。他们还袭击了美国和英国领事馆所在的建筑物。同一天晚些时候，英国和美国停泊在长江上的战舰炮轰了这个城市。日本的报纸立即就南京事件进行了煽动性报道，指出事件中死了六个西方人，日本的权益受到侵害却没有派任何部队。在此背景下，同时也正是官方为大正天皇服丧之时，裕仁批准了日本第一次对中国内战的军事介入。5月和7月，他两次同意陆军向中国的山东省派兵，名义上是为保护日本侨民免受向北京进发的国民党士兵的袭击。此后不到一年，1928年4月19日，他再次批准了第三次派兵。这次是派遣陆军中将福田彦助率领的第六师团的5000人部队进驻山东青

① 铃木正幸《皇室制度——从明治到战后》，岩波新书，1993年，168页。牧野记录，田中首相通过珍田，请求天皇留住水野。上述《牧野伸显日记》，317页。

② 同前。

岛，那里是日本纺织资本的聚集地，曾是日本的保护区。在做这个决定之前，他曾经询问侍从武官长奈良，这种干涉会不会引起另一次对日本人的大屠杀，就像1920年发生在俄国城市尼古拉耶夫斯克（现在Pugachev）的那样。奈良回答说不会。

可是，福田将军到了青岛，就私自决定马上向内陆的济南进军（通过铁路）。结果，几天后在那里发生了日本军与国民党士兵的第一次冲突。接下来，5月8日，裕仁又毫不犹豫地批准了向济南派出增援部队，保护那里的大约2000名日本居民。天皇没有追究福田的越权行为，而是暗中将他的愤怒转向了首相田中。[①]济南事件一直拖延到1929年初，期间，1.7万名日本兵对城市中的中国居民施行了恐怖统治，破坏了恢复中日关系的机会。对裕仁来说，这个事件是田中作为首相无能的又一个佐证。

在裕仁同意向山东的第四次派兵后不到一个月，1928年6月4日，日本关东军的高级参谋官在陆军大佐河本大佐的带领下，暗杀了中国的军阀、地区的当权者张作霖。而田中首相的满洲政策就建立在与张合作的基础上。这个事件再加上据说是首相的处理不当将满洲推入了日本和国际政治的混乱之中，对于年轻的天皇及其近臣来说，这是一个他们一直在寻找的除掉田中及其政友会内阁的好机会。

民政党的领导者们最早发现了真正的暗杀者是关东军的军官，事情的真相并不像关东军发言人所谎称的那样，是中国南方部队的邪恶分子干的。9月初，宫廷高官们也听说了是日本军队的军官犯下的罪行，然后嫁祸给中国士兵的。[②]田中首相独自一人缓慢地揭露着事实，因为陆军的上层领导们希望除掉张作霖，对追究这件事不感兴趣，更不要说全面地公开事实真相了。1928年10月，田中最终得知了真相，他决心惩罚肇事者，重建陆军纪律。可是，他的阁僚们和陆军却坚决反对明确追究暗杀责任。在陆军大臣白川义则和相当副首相资格的铁路大臣小川平吉的主导下，内阁组成了反对田中联盟，断言公开真相将伤害皇室，恶化中日关系，侵害日本在中国的特权。此外，内阁也不愿意在议会上对该事件承担责任。

在内阁受到孤立的田中在西园寺的支持下，将调查继续了下去。1928年12月24日，他向天皇递交了正式报告。他向天皇表示，要对罪犯进行军法审判，以净化陆军重建纪律。第二天，他向牧野和珍田讲了同样的话，他错误地以为他们会帮助他。然而，当内阁得知了田中的上奏内容后，阁僚们反对军法审判，希望能够作为陆军的一个行政管理事件来处理。12月28日，白川向天皇汇报说陆军将会对张作霖的死进行调查，但是没有提军法审判。[③]

---

① 儿岛襄《天皇（二）满洲事变》，文春文库，1981年，35页。Akitra Irie, After Imperialism: The Search for a New Order in the Far East, 1921—1931, Harvard University Press, 1965, pp. 197—205.

② 上述《牧野伸显日记》，322页。

③ 中园裕，上述22—24页。

1929年初，第56次帝国议会开会，反对党没有就该事件质问政府，尽管他们早已知道了事情真相，或者对当局的说法持怀疑态度，但他们无论如何也不希望事件被完全公开。在这件事上，民政党特别愿意为陆军的需要提供方便，因为他们在下一届组阁时需要它的支持。[①]同时，天皇和他的近臣们也只是关心田中是否会就事件承担责任。

1929年1月17日，天皇给白川施加压力，敦促他进行调查。两天后，天皇问及田中的议会运营方针。2月2日，在他向田中询问调查进程时，首相暗示他的政府将不会为张作霖事件承担责任。[②]一个月后，3月4日，牧野让秘书官冈部通知西园寺，田中已经失去天皇的信任，在他下一次上奏时，天皇打算对他提出警告。[③]到了这个时候，田中终于明白了整个陆军在联合起来反对他，他不得不让步以使陆军摆脱困境。就这样，内阁同意了掩盖事件，让陆军作为一个内部行政问题来处理。

3月27日，陆军大臣白川向天皇报告了内阁的决定。他解释说，是陆军大佐河本和关东军司令村冈长太郎犯下的罪行，但是公布真相并严惩谋杀的责任者将对日本极为不利。如果说早些时候裕仁不是这样想的话，那么此时裕仁已经认同了陆军的处理方针，向国民说谎掩盖事件真相，对事件相关者仅仅给予行政处罚。[④]就这样，裕仁、牧野和铃木与白川以及田中内阁中不希望损害陆军名誉的人站到了一边。他们的做法无意中教唆了部队进一步谋划侵略中国的行动，以维护日本在那里的权益。[⑤]

许多年后，在他著名的《独白录》中，裕仁称当田中来告诉他将“掩盖”张作霖被暗杀事件时，他厉声叱责了田中首相并要求他辞职，那都是因为“年轻气盛轻率欠虑”。[⑥]他有意不提其实他也希望掩盖暗杀真相。他也没有谈到他是如何与近臣们事先仔细编排了要对田中说的话。还有1929年6月27日，当田中首相第二次非正式报告时，他毫无理由地责备了他。裕仁已决意要责备田中首相，让田中内阁辞职，第二次非正式报告只不过是借口而已。由此，他用心回避了宪法上大元帅的责任，因为从根本上说，惩罚两名军官的罪行属于军事事务而不是民事。

《独白录》中，裕仁叙述了他和近臣们是如何让田中辞职的过程后，还对他的近臣为什么遭到批判做了解释。这暴露出他对于“宫廷阴谋”的指控极为敏感。当时，“宫廷阴谋”的说法广为流传，后来正是这种说法戳穿了皇室一直远离政治的

---

① 同前23页。

② 上述《牧野伸显日记》，336—337页。中园裕，上述23页。

③ 尚友俱乐部编《冈部长景日记》，尚友俱乐部，1993年，60—61页。

④ 中园裕，上述24页。上述《牧野伸显日记》，350页。

⑤ 中园裕，同前19页。

⑥ Herbert P. Bix, “The Showa Emperor's ‘Monologue’ and the Problem of War Responsibility”, Journal of Japanese Studies 18 (2), (Summer, 1992), pp. 338—342.

别有用心的谎言。1928年5月，田中重组内阁的通信大臣久原房之助因讲出真相受到谴责，裕仁为此很憎恶他。久原，田中的“同情者”，不但没有保卫“国体”，还捏造了“重臣集团”的说法。对此，裕仁说：

他造出“重臣集团”的说法，还到处散布说内阁的倒台是由于重臣和宫廷的阴谋。如此编造出来的重臣“集团”，宫廷阴谋的恶言恶语被全面接受，结果出现了一种怨恨不满的空气，为将来留下了祸根。那个二·二六事件就受其影响不小。自从发生了这个事件，我决心对内阁上奏的东西，假使有不同意见，也予以认可。当我对田中说“不交辞呈吗？”并不是“行使否决权”，而是忠告。不过从那时起，我对阁议决定只表达意见而不说“否”。①

辞了田中后，裕仁在选择介入政治的时机上更加趋于谨慎。不过他限制自己的程度仅取决于时机，所以要视情况（而不是宪法）而定。而且，裕仁似乎一直没有理解政友会圈子里对他在田中的处理上所表现出的强烈愤慨。②他也没有意识到，1929年以后总是出现在他统治中的军队和右翼对宫廷的政治攻击，实际上是他和他的宫廷顾问们为其积极参与政治，复活对天皇意志的盲目崇拜，认为天皇有必要与内阁持不同意见所付出的代价。③即使是一个真正的“立宪君主”也不会认为立宪君主制要求君主同意内阁的每一份报告。然而，裕仁对立宪君主的感觉却很“贫乏”，对通过众议院传达上来的国民意志毫无关注之意。④

通过反复责备并最终解除了自己的总理大臣田中的职务，裕仁天皇向政界发出了信号，政友会内阁在他（裕仁）的统治下不具备当权的资格。然而，对于以浜口为总裁的另一个重要的保守党派民政党，他的应对则大不相同。1929年7月，他将权力的衣钵赠予了浜口。

浜口汲取了田中失败的教训，所有政策在实施之前都向年轻的天皇做全面的说明。而且他的个人价值观、他的军事和财政紧缩的政策目标也得到了充分理解。在这个阶段，宫廷派对浜口通过让币原重返外务大臣职位，以与中国签订关税协定的

① 寺崎英成、Mariko Terasaki Miller编著《昭和天皇〈独白录〉——御用随员寺崎英成日记》，文艺春秋，1991年，23—25页。Herbert P. Bix, 341—342页。藤原彰等《彻底检证——昭和天皇（独白录）》，大月书店，1991年，33—34页的议论。

② 铁道相的小川平吉批评天皇犯了时代错误，“今日的时代，总理大臣得咎还要闭门蛰居，断无可理”。增田知子，上述1244页引用。

③ 伊香俊哉《昭和天皇　宫中集团的田中内阁倒阁运动——以〈牧野伸显日记〉为中心》，《历史评论》四九六（1991年8月），16—17页。

④ 渡边治《战后政治史中的天皇制》，青木书店，1990年，84—86页。

方式，与中国的民族主义达成和解的努力也表示了赞赏。

不幸的是，浜口组阁几个月后，1929年10月24日，世界最大的债权国与工业产品市场美国的股票市场崩盘，建立在金本位上的国际金融系统崩溃了。很快，整个世界经济陷入空前的衰退，这对已经建立起来的世界秩序产生了深刻的影响。前一段，裕仁天皇迁就了陆军的逆反行为，驱逐了唯一一位将他当作一个真正的立宪君主对待的首相，这都使在满洲的年轻陆军军官们感到他们可以将事态掌握在自己的手中了。

现在，他们当中的一小部分人开始付诸行动。从1928年6月暗杀张作霖事件到1929年7月初田中内阁辞职的这段时间里，陆军大佐河本辞去了关东军高级参谋的职务。而接任他的陆军中佐石原莞尔又开始了引发满洲事变的筹划工作。为了达到“全面战争”的目的，主张进行国家改革的中层和上层军官们加强了组织团结，同时还加强了与右翼团体的联系。而田中的政友会（在活动力很强的森的领导下）也开始向军部和右翼靠拢。

1928年12月29日，张作霖的儿子和继承人，东三省（满洲）军阀张学良，将他支配的地区与南京的新国民党政府统治的范围统一起来。当中国在形式上完成了统一时，日本国内的舞台也搭建起来。登台亮相的是新的侵略势力，而支持国际协调政策和对中国妥协的中立群体却呈弱势。对于1929年以后成为他统治上一大特色的军队和右翼对宫廷的政治抨击，天皇和他的近臣们都没有意识到这是他们将宗教注入政治并首先助长了对天皇意志的崇拜而不得不付出的代价。

Ⅲ

1928年8月27日，日本成为《关于废弃战争作为国家政策工具的一般条约》签约国，此条约被西方称为《白里安—凯洛格公约》（或称《巴黎非战公约》），在日本被称为《不战条约》。条约签署国声明放弃把战争作为“国家政策的工具”，承诺通过和平方式解决所有争端。法国和美国将这个条约作为体现华盛顿会议确定的国际调停精神的又一方案提交给日本。田中内阁接受了提案，派枢密院顾问官内田康哉前往巴黎，并指示他利用签约的机会让美国和其他国家理解日本在满洲的特殊地位。然而，内田并没有明确提出将满洲排除在条约的义务之外，他担心其他国家对日本的领土野心产生疑心。[①]

① 对内田的训令这样说道：“满洲是日本的外郭……尽管如此，我们丝毫没有要把满洲作为保护国或侵略其领土的意思……然而，国民政府……违反规定进行课税，或煽动针对外国人的罢工……过激行动很多，可以看出有模仿共产主义做法的倾向。有如此倾向的南方势力对东三省长驱直入，作为帝国政府，到底无法坐视不管。”外务省编《日本外交年表并主要文书（二）》，原书房，118—119页。

这个条约在日本的处境很能体现宫廷派对国际法的态度。签署了《白里安—凯洛格公约》，标志着日本政府接受了国际法中“侵略战争”属于犯罪的概念。[①]条约由两项条款构成，第一条款中，签约各国“以各自人民的名义宣誓，通过战争解决国际争端为犯罪行为，在相互关系中，放弃将战争作为国家政策的工具”。第二条款中，签约国同意“通过和平手段解决相互间可能发生的任何性质的或者任何起因的所有的争端或冲突”。[②]当田中内阁将这个简短的条约送交国会时，“以各自人民的名义”的提法立刻成了争议的焦点。[③]

在美国，战后的和平运动使战争违法的思想深入人心，所以条约受到了知识分子阶层和公众的广泛支持。[④]如果天皇运用他的威望使侵略战争非法成为他自己的意志的话，那么在日本也会获得同样广泛的支持。但这种事没有发生。相反，条约立即与日本在满洲出现的危机发生冲突，同时还与政府为了克服日益严重的国家的政治分裂而发起的将国民束缚于天皇的运动，以及在批判军部长达十年后又重新提倡军人精神的运动发生冲突。

尤其是条约的重要意义被有关天皇的统治权和外交权的争论掩盖。1929年初，反对党民政党在国会上指责田中内阁侵害了天皇的国家统治权，因为不战条约的第一条中，要求“缔约国”“以各自人民的名义”而不是以天皇的名义宣布战争非法。[⑤]尽管民政党和政友会的政治家们都支持不战条约，但民政党为了攻击执政党，声称条约第一条承认人民而不是君主统治的原则与“国体”相抵。

议会上有关条约的讨论突出反映了统治精英们在制定对外政策上否认民众作用的一致性。同时，它也显示了在政治审议过程中发生的具有深远意义的论题转换：从避免将天皇扯入政治转为“累及皇室”。[⑥]

此外，不战条约在日本遭到贬斥，还因为裕仁接受了他的外交和国际法教师立

① Whitney R. Harris, Tyrany on TriaI: The Evidence at Nuremberg, Souther Methodist University Press, 1954. 其指出，“根据国际军事法庭的解释，《白里安—凯洛格公约》将侵略战争规定为违法犯罪，为惩罚使用武力开始侵略战争者提供了法律基础”（p. 523）。东京法庭也是同样的见解。参照“Trial of Japanese War Criminals: Documents”, Washington D. C.: GPO, 1946, pp. 14—15.

② 关于条约内容，见FRUS，1928，vol. 1，pp. 153—156.

③ 清泽洌，上述435—437页。

④ Shinohara Hatsue,“An Intellectual Foundation for the Road to Pearl Harbor: Quincy Wright and Tachi Sakutaro”. Paper presented at the Conference on the United States and Japan in World War Ⅱ, Hofstra University, Dec. 1991.

⑤ 条约于1928年8月27日在巴黎签署，日本在1929年6月27日，附加了与国体冲突的语句不适用的条件做了批准，并于1929年7月24日生效。

⑥ 铃木正幸，上述168—170页。

作太郎关于这个问题的建议。当时，立不断表示出对条约意图和意义的反对。[①]确实，裕仁希望结束议会关于其统治权的讨论，批准条约以保持与西方各国的协调。1929年3月到6月初，他多次询问田中首相条约讨论在议会和枢密院的进展情况。[②]但是裕仁并不认为在满洲租借权（在他统治期间租借期将满）问题上，条约能够保证和平解决日本可能与中国发生的所有争端。对于裕仁来说，满洲的协定和权力——最初与清朝协定的合约，后来在军事上既成事实的背景下使合约又得到进一步加强——这是祖父遗产的一部分。因此是不可侵犯的，为了保卫它，就算动用武力也在所不辞。

在这一点上，年轻的裕仁与立的世界观一样，既无知又刻板。立主张条约没有禁止日本诉诸武力保护其在中国的利益，条约中的道德成分并不重要。从那以后，立极力主张扩大自卫权的定义，为日本保护其在满洲的权益和治外法权，在未来需要的时候进行武装干涉，寻找不战条约的“漏洞”。而且，立的态度与当时日本知识分子的意见完全一致，对不战条约持怀疑态度，这与美国完全不同。[③]

特别是，立与其他许多日本“现实主义者”一样，对于自由民主国家英国和美国感到不满，因为它们要求所有国家都要遵从新制的、禁止将武力作为解决国际争端的手段这一伦理规范。他认为这是英美大国在试图冻结战后的国际秩序以保持它们自己的优势。[④]然而，他没有公开拒绝新的国际法中和平的伦理或是具体体现这个伦理的制度，却试图通过寻找漏洞以及扩大自卫权的定义，从根本上使任何通过武力解决争端的行为都具有正当性，以此暗中破坏和平伦理和制度。

1928年后期及1929年初期，正当围绕不战条约的措辞的合法性问题讨论热烈

---

① 立作太郎发表长篇论述，认为在1928年发表的“不战条约的国际法观”及“英国的新门罗主义宣言及不战条约的实效”中，条约的当事国即使放弃“作为国策手段的战争”，没有放弃自卫权也是不争的事实。他注意到法、英、美等国在1928年8月27日签署之前交换了书简及其他，这样表示：

英国不承认在其拥有密切利益的势力范围内适用不战条约……美利坚合众国也基于其门罗主义，有宣称禁止不战条约适用于其战争地点的可能……故在发动自卫权以外的场合，由于美利坚合众国的门罗主义、英国声称有密切利益的势力范围的新门罗主义，不得不承认，将会有不战条约不能禁止的战争。

立作太郎《不战条约的国家法观》，《国际法外交杂志》第二七卷第一零号（1928年12月）。同《英国新门罗主义宣言及不战条约的实效》，《外交时报》五七七（1928年12月15日），1—4页。Quincy Wright, “The Interpretation of Multilateral Treties”, in American Journal of International Law 23 (1929), p. 105.

② 上述《昭和初期的天皇与宫中——侍从次长河井弥八日记（三）》，41、53、55、79、83、89、228页。

③ Shinohara Hatrue，上述6—7页。

④ 同前11页。

之际，裕仁和宫廷派却退避起来。虽然国家（以裕仁的名义）随后通过了条约，但他们没有鼓励新的和平与反军国主义精神，而是决定为他的登基大典大造声势，以此推动沙文主义的民族主义思潮。庆祝第一次世界大战欧洲停战协议签署十周年之际，本来对宫廷派来说，是个将不战条约中的和平主义确定为天皇个人追求目标，引导日本国民理解侵略战争已经非法化的绝好机会。然而，在裕仁抽出时间考虑正式批准条约（1929年6月27日）之前，登基仪式已经使日本陷入更强烈的国家主义泥沼不能自拔。①

正如历史学家伊香俊哉所指出的那样，参加日内瓦国际联盟会议的日本代表团没有寻求改善联盟公约，促进安全保障的途径。相反，在外务大臣币原的指示下，他们抵制了与禁止侵略战争新条约相一致的联盟公约。在主张国联的和平机构不能进入远东的同时，他们还不断反对由第三国来调解与中国的争端。1928—1931年之间的所有事件上，政党内阁都试图为以自卫的名义在中国施行武力留下可能的空间。如果裕仁、宫廷派和外务省没有如此反对加强公约，阻止国联介入中日争端，如果新的共同安全保障协议在满洲事变发生时业已成立，恐怕关东军就很难为其任意动用武力开脱罪责了。②

Ⅳ

尽管侍从武官长奈良向他通报过陆海军中纪律涣散的情况，天皇仍然放任了两军内派阀的冲突、军人间的对抗，以及两军间裂痕的不断加大等问题。随着陆军上层领导人放松对职业军官队伍的控制，各级军官开始挑战上层长官权威，并向社会散播政党正在妨害日本国防的谣言。裕仁对此的反应是回避争斗。他将不驯服的军令部交给侍从总长铃木负责，陆军中的违纪抗命行为则让奈良将军负责处理。他还命令奈良给东乡大将施加压力，让他同意批准《伦敦海军条约》。③

1930年初，受到裕仁大力支持的浜口，就《伦敦海军条约》的签署与海军军令部发生了冲突。争议一结束，许多海军将领就辞了职，条约反对派对条约支持派进行了清洗。对海军的政治介入影响到陆军，使掌握着陆军核心人事权的陆军大臣宇垣的职权受到侵害。④政友会马上利用动荡的国内形势，为民政党和宫廷派从前对政

① 佐佐木隆尔《现代天皇制的起源与机能》，昭和出版，1990年，90—91页。

② 伊香俊哉《近代日本与战争违法化体制——从第一次世界大战到日中战争》，吉川弘文馆，2002年，42—63页。

③ 波多野澄雄等编《侍从武官长奈良武次日记　回顾录（四）》，柏书房，2000年，157页。

④ 增田知子《政党内阁制的崩溃——1930—1932年》，东京大学社会科学研究所编《现代日本社会（四）历史的前提》，东京大学出版会，1991年，188页。

治的干涉向他们展开报复。

最终，关于《伦敦海军条约》的争论严重损害了年轻天皇的形象。心怀不满的右翼政治家进入军部，他们认为1930年9月条约的签署超越了道德界限。他们谴责说民政党签署了条约就是侵犯了国家尊严。因为不能谴责天皇，他们就批判宫廷派垄断了天皇的意志，促成了政党的堕落。平沼骐一郎是司法官僚中一名重要的极端民族主义者，同时也是许多右翼团体的顾问。早在1929年，他就曾私下批评裕仁太依赖牧野和不断向西园寺派特使的行为，说不管是为了听取元老的意见还是为了传达自己的意志都一样。①在平沼的极右圈子里产生了一个误解，即天皇的“意志”完全掌握在西园寺和引导他行动的宫廷派手中。

宫廷和政党的批评家们敌视西方的自由主义和民主主义，整整十年间，一直把它们视同于犹太主义和“共济会制度”。他们真正想要打破的是华盛顿条约体系的制约，他们将其视为盎格鲁—撒克逊阻止日本向海外扩张的“铁箍”。对于他们来说，日本再一次地屈从了美国和英国，两个白种人强国在第一次世界大战中就曾企图阻止他们向大陆的扩张。通过推断，他们认为西方已不再承认日本是一个一流大国，因为英美坚持要日本接受在主力舰拥有量上的劣势比例，《伦敦海军条约》的反对者们于是产生了摆脱明治宪法体制的强烈愿望。对昭和天皇的盛赞使这个国家充满精力和活力，同时也使以天皇名义实施的各项政策正当化。不满的军部和一些政治家们面临的问题是怎样扭转那些政策。他们选择的方法是批判政党政治的极度腐化和宫廷内臣对天皇意志的妨害。

1930年11月14日，左乡屋留雄出于对浜口促成《伦敦海军条约》的愤怒，以及希望产生政友会内阁而射杀了浜口首相。据传海军军令部那些不满分子对他也有影响，但没有得到证实。②

当时的军费开支比昭和初期增加得有限：约占年度预算的29%，或是国民生产总值的3.03%。③但是，在继续裁军和抑制军费开支上，陆海军统帅部和军部大臣尖锐对立。新闻界开始为公众支持军部的“统帅权”造舆论，而作为一个组织实体的陆军显示出摆脱控制的迹象。

1931年新年伊始，法务省官僚、枢密院副议长平沼对经济大萧条下的日本现状进行了调查。近十年来，平沼一直在攻击西方的自由主义、政党的价值和大正民主主义。现在，他宣告要与1922年以来日本所寻求的中间路线分道扬镳，这条路线介

---

① 增田知子《齐藤实举国一致内阁论》，《日本近代史系列——构造与变动（三）向现代社会的转型》，岩波书店，1993年，245—246页。

② 1933年末被判处死刑的佐乡屋，1940年与同伙暗杀组织的头子井上日召一起得到裕仁的恩赦而被释放。结果，佐乡屋只服了六年刑、井上只服了八年刑。中园裕，上述59—60页。

③ 山田朗《军备扩张的近代史——日本军的膨胀与崩溃》，吉川弘文馆1997年，10页。

于新国家主义和国际主义之间，他说：

如今，列国嘴上强调国际联盟，幕后却一心一意不断扩军，这已是无法掩盖的事实。有人预言1936年后将爆发第二次世界大战，这不能当成痴人说梦，一笑了之。故此，一旦有非常事态，我国民必须有义勇奉公的觉悟。如果有人（即欧美）妨害世界和平及人类福祉，我们必须做好准备，遵循建国精神，大力发扬国家主义。①

平沼继续主张，如果日本要追求自己的理想，就必须建立自己的军事力量，这是很不易的：

经济界不景气几至极点。失业者日益增加。家庭离散、饿殍遍野的现状如何能让人心不厌倦？履行天皇意志乃为政者责任。事不关己、袖手旁观不是对待天皇意志的态度。我于新年伊始，肆意揭短，非图己快。而掩盖事实、粉饰太平才是不忠。我确信此非尊崇皇室、爱我祖国者所为。所以，特阐明国家主义的精髓，同时，为发挥扩充国家主义，使之深入人心而呼号。②

V

1931年夏天，浜口的继任者若槻礼次郎的民政党政权与军部的政治纷争已经到了白热化地步，宫内官们已经无法等闲视之。1931年6月13日，河井在日记中这样记述道：

陆军最高层联合一致、有组织地进行反裁军游说，声称决定兵力纯属统帅权的行为，应该由军部单独决定。西公（西园寺）忧虑的是政府与军部出现纷争，同时，满洲出现大乱时陆军有必要派兵的论调亦轻视不得。③

两周后，木户告知牧野，他“从原田熊雄（西园寺和木户的情报员）那里听说陆军方面正在满洲筹划一个非常重要的事情”。④紧接着7月，中国和朝鲜的农民在

---

① 增田知子《齐藤实举国一致内阁论》，上述247页。

② 同前247—248页。

③ 上述《昭和初期的天皇与宫中——侍从次长河井弥八日记（五）》，103页。

④ 关宽治《满洲事变前夜（1927—1931年）》，日本国际政治学会太平洋战争原因研究部编《走向太平洋战争之路（一）满洲事变前夜》，朝日新闻社，新装版，1987年，329页。

满洲和朝鲜边界地区万宝山发生了争斗，战斗导致了反中骚乱，整个朝鲜半岛的中国居民都遭到了袭击。日本殖民当局没能防止127名中国人被朝鲜人杀害，结果大陆的中国人做出反应，发起了联合抵制日货运动。对于许多饱受世界大萧条之苦的日本人来说，联合抵制运动似乎是南京国民政府和奉天的张学良政权为摧毁日本在中国的战略和经济利益而预先策划的阴谋。①

8月，当日本陆军宣布关东军参谋中村震太郎大尉在满洲失踪的消息时，亚洲大陆的危机更加恶化。日本报纸称，中村在北满洲的边界被中国士兵逮捕并杀害。②政友会立即指责中国蔑视皇军。在政党和报纸的大肆宣扬下，万宝山骚乱和中村事件煽起了日本人对中国人的敌视。有了这个有利的借口，关东军加大了对奉天政权的压力。

随着中国人和日本人之间冲突的逐步升级，日本内部的政治危机也在加深。陆军士官学校第35期的军官们向元老西园寺发出了一份非公开宣言，“坚称‘昭和维新在于打破政党政治’，并呼吁全国的中尉少尉应该成为‘昭和维新的振兴力量’”。③宣言虽然论及的是年轻的裕仁天皇当前的统治，但是要传达的信息是他应该像他的祖父一样成为一个伟大的改革者，或者至少他的时代应该是一个改革的时代。下级军官向仅存的元老发出这样的警告是没有先例的放肆行为，反映了军队纪律和等级体系在不断地遭到破坏。年轻一代暗地里跟老一代中仅存的一位元老胡搅蛮缠，以便自己的声音能传递给天皇，其实这也是自古以来的惯用伎俩。

8月初，陆军大臣南次郎打破军队先例，向新闻界披露了他在一次军司令官师团长特别会议上的训示。演讲中，南将军指责应诺裁军是“背叛行为”，呼吁军官们抵抗削减军费。④之后，陆军参谋总长金谷范三和在乡军人会会长铃木庄六将军也公开表示，反对全面削减军费。⑤

随着这些危险迹象的出现，裕仁和宫廷派终于开始考虑如何处理已经政治化的军官团伙。在裕仁的指示下，牧野与西园寺讨论了“维护军纪”的问题，德高望重的老政治家建议牧野这个问题不要经过若槻首相，而要直接与军队的当权者讨论以

① Parks M. Coble, Facing Japan: Chinese Politics and Japanese Imperialism, 1931—1937, Harvard University Press, 1991, pp. 24—25.

② 小田部雄次，上述257页。关宽治，上述422—432页。

③ 关宽治，同前394页。《附录资料　以青年将校为中心的国家改造运动的概要》，原田熊雄《西园寺公与政局（别卷）》，岩波书店，1956年，354页引用。

④ 同前401—402页。

⑤ James B. Crowley, Japan's Quest for Autonomy: National Security and Foreign Policy, 1930—1938, Priceton University Press, 1966, p. 109. 关宽治，上述411页。

便操纵局面。[①]若槻内阁与经济萧条的苦斗一直不成功，其财政紧缩政策又疏远了他与军队的关系。而且，若槻又选择了1931年夏天削减文职官僚的薪水以补充国家税收的赤字，这无疑是雪上加霜。[②]

但是，一直到满洲即将发生战争的谣言在社会上开始流传为止，裕仁没有任何动作。11月10日和11日，他向海军大臣安保清种和陆军大臣南次郎分别询问了有关军纪的情况。安保回答说他刚刚问过舰队司令官，海军没有什么问题。[③]安保没有告诉天皇海军对于陆军在满洲的活动十分关注，还有海军很快要在满洲建立一个“特设机关”，对关东军进行监视。安保也许还不知道在两个月前——“6月或是7月”——陆军参谋本部的高级军官实际上已经把武力夺取满洲的计划告知了军令部的首脑们，要求海军予以合作。军令部的将校们对于陆军的意图没有表达任何反对意见。[④]

但是，南知道关东军要用武力将满洲和内蒙古置于日本人控制下的秘密计划，他坦率地向天皇承认：“最近，有年轻的陆军将校攻击说我们的外交软弱无能。因为他们说得不够全面，引起了误解。”不过，他马上补充道：“这样的行为是军纪上不允许的，应该彻底取缔。对于陆军来说，要承认外交作为国家政策应该由外务省执行，将来，（年轻的将校们）要注意这一点。”[⑤]

裕仁表示，陆军的政治参与是对国家政策的干涉。他命令南加强监督控制。陆军大臣口是心非地回答道：“自从听到这样的传言，我非常关注并进行了取缔。”然后裕仁传唤侍从长铃木，让他告诉牧野：“尽管陆军大臣向我报告说，为了不再发生上述那样不守军纪的事情，正在对违纪行为进行坚决的取缔，这更要唤起我们的注意。”[⑥]

---

① 在昭和天皇的强烈督促下，三天后，牧野与侍从武官长奈良、侍从长铃木再度就军纪问题交换了意见，但仅此而已。波多野澄雄《满洲事变与“宫中”势力》，《栃木史学》五（1991年3月），109页。上述《牧野伸显日记》，466页，1931年8月19日条。原田熊雄《西园寺公与政局（二）》，岩波书店，1950年，39—40页。

② 在深刻的经济恐慌下，伴随财政紧缩政策的实施，裕仁准备像他对官吏要求的那样，做出节约的表率。但减俸造成了官吏士气的低落。关于减俸问题，参见上述小田部雄次的255页。

③ 上述《昭和初期的天皇与宫中——侍从次长河井弥八日记（五）》，152页

④ 参加集会的，陆军有参谋总长金谷范三、参谋次长二官治重、参谋总部第一部长长畑俊六、参谋总部第二部长建川美次，海军有军令部第一班长及川古志郎、军令部长谷口尚真、军令部次长永野修身、军令部第一班第一科长近藤信竹。海军的满洲特设机关实际开设是在1932年1月27日。新名丈夫编《海军战争研讨会议记录——太平洋战争开战的经纬》，每日新闻社，1976年，118—119页。秦郁彦编《日本陆海军综合事典》，东京大学出版会，1991年，452页。

⑤ 上述《昭和初期的天皇与宫中——侍从次长河井弥八日记（五）》，153页。

⑥ 上述《侍从武官长奈良武次日记　回顾录（三）》，353—354页，1931年9月8、10、11日条。

南向陆军省和参谋本部的一些高级将校们传达了天皇的态度，这些人都是将在9月末付诸实施的某项阴谋的秘密参与者。他们决定更加谨慎地行动，但是并没有改变用武力从中国夺取满洲的目标，只是天皇的态度使他们推迟了行动，不再无视内阁。刚刚受到天皇责备的南向陆军发出不要轻举妄动的指示。

9月15日，外务大臣币原收到一封来自奉天总领事的绝密电报，告诉他关东军将要发动一场大规模的侵犯行动。之后几天的报告使币原全面掌握了关东军的阴谋。然而，从满洲事变发生到后来的几个月中，币原作为关东军的头号辩护人向西方声称，受到损害的日本只是在行使自卫权以维护协约的尊严。①

南交给参谋本部情报部部长建川美次将军一封信，让他亲自交给新任关东军司令本庄繁将军。建川曾参与张作霖的暗杀事件，被认为在关东军中颇有影响力。建川带着要求他们忍耐和延期行动的信出发去奉天之前，向陆军中佐桥本欣五郎——流产的三月政变的主要谋划者——透露了陆军高级将领们要推迟发动武力的决定。桥本马上给奉天关东军的高级参谋陆军大佐板垣征四郎发去数封电报，其中一封警告他要迅速行动："密谋泄露，建川到之前干起来。"② 三天后，陆军中佐石原莞尔和大佐板垣将他们的计划付诸了实施。

有详尽的证据表明，《东京朝日新闻》的主笔绪方竹虎、《大阪每日新闻》的主笔高石真五郎也是这个阴谋的同伙。因为两个月前，1931年7月16日晚，他们在东京（大概是原田熊雄男爵的宅第）参加了一个有外务省官僚出席的会议，听到陆军省军务局长小矶国昭少将主张"满洲独立"，并说如果陆军发动了战争，日本人民将会支持它。③

就这样，奉天战争前夜，东京许多有影响的人物或者已经知道，或者清楚地察觉到关东军将要挑起事件。裕仁和宫廷高官——牧野、铃木、关屋、木户以及奈良也感觉到军中不断增长的不稳定因素，但是误读了形势，没有及时应对。他们相信有足够的时间使天皇的警告充分发挥压制作用，但是从未想到关东军会占据先机，完全推翻了民政党内阁的政策，破坏了天皇的权威。裕仁和宫廷官僚们大大低估了在陆军、外务省和政派之间长时间酝酿的党派之争和不满。不过他们也没有抵制这种危险，因为从1905年开始，他们就一直支持陆军在满洲的使命。④

① 功刀俊洋《币原喜重郎——"和平外交"的内心与外表》，吉田裕等编《战败前后——昭和天皇与五位领袖人物》，青木书店，1995年，89—90页。

② 关宽治，上述434页。波多野澄雄，上述110页。

③ 新井直之《天皇报道的哪些方面发生了变化、哪些方面没有变化——听了渡边、色川的报告以后》，日本新闻工作者会议编《病态大众传媒与日本》，高文研，1995年，181—182页。

④ 藤原彰《昭和天皇的十五年战争》，青木书店，1991年，63—74页。

第三部　陛下的战争
（1931—1945年）

PART 3
HIS MAJESTY’S WARS,
1931—1945

第七章　满洲事变

1931年9月18日夜，关东军将校在日本控制下的南满铁路沈阳以北的柳条湖，制造了爆炸事件。虽然铁路未受到损坏，但关东军参谋板垣征四郎大佐立即以这一自导自演的事件为借口，嫁祸张学良部队和武装“土匪”，下令独立守备队、步兵第二十九连队向奉天城（沈阳）内的中国东北边防军营房发起进攻。受到突然袭击的中国军队一触即溃，部分仓皇逃遁，部分缴械投降。一小时后，板垣的共谋、驻扎旅顺的石原莞尔中佐向关东军司令官本庄繁交上一份颠倒黑白的报告，本庄立即发布了进攻命令。石原事先早就做了精心布置，关东军部队开出租借地，不到24个小时就控制了铁路沿线的战略据点，并做好了继续向南满洲主要城市进发的准备。①

次日，日本宫廷从报纸上看到关东军定了调子的报道，声称责任全在中方。侍从武官长奈良武次飞报天皇：“相信事件不会太扩大。”②此时或几小时后，奈良还建议裕仁召集御前会议以控制局面，但遭到牧野和西园寺的否决。理由是，如果会议做出的决定得不到落实，“陛下的圣德”将难免遭到“玷污”。③

满洲事变如同一个连锁反应装置的开关，一经按动，便引发出一连串的国际反应和国内危机，它们相互作用，从根本上改变了日本的国家进程。中国马上诉诸国联，要求国际社会督促日本恢复原状。关东军则请求派兵增援。朝鲜军司令官林铣十郎中将向东京的参谋本部请战，要求越过鸭绿江进入满洲。9月19日，日本政府依然是消息不灵，六神无主，若槻首相这样向元老西园寺的秘书原田熊雄求助：

我手上既没有外务省报告，也没有陆军省报告……我刚刚通过川崎书记官长提醒了他们……支那在满蒙的兵力超过20万人（原文如此），而日军只有1万多人，我问陆军大臣：“以现在的兵力就如此旁若无人轻举妄动，如果出现万一，怎么

---

① 江口圭一《十五年战争小史　新版》，青木书店，1991年，36—37页。

② 波多野澄雄《满洲事变与“宫中”势力》，《栃木史学》五（1991年3月），110页。波多野澄雄等编《侍从武官长奈良武次日记　回顾录（三）》，柏书房，2000年，357页，1931年9月19日条。

③ 奈良侍从武官长对南陆军大臣说：“请注意，超出关东军司令官权限的行动需要圣上裁决，有些情况需要召开御前会议。”高桥纮等编《昭和初期的天皇与宫中——侍从次长河井弥八日记（五）》，岩波书店，1994年，156页。

办？”他回答说“从朝鲜出兵”，“好像都已经出动了”。听了这话，我呵斥他说：“没有政府命令就从朝鲜出兵，有点太不像话了吧。”可他说：“田中内阁时期（1927—1929年）即有不经御准而出兵的事实。”似乎就没想过这样将为日后留下问题……看来在这种情况下，以我自己的力量是不可能抑制军部了。倘若陛下的军队不经御准竟擅自出动，那就太不成体统了，可是在这种情况下该怎么办？或许我不该对您说这些，您有没有什么办法……真是一筹莫展。[①]

当晚，宫廷近臣们聚到原田私宅开会。与会者有木户（其日记具有很高的史料价值）、近卫、贵族院议员冈部长景和一位贵族。[②]这几个人都是四十多岁，对西园寺和牧野持批判态度，与试图用武力解决满洲问题的军部论调一致。他们也认为上级司令部的命令没有得到有效执行，再确认了天皇赞成内阁最初阻止事态恶化，以防日本的国际形象受到进一步损害的要求。据木户记录，问题有两个部分。一部分是军部对宫廷派影响天皇的意见感到恼怒，尤其是敌视西园寺。因此，“今后除非万不得已，天皇以不讲话为宜”。另一部分是“只要形势没有变化”，就劝西园寺不要来京。[③]

结果在原田私宅会上达成的一致是，裕仁应肯定军部的行动，西园寺和宫廷官员不应追究对天皇统帅权的侵犯，小心谨慎，不要刺激军方。实际上，宫廷派在整个满洲战争过程中，始终坚持了这一态度，从未立场坚定地反对过军部。[④]

9月21日，若槻召集内阁开了六个小时的会，决定不批准从本国或朝鲜派遣增援部队，将满洲发生的战斗当作“事变”处理，避免正式宣战。[⑤]然而，三天来，关东军不断施加压力，要求参谋本部允许朝鲜军司令官林中将的援兵越过鸭绿江进驻满洲。21日午后1时，东京的内阁会议还在进行中，在朝鲜的林竟自作主张，命令部队越过了边界。陆军参谋总长金谷范三向天皇报告说，尽管命令部队警戒待命，可是朝鲜的混成旅团，依照战场司令官的独自判断，“已经越过国境，正向奉天进发”。[⑥]金谷当然清楚，任何一条作战行动的自主权原则都不能证明此时林的独断专

---

① 原田熊雄《西园寺公与政局（二）》，岩波书店，1950年，64页。张学良的军队推算约有13万人。

② 所有出席者都是华族集团十一会的中心成员，其中木户最为活跃。1922年，由华族中自称改革派成立的十一会，主张中华民国不过是日本为了自己生存而确保必要资源的地域名称，与近卫的认识相同。

③ 木户幸一《木户日记（上）》，平和书房，1947年，109页。

④ 藤原彰《昭和天皇的十五年战争》，青木书店，1991年，109页。

⑤ 江口圭一，上述40页。

⑥ 上述《侍从武官长奈良武次日记　回顾录（三）》，358页，1931年9月21日条。

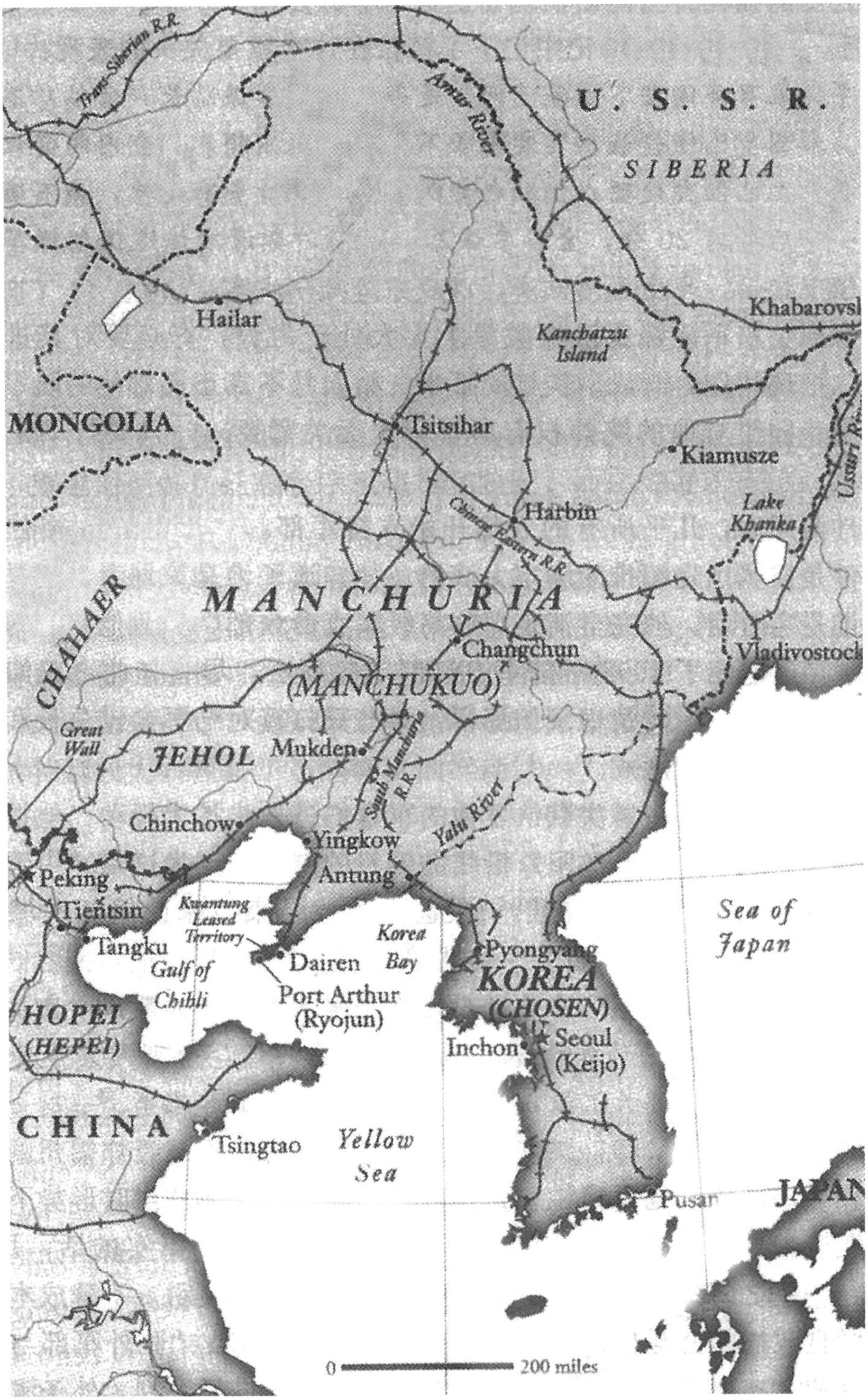

满洲，1931—1933年

行是合法的。

30岁的裕仁现在有了一个绝好的机会来支持若槻内阁，控制军部，阻止事态进一步恶化。此时，日本国内对满洲事件的观点不同，军部在政治上还处弱势。如果裕仁希望做一个英国式的“立宪君主”而不是一个凌驾于宪法之上的独裁君主的话，现在正是一个机会。

9月22日，奈良在日记中记下了裕仁在这个紧要关头的表现：

下午，依召拜谒陛下。陛下问，是否已告诫参谋总长（金谷）不要扩大行动。奉答：已经告诫，其实总长不待告诫，亦颇能领会内阁会议主旨与陛下圣意，已依次处理。但驻屯部队势成骑虎，多有越轨，诚不胜遗憾恐惧……午后4时20分，金谷参谋总长拜谒，奏请准许追认朝鲜军混成旅团。陛下指示，此度已无他法，以后务必充分注意。[①]

考虑到关东军前锋部队在数量上大大处于劣势，有必要对其进行增援，裕仁把现状作为既成事实接受下来。裕仁并不真正反对他的陆军扩张帝国版图。即使对他的统帅权有所冒犯也无关紧要——只要行动是成功的。[②]

事件两周后，几乎所有人都开始支持军部。10月1日，裕仁已经明白事件是按照预先编排的脚本上演的。他知道了谁是策划者、谁是指挥者以及谁是实行者。他完全清楚那些高级军官命令部队进入他们管辖权限以外的地区，违犯了1908年陆军自己制定的刑法。尽管如此，正如侍从武官长奈良的日记中清楚记录的那样，裕仁只打算对陆军参谋总长和关东军司令官处以最轻的惩戒。[③]

一个星期后，天皇再次默认了他的军官们进一步扩大行动。他批准了对位于京奉铁路（北京—沈阳）沿线的锦州的空袭，因为这是“中国主权在满洲最后的残余”。[④]这是自第一次世界大战结束以来的第一次城市空袭。奈良在他10月9日的日记中描述道：

二宫治重（参谋本部）次长退出之前，陛下指示，如果张学良在锦州附近重新集结部队，事件扩大不可避免，必要的话，余可同意事件扩大……次长说将向参谋

① 上述《侍从武官长奈良武次日记　回顾录（三）》，359页，1931年9月22日条。《奈良武次侍从武官长日记（抄）》，《中央公论》（1990年9月），340—341页。

② 江口圭一，上述41页。

③ 上述《侍从武官长奈良武次日记　回顾录（三）》，364页。

④ Gray B. Ostrower, Collective Insecurity: The United States and the League of Nations During the Early Thirties, London: Associated University Press, 1993, pp. 94—96.

总长汇报，建议总长近期参见上奏此事。①

受到裕仁的激励鼓舞，二宫马上下令起草报告，论证轰炸锦州的必要性。参谋本部作战课也明确注意到其后天皇说到轰炸属“当时形势下的当然之举”。②如果我们完全相信奈良10月9日日记所载属实的话，那么，裕仁是在一夜之间改变了主意。早些时候，他向奈良表示，不赞成本庄将军对张学良政权的公开指责，10月8日，他对奈良说：“驻外军部与外务官吏意见相左，陆军想使满蒙独立，然后与其政权进行谈判，外务省则不太希望独立政权出现。我认为，在此问题上陆军意见不妥，我想让陆军总部考虑这一点。”③

国联理事会接受中国政府要求，在日内瓦召集了一个特别委员会，会上意见很快趋于一致，强烈反对日本。10月27日，奈良的日记记录了天皇的不安：

午餐后往访内大臣，稍事会谈。闻其言，此时圣上，要侍从武官长询陆海军大臣，是否有遭到经济封锁，或与列国为敌开战的心理准备，是否做好基础准备。另杂谈若干而回。④

到了11月初，外务省和宫廷态度发生转变。6日，外务大臣币原向天皇报告，外务省已经决定放弃只以蒋介石的国民政府作为交涉对手的方针，转向支援熙洽将军及以南满地主阶层为基础建立的傀儡政权。⑤有关满蒙问题，直接与傀儡政权的上层进行协商，不再与张学良或南京政府谈判。币原也向朝鲜新任总督宇垣将军和牧野、西园寺寻求支持并得到了他们的同意。⑥

正当东京的陆军参谋本部想遏制关东军进犯北满洲以避免与苏联军队发生冲突之际，这个政策发生了转变。11月5日，裕仁给予金谷参谋本长特别委任命令权，允许他在关东军作战和用兵等“细小事项”上做出决策。之后的三周，关东军沿铁路

---

① 上述《侍从武官长奈良武次日记　回顾录（三）》，367页。

② 波多野澄雄《满洲事变与“宫中”势力》，上述122页。

③ 上述《侍从武官长奈良武次日记　回顾录（三）》，366页。

④ 同前373页。

⑤ 波多野澄雄《满洲事变与“宫中”势力》，上述129页。伊藤隆、广濑顺皓编《牧野伸显日记》，中央公论社，1990年，1931年11月8日条。熙洽于1911年从日本的陆军士官学校毕业后，投入张作霖麾下。满洲事变后宣布吉林省独立，其后很快投靠满洲傀儡政权。

⑥ 波多野澄雄，同前129—130页。

在北满洲调兵遣将时，金谷五次行使了他的特别权力，控制了当地部队的行动。[1]

同时，在美国国务卿斯廷森的要求下，国联理事会对中日两国起用了《白里安—凯洛格公约》。针对日本代表的异议，会议通过了一个道义决定，敦促日本以11月16日为限从占领区撤出部队。[2]对日本的侵略行为，国外批判高涨，而以报刊、广播、娱乐业和帝国在乡军人会为先导的日本国内舆论则支持关东军，谴责中国和西方。当南满洲铁道株式会社总裁内田康哉返回东京，与关东军相呼应，为在满洲建立新的中国政权而奔走呼号时，受到群众狂热的欢迎。

面对关东军对政党内阁深刻的不信任以及他们要将北满洲和内蒙古置于控制之下的强硬态度，东京的军部做出让步，撤回了他们对南满洲政权的支持。正当裕仁天皇在熊本县检阅军事演习时，关东军已开始进犯满洲北部的中心部。进犯开始一周后，主力部队乘火车南进，向远离满铁沿线、驻扎了11.5万中国军队的锦州移动。[3]

这次，裕仁天皇通过参谋总长金谷和陆军大臣南，为阻止关东军向锦州发动地面进攻采取了坚决的行动，但只坚持了很短的时间。当东京的参谋本部认可了关东军在满洲三省建立“独立的”中国政权，以便日本部队在满洲北部驻扎，阻挡未来苏联入侵的设想时，天皇和宫廷派都没有反对。11月23日，币原向纽约美联社发送了歪曲事实的声明，不但将挑起满洲事变的责任，就连占领北满洲的齐齐哈尔和哈尔滨的责任也干脆都推到了中国头上。他宣称，“日本军并非铁路周边的装饰品”，“当中国军队攻来时，日本军别无选择，只能执行他们的任务，即反击敌人的攻击，并防止敌人的反击”。[4]

锦州事件告一段落，宫廷派的注意力转向了国内政治危机。参谋本部的激进军官桥本欣五郎大佐的秘密结社樱会分别于1931年3月和10月，两次决定通过推翻政府来简化解决问题的程序。[5]桥本的三月计划被揭发，同谋者遭到了逮捕。原田男爵得知情况后，断定满洲危机是“陆军政变的序幕”，它“坚定了部分军人因为在满洲

---

① 增田知子《政党内阁制的崩溃》，东京大学社会科学研究所编《现代日本社会（四）历史的前提》，东京大学出版会，1991年，193—194页。

② Gray B. Ostrower, pp. 94—96.

③ Shimada Toshiko, “The Extension of Hostilities, 1931—1932”, in Japan Erupt: The London Naval Conference and the Manchurian Incident, 1928—1932, Columbia University Press, 1984, p. 287. 波多野澄雄，上述121—123页。

④ 第二次世界大战后，《纽约时报》在1946年6月24日的报道中说，币原是“军国主义的同犯”，批判他“其后，在第二次世界大战爆发之际，币原对日本人赞赏的事变、对世界陷入混乱负有责任”。

⑤ Seiki Hiroharu, “The Manchurian Incident, 1931”, p. 164. 在三月计划失败以后，许多中层将校认为，在满洲挑起军事行动是国内改革的必要前提。

取得了成功，在国内也一定会成功的信心”。[①]当陆军试图掩盖十月阴谋的时候，奈良、铃木以及参谋总长金谷向天皇做了报告。11月2日，金谷再次拜谒天皇，“上奏支那事情以及违反军纪事件的经过”[②]，但是，裕仁和他的军队首脑没有要求惩罚那些阴谋者。结果那些人都受到宽大处理，拘禁解除后，罪行也很快就被遗忘了。

十月阴谋以及裕仁对它的宽容态度破坏了若槻内阁要抑制陆军的努力。至于宫廷派，他们现在认为，满洲的任何事情都没有阻止可能推翻君主制和整个明治政治体制的国内危机更重要。特别是，十月事件引发了陆军大学毕业的两个精英群体公开的派系之争。其一是天皇路线派，或称皇道派，由荒木贞夫、真崎甚三郎和小畑敏四郎等将官和“青年军官”组成。另一个是为皇道派所敌视的控制派，或称统制派，他们不像皇道派组织得那么严密，包括永田铁山、林铣十郎、东条英机等将官和其他高级将官，周围也有一批追随的年轻军官。两派的目标都是要建立天皇领导下的“军事独裁”，推动海外侵略。皇道派主张通过政变达到目标。统制派尽管不反对运用暗杀和胁迫手段，但更倾向于合法地进行政府改革。

在战略主张方面，皇道派将苏联当成主要敌人，强调军人精神和民族精神强于物质力量，这也是日俄战争之后陆军的信条。与其相对，统制派则优先考虑军队的现代化以及从纳粹德国借用的一个名词——“国防国家”的建设。统制派的军官们意识到现代战争已经成为社会总体之间的对抗，需要集结整个国家的力量，对美国和苏联的战争需要提高陆海军的技术水准，实现工业现代化，并对整个日本民族进行精神动员。[③]

随着满洲事变的展开，这两个主要在手段上而不是目的上有分歧的、松散的群体之间的冲突不断加剧，成为贯穿20世纪30年代日本政治的一个重要特征。

I

公平地说，1931年一整年裕仁都对他的臣民缺乏有效统治，他的表现一直是迟缓的、不连贯的和自我矛盾的。他在一些琐碎小事上行使大权，而在更为重要的问题上却让步于不顺从的陆军军官们。比起那些操纵满洲事变的参谋将校，他更清楚地意识到日本对西方的经济依赖，因此，他很担心外交孤立和国际经济制裁。可是他却从未公开地或私下里批评过陆军在满洲的行动。相反，他以过度的宽大，认可

---

① 波多野澄雄，上述126页。上述《西园寺公与政局》，81页。

② 上述《昭和初期的天皇与宫中——侍从次长河井弥八日记（五）》，81页。

③ 小田部雄次《二・二六事件，谁是首谋？》，藤原彰等编《日本近代史的虚像与实像（三）满洲事变——战败》，大月书店，1989年，81页。安部博纯《日本没有过法西斯主义吗？》，同书206页。

了行动的一次又一次扩大化，并放纵越权不服命令的高级军官，拒绝对他们的犯罪行为加以惩罚。对于陆海军的年轻军官来说，它所传达的信息是天皇主要关心的是事变的成功与否，而服从东京的中央指挥则是次要的。由于裕仁向“昭和维新”的策划者和鼓动者表明天皇并不总是以顾问们的意志为转移，于是进一步促使了军队违反命令行为的发生——尽管这个结果确实不是他的本意。

1931年12月11日，若槻首相辞职。他在控制军队、遏制经济大衰退乃至获取宫廷派支持等方面均告失败，而后者是最致命的。此时，满洲事变进入第二个阶段。宫廷近臣们商议之后，决定让当时在国家议会和府县议会中的少数派、更为沙文主义的政友会来组织下一届内阁。政友会总裁犬养毅曾反对1930年《伦敦海军裁军条约》，之后又坚决鼓吹满洲事变的合法性。他还公开拒绝国际联盟就满洲问题提出的劝告，宣称日本将“摆脱辩解外交（其后成为整个20世纪日本外交史中不断重提的说法）”，开拓“独立自主的新局面”。[①]

宫廷派知道犬养在满洲事务上对军部很纵容，遂委托西园寺与犬养就任命他做总理大臣的条件进行交涉，意在避免任何在外交或者国内经济政策上的激进变化。在与牧野伸显、铃木贯太郎、一木喜德郎和天皇商议后，12月12日下午晚些时候，西园寺与犬养见面相商。四天后，犬养获得了裕仁组阁的裁可，由森恪担任内阁书记官长、荒木中将任陆军大臣，较为自由主义的高桥是清任财政大臣，这是一个由不协调音阁僚组成的内阁。[②]

犬养担任首相后，首先是立即中止了日本两年来对金本位货币制度的依存。20世纪20年代的大部分时间里，商品和信贷资本的流通都建立在这个金本位制的基础上。这个行动，使日本加入了以英国为首的试图通过保护主义来恢复经济的列强行列。其次，犬养要求天皇批准派遣两个大队去天津、一个旅团到满洲。从12月初开始，关东军在天津集结兵力，准备向锦州发动地面进攻。12月23日，就在裕仁向兼任外务大臣的犬养首相下达“不攻击锦州的方针”和“尊重国际信义”指示的时候，关东军正继续向锦州逼近。[③]美、英、法警告日本的行为违反了《九国公约》。12月27日，根据奈良的记述，天皇又一次告诫犬养“深为轸念攻击锦州之对外影响”。[④]然而，关东军继续推进占领锦州，从而加剧了日美紧张局势的恶化。

可是，当太阳旗飘扬在被占领的锦州上空时，裕仁将他的担忧放到了一边。1932年1月4日，他发布《军人敕谕五十周年纪念日赐陆海军人敕语》，号召全体将士对明

① 伊香俊哉《政党政治为什么结束了？》，上述《日本近代史的虚像与实像》，68—70页。伊香在文中分析了犬养在11月10日政友会议员总会上所做的演讲。

② 上述《昭和初期的天皇与宫中——侍从次长河井弥八日记（五）》，219—220页。

③ 同前225页。

④ 同前227页，1931年12月27日条。

治天皇敕谕进行认真思考。实际上，这是一篇非常温和的诏告。四天后，大概是接受了闲院亲王的建议，他又发布了《赐关东军敕语》，嘉奖不服从上级命令的关东军在“自卫”和打击中国“土匪”的战斗中英勇作战，“向内外宣扬了皇军的威武”。通过广播和报纸诏书在全国得到广泛宣传，起到了镇压反对意见和推动民众趋近战争的作用。[①]无需说，对于犬养尝试的恢复陆军军纪的努力，它没有起任何正面作用。

之后的几年中，裕仁批准了近3000军人和文职官员的授勋和晋升，他们都是在满洲战争和上海事件中的有功人员。这两个事件在日本国内均得到极大的支持，而在海外却恰好相反。关东军司令本庄繁、陆军大臣荒木贞夫和海军大臣大角岑生被授予男爵爵位。[②]裕仁对于陆军在满洲作战的公开支持，正好与他即使在他们违反了命令时都没有予以惩罚的做法前后一致。

从1932年1月末至3月，日中冲突延伸到了上海，西方对日本的谴责有增无减。当清朝的末代皇帝溥仪（1908—1912年在位）领导下的满洲国傀儡政府建立时，犬养有意保留了对这个新国家的承认。作为一个分裂的政党内阁的首脑，他的统治需要枢密院的帮助，要依靠紧急敕令和无视议会预算制定权威的紧急财政措施才能得以进行[③]。即使在政友会以压倒优势赢得了2月总选举以后，当犬养按照宫廷指示努力维持国内现状时，仍面临着强烈的反对。右翼极端主义分子和恐怖分子不断地对他进行口诛笔伐，同时，党内的主要改革者森则试图打破政党体系，策划联合军部建立一个新的、更加独裁的政治秩序。

在犬养任职的早期，陆军通过拥戴皇族的长老闲院宫载仁亲王为陆军参谋总长，强化了与皇室的联系，由此也排挤掉了高级指挥官金谷将军，他是宇垣派的核心成员。与此相呼应，海军推出了在清洗《伦敦海军条约》支持者中起主导作用的伏见宫博恭亲王，任命他为军令部总长。这两个强硬派的晋升意味着陆海军大臣权威的衰落。两个相互竞争的军种现在可以利用它们高贵的皇族“权威人物”向天皇施加影响，控制它们在亚洲大陆上的军队。[④]

在犬养内阁五个月的短命期间内，裕仁成为一个公开的、积极主动的事变参与者，而在事变开始时却绝不是这样。1932年初，他最优先考虑的是维护皇权相对于政治党派的独立性，而非突然得了民心的军队，同时动员公众对满洲军事行动的支

---

① 青山照明《为什么现在要说东乡平八郎？》，《文化评论》三四六，新日本出版社，1989年，68页。

② 入江为年监修《入江相政日记（一）》，朝日新闻社，1990年，47页。裕仁说此次授爵“不是什么大问题”，《木户日记（上）》，445页。

③ 增田知子《政党内阁的崩溃》，上述204—205页。

④ 官地正人《天皇在政治史上的机能》，历史学研究会编《探讨天皇与天皇制》，青木书店，1986年，98—99页。

持。他还希望能够保证政策和内阁人事两者的连续性。因此，当一名朝鲜民族主义者试图在他乘马车从一个阅兵式返回的途中刺杀他的时候（1月8日樱田门事件），天皇坚持内阁留任，而不是依照惯例全体辞职。[①]此时，犬养取得政权还不到一个月。裕仁轻描淡写了事件的严重性，就如木户建议的那样，避免了任何直接地、公开地表达他对恐怖事件的个人感受。新闻报道对事件起到了间接的、进一步淡化的作用，报道说他向被炸伤的两匹马“恩赐三公斤半的胡萝卜”。[②]

这期间，日本继续侵略满洲和内蒙古，没有遭到中国或苏联的军事反击。1931年12月31日，由于日本侵略的铁蹄逼近了与北满洲边界划分不清的苏联远东附近地区，受到极大困扰的苏联政府，向日本提出了签署互不侵犯条约的提案。不清楚裕仁对苏联这一提议的反应如何（假设他知道有这回事的话），但是犬养内阁干脆将其束之高阁。日本表示拒绝的正式回答是在一年后的1932年12月。不过，斯大林的签订协议的提议一直坚持到1933年末，这时，他判断日本的威胁已经暂时消退。[③]

1932年2月16日，关东军司令部在奉天召集了一次中国合作者头面人物会议，组建了东北行政委员会。第三天，委员会宣布了新国家满洲国的独立。[④] 3月1日，满洲国正式宣告建国。关东军司令部自信犬养内阁将会执行陆军的政策，所以便不断向东京施加压力，要它马上承认这个新国家。11天后，犬养内阁果然同意了将满洲和内蒙古从中国分离出来，建成一个“独立”国家。不过，在承认新政权的合法性这一极为重要的问题上，犬养拖延了时间。

在这个问题上，犬养与军部、森内阁秘书官长和外务省的一些官僚发生分歧。外务省准备将对满洲国的责任置于所有其他国际义务和协作之上。犬养一方面努力遏制陆军中的激进派，同时也对日本恶化与美国的关系感到很不满意，因为日本在市场、技术、资本和原材料方面都有求于美国。

美国总统赫伯特·胡佛政权在犬养同意陆军占领锦州之后，对日态度马上变得强硬起来。随后，国务卿斯廷森迈出了至关重要的一步，决定了此后整个20世纪30年代美国的对日政策。1932年1月7日，斯廷森通过向日中两国正式递交外交照会进一步加强了对日本的压力，他宣布美国政府将不承认由日本以武力在满洲制造的任何政治变化。

---

① Japan Time 1932年1月12日报道，昭和天皇另外还在宫中贤所举行仪式，并向伊势神宫和奈良的神武天皇陵派遣特使，祈求保佑免遭暗杀。

② 上述《木户日记（上）》，127页，1932年1月8日条。小田部雄次解说《五·一五事件前后的天皇　宫中》，《昭和初期的天皇与宫中——侍从次长河井弥八日记（六）》，273页。

③ Jonthan Haslam, The Soviet Union and the Threat from the East, 1933—194l, University Pittsburgh Press, 1922, p. 8.

④ 胜野骏《昭和天皇的战争》，图书出版社，1990年，60页。

Ⅱ

斯廷森的不承认方针是否奏效，完全取决于胡佛的美国政府态度是否积极并且能够迫使日本放弃满洲。三个星期后，当中日冲突扩大到上海时，中国人组织了抵制日货运动并取得了极大的成功。上海也是英美商业利益的重要所在，华盛顿所能做的只是微弱的抗议而已。1932年2月23日，斯廷森在给参议院对外关系委员会主席的公开电中曾暗示，如果日本继续违反对中国的门户开放政策，美国可能开始增强其舰队。即使是这样，东京还是完全无视了这个警告。[①]因为天皇和犬养内阁清楚地知道，随着世界大萧条的继续恶化，关于满洲的问题上，华盛顿和伦敦都没有准备采取任何重大的措施。

1月9日，一份中国报纸刊登了一篇文章，对暗杀昭和天皇的企图（樱田门事件）没有成功表示了遗憾和谴责，这引起了日本居民的愤怒，上海的局势因此而紧张起来。九天后，陆军少佐田中隆吉为了把国际社会的注意力从陆军在北满洲的军事行动上引开，鼓动一伙中国暴徒袭击了一群日莲宗的日本僧人。[②]帝国海军认为这个事件是海军向陆军展示实力的绝好机会。因此，上海舰队迅速得到增援，1932年1月28日，海军陆战队在海军少将盐泽幸一指挥下开始登陆上海，并于当晚向中国陆军第19路军——驻守在外国租界附近，沿海岸展开的3.35万人的部队——发起挑衅。中国士兵顽强抗敌，在随后的战斗中给了海军陆战队以沉重打击。[③]从舰队获得增援后仍无法扭转不利局面的海军只好向陆军请求增援。虽然犬养取得了天皇向上海派兵的许可，但是中国陆军仍很顽强，使日军再次遭到重创。东京的参谋本部组织了一支由白川义则大将指挥的精锐的上海远征军，增派了两个师团。[④]其后的战斗极其惨烈，中国军队最终被击退，日本赢得了一个挽回面子宣布停火的机会。1932年5月5日，在英国的调停下，双方签署了停战协议，中国也结束了抵制日货的运动。

上海事件使裕仁认识到他的高级海军将领们的鲁莽和侵略性——正是这些军官一直被裕仁和宫廷派当作干练的、无狭隘偏见的国际主义者。受军种间明争暗斗的驱使，明知一定会引发与美英间的问题，他们依然故意在中国的心脏地区滋事，图谋与中国军队发生冲突。同样重要的是，海陆两军都没有从这个事件中吸取教训，没有从这次与现代中国陆军进行的第一场大战所遭受的惨重损失中学到任何新东西。他们一如既往——完全蔑视中国的军队和人民，将他们视为无知、饥饿农民的

---

① Walter Lafeber, The Clash: A History of U. S.–Japan Relations, W. W. Norton & Co., 1997, p. 172.

② Shimada Toshiko, pp. 306—307.

③ 藤原彰《日中战争中的俘虏虐杀》，《季刊　战争责任研究》第九号（1995年秋季号），日本战争责任资料中心，18页。

④ 同前18—19页。

乌合之众，缺乏民族与国家意识，只要一个猛击就可以轻易地征服。[①]裕仁本人可能私下里也持有这个观念。但是天皇比他的指挥官们更清楚日本在经济封锁面前的脆弱。他特别用心地嘱咐白川要迅速平息上海的战斗然后返回日本。[②]对于上海，裕仁行动坚决地控制着局面，而另一方面，在“农村”地带的满洲，他高兴地袖手旁观着他的帝国扩张。

上海战争期间以及战争之后，日本的官兵都在实践着1905年日俄战争后确立的决不投降的战场教义，甚至到了病态的程度。1932年2月，被中国俘虏的空闲升少佐通过俘虏交换被遣返日本后，为了洗涤被俘之辱而自杀。[③]空闲的尚武精神受到陆军大臣荒木的表彰，后被供奉在靖国神社。从这以后，被俘幸存下来的官兵经常公开地被迫自杀。很多书籍、电影和舞台剧都歌颂了那些在上海前线主动奉献了生命的“人体炸弹”“肉弹”。这些故事提高了陆军在国内的声望，同时也增强了它在海外的神秘性。[④]

第一次上海交战之后，犬养内阁内部的意见分歧更加严重。在试图控制部队在上海的军事行动展开方面，犬养所能依靠的就只有天皇的支持——尽管军人们的行动扰乱了正常的政治生活，但天皇还是不愿意惩戒他的军官们。就在上海的战斗激烈进行时，日本国内的战争狂热不断加深，舆论对政友会内阁政策的批判也在增强。“直接行动”出人意外地发展到离谱的地步并不令人感到奇怪——实际上成了恐怖主义。2月9日和3月5日，两位重要的商界领袖——前若槻内阁财政大臣井上准之助与财阀三井合名公司理事长团琢磨男爵——分别遭到暗杀。杀人犯来自一个被新闻报道称为“血盟团”的秘密帮派。在调查这两起谋杀事件期间，犬养压制了陆海军在上海地区的军事扩张行动。为了重整军纪，他还就解除大约30名军官的职务寻求闲院亲王的支持。就在这个时候，另一片阴云中的恐怖主义霹雳结束了犬养自

---

① 同前19页。

② 寺崎英成、Mariko Terasaki Miller编著《昭和天皇〈独白录〉——御用随员寺崎英成日记》，文艺春秋，1991年，28页，昭和天皇承认是自己下命令停止了上海的战斗。“3月3日停战”，“是因为我特别向白川命令了不要扩大事件”。昭和天皇在英美拥有重大权益的地域做出的决策，与对侵略满洲裁可时的沉默乏策形成鲜明的对照。藤原彰等《彻底检证——昭和天皇〈独白录〉》，大月书店，1991年，82页。

③ 藤原彰《“天皇的军队”的历史与本质》《季刊　战争责任研究》十一（1996年春季号），67页。在日中战争时，被击落敌阵受俘的日本飞行员，被放回后经常有人自杀。1939年诺门坎事件中，下士官中有许多人回来后被送上军事法庭，其中有些人感到被要求自杀。这种心理反映在战场上，则是对中国俘虏有组织的虐杀。

④ 这个时代对于军国主义的赞赏，见Louis Young, Japan's Total Empire: Manchuria and The Culture of Wartime Imperialism, University of California Press, 1997；金原左门、竹前荣治编《昭和史（增补版）》，有斐阁，1982年，93—97页参照。

己的生命，日本政治发生根本性转变的时间表因此而提前。

1932年5月15日，年轻的海军军官们在犬养的首相官邸谋杀了他。另外，由陆海军军官和平民组成的两伙暗杀者向政友会党总部、日本银行、警视厅，更为严重的是还向内大臣牧野的官邸投了炸弹，要求废除《伦敦海军条约》，“散发传单要求净化宫廷内臣”。①

在随之而来的政治混乱中，天皇和他的顾问们决定放弃从大正时期开始的政党内阁的尝试。在木户和牧野的建议下，裕仁完全支持官僚政治的政策制定体系，不再支持议会的两个主要保守政党的内阁制。议会政党的活动仍在继续，但宫廷派已放弃了向以选出代表为基础的政党内阁托付立宪制的方法。海陆军领导人宣誓不再通过政变方式来攫取政治权力，而是将注意力转到恢复各自军队的纪律上面。军方停止了扩展政治权力，这给了宫廷派一个重整旗鼓的机会，使其得以任用一个反政变的内阁首脑。②

犬养被暗杀次日，其他阁僚辞职，宫廷派开始着手商选下一任首相。同以往一样，他们把与事件无关的西园寺招进宫来，以便在发布天皇决定时让他来做天皇的代理人。从前连决议都是由元老做出，但现在却不同了。5月19日，铃木侍从长交给西园寺一封由天皇、牧野和木户起草的信，上书裕仁关于选任下届首相的“希望”。③

裕仁的第一个“希望”是，“首相应该是一个人品高尚者”，这反映了牧野及裕仁的学识顾问、汉学家安冈正笃的思想。当时，安冈成立了“国维会”，主张让“新官僚”占据政治权力中枢。④按照他的观点，信仰天皇思想的忠实官员比实现皇室利益的机构更为重要。只有忠臣才能阻止“国体”免遭国内运动分裂与推翻。保卫皇权的有效方法就是培养完全效忠于天皇的得力人士。在这点上，裕仁与20世纪30年代的“新官僚”是一脉相承的。

裕仁的第二条希望——“革除当前政治弊端，整肃陆海军军纪，主要取决于首相的人格如何”——表达了他的关心所在，即要将这两个最重要的任务放到新任首相身上。裕仁的其他希望则反映了他对两个主要保守党派轮流坐庄的不满，因为

---

① 上述《木户日记（上）》，167页。海军将校受到大川周明及1932年2月在上海被杀的超国家主义者藤井齐中尉的影响。高松宫宣仁《高松宫日记　第二卷》，中央公论社，1995年，78页参照。

② 犬养被暗杀的五天后，荒木陆军大臣在师团参谋长会议上做了以下训示：“皇军的行动，第一必须绝对基于大命，整体进行，绝不能允许像私家兵似的，部分甚至是横向联合自己行动……绝对必须基于大命才得行动。”增田知子《齐藤实举国一致内阁论》，《日本近代史系列——构造与变动（三）向现代社会的转型》，岩波书店，1993年，234页。

③ 上述《西园寺公与政局（二）》，287—288页。增田知子，同前235页。

④ 小田部雄次《天皇制意识形态与亲英美派的系谱》，《史苑》，第四三卷第一号（1983年5月），26—28页。1932年，安冈得到一个称号，叫“新官僚的观念学者（空论家）”。

轮换总是带来政策的变化。对自己的大元帅权威受到侵害这一点，裕仁没有责怪反乱的将校军官，而是把批判的矛头指向了以政党为基础的内阁。与军队的叛乱者相比，他更不信任议会政党，他要通过削弱政党内阁的权力——这本来是一项不可动摇的根本原则，来加强天皇的权力。

与政友会总裁铃木喜三郎相比，想必老练的齐藤实海军大将作为一个“举国一致”的内阁首班，更能起用一些意志坚强值得信任的官僚。这些人将成为“新官僚”。他们没有需要效忠党派政治之忧，拥有与天皇共同的价值观和目标，将通过服侍裕仁来为国奉仕。正如明治时期天皇和官僚紧密配合的那样。现在必须恢复这种合作，包括任命激进的改革派的独裁官僚来辅佐裕仁。[①]

所以，很自然地，裕仁把选择“近法西斯思想者”排除在了考虑之外，这条禁忌暗指（如增田知子所指出的）新任命的枢密院副议长平沼骐一郎。身为反民主主义的右翼压力集团“国本社”总裁同时又处于政治主流的平沼主张修改明治宪法。他希望自己组阁，他的这一想法得到了森恪的支持。[②]他在枢密院、军部和民间的右翼组织中拥有众多的支持者，右翼活动家们早就为平沼入选宫廷官僚四处活动。因此，不要说西园寺元老，就是裕仁和他的近臣们也有充足的理由反对平沼。[③]

然而在1932年，对于几乎所有的日本人来说，“法西斯”一词既模糊又神秘，主要是指意大利。因此，裕仁对“法西斯”的否定可能来自（如增田所推测的）这样一个信念，即任何批评他的近臣、希望改变明治宪法的人在政治上都是不可相容的。[④]裕仁需要的是能让他感到安心的首相。如果那个人绝对忠诚且顺从，那么他是否持有法西斯思想并不重要，只要这位法西斯主义者反对政变，天皇就会满意。有一个事例可以证明这一点。两年后，裕仁对陆军提出的中心概念“国防国家”没有表示任何异议，即使这个词来自纳粹德国，意味着要按一条完全不同于明治国家的路线进行国家重组。[⑤]

“维护明治宪法”也是天皇的一个重要信念。它表明裕仁深刻理解了1889年宪法极为有用之处——该宪法既没有规范权力的运用也没有保护日本民众有限的自由和权利。他当然不能允许这样的宪法被修改，因为它早已合法地、“立宪地”实现

---

① 增田知子《齐藤实举国一致内阁论》，上述238页。

② 上述《昭和初期的天皇与宫中——侍从次长河井弥八日记（六）》，276页。

③ 中园裕《政党内阁期昭和天皇及近臣的政治行动与作用》，青山学院大学研究生院硕士论文（1992年，未公开），47页。

④ 增田知子，上述237—238页。

⑤ 宫地正人《天皇在政治史上的机能》，《探讨天皇与天皇制》，青木书店，1986年，99页。1934年10月出笼的陆军的著名小册子《国防的本义与其强化的提倡》，详细叙述了国防国家的理念。

了他和权力精英们所希望的几乎所有形式的政治统治。[①]

裕仁最后一条希望是把外交建立在“国际和平”的基础上。这并不是对华盛顿条约体系的肯定，而是指维护新的、从侵略中产生的满洲国建国后的现状。尽管“帝国”刚刚吞并了新的领土，但在经济上仍要依赖于它主要的批评者和竞争敌手英美列强。这种情况下，裕仁自然希望避免与英美发生新的摩擦。因此，对满洲国的巩固应该积极地、“和平地”进行。

犬养被暗杀的十天后，裕仁将首相的职位授予了高龄的齐藤实海军大将。齐藤组成的“举国一致”内阁包括外务大臣内田康哉、财政大臣高桥是清、新官僚领导者后藤文夫任农业大臣、陆军大臣荒木贞夫和海军大臣冈田启介。这届内阁在此后两年多的时间里，经历了四次国会会议和阁僚的多次更迭，最终于1934年7月因卷入帝国人绢株式会社的受贿丑闻而垮台。在这段时间里，齐藤主持了满洲国建设、日本退出国际联盟和对政府机构的部分重组。

齐藤组阁伊始，马上开始着手准备承认满洲国。此事不仅要违背各项条约，与美国的关系也将会涉险。此时，国联、国际法和西方国家正在遭受日本政治家、新闻记者、军部官员和知识分子的猛烈批判。国联有关中日纷争的决议被比作1895年曾迫使明治政府放弃了辽东半岛的三方调停。[②]陆军大臣荒木指责国联支持斯廷森的不承认方针，以及判定日本的行为违背了《白里安—凯洛格公约》和国联公约。荒木将军还就西方白种人压迫亚洲论进行了发挥。

表面上，日本是要宣告对一个独立国家的承认，实际上，它是想行使对殖民地的宗主权。[③] 8月25日，外务大臣内田在第63次帝国议会上发言说：

> 我认为帝国对支那的态度，特别是9月18日事变发生以来，我方采取的措施极为正当且合法。满洲国乃其居民自发成立，应视为支那分离运动之结果，帝国对这种新国家的承认与《九国公约》的规定毫无抵触。[④]

关于满洲国，他表示：“举国一致，即使国家化为焦土，在贯彻此主张上也不能退让一步。”[⑤]

---

① 关于明治时期的政治秩序，参见永井和《近代日本的军部与政治》，思文阁出版，1993年，260页。

② 增田知子，上述256页。

③ 俞辛焞《满洲事变期间中日外交史研究》，东方书店，1986年，380页。面对违反《九国公约》的批判，立作太郎考虑过承认满洲国的合法性问题。

④ 同前380—381页。

⑤ 同前381页。

森恪称赞内田的演说：“有如向全世界宣告，我国的外交已经成为独立自主的外交……有如一个外交上的宣战布告。”[①]这种思想观念上的夸张和虚张声势清楚地表明其见解的异常，即至少从短期来看，日本的政策并不在于国家保障和经济安定。[②]

1932年9月15日，齐藤内阁正式承认满洲国，签署了日满议定书。日本承担起满洲国的国防责任，而且在秘密的附属文件中被准予可以在那里为所欲为。[③]

国联为调查这起冲突而成立的李顿调查团于10月2日向国联大会递交了关于满洲事变的报告。但是后者没有马上对报告进行审议，以便给日本政府更多的整理和应对时间。

Ⅲ

关东军进犯热河后，还有可能在北京—天津地区展开军事行动，没有什么问题能比这个更让裕仁焦虑的了。进犯开始之前，东京的陆军司令部试图通过更换多名关东军高级将领、重新整编在满洲的官僚机构等方法恢复对军队的控制。武藤信义大将被授予三项任命：关东军司令、驻满洲国特命全权大使和关东长官——这些职位从前分属三个机关。[④]同时，关东军的规模也有所扩大。

1932年11月，裕仁得知关东军将热河省（鸦片收入的重要来源）看作满洲国的一部分，计划在春天发动入侵。[⑤]可是12月23日，关东军的先遣队已经到达热河省入口的长城东端的山海关。在那里，他们与张学良的部队发生了小规模冲突。一个星期后，1933年1月1日，又发生了大规模战斗，日军占领了整个城市。裕仁意识到这次陆军进兵将使日本与国联的关系更加复杂，因此试图（通过奈良）警告陆军不要再扩大事态。一周后，他暗示牧野召开御前会议处理这个问题，[⑥]但由于宫廷近臣的意见不一，御前会议没有召开。

1933年1月14日，当参谋总长闲院亲王请求裕仁批准向满洲增派军队时，裕仁就热河的事情向他发出了警告。[⑦]根据牧野的叙述（木户记录也证实），裕仁告诉闲院宫：“迄今为止在满洲的顺利推进已经十分幸运，今后若出现功亏一篑之事，将令

---

① 同前。

② James B. Crowley, Japan's Quest for Autonomy: National Security and Foreign Policy, 1930—1938, Princeton University Press, 1966, p. 15.

③ 增田知子，上述254—255页。

④ 中村菊男《昭和陆军秘史》，番町书房，1968年，41—43页。

⑤ 上述《侍从武官长奈良武次日记　回顾录（三）》，484页。

⑥ 上述《牧野伸显日记》，534—535页。

⑦ 上述《侍从武官长奈良武次日记　回顾录（三）》，501—502页。

人感到遗憾。热河方面要特别谨慎处置。”[①]换句话说，天皇指示闲院宫不要让军事行动做过头。令他担心的不是领土扩张行为本身，而是失败以及失败的责任最终落到谁的头上。

而几个星期后，裕仁就特意表彰了陆军第二师团长多门二郎和满洲事变开始时就加入战斗的朝鲜军混成第38旅团司令官依田四郎将军。将军们到达广岛县宇品港时，裕仁派侍从武官向他们转达了嘉奖问候，之后又邀请多门和依田参加宫廷宴会，并向他们和其他高级军官授予了皇家菊花纹章。[②]本来这种礼物只表示一般的宫廷礼节，但此时却表明大元帅对高级军官们的行为的赞赏和骄傲。他们以闪电般的速度和极少的日本士兵伤亡，扩展了裕仁负责管辖的明治时代的殖民地遗产。

在感谢他们的同时，裕仁还是有点担忧。因为，在中国东三省的军事扩张要冒两种风险，即与中国爆发全面战争和遭到列强特别是苏联的反对。莫斯科已在迅速建设远东军，从俄国的欧洲部分调入空军部队，并开始组建太平洋舰队。[③]1933年2月4日，裕仁批准热河战役后，闲院亲王请求批准调动关东军进入热河。在没有与齐藤内阁就此次入侵进行任何专门咨询的情况下，裕仁给予了附带条件的批准——可以接受为巩固日本对满洲国的掌控而进行的扩张，但是不可以攻击中国华北本土。他裁可了关东军热河的军事行动，同时告诉闲院宫：“条件是不越过万里长城进入关内。”

四天后的2月8日，齐藤首相上奏天皇，“如果入侵热河使日本与国联关系变得困难”，内阁将反对。裕仁虽然嘴上未说，但也意识到行动有些仓促，于是开始试图中止入侵行动。他让奈良告诉闲院亲王决定撤回前面的许可，但奈良表示异议。他提议按照日程后天即是拜谒日，最好在那个时候直接告诉陆军参谋总长。裕仁同意了。2月10日，闲院亲王来到皇宫，裕仁将齐藤内阁的不赞成意见转达给他，询问能否中止热河的军事行动。[④]

当时的记述表明，裕仁次日的心情相当糟糕，新任命的美国大使约瑟夫·C．格鲁那天在宫廷的午餐会上见到了他：“天皇看起来非常神经质，面部痉挛比平常厉害得多。”[⑤]下午，齐藤参见裕仁说如果实行对热河的入侵，日本有可能被国联开除，作为首相，他虽然尽力阻止这个行动，“但是军队强硬地坚持说他们已得到了天皇的许可”。[⑥]齐藤离开后，裕仁召奈良入宫，“显得有些激动”地说，他打算行

---

① 上述《牧野伸显日记》，538页。上述《木户日记》，215页。

② 山田朗《大元帅昭和天皇》，新日本出版社，1994年，50—51页。

③ 关于在远东设立苏联军队的经费和重要性，参照Jonathan Haslam, 24—39。

④ 上述《侍从武官长奈良武次日记　回顾录（三）》，509页。

⑤ Joseph C. Grew, Diary No. 17, Feb. 11, 1933, p. 453. In Joseph Grew Papers, Houghton Library, Harvard University.

⑥《侍从武官长奈良武次日记　回顾录（三）》，510页。

使最高统帅的直接命令中止这个作战行动。奈良建议天皇三思。奈良在其未公开的回忆录中这样记述了他的理由：

“国策上，如果有害，没有理由不能通过内阁会议进行阻止……热河作战的中止必须让内阁下令。如果是陛下的命令使行动中止，稍不小心，难保不会引起大的纷扰，成为政变的起因。”①

当晚晚些时候，裕仁派侍卫再次征求奈良的意见。奈良很清楚内阁只有通过天皇才能控制军队，然而他却在奉答书中回道：“内阁以外，任何人阻止这个行动都是不合适的。”②裕仁默许了。接着，齐藤内阁认可了热河的军事行动。2月12日，裕仁再次批准了热河行动，条件是“注意绝对慎重对待越过万里长城一事，如不听从，将下令取消热河作战”。③可以看出，这是颇不高兴的大元帅的口吻，而不是一个对统帅部的行动无条件服从者的语气。

日本对于热河—— 一块面积“差不多相当于弗吉尼亚、马里兰和西弗吉尼亚总和”的地区——的入侵开始于1933年2月23日，这是国联大会采纳了李顿报告、拒绝承认满洲地位发生的任何变化的前一天。④ 两万多日军几乎没有遇到中国的有效抵抗，只用大约一周时间就完成了军事行动。

天皇依照其对国际形势的判断，曾经非常认真地试图延迟、取消、指导和限制这次入侵。而侍从武官长奈良将军积极地劝阻了他。设法劝说天皇没有运用最高统帅的大权是奈良最后的重要成就。随后不久，闲院亲王就任命关东军的前司令官本庄繁代替了他的职位。裕仁先是对这个选择略微表示了不满，后在侍卫长铃木和闲院亲王的要求下表示了同意。⑤后来，天皇通过对本庄的考察，发现他确实完全不值得信赖。不过，他并没有强烈反对这位几个月前才功成名就的民族战争英雄。

Ⅳ

1933年新年刚过，在日内瓦的日本代表团就发觉自己受到了完全的孤立。此时，东京正因国联拒绝接受日本对事件的解释而怨气冲天。当外务大臣内田上奏

---

① 同前。

② 同前。

③ 同前。

④ Parks M. Coble, Facing Japan: Chinese Politics and Japanese Imperialism, 1931—1937, Harvard University Press, 1991, pp. 94—95.

⑤ 上述《侍从武官长奈良武次日记　回顾录（三）》，514—515页，1933年2月21—22日条。

天皇提醒他退出国联的问题已经十分紧迫时，裕仁只是询问了退出将对日本监护国联承认的前德国在密克罗尼西亚的占领地有什么影响。[①] 2月20日，齐藤内阁正式地——但却是秘密地——决定退出国联。24日，国联以42票对（日本）1票，通过了一份拒绝承认满洲国并温和地批评日本侵略的报告。一切都在预料之中，没有人感到惊讶。能操一口流利英语的日本代表团首席代表松冈洋右随即准确地执行了内阁的“既定方针”，离开了会场。[②] 3月27日，日本政府正式通告国联日本已经退出。[③]

裕仁利用这个机会向国民发布了诏书。诏书由外务省亚洲局长谷正之与天皇和牧野商议后起草，其中还包含了对军队没什么作用的谕示：“文武各恪守其职，庶众各淬励其业，向所履正，行所执中，协力迈进，以处此世局。”[④]然而，诏书的真正用意在于强调由于在满洲国问题的意见分歧迫使政府不得不退出了国联。[⑤]而且，退出并没有违背“国联的根本精神”，日本还会继续“为人类的福祉”而努力。通过对一项明显该否定的行动做肯定和正面的描述，诏书成就了修辞上的错置，使每件事都变得模糊暧昧。这个早期的实例很快成为标准的常规做法——通过揉进反对方的行动和主张来掩盖无法解决的内部纷争，把本来没有达成一致的意见，表现成似乎达成了一致。

有趣的是，在内阁投票表决退出国联的同一天，牧野在他的日记中做了如下记述：

> 退出国联的问题的意义未充分领会，似乎只要退出就是大大地达到了目的，退出行动本身竟成了目的。为达成此目的而狂乱呼号的言论界的现状，表明帝国人心之轻佻。瞻念前途，不胜忧虑。相信时日推移之后必悟此理。[⑥]

或许牧野还应该详述一下媒体在为满洲战争声援造势的过程中发挥的作用，不

---

① 上述《木户日记（上）》，216页。关于联盟的信托统治，参见Sharon Korman, The Right of Conquest, Oxford, Clarendon Press, 1966, pp. 142—143.

② 小田部雄次《曾反英美的近卫首相》，《信浓每日新闻》，1995年6月5日。

③ 到1938年为止，日本在不高的水准上对国际联盟有一定的财政贡献，松冈的退场，给日本与国际机关13年的政治关系画上了句号。

④ 原田熊雄《西园寺公与政局（三）》，岩波书店，1950年，46页。本庄繁在1934年2月8日记载，裕仁说：“脱离国联的时候，在乡军人团等或给国联直接拍电报，或找到侍从长、武官长等强调自己的意见，有些超出个人的本分，见到后感到忧虑。我让他们注意，互相恪守本职。”

⑤ 原田熊雄，同前46页。

⑥ 伊藤隆、广濑顺皓编，上述《牧野伸显日记》，546页。

过他对公众对于反国联的宣传不加批评的态度没有说错。[①]许多人很容易被说服向右或向左，甚至彻底改变观点。而他本人和天皇又是如何呢？在宫廷对军事扩张采取姑息政策的背后，是对扩张政策的信念，是对如何发挥天皇权威统治军队的意见对立，是对国内动荡的恐惧。对这种恐惧尤为敏感的牧野，在亚洲门罗主义风潮面前，立即放弃了他对日英美协调路线的支持。他没有与军部发生冲突，而是公开放弃了长期信赖的凡尔赛—华盛顿条约体系。他支持裕仁退出国联的决定，而这曾是他本人协助建立起来的关系。从某种意义上讲，居于政治顶层的裕仁和牧野，可以说是这个变节的十年中最早的变节者。[②]

没有看到任何文献可以表明裕仁或他的近臣们曾试图修正陆军的大陆政策，以避免与国联的决裂。也许是受到公众陶醉于陆军勇猛作战的气氛的影响，裕仁决心去冒险。对于可能由此导致的外交孤立，他几乎、甚至是完全没有提出任何疑问就批准了内阁决议。对他来说，在当时与不驯服的陆军保持良好的关系比国际亲善更重要。裕仁没有悟到，国际孤立并不能治愈内阁与陆军之间内在的结构上的分裂，而这个裂缝，随着他直接行使统帅权只会变得越来越宽。

齐藤首相同样目光短浅。在向贵族院的一个秘密会议（2月21日）作报告时，齐藤与天皇一样，只对退出国联所带来的短期的小影响表示了忧虑，比如国联和美国是否会允许日本继续控制在南太平洋托管的岛屿等。[③]人们也许会认为裕仁应该向齐藤就退出国联的长远后果提出问询，但是没有证据表明他曾经那样做过。

新外交政策激发了日本人对自己以及外部世界认识方法的变化。旧统治精英们在大萧条最糟糕的阶段没能给民众带来希望和勇气，国民于是转向支持军队。军部至少被看成民众痛苦和困境的理解者，并且准备出手相救。一旦国民听任反中国、反西方的排外主义发展，并欣然接受满洲事变，遏制军部的唯一机会就落在了宫廷

---

① 1931年9月19日，右翼国粹大众党首脑笹川良一到大阪的朝日新闻社，抗议关于满洲的陆军报道不够严厉。几天以后，黑龙会总裁内田良平威胁朝日新闻，指责他们爱国报道太少。几份主要大报就是这样简单地向压力屈服，成为军国主义热心的支持者。新井直之《天皇报道的哪些方面发生了变化、哪些方面没有变化》，日本新闻工作者会议编《病态大众传媒与日本》，高文研，1995年，181—182页。

② 正是这个时期，被关在狱中的许多共产主义知识分子被强迫要求转而信奉天皇制的意识形态。共产主义运动本来是日本军国主义最具反抗性的劲敌，这个时候已经走上了左翼崩溃的道路，这个日本社会抵抗运动最有名誉的集团，开创了变节的先例。

③ 在贵族院秘密会议上，原警视总监赤池浓煞有介事地说，在国联的背后，存在着一个叫自由梅森的秘密结社以及犹太人对日本的阴谋。山室信一京都大学副教授批判那些认为只有日本才处处正确，而国联则在“单方压迫日本”的同僚议员，说他们的理论是“片面”的。参照1995年6月5日《朝日新闻》。众议院事务局《帝国议会众议院秘密会议事速记录集（一）》，众荣会，1996年，247—255页。

派手中。如果裕仁和他的近臣们态度坚定，那么向亚洲门罗主义——宣扬日本拥有保卫亚洲不受西方侵害的权利——的倾斜不是没有逆转的可能。可是宫廷派和有宫廷背景的那些人也倾向于以种族对抗的观点来看国际事务，他们平时对追随哪条路线本来就有见风使舵的倾向。结果，他们选择了与军部的合作。

在亚洲大陆推行军事和经济扩张政策，无疑也是对欧美列强的挑战。这个挑战，随着国际环境的变化变得更加容易。齐藤内阁登场时，在工业化的西方国家里，形态迥异的国家组织体系和价值观成为那个时代的特征。在德国，希特勒和他的纳粹党——欧洲历史上最革命的、恐怖主义的、种族主义的运动——1933年1月，正大步向政权迈进。他们公开的目的是摧毁凡尔赛体系，重整军备，为战争作准备。

英国保守党就中国市场的控制权与日本竞争的意识强烈。1932年渥太华的大英帝国经济会议上，托利党转向贸易保护主义，决议建立大英帝国内的英镑联盟，通过对帝国成员的优惠关税设置贸易壁垒。

在奉行孤立主义的美国，刚刚上任的新总统富兰克林·D．罗斯福采取了不同的方法处理经济危机。他支持自由贸易，尽可能地与更多的国家缔结互惠贸易协定以降低关税。特别是，他通过改革国家某些严重的弊病，提出新方向，努力给民众以希望。但是新政的复兴政策放置了美国南部的种族歧视（尤其对黑人）体制，同时还有减少西半球和菲律宾对日贸易输出的倾向。①

至于苏联，其中央集权的计划经济政策标志着非民主主义的重工业化。1932年，苏维埃政权在完成了它的第一个五年计划之后重返国际舞台。它还着手增加军用飞机和坦克的产量，重新装备其“远东红军”——主要目的是对抗日本在大陆的扩张。②令人无可辩驳的是，有着巨大军事潜力的苏俄能成为日本战略野心的障碍，而共产主义是一种思想意识形态上的威胁。

日本的大陆扩张支持者强调了与美英的其他摩擦。尽管美英两国处理经济萧条的对策不一样，在对日政策协调上存在困难，但它们的政治家们都被描绘成在国内是徒有其表的民主主义的虚伪实践者，在国外是帝国主义现状的捍卫者——日本的新闻记者很喜欢这样描述。相反地，日本扩张主义的支持者很快暗示德国的纳粹抬头对日本来说是个好兆头。德国在日本之后退出了国联，成为英美和苏联的潜在敌人。1933年，纳粹德国也处于非常状态，与日本一样，正致力于民族和文化的复兴。

这样，日本的领袖们为了使他们在满洲的行动正当化所提出的思想观念，从世

---

① 参照Waldo H. Henrichs, Jr.,“1931—1937”, in Earnest R. May and James C. Thomson, Jr., ed., American-East Asian Relations. A Survey, Haryard University Press, 1972.

② Jonathan Haslam，28页 。Haslam引用英国军事谍报的评价说：“至1932年6月，西伯利亚、东伊尔库茨克的苏军不算边防军，兵员增加到20多万人。”为了对付关东军的威胁所进行的战争准备，使得欧洲部分的俄国粮食情况更加恶化。

界资本主义的崩溃、非常时期财政和贸易联盟以及在国内的政治和思想体系的对立中找到了援军。1932年1月28日，在为裕仁及其近臣所做的“御进讲”中，前陆军大臣南次郎大将为陆军创立独立的满洲国作解释时，强调了国家安全保障的必要性、资源和领土的不足。他告诉天皇说，“日满共同经营”，将使日本能够“抵挡外国的经济封锁”并“永远成为一个强国”。[①]另外，掌握了整个满洲，还将解决到30年代末预计将达到7000万的“人口问题”，为日本迅速增长的人口提供空间。

松冈洋右（南满铁道会社前理事）也于1932年2月8日在宫廷做“御进讲”，题目为“日满关系和满蒙外交史之一斑”。面对裕仁的提问，松冈用生物学作比喻，有些暧昧地强调了维持像日本和中国这样在人种上如此近似的民族间的亲善关系的困难之处。“这是一个生物学的原理，”他向海洋生物学家的天皇这样说。[②]

经常参加宫廷近臣讨论的近卫将围绕中日关系存在的问题置换为白黄人种之间的种族冲突，宣称日本人在精神上优于对手白种人。对近卫来说，满洲事变就是“一道穿透正覆盖日本周边的黑云的闪电”。他论述道：“即使满洲事变没在那个时候、以那种形式发生，迟早也一定会进行某种尝试，驱散这乌云，为日本的命运开辟一条道路。”在1933年2月发表的题为“改造世界现状”的文章中，近卫就人口压力与战争的因果关系发出了马尔萨斯式的警告：

> 战争起源于领土与资源的不公平分配，不调节现在不合理的国际现状，就无法达到真正的和平。为此，至少应承认“经济交流的自由”，即废除关税壁垒和开放资源，以及“移民的自由”这两大原则。可是这些条件在近期实现的可能性很小，“对日本来说，年年近百万人口的增长，使国民的经济生活受到沉重的压迫”，我们不能坐等实现，“不得已，作为今日生存的唯一之路，我们选择了向满蒙的进展”。[③]

对于近卫来说，自然法则的必要性、不可回避性和自我保护证明了日本征服亚洲的合理性。他这样嘲笑西方人：

> 竟以世界和平的名义坚持审判日本在满蒙的行动。他们或是挥舞国联的公约，

---

①胜野骏《昭和天皇的战争》，图书出版社，1990年，59页。南对于满洲的见解，很早就受到反对满洲建国的犬养首相的批判。1940年，日本人口增加到7140万人。《日本长期统计总览（一）》，日本统计协会编，1987年。

②上述《昭和初期的天皇与宫中——侍从次长河井弥八日记（六）》，25页。松冈在宫中的后援是牧野枢密院议长。

③庄司润一郎《近卫文麿像的再探讨——以对外认识为中心》，近代外交史研究会编《变动期的日本外交与军事——史料与探讨》，原书房，1987年，101—102页。

或是以不战条约为盾牌谴责日本的行动，甚至还有人以日本人就是和平人道的公敌那样的口吻嘲弄我们。然而，真正妨碍世界和平的不是日本，而是他们。他们没有资格审判我们。①

对于那些认为日本本土和殖民地朝鲜需要领土上的“缓冲地带”以抵抗苏联的共产主义和中国的反帝国主义的人来说，一个“独立的”满洲国的构想是非常有吸引力的。满洲国的卫道士们还以其大量资源形成的巨大经济优势作为他们侵略的理由。及时建立的满洲国将成为一个生存空间，为日本不断增大的农村人口提供土地、家园和食物，同时，它的煤、铁和农业资源将加速日本经济的成长，在此期间为未来与美国的持久战争做好准备。②

将帝国日本转变成一个自给自足的经济“帝国”，对在亚洲的西方殖民竞争对手拥有抗衡的优势，从某种意义上讲，是第一次世界大战中寺内内阁所追随的“亚洲门罗主义”的重演。③自给自足体制需要广泛的公众支持，然而，只有当西方势力被认为是在恶意欺侮日本时它才会获得这种支持。自给自足经济也对日本资本家有着特别的吸引力。当时，他们正在摸索减轻对外国资源和技术依赖的方法，准备将他们的国内投资从轻工业转向重工业和化工业。

满洲事变中，那些由日本舆论领袖鼓吹的夸张利己的对国际形势的解析中，没有什么比把满蒙描述成日本经济、战略和道德的“生命线”“生存之唯一手段”更能有效地赢得陆军支持的说法了。生命线的比喻最早由松冈提出，激起了广泛的爱国主义情感。受到关于陆军在满洲行动错误报道的影响，许多日本人似乎很愿意与甚至是列强中最强大的国家对抗，以保护祖国、维护国家的荣誉。如果说对满洲国的承认和退出国联导致了对国际法本身的抛弃，那也没有什么关系，因为国际法是西方的概念，是为了在一个有利于英美的时点把国际秩序固定化而制定的。日本将以源于天皇的规范为基础，创建自己独自序列的国际框架，而天皇是道德的化身，比起英美所爱用的抽象的法律更为真实。

近卫最为典型地体现了日本人这种愤愤不平的民族主义感。他在早些时候（1918年12月）所写的著名的论文《排除英美本位的和平主义》中，就曾论述说白种人歧视黄种人，如英美那样的先进国家垄断殖民地，违背了“正义与人道”的国际基准。日本作为“黄色人种的不发达国家”，不应该提倡“对维持现状的盲

① 矢部贞治编《近卫文麿（上）》，弘文堂，1952年，240页。

② 在巢鸭监狱受审时，木户幸一承认了这些动机。1946年2月7日，根据Sackett对木户的询问记录。上述江口圭一《十五年战争小史　新版》，11—75页，冈部牧夫《亚洲太平洋战争》，中村政则《战后日本——占领与战后改革（一）》，岩波书店，1995年，30—40页。

③ 小林道彦《世界大战与大陆政策的演变》，《历史学研究》六五六（1994年3月），15页。

从”，而要提倡一个将日本放在世界的中心位置，以日本的视角设计秩序的“和平之标准”。

将现时代视为富国与穷国的冲突、种族群体的对立的二元论观点，如今使近卫倾向于支持事变，提倡解散凡尔赛—华盛顿体系，以及废止支撑它们的各种国际条约。[①]在1935年11月的一次演讲中，近卫批判了国际联盟、《白里安—凯洛格公约》《九国公约》和《伦敦海军裁军条约》，说：“意大利的政治家极其大胆坦率地说明了意大利为什么必须扩张。德国的政治家把德国需要新的领土的意向公然列入了纳粹纲领中。然而日本缺乏这种坦率。”[②]近卫认为缺乏坦率的原因在于“日本人的脑袋里渗透了英美本位的思想，把以维持现状为基础的和平机构奉为了神圣”。

尽管近卫因为这些强硬的主张经常受到元老西园寺的批评，但却得到了裕仁的赏识。无法证实天皇做出批准日本退出国联的决定是否受到了近卫的影响，但裕仁一直接触的都是列强出于人种对立的心态，企图遏制日本上升为亚洲的主导力量的观点。此外，我们还知道近卫的思想确实影响了与天皇最为接近的宫廷官员，以及各个方面的精英。这些精英，是舆论形成的重要力量。

然而，最终是短期的政治考虑使裕仁与军部携起手来。裕仁看到几乎所有国家都接受了日本造成的既成现状，并从这个事实中获得了信心。到目前为止还没有西方列强承认满洲国，但是也没有任何国家因其侵略行为对日本发动经济制裁。在裕仁看来，当务之急是稳定因首相暗杀事件、近臣遭袭事件和政变未遂而动摇的国内政治局势。他需要优先考虑的是避免与关东军司令的冲突，他需要关东军来守卫满洲国。[③]

★　★　★

有关满洲事变期间裕仁的私人生活，除了河井弥八日记中的两页文件，和小说家小山伊都子称曾非正式地面见过天皇，读过宫廷文件而记下的几则逸事之外，实际上没有公开发表过的文献。[④]

时至1932年，裕仁和良子结婚已经八年。她生了四个女儿，其中三个活了下来，当时正怀着第五个孩子。那个夏天，满洲的形势迫使他们留在首都，无法去叶山御用邸避暑。每天，他们在各自随从的陪伴下度过很长时间，认真执行着有规律的工作日程。习惯上，裕仁7点30分起床，而良子稍微早一点。两个人不用仆人帮

---

① 庄司润一郎《近卫文麿像的再探讨——以对外认识为中心》，上述101页。吉田裕《革新派宫廷政治家的误算》，吉田裕等《战败前后》，青木书店，1995年，14—15页。

② 吉田裕，同前15页。

③ 增田知子，上述258页。吉田裕《天皇的战争责任》，藤原彰等《天皇的昭和史》，新日本出版社，1984年，61页。

④ 《女官的日常》，上述《昭和初期的天皇与宫中——侍从次长河井弥八日记（六）》，218—220页。

忙，自己穿好衣服，早餐通常是牛奶和两个“女官”准备的食物。他们吃完后，一名女官摇铃，当班的侍从们便知道可以进来问候他们了。他们的一天从入浴开始，随后是各自进行户外运动。怀孕的良子的运动包括照看花坛或者在一名保姆的陪伴下打一场高尔夫球。到中午，裕仁从办公室回来与她共进午餐，然后去工作直到下午4点，再和她一起喝茶。他们在6点30分前后共进晚餐，9点前后吃些点心，通常是10点到卧室就寝。当良子不侍弄花园时，她便利用这个时间为满洲的部队卷绷带。

1932年夏天至秋天是他们人生中最感压力的一段时间。他在艰难地处理满洲危机，而她则担心自己无法为皇位生出一个男性继承人来。他们作为国家的公人，一直过着严格管理下的生活。近来，他们听从内大臣牧野、秘书官长河井和侍卫长铃木的意见，同意让他们的第一个孩子，六岁的照公主离开宫廷，住进皇宫内的另一座建筑。他们两个人都不愿意这样做，但是他们并没有试图反抗这一宫廷传统。

在这种氛围下，1932年末的一天，良子皇后流产了。之后，裕仁的压力开始增大，被要求添置侧室以完成他作为君主的责任。曾任学习院院长和宫内大臣、服侍过明治和大正两代天皇的长老田中光显伯爵开始在东京和京都物色合适的侧室。他们选出十位公主，其中三名进入最后一轮选拔。据说有一名公主（可能是最漂亮的）被召入了皇宫，在良子的陪席下和裕仁一起玩了牌。奉行一夫一妻主义的裕仁据称除此以外再没给过这位公主更多的关心。1933年初，良子再次怀孕，12月23日生下了明仁太子。他们的生活危机结束了。

V

进犯热河以及日本退出国联后，关东军扩展了占领范围：1933年4月初，陆军进入了位于万里长城以南、北京附近的河北省。裕仁进行了干涉，侵犯行动暂停下来，陆军退到了山海关。但是5月7日，陆军再次越过万里长城进入华北。这一次，裕仁事后虽然承认了此次行动，但是向侍从武官长本庄表达了他的恼怒。本庄在5月10日的日记中记述道：“陛下没有阻止这次作战的意图。只是不能容许这种违背统帅精神的行为。”当然，天皇还是容许了，因为他没有别的选择。[①]

当月，关东军司令部发言人声明，热河已被并入满洲国。公开声明中没有表明，实际上还合并了河北省和察哈尔省的外围地区。合并的决定既没有得到内阁的事先批准，也不是根据“条约的权利”做出的。5月的最后一天，中国军队的指挥官签署了屈辱的塘沽停战协定，事实上承认了建立大满洲国，并在河北东部、长城以南建立一个非军事区。至此，西方所关注的满洲事变结束了，至少暂时是这样。

---

① 藤原彰，上述《昭和天皇的十五年战争》，77页。

停战协定虽然使充满不安要素的政治和军事形势稳定下来，而对立势力间的冲突反而增大了。中国的抗日游击队继续在满洲国征战。此后的四年中，满洲国和华北之间的“缓冲地带”被证实并不是一个和平地带，而是关东军不断向长城以内的华北五省施加政治、军事和经济压力的基地。[①]但是，单是这个地区的存在，加上苏联有意向日本出售中东铁路以及英国试图改善对日关系，这些都使裕仁相信国际紧张局势很快就会缓解。

至于蒋介石，为了争取时间加强军队建设和发展经济实力，选择了短期内对日本让步的道路，这位总司令现在可以集中精力与共产党作战了。可是，只要日本军队控制着满洲，并且摆出架势要将国民党的势力清除出华北，中日关系就永远不会恢复正常。无论是蒋还是中国民众都没有让日本的侵略侥幸得手的意思。[②]

在日本，相互争斗的势力也转向了国内舞台。皇道派的将领和支持者们仍然把持着实权，陆军和海军依然不和。在重巡洋舰“高雄号”上服役的28岁高松亲王在他1933年6月11日的日记中说，陆军中笼罩着一种“法西斯情绪”，政治家们应该对此有所认识。停战协定使天皇很高兴，但是这还不够。“此时，要不为军队的胁迫所动摇，且要抑制财阀的利己行为，要想办法重建和谐之日本。”[③]几个星期后，高松宫记述道：“如今国民财富的九成被大约一成的富人掌握。”7月21日，他的担忧转到了“无人能充分理解”的海军力量上，这不仅指“炮击山海关和上海事变”，还包括了整个危机中“陆军和外交的行动能量之大”。之后的几个月中，亲王注意到了海军以及整个社会中不断增长的激进主义迹象。1933年快要结束时，明仁皇太子的诞生使高松宫感到既高兴又轻松，他终于卸下了皇位继承人的重担。皇室血统无恙存续的消息也给国家带来了普遍的宽慰，虽然只是短暂的。

1933年末，国家政策仍然处于不断波动之中，满洲国的殖民化未见大的进展，战争的热情却开始消退，而这些都不是军队首脑、官僚和新闻记者所希望看到的。由于担心对军国主义和战争的热情将会逆转，陆军的宣传者们采取了行动。大报的影片制作部门已在竞相出品有关事变的“视觉报纸”，或是新闻纪录片。[④]大阪每日新闻社把它看成扩大事业规模和提高收益的好机会，制作出一种新型的爱国影

---

① 1931年9月至1936年7月，日本的战死伤者为3928人，而以游击战为主的反日反满的中国军队战死者达4.1688万人。木坂顺一郎《亚洲太平洋战争的历史性质》，《年报　日本现代史　创刊号　战后五十年的历史检证》，东出版，1995年，29—30页。

② Youli Sun, China and the Origins of the Pacific War, 1931—1945, St. Martin's Press, 1933, pp. 41—62. 论述了作为蒋介石政策背景的“渐进主义”和由此造成的困境。

③ 上述《高松宫日记　第二卷》，89—91、116—117页。

④ 瓜生忠夫《国策电影　日本新闻小史》，《别册　一亿人的昭和史》，每日新闻社，1977年，520页。

片，向国民展示未来一个时期需要做什么。[①]制片人水野新幸解释道："共产主义和全体主义正处于相互争斗的状态。恐怖行为盛行各地。颓废主义流行，人心归趋不知所至。此时无论如何不能仅靠报纸的社论之类，应该利用我们平时考虑的电影的伟大力量，使国民认清思想混乱的状态和国际形势。"[②]于是，一部受到广泛称赞的纪录片《非常时日本》在陆军省的协助下于8月摄制完成，1933年后期在全国各地上映。

《非常时日本》主要使用1931—1933年初收集到的生动的爱国主义形象的照片和场景，高度弘扬了天皇制思想，即便在今天，也是一部重要影片。在这部电影中，日本军部利用裕仁的精神权威，把扩张主义描写成帝国——以及他们自己——的道德使命。通过放映国民一体的各种感人的视觉影像，重新阐释了20世纪30年代初期的日本极端民族主义逻辑。

电影由12个部分构成，陆军大臣荒木为其中一半做了旁白，他每次出现时，画面上都推出亚洲和太平洋的巨大地图和日内瓦的图片。荒木把军事力量等同于道义，用神话作为理解事变意义的参照系。他有两个主要的表达，一个是神赋予"神国"的"伟大使命"；另一个是中国与西方列强是日本的敌对势力，妄图孤立日本，阻止"大和民族"实现其"保卫东方和平"的神圣目标。在电影的后半部，荒木从战略和文化两个视点对日本的使命做了更加明确具体的定义。这个使命就是"建设东洋式的和平乐土"，意指建设满洲国，在那里实现种族和谐。也就是说，荒木将日本的扩张讲解成了在满洲国实现反种族主义的乌托邦，是一种神圣的理想主义的实践。

对于荒木来说，日本面临的内部威胁与外部威胁同样严重。他宣称，"不分一二，心醉欧美，全盘接受（西方）文化"，"已经到了日本民族自己的理想扫地出门的关头了"。此时，屏幕上出现的摩登情侣们在银座的舞厅中翩翩起舞，手牵手漫步于暮色中繁华的东京街道上，这些都是20世纪30年代初西方文化不断流行，日本民众开始受其影响的典型镜头。随后推出的是皇军部队在满洲严寒酷暑中战斗，学校的女孩子在老师的指导下给士兵们写慰问信，神社中的参拜者，与前面的镜头进行对比。荒木谴责舞蹈、高尔夫球、美国电影、女性的化妆和在公共场所抽烟、共产主义者、一切屈从西方的价值观而陷入个人主义、享乐主义、物质主义的人们。取代这种污秽的应该是传统的意识，比如农村生活、神道信仰和军队服役等。当务之急是要放弃对享乐的追求，为完成伟大的民族使命甘愿接受个人的痛苦

① 这段和下段分析所用《非常时日本》的脚本和大阪每日新闻电影部长水野新幸的东京审判证言的史料不完全。两者都来自内川芳美《现代史资料 四〇》，美铃书房，1973年复刻。

② 同前253—254页。

和牺牲。

通过电影，荒木拔高提炼了结束不久的满洲事变的意义。它是一个“天的启示”，释放了日本民众的巨大能量。同时也是一个“天的警钟”，提醒该恢复建国以来就支配日本的“皇道”的伟大原理。为了强调荒木的话，银幕上接连出现了琼琼杵天尊从天而降之地高千穗山峰、神武天皇登基、伊势神宫、橿原神宫、热田神宫、明治神宫、从二重桥上拍摄的皇宫，以及1928年昭和天皇裕仁登基大典的映像，这些画面把神话时代和现在结成了一体。

在影片的最后部分，荒木给国防下了定义，并说明了“精神动员”将如何使日本冲破“以国联为中心的全世界的包围攻势”这个紧箍日本的“铁环”。伴随他的讲话，观众听到的是“君之代”的乐曲，看到的是昭和天皇在检阅士兵和机械化部队的列队行进，航行的军舰在鸣礼炮。荒木解说道：

……说军的存在是道德性的存在也是这样的意思。作为我国，因为要特别捍卫空间的发展，即捍卫繁荣向上的精神和与天地共存的国家的悠久性，所以，我不同意一谈到这些，马上就以狭隘的地理意义以及应对的概念来论国防……我国的军队，既是皇军，同时也是国军。因此，军队的建军精神就是行使被认为是国德之本的三种神器所彰显的日本的天皇道。就是说，我认为日本军队的精神在于体现统帅军队的神圣的陛下的精神，发扬国德即天皇的慈心宏愿。不为陛下以外任何人的命令所动的理由就在于此。①

声言军队是“国德”的体现，对外扩张展示了裕仁的“神圣精神”，荒木的目的在于引导观众接受他的整个论证的中心，即日本必须为精神总动员作准备。“9000万国民结为一体，扶翼奉皇。即为了推广天皇圣德，只要团结并进直到最后的五分钟、最后的最后，我们就一定能够看到最后胜利的辉煌”。蒙太奇手法的快镜头展示了爱国商人向军队捐献飞机，妇女接受军事训练，奔驰在路上的摩托车，国家的工业化，工厂喷着浓烟的烟囱，人们快速而有活力地奔走。几个片段后，摄像机切入了“炮弹三勇士”出发奔往上海前线的镜头，他们在那里炸毁了敌人的营房。影片展示了他们勇敢精神产生的根源，最后放映了他们的墓地。②

随着影片接近尾声，镜头唤起了日本战胜逆境的情感。登山者们不屈不挠地穿过风雪攀登高山之巅。武藤陆军大将前往满洲国会见溥仪皇帝。映出的地图上，一团黑云从遥远的日内瓦城市上空升起，快速地向东移动笼罩了日本。东京

① 同前242—243页。

② 同前248页。

的群众欢呼着迎接日内瓦归来的外交官松冈，后者向皇宫深深地鞠躬。同时，日本伸展开来，撑开了箍住自己的铁环。电影最后由已故明治天皇的三首战争诗结尾，诗歌暗示了精神动员的必要性，提醒观众没有巨大的努力和自我牺牲就不会成就伟大的事业。[①]

陆军第二个促进意识高扬的努力，是一本名为《非常时期国民全集》的书，出版于1934年3月。[②]这本书是一套七卷全集的一部分，目的在于介绍军事和外交专家们关于“非常时期”各个方面的认识。15位陆军的撰稿人代表了许多核心军官群体，他们试图提升民众对于现代战争的性质和日本所面临的危机的认识。不过，从他们主要论述的思想中可以了解陆军从第一次世界大战中学到了什么，没学到什么。

新任陆军大臣林铣十郎大将所做的序言显示了陆军仍存在着日俄战争那种过分简单的取胜心理。对林来说，未来的战争规模将非常宏大，需要国家总动员，但仍不过是日本经历过的战争的放大版。参谋次长植田谦吉阐述道，国家备战意味着强化军备，“政治、经济、财政和所有其他的社会机构团结成一个整体”，完善战争的领导体制。[③]其他作者将国力的发展单纯等同于技术上的“充实军备”。[④]没有人认识到20世纪中叶的工业化国家的战争，需要高效的生产力，大量生产以及没有受到科技落后及农业萧条摧残的充满生机的经济。不过，陆军领袖们的分析清楚地表明了对日本社会官僚政治大重组的志向。

陆军士官学校干事东条少将断言：“现代国防战争将涉及非常广泛的部门”，需要建设军事、经济、思想和战略所有形态上都能够“一元化管理的国家”。满怀反西方的愤懑情绪，东条详细论述了第一次世界大战中获胜的民主主义各国是如何进行反日本的思想战争的。今后，日本必须傲然自立，为了即将开始的“皇道文化思想圣战”，“向世界弘扬真的道义”。[⑤]《非常时期国民全集》的其他作者倾向于“将为全面战争而进行的国家总动员变成为了自给自足获取‘资源的问题’”。[⑥]占据这些军队指导者思想的是对亚洲大陆的领土占领和与美英发生战争的可能性。

---

① 同前251—252页。明治天皇创作的三个和歌，“缟缟大和心，雄雄无比伦，险急动荡处，方显力无穷”；“强弩射铁的，人亦逞精神，贯穿无阻碍，唯我大和魂”；“千万臣之力，聚成撑天柱，世间万般事，何愁功不成”。

② 须崎慎一《围绕对总力战的理解——陆军中枢与二·二六事件的青年将校之间》，上述《年报　日本现代史（三）》，现代史料出版，1997年。

③ 同前55页。

④ 同前56页。

⑤ 东条英机《胜败的分歧点在于思想战——战时平时分秒不能大意》，陆军省编《非常时期国民全集》，中央公论社，1934年，54、65页。

⑥ 须崎慎一，上述63页。

毫无疑问，从日俄战争后的战术和战略中受到影响的裕仁天皇相信，决定战争胜利的是优越的武器而不是优越的生产力。然而，与他的军事将领们不同的是，他对和英美决裂比较消极，也没有感到有什么必要对政府机构进行迅速而彻底的整顿，以及对整个经济实行即刻的军事化。这样做会威胁到皇室的稳定。这种认识区别既关系到变革的方向也关系到变革的速度。为了确保更大的行动自由以建设全面战争经济，军部的激进分子将不得不与天皇及其拥护者直接对抗。

第八章　昭和维新与统制

当日本承认了满洲国并退出国联时，大部分日本人都觉察到有些根本的东西发生了改变。年轻而又古老的日本，进行了另外一场“自卫”之战，其间，他们取得了打败中国军阀的军事胜利和对抗“西洋道德堕落”的精神上的胜利。仅凭本国的努力，就开辟了一条通往现代化的崭新道路，提出了做一个比以往更加伟大、在世界上更受尊重的国家的主张。

对于荒木大将和其他政治上活跃的陆军军官来说，诸如“危机”“昭和维新”“盎格鲁—撒克逊的包围”等表现不过是非常有效、无法放弃的动员工具而已。他们让胜利的兴奋情绪持续下去，利用它来坚持皇道思想，并用它加强陆军在政治中的影响，重新塑造天皇的形象。不可消灭的、有道义的日本对抗道德低下、邪恶的外国势力这一令人容易接受的观点得到广泛传播。为了宣扬“陛下的仁慈”而启用的“高度国防国家”“皇国”“神圣使命”的概念亦是如此。这些思想引导民众带着正义的观念投入到了海外的军事扩张之中。他们还增强了在所有领域都要压倒西方的渴望，从而使一个新的、更具排他性的集团意识得以形成。

在明治天皇统治下，日本实行了表面上的“脱亚”（脱离亚洲），接受了西方社会某些观念，不仅是科技，甚至于以某种方式认同了西方社会的主体特性（identity）。其结果是对亚洲的白人西洋社会产生了一种希望与憎恶交杂的、肤浅的认同，包括采纳了他们对中国及其他亚洲人民的种族歧视态度和称谓。而现在，日本在崛起，在独立地奋斗、建设、更新它作为——当然的——亚洲领袖的角色。因此，现今许多思想家们认为西方政治思想从根本上讲是剥削的、霸权主义和侵略性的——简而言之，是一种曾使岛国日本遭到感染并威胁到亚洲同伴利益的蔓延的瘟疫。他们主张从今往后日本将不再为“自卫”过多采取行动，而是要通过在满洲国建立道德卓越的社会来传播昭和天皇的美德。在那里，“五个民族”将依照“皇道的原则”，生活在等级的“和谐”之中。

日本为满洲国营造的新国家形象及其国家信仰的某些特征，都与德国的纳粹主义和意大利的法西斯主义有相似点。[①]（后者部分来自意大利对国家政治宗教的寻

① Emilio Gentile, The Sacralization of Politics in Fascist Italy, trans. Keith Botsford, Harvard University Press, 1996, p. 14.

求，与日本的天皇崇拜极为类似。）1933年，日本逮捕了1.8万名持不同政见者，迫使许多左翼领袖改变了立场，日本的共产主义运动就此被轻而易举地镇压了。[①]1934—1936年两年间，大正民主主义的遗产和立宪自由主义的常规都由于胁迫和暗杀而遭到类似的削弱。尽管种族的不宽容和偏执从没有像纳粹化、反犹太人的德国那样成为国家政策，但是许多20世纪的日本人对其他亚洲人的种族歧视已经根深蒂固，其源头可追溯至1894—1895年的中日甲午战争前后、日本殖民主义发端的时候。1936年11月签订的日德防共协定将纳粹思想带入了日本，赢得了许多支持者，纳粹式的反犹太主义成为论坛的主流——那里对犹太人的偏见早已广泛流传。从那以后，历代日本政府都毫无羞耻地操纵犹太人的公共形象，但与其说迫害他们，不如说是为了加强国内思想的一致性。[②]

20世纪30年代陆军招募的大多数士兵来自农村地区，然而关于这些农村地区的民族学研究表明，尽管文部省尽了最大的努力，但许多农村人相比之下并未受政府宣传的影响。对他们来说，天皇思想较之于他们自己的本土文化既没有太大的意义也不是那么令人信服。对家族和村落的意识仍优先于对国家的意识。事实上，直至20世纪30年代中期对中国的战争开始时，许多村民所展现的只是对天皇权威最肤浅的接受。[③]了解了这种状况，陆军在活动时总是以士兵首先植根的家庭和乡村为前提。1941年1月8日颁布的陆军《战阵训》明示："知耻者勇，常念乡党家门荣誉，要发奋努力，不负期待。"命令道："生不受虏囚之辱，死不留罪祸之污名。"[④]

农村对于天皇权威的无知当中值得注意的例外是那些负责当地社会事务的人。村官、教师、警察、僧侣和神官——日本民族主义最底层的战士——通过诉诸天皇权威和国家权力来强化地方上自己的权威统治。他们对天皇的忠诚和尊敬看起来通常是发自内心并且很深切的。但是大多数村民并没有公职，也可能不是天皇制的虔诚信徒。他们的爱国心来自不同的层次。

比如，1935年，人类学家约翰和埃拉（卢里·威斯韦尔）恩布里采访了九州偏僻的农业村庄须惠村的农民。后年埃拉·威斯韦尔的《须惠村的女人们》一书问世，书中描述了一个爱喝酒、坦率、嘲笑天皇权威的农村妇女的世界。威斯韦尔记

---

① 被警察拘捕者，多数是认为昭和天皇属于压迫者、强调发动阶级斗争的共产主义者。三轮泰史《没有可能阻止住战争与法西斯主义吗？》，《日本近代史的虚像与实像（三）》，大月书店，1989年，49页。

② David G. Goodman, Masanori Miyazawa, Fews in the Japanese Mind; The History and Uses of a Cultural Stereotype, Free Press, 1995, pp. 104—105; 106—134.

③ 安丸良夫《近代天皇像的形成》，岩波书店，1992年，267页。

④《战阵训》，武士道学会编《武士道的精髓》，帝国书籍协会，1941年，15页。

录了与村中一个识字的女人的对话：

在采访那家的时候，我指着正屋壁龛挂着的天皇皇后画像问她，“你们是不是像敬神一样敬天皇？”“是的，当我们给神上供时，也向天皇陛下献上供品。当我们在神面前祈祷时，也在天皇陛下的面前祈祷，向他供奉鲜花。”“为什么？”我问道。“嗯，我想因为天皇陛下是国家的大将。”她回答道。接着她描述了挂轴中的人物。“左边的是神武天皇。第一代天皇……右边的是皇后。然后是大正天皇和皇后两陛下。那下面是皇宫。然后是三个皇女，还有秩父宫、三笠宫和高松宫。再下面，花的后面（她在挂轴的前面放了一个很高的花瓶）是当今的天皇和皇后两陛下。他们都是伟大的人物。”“谁最伟大呢？”我问道。“天照大神……她是最伟大的女神。”“既然如此，他们为什么都被放到了一幅画卷里？天照大神和当今天皇是什么关系？”“我不知道。但他们在同一幅画里最大的可能是因为她是最了不起的神，天皇陛下是国家的代表，日本最了不起的大人物。”“那么，天皇不是神？”“不，天皇陛下像神一样受到敬仰……但他不是真正的神。他是一个人，一个非常了不起的人物。”……“如果警察听到了我们的谈话，会把我抓起来关进监狱的。不过他不会听到，是吧？”我说我想是没事的。我离开了廊下的她，她正在擦拭漆器上的灰尘并晾干它们。对天皇的崇拜不过如此。[1]

即使考虑威斯韦尔的提问具有一定的诱导性，这个在“国体明征运动”的高峰时期进行的采访也暗示了促使平民支持战争的努力并未广泛深入人心。农村的生活尚未适应陆海军的政治目标。正是非思想体系上对皇权的不敬和对建国神话的无知，或者不信，才是极力鼓吹国家神道背后的现实，而它们是很难逾越的。

在与中国全面战争的前夜，在文部省的命令下，日本的公立学校反复灌输神道的神话，仿佛那就是历史事实。天皇制思想已经融入了反西方的情绪。这样一来，将裕仁转变成一个不但保卫日本，还护卫整个亚洲不受欧美侵略的仁慈的、泛亚洲君主的思想基础已被准备妥当。由此也提高了明治天皇作为一个西洋型君主保卫日本（自身）不受欧美帝国主义侵害的形象。从这时起我们可以看到，强调神国日本绝对的唯一性与强调日本和其他亚洲友邦基本上共有主体性的泛亚洲主义，这两种官方思想之间的冲突在不断加深。

---

① Robert J. Smith and Ella Lury Wiswell, The Women of Suye Mura, University of Chicago Press, 1982, pp. 112—113.

I

1933年春夏，裕仁面临着军纪问题和来自军部、政友会、枢密院以及民间右翼团体对宫廷派的攻击。军部中有人私下里指责他“妨碍了军的行动”。[①]他们将裕仁称作无能的“平庸人物”，为近臣所操纵。其他人则私下抱怨他把国事放到了自己的消遣——海洋生物学、网球、高尔夫球甚至麻将的后面。[②]满洲的少壮参谋军官们则对他讨厌战争的声明感到激怒。[③]皇室也有对他持批判态度的，他的弟弟秩父亲王和东久迩亲王以及贺阳亲王频繁地报告说，青年军官对裕仁依赖于近臣感到不快。

一年前的1932年，第一皇位继承人同时也是兄弟中与裕仁关系最疏远的秩父亲王，反复劝裕仁实行“天皇亲政”——即使这意味着置宪法于不顾。当下，天皇就跟奈良说想把秩父宫调离步兵第三连队，因为他在那里已经“变得非常激进”。[④]由山下奉文大佐统领的这个连队，是许多民粹主义青年军官的大本营，其中包括野中四郎，他在两年半后协助策划并实施了1936年2月的叛乱。作为皇室家族的首脑，裕仁将秩父宫调到东京的陆军参谋本部，之后又调任边远的青森县弘前任步兵第三十一连队大队长。

1933年4月，裕仁试图抑制青年军官的运动。为此，他向奈良提出要求，让陆军大臣荒木的对手、军队教育总监林铣十郎采取适当的“教育措施”制止陆军中的极端主义。[⑤]这是又一个通过委婉的手法进行间接统治的实例。然而，荒木并没有就此不再支持青年军官们。他通过号召赦免因参与（还有一位民间人士）5月15日失败政变而被起诉的陆军士官学校士官生、海军大尉和海军少尉以及犬养首相的谋杀者，开始进行违背天皇旨意的活动。[⑥]

整个夏天，报纸和广播都在报道陆海军分别进行的审判。随着对这些“纯真的‘国体’信奉者”支持的上升，全日本和殖民地的在乡军人会征集了7.5万多个署

① 铃木侍从长，主要出于为避免类似危机发生，提请昭和天皇改变对外政策。小田部雄次《解说满洲事变与天皇、宫中》，高桥纮等编《昭和初期的天皇与宫中——侍从次长河井弥八日记（五）》，岩波书店，1993年，253—268页。

② 原田熊雄《西园寺公与政局（二）》，岩波书店，1950年，47页。同前198页，1931年11月14日条。

③ 高松宫宣仁《高松宫日记　第二卷》，中央公论社，1995年，124页，1933年8月6日条。

④ 根据《奈良日记》记载，秩父宫再次到任参谋本部是在1932年8月24日，据说是“圣上的意思”。波多野澄雄等编《侍从武官长奈良武次日记　回顾录（三）》，柏书房，2000年，441页。

⑤ 同前528页。

⑥ 根据国际检查局的询问记录，木户证实荒木大将肯定了暗杀，但在东京审判时该证言没有得到采用。粟屋宪太郎等编《东京审判资料　木户幸一询问调查书》，大月书店，1987年，547页。

名请愿书，呼吁减轻刑罚。[①] 1933年9月11日，海军军法会议判处古贺清志和其他三名罪犯死刑，但是后来减刑为15年监禁。陆军军事法庭对11名参加政变的陆军军官的宣判甚至更轻（四年缓期执行）。只有唯一的民间共谋者受到民用法庭审判，由于背后没有庞大、广泛的官僚组织的支持，被判为无期徒刑。当时，日军司法程序都对叛乱和暗杀的犯罪者宽大处理，只要他们本人宣称他们的行动纯粹是出于爱国心。而普通的文官罪犯要接受民用司法审判，很少能如此轻易地逃脱。

海军军事法庭宣判的两个星期后，在舰艇上曾经与其中的几名罪犯一起服过役的高松亲王，在他的日记中这样记述了这些军人的“狂热行为”：

……大部分人动机纯真……那伙人的目的是什么？伦敦条约的统帅权问题也是次要的。尽管还有政党的腐败、财阀的横暴、农村的疲敝、社会道德的堕落、为政当局的态度、军人的不满等问题，但是，从海军的情况来看，这些社会问题本身并不是当前的目标。我以为想办法解决对海军首脑的不满和不信，恢复一丝不乱的管理才是第一目标。认为社会改造是第二位或是次要意义的人也不少，而那伙人的目的是否在此，至今我也不太明白……我认为这样的事情只要发生过一次，第二个五・一五事件完全有可能由一部分海军军人酝酿出来……如今最紧急的工作是海军内部的整顿。[②]

1934年7月，冈田启介内阁成立后，恢复军队纲纪和秩序成为裕仁和宫廷近臣的首要关心。从表面上看，问题有两个方面：在国外，关东军和在北京—天津地区的小股驻军为在华北确立日本的影响，已经开始策划行动。但是会不会成功，东京方面也无法判断。在国内，对改革毫无耐心的激进的陆军军官正在煽动社会的不安和极端主义，以此作为谋取政权的手段。1935年间，对他们进行有力的一元化控制的必要性已经变得十分明显，但是宫廷和冈田内阁的反应都很迟缓。战地上实施国策的军官与东京参与制定政策的参谋本部的军官经常发生意见冲突，同时参谋本部的政策策划者又与陆军省和海军省反目，与外务省对立。在这种情况下，天皇的任务就是超脱于这些争端，以不直接卷入的方式促进他们的一致。1935年的时候，他还在摸索达到这个目的的方法。

更为特殊的是，在隔离满洲国和华北的非武装地带发生了反日抗日小事件，战地司令官以此要求蒋介石从北京天津地区撤出其部队。蒋被迫同意，1935年6月，中国方面同意了日本陆军的要求，签订了何应钦—梅津美治郎协定。五个月后，在关

① 金原左门等编《昭和史（增补版）》，有斐阁，1982年，101页。

② 上述《高松宫日记　第二卷》，146—148页。

东军的监管下，于非军事化区建立了冀东防共自治委员会。继这个外交“成果”之后，陆军谍报部门随即开始扶植第二个亲日傀儡政权，在河北通州建立了殷汝耕领导下的冀察政务委员会。殷是东京早稻田大学的中国毕业生，妻子是日本人。

对战地司令官在外交上的这种武断行为，裕仁的反应是向74岁高龄的牧野建议召开御前会议，重新彻底考虑对华政策。据牧野6月15日的日记，天皇说：“即使就北支问题下问元老（西园寺），如果他远离东京，远离（政府）当局，也拿不出什么好主意。根据情况，御前会议还是比较有效的。”①但是，由于政治精英之间尖锐的对立，不要说还有西园寺和牧野的反对和缓慢又不充分的判断，这样的会议最后也没有召集起来。

Ⅱ

关东军和“支那驻屯军”分裂华北的预谋进一步加剧了中国人的抵抗。日本在亚洲的“门罗主义”成为其与美英直接冲突的根源。②就在这一切发生时，日本国内关于“国体”的讨论再兴，并逐渐导致了公众对国家统治精英们的不信。近十年来，宫廷派为“国体明征”付出了诸多努力——即与反天皇制思想相对抗，对关于国家本质的混乱陈述和知识分子的争论赋予合理性。陆军领导层对进展缓慢的政治改革感到失望，于是发起了以“国体”观念和天皇乃神之子的神话来振兴民族意识的运动。

运动开始于贵族院。1935年2月18日，美浓部达吉的“天皇机关说”在贵族院遭到批判，被指为“学匪之反逆思想”。发表这一演说的菊池武夫男爵是一位退休将军，也是激进的右翼组织国本社的成员，国本社与在乡军人会一样，同是日本政治主流中的一个组成部分。菊池要求冈田政府取缔美浓部教授的书。一周后，美浓部登上讲坛为自己辩护，议院外皇道派的军官们与右翼团体则联合起来举行了反美浓部游行。

2月27日，陆军预备役少将江藤源九郎在众议院非难美浓部，指出至少两本书——《宪法撮要》和《逐条宪法精义》——该当大逆罪。3月4日，冈田首相对这种歇斯底里的情绪做出让步，在议会宣布“不支持天皇机关说”。③

4月，议会休会后，冈田和阁僚们要求美浓部辞去敕选议员职务，并开始研究对他的著作实施行政处分的措施。所有的政府官僚都得到指示不得将天皇称为国家的

① 伊藤隆、广濑顺皓编《牧野伸显日记》，中央公论社，1990年，636页。

② 外务省情报部长天羽英二宣言，日本对维护东亚和平与秩序负有责任，对中国的任何财政或技术上的支援，无论怎么说原则上一概反对。

③ 胜野骏《昭和天皇的战争》，图书出版社，1990年，76页。

“机关”。文部省指令各府县知事和高等教育机关的领导者要加入到“国体明征”运动中，然后又开始对大学法学教授的著书、文章和讲义进行调查。各官厅很快在全国各地举办了关于“国体”的意义和日本精神的专题研讨会。为了开办讲座和教授新课程，他们网罗了日本的种族思想专家、反自由主义学者和纳粹法律理论的倡导者。①

实际上，冈田是为了对抗民间擅自批判美浓部的宪法解释的激进运动，才发动了一场由政府发起的官方的“国体明征”运动，批判美浓部的学说，取缔他的一些书和文章。裕仁支持的是这种由官方主导的运动。为了控制军队中的激进分子，抵制以推翻冈田为目标的自下而上的“国体”教化运动，裕仁把自己的权威借助给政府运动，从而促进了放纵狂热的盲从主义。

1935年4月6日，陆军教育总监真崎甚三郎向陆军发布了“明征国体”的指令，此人既是平沼主宰的国本社成员，又是为右翼报纸提供陆军秘密经费的分配者。在指令中，真崎强调日本是由现人神的神圣天皇统治的圣地。②当时，为了“完成国体明征”，民间右翼团体与陆军联合起来，组成了天皇机关说扑灭同盟。新闻记者五百木良三和法学教授中谷武世都是其中成员，他们支持以德国为范本重新塑造日本的极权主义思想。然而，同盟的首要目标是要将一木喜德郎从枢密院议长的位置上赶下来，消除牧野和西园寺的影响。此时，希望推翻冈田内阁的在野党政友会亦开始与这个同盟合作。③

关于“国体”问题全国规模的反政府运动从1935年春天一直持续到秋天。陆海军上层、陆军影响力较大的帝国在乡军人会（在各县均有支部），以及许多大小右翼团体组成的同盟领导了这场运动。同时，一些像“皇道大本教”那样明显地服从于国家的宗教教派也加入到运动中来。8月，当检察机关以美浓部不存在大逆意图撤销了对他的大逆罪指控时，反对天皇机关说的反政府运动再度燃起。从那以后，不许对日本是一个由神圣、高贵、权威的统治者领导的“无比的国家”这一事实提出异议，也不许对军队的预算提出公开批评的观念被明确下来。

这些反政府行动的背后，其实并不是对某个特定的关于明治宪法的诠释不信任，而是潜伏着意识形态上的欲求，对所有将天皇与国家区别开来的宪法解释进行谴责，不管它是美浓部的解释还是他对手的解释。为了废除国务大臣的辅佐权限，恢复一个更加灵活的统治程序，使军队的声音能够自由无碍地在国家政策中反映出来，“天皇机关说扑灭同盟”的领导者们在进行着不懈的努力。站在他们前头的是

① 增田知子《天皇机关说攻击事件与国体明征运动》，《名古屋大学　法政论集》一七三号，1998年5月。

② 关于真崎的介入，若槻泰雄《日本的战争责任（上）》，原书房，1995年，181页。《真崎甚三郎日记》，山川出版社，1981年，64页。

③ 胜野骏，上述75页。

皇道派的真崎和荒木、枢密院副议长平沼、政友会的政治家和在野的右翼鼓动者，如五百木之流。他们从根本上要求的是一场非常激进的改革，这在五百木的“昭和维新”口号有所反映。反对美浓部的运动威胁到冈田内阁，也间接地成为裕仁的威胁。1935年8月末，在东京举行了拥护“国体”大会，陆军和海军大臣先后登台演讲，公开表达要与激进的反美浓部运动团结一致。这时，冈田内阁意识到危机即将到来，不得不采取行动了。

为了控制局势，冈田不得不发表了第二个明征“国体”的声明。[①]以陆军省准备的草稿为基础，由文职官员与陆海军次长讨论后修订的这份声明宣称：“我国统治权的主体在天皇，此乃我国体之本意，为帝国臣民绝对不可动摇之信念。（中略）统治权主体不在天皇而在国家、天皇为国家机关之类所谓天皇机关说，有悖我神圣国体，愆其本义之甚，须严格铲除。”[②]实际上，冈田已经两次正式将美浓部的宪法理论作为异端邪说加以禁止。他的第二次声明发表后，陆军上层撤回了对进一步倒阁企图的支持。此时，文部省开始发展以建立在儒教的社会规范、佛教哲学和国家神道之上的爱国主义为基础的新的伦理体系。主要右翼组织结成了统一战线，他们挺身而出向欧美思想喊叫着“滚出去！”，对以皇道派的主张为基础的改革则说“请进来！”。

从学说上讲，在军国主义者和政治机会主义者眼中，美浓部的主要罪责之一是他（正确地）明言天皇的最高统帅权与国务大臣的责任无关。因此，如果日本不想出现“双重政府”、出现来自各自独立体系的法律和敕令的话，它的“适用范围”必须由议会做出认真的限定。否则，他警告说，在极端的情况下，军部的势力将会“左右国政，军国主义的弊害是无穷的”。[③]

美浓部并不仅仅停留于对军队干涉国家事务提出警告上。他还诠释了明治宪法的第三条（“天皇神圣不可侵犯”），认为这只是意味着没有法律要求天皇为他的国事行为承担责任。如果天皇可以按照自己的意志自由地处理政治的话，“那么实际上就不能指望君主不承担责任，也就不可避免地会伤害皇室的尊严”。换言之，美浓部认为在日本，即使只有天皇作为个人不承担责任，宪法还是对君主的权力进行了限制。美浓部不希望天皇成为一个凌驾于政治责任之上的“绝对的”统治者，他反对陆军领导者当时所提倡的天皇亲政和独裁制观点。美浓部进一步主张天皇就国事颁布的诏书不是“神圣不可侵犯的”，而是可以接受议会和国民批评的。只有

① 第一次冈田声明完全是文官起草的，即冈田的私人秘书迫水久常、内阁法制局长官吉田茂和内阁官书记官长白根三人。上述增田知子《天皇机关说攻击事件与国体明征运动》。

② 同前208—209页。关于美浓部天皇机关说的冈田内阁第二次声明，发表于10月15日。

③ 美浓部达吉《宪法察要》。铃木正幸《皇室制度》，岩波书店，1993年，183页引用。

那些有关道德问题和未经国务大臣署名的诏书才可免遭批评。[①]

许多希望随心所欲行事的陆军领导者通过复苏将“神圣”和“不可侵犯”针锋相对的神权的宪法理论，来与美浓部对抗。他们在上杉慎吾的著述中找到了他们一直希望找到的关于宪法第三条的解释：

> 天皇为天祖血统的子孙，作为现人神统治国家。本来唯神至圣，生来就与臣民不同……因此，有关宪法第三条，即使其他国家有同样规定，其意义却完全不同。[②]

上杉的解释之所以取得了胜利，是因为它既没有以西洋的立宪君主为前提，也没有侵犯军队统帅权的独立性。此外，他的观点强调了天皇的绝对专制地位，与美浓部试图为萨长（萨摩藩、长州藩的简称——译者注）寡头统治向政党内阁制过渡而进行的辩护相比，更接近于1889年宪法的实质。

然而，许多信奉“国体明征”的极右翼的真正企图是要从根本上废止宪法解释。就在美浓部因为不肯屈服于这场愚蠢的“国体”讨论而处境艰难时，反对他和冈田（冈田也是不情愿地实施了激进的改革，但仍被认为太温和）的运动在不断蔓延，对宫廷近臣煽动性的攻击也在增加。早些时候，曾有对宫廷高官不正当行为的匿名投诉，宫内大臣一木和宫内次官关屋因此被迫辞职。河井也辞去现有职务，转任帝室审查会计局长。宫廷近臣中最有政治手腕的木户留任牧野的秘书长，1933年8月，又任宗秩寮总裁，负责管理皇室事务。如今这两场“国体明征”运动，一个是自上而下，一个是自下而上，加速了人事的进一步改组。1935年末，牧野辞去内大臣职务，几个月后，平沼如愿以偿地取代一木，接任了枢密院议长职务。[③]不过，极端民族主义者们对宫廷近臣的这种大变动和冈田内阁的削弱并没有感到满足。只要陆军在国政中的发言权没有得到进一步加强，天皇的利用价值没有最大限度地达到顶点，他们就不会让时局安定下来。

当侍从武官长本庄向裕仁报告了不断扩大的对冈田内阁的攻击，以及议会上关于宪法的论争时，34岁的天皇无意进行干涉，以结束这场从未论及他个人的狂热运动。他私下里对本庄说：“若君主主权说不陷于专制之弊，亦能为外国首肯，且符合我国体历史，朕亦愿意接受。遗憾的是尚未听到令人敬服之学说。”他还对本庄说：“若议论主权在君主还是在国家尚可理解，若议论机关说是好是坏则颇为离

---

① 增田知子，上述211—212页。

② 铃木正幸，上述185页。

③ 官地正人《天皇在政治史上的机能》，历史学研究会编《探讨天皇与天皇制》，青木书店，1986年，101页。

谱。君主主权说与国家主权说，让我说，自然国家主权更好。但若是日本这样君国同一的国家，说到底怎么都行。”几十年来定义明治宪法下的议会统治体系的努力在这场讨论中陷入危机，可是裕仁对这种牵连并不关心。另一方面，本庄在他的日记中还称，裕仁告诉他：“在处理国际关系问题中，如劳动条约、债权等，持机关说是很便利的。”[①]

这些前后矛盾的阐述暴露了裕仁的态度：保护如一木喜得郎这样的近臣，同时避免对某个特定的涉及天皇统治权的宪法解释的倾斜。战后，在谈到美浓部因有关明治宪法的理性解释所受到的攻击时，裕仁是这样评述的：

> 齐藤（实为冈田——译者注）内阁时，天皇机关说成为社会问题。我曾对本庄武官长说过并让他转告真崎，把国家比作人体，天皇就是脑髓，如果用“器官”一词代替机关的说法，与我国体的关系不是丝毫也不受影响吗？据说真崎表示明白我的意思。另外，还有现人神的问题，记不得是本庄还是宇佐美说我是神，我就说我与普通人的身体构造一样，并不是神。被你们这样称呼让我很为难。[②]

实际上，对于裕仁来说，国家并不是一个本身有着独立生命、能够同样满足被统治者和统治者愿望的实体。它必须有一个天皇来行使“头脑”的职责。从这个意义上讲，裕仁一直处于美浓部提出的现代的、合理的国家理论和上杉的专制主义理论的夹缝间，上杉的理论在陆军的压力下，1935年以后，成为官方的正统理论。裕仁还发现现人神的神话有助于增强他在决策过程中的发言权，加强军队对他的忠诚。此外，取缔美浓部的理论，遏制了通过重新诠释，实质上意在修正明治宪法的企图。因此，他认可了美浓部——这个否定天皇意志的绝对性、倡导议会可以自由地批评天皇批准的法律和敕令的人——从公众生活中被清除出去。[③]而日本民众那种就好像他们认为天皇是一个活着的神的行为受到怂恿。

不过，裕仁个人决不会对这场试图剥夺他自由的运动感到舒服。他也意识到，平民参加关于明征“国体”的反政府的讨论将会使国家特权精英们的信赖性受到侵害，并削弱他个人的领袖魅力。尽管如此，他没有任何表示要阻止关于皇权的喧嚣崇拜达到新的狂热程度。即使裕仁曾认为军队和右翼的思想和行动是错误的，可他从未让他们知道这一点。他与本庄讥讽的交流主要表现了他的折中主义思想、他对陆军攻击他

---

① 本庄繁《本庄日记》，原书房，1967年，普及版，1989年，206页。原田熊雄《西园寺公与政局（三）》，238页。

② 《昭和天皇的〈独白录〉八小时》，《文艺春秋》（1990年12月），104页。

③ 增田知子，上述210、213、215页。

的近臣的恼怒，以及他对祖父明治天皇时代制定的宪法秩序可以与任何形式的独裁政府并存的信念。裕仁接受过在政治和军事决策中积极发挥作用的教育，他自己也试图这样去做。他也知道许多批判美浓部理论的人正是从这一角度拒绝美浓部理论的。

本庄是一个顽固且坚持不懈的狂热人物，他不断地劝说天皇改变关于神格的认识。1935年3月28日，本庄指出："军队中将天皇作为现人神来信仰，按照机关说，要将天皇与一般人同等对待，这对军队的教育和统帅都极为困难。"第二天，裕仁试图教导本庄，他指着宪法正文说："宪法第四条说天皇是'国之元首'，就是机关说。如果你要求改正的话，那就不得不对宪法进行修改。"①

裕仁的宪法观受到清水澄的影响。清水反对"天皇机关说"，但也挑剔上杉的学说。与清水一样，裕仁对这两个主流的解释持骑墙态度。他克制自己不出来为美浓部辩护，由此使上杉的专制主义理论获得了胜利，这是他预料中的。从根本上讲，裕仁的态度是要保护和加强皇室，彻底削弱投票选举的职业政治家在决策中的重要性，仅承认用于应付危机的有限的改革。由于他将自己等同于国家，因此可以说是国家中的国家，他倾向于将所有反对既存秩序的人看成反对他，是对主权的威胁。

关于最后一点，他并没有错。许多主张天皇亲政者都否认法律基础上的国家概念，寻求不受任何宪法解释约束的独裁统治。裕仁从未打算走得那么极端。具有讽刺意味的是，他和冈田内阁以美浓部作牺牲，支持了一场反对异端邪说的战争。其结果是不仅将学术自由一扫而光，而且助长了他们本试图控制的军队的激进主义。

Ⅲ

1934年末，陆军士官学校的几名皇道军官因涉嫌策划政变而遭逮捕。这一事件没有受到任何追究和惩处。但是第二年，同一伙人当中的两名军官——矶部浅一和村中孝次，因为散发传单，指控永田铁山少将等统制派军官也曾起草过反政府的政变计划而再次被捕。这一次，陆军最高指挥部做出了反应。矶部浅一和村中孝次以背信弃义罪名被指控，两名军官一同被解职。皇道派的其他军官为寻求报复，将统制派的坚定分子、军务局长永田铁山当成复仇对象。他们散布说永田为消除陆军中的派系之争，正在策划一个大规模的清洗运动。

1935年8月——正是批判美浓部宪法解释的民粹运动经过了半年左右的时候，皇道派的相泽三郎陆军中佐冲进永田的办公室，用日本刀砍死了永田。此时，作为批判美浓部运动背景的军队内部关于国家改造和增加军费要求的斗争，进入了更危险

① 本庄繁，上述《本庄日记》，204页。从3月到4月，本庄就天皇机关说的正当性与天皇议论多次。

的一轮。

仍打着“明征国体”和“排挤天皇机关说”口号的陆军内反冈田势力，如今将运动升级到攻击天皇的顾问和世袭贵族上。皇道派高级将领们安排在第一师团管辖下，对相泽进行一场公开的军事审判，第一师团是以东京为基地的皇道派军官的据点。1936年1月28日，排演给人看的相泽审判开庭。他的律师迅速将审判变成了一场对冈田内阁、宫廷近臣和美浓部教授宪法理论的感情化控诉。他们不但在国内许多地方赢得了公众支持，而且在甚至是宫廷这样不太可能的地方也获得了支持。裕仁的母亲贞明皇太后如今也是一名坚定的持右翼观点的妇人，属于相泽的同情者。[①]然而，审判尚未进入正常程序，便由于首都的军队叛乱而被迫中断。事件前，陆军大臣林不仅免去了皇道派将军真崎陆军教育总监的职务，还发布了将整个第一师团派往满洲的命令，结果引发了现代日本历史上最大的陆军暴动。[②]

1936年2月26日清晨5点左右，1935年一年都在激烈进行的关于“国体”争论的风暴终于爆发成为叛乱。22名下级陆军军官，指挥第一师团三个连队的下士官，另外还有近卫步兵连队1400多名全副武装的士兵，在白雪覆盖的东京中心发动了叛乱。他们攻占了陆军省和警视厅，袭击了资深政治家和内阁大臣们的官邸和私人住宅。叛乱者们——其中的1027名是1月份刚刚入伍的新兵，杀害了内大臣齐藤实、财政大臣高桥以及著名的美浓部宪法理论的支持者、新教育总监渡边锭太郎将军。他们还杀害了五名警察，重伤了侍从长铃木等人。这边行刺的同时，其他的叛乱部队袭击了《朝日新闻》和《东京日日新闻》。他们一边向新闻记者们高喊着“卖国贼”，一边推翻了字盘，用武器向空中开火。[③]

不过，几个小时后，叛乱就开始向意外的方向发展。反叛军官杀害了冈田首相的秘书，而冈田和牧野逃脱了危险。他们没能控制住通往皇宫的坂下门，结果使皇宫得以继续与外界保持联系。他们也没有做任何对付海军的准备。横须贺的海军镇守府司令长官米内光政中将和参谋长井上成美命令海军陆战队保卫海军省大楼，并在东京湾集结战舰，准备镇压叛乱。[④] 2月28日上午，陆军中央通过同情叛乱军的军官与叛军进行的交涉失败后，戒严司令官传达了天皇解散叛军的命令。叛乱部队的大多数返回了军营，一名军官自杀，其余投降。就这样，在没有造成进一步流血的

---

① 上述《高松宫日记　第二卷》，375页。

② 关于相泽的公判与二·二六事件的关系，见Crowley, pp. 267—273; Ben-Ami Shillony, Revolt in Japan: The Young Officers and the February 26, 1936, Incident, Princeton University Press, 1973, pp. 113—114. 小田部雄次《二·二六事件，谁是首谋？》，《日本近代史的虚像与实像（三）》，82页。

③ 铃木健二《战争与新闻》，每日新闻社，1995年，116—117页。受到威胁的城市各大报不再刊载批判军部的文章，因此，关于事变的评论只能见于地方报纸之上。

④ 秦郁彦《纵看昭和史》，图表社，1984年，70页。

情况下，叛乱瓦解了。[①]然而，东京的戒严令却持续了将近五个月。

叛乱军官们原计划通过皇道派陆军大臣川岛义之将他们的意图报告给天皇，促使天皇颁布“昭和维新”的政令。尽管他们的目标激进——颠覆政治秩序，但是叛乱者（与20世纪30年代其他军事和民间极端主义者一样）承认天皇体系和“国体”的合法性，并打算在其框架内活动。[②]他们认为天皇是被近臣操纵的傀儡，实际上无法体现自己的意志。他们相信，一旦内大臣和侍从长被除掉，天皇就会将首相的权力交给真崎甚三郎——他们所信任的壮大军队和解决中国问题的英雄。

在叛乱开始时，他们曾有过成功的机会。东京警备司令香椎浩平是皇道派的同情者；天皇的侍从武官长本庄是叛乱军官山口一太郎大尉的岳父；全国各地的军事基地都可以找到叛乱者的支持者。

根据历史学家秦郁彦的说法，叛军在向冈田内阁发动攻击之前通过电话和书面形式与本庄有过联络。本庄是第一个得知叛乱的近臣，如果他想的话，完全可以向叛军的预定袭击目标们通报他们的危险处境。但是他没有这样做。26日早上6点，当他赶到宫廷时，内大臣秘书官长木户幸一、宫内大臣汤浅仓平和侍从次长广幡忠隆早已得知了齐藤实内大臣被杀害、铃木贯太郎侍从长重伤的消息。天皇也知道了。早上5点40分，值夜班的侍从甘露寺受长唤醒了裕仁，向他报告了阁僚和近臣刚刚受到攻击，叛乱正在进行中的消息。

从裕仁得知叛乱事态的那一刻起，他就决心镇压政变，他既对大臣们的被害感到愤怒，又担心叛乱者有可能获得他的弟弟秩父亲王的支持，迫使他退位。他穿上军服，命令前来参见的本庄：“马上平息事件，化祸为福。”[③]本庄退出后，裕仁接受了由木户策划、宫内大臣汤浅提出的方案。其实，在本庄到宫中参见之前，木户已迅速采取了行动，他要求侍从武官长本庄马上决定万一叛乱者侵入皇宫的话，近卫师团该如何行动。[④]木户的计划是组织成立新的临时内阁，直到叛乱被完全镇压下去。上午9点30分，1月份曾与叛乱军官的一名中心人物矶部有过接触的陆军大臣川岛来到宫廷，出演叛乱者为他编排的角色，他力劝天皇组成一个新内阁，以“明征国体，安定国民生活，充实国防”。陆军大臣的愚钝让裕仁感到吃惊，他训斥了川

① 小田部雄次《二·二六事件，谁是首谋？》，上述76—77、93页。关于二·二六事件的分析，主要来自小田部的论文。秦郁彦《裕仁天皇的五个决断》，讲谈社，1984年。山田朗《大元帅昭和天皇》，新日本出版社，1994年。木户幸一《木户日记》，平和书房，1947年。另外，还参照了Henry R. Sackett的木户幸一询问调查书等。关于二·二六事件的英文文献很少，比如Shillony有一个Revolt in Japan。

② 安丸良夫《近代天皇像的形成》，岩波书店，1992年，281—282页。

③ 秦郁彦《裕仁天皇与二·二六事件》，上述25页。

④ 同前26页。

岛，命令他把镇压叛乱作为当前的首要任务。[①]那个早上，裕仁还向舰队派的支持者海军军令部总长伏见亲王发泄了怒气。实际上，伏见宫赶到宫廷是要听取天皇对组新内阁的想法，却碰了钉子。[②]

那天晚些时候，川岛召集了陆军高级军官的非正式会议，他们当中大多数人都对叛乱者持同情态度。出席特别是控制会议的有皇道派的荒木、真崎和山下奉文以及他们的支持者，包括东久迩亲王和中将朝香亲王。会议决定在天皇命令传达下去之前，先努力劝说叛军军官，而这正与裕仁的要求相反。据历史学家小田部雄次的说法，叛乱开始了5小时50分钟，上午10点50分从皇宫发出了给叛乱军官的“陆军大臣告示”。告示称：“（一）决起的宗旨已达天皇。（二）承认诸子的真意实出于彰显国体之至情……（五）此外，最重要的是相信天皇的仁慈。”[③]这个“告示”表达了陆军上层对叛乱的非正式承认，并暗示叛乱者天皇可能会采取宽大措施。这个告示由东京戒严司令官香椎中将传达给叛乱军将校。

叛乱的第一天晚上，当冈田内阁的大臣们来到宫廷提交辞呈时，裕仁再次拒绝接受，命令他们在没有首相的情况下继续留任直至叛乱结束。[④]

2月27日，叛乱第二天的早晨，裕仁发布了紧急敕令和根据帝国宪法第八条发布的“行政戒严令”。为处理危机，裕仁正式开始行使其作为最高统治者的权力。[⑤]实际上，他将镇压叛乱命令的赌注压在了他作为最高统帅的地位上，这个地位使他可以免除所有行动上要取得内阁大臣同意的义务。

裕仁在镇压叛乱的工作中表现出不同寻常的坚强意志。从叛乱的第二天至第三天，即28日的清晨，裕仁频繁地传唤本庄，搞得侍从们不得不在明治皇宫长长的走廊急促地来回奔跑。每一次他都要查问叛乱是否已被平定。当他对本庄的回答感到不高兴时，就威胁说要亲自指挥近卫师团。但是（如秦郁彦所述），本庄保护叛乱的决心也同样坚定：事实上，本庄本人关于这段时期的日记显示，他实质上是天皇的叛徒。[⑥]

在叛乱期间，裕仁会见了刚刚从很远的弘前返回的秩父宫，这之前，裕仁与他的关系算不上很好。会见后，据说秩父宫疏远了叛乱者，并断绝了与年轻军官和皇道派将军们的关系。[⑦]尽管如此，关于亲王同情皇道叛乱的传言从未断过。两年后，

---

① 小田部雄次《二・二六事件，谁是首谋？》，上述77页。

② 上述《木户日记（上）》，464页。“伏见宫军令部总长数次问道，可否向宫内大臣询问”，对这个问题，昭和天皇没有回答。

③ 小田部雄次，上述77页。另外还参考了Shillony 153—154页关于“陆军大臣的指令”的研究。

④ 秦郁彦，上述26页。从暗杀中幸免的冈田首相，此时踪迹不明。

⑤ 山田朗，上述58页。

⑥ 秦郁彦，上述29、39页。

⑦ 同前34—37页。

西园寺两次（向他的秘书原田）表露了他的担忧，他认为皇室中骨肉相争说不定某一天会导致流血惨案。[①]叛乱第二天，两名高级海军将领通过表达对天皇的忠诚脱颖而出：他们是海军中将米内光政和参谋长井上。

一直到叛乱的第四天早上，2月29日，天皇坚定地维护了自己的威严。叛乱部队回到营房，大多数首谋者被监禁。4月，军事法庭秘密开庭，而且是没有辩护律师帮助的秘密审判，首谋者中的17名于7月被执行枪决。之后不久，在佛教祭灵的盂兰盆节，据传裕仁命令一名侍从武官（正好是叛乱发生时在皇宫值夜班的那个人）替他准备17个盂兰盆灯笼。那个侍从将灯笼挂到了皇宫的某处。裕仁对于灯笼的事从未提过，这需要保守秘密，因为他不能被人认为这是对叛乱的宽恕。也许他这是在自我安慰。为了消除对近臣的迫害，他同意了对他们的死刑判决。即使这样，他仍可以认为自己对臣民是慈悲关怀的。[②]

军队在调查二月叛乱时发现，2月20日的普选与叛乱者危机意识的加深有很大关系。普选中左翼候选人受到支持，选民们对军队表示出反感情绪。另外，尽管叛乱首领们来自农村，主张民粹主义，但是他们中大多数人并没有因农业萧条而成为革命者，而且他们的终极目标也并非如许多同时代的人所想象的那样与土地改革有任何关系。叛乱首领的目标，正如他们自己所理解的那样，是要通过加速重整日本军备来促进“国体”的利益。满洲事变以来，国家预算中的军费比例一直在稳定增长，从1931年GNP的3.47%增加到1936年的5.63%。在此期间，海军稳步地增加了军舰吨位，并与陆军一起开始发展航空兵。但是陆军并没有得到大规模的扩充，总兵力依然为23.3365万名官兵，编制为17个师团。[③]叛乱军的将校们谴责说，在国家非常时期限制了军队预算的是政治体制，而不是经济形势。[④]

有趣的是，在对全面战争的理解方面，叛乱首领与陆军省和参谋本部的高级指

---

① 1938年3月27日，西园寺满脸沉痛，向原田说了这样一番话。

日本历史上也有令人讳莫如深的事实。譬如神武天皇身后继位的绥靖天皇，实则杀害了兄弟自己占了帝位……自然，今后这类事应该不会自己主动来做，但如果周围硬要黄袍加身，那就不可预测了。虽说今天的皇族中不会有人乱来，但这些事情还是应该从今天起给予相当的注意。

4月23日，西园寺指示原田，告诉木户、近卫注意裕仁与其兄弟之间任何一个微小的紧张关系，并这样回忆了一个月以前裕仁的兄弟间对立：

……正如日本的历史频频重复的那样，弟弑兄篡夺帝位的场面相当多……这并不是说现今的秩父宫或高松宫怎么样，平素就要相当注意，不要从皇族中出现被某些阴谋家拥戴着不知道要做什么的分子出来……

原田熊雄《西园寺公与政局（六）》，岩波书店，1950年，265、297页。

② 小山伊都子《皇后》，主妇之友社，1956年，211页。

③ 山田朗《军备扩张的近代史——日本军的膨胀与崩溃》，吉川弘文馆，1997年，9—10页。

④ 小田部雄次，上述83—84页。

挥官们的想法非常相似：两者都希望由国家统制工业的决策和生产，以便于全面动员国家资源。除了都对“全面”战争的必要条件无知这一共同点外，就如同在整个叛乱中步调不一致一样，叛乱首领们在思想上也是不一致的。只有希望改革国家管理的“昭和维新”的理念似乎受到了广泛的认同。关于这种“维新”在实践中意味着什么，人们各持己见。①对于矶部这个也许算是最疯狂的叛乱首领来说，它意味着“具体实现经济上的国家统一，完成明治维新，同时向世界维新发展”。②

二月叛乱坚定了裕仁关于宪法对保证他的军队统帅权重要性的认识。他是如此铭记这个教训，以至于石原莞尔将军后来起草了一个将空军从陆海军独立出来的计划时，裕仁甚至连考虑都没考虑，他担心明治宪法条文中没有规定的空军会在他的统帅权之外。③最终，当他作为大元帅行使权力时，所有的经历都加强了他要拥有绝对权力的意识。在遇到需要行动决策时，裕仁似乎能毫不犹豫地做出决定。后来，在接近陆军的统制派、批准巨额军费支出时，裕仁开始觉得这样做是正确的。但他并没有忘掉这个事件，而是从中得出了皇位比实际情况更加不稳定的推论。

第二次世界大战后，当裕仁特别用心地降低他作为大元帅的作用时，他对二月叛乱做出了一份蓄意歪曲事实的记述：

当时，我发布了讨伐叛军的命令。关于这个问题，我想起了町田忠治，町田当时任财政大臣，他非常担心叛乱对金融方面的不利影响，忠告我如果不采取断然措施，将会出现大恐慌。因此我才能发布强硬的讨伐命令。

通常，讨伐命令与戒严令相关联，所以军系统不能单独发布，需要与政府协调。然而，当时冈田（首相）所在不明，而陆军省的态度又过于宽大，所以我才发了严命。

我因有田中内阁的苦涩经历，所以一直都是遇事必俟辅弼者之进言，且不逆进言行事。只有这时和结束战争这两次是我积极照自己的想法行动了。

参谋本部的石原莞尔（作战部长）也曾通过町尻量基武官请求我发布讨伐命令。石原到底是怎样的人，不太清楚。作为满洲事变的主谋者，此时的态度倒是得当。

另外，本庄武官长拿来了山下奉文（军事调查部长）的草案。据说叛军首领三人准备自决，要求派员检视。然而，遣使者检视意味着他们的行动有对的地方，值

① 须崎慎一《围绕对总力战的理解——陆军中枢与二·二六事件的青年将校之间》，上述《年报　日本现代史三》，现代史料出版，1997年，73页。

② 同前77页。

③ 今冈丰《支那事变前参谋本部的动向》，《昭和军事秘话——同台俱乐部讲演集》上卷，同台经济恳话会，1987年，116页。

得礼遇。

赤穗义士自决时就曾有使者在场，他们想仿效。对叛乱者不能派检视人员，所以没有采纳此案，而是发布了讨伐命令。

我没有得到有关军事参议官大将们发出归顺劝告的任何报告。[①]

事实究竟如何呢？2月26日清晨，裕仁亲自下令立即镇压叛乱，此时，他恼怒的是叛乱者杀害了他最亲近的顾问，还有陆军高级军官延迟了对叛乱的镇压。第二天，商工大臣町田忠治以担心经济恐慌和混乱为由，兼任了财政大臣，其主要是应天皇的要求。事件发生后，裕仁感到每一刻的延迟都会损害日本的国际形象。[②]

满洲事变以来，围绕天皇的统帅大权，天皇不断与军部发生冲突，但这些都不是根本政策上的冲突。随着陆军势力的上升，正如从前他在浜口内阁时所做的那样，他经常将自己的政治见解反映到政策制定上来。[③]2月26日的叛乱教导他和汤浅仓平（1936年3月至1940年6月任内大臣，也是第一位每天上朝参奏的内大臣），形势必要时，天皇充分行使大权是十分重要的。尽管本庄反对他这样做，但裕仁有其他方面的支持，因此，他坚持按照自己的意志行事。他的决断迅速结束了异化的“青年军官”企图利用他作为改革的原则，去打破他们未曾操作成功的权力结构的时代。然而，裕仁却恰恰学会了在大部分情况下如何正确操作这个体制。

决策的过程，就是遮遮掩掩、迂回曲折、缺乏清晰和系统的协作、政策声明含糊暧昧，操纵情报机构——总而言之，就是混乱、误解和为使精英们统一意见而进行的无休止的讨价还价的过程。这就是在东京运行事物的方式。天皇就是这样工作的。如今，他再一次提醒了所有的政治精英们，他才是这个体制运转的前提。

Ⅳ

1936年5月4日，戒严令下的东京仍是一片寂静，在69次帝国议会开幕式的诏书

---

① 寺崎英成、Mariko Terasaki Miller编著《昭和天皇〈独白录〉——御用随员寺崎英成日记》，文艺春秋，1991年，32—33页。裕仁强迫荒木、林、真崎、西、阿部、植田和寺内辞职，并许可其中四名留在现役。Hillis Lory, Japan's Military Masters: The Army in Japanese Life, Greenwood Press, 1943, 1973, p. 115.

② 山田朗，上述《大元帅昭和天皇》，56、59页。

③ 冈田海军大将回忆道：“陛下对内阁的奏呈，同意的时候清楚地回答‘可’，不同意的时候则保持沉默。对于呈上的文件，不同意的时候有时留在手边放一段时间。”吉田裕《天皇的战争责任》，藤原彰等《天皇的昭和史》，新日本出版社，1984年，43页。

中，裕仁终于为二月叛乱拉上了帷幕。一段不长的时间里，他曾考虑过面向军部和日本国民强烈谴责陆军，但是经过熟虑和三个多月的经历，他以一句简练的、完全无关痛痒的话做了了结：“朕对本次发生在东京的事件感到遗憾。”[①]听了这句话，多数议员和军高官的反应是“敬畏”，私下里也有些人感到失望。裕仁在这个关键的时期，再一次拒绝了利用宪法规定的权力公开统帅军队的机会。不过，他在幕后的行动，结束了从满洲事变起已成为日本特色的国内政策的漂泊和动摇。之后的14个月里，天皇及其大多数顾问，开始接受陆海军提出的扩军和通过国家直接统治发展工业的要求。

二月叛乱后马上组建的广田弘毅内阁接受汤浅内大臣建议，加强了军队对政治的影响，从而为陆海军之间围绕对国家目标的影响力的竞争留下了余地，广田内阁也因此而为后人所记忆。1936年5月，广田在陆海军大臣的建议下，恢复了从现役高级军官中任命军部大臣的做法。他公开宣称，相信这个措施将阻止不可信赖的皇道派军官们某日重新掌权。[②]广田这个决定缩小了候选人的范围，增加了陆军与首相对抗的力量，为陆军首脑利用这个手段，于1940年7月推翻米内光政海军大将的内阁铺平了道路。[③]

在对中国的政策上，广田摒弃了建立在平等基础上的日中协商，支持陆军把拥有大约8000万人口的华北五省从南京政府分离出来的计划。广田任外务大臣时，以港湾城市天津为基地的“日本支那驻屯军”司令和奉天特务机关长，与中国国民党军事委员会的熊斌中将签署了地区协定，按照协定，蒋介石从华北撤出了他的政治机构和中央军。此后，“支那驻屯军”司令同其他将军一道公开将煤炭和铁矿资源丰富的华北诸省与中国的其他地区分离开来，事实上纳入了日本对大陆的掌控之中。[④]即便如此，广田同天皇一样，没有发表过任何表示反对的声明。

也和天皇一样，广田当时与许多日本官员共有一种想当然的认识：中国既不是一个国家也不是一个民族，仅仅只是一个地理上的名称，日本有资格对这块领土进行再分配并取得想要的任何部分。1936年4月17日，裕仁天皇批准了陆军的要求，将

① 柴田绅一《昭和时期的皇室与政治外交》，原书房，1995年，32页。

② “Case 212, Hirota Koki”，粟屋宪太郎、吉田裕编《国际检察局询问调查书第八卷》，日本图书中心，1993年，414、417、506页。广田后来否定了陆海军大臣必须来自现役军人的限制，预后备役将官可以因此而恢复现役，担当陆海军大臣。

③ 由于限定陆海军大臣要从现役武官中选用这一责任，广田作为战犯受到起诉。对广田进行非难的代表人物是米内光政。美国占领军从文民政治家在政局中的作用大幅后退这一观点出发，轻易地接受了这个起诉理由。实际上，陆军在广田组阁之前就拥有了通过陆军大臣退出内阁而进行倒阁的手段。GHQ做出这一判断的根据，不如说需要从战后政治的脉络中寻找。

④ 江口圭一《中国战线的日本军》，藤原彰、今井清一编《十五年战争史（二）》，青木书店，1988年，51页。《东京日日新闻》，1935年12月12、13日。

其小规模的驻中国部队扩大三倍，从1771名增加至5774名。[①]他还同意在位于北京西南郊区的铁路交叉点，距离历史上著名的马可·波罗桥（卢沟桥）不远的丰台建立新的驻屯基地。中国人强烈的反对接踵而至，但是扩张后的驻军随着丰台军营的建设向前推进。不久，日本军在靠近中国军事设施的地方进行实弹训练，为与中国军队间的不断冲突搭建了舞台背景。[②]

裕仁应该知道，日本如果要从它在大陆的新领土和工业发展中获得利益，还需要时间、资本和进步的工业化——简而言之，需要至少几年的相对和平。而陆军参谋本部也应该意识到，日本已在中国众多的人群中激起了危险的仇恨和不信任。这些人群中有受过教育的劳动者阶层、学生、知识分子，特别是像从满洲流亡出来的张学良及其军官团，他们与东北各省有着强烈的认同感并决心继续抵抗日本。

但是，裕仁和他的战略家们不但没有看到这些，与蒋介石和他的主要对手毛泽东1937年上半年结成的“统一阵线”相比，他们更关心的是保卫他们在北方过长的（而且是无防御的）供给和通讯线不受可能来自苏联的干扰。广田内阁的日本应变计划将重点放到了对苏联的防御上。没有人想到、也没有人希望与中国进行全面的战争，更没有人为此做过准备。日本与莫斯科的关系随着关东军增强和扩展在内蒙古的活动巩固与外蒙古接壤的北方边界的阵地而恶化。

广田内阁对纳粹的大规模急速扩张、反苏维埃、经济专制、源于种族和宗教的偏见而产生的憎恶和不宽容政策表示了赞同。1936年11月，与德国签署防共协定之前，日本帝国陆海军与德军的军事合作已经在不断增强，签约使其开始成为希特勒进行的摧毁第一次世界大战后欧洲秩序的一系列外交攻势的一部分。[③]协定附属的秘密条款中规定，签约国保证当它们中任何一国与苏联交战，其他签约国不能援助莫斯科。[④]一年后，意大利也加入了这个协定。帝国日本在国际上与上升中的纳粹德国和意大利法西斯独裁统治结盟，使人们现在就可以预测到将来它们会共同行动。[⑤]对于民主选举产生政府的英国、法国和美国来说，防共协定将逼近欧洲和亚洲的阴云连成了一片。

1936年中期，广田采取了十分重要的外交决策制度，以四相会议、五相会议的形式取代了明治宪法规定的全阁僚会议的通常做法。1936年8月7日决定的“国

---

① 江口圭一《十五年战争小史　新版》，青木书店，1991年，108页。

② 藤原彰的发言。五十岚武士、北冈伸一编《〈争论〉东京审判是什么》，筑地书馆，1997年，174页。

③ Atony Best, Britain, Japan and Pearl Harbor: Avoiding War in East Asia, 1936—1941, Routeledge, 1995, p. 17.

④ 同前 27—28页。

⑤ 小林元裕《广田弘毅没有战争责任吗？》，上述《日本近代史的虚像与实像》，105—107页。

策的基准”和“帝国外交方针”，罗列了一系列宏伟的、具有挑战性又不现实的计划和目标。如果它们被同时实施的话，将大大超出日本的国力。满洲国将得到发展；华北的资源将通过傀儡政权为大日本帝国所获得；要为将来的对苏战争作准备。要对西太平洋和东南亚进行控制，需要建设能与美国竞争的新的海军。还有，在台湾、马里亚纳群岛和加罗林群岛（位于中太平洋）建立航空基地和无线电接收站——同时还要增强陆海军的人力和后勤支援机构。①

“国策的基准”为了便于起草者按照自己的意思解释，以暧昧的官方行文写成，显示了日本官僚精英们并列分担各省厅职责的特征。②这将成为后期所有日本外交危机中决策的模式。这个倾向在与中国的战争前夜变得显著起来，这一点非常关键，因为它意味着首相、外相、陆相和海相以及陆军参谋总长和海军军令部总长在见解不同时，放弃了理性彻底的议论的职责。他们没有为达成真正的合意而努力，而是采取了一种简化了的、更为容易的程序。在“国策”文件中，他们慎重地写进了各自的立场，而对实现目标所需要的资源估算则被放到了次要位置上，是采取军事手段还是采取外交手段，或是两者都采用的问题也是含糊不清。

国策的起草者们将他们的第一基准——“排除列强在东亚的霸道政策”与在外交政策上“展示皇道精神”等同起来。结果，外交政策变得更趋向于扩张主义和激进，因为对外的“皇道”意味着天皇的“仁慈”将被扩展，直至日本在整个亚洲建立宗主权。对他们来说，健全的外交政策的第二条基准是，通过军备建设，要求日本“成为名实相副的东亚的稳定力量”。第三和第四条“国策基准”——也是文件的核心，是“通过外交和国防，在确保帝国在东亚大陆的地位的同时，向南方海洋推进和发展”。③

对“东亚大陆”的言及，顺应了陆军对抗苏联希望向北发展的心理。“南方海洋”这个涵盖广大的地理概念，代表了海军南进并为在广阔的西太平洋取得超过美英的优势而作准备的目标。两军种打出互不相容的目标，并且互相反目。陆海军通过提出并行的计划，回避了明确断定哪一方优先的结论，从而阻止了辅弼天皇的多

① 《国策的基准》记述了日本向“南方海洋”逐渐利用和平手段进入，帝国的外交政策是，“在南洋方面，为我民族的经济发展策划努力，避免对各国造成刺激，使用渐进的和平手段，促使我势力的进入”。外务省编纂《日本外交年表》，原书房，1966年，344—347页。

② 吉泽南《战争扩大的构图　日本军的“法属印支”进驻》，青木书店，1986年。在研究1940年国策制定集团之间存在着怎样的对立与分歧方面属于先驱性的著作。吉泽关于国策文书“两论并记”的分析，符合1936年2月到1940年的形势。在森山优《日美开战的政治过程》（吉川弘文馆，1998年）中，也能见到吉泽对于政策制定过程的有效分析。

③ 《国策的基准》，1936年8月7日，山田朗《外交资料　近代日本的膨胀与侵略》，新日本出版社，1997年，250页。

元化体制的崩溃。

如今，距离日本与中国的全面战争只剩下一年的时间，而宪法授权的天皇辅弼者（国务大臣）和军队首脑们却无法就统一国策达成一致，并且这一点比以往任何时候都更成为日本政治中的固有特征。在广田内阁和后续内阁的领导下，复杂化了的“政府”和“军队”间的意见不一以及分裂，延续为东京的陆军参谋本部与实施政策的战地军官之间的意见不合。

一旦日本进入非常战争状态，天皇的威望与平时相比便大幅上升。对裕仁来说，这个官僚冲突的多元结构为他在决策中最大化地实现自己的影响创造了可能的空间。裕仁在发挥政治和军事作用的过程中，不断获取更多的经验，他会观察顾问们的政策制定情况，注意他们的不同意见，最终坚持让他们调整分歧之处，统一军事和政治策略。由于他们做不到这一点，他施加的压力使本来就混乱的决策过程更为复杂化。裕仁的“统一”牌将成为他用自己的观点操纵国政的特别王牌，保证那些“中坚幕僚”在国家政策制定过程中不会占上风，而且决策过程本身也从根本上保持了“由上至下”的特性。

裕仁越是要求慢性分裂的“政府”和“统帅部”的代表“统一”，他们就越是注意掩盖政策文件中的分歧，而实际上，正是这些政策推动了海外扩张，并且很快导致了无休止的战争。20世纪30年代的中期和后期，煽动了对中国的侵略的并不仅是日本军队，还有对君主制宗教般的虔诚感情，它不仅驱动了侵略，同时还为那些以天皇的名义行动的人提供了阻挡公众批判的盾牌。

1936年8月25日，广田政府宣布，1937年政府预算的69%（约330亿日元）将配给军队。这个数字几乎相当于1936年军队近100亿日元（当年政府预算47.7%）的三倍。[①]为了支付这笔款项，将采取增加税收，容忍通货膨胀的措施。结果，富裕了军火商和大财阀，一般工人的爱国主义被煽动起来了，而工资却降低了。

广田内阁的这些政策，反映了海军内部对陆军在国内外的单边行动的强烈反对，而且从某种程度上受到了海军的驱使。1936年3月27日，第三舰队司令长官及川古志郎向海军大臣及军令部总长提出了“关于以支那为中心的国策之所见”。报告写于停泊在上海港旗舰“出云”号上，及川指出关东军正在迅速推行其“政治阴谋”，要“将北支五省置于南京政府的统治权外，以此作为满支间的缓冲地带”。[②]

及川呼吁海军上层不要允许关东军在如此重要的事情上单独行动，提出了在北进的同时向南扩张至东南亚和西南太平洋的建议。他认为应该和平地推进这些政

① 山田朗《军备扩张的近代史——日本军的膨胀与崩溃》，吉川弘文馆，1997年，10页。

② 纐缬厚《日本海军的战争终结工作》，中公新书，1996年，19—20页。本段落与下一段落，主要依据纐缬厚的敏锐分析而写成。

策，但日本必须做好准备，在某天“利用军事力量”，排除关税壁垒和其他经济增长的阻碍。因此，即使有决定对苏战争的必要，并为此选择“将陆上战备”作为当前的国家目标，但海军还是应该为海上战争作准备。①及川还强调了避免激怒列强，导致它们“联合一致对付我们”的必要性。②

海军次官、军令部次长给及川提督的回复后来被正式纳入广田内阁8月里通过的“国策的基准”和“国策要纲”当中。③“国策要纲”主张向南扩张的同时，要使日本成为“东亚的稳定力量”。④然而此时，海军上层已清楚地意识到陆军和海军分头北进和南进的不合理性，这将超出日本的国力，“最终导致与两个以上国家的作战”。他们建议在北方和南方推行“和平渐进扩张”政策。⑤

实际上，这是广田内阁及其继任者林将军所追寻的疯狂的、野心勃勃的战略当中真正理性的一个要素成分。不可否认，1936年和1937年上半年，海军、陆军、外务省和宫廷中有影响的群体还能够理性地评价日本的问题。然而，同样是这些领导人，他们已经开始为他们的选择所产生的冲力所裹挟，无法自控。他们的政策目标——在大陆上的军事扩张、对西太平洋和东南亚海岸线的海军控制、与列强关系的平等化——迟早会导致与中国的军事冲突，甚至是更为严重的与美英的冲突。

1936年秋，华中、华南相继发生了几起袭击日本侨民的事件后，海军开始着手研究在华南提高治安维持能力的方法。这个动向意义重大。当时，海军至上主义者中风行意大利杜黑（Giulio Douhet）将军的空中制胜论，制订的作战计划中，不仅要求做好准备，在任何需要的时候实行海岸封锁，还包含了对中国主要城市的平民人口发动惩罚性的空中轰炸。⑥

广田作为首相的任期结束于1937年1月23日。2月2日，林铣十郎内阁接班，但只持续了四个月。6月4日，近卫文麿公爵组织了他的第一届内阁。他是著名的宫廷贵族藤原家族的后裔。这个家族的女性几百年来频繁与皇室通婚，平安时代（794—1185年）曾统治过日本。凭借个人的机敏、非凡的领导能力和高贵的家系，加上与海军的良好关系，同时还与陆军和民间右翼势力交往甚好，这些条件结合在一起，将近卫推向了政权最高处。

---

① 同前21页。

② 同前22页。

③ 同前21—22页。

④ 同前22页。

⑤ 同前23页。

⑥ 相泽淳《日中战争的全面化与米内光政》，军事史学会编《日中战争的诸项》，锦正社，1997年，128—130页。

V

1936年的二·二六叛乱后，在广田和林首相内阁领导下，天皇和近臣们对理论上增强臣下不可侵犯的天皇权威更加支持。在这种背景下，文部省加紧努力，为可能发生的长期战争进一步深化国民精神总动员。1937年5月31日，发行了20万册《国体的本义》并分发给学校。最终，全国共售出200多万册。

《国体的本义》是一篇关于“国体”以及作为民族仁爱和道德象征的天皇在思想和精神上的作用的解说。这是一本过渡期的思想小册子，它既没有完全摒弃西方思想和制度，但也超出单纯强调日本文化特殊性的范畴。它颂扬日本人“磊落”“纯洁”和无私的“心”，把“国体”与现代西洋的个人主义和“抽象的极权主义”相对比，强调了日本民族和国家拥有超出所有其他国家的绝对优越性。“我们臣民与所谓西洋诸国人民本性迥异……我们的生命和活动的源泉永远在于天皇。”[①]

《国体的本义》还强调了家族国家、家和祖先的向心性，提醒读者回想13世纪曾两次将日本从蒙古人的侵略中拯救出来的“神风”，它无可争辩地证明了神国日本是不败的。这本手册还特别灌输了天皇是大元帅，是“按照皇祖皇宗的心愿统治我国的现人神”的形象。[②]所有日本臣民都必须绝对服从天皇。在实践中，这意味着“舍弃小我，为了天皇伟大的荣誉和尊严而活，发扬作为国民的真正生命”。[③]这里实质上是神道、佛教、朱子学和西方君主制理想的一个独特融合体，被称为“皇道”。它为日本的侵略提供了动力源，陆军领导人利用它恫吓批判者，右翼暴徒利用它为他们的恐怖主义辩护。对于裕仁来说，小册子主要的好处在于，它为增强对他个人的献身精神提供了可能性，并由此提高了他对军队的影响力。

《国体的本义》固定下来的关于日本是一个紧密团结、万众一心的国家和社会的神话，在四年后的1941年7月，文部省发行的另一本歇斯底里的小册子《臣民之路》中再一次得到强调。这个时候，裕仁已经成为日本“脱离”西方的象征，开始了导致其后向美英宣战的重大决策的进程。他比以往任何时候都需要在可能的范围内对整个国家发挥最强的政治影响。日本已经呈现出法西斯国家的特征，甚至采纳了给人以强烈感受的法西斯辞令。人民在粮食配给制和全面战争的经济重负下艰苦地劳动着，政策都是要降低生活水平，增加军需生产，一旦有反对意见公开表现出来，就会遭到以天皇名义的压制。

在这种背景下，《臣民之路》号召推翻“建立在个人主义、自由主义和唯物

---

① 铃木健二《战争与新闻》，每日新闻社，1995年，116页。

② 铃木正幸，上述186页。

③ 江口圭一《大系　日本的历史14　两次大战》，小学馆，1989年，300页。

主义支配下的旧秩序”，在“所有国家都可以要求相宜的地位”的原则基础上建设东亚新秩序。[①]这本小册子要求在国民生活的所有领域建立“全体一致的构造”，以便日本能够完成全面战争的国家体制，建立一个“基于道义的世界”。《臣民之路》要求每一个侍奉天皇的臣民从灵魂深处清除个人主义思想，在毫不存在“个人东西”的与国家的关系上，每天奉公实践。甚至“在我等私生活里，也要与天皇归一，不忘为国家奉献之念”[②]。

① 同前。Otto D. Tolischus, Tokyo Record, London: Hamish Hamilton, 1943, p. 415.

② 江口圭一，同前。

第九章　圣　战

1937年7月8日（此为著者观点，中国为7月7日——译者注）清晨，北京郊外约30公里处突发了一起不祥事件。驻扎在丰台的日本军与中国驻防部队在马可·波罗桥（中国名“卢沟桥”）发生冲突。东京的陆军参谋本部马上得到了报告，指示将前一天晚上由短暂的步枪交火引起的这个问题就地解决。位于北京至汉口铁路线上的卢沟桥附近地区的交火持续了三天。至11日，经当地双方指挥官协商，签订了停战协议。之后大约三个星期，军队的指挥者成功地维持了停战协议。

这时，军部内在对中政策上产生了严重分歧，鉴于事态严重，正在叶山休养的裕仁不得不返回东京。分别以陆军省军事课和陆军参谋本部作战课为主的一派认为卢沟桥事件是一个机会，因为日本与中国之间存在着许多恼人的未决问题，比如说，满洲国从未得到中国政府法律上的承认，标志满洲事变结束的停战协议也没有得到遵守，设在华北各省与满洲之间的非军事区经常遭到侵犯，等等。如果将北京郊外的这场战斗当作一个挑衅的借口的话，那么与中国所有的未决问题都将会通过一场有力的军事打击得到解决，因为中国人永远也不会是一个难对付的军事对手，所以，应该立即将部队调至北京地区，“保卫日本人的生命和财产”。持这种强硬主张的军官得到了关东军参谋部军官和南满铁路公司（皇室为投资股东）的一些文职官员的支持，他们希望将公司的铁路线从满洲国延伸到华北，因此希望看到事件的扩大化。①

而另一派由上层少数资深官员组成，以参谋本部第一作战部长石原莞尔少将及其部下第二课课长河边为中心。他们担心中国的情况变得太混乱，会导致把增强自身实力的军备资源转向对苏联的防御上去。7月9日，近卫内阁召开紧急会议，决定暂时延缓向华北增派部队时，主张就地解决事件的不扩大派的观点暂时占了上风。然而，扩大派早已在幕后进行活动，让本土的师团处于待机状态，并起草了增派部队的命令。当近卫内阁11日再次开会时，9日的决议被推翻，会议决定从关东军、朝鲜陆军和本土向华北派数千部队。

---

① 小林英夫《围绕卢沟桥事件——卢沟桥六十周年寄语》，《历史学研究》六九九，青木书店，1997年，30—35页。

此时，裕仁对华北事件首先考虑到的是可能来自苏联的威胁。一个星期前的6月30日，不守规矩的日本第一师团在阿穆尔河的干岔子岛上修筑防御工事。那里是北满洲国和苏联之间界限不清的边境，苏联军队也来到了岛上，随之发生交火，日本方面摧毁了两艘苏联炮舰。苏联方面则表现得比较克制，虽然调来了更多的部队和炮兵，但是没有立即反击。[①]东京和莫斯科互相指责，事态解决的尝试似乎就要开始。苏联会不会沿着满洲国边界发动攻击呢？天皇在会见近卫首相、新陆军大臣杉山和海军军令部部长之前，首先召见了陆军参谋总长闲院亲王。

“如果苏联从背后攻击的话，怎么办？”陛下问道。闲院宫回答：“我想陆军会回击的。”听了回答，陛下又重复道：“那不过是陆军的武断。万一苏联发动了攻击，怎么办呢？”殿下只是说：“那没有办法。”陛下因此看起来非常不满意。[②]

裕仁想确切地知道应变计划，而闲院宫回避了这个问题。可是，尽管他对闲院亲王的报告很失望，还是同意了近卫内阁的决议，向华北派兵，在派遣令上盖上了他的印章。

明知有停战协定，但是急于一下子解决与中国所有悬而未决问题的近卫内阁决定扩大事态，而天皇从一开始就默许了这一点。卢沟桥事件后的决议程序与满洲事变的模式有很大区别。那时是当地将校造成非法的既成事实，天皇事后明确地追认了他们的行动。而这次，近卫内阁主动与陆军的扩大派串联一气，裕仁也是从一开始就不支持不扩大派的方针。另一方面，就某一点而言，这个成为中日战争起因的最初事件与早有预谋的满洲事变有相似点。7月7日，向驻扎在卢沟桥附近丰台的中国军营地的射击，是一名日本连队长在没有中央指挥部命令的情况下任意决定的，目的是要制造“日本军受到攻击”的假象。尽管这次行动没有真正引起战争，裕仁后来在提到它时，还是责怪陆军将一场已经平息下来的小冲突扩展成一场漫长而痛苦的中国战争。[③]

战争开始三年后，天皇回顾并详述了7月初那一天，当他仔细考虑在华北应该做什么时，自己的思想和行动。他首先考虑的是不得不准备与苏联作战了，因此他认

---

① 山田朗《大元帅昭和天皇》，新日本出版社，1994年，65页。

② 原田熊雄《西园寺公与政局（六）》，岩波书店，1950年，30页。

③ 汤浅内大臣的秘书松平康昌向西园寺的秘书传达了裕仁训斥板垣征四郎陆军大臣时谈到帝国与满洲事变和卢沟桥事件。原田在一周后的1938年7月28日，忠实地记录了这段话。据松平介绍，裕仁说：“无论是满洲事变的柳条沟的时候，还是这次最初在卢沟桥的做法，完全不服从中央的命令，只是当地就可以独断专行，作为朕的军队，竟经常出现这种不合适的卑劣的方法。”昭和天皇还提到对事变扩大拥有直接责任的驻扎卢沟桥的连队长、大队长的名字牟田口廉也大佐和一木清直少佐，但原田的日记中没有记载这两个人的名字。昭和天皇对日中战争爆发的看法，直接批判了近卫内阁的正式见解。原田熊雄《西园寺公与政局（七）》，51页。江口圭一《围绕卢沟桥事件与通州事件的评价》，《季刊　战争责任研究》第25号（1999年秋季号），4页。

为与中国方面除了妥协和拖延别无选择。为此他与闲院亲王和陆军大臣杉山谈了千岔子岛问题。他们告诉他不用担心陆军对苏作战的准备："即使与支那发生战争，两三个月就解决了。"在裕仁看来这似乎缺乏合理性，于是他暂时将这个问题放到了一边，转而与近卫首相商量召集御前会议，意在通过决议解决问题。如果军部反对这个决议，到时再说。他与陆海军大臣和统帅部长也谈了话。他们没有使他确信究竟该走哪条路，但是"他们在对中国战争的时间表上取得了共识。这就很不一样。一切都准备好了，我们行动吧"。于是对中国的战争就开始了。然后事态很快明朗起来，日本在中国的兵力不够。天皇说："干脆把满苏边境的部队调过去。"但是统帅部告诉他："那不行。"[①]裕仁对自己这个目光短浅的决定什么也没有说。

1937年7月11日，近卫内阁向日本国民发表的政府声明称，很显然，"支那方面"有计划地发动了武装抗日，因此才下令向华北派兵。"但是，维持东亚和平一直是帝国的愿望，所以，为了不扩大冲突局面，政府今后也不放弃和平交涉的希望。"[②]日本国内的报道，强调了近卫内阁希望将战斗控制在北京—天津地区，毫无批判地、全面接受了责任完全在中国方面的主张。这时，昭和天皇在处理内部分裂、有着严重缺陷的军部问题上已经取得了相当的经验，大概知道事情的真相并不像报纸所说的那样。但是事件已经发生，而且正在进行中，需要考虑的是如何尽快结束。

就在与中国国民党军队的小摩擦不断发生之际，一场全面进攻的准备正在进行中。裕仁对苏联介入的担心在减少，对内阁——外务大臣广田、陆军大臣杉山、海军大臣米内和财政大臣贺屋兴宣，[③]公开表明观点，反对将事件扩大到北京—天津以外地区感到满意。

两个星期后，关东军和朝鲜军的增援部队与本土派出的三个师团会合，7月25日在天津附近的廊坊，第二天在靠近北京中心的广安门，发生了几次与中国部队的小规模冲突。这时，裕仁开始施加压力，要求进行一场结束战争的决定性战役。7月27日，他批准了国家令，指示驻中国部队司令官"严惩京津地区支那军"，并且"命你们负责同地区主要区域的治安"。[④]

日本军的总攻击经过天皇的批准，严格遵从了东京发出的命令。只经过两天的战斗，日本军就占领了北京和天津。在这两个城市里，英国和法国都有范围很小的

① 木户幸一《木户日记（下）》，平和书房，1947年，802页。

② 外务省编纂《日本外交年表》，原书房，1966年，366页。

③ 根据高木惣吉史料的《政界诸情报》（1941年2月20日），海军认为第一次近卫内阁"没有集中阁僚的思想向一个方向强力迈进的热情与实行能力"。纐缬厚《日本海军的战争终结工作》，中公新书，1996年，47页。

④ 关于大海令，参考了防卫厅防卫研修所战史部《战史丛书　陆海军年表》《付　兵语、用语解说》，朝云新闻社，1980年，11页和其详细的年谱。

租界。[①]通过将驻中国部队的任务由保护日本居民变为占领中国领土，裕仁推动了事件的扩大，在华北导致了新事态。

7月29—30日，新发生的事件，正好为日本以“惩戒中国暴行”名义重新推行的侵略政策提供了借口。位于北京东部的通州，是一个有城墙的小城市，处于跟日本合作的殷汝耕及其中国人保安队（经日本训练）的控制下。7月29—30日，保安队发动起义，趁日本驻军主力开往京津地区，攻击了没有防御的日本人居留地。起义激发了对日本占领者不可遏制的愤怒情绪。在学生和工人的支持下，中国部队杀死了18名日本兵、9名情报机关将校和385名城里的日本人，以及包括妇女和儿童在内的223名朝鲜居民。

在日本，通州大屠杀激起了强烈的愤怒和好战情绪。日本报纸称其为“第二个尼港事件”（1920年2—5月，日本出兵西伯利亚时，驻守黑龙江尼港的日本守备队和居民被俄国人全歼——译者注），却不提日本人对北方的侵略是从非军事区开始的，日本人和朝鲜人在那里加工海洛因和鸦片，然后走私到华北各省。报纸没有准确报道中国人暴行的真相。[②]木户对报道的消息感到非常愤怒，想必大多数的政策制定者也是如此。8月2日，高松亲王与天皇讨论了通州事件，他提请天皇注意陆军中不扩大派的观点并不代表整个陆军。高松宫在日记中的以下记述，也许同样告诉了他的哥哥：“现在陆军内，这次对支那，要打得让它十年也站不起来的意见又强硬起来，所以，有必要搞清楚这一点。”[③]

如此看这个事件，很难说日本政府是被军部拖入了战争。准确地讲是近卫在陆军中一派的支持下，决心利用一个小事件，实现惩罚中国军队，巩固对北京—天津地区控制的大目标。在这一点上，近卫得到了裕仁积极的支持。裕仁中止度假返回皇宫，认真听取了情况报告。正如历史学家藤原彰所指出的那样，“（近卫）政府真正想进行战争的意识在先，所以派遣了军队并扩大了冲突”，而裕仁完全支持了它。[④]

此时，蒋介石决定放弃北方，将战场移至以上海为起点的长江下游地区。这样有可能把外国势力扯进来，保卫它们在中国最大、最国际化城市里的本国居民。上海有日本人近2.5万，还有大约6000名欧洲人和近4000名美国人。他们中大部分都住

---

① 藤原彰《昭和天皇的十五年战争》，青木书店，1991年，92页。

② 江口圭一《围绕卢沟桥事件与通州事件的评价》，上述5页。

③ 木户幸一《木户日记（上）》，581页。高松宫宣仁《高松宫日记　第二卷》，中央公论社，1995年，510、512、514页。通州事件发生后，不扩大派的领袖人物石原莞尔在关于对苏战争的“进讲”中，警告昭和天皇扩大华北的战斗将会带来不利后果。

④ 藤原彰《天皇与宫中》，五十岚武士、北冈伸一编《〈争论〉东京审判是什么》，筑地书馆，1997年，147页。藤原彰，上述87—92页。

在由外国控制的国际租界区。[①] 8月13日，上海战役开始。第二天，中国空军飞机参战，攻击了地面上的日本军队和海军的飞机，轰炸了第三舰队的旗舰“出云”号。很快，海军大臣米内领导的海军省几乎立即变成了包括占领南京的扩大战争的主唱者。[②]由蒋介石对帝国海军的这第二阶段，将“华北事变”转变成中日战争。

在上海，总计约有11—15万人的蒋介石最精锐部队和杂牌的“辅助部队”，与迅速增援的约1.2万名日本海军和陆战队对峙。[③]8月15日，裕仁任命松井石根大将为战地司令官，五天后派出了上海远征军（主要由30岁左右、纪律性差的后备役军人组成）。大连第十旅团司令部所属的步兵第十二连队和第十一师团的一部分进入待机状态，以备上海之需。[④]

紧接着，以长崎为基地的20架海军飞机第一次进行了四个小时的越洋飞行，轰炸了中国首都南京。[⑤]这些“96型远程轰炸机”是在海军大将山本五十六的指导下刚开发出不久，打算在未来对抗美国的空中战争中使用，山本急于测试它们的性能。[⑥]17日，近卫内阁预见到胜利在即，于是正式决定放弃不扩大政策，仅仅以“惩戒”中国武装部队这一非常暧昧的名义进行战争。政府在声明中说：“帝国已经忍无可忍，不得已采取坚决措施，惩罚支那军的暴行，以促使南京政府反省。”[⑦]当然，在这个决议的背后有天皇的判断和赞同，正是它们推动了部队增援和战略性轰炸——否则，它将永远不会实现。同样重要的是天皇和内阁对中国人民及其抵抗力量的傲慢和蔑视的态度。

8月18日，裕仁召集陆海军参谋总长，向他们提出了一个有针对性的建议。他说，战局“正在逐渐扩大，上海的事态变得很严峻，青岛的形势也不稳。在这种状况下，如果多方用兵，战局只能拖延下去。在关键地点集中兵力加大打击怎么样”。[⑧]他还说，“以我们公正光明的态度而实行的”和平，只能通过这种巨大胜利才能达到。“不能没有收拾时局的方策”——在这里，天皇成了他自己幼稚表现的

① Edgar Snow, The Battle for Asia Random House, 1941, p. 46; Dick Wilson, When Tigers Fight: The Story of the Sino-Japanese War, 1937—1945, Viking Press, 1982, p. 33.

② 关于米内光政对国民党及战争开始的态度的突然变化，参见相泽淳《日中战争的全面化与米内光政》，军事史学会编《日中战争的诸相》，锦正社，1997年，137—138页。

③ 笠原十九司《南京事件》，岩波新书，221页。

④ 藤原彰，上述《昭和天皇的十五年战争》，93—94页。

⑤ 纐缬厚，上述18页。

⑥ 笠原十九司，上述27页。

⑦ 臼井胜美《日中战争》，中公新书，1967年，46页。

⑧ 防卫厅防卫研修所战史室《战史丛书　支那事变陆军作战（一）至昭和一三年一月》，朝云新闻社，1975年，283页。

受害者——“不能没有让支那反省的策略”。[①]

参见天皇三天后，统帅部递交了他们答复天皇提问的书面报告。根据这份报告，一场大规模的空战将摧毁中国的空军、军事设施、重要的工业和政治中心。但是只靠空中打击可能不足以使中国的军队和民众“丧失斗志”，日本还将占领华北的某些战略地点，与国民党军队直接交战，占领上海，对中国的海岸进行海上封锁。[②]当时，陆军和政府中有些人试图避免全面战争，而海军却强烈主张这个政策。裕仁认可了这份报告，只是对其中的向青岛派兵和占领上海附近的空军基地表示了担心。[③]此时，裕仁再一次积极地，而不是勉强地接受了海军提督的观点，要求他的将军们果断地采取行动。

在8月31日发布的“向华北派遣北支那方面军”的命令中，基于战争很快就结束的认识，裕仁的命令充满火药味：“摧毁敌人的斗志”，“消灭中部河北省的敌人”。但是按照他的意思，命令中删除了向青岛派遣部队的内容。[④]之后的两个星期中，裕仁批准了为增援战斗已陷入僵局的上海地区而准备的六次部队调动。9月7日，天皇批准了部署三个师团和台湾驻军赶往上海前线，同时，出于对苏联的戒备，他命令派遣其他部队前往满洲守卫。第一作战部长石原莞尔少将强烈反对增强部队，因未能阻止而辞职，后被任命为关东军参谋副长。[⑤]

在中国的战争一开始就出现了如何定义日本战争目的的问题。1937年9月4日，陆军大臣杉山在对指挥官的训示中指出：当前的事态“与帝国曾经历过的所谓事变完全不同，已经转变为全面战争，对此，必须有深刻的认识”。[⑥]同一天，裕仁在致帝国议会开会式的诏书中表示，尽管他一直全神贯注于“通过与中华民国的合作来确保亚洲的安定……然中华民国没有完全理解帝国的真意，不断引起事端，最终导致目前的事变，我对此感到遗憾。如今，我的部队正在排除万难，忠勇制敌。这只是为了促使中华民国反省，迅速确立东亚的和平”。[⑦]

日本需要不宣而战。因为石油、钢铁、棉、铜都依赖从美国进口，日本领导人担心如果日本因为宣战而成了正式的交战国，美国可能会拒绝输出这些战略性物

① 同前283页。

② 同前284页。参谋部的报告说，南京占领必须投入大部队才能保证长期实施。

③ 同前285页。

④ 同前290—291页。

⑤ 同前297—299页。第十三师团、第一百零一师团主要是由预备役构成的部队，平均年龄超过30岁。藤原彰《南京大屠杀及其背景》，《南京的日本军》，大月书店，1997年，13页。

⑥ 《陆军大臣训示送附之件》，昭和12年陆支密第一六七九号（《陆支密大日记》，防卫研究所图书馆藏），藤原彰《日中战争中的俘虏虐杀》，《季刊　战争责任研究》第九号（1995年秋季号），日本战争责任资料中心，20—21、23页。

⑦ 千田夏光《天皇与敕语与昭和史》，汐文社，1983年，257—258页。

资。以“事变”而不是以战争的名义作战，可以使美国的工业界和原料出口业界回避美国1935年的中立法案和1937年5月被进一步强化的同法案。作为摆脱经济危机的手段，美国商业界急切想继续这些生意。

包括以往的三次对外战争，日本不愿清晰定义战争目的的其他原因，更多属于精神上的。毕竟，日本存在着官方神学，大量神学家，包括大学教授、禅宗和日莲宗佛教僧侣，以及政府官僚等都是信者。根据它的阐释：天皇是一个活着的神，是天照大神的后代。日本是道德和正义的化身。它的战争自然也是公正的，永不会侵略。因此，它在中国建立“皇道”的努力，通过“深怀慈悲的杀害”手段——为了大多数人的生存杀掉少数有问题的人，使那里的人们处于天皇仁慈的占领下，这是被占领民众的幸事，绝不是殖民地扩张。自然，对于那些抵抗的人，必须使他们醒悟过来。但是从形式上讲，没有“战争”，只是一个“事变”。[①]

因此，从战争初期，日本政府就反复将“支那事变”称为神圣的战斗，即“圣战”。战斗拖得越久，思想家们就越是坚持用“圣战”这个词。它表达了在天皇仁慈统治下统一世界（“八纮一宇”），使昭和天皇和天照大神的威光普照世界的国家使命。

I

到了11月初，中国的战争使近卫首相、天皇和陆海军统帅部清楚地认识到，需要建立一个更为合理更为有效的最高指挥机构，以统制战地部队实施国家政策。10月已经建立了一个内阁计划委员会。11月27日，裕仁在近卫的建议下，下令在宫中成立“大本营”（天皇的司令部），这是一个纯军事机构，裕仁可以通过它行使大元帅的宪法职权，使陆海军行动能够更加统一。从此，一周中有几天的上午，陆军参谋总长、海军军令部部长，陆相、海相、陆海军的作战课课长和裕仁的侍从武官长都会在宫中商议几个小时。大本营有200多人，最初更近似于一个随意的军官聚会，而非近卫原来所设想的，是一个有效的经营战争并且协调政治和战略的机构。

同时，也是在近卫的推动下，1937年11月19日，组建了一个政府内部的联络组织：大本营政府联络会议，近卫希望陆海军统帅部与政府能进行更紧密的协商。[②]会议的目的是协助将两个军事部门的决定和要求与政府其他部门的政策和对策统一起来。这个联络会议从一开始也是一个临时的，很少召集会议交流情况。

① 关于“怀着慈悲心杀人”，参见Brian A. Victoria, Zen at War, Weatherhill, Inc., 1997, pp. 86—91.

② 原刚、安冈昭男编《日本陆海军事典》，新人物往来社，1997年，152页。森茂树《国策决定过程的变化——第二次、第三次近卫内阁国策决定中的“国务”与“统帅”》，《日本史研究》三九五号（1995年7月），36—37页。

联络会议的最终决议在有裕仁亲自参加的特别会议上进行决定和正式公布。这些“御前会议”（天皇会议）既不是依照政府规定设立的，也与宪法程序无关。然而，由于是天皇召集并批准了会议的决议，当时的日本人就认为御前会议是合法的，即使实际参加会议的只有首相和财政大臣等少数国务大臣。[①]从1938年1月11日到1941年12月1日为止，御前会议至少召集了八次。[②]参加御前会议的人除了天皇以外，还有陆军参谋总长及次长、海军军令部部长及次长、陆相、海相、首相、藏相、外相、枢密院议长和计划院总裁。陆海军的军务部长和内阁秘书们不能参加御前会议。除了1941年两次重要的御前会议，报纸都在会议之后立即向公众进行了报道。报道都很简练，包括会议参加者和他们的服装，同时强调决议为全员一致通过。[③]

裕仁主持御前会议，并批准那些不仅影响着日本命运，而且受日本政策牵连的中国及其他国家的命运的决策。御前会议通常在大本营政府联络会议之后举行，而在联络会议上，各个利益党派达成的决议中就有天皇的参与，所以昭和天皇对将要“决定”的事务内容，事先就已经掌握。从根本上讲，御前会议的目的是为裕仁天皇提供一个表演的场合，就好像他是一个真正的立宪君主，对自己的行为不承担责任，只是依从顾问的建议在批准事项。在这些会议上，文职大臣们身着晨礼服，军事官员则是正装军服。然而，这些戏剧性的要素掩盖不了会议的重要性。并不是所有的御前会议都是同样形式，天皇在所有的会议上也并不都是缄口不言。

御前会议是将“天皇意志”合法地转换为“国家意志”的工具。因为每个参与审议的人都可以声称他们是顺应、根据和在天皇独一无二的权威之下行动的，而天皇则可以声称他是依照国务大臣的建议行事的，所以，御前会议分散了承担责任的主体。[④]从这个意义上讲，它是日本无责任习惯的最高体现，因为它支撑了四个不同的假象：（a）内阁拥有真正的权力；（b）内阁是天皇最重要的顾问机构；（c）内阁与军统帅部之间对需要商议的事务经过妥协达成合意；（d）天皇是一个被动的君主，仅仅是批准那些被提交上来的各项政策决议。但事实正好相反：一个无力的内

---

① 同前41页。

② 大江志乃夫《御前会议》，中公新书，1991年，10l页。御前会议没有正式会议记录，因此杉山元将军记下的《杉山备忘》（其中绝大部分为真田穰一郎的记录）成为重要史料。关于1940—1941年的会议，参见参谋本部编《杉山备忘（上）》，原书房，1967年。

③《东京日日新闻》《东京朝日新闻》对御前会议的报道有1938年1月12日、1940年7月28日、9月20日、11月14日，以及1941年7月2、3日。决定对美英开战的最重要的1941年9月6日、11月5日的御前会议，据我所知没有报道。

④ 御前会议的出席者为首相、枢密院议长、陆相、海相、藏相、外相、内阁企画院总裁、陆军参谋总长、海军军令部总长、陆海军省的军务局长。参加者陈述自己的意见，枢密院议长经常代裕仁提问，裕仁则静坐不说话。会上的所有决定无一例外，皆是通过一致同意而做出的。

阁、一部被阉割的宪法和一个强有力的天皇。他通过各种不同的干涉方式，间接地、但每一次都是决定性地，积极地参与了侵略的策划并引导了实施的全过程。①

大本营的主要成员都向裕仁提出建议，但是能将天皇的命令传达给陆海军战地指挥官的只有统帅部长。②通过大本营，裕仁对陆海军行使了最终指挥权，其中包括直接听从天皇指令的战地部队：关东军和在中国的方面军。③通过联络会议，天皇和统帅部试图与文职政府在政策上协调一致。④但是事实证明，裕仁不可能实现战争领导上的协调和统一，因为大本营再次促发了陆海军之间的对立，而联络会议是建立在各国务大臣分别并且是独立辅弼天皇的原则基础上的——这一原则最终并没有得到遵守。⑤

此外，内阁（从总体上）无法控制它的军事成员，因为它的统合能力很弱，另外，陆军和海军大臣在内阁的地位独特——享有单独辅弼天皇的独立权限。海军既担心陆军会控制大本营，又害怕削弱自己独立的“统帅权”，在它的竭力主张下，首相和文职官员被排除在大本营之外。裕仁批准了这种设置，但是这种设置降低了效率，在整个战争过程中，妨碍了与文职机构的情报交换和协调。

大本营的设置，使裕仁体会到作为一个积极能动的大元帅在行使权力时变得容易了，而这是他的祖父明治天皇也未做到的事情。天皇的最高命令，被称为大本营陆军令（大陆命）和大本营海军令（大海令），在直接传达给各方面军司令官、军司令官、经常还有师团长和舰队司令官的过程中，参谋总长和军令部长起的是“传声筒”的作用。实际上，天皇不可能对大本营的所有命令都进行详细检查，但是对

---

① 安田浩《天皇的政治史——睦仁、嘉仁、裕仁的时代》，青木书店，1998年，272—273页。“无负责体系”的君主制概念，最早是政治学者丸山真男提出的。

② 昭和天皇的大本营，在以无权获知军事秘密为由排除了文官参与一点上，与明治天皇大本营的运营很不同。昭和天皇的大本营与明治天皇时期相比，军部拥有更多的特权，参与国策及对外战略的决定。昭和天皇在军事与政治决定方面的发言权（包括其近臣的发言权）得到了强化。即位最初十年昭和天皇对军部丧失的权力，随着战争的扩大及日本全力战体制的缺陷日益突出而逐步得到了恢复。

③ 濑岛龙三《大东亚战争体验》，军事史学会编《第二次世界大战（三）——终战》，锦正社，第三一卷第一二合并号（1995年9月），398—399页。有关重大政策的大本营最终决定，与大本营政府联络会议做出重要决定时一样，昭和天皇的出席为必要条件。但正如山田朗指出的那样，有时陆海军统帅部的两个人不经过召开正式的会议就做出了大本营决定。这种决定上奏裕仁并得到认可，可以自动成为有效的决定。山田朗，上述70页参照。

④ 1942年11月至1945年1月在大本营勤务的源田实说，后来，只有昭和天皇才能让大本营有效运作。因为“机构整体分为陆军、海军以及所谓政府三个部分，可以协调这三者的只有昭和天皇”。Leon V. Sigal, Fighting to a Finish: The Politics of War Termination in the United States and Japan, 1945, Cornel University Press, 1988, p. 74.

⑤ 森茂树，上述37—38页。

于这些命令的最高类型——天皇的最高统帅命令，在统帅部准备传达之前，都要受到裕仁的仔细检查。

统帅部长根据大陆命和大海令发布的较为重要的命令和指示亦是如此。首先是陆军和海军的作战课起草命令，部课长进行修改，然后沿着指挥系统传到次长和总长处，最后，在命令发布之前提交给天皇取得他的许可。[①]就这样，裕仁不但作为一种力量推动了日本整个战争体制，而且作为可以自由行动的个人，仔细地审查和批准了实行侵略战争的政策、战略和命令，因此，天皇的责任是巨大的。

裕仁与大本营之间通过调查问题、告诫以及向统帅部和陆海军大臣认真重复他的指示和质询的方式相互作用。此外，他还学会了如何利用他的地位不断地向他们施加心理压力。平时，他行事温和，可以说更像乔治·C. 马歇尔的礼貌仪态，而不像乔治·S. 巴顿的风格。然而，他的"质询"相当于命令不能无视。天皇希望变更现行军事行动时，有时也会遇到反对意见，但是只要他坚持就会如愿——即便那意味着统帅部长不得不否定那些与天皇的政策相左的作战部长以及重要部局长们的主张。简言之，统帅部要对一个精力充沛、行动主义的天皇负责，他们永远无法按照自己的想法进行对中国的战争。[②]陆海军大臣也是如此，他们也受到裕仁质询的管制，有时候要做他的出气筒。

此外，有文献史料为证，在各种关键时刻，裕仁不但参与制定战略、决定战役计划、选定时间等，而且还对进行中的现地军事行动进行干涉，以至于如果没有他的干涉，某些变化根本就不可能发生，而且这样的行为不在少数，有时甚至每天如此。他还监管甚至偶尔评论方面军司令向下属部队发布的命令，尽管不能确定他做到了什么程度。[③]

裕仁即位以来一直听取的内阁非正式报告（内奏），1937年以后由于大本营的设置而得到了加强，它对裕仁的大元帅角色提供了正规的支持。从某种程度上讲，内奏属于天皇提问（御下问）上奏者回答的问答式会见。通常的参加者是统帅部和

---

① 山田朗《十五年战争的诸相　昭和天皇的战争指导——情报集中与作战参与》，《季刊　战争责任研究》第八号（1995年夏季号），日本战争责任资料中心，18页。山田还在同一论文的19页介绍，最初的大陆命令为1937年11月22日，最后的大陆命令编号为1392号，是1945年8月28日发布的。海军也采取同样的发令手续，1937年7月28日至1941年9月6日，发布了304次大海命令。昭和天皇批准了珍珠港袭击后，海军重编了大海命令的编号，1941年11月5日发布第一号大海命令，最后的第57号于1945年9月1日发布。

② Nobutaka Ike在其著作的短短的《序文》中，对1941年的御前会议做了说明，此处Ike在昭和天皇和统帅部的关系理解上犯了重大的错误。详见Nobutaka Ike, Japan's Dicision for War: Records of the 1941 Policy Conferences, Stanford University Press, 1967, p. xviii.

③ 山田朗，上述185页。

某几位特定阁僚。这种会见有时已经流于形式。在这些会见中，天皇默不作声地接受大臣或者统帅部的书面或者口头报告（上奏）。在内奏过程中，情报和意见的交换甚至会引发对政策、战略，甚至战术的讨论，最后是以日本式的“意见一致”达成决议。其结果是，在内奏后再形成的内阁决议实际上是预先决定好的“成品”，它反映了裕仁的思想，因此不会再被修正。[①]

Ⅱ

10月下旬，上海及周边地区的阵地战显露了临近结束的迹象。11月9日，中国陆军开始了部分撤退。上海市约五平方公里的城区和大部分郊区被来自陆海空的轰炸破坏。将近25万中国人被杀害，包括许多在前线战斗的妇女和儿童。日本方面的死亡人数是9115名，受伤人数为3.1257万名。[②]11月中旬，中国军队的抵抗全线崩溃。当时的形势是，中岛今朝吾中将率领的上海派遣军第十六师团在长江沿岸的白茆江未遇抵抗地成功登陆，并且将与一周前在杭州湾北岸登陆的柳川平助中将率领的第十军会合，对中国军队造成威胁。[③]丧失了斗志、组织混乱的蒋介石士兵，暴露在日本海军航空队的猛烈轰炸和机关枪扫射下，还有日本炮舰的炮轰之下，他们穿过长江沿岸的村庄和城镇慌乱地撤向约300公里之外的南京。

日本军拥有装备优势，但是休息和补给严重不足，尽管如此，日军各纵队继续向西推进，对中国军队进行紧急追击。上海派遣军当初的目的只是在上海地区从事有限度的战争并避免与英国和美国发生摩擦。然而，随着战地司令官无视东京的上级指挥权开始独断滥用职权，这些制约都被置之不顾。第一次与中国普通平民直接接触的部队（他们在整个上海战役中一直都在杀害俘虏），现在被命令可以无视战斗人员和非战斗人员的区别。例如，11月11日的步兵第六连队第二大队的攻击令名言：“一般良民皆于城内避难，因此，所有城外者均按怀有敌意者论处予以消灭。”“烧毁房屋、准备物资便于扫荡行动。”[④]

向南京进军的日本军各部队沿主要干道和铁路干线向内地推进时，烧毁劫掠

① 须崎慎一《天皇与战争》，山口定、Ruprecht编《历史与认同》，思文阁出版，1993年，218页。木户在1964年7月21日就昭和天皇的战争责任问题暗示道：“天皇不同意的时候，一般都是不立即做出决定，或者延期或者交给内阁进行修改，成为惯例。”《木户幸一日记　东京审判期间》，东京大学出版会，1980年，454页。

② 藤原彰、今井清一、大江志乃夫编《近代日本史的基础知识》，有斐阁，1972年，418页。吉田裕《天皇的军队与南京事件》，青木书店，1986年，41页。

③ 藤原彰《南京大屠杀及其背景》，上述16页。

④ 同前20页。

村庄和城镇，对大批中国军队和避难的平民进行了追击。12月1日，裕仁新设立的大本营命令第十军和上海派遣军从不同方向包围南京。第二天，朝香亲王被任命为上海派遣军司令，当时，健康状况不佳的松井石根大将被提升统帅中方面军，这支部队由上海派遣军和第十军组成。12月8日，朝香率领的部队开始攻打南京防御阵地。只经过了五天的抵抗，拥有大约40万到50万人口、有城墙环绕的南京于12月13日陷落。

没有任何“洗劫”南京的命令。大本营也没有下令将消灭全体敌人作为南京包围战役的最终目标。不过，确实有不留俘虏的明确命令。南京一陷落，日本兵便开始集体处决俘虏和缴械投降的逃兵。他们还进行了空前的、作战计划外的纵火、掠夺、杀人和强奸等残暴行为。由此导致的大屠杀在城内和附近六个村庄持续了三个月，远远超出了前期在上海战役和沿着中国军逃往南京的路上所犯下的暴行。中岛中将的第十六师团仅在进入南京的第一天就杀害了近3.23万名中国俘虏和逃兵。不过日本人的估算将这个总计降到了2.4万人。[①]

当松井和朝香将军坚持要在12月17日骑马沿着宽阔的南京主要大街行进举行胜利游行时，朝香的参谋长饭沼守命令第十六和第九师团加强对被占领的南京及其周边村庄的扫荡，以保证皇室亲王万无一失。12月16日晚到17日清晨，已取得战斗胜利的日本军围剿了基本上已经放弃了武器、褪去了军服、在拼命逃跑的中国残余部队，单是在南京城内就杀害了超过1.7万名成年男子和未成年男子。[②]与此同时，第九师团在南京的外围行政区域加强了歼灭作战。

12月17日下午2点，在海军大将长谷川陪同下，松井将军向东方的皇宫遥拜，并在前国民党政府办公大楼前升起太阳旗，以此结束了胜利庆典。松井高呼三遍：“大元帅陛下万岁！”集结的两万多名战斗部队——相当于占领南京部队的1／3，也同声唱和。[③]

关于南京城墙内和近郊农村的中国牺牲者总数，至今仍在激烈地争论中。日本人估算的比较适当的数字为“不少于20万人”——同时他们也承认实际数字也许永远无法知道。战后东京战犯法庭接受了“20万以上”的平民和俘虏于“最初的六周内，在南京及其附近地区被杀害”的估算值。[④]在南京举行的战犯审判接受的数值是“30万人以上”，后来中国又将牺牲者人数提高到34万人，但是这个数值未被证

① 笠原十九司，上述《南京事件》225页。

② 同前181—187页。

③ 同前190页。

④《国际检察局询问调查书》第二〇卷，判决及附属书的眷本，49、60页。

实。[①]1937年12月，西方关于南京大屠杀的最初报道以有限的来自市内的消息为基础，推测在最初几天被杀害的人有一到两万以上。[②]谈到导致日本兵犯下如此骇人听闻罪行的特殊战场状况，日本历史学家们最常论及的是军纪的败坏、种族沙文主义、报复心理和“心理上的极度愤怒”。

强奸受害者的人数也处于争论之中。当时的外国观察员估计，在占领初期，当日本帝国陆军将南京与中国的其他地区完全隔离封锁起来时，每天大约有1000名各年龄层的妇女和少女遭到性攻击和强奸。这种状态一直持续到3月下旬，军队的秩序得到恢复为止。此时，“慰安所”的数量开始激增，在里面被迫充当妓女的是从日本全国各地征集来的妇女。陆军在华中新建了一个“中华民国维新政府”，与三个月前在北京建立的政府（中华民国临时政府）相对应。然而，对中国平民的大规模暴虐行为仍在继续。从1937年7月对中战争开始到1939年末，共有420名日本士兵因强奸和杀害中国妇女受到军事法庭判决。但是，没有一名日本士兵因此被判死刑。[③]

当时有几百名日本记者和新闻纪录片摄影者在中国做随军记者，相比之下，欧美记者为少数。然而，只有后者向世界报道了事实真相。受到审查的日本新闻界被禁止引用国外批判日本的新闻报道。没有报纸提到屠杀、战争犯罪、对平民的恐怖行为和强奸，被提及的仅仅是在南京抓到许多俘虏，大量中国人的遗体没有被掩埋。[④]不过，两名日本军少尉比赛用军刀砍死100名中国士兵的消息在南京被占领之

---

① 吉田裕，上述160页。藤原彰《关于南京大屠杀的牺牲者人数——“东京审判史观”批判意味着什么》，历史教育者协议会编《历史地理教育》，五三零（1995年3月），72页。Daqing Yang, “Convergence or Divergence? Recent Historical Writing on the Rape of Nanjing”, in American Historical Review 104, no. 3 (June 1999), p. 850.

日本的召集兵由于准备与训练不足，在上海战斗中以及其后死伤较大。这被认为是日军在南京大量虐杀俘虏的一个原因。部队之间在抢先到达南京以及包围南京城等方面互相竞争，为了攻陷南京造成很大伤亡，也加深了士兵的复仇心理。日本战争目的的暧昧不明，也给士兵带来了焦躁和混乱，尤其是他们把中国人看成“劣等人种”。南京大屠杀更深一层的原因，还应该认识到它与帝国陆军性质的关系。关于近年的议论，参见《天皇的军队的特质——残虐行为的历史背景》，《季刊　战争责任研究》，上述12页。藤原彰《日中战争中的俘虏虐杀》，《季刊　战争责任研究》第九号（1995年秋季号），22—23页。

② The Chicago Daily News, Dec. 15, 1937. 江口圭一《大系　日本的历史　14　两次大战》，小学馆，1989年，259页。新闻记者埃德加·斯诺借用南京安全区国际委员会成员在事件发生后的早期测算，认为“日本人在南京市内至少杀害了4.2万名以上”，并且“在从上海向南京的进军过程中，有30万市民”被杀害。（参照Snow, The Battle of for Asia, p. 57）

③ 吉田义明编《从军慰安妇资料集》，大月书店，1992年，参见191页表格。纐缬厚，《天皇军队的特征：残虐行为的历史背景》14页。

④ 洞富雄《南京事件》，新人物往来社，1972年，84—85页。笠原十九司《日中全面战争与海军》，青木书店，1997年，283页。铃木健二《战争与新闻》，每日新闻社，1995年，123—124页。

前倒是在《东京日日新闻》上出现过几次，为了解日本军在中国战场上的暴行提供了线索。[①]在日本，只有像基督教学者矢内原忠雄那样极有洞察力的日本读者和能读到外国报纸的人才知道真相，才能意识到身着军服的杀人者犯下的罪行与日本理想化的自画像差之千里。[②]

皇室成员都听说了大屠杀和几近全面崩溃的军纪情况，其中包括裕仁的叔父、50岁的朝香亲王，他在松井大将指挥进攻南京时任司令官，是大屠杀最激烈时南京城中最高将领。良子皇后的叔父、陆军航空本部长、49岁的东久迩亲王，以及陆军参谋总长、71岁的闲院亲王，当然，陆军大臣杉山也掌握这一切，还有许多大本营高中层军官。众议院议员，后备役的江藤大将也知道。[③]外务省无疑也知道，其东亚局长石射猪太郎在日记中吐露道："上海有信来，详细报告了我陆军在南京的暴行，掠夺、强奸，触目惊心。天哪，这是皇军吗？"[④]战后，作为外交官，老练的中国通重光葵记述了当时他是如何"为了补偿占领南京时犯下的罪行，做出极大努力促进对中国善政"的。[⑤]

因此说，近卫政府知道在南京的强奸和抢掠，而经常听汇报的裕仁却不知道，这看起来不太可能。裕仁位于指挥系统的顶部，在最初阶段，即使指挥系统有缺陷，也很难使他对高层或者中层的决策不知情。他密切关注着日本军队的每一个行动，浏览外电，每天阅读报纸，并经常就他在报纸中发现的问题询问近臣。作为批准夺取和占领南京的最高司令，作为国家的精神领袖——赋予"惩戒"中国以合法性的人，无论是宪法上的责任还是最低限的道义上的责任，他都有关注军纪的义务，哪怕是非公开的。然而，他似乎从未这样做过。

对他的部队在上海—南京战区的行为，各国通过外交途径发来的抗议越来越多，这也许引起了裕仁天皇的注意。可以确定的是，它们引起了最高指挥部和外务省的注意，更不要说一些议会的议员了。就日本陆军在南京抢掠美国人的财产以及亵渎美国国旗，美国大使格鲁曾经两次正式向外务大臣广田提出抗议。之后，广田

① 洞富雄《南京大屠杀——"否定活动"批判》，现代史出版会，1975年，22—26页。

② 战后，在对东京审判国际检察局的供述中，朝香宫完全否定了对中国俘虏的大屠杀，主张自己指挥下的部队完全没有收到投诉报告。松井将军也否定了这种野蛮行为的存在，通过把事件的责任推诿给下面的师团长来保护朝香宫。这两个人，可以看成南京事件最初的否定派。关于二人的供述，参见粟屋宪太郎、吉田裕编《国际检察局询问调查书　第八卷》，日本图书中心，1993年第八卷中，特别是358—366页，第十二卷，306页。

③ 当时，江藤源九郎向朋友、预备役大将真崎甚三郎叙述了南京事件的情况。真崎在1938年1月28日的日记中写道："军纪风纪颓废，不加重整，最后将无法承受正规的战斗。强盗、强奸、掠夺，让人不忍卒听。"（笠原十九司，上述《南京事件》212页）。

④ 吉田裕《现代历史学与战争责任》，青木书店，1997年，191页。

⑤ 重光葵《续　重光葵手记》，中央公论社，1988年，295页。

在1938年1月中旬的内阁会议上提出了这个问题。[①]

外交官日高信六郎在南京陷落后不久访问了那里，他也向广田做了详细的报告。尽管是推测，没有确凿的证据，但是他很有可能在1月下旬向天皇汇报了那里的暴行。[②]日高能讲一口流利的英语，他与纳粹党员的德国人约翰·拉贝有私交。南京市中心的西方人组建了南京安全区国际委员会，为难民提供避难所，拉贝是安全区的组织者之一。第一本关于南京大屠杀的书《日本人在中国的恐怖行动》（1938年）的作者、《曼彻斯特卫报》记者哈罗德·J．廷波利也是日高的朋友。另外，日高还与《纽约时报》特派员哈利特·阿本德就南京事件进行过讨论。日高甚至向外务省转达过南京安全区国际委员会成员们的抗议，包括拉贝和南京大学教授刘易斯·斯迈思所写的抗议书。如果日高或者外务大臣广田向裕仁汇报过陆军的暴行，那么事实上他应该知道得非常清楚。

然而，我们假设裕仁没有得到当局任何人就他的士兵在师团、连队，甚至是参谋的命令下，违反国际法而进行的大规模屠杀的实际情况的正式报告。即使如此，他还有来自非指挥系统的关于陆军军纪败坏的间接情报，比如国内外的报道，或者还可能从他的弟弟们那里听到传闻，从而了解在被占领的南京发生的事情。[③]因为他确实拥有这些间接情报，他应该下令秘密进行调查，但是没有关于天皇下令调查南京事件的文件性记录。相反，却有裕仁对于皇军的犯罪行为保持沉默的事实记录。从皇军占领南京的那一刻起，他就一直密切地注视着军队的行动。还有一件同样无

---

① 关于1938年3月18日为止的Grew的形势报告，参见“Records of the State Relating to Political Relations between the U. S. and Japan, 1930—1939”, reel no. 2, file no. 711. 94 / 1184.

② 粟屋宪太郎、吉田裕编《日高信六郎》，上述《国际检察局询问调查书》第四二卷，79—98页。

南京事件时，作为《纽约时报》特派员在中国的Hallett Abend，1943年报道了“一个私下对事件做了调查的日本高等文官”对他说的话。他没有披露这个日本人的姓名，但说那个日本人“最近拜谒过天皇”，并把事件的详细情况报告给了裕仁。向Abend提供信息的，估计是日高信六郎。

“我获得了被召入宫的宝贵机会，沐浴了与天皇陛下长达两个小时的拜谒。我到了觐见的房间后，天皇命令其他人在谈话结束前都要离开室内。然后，陛下给我一个垫子，我在天皇身边跪了两个小时。陛下屈身在我耳边小声说，南京占领后发生的事情，知道的全都告诉我。我一件也不隐瞒地述说起来，陛下也提了许多问题。”

Abend对这个谒见做了夸张的描写，在跪拜者的耳边屈身说话这一段有明显的错误，与其说是日本式的姿势，不如说是中国式的。但在其他方面，Abend的介绍值得相信。日高在1946年5月1日对国际检察局的供述中承认Abend和自己是在上海时就有交往的旧相识。在东京审判时，日高为了给松井将军辩护做了证言，但没有被问及上述与昭和天皇谈话这一段。关于Abend，见Pacific Charter: Our Destiny in Asia, Doubleday, Doran & Co., 1943, pp. 38—39.《远东国际军事审判速记录》第六卷，雄松堂书店，1968，第210号，270—273页。

③ 长勇中佐是上海派遣军参谋兼中支那方面军参谋、情报科长，以下令屠杀而闻名。藤原彰《南京大屠杀及其背景》，上述80页。

法否认的事实是，在事件初期，或是杀戮、强奸的整个时期，裕仁没有任何公开表达其不快、愤怒或者遗憾的举动，而是积极地鼓励其将领们在促使中国人“反省”的国策下取得更大的胜利。

南京陷落的三个多星期前，即新大本营设立的11月20日，裕仁向中国地区的舰队司令官长谷川清发出诏书，赞许舰队官兵与陆军合作，控制了中国的沿海，并阻断了其海上运输线。同时他告诫说：“前途尚远，希望你们更加努力奋斗，取得完全胜利。”①

四天后，在参加第一次大本营的御前会议时，裕仁对中国中部方面军司令松井大将的进攻并占领中国首都这一重大决定予以事后认可。会议期间，陆军参谋本部的下村第一作战部长对部队的作战计划做了说明，他说因为赴中国华中的运输部队及炮兵部队距最前线尚远，所以“方面军的航空队要与海军的航空兵协力，轰炸南京及其战略要地”。②因此，裕仁对轰炸和用机关枪扫射南京及其周边地区的计划是相当清楚的，他是在此基础上批准了作战计划的。他（事后）认可了撤销对陆军在作战范围上所有的限制，陆军和海军在没有东京事先授权的情况下对南京发动猛烈攻击期间，他没有任何表示制止他们的举动。12月1日，在对南京的轰炸以及海上、陆地的攻击开始几天后，裕仁向松井大将发布了正式的攻击命令：“中支那方面军司令要与海军协同行动，夺下敌国首都南京。”（大陆命第八号）

当时，与其他大多数高级将领一样，裕仁支持强有力的打击将会使蒋介石跪地求饶并使战争结束的观点，因此，他一直急切地想在“敌人的首都”进行一场决定性战役。结果，天皇不顾松井和朝香的行为所带来的外交上的危害，公开褒奖了他们。12月14日，南京陷落的第二天，他又向统帅部传下御旨，表达了他对攻陷并占领南京的报告的满意。③1938年2月，当松井大将暂时离任返回东京时，裕仁赐其诏书一份，表彰他伟大的军事成就。④而朝香亲王一直到1940年4月才领受了对他的嘉奖——金鵄勋章。⑤裕仁就是如此间接地行使他的权力赦免了军队的犯罪。尽管他可能私下里对南京发生的一切感到沮丧，但他没有公开提及过，对日本的俘虏政策也没有表示任何关注，或是为改变日本的俘虏政策做任何事情以示补偿。

日本陆海军官兵都在南京实施了暴行，陆军还炮轰了中国难民船和英国炮艇

---

① 海军省海军军事普及部编《支那事变中帝国海军的行动》，37页。笠原十九司上述《日中全面战争与海军》，168页。

② 《支那事变陆军作战（一）》，406—416页。笠原十九司，同前161—162页。

③ 《大元帅陛下语录》中有这样一段：“对中支那方面的陆海军诸部队在上海战后，继续进行勇猛果敢的追击，攻陷首都南京，感到深深的满足。向将兵传达这个旨意。”

④ 同前213页。

⑤ 粟屋宪太郎、吉田裕编，上述356页。

“瓢虫”和“蜜蜂”号。与此同时，两架日本海军飞机蓄意轰炸了美国军舰“帕奈号”，此舰停泊在距离南京约40公里的长江上游，船上载有外交官和欧美的新闻记者及摄影师。[①]伤害之余又添侮辱，当“帕奈号”的船员和乘客放弃燃烧的舰船逃生时，乘摩托艇的日本兵登上舰船，向最后一艘奋力划向岸边的救生艇射击。这次事件中有三名美国人死亡，另外三名重伤。关于这一事件，就在英国和美国新闻界开始报道震惊世界的南京大屠杀时，传到了西方。[②]这两个事件给美国的公众舆论留下了日本军队侵略成性、残忍、任意妄为的印象。他们攻击的是对日本在中国的行径批判最猛烈的两个强国的军舰。而且，这些事件还形成了对日本的新认识，即日本直接威胁到了美国的安全。

近卫和帝国海军马上道歉并支付了220万美元，作为对他们称之为“误炸”击沉的“帕奈号”的赔偿。而裕仁对这次造成的损害，又一次没有采取任何个人行动，尽管向罗斯福总统和乔治六世国王致电表达一下他的遗憾之意并不是一件难事。[③]很明显，天皇和近卫内阁对日本在军事和外交上这一重大失误缺乏整体把握。

无论是中国还是美国，谁都没有忘记、也不会原谅大屠杀和击沉“帕奈号”事件。“洗劫”南京的消息被广泛传播，对许多中国人来说，它已经成为一个象征性的事件：通过这个多棱镜，中国人看到了此后很长时间里与日本的全面战争。在饱受萧条折磨的美国，关于大屠杀和击沉“帕奈号”的报道很罕见地被安排在头版。[④]有关亚洲的报道瞬间提升了国际局势的紧张度，进一步刺激了一直都存在的反对日本、支持中国的情绪。自从19世纪后期，美国就倾向于不仅将中国看作一个待开拓的市场，还将其视作实现他们理想主义和良好对外关系的合适场所。罗斯福总统因拒绝批准制裁脆弱的日本经济，受到联合抵制销售进口日货的新运动的批判。此外，美国主张海军扩张的呼声也越来越高。当时，处于第二届任期却仍然无法支配外交政策的罗斯福，派海军作战局长罗亚尔·E．英格索尔到伦敦参加海军磋商，讨论为抵抗日本在亚洲和太平洋的侵略，与英国合作共同对抗的可能性。[⑤]

---

① “班乃”号1928年于上海建舰，因美国殖民地菲律宾的班乃岛而命名，为美国在亚洲舰队“扬子江警备队”三艘炮舰之一。在扬子江航行的“权利”以及保护美国人生命财产的“权利”，是第二次鸦片战争后的1860年与中国签署《北京条约》而夺取的。笠原十九司《日中全面战争与海军》，22页。

② 参照以下几家报纸：Washington Post, Dec. 14, 1937. Los Angels Times, Dec. 15, 1937. New York Times, Dec., 1937. Manchester Guardian, Dec. 14 and 20, 1937. The Times of London, Dec. 14 and 16, 1937.

③ 笠原十九司，上述302页。

④ 一般来说，20世纪30年代后期的美国报纸“有轻视太平洋地区的倾向”，亚洲报道受到重视，能安排在头版的情形极少。James C. Schneider, Should America Go to War? The Debate over Foreign Policy in Chicago, 1939—1941, University of North Carolina Press, 1989, p. 150.

⑤ 笠原十九司，上述304—305页。

“帕奈号”事件一时间也引起了美国人对裕仁的注意。12月14日，《芝加哥每日新闻》以通栏标题《考虑与日本断交》警告称，除非“日本天皇”迅速答复“罗斯福总统对道歉、赔偿和保证不再发生类似攻击事件的要求”，否则应考虑与日本断交。在“美国要求天皇承担责任”的标题下是一幅画，画中身材矮小、戴着眼镜、身穿军服的裕仁骑在高大的白马上。[①]这家报纸暗示裕仁是一个拥有政治实权的天皇，因此应该对击沉美国战舰承担责任。然而，这样现实主义的报道并不多见。

1938年，日本开展全民总动员以支援在中国的战争，此时，裕仁面临着需要协调国家统治阶层内部意见分歧的局面。照片为裕仁在东京代代木练兵场陆军阅兵的情景。

《纽约时报》和《华盛顿邮报》的报道倾向或是将日本看作磐石一块的政治实体，或是将矛头都对准了“日本军阀”“军国主义者”和“极端军事主义者”。12月14日，《洛杉矶时报》就罗斯福关于“帕奈号”事件给天皇的照会发表了社论：

希望读者们注意日本的武装部队处于天皇单独控制之下这一事实，而不是……一定要服从于内阁代表的日本政府……当然，至于日本的高级指挥部实际上是服从于天皇，还是支配天皇，这是另外的问题。但是日本的机构中存在着一种双重性，使得与日本政府的交涉很困难。[②]

① The Chicago Daily News, Dec. 14, 1937. 同前247、303页。

② Los Angels Times Dec. 14, 1937.

然而，《洛杉矶时报》对天皇的实际权力的问题并未有定论。

根据这些大城市报纸的判断，裕仁基本上不参与日本的政策决定过程。毫无例外地，他在美国人的头脑中主要是作为一个没有实权的“傀儡”而存在（如果他存在的话）。1937年以后，美国与日本的关系逐渐恶化，但也没有破坏这一固定的天皇形象。直到珍珠港事件为止，美国人对日本天皇的主要印象一直是一个不进行统治，只是君临的君主——不参与政治决策；被政治决定支撑；不对顾问们的意见施加影响，总是并且无论如何都听从他们的建议。这些假定既是错误的，同时也很顽固。受早期美国人对明治天皇固有的错误印象的强化，这些观念在珍珠港事件后很长时期仍然存留着。在这个固定的“傀儡”形象的影响下，美国人对于裕仁，以及导致了太平洋战争的日本决策过程的认识一直偏离于现实基础。[①]

Ⅲ

未经宣战的对中战争将持续八年，为共产党在中国的胜利搭建了舞台，也为日本卷入第二次世界大战埋下了种子，并最终导致了日本的失败。在这些年中，昭和天皇有多次机会可以考虑停火或者促使和平提早到来。第一个机会也是最好的机会是攻打南京，当时，蒋介石的国民党军队完全乱了阵营。蒋希望通过呼吁与中国签有国际条约的友好国家的干涉来结束战斗。但是，由于战争危机笼罩着欧洲，那些主要大国无意向中国提供积极的援助，而在美国，孤立主义则开始抬头。

1937年11月，在英美提案下，《九国公约》签署国在布鲁塞尔召开会议，日本拒绝参加。会上，国民党政府代表甚至没能说服与会者将日本定为侵略国。[②]布鲁塞尔会议没有形成制裁日本的决议。会议一结束，近卫内阁和大本营立即扩大了战斗区域，根本无视进攻南京将会给其他签约国造成生命和财产危害的后果。11月下旬，武力已无法保卫南京，蒋介石曾希望通过外交手段减缓日本的进攻，如今，绝望的蒋介石不得不接受了此前德国的调停提案。东京的参谋本部也希望如此。之后，德国驻中国大使奥斯卡·特劳特曼试图恢复日中和平谈判，但是没有成功。[③]

南京陷落的第二天，12月14日，近卫在新闻发布会上示意，政府对和平谈判的态度有所变化：

---

① Allan Robert Brown, “The Figurehead Role of the Japanese Emperor: Perception and Reality” . Ph. D. dissertation, Stanford University, Ann Arbor, Michigan: Univ. Microfilms, 1971, pp. 197—198.

② 石岛纪之《中国的抗战体制与对外关系》，历史学研究会编《讲座世界史（八）战争与民众——第二次世界大战》，东京大学出版会，1996年，53—54页。YouliSun, China and the Origins of the Pacific War, 1931—1941, St. Martin's Press, 1993, pp. 92—95.

③ 藤原彰，上述《昭和天皇的十五年战争》，96页。

接到南京陷落的捷报，在我们为这必然的胜利欢欣鼓舞之前，站在同文同种的5亿民众的立场，我们不能不为他们不可救药的迷妄而悲哀。国民党政府无论是外交上还是实际行动上都走到了反日的极限。而他们却没有对其后果承担责任。放弃首都，政府分裂。很显然，就在其正沦落为一地方军阀的今天，仍丝毫无反省迹象。因此，我们不得不重新考虑我们的方针。[①]

近卫和他的内阁现在提出了严苛的条件。中国必须正式承认满洲国，与日满携手抗击共产党，允许日本部队无限期驻扎，向日本支付战争赔款。[②]参谋本部中的不扩大派仍希望早日结束在中国的消耗战，因此希望11月开始的特劳特曼的和平调停能继续下去。[③]他们现实地指出，日本拒绝承认国民党政权将会“驱使（蒋）集中所有力量反抗日本……这必然与苏联、英国和美国的策动相呼应……为了这场持久的战争，帝国在长久的未来将不得不耗费巨大的国力”。[④]

1938年1月9日，新设立的大本营政府联络会议决定了对中国战争政策。为了取得内阁形式上的承认，题为“支那事变处理根本方针”的文件被送交内阁之后，近卫向裕仁做了汇报。第二天，近卫要求天皇召集一次御前会议但不要发言，“希望陛下只是亲临便可，不必表态”。[⑤]裕仁和近卫考虑的不光是要牵制参谋本部中不扩大派的意见，还希望阻止德国对日本事务的过度影响。1月11日，御前会议终于在皇宫举行，会议开始前30分钟，为回答枢密院议长平沼骐一郎对“支那事变处理根本方针”的提问，出席者们先开了一个特别会议。

阁僚们对平沼的顾虑给予了圆满的解答后，会议于下午2点在天皇“郑重出席”下召开，听取了外务大臣广田的见解。广田认为特劳特曼调停没有成功的希望，因此“我们必须强化战争，以此来达到结束与支那战争的目的”。[⑥]代表参谋本部讲话的闲院亲王说：“将国民党政府视为完全失败的政权，并依此制定政策，希望慎之又慎。我现在还有一点保留。”尽管如此，他还是服从了会议的一致意见。[⑦]然后，御前会议正式通过了一份文件，明确说明如果国民党政府完全拒绝接受日本提出的

---

① 笠原十九司，上述214—215页。

② Youli Sun，p. 97.

③ 藤原彰，上述96页。

④《现代史资料》第九卷，50页。山田朗，上述81页。

⑤ 同前上述，《西园寺公与政局（六）》，204页。

⑥ 同前207页。山田朗，上述84页。《东京日日新闻》，1938年1月12日晚刊，标题有《开历史性的御前会议　期望根绝抗日政权　向确立东洋和平迈进　决定稳固帝国的方略》。《东京朝日新闻》还报道了御前会议房间的布置和座席的安排。

⑦ James B. Crowley, Japan's Quest for Autonomy: National Security and Foreign Policy, 1930—1938, Princeton University Press, 1966, p. 372.

1938年1月，随着军部在政治决策中发言权的不断增强，裕仁的政治权力也在增大。首次出席大本营政府联络会议时，他一言未发。但他支持对中国采取比陆军参谋总部提议的更为强硬的军事政策，对继续推动战争的主张予以赞同。

和平条件，日本将不承认国民党政府，将向其他比较顺从的政权提出和平方案。①这是裕仁的第一次御前会议，也是25年前，大正天皇批准日本参加第一次世界大战以来，天皇第一次身着军制服主持会议并批准了会议决定。②近70分钟的会议上，裕仁一言未发。通过这种方式，他看起来好像对事态保持了天皇的中立立场。事实上，较之参谋本部的提案，他强烈支持的是对中国强硬的军事方针。

当中国没有按时答应东京苛刻的条件时，近卫内阁突然中止了协商。1938年1月16日，近卫发表了预先准备的声明，称日本从此不再“以国民党政府为对手”③。两天后，他又发表了一个补充声明，明确表示撤销承认国民党政府的真正目的是“抹杀”蒋介石政权。这个目标尤其得到了海军大臣米内的强烈支持。④最重要的是，此后无论是大本营政府联络会议还是御前会议上，就继续和平谈判这个重要问题，昭和天皇没有支持过参谋本部。相反，他倾向于支持更为强硬的海军路线。

反对在中国进行全面“歼灭战争”的陆军中的反对者们，仍试图使他们的观点

---

① 藤原彰，上述97页。

② 山田朗，上述83—84页。

③ 藤原彰，上述98页。

④ 江口圭一，上述263页。纐缬厚，上述《日本海军的战争终结工作》，192页。笠原十九司，上述294—295页。

受到关注。就在近卫发表著名的“今后，不以国民政府为对手”声明的前夜，闲院亲王试图在近卫首相上奏之前直接向天皇上奏，但没有成功。1月15日晚9：30，当裕仁终于听取闲院的汇报时，他已经打定主意继续战争而不是进行谈判。“南方还残存一股中国的抗日军队，日本军对此有什么考虑吗？”他询问亲王。裕仁的其他问题还有“尽量不出面，以顾问的形式”间接地支持华北的傀儡政权是否更明智，陆军对付“游击战”有什么计划，对“中国的回答”有什么准备，等等。[①]裕仁的质询主要涉及作战行动方面，但他最后的问题可以理解为是对参谋本部不扩大派间接而又冷淡的批评，因为他们把已经在大本营政府联络会议上决定的事情又作为问题重新提了出来。[②]由此，不扩大派再一次受到抑制。在对中国战争的问题上，裕仁与近卫和海军省中强硬的扩大派观点相同，推动了以武力促使事变早日解决。

如今，近卫内阁开始了对中国战争的第二个激烈阶段，本阶段持续到1938年12月。从卢沟桥战役开始到第二阶段为止，日本官兵的伤亡情况：战死6.2007万人，负伤15.9712万人；在中国和满洲国死于疾病者总数为1.2605万人。在随后的两年中，日本官兵伤亡人数大幅减少，但仍保持着很高的数字。1939年，战死3.0081万人，负伤5.5979万人，到1940年，死亡人数下降了几乎一半，战死1.5827

1938年3月，在第一届近卫内阁的领导下，日本对中国的战争陷入了长期的消耗战阶段。中间是近卫首相，左侧是海军大臣米内光政，右侧为陆军大臣杉山元。最后一排左侧是近卫的朋友木户幸一。

① 藤原彰，上述98页。

② 山田朗，上述85页。

万人，负伤7.2653万人。[①]死于疾病的人数仍然相对稳定，平均每年超过1.15万人。换言之，至1938年末，中国战争所造成的伤亡成本已达相对稳定水平，每年近2.4万人。重要的是，无论是军事上或是政治上，日本都丧失了能够控制中国战争的希望。

1938年间，中国华北、华中及华南的主要城市和铁路都被日本陆军占领，辽阔的内陆村庄和山区则成为中国游击队的根据地。在对中战争最初四年，各方面的日本陆军都将毛泽东指挥的共产党军队视为“土匪”，实际上几乎所有的主力攻击都指向了蒋介石的国民党部队。陆军的航空部队也是如此，在此期间他们向中国华北和华中的内陆地区发动了五次长距离轰炸作战。而对共产党根据地延安的军事设施，只是在1939年10月进行过两次轰炸。主要的空袭目标一直都是重庆。直到1941年，陆军才开始大规模轰炸延安。[②]同时，随着1938年10月对武汉和广东的占领，日本军的地面进攻达到了顶点，之后转入了战略防御状态。[③]

在陷入一场僵持战而且看不到胜利前景的情况下，日本领导人坚持进行战争，与其说他们不愿意改变最终目标，毋宁说是似乎已无法改变。在国家总动员、严格的新闻审查和前所未有的高军费背景下，他们开始实施许多和平花招。这些花招的重心在于利用中国国民党与其国内敌人的对立上。1938年11月，近卫首相著名的建设“东亚新秩序”的声明便是其中最值得注意的一节。近卫表达了他希望通过蒋介石的敌人与中国达成和平的愿望。他所说的敌人就是国民党内部的一派领导人——汪精卫。这种以政治谋略补充军事行动的特别尝试，最终以1940年3月末南京汪政权的建立和1940年11月《日华基本条约》的签署达到了顶点。但是，近卫政府从未真正信任过汪，或者是相信他有结束战争的能力，故而推迟了对汪政权的承认。后来又以条约的形式强迫他将大量的军事、经济和政治特权转让给日本，将他的政府变成了一个傀儡政权，然而在大多数中国人眼里，它们没有任何合法性。

但不管是将重点放在与重庆的蒋介石直接交涉上，还是在南京设置新的傀儡政府，日本为结束战争所做的努力的最终目的在于扩大、巩固战争成果并使其合法化。它的“和平试探”从未明示将为日本军队从华北撤军设定期限，更不要说放弃对满洲傀儡政权的控制了。

1938年7月，日本军计划夏季开始进攻武汉，陆军参谋本部很担心苏联的态度。

---

① 陆战学会战史部会编《近代战争史概说　资料集》，九段社，1984年。这里的死伤人数，是1946年12月第一复员局统计的，至今仍被认为史料价值很高。

② 防卫厅防卫研修所战史室《战史丛书　中国方面陆军航空作战》，朝云新闻社，1974年，163—164页，223—224页、150页、180—201页。

③ 江口圭一《中国战线的日本军》，《十五年战争史（二）》，青木书店，1988年，60页。

1938年7月11日，围绕满洲国边境上一座山的所有问题，第十九师团长突然与苏联发生了大规模冲突。这次冲突被称为张鼓峰事件，其结果是日本遭到了彻底、损失惨重的失败。当时原田熊雄在日记中记录了裕仁对陆军大臣板垣的批评：“今后，没有我的命令不许调动一兵一卒。”[①]换言之，天皇告诉陆军大臣，这里应该是他负责，可是之后对引发事件的军官根本就没有采取任何惩罚措施。事后不久，当判明苏联军队不会越境反击时，他批准了预定的在中国的进攻战。[②]这是在运用权威进行干涉过程中，他具有选择能力的又一个例证。

日本再一次地寄希望能迅速击败中国军队。1938年后期，依仗地上、海上和空中的压倒优势，日本差不多在每一场进攻中都取得了胜利。但是中国的抵抗也很顽强，迫使日军逐渐要依靠化学武器（这方面西方也有先例，最著名的是德国在第一次世界大战中第一次使用了毒气。1935年，意大利法西斯在埃塞俄比亚使用了毒瓦斯）。至11月，日本军队占领了中国中部长江边上的“武汉三镇”，武昌、汉口和汉阳以及华南的广东。日本军控制了中国主要的铁路，在中国最富裕、最发达的沿海省份建立了日军控制下的飞地。[③]蒋介石一边宣称要继续战斗，一边与他的整个政府一起远远地撤退到内陆有城墙环绕的山城重庆，跳出日本军的追击范围。[④]

对于日本来说，武汉之战确实是战争的一个制高点，是它当时进攻能力的极限。当胜利的消息传回国内时，日本举国欢庆，就像报纸第一次报道南京陷落时（过早报道了）一样：鸣汽笛，出号外，而天皇亦如满洲事变时一样，全套军服，骑着白马在群众面前亮相。

近卫马上于1938年11月3日发布了关于战争的第二次声明。他宣称日本坚持以建设“东亚新秩序”为目标，同时将不会拒绝中国国民党政府的参加。八个星期后，12月22日，近卫发表了重要的第三次声明，宣布了此后成为日本官方的战争目标的“近卫三原则”。第一，中国必须正式承认满洲国，并与其建立“善邻友好”关系。这个原则意味着中国要停止所有的反日活动。第二，中国必须同日本一道与共

---

①原田熊雄《西园寺公与政局（七）》，岩波书店，1950年，51页。

原田又注意到，几个星期前，木户加强了对汤浅内大臣的批判。原田把11日见到木户的事情写到9月16日的日记中，木户说：“像内大臣那样张口闭口不离法律，有什么事儿就是‘根据法律来断处’，强迫警视总监根据法律行事这种做法，实在是不懂现在是什么时代……我觉得这种地方和总理不可能合得来。右翼早就走在前面了，这样做肯定不行。”《西园寺公与政局（七）》，108页。

②田中伸尚《记录　昭和天皇（一）侵略》，绿风出版，1984年，84页。

③His-Sheng Ch'I, “The Military Dimension, 1942—1945”, in James C. Hsiung and Steven I. Levine, China's Bitter Victory: The War with Japan 1937—1945, M. E. Sharpe, Inc., 1992. p. 179.

④井上清《天皇的战争责任》，岩波书店，1991年，121页。

产党战斗。这暗示了日本有权在中国驻扎军队。第三，两政府间必须进行广泛的经济合作，这包括承认日本开发和利用中国华北和内蒙古自然资源的权利。[①]

日本所谓的建设“东亚新秩序”，是建立在这三原则的基础上。近卫的声明意在国民党政府前总理汪精卫和蒋介石之间造成派系分裂。最终将产生一个新的合作者政权，在日本占领的南京对日本控制的各省实施统治。[②]

Ⅳ

1939年1月4日，近卫辞职。因为他既无法结束在中国的战争，也无法在与纳粹德国的军事同盟问题上统一内阁的意见。他的离去为三代后任内阁将“圣战”继续推向前进开辟了道路，这三位继任者是前枢密院议长平沼、阿部信行将军和米内大将。日本帮助汪精卫在南京建立一个与蒋介石对抗政权的协调工作即将开始，可是它还没有打垮蒋介石。相反，肆无忌惮、惨无人道的日本军队无论走到哪里，都激起了强烈的民族抵抗精神。日本军无法维持对广大农村的有效控制，前线被迫扩大，补给和交通线也都延伸至极限。很快，在中国的日本军无论是军事上还是政治上都产生了无望的挫败感。就在此时，第二次世界大战在欧洲展开，日本的统治集团开始想象德国军事力量的抬头将为他们走出困境开辟道路。

接受辞职的近卫首相的推荐，1939年初，天皇任命平沼为近卫的继任者。平沼是陆军强有力的支持者，曾被裕仁认为是一个彻底的法西斯主义者。然而，1936年的陆军叛乱事件以来，他与激进的右翼有些疏远，并解散了“国本社”，在西园寺亲王的竭力主张下与宫廷内臣建立了关系。如今，在财政大臣池田成彬和宫廷派的指导下，平沼进一步检讨了自己，表示保证不会匆忙地与纳粹德国结成军事同盟与英美为敌。在与德国结盟这一问题上，平沼部分改变了态度，这足以使他得到裕仁的欢心。[③]

之后的九个月中，平沼要着手解决的不光是陷入僵局的中国战争所引起的军事

---

① 在近卫三原则中，追加了“日本不谋求领土和赔偿，‘尊重中国的主权’，‘放弃治外法权’，对‘返还租界’采取积极态度等字样”，但这不过是口是心非的表面文章。（吉见义明《草根法西斯主义　日本民众的战争体验》，东京大学出版会，1991年，27页）

② 冈部牧夫《亚洲太平洋战争》，《战后日本　占领与战后改革　第一卷　世界史中的一九四五年》，岩波书店，1995年，35页。

③ 上述《西园寺公与政局（七）》，249、258页。平沼指名的外务大臣有田八朗也反对三国同盟，并作为入阁的条件。关于平沼的国本社解散，见Christopher A Szpilman，“The Politics of Cultural Conservatism: The National Foundation Society in the Struggle Against Foreign Ideas in Prewar Japan, 1918—1936”. Ph. D. dissertation, Yale University, 1993.

及外交上的问题，还有与苏联的问题。5月，关东军在满洲国西北部和外蒙古（蒙古人民共和国）边界上的诺门坎附近与苏联蒙古军发生冲突。战斗很快发展成为一场全面的边境战争，动用了大量的坦克、大炮和飞机。尽管关东军将生物武器搬到了前线，没有确实证据显示他们是否如后来被指控的那样，真的对蒙古和苏联军队使用了细菌武器。[①]诺门坎的战斗一直持续到9月15日，直到苏联的莫洛托夫外长和日本的东乡茂德大使在莫斯科签署了停战协定。

除去满洲国的预备军，日军战死、负伤及失踪人数总计超过1.8925万人，差不多损失了整整一个师团。[②]对这次令日军大败的诺门坎事件负有责任的关东军司令官植田谦吉和他的两名高级参谋辻政信少校和服部卓四郎中校，仅仅是辞职了事，而陆军的作战计划和用兵方略都没有被重新考虑。天皇再一次克制了自己，没有处罚任何人。1941年，他甚至允许将辻和服部晋升到参谋本部担任要职，就像他曾经批准策划了满洲事变的罪犯到东京的参谋本部任职并得到提升一样。[③]

再说，挑起事件的将校们依照的是“满苏国境纷争处理要纲”，属合法行动。这份文件是裕仁在事件突发前刚刚批准的。由于军队遵从的是他同意的命令，他当然不愿处罚他们。陆军指挥部也认为没有必要过多关注这次鲁莽、结果惨痛的行动。[④]

1939年夏，平沼内阁遇到陷入困境的中国战争带来的另一个严重的外交问题。几个月来，华北地区日军对于伦敦决定稳定中国货币一事一直感到不满。他们以被占领的天津的英国租界内有中国的恐怖主义分子为由，开始向飞地施加压力。日本军队用电网将整个租界围起来，开始搜寻持有被日本禁止的国民党货币的外国人。6月中旬，他们将骚扰升级为全面封锁，开始对英国公民进行搜身，不论男女。同

---

① Alvin D. Coox, Nomonhan: Japan Against Russia, 1939, vol. 2, p. 919.（渡边俊彦《七三一部队与永田铁山》，中央大学人文科学研究所编《日中战争　日本、中国、美国》，中央大学出版部，1993年，275—276页）渡边指出，细菌兵器被运到诺门坎，在哈巴罗夫斯克的军事法庭（1950年12月）上，日本被告战犯就对细菌兵器的使用做了证言。

② 江口圭一，上述274页。渡边俊彦，同前296页指出，战死者还要多，有19714名。

③ 到1943年，服部被提升为陆军参谋总部作战科长。江口圭一，上述273—274页。裕仁战后谈到诺门坎事件时，仍相信自己当年下达战斗命令是正确的。寺崎英成、Mariko Terasaki Miller编著《昭和天皇〈独白录〉——御用随员寺崎英成日记》，文艺春秋，1991年，44—45页。

诺门坎方面的苏满国境（准确地说应为满蒙国境）不够明确，双方都可以指责对方非法侵入。当时关东军司令官山田乙三（此处是植田谦吉错了，山田是战争结束时的关东军司令官）接到严守满洲国国境的至高命令，所以与入侵苏联军队交战也是有理由的，满洲国军因为有日满协同防卫协定，所以参加战斗也是正当的。

有鉴于此事件的发生，其后修改命令，对国境不明确的地方以及偏远地方的国境，不再进行严守。

④ 藤原彰、粟屋宪太郎、吉田裕、山田朗《彻底检证　昭和天皇〈独白录〉》，大月书店，1991年，49页。

时，陆军和右翼团体在国内发起了反英宣传运动。[①]令陆军首领们高兴的是，平沼的内务大臣和亲密顾问木户拒绝阻止这项运动，尽管这样招致了裕仁的不快。[②]

1939年的春夏之际，随着日本与英国关系的恶化，是否要加强与德国的关系这个悬而未决的问题又浮出水面。天皇反对强化二者关系。外务省发出指令，严格限定了日本加入新轴心国协定的条件，可是当亲纳粹的驻德大使大岛浩将军和驻意大利大使白鸟敏夫拒绝传达这一指令时，平沼唯有困惑与无奈。听平沼报告了两大使的行为，裕仁也很激动，但他还是决定不下令撤他们的职。[③]

1939年7月26日，在不断抗议日本在中国的行动之后，美国通知平沼政府，美国不打算延续预定1940年1月到期的《美日通商条约》。直到那时为止，罗斯福政府一直奉行的是温和姑息的对日政策。其亚洲政策的基本原则在于维护体现在华盛顿条约体系内的帝国主义现状，因此，美国始终拒绝承认日本通过武力给中国带来的任何变化。罗斯福还通过定期购买银的方式支持中国的通货，这个政策最终将引导他与英国一起向中国提供国际汇兑，以便蒋介石能够稳定货币，抵抗占领区激增的日本军票，继续战斗下去。[④]如今，欧洲战云密布，预计战争即将爆发，美国提醒日本注意，进一步的侵略行为将招来严厉的经济制裁。此后，日本的领导者如要继续在中国的战争，将不得不面临美国更加严厉的反应，日本在战争所需的重要物资进口上依赖着美国。

8月5日，接到美国废除条约通告后不久，裕仁对侍从武官长畑俊六抱怨道：

> 这对盾铁和石油将是一个沉重的打击，即使在以后的六个月中可以购买，可是在那之后马上就会遇到困难。除非将陆海军的兵力减少1／3，否则就没办法站住脚。这些事很早以前就应该有所准备，现在再争论这些，一点用也没有。[⑤]

然而，裕仁并没有命令他的参谋本部结束与中国的战争，或者减少任何事项的规模，他只是对军首脑们没有预见到美国的反应感到生气而已。

几个星期后，1939年8月23日，当日苏在莫斯科磋商旨在结束满蒙国境纷争的停战协定时，德国与其意识形态上的敌人苏联签署了互不侵犯条约，这与1936年的

---

① Donald Cameron Watt, How War Came: The Immediate Origins of the Second World War, 1938—1939, William Heinemann Ltd., 1989, pp. 349—360.

② 田中伸尚，上述98—99页。

③ 上述《西园寺公与政局（七）》，334—336页。

④ 关于1935—1941年美英与日本之间在中国进行的“金融战争”，参见Jonathan Kirshner, Currency and Coercion: The Political Economy of International Monetary Power Princeton University Press, 1995, pp. 51—61.

⑤《侍从武官长日记》《文艺春秋　临时增刊》（1971年5月）。田中伸尚，上述89页。

《日德防共协定》是相抵触的。斯大林为反对德国在欧洲的领土扩张，与西方进行了三年有关“共同防御”的探索，但是没有成效，于是斯大林宣布了苏联的中立，而且在条约附属的一个秘密条项中，与希特勒交易接管波罗的海诸国和最终分割波兰。[①]这个外交上的逆转使平沼内阁晕头转向，由于无法对希特勒与斯大林同盟所预示出的德苏的巨大实力做出评估，8月28日清晨，平沼内阁总辞职。

极其愤怒的裕仁利用这次内阁更迭的机会告诉侍从武官长畑，他打算任命他能信任的人做陆军大臣，当然这个人不是矶谷廉介或者多田骏（当时，他们的名字曾出现在报刊上）。裕仁让畑“向陆军大臣（板垣征四郎）传达这一点”[②]。好几个月以来，裕仁对板垣陆军大臣的报告越来越不满，他曾当面斥责他没有能力。28日，裕仁任命阿部将军为首相，并嘱咐阿部（根据近卫曾跟木户讲过的话）选择他的侍从长畑或是梅津美治郎将军做陆军大臣，尽量与美英搞好“协调”。然而，“最重要的事情”是“维护内部秩序”，“要小心选择你的内务和司法大臣”，他警告道。[③]这似乎是裕仁对日本人不信任的一个真实的表现。尽管不是很清楚，它或许还反映了裕仁对德苏和好的不安，认为这种不自然的结盟不会有什么好事，所以要警戒苏联和德国进一步的谋略。第二天下午，裕仁正式任命了他所喜欢和信任的职业军人畑俊六为陆军大臣。[④]退役的野村吉三郎大将做了阿部内阁的新外务大臣，他保证要重建与美国的良好关系。

与此同时，希特勒早在5月份就已向他的将军们透露了要攻击和摧毁同盟国军队，攫取欧洲大陆控制权的战略。相对于英国、法国和波兰，德国正处于其军事力量的顶峰，希特勒决定将他全套计划的一部分付诸实施。1939年9月1日，阿部内阁上任的第一天，德国军队入侵了波兰，开始了新的欧洲大战。两天后，英国和法国介入，向德国宣战。9月8日，希特勒的头号敌人罗斯福总统宣布国家进入局部紧急状态。

很快，美国不顾已经宣布了中立，不断增加向英国和法国输出的军需物资。10月，罗斯福下令停泊在南加利福尼亚内港的大部分美国舰队开往夏威夷，以减轻德国对英国、法国和荷兰殖民地的压力并加强太平洋防御。他希望将舰队配置于珍珠港，那样可以威慑“修正主义”日本不敢推翻东南亚的现状。这些重大事件都发生在阿部任期的前几个月，这些事件引起了东京的恐慌，人们担心尽管有强烈的孤立主义情绪，美国最终会加入英法一方参战。由于无法应对新的国际形势，阿部内阁于1940年1月14日辞职。

---

① Geoffrey Roberts, The Soviet Union and the Origins of the Second World War: Russo-German Relations and the Road to War, 1933—1941, London: MacMillan Press Ltd., 1995, pp. 92—93.

②《畑俊六日记》，美铃书房，1983年，231页。

③ 上述《木户日记（下）》，742—743页，1939年8月28日条。

④ 上述《畑俊六日记》，218、231页。

紧接着，选定继任内阁的工作又在忙乱中开始。内大臣汤浅征求了包括德高望重的西园寺在内的重臣们的意见，但首先是听取了天皇的意向。在裕仁的坚决主张下，由他寄予了极大信任的预备役大将米内组成了下一届内阁，也是在裕仁的要求下，畑留任陆军大臣协助米内。[①]为了缓和陆军对于任命海军军官做首相的批判，裕仁还在此时批准提升东条英机中将任陆军次官。[②]

裕仁从一开始执政就在政府高官的任命上起了积极作用。每当这时，他或是强加条件，指示接受任命的首相必须如何如何，或是指派某人担任特定的大臣，这样就可以通过此人控制这个部门。[③]事实上，由于裕仁及其顾问们坚持介入继任内阁的选定，结果是动摇了政党内阁制的稳定。如今，随着中国战争的拖延和欧洲外交步伐的加快，他越来越多地介入这类事务。天皇是自己主动选择干涉政务的，而且他还有意识地向公众隐瞒了自己的干涉行为。当陆军上层出现了新的要求，要与德国结成军事同盟，使日本成为反英美集团的一员时，裕仁继续对此进行了抵制。他坚持主张，政府应该集中力量迅速结束跟中国的战争，除非是为了抗击苏联，否则日本不宜与德国保持更密切的关系。

米内任首相三个月后，从4月起，德国侵略了西欧，完成了八个月前以征服波兰为开始的国际关系的剧烈调整。欧洲其余的独立国家一个接一个地陷落：挪威、丹麦、卢森堡、比利时、荷兰及法国。在坚持到最后一刻的英国军队撤离后，法国几乎未经军事抵抗就落入德国之手。一夜之间，东京的地缘政治观点发生了变化。漫长的三年来，日本的指导者们一直被锁在他们自己发动的对中战争中，看不到军事或政治上的胜利。纳粹在欧洲的胜利为日本夺取英国、法国和荷兰在亚洲的殖民地创造了前所未有的机遇。现今，德国控制了从欧洲到苏联边境的大部分欧洲资源，并准备入侵英国，因此，依靠德国的这股上升势力，获得好处和弥补弱点的期望在急速增长。当米内没能解决长期悬而未决的与德国同盟的问题时，陆军推翻了他的内阁，而裕仁对此没有进行任何阻止。

通过平沼、阿部和米内三个内阁执政期的一系列混乱的国际危机，裕仁满意地观望着中国战争和南进政策的展开。他没有为把日本从陷入僵局的对中战争中解脱出来做过一次个人的努力。只要日本对中国的政策维持不变，就不可能与美国改善

---

① 关于对米内的内阁指名，参见下面几处：上述《木户日记》，766页。上述原田熊雄《西园寺公与政局（八）》，166、176页。岩渊辰雄《重臣论》，高山书院，1941年，190—191页。上述《昭和天皇〈独白录〉》，49页。

② 保阪正康《昭和陆军的兴亡　第六回　昭和天皇与东条英机》，《月刊　Asahi》（1991年2月），161页。

③ 岩井忠熊《天皇制的五十年》，立命馆大学人文科学研究所编《如何看待战后五十年（下）为了展望二十一世纪》，人文书院，1998年，247页。

关系。裕仁相信南进政策在战略上是理想的，他主要担心的是如果海军继续向南推进，英国和美国将采取什么样的态度。

到了1940年夏，战略构想中加入了两个新的因素，加大了对裕仁的压力，迫使他与新德国同盟的倡导者们更紧密地携起手来。一个因素是德国征服西欧的骇人的军事毁灭力量，使英国明显地孤立起来，处于遭德入侵的边缘；另一个因素是在斯大林与希特勒条约的庇护下，苏联外交政策的重新调整。苏联的举动似乎为轴心国注入了新的力量，同时也出现了对苏联会重新军事支援蒋介石的恐惧心理。[①]在这个快速的军事征服和剧烈的外交策略变化形势下，在与英美对抗的三国同盟问题上，裕仁十分踌躇，拿不定主意是要立场坚定地反对陆军，还是要改变立场同意陆军的要求。昭和天皇最终的决定更多的是出于维护日本的单一性，而并非是与纳粹在意识形态上目标一致。

---

① Jonathan Haslam, The Soviet Union and the Threat from the East, 1933—41, pp. 92—94. 1937年年中，中国通过与苏联秘密签署互不侵犯条约从中获得了实惠，但该条约促使日本军力量卷入对中战争也是符合苏联利益的。苏联的援助从军事顾问到飞行员、飞机、设备、弹药等，由西伯利亚及中亚的陆路运出，从海路运到海防，接着从仰光通过缅甸支援道路继续转送。但这些援助实质上对蒋介石在战场上的节节败退没能起到什么作用。

第十章　战争的僵持与升级

日本统治精英们在中国进行的战争中，昭和天皇及天皇制是必不可少的。官方宣称，日本战争的目的是惩罚蒋介石的军队，宣扬天皇的美德，而不是引发混乱和残酷行为。裕仁的象征性作用就在于混淆政府的和平原则与其暴力政策的矛盾关系。他的个人风范使得整个军事行为看起来既合乎道德，又合乎情理。表面上，他是日本社会道德的典范，高贵民族的价值化身，其自称的仁义的象征。而幕后，他作为最高统帅在策划战略和指导战争上所发挥的作用则被故意掩盖了。不过，在与国民党战斗的前四年中，他发挥了自己的作用，所获得的经验从根本上改变了他对战争的态度，致使他为达到更大的目标，最终选择了以日本的安全做赌注的道路。

裕仁并没有将中国看作一个“现代”国家，或许他从来都没有认识到日本侵略那里是错误的。他支持了对中国不宣战的政策，批准而且个人也赞成在对待中国俘虏时不受国际法的限制，正如陆军次官在1937年8月5日的一份指令中所阐述的那样：“在目前形势下，鉴于帝国不得不对支那实行全面战争，故不宜完全依照《陆战法规和惯例公约》及附件《陆战法规和惯例章程》进行活动。”[①]通告中通知在中国战地的参谋们停止使用“俘虏”的称呼。在整个中国战争中，日本军每年抓获上万名中国士兵。可是战争结束后，日本当局声称收容所里有几千名西方俘虏，而中国俘虏只有56名。

裕仁曾在立作太郎的指导下学习过国际法。他知道日本签署了（但是没有批准）1929年关于俘虏待遇的《日内瓦公约》。他还了解他祖父明治天皇和父亲大正天皇的宣战诏书中有号召遵守国际法的条款。可是他却从未就制止大屠杀或虐待中国俘虏的问题，向他的军队发布过任何命令。这种不作为反映了20世纪30年代许多日本官僚、知识分子和右翼分子中的一种普遍倾向，他们视国际法为纯粹的西洋产

① 防卫厅防卫研修所《战史丛书　支那事变陆军作战1　至昭和十三年一月》，朝云新闻社，1975年，239页。纪学仁（主编）、藤原彰、粟屋宪太郎（解说）《日本军的化学战——中国战场毒气战》，大月书店，1996年，374页。藤原彰《日中战争中的俘虏虐杀》，《季刊　战争责任研究》第九号（1995年秋季号），20—21页。

物。对于他们来说，国际法所规定的是第一次世界大战结束后，英美希望发展和普及的东西，因为这符合英美利益而不是日本的利益。

对于许多欧美人和亚洲人来说，日本的侵略战争意味着残暴行为和虐待俘虏。这对于形成日本人冷酷、残忍的固定印象起了决定性作用，这个固定印象从未被忘却或者原谅过。[①]这些暴行背后存在的，正是因为日本军队拒绝对中国适用国际法。对于国际法在中国的失效，裕仁是有责任的。在这个问题上，只有他可以自由行动，也需要他去行动，而他却什么也没做。如果他曾经干涉，并坚持建立规章和条例，或者甚至建立一个处理俘虏的组织，结果将会大不一样。

此外，裕仁对于导致许多中国和蒙古武装人员及非武装人员死亡的毒气武器的使用负有更直接的责任。在中国事变（“卢沟桥事变”）转变为全面战争之前，他曾批准向中国派遣化学武器人员和设备。《凡尔赛条约》第171条和日本在第一次世界大战后签署的其他国际公约都禁止使用毒气——包括催泪弹。但是陆军在对待技术上落后的敌人时，没有把不遵守禁令视为问题，很显然，裕仁也一样。裕仁授权使用化学武器的第一号令发于1937年7月28日，由参谋总长闲院亲王传达。命令中写明，在夺取北京通州地区的过程中，“适当的时候可以使用催泪弹”。[②]发布于1937年9月11日的第二号天皇命令，也是通过闲院亲王传达的，命令批准在上海部署某特别化学武器部队。这些命令最初批准的是小规模试验性的毒气使用，后来成为1938年春夏季，中国和蒙古主要战场上大量使用毒气的开端。[③]

整个中国战争期间，毒气武器处于裕仁、大本营和统帅部严密而有效的控制之下。前线部队从来没有权力自由使用这种具有杀伤力的武器，甚至方面军司令部也没有权力使用毒气。只有在要求和接到大本营陆军部明确授权后才能使用毒气，通常是先取得天皇的许可，然后由参谋总长发出“指令”。[④]

1938年8月至10月下旬进攻武汉的战役中，大本营批准使用毒气375次。同时，在对最南部的广东的进攻中，又授权第二十一军司令官使用催泪弹和毒气两种化学武器。[⑤]1939年3月，大本营批准冈村宁次中将使用超过1.5万筒毒气的权力，这是在

---

① 粟屋宪太郎《现今，未解决的战争责任是什么——中心探讨谢罪、补偿要求和细菌、毒气战问题》，《世界》第五五八号（1991年9月），51页。

② 吉见义明、松野诚也《毒气战相关资料2　解说》，《十五年战争极密资料集　补卷2　毒气战相关资料2》，不二出版，1997年，27页。

③ 臼井胜美、稻叶正夫编《现代史资料9　日中战争2》，美铃书房，1964年，211—212页。田中伸尚《记录　昭和天皇（二）开战》，绿风出版，1985年，96页。在大本营设置之前，昭和天皇给前线司令官发出的大陆令被称为临参命。

④ 上述《毒气战相关资料2　解说》，25—29页。因为担心受到报复，日军在使用毒气时十分小心，避免伤及在中国的欧美人，但对中国的非战斗人员却未加注意。

⑤ 同前，28页。

中国战争中最大规模的化学武器战。冈村在为他的要求辩解时说，需要毒气筒来恢复部队的荣誉，并给他们“一次胜利的感觉”。①4月11日，天皇批准了由参谋总长发布的第110号指令，授权华北地区陆军和内蒙古驻军进一步使用毒气。②

5月，交通重镇徐州陷落时，在近距离作战中，只要日本军想有效地扭转战局就必定使用化学武器。③1939年5月15日，由裕仁签发的“大陆命第301号”，批准沿满苏边境开展化学武器试验。④有关这些试验研究的内容至今尚不清楚。1940年7月，裕仁同意了闲院亲王的请求，批准中国南方地区司令官使用毒气的权力。然而，一年后的1941年7月，当陆军开往法属印度支那的南部地区，参谋总长杉山元发布命令，明确禁止使用毒气。大概是裕仁和统帅部担心如果向西方国家使用毒气，会遭到同样的报复。⑤出于对美国拥有（以及贮备）化学武器的担忧，直到第二次世界大战结束，他们也没敢使用这种武器。

裕仁还在1940年批准了在中国第一次试验性地使用细菌武器。⑥的确，以现存的文件资料，无法将昭和天皇与细菌战直接联系起来，但是，作为一个爱好科学讲究方法论的人，作为一个凡自己不明白的事情总是要问清楚，并且事先不问清楚就不会在命令上盖章的人，天皇对自己所批准的命令的含义应该是清楚的。参谋总长向负责细菌战的关东军731部队发出的大本营“指令”的详细内容，原则上都是要经天皇过目的，而这些指令所依照的“大陆命”也总是经过天皇的御览。日本在中国使用细菌武器一直持续至1942年，但是日本对化学和细菌战的依赖，其整个后果只有在第二次世界大战结束后才显露出来：其一，杜鲁门政府为大规模的细菌和化学战计划做出了预算，其中相当部分基于日本细菌化学研究上的发现和技术。其二，美国在越南战争中化学武器的大量使用与其有直接关系。⑦

尽管没有文件资料表明裕仁与细菌和化学武器有直接关系，但是，天皇必须对野蛮的中国战争中另一种残暴行为承担个人责任，那就是对重庆及其他城市的战略性轰炸。这些轰炸与其他地面进攻分头进行，轰炸中使用了多种杀伤力极强的炸弹。从1938年5月开始一直持续到太平洋战争开始，日本海军的航空兵对中国战时首都重庆和其他大城市实施了无差别轰炸。海军的空袭与陆军对中国城市的战略性

---

① 同前。

② 上述《日本军的化学战》，376页。1938年5月14日，国际联盟做出遣责日本使用毒气的决议。

③ 同前，377页。

④ 上述《毒气战相关资料2　解说》，28页。

⑤ 同前，29页。

⑥ 同前。关于昭和天皇与细菌战的议论，参见吉见义明、伊香俊哉《七三一部队与天皇·陆军中央》，岩波丛书，1995年，8—9页。

⑦ 同前。

轰炸属于非协同作战。军事史学家前田哲男的先行研究表明，海军航空队对重庆进行的轰炸为德国和意大利轰炸城市提供了先例，同时也成为太平洋战争末期，美国对日本城市进行战略轰炸的先河。起初，海军部署了72架轰炸机（每架飞机有七名机组成员），除了投下了常规的炮弹外，还有燃烧弹。据报道，最初两天的空袭中，5000多名中国非武装人员被炸死，造成了巨大的破坏。①两个月后，作为对这次无差别轰炸的报复，美国禁止了飞机部件的出口，对日本实施了第一次事实上的经济制裁。②

除了对中国城市的战略性轰炸外，裕仁还了解并同意了在中国实施“无人区”作战。这些军事行动所导致的死亡和苦难在规模上远非无计划的南京大屠杀可比。南京大屠杀后来成为那场战争的象征，随着时间的过去，牺牲者的数字可能被提高了。1938年末，华北地区陆军开始对河北省的游击队根据地实施了他们自己设定的第一次毁灭战。这些作战以消灭“敌人和当地人中的假想敌”以及“居民中被认为有敌对性的15岁至60岁男子”为目标。③之后四年里，他们持续实施这种作战，并且规模逐渐扩大，更加有组织、有系统，范围也更加广泛。④最后，这种作战被中国共产党称为“三光政策”，即“烧光、杀光、抢光”，用日语来表现，叫作“三光作战”。裕仁在很清楚华北平定问题的性质的基础上，1938年12月2日，签发了实施无人区作战政策的第241号大陆命，政策的重新调整导致了毁灭战役的进行。

从那时起，平定华北五个占领省份——河北、山东、绥远、山西和察哈尔，成为华北方面军的主要目标。从1939年至1940年初，华北方面军中轻视中国共产党的组织活动的倾向比较明显。虽然早在1939年夏季和冬季，陆军也曾向内蒙古的共产党根据地发动过一些小规模作战，但是他们的主要目标确定在歼灭国民党军队上。1939—1940年间，随着边远山区共产党根据地的扩大，几百万人民纳入了共产党的管理之下。终于，方面军开始注意到这种情况，但是在他们行动之前，局势就发生了戏剧性的变化。1940年8月，中国八路军的游击队发动了两次令人震惊的进攻。被称为“百

① 前田哲男《战略轰炸的思想　从格尔尼卡到重庆到广岛的轨迹》，朝日新闻社，1988年，156—157、167、420页。

② 尽管来自美国的商品采购不断增加，却没有人考虑到可能带来的后果。到1940年，美国已经在日本的进口中占有36%的份额。石油为总进口的3／4，铁为80%，棉花占35%，机械占2／3，铜占90%。大江志乃夫《统帅权》，日本评论社，1983年，195页。

③ 引自田中隆吉文章。江口圭一《中国战线的日本军》，《十五年战争史（二）》，青木书店，1988年，61页。

④ 姬田光义《关于日本军的“三光政策、三光作战”》，《日中战争》，中央大学出版部，1993年，120页。

团大战”的战役打击了日本在整个华北地区的铁路、桥梁、煤矿、防御设施和通信设施。在河北和山东省的东部，日本人遭受了最大规模的物质和人员损失。[①]

为了回击游击队的这些破坏性攻击，华北方面军田中隆吉少将于1940年末开始了最初的计划，旨在进攻并且彻底摧毁共产党游击队根据地，“让敌人将来再也无法生存”。日本人的第一场“大扫荡”指向了山西省的共产党根据地。[②]然而，直到1941年7月冈村中将指挥军队之前，方面军并没有开始大规模的、高度组织化的灭绝性作战。冈村给下属指挥官的指导方针中，号召以共产党部队为主要目标，通过开辟封锁线、构筑封锁壕包围和封锁共产党。为此，按照日本军控制的程度，华北被划分为治安区、准治安区和未治安区。后者将被变成无人区，与准治安区之间以战壕分隔开。1941年12月3日，裕仁同意了大本营第575号大陆命中的这个政策。大陆命命令战区部队“加强对敌人的封锁，摧毁敌人继续战斗的意志”。[③]

从那以后，通过“大扫荡”，日本军不断烧毁村庄、抢夺庄稼，把农民强行赶出家园，移居到“集中村”。日本的战略还集中在挖掘又宽又深的壕沟。大部分壕沟都是六米宽、四米深，另外还有构筑的几千公里的封锁墙、壕沟、岗楼、公路和电话线。日本军和与之勾结的中国保安队曾经一次动员上百万的中国农民，干了两个月的修筑工作。[④]但是一直得到裕仁批准的这种作战除了直接与间接地杀害中国人之外，所投入的巨大努力都是徒劳的。中国游击队总能返回无人之地，并在日本人离开后控制它。

关于三光作战给中国军队造成的伤亡，日本方面没有任何统计。但是根据历史学家姬田光义最近的估计，“240万以上”的中国非武装人员在这些作战中被杀害。[⑤]虽然日本学者有关中国战争中这个方面的详尽的经验性分析仍在进行中，但是总有一天会判明，与陆军的化学和细菌战，或者是“南京大屠杀”相比，有计划的三光作战具有无可比拟的毁灭性，持续的时间也长。但是，在美国，南京事件成了从道义上谴责日本战时行为的中心角色（这很重要而且值得注意），甚至——轻率地，对其目的、背景或者最终目标不加考虑——与德国对欧洲犹太人的种族灭绝相比较。

---

① 藤原彰《“三光作战”与北支那方面军（一）》，《季刊　战争责任研究》第二十号（1998年夏季号），23页。

② 江口圭一，上述《中国战线的日本军》，《十五年战争史（二）》，61页。

③ 藤原彰，上述《“三光作战”与北支那方面军（一）》，27页。

④ 同前，28页。

⑤ 藤原彰《“三光作战”与北支那方面军（二）》，《季刊　战争责任研究》第二十一号（1998年秋季号），73页。姬田光义《什么是三光作战——中国人看日本的战争》，岩波丛书，1996年，43页。

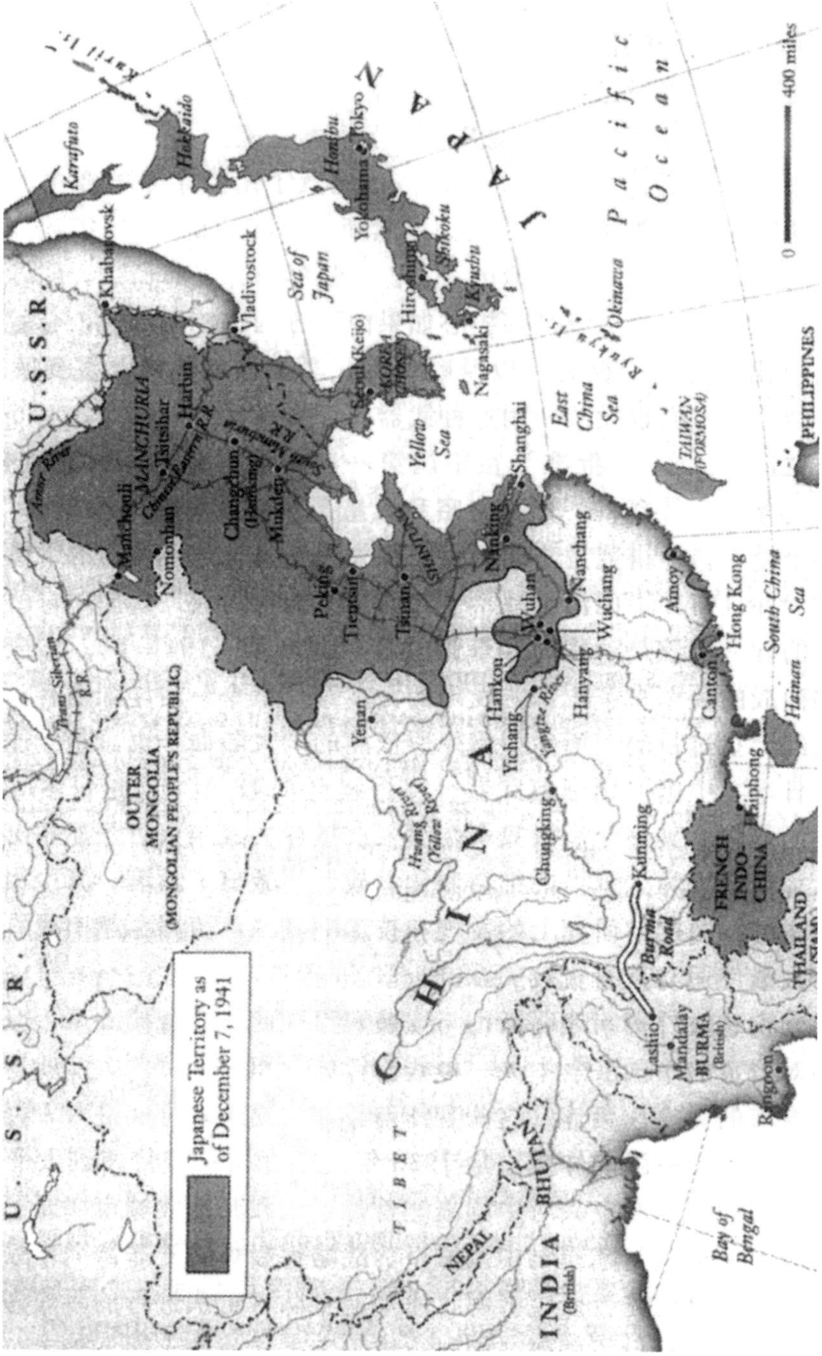

东亚地图，1930—1941年

I

1940年夏，通过对欧洲形势的发展，英美对日本新的军事行动的反应，裕仁在判断如何指导军部结束在中国的战争。

1940年7月22日，近卫组成了他的第二次内阁，由松冈洋右任外相，东条英机任陆相。5天后，近卫召集了长期以来一直延期未开的大本营政府联络会议。仅90分钟的会议上，就决定了以利用德国在欧洲的胜利所带来的国际体系中政治结构及政治力学上的变化为目的的新的国家政策。①

这次会议上通过的日期为7月27日的“国策”文件内容暧昧。这从它强调如果在中国的战争不能迅速结束的话，就将重点移到“南方”，然后利用国内外的形势来解决问题的表述上可以看出。之后，近卫和统帅部将《随世界形势变化的时局处理要纲》正式上奏给天皇。7月27日的《要纲》还号召军队进驻法属印度支那并在那里建立基地，另外，通过外交手段，获取荷兰的东印度群岛的矿物资源。如果为了实现这些目标，日本不得不使用武力的话，那么它将尽量只与英国交战，但同时也要做好与美国交战的心理准备。②裕仁批准了这个为重新进攻而确定的一般性方针，他知道到了根据此方针制定具体政策时，他们肯定还要向他汇报，寻求对每一个具体政策的认可。

一直到1938年，陆军对于与纳粹德国结成军事同盟的兴趣一直都不是很强烈，而到了响应德国的提案时，他们为结盟开始了一场积极的运动。从1939年到1940年初，裕仁一直都在拒绝陆军的主张。这并不是因为他认为希特勒的种族主义、激进的反闪米特人体制，或者德国寻求对欧洲大陆的支配行动中存在着根本性的错误，而是因为他希望结成一个单独旨在对抗苏联的同盟。海军领导层的将官们对陆军的结盟观点也持反对意见，但是他们反对的理由却有所不同：他们认为与德国缔结军事协定将会迫使英国和美国增加对蒋介石的援助，由此延迟中国事件的解决。不过，欧洲战争以及德国1940年春夏展开的闪电战所引起的国际狂乱改变了一切。一股非常明显的趋炎附势情绪开始蔓延。裕仁的弟弟秩父亲王反复要求他不要再反对与德国结盟。而后，海军指导部也突然放弃了先前的怀疑主义，开始赞成日本与德国结成军事同盟。一直以来，裕仁对海军的方针通常都是赞同的，海军的转变意味着将推动日本更加坚定地加入反英美阵营。

1940年6月，欧洲战争开战后的第九个月，海军迎来了转变方向的关键时刻。当时，法国政府逃离巴黎，意大利参战，德国征服了法国并控制了直到苏联边界为

---

① 森山优《日美开战的政治过程》，吉川弘文馆，1998年，53页。

② 全文见山田朗编《外交资料　近代日本的膨胀与侵略》，新日本出版社，1997年，317—318页。

止的欧洲大部分资源。有几个因素促使了海军的转变。首先是海军大将高木惣吉与宫廷关系密切，他在一份内部政策文件中指出，海军觉得如果日本与德国结成军事同盟，至少可以抑制住陆军将官们对苏开战的热情，因为，德国与苏联有着军事同盟关系。[①]其次是陆海军首脑们都认为希特勒会很快击垮英国，通过“参加三国协定……日本就可以呼应希特勒的战略，从而加入国际新秩序”。[②]促使海军赞成同盟的第三个因素是，经过磋商从协约中删除了自动参战的条款，由此保证了日本不会违背自己的意志，被卷入德国与英国的战争中去。

另外一点，海军的指导者进一步推断，不但德—英战争会很快结束，苏联还有可能正式加入轴心国，创建一个四个强国的体系。这种可能性在1940年夏末并非绝无可能——它反映了对斯大林苏联的思想意识形态作用的正确评估。相当多的海军领导人相信，德国将会帮助日本结束其外交上的孤立，使其能够站在一个更有力的立场上对抗美国的外交攻势。最后一个要素是，通过同意与德国签订协定，海军领导人希望能够一定程度上消除长期以来与陆军的对立，从而有可能抑制陆军对内政的支配作用。有了海军联手支持三国同盟和德国在欧洲的胜利，剩下的就是如何劝说天皇了。天皇的主要政治顾问的改组帮助完成了这项工作。

1940年6月1日，天皇自主行使权力，选定了新的内大臣。元老西园寺因担心木户的右翼倾向，一直拒绝推荐木户作为候选人。而裕仁决定接受近卫文麿和汤浅仓平的积极推荐，任命木户接任体衰的汤浅，做他最重要的政治顾问。木户属于革新派官僚，有较强的贵族阶级意识。[③]年近51岁的木户是执掌这个职位中最年轻的一位。此时，裕仁39岁。一年多以前，据传木户对原田熊雄说，天皇天性是“科学家”，“也是一位非常自由开明的人，同时还是一名和平主义者”。

因此，对于受到军队信任并完全赞成与德国结盟的木户来说，在劝说天皇的问题上，就是使天皇稍微改变一下想法，以免和一些暧昧的“右翼”集团之间产生隔阂。或者，用木户自己的话说：“正像孝明天皇晚年被幕府彻底更换了内臣一样，不知道会被怎样。所以说，要想做到形式上是陆军在牵引我们，而实际上是这边在引导陆军前行，就必须对陆军采取更为理解的态度。”[④]

自1930年起，木户就在宫廷做事，他的责任和影响力随着军队权力的增强而增大。1932年帮助齐藤实内阁诞生后——这是宫廷将政治委托给军部的第一步，木户还不断与政府各部门的革新派官僚和以东条英机、武藤章为中心的陆军统制派拉近

① 高木的意见写在1940年7月27日《帝国的近情与海军的立场》报告书中。缬缬厚《日本海军的战争终结工作——亚洲太平洋战争的再验证》，中公新书，1996年，51—54页。

② 同前，51—52页。

③ 原田熊雄《西园寺公与政局（八）》，岩波书店，1952年，32页。

④ 原田熊雄《西园寺公与政局（七）》，岩波书店，1952年，339页。

关系。在平沼内阁任阁僚时，他就明白在与纳粹德国结盟上不会有任何障碍。当时的内大臣汤浅的处事风格让他感到不满，他批判汤浅凡事都坚持法律原则，还不如“右翼”那么“开明”。[①]在他自己被任命为内大臣之前，木户就已经了解到陆军对米内光政首相停止与德国的交涉是多么的不满。最后一点，木户还很了解陆海军中对夺取英、法、荷兰在东南亚的殖民地的控制权的急切心情。[②]

成为内大臣后，木户比任何一位前任都更经常、更密切、更习惯化地跟裕仁保持着接触。他的任务是在领会天皇意图的同时，提请他注意在国家为更大的军事企图作准备时，前面有可能出现的问题。木户的家族背景以及1930—1938年建立起来的与天皇的长期交往，强化了他与天皇的关系，也帮助裕仁坚定了对中战争的正当性以及和平“南进”的信念。如今，木户尽量让天皇更接近陆海军中那些拒绝放弃中国战争，想通过利用看起来德国很可能取胜的欧洲战争，使自己摆脱困境的高级指挥官。

1940年6月19日的一次上奏中，裕仁问参谋总长闲院亲王和陆军大臣畑：“当欧洲局势也将很快实现媾和时，有出兵荷属印度支那和法属印度支那的计划吗？”这个问题不但泄露了裕仁对德国早些取得胜利的期望，还表明他早已开始考虑向印度支那和荷属东印度派兵的可能性。如今法国和荷兰被德国人征服了，即便是他性格中很少投机的一面，也难免不做如此打算。[③]

第二天，当与木户再次提起法属印度支那问题时，天皇显露出对那里局势的强烈关心，同时也表现出在如何处理不设防的欧洲殖民地问题上的犹豫不决。昭和天皇的思想观念是，作为高洁的国家道德的守卫者，必须为国民所支持，所期待。他曾以史论道，“像弗雷德里克大王和拿破仑那样的行动是有的”。但是“说得极端点，我们并不想像马基雅维利那样行事。我希望不要忘记自神代以来八纮一宇的真正精神”。[④]一面是自称“仁义的统治”，否认马基雅维利主义，一面是批准对中国人使用毒气。这些矛盾行为揭示了裕仁性格的两面性。这里，他在间接地暗示木户，我是那种愿意以理念为行动基础的人，但是当战术上需要，好机会出现时，嗯，那也没办法啦。不用说，昭和天皇的行为同西欧的君主制一脉相承，都具有在消灭民众的同时，用道德、人道等华丽辞藻包装自己的特征。

7月10日，当陆军大臣畑和参谋总长闲院前往叶山向裕仁报告军备情况时，天皇说如果最近在中国的“桐工作”（某种行动的代号——译者注）失败了，那么“将

---

① 同前108页。

② 田中伸尚《记录　昭和天皇（一）侵略》，绿风出版，1984年，109—112页。

③ 伊藤隆、照沼康孝编《续　现代史资料四　陆军畑俊六日志》，美铃书房，1983年，258页。安田浩《天皇的政治史——睦仁、嘉仁、裕仁的时代》，青木书店，1998年，268页。

④《木户幸一日记（下）》，东京大学出版会，1966年，794页。

不得不利用第三国来调解……最终可能是德国。可是如果完全依赖他们，日后可能会有不合理的要求。对此要做充分准备，防止出现这种情况”。[①]陆军在中国众多的谍报机关之一，1939年12月末，曾把宋子良（宋美龄的弟弟）和宋美龄（蒋介石的妻子）当成在香港开展和平策略时的工作对象。当裕仁说这番话的时候，他已不再看重与重庆政府时断时续的秘密交涉。当时，围绕日本在中国驻军、承认满洲国、停战协议和南京汪精卫政权地位的问题，他们正在进行着拉锯式的谈判。[②]另一方面，裕仁完全没把握不付出巨大代价就能让德国助其在中国战争问题上达到目的。

第二天，也是在叶山，木户记录下了天皇对美国将很快停止对日本输出石油的担心。天皇预测说：“英国不是拒绝了我方要求其关闭援蒋航线的要求吗？”“那样，就不能不占领香港，结果不就成了宣战吗？”“这样的话，美国至少也要动用禁运的手段吧。”对天皇的担忧，木户开导他，一定要让国民有“充分的心理准备”，程序上要谨慎操之，“必须注意不要被扯进海外驻军制造的突发事件中去”。[③]

这次交换意见的六天后，木户在宫中主持了有枢密院议长原嘉道以及五位前任首相——若槻、广田、冈田、林和近卫参加的会议。会议以创纪录的速度（只有30分钟）决定提名近卫——1937年扩大了对中国战争，进展不顺时辞职，具有卓越领导能力的近卫亲王——接替米内任首相。[④]天皇批准了他们推荐的候选人，1940年7月17日，命令近卫组阁。就这样，由于四位前任首相的赞同，在朋友木户的推动下，近卫取得了候选资格。同时，裕仁的再次信任，使近卫得以重坐首相交椅。

近卫选定55岁、强硬的东条英机将军担任陆军大臣。东条是陆军主张采取强硬路线的扩大派的代表性领导者，一个致力于通过“天皇亲政”实现本民族中心主义理想的人物。至于外务大臣，近卫选择了雄辩健谈、易激动的松冈洋右，这个人不仅不畏天皇不惧军部，还与他们在国际秩序问题上有着许多共同的信念。松冈承诺管制海外的军队。

考虑到要改善与美国的关系，加强与德国的合作，以及排除英国在东亚的政治和经济利益等荒谬且矛盾的使命，松冈尝试着争取美国公众的关注。7月21日，松冈在就职的前一天和一位美国记者进行了一次即兴、非正式访谈，那位记者立即将谈话稿发给了《纽约先驱论坛报》星期天版。美国的记者和编辑们大都没有注意到这份谈话（国务院除外）。谈话中，松冈宣称：

---

① 上述《畑俊六日志》，268页。

② 防卫厅防卫研修所战史部《战史丛书　陆海军年表》《付　兵语、用语解说》，朝云新闻社，1980年，336页。

③ 上述《木户幸一日记（下）》，802页。

④ 上述《记录　昭和天皇（一）侵略》，113—116页。

在民主主义与集权主义的战斗中，后者无疑将取得胜利并统治世界。民主主义的时代已经结束，民主主义体制已经破灭。世界上没有能容纳两种不同的体制或者两种不同的经济体制的余地……法西斯主义将按照人民的意愿在日本发展。其结果将是产生对天皇的敬爱。[①]

对美国人进行的关于民主主义已经破灭的说教，反映了松冈喜欢引人注目的性格。他“对天皇的敬爱”揭示了天皇制思想在整个现代君主制历史中变化多端的角色特征。天皇不但为军国主义和战争的思想意识赋予了正当性，这时，又成为日本法西斯主义思想意识的催化剂。现存政治权力的拥护者或者反对者，都以天皇的名义为各自的构想进行辩护，这是因为在正统的官方理论中，总是并存着两种观念。一种是纯粹的功利主义观点，它将君主视为“宝石”，为了给自己冠于合法性，想巧妙地利用君主。另一种是理想主义观点，它认为君主应该坚决与传统决裂、培养真正的天皇亲政的幻想。[②]东条拒绝以功利主义态度接近天皇，希望天皇继续在幕后发挥他非常积极的作用，而热爱天皇的松冈则对两种观点持骑墙态度。

Ⅱ

第二次近卫内阁开始后不久，1940年7月26日的内阁会议上，决定了在建设“大东亚新秩序”原则的基础上，结束中国事变，并完成作为“国防国家体制”的战争准备。为了给新阁僚们刚刚通过的这个合意注入权威性，使其优先于其他国家政策，第二天，近卫召集了大本营政府联络会议。作为战争领导机构而设立的这个会议，自从两年半前的1938年1月中止以来，这是第一次召开。[③] 7月27日，大本营政府联络会议正式通过了一份措辞暧昧的文件——《伴随世界形势推移的时局处理纲要》。文件正式确定了南进政策以及与轴心国联合行动的方针，但是没有阐明南进时是否动用军队。

特别是，日本既想把荷兰领属的东印度、英国的马来亚和东南亚其他资源丰富的地区纳入其“新秩序”，同时，还想加强与轴心国的联系。天皇研究了有关这些问题的商议报告后，作为近卫内阁的政策批准了这份最终决议。比起松冈，天皇更

① Grew发Hull收的密电。The U. S. Department of State Relating to the Internal Affairs of Japan, Political Affairs: July 1940 to July 1941.

② 安田浩，上述4、8页。

③ 关于政策文件《伴随世界形势推移的时局处理纲要》的详细手续，参见森茂树《国策决定过程的变化——第二次、第三次近卫内阁国策决定中的“国务”与“统帅”》，《日本史研究》三九五号（1995年7月），39页。

信任近卫，他个人不喜欢松冈。这些措施在日本历史上第一次将日本置于与美国的战略冲突之中。当时，日本已经成为一个纯粹的原材料进口国。在美国，政府与民间的战略家们很担心谁将控制殖民地的东南亚，他们正开始将这个地区视为涉及美国国家安全的重要区域。①按照这些“国家政策”的既定方针，9月，日本开始了为之长期准备的“南进”，向法属印度支那北部地区派遣了部队，同时又与德国和意大利结成了三国同盟。②

详细分析日本在印度支那北部驻军的决定，我们可以知道裕仁事前得到了一些人，其中包括陆军大臣东条英机和陆海军参谋总长，关于在那里设立基地计划的报告。天皇批准了他们的计划，因为他认为在法属印度支那建立基地及驻扎军队将会有助于推翻重庆政府，结束在中国的战争。可是，出于对南进政策重要性的认识，他还批准了陆军进入印度支那北部，尽管这个政策要冒着与英国、不可避免地还要与美国开战的危险，因为这些国家在菲律宾、新加坡和香港都有先进的军事基地。当然，他希望这项计划实施的时候不会刺激美国进而受到报复。受外务大臣松冈的影响，天皇也许认为，考虑到罗斯福正全神贯注于欧洲形势，以及迄今为止罗斯福在对待日本问题上的相对克制，这是可行的。③

7月29日——法国和荷兰战败的几个星期后，在西部战线的大规模进攻，使德国实现了它在欧洲大陆的目标，而英国则处于被入侵的危险中。这天，裕仁传唤统帅部的首脑们到皇宫。他们到场后，裕仁非同寻常地先给年长的闲院亲王和伏见亲王赐了座，然后才开始向伏见询问有关与美作战的前景等问题。伏见回答说，如果是一场长期战，要取得胜利是很困难的，因此，“如果国内的准备工作，特别是对军事资源的准备没有完成的话，即使有很好的时机，也不应该轻易开战”。④

参加这次汇报的还有陆军参谋次长泽田茂。根据泽田的记述，天皇的提问涉及范围很广。裕仁询问道：“这意味着占领印度、澳大利亚和新西兰吗？”他希望听到有把握的回答，就陆军而论，比如他们将如何对付集结在中国与法属印度支那边境的中国军队，看起来他们已经做好准备，只要日本有动作，他们就要进入这些殖民地。裕仁主要是想知道有关美国、苏联和德国的状况。他问：“在海战方面，日本能取得过去日本海战役那样的战果吗……已经有消息说，美国将禁止出口石油和

---

① Jonathan Marshall, To Have and Have Not: Southeast Asian Raw Materials and the Origins of the Pacific War (University of California Press, 1995), pp. 7—32, 36—53.

② 森茂树，上述《国策决定过程的变化》，34页。

③ “Interrogation of (Marquis) Kido Koichi, Feb. 27, 1946”，上述《国际检察局询问调查书》，第三卷，533页。森茂树《轴心外交及南进政策与海军》，《历史学研究》七二七号（1999年9月），17页。

④ 上述，森山优，54页。

屑铁。石油，我们或许能从其他地方获得，可是屑铁不是很困难吗？”①

此外，裕仁还问及苏联和德国的情况：

日苏间有互不侵犯条约，而在南方如果采取什么行动的话，海军将成为行动的主体，届时，陆军有裁减部队的计划吗……你们如何判断未来德国的国力……德国和苏联都是不能信任的国家。如果它们中的某一个趁日本跟美国打得精疲力竭，做出背信弃义的行为，这对我国来说不是一个很严重的问题吗？②

在结束对军首脑的询问时，裕仁评述道：

尽管有些危险，但是因为目前正是解决南方问题的好时机，看得出你们正在考虑实施这个计划……好时机具体指什么？（对于这个问题，泽田回答：“比如说，德国开始对英国的登陆作战就是一例。”）我听了各种各样的意见，总而言之是你们想趁当前的好时机解决南方问题，对吧？③

裕仁的提问表明他相信英美继续联盟的可能性，同时也暗示了，在这个紧要关头，他对于构成“好时机”的具体要素的不确定。对于泽田和陆军参谋本部来说，这个好时机必须是英国的战败，以及被军事占领；对裕仁来说，这个好时机是与美国关系的某种重新调整。另一方面，裕仁知道陆海军之间有着多么深的分歧，也知道近卫内阁已经把落实联络会议的决定作为政府的基本策略。天皇被官僚机构的不团结、倾轧、围绕领导权的争斗，以及海外部队希望实行南进的状况困扰着。此外，据木户称，第二天，即7月30日，天皇对他说：

看起来近卫首相……是想把由于中国事件的不成功所引起的国民的不满引到南方去。如果有好时机的话，陆军似乎考虑在支那事变的现状下，开向南方。海军的想法好像是如果支那事变不能首先得到解决，他们将不会在南方动用武力。④

木户关于天皇谈话的记述，存在着严重的错误。即声称海军首脑们主张如果不解决对中国的战争问题，将不会“在南方动用武力”。事实上，海军军令部的战争

① 泽田茂《参谋次长 泽田茂回想录》，芙蓉书房，1982年，72—73页。
② 同前，73—74页。
③ 同前，74页。
④ 上述《木户幸一日记（下）》，812页。

策划者在制订夺取印度支那计划时，设定的前提就是必要时与美国和英国开战。海军所担心的并不是在中国陷入僵局的战争，而是担心会引起与美国的战争。[①]

与天皇和做出军事上向东南亚推进决定、责任重大的官僚集团相反，罗斯福政权立即将日本的行动理解为直接的挑战。美国的政策策划者们，无论是政府内的还是政府外的，都认为东南亚和印度尼西亚列岛——与中国不同——必须首先对其被围攻的欧洲同盟国保持开放，并且，长期意义上，也是更为重要的，要对美国的商业和金融统制保持开放。日本不会选择走这条最为冒险的路。[②]

近卫内阁称陆海军进入印度支那北部的理由是为了完成对中国的包围。如果可能的话，希望与河内的法国官员或者亲纳粹的维希政权通过外交协议的方式进驻，但必要时也不排除使用武力。而真正的理由是为了向更南方的进攻准备基地，以便部队和船只集结。这里的周边国家盛产石油、橡胶、锡和全面战争时自给自足所需要的资源。裕仁在这次侵略扩张中所起的作用是，身居军事首脑与松冈的外务省的冲突之上，帮助他们达成一致，以使政策在制定过程中不出障碍。

作为重要资料的木户日记，1940年9月14日，记下了裕仁对统帅部和松冈之间分歧的忧虑，以及认为推行南进将是最好的选择的信念，因为“如果我们总是拖延，英美的阴谋将愈演愈烈，它们就有可能与法属印度支那，或者中国携起手来”。[③]很快，天皇发布了第458号大陆命，命令地区的方面军开始进入法属印度支那。天皇又一次以批准新的海外侵略的方式，化解了国内政治精英间的冲突。

日本没有进行宣战，如今又扩大了在中国的战争，日本确切无误地步入了第二次世界大战。对日本一直采取航空运输上的“道义禁运”的罗斯福政权，象征性地做出了反应，对日本实行了屑铁和航空汽油的禁运。此后，罗斯福通过扩大经济制裁，通过援助中国增强其战斗力使日本陷入困境，通过以非正式方式与日本磋商，以及最重要的——通过迅速改善装备，使美国的陆海军能够抗击轴心国等多种形式反击日本。

Ⅲ

在与德国纳粹和意大利法西斯结盟的问题上，大本营政府联络会议和近卫内阁完全达成了一致。就此，日本的领导者们向一场更大的战争迈出了决定命运的第二步。为了确保三国同盟决议的合法性，9月19日召开了御前会议——对裕仁来说这是

① 吉泽南《战争扩大的构图》，青木书店，1986年，68、70、72页。

② Jonathan Marshall在上述书中论述到，早在1940年，日美都从重商主义的观点出发，围绕资源分配为国益做了规定。

③ 上述《木户幸一日记（下）》，821页。

第三次。之后不久他就批准了协定。当木户9月24日见到裕仁时，裕仁对他说想在皇宫参拜“贤所”，请求神的保佑。因为“这一次，与日英同盟时仅仅是庆祝不一样。万一形势发生变化，我们将面临严重的危机”。①而后，协议转到了枢密院，枢密院一天之内就完成了其纯属形式主义的审议。

1940年9月27日，日本在柏林的代表与德国和意大利的独裁政权签署了三国协定。法西斯的罗马尼亚和匈牙利随后也加入进来。协定规定，日本承认德国和意大利在“欧洲新秩序”中的领导地位，而德国和意大利承认日本在“大东亚”的统治地位。三国立誓，如果“受到非欧洲战争或日中冲突参加国的攻击”，“彼此应运用政治、经济及军事手段互相援助”。②最后这一条旨在抑制英国并使美国保持战争局外人的立场。

从商议到取得这一重大成果总共用了三年。这期间，裕仁有足够的时间去思考它的意义，其中包括三国同盟肯定会使日本丧失外交弹性，永久失去与英美合作的机会。尽管天皇并不信任纳粹德国，但是，如果能与纳粹结成军事同盟，对抗对满洲国构成威胁的苏联，他从来都没有反对过。他只反对一点，那就是将英国、法国和美国当成主要的敌人。③

所以，1938年末至1939年初，当近卫暗示他将辞职时，据说裕仁对新任侍从武官长畑俊六说：“如果这么不希望近卫总理辞职，那么，作为挽留近卫总理的交换条件，对防共强化问题，要按照最初五大臣会议决定的那样去实行……让它成为只针对苏联、纯粹的防共协定，怎么样？你到参谋本部去就这么说。”④那时裕仁就很明确，不是反对三国协定本身，只是反对将英法也包括在日本攻击的目标之内。

一年半之后，罗斯福总统通过租借英驱逐舰基地的交易，增加了对财政紧迫的英国的支持。此时，虽然有担忧，但裕仁还是放弃了他的反对意见，同意了三国协定的签署。这是一个机会主义也是极其危险的举动，一旦德国重新开始在欧洲的侵略行动，无疑会加深日本与英美间的对立，使关系变得更加困难。尤其是，这意味着将与明治天皇的外交遗产——与英美友好，进行决裂。裕仁知道这一点，这也是他在决断之前犹豫了那么久的另一个原因。

在对外政策上，当天皇个人转向军事路线时，他将自己比作了日俄战争前夜的祖父明治天皇。当时，伊藤博文曾向明治天皇发誓，如果日本打输了这场战争，他将以死尽忠。9月15日，裕仁重复着伊藤博文对明治天皇的誓言，对木户说：“真到

① 同前，825页。

② 关于条约内容，参见James W. Morley, ed., Deterrent Diplomacy: Japan, Germany and the USSR, 1935—1940 (Columbia Vniversity Press, 1976), pp. 289—299.

③ 井上清《天皇的战争责任》，现代评论社，1976年，125页。

④ 原田熊雄，上书第七卷，280页。

了这一步，近卫如果不能与我同甘共苦就太糟糕了。”[①]后来，近卫对原田熊雄说：“当我第二天（9月16日）去参见时，陛下对我说，‘关于这次的日德军事协定，翻来覆去地思考过后，我认为现在的情况属于不得已而为之。对美国如果没有更有效的手段，那也没办法’。”近卫又补充说天皇还问他：“万一日本成了战败国可怎么办？如果这一天到来了，总理会和我一起共患难吧？”[②]

裕仁消极地同意了协定的签署，后来，他将自己的行为辩解为对不可抗拒的历史进程的屈从。他暗示道，是不同官僚势力间的对立促使他批准了自1902年其祖父批准日英同盟以来，在对外关系中，使君主国的立场发生了最根本性变化的三国同盟。不过那时裕仁完全清楚，自己对三国同盟态度上的转变是一个重要的转折点，带来了与美国战争的可能性。[③]后来，他将这些都主要归咎到了松冈身上，也将过失的责任推到了他的弟弟秩父和高松身上，却从来没有反省过自己在批准协定时的错误判断。[④]

大约在这个时候，皇族内部的排序发生了微妙的变化。裕仁最直言不讳的批评者也是皇位第二位继承人的秩父亲王，身染肺结核，病情严重。秩父亲王从活跃的公共生活中退了出来，这意味着高松亲王在非常时期将成为摄政王。今后，他将读到更多的官方文件，无偿地提供自己的意见和建议，可是裕仁对他的意见和建议并不太赏识。[⑤]在日本对外政策的危机中，高松亲王没有坚定地与裕仁站在一起，而是倾向了秩父亲王。两兄弟都对三国协定寄予了很大期望，希望靠它打开局面。对天皇，他们还是认为他表现欠佳。

至于木户，他后来坚持说他和天皇都接受了近卫和松冈的解释，即“为了不卷入漩涡，也为了避免孤立，于是采取了均衡势力的政策。除了以同盟的力量做背景和美国交涉，没有别的办法。尽管不喜欢，但是没办法”。[⑥]木户与天皇不同，他认

---

① 上述《木户幸一日记（下）》，822页。

② 原田熊雄，上述347页。

③ 安田浩，上述270页。

④ 寺崎英成、Mariko Terasaki Miller编著《昭和天皇〈独白录〉》，文艺春秋，1991年，129页。在“独白”中，裕仁两次提到“秩父宫主张日德同盟”。他还说：“那以后，因为他生了病，不太清楚他持什么意见。高松宫总是不太赞成当局者的意见……日德结成同盟以来，一边讴歌战争，一边在东条内阁中主张防止战争发生。”

⑤ 1940年10月19日，根据木户记录，昭和天皇对及川提督说道：“秩父宫患了轻度结核，正在静养，我想万一之时只好请高松宫摄政了。所以，希望不让高松宫在一线勤务。”上述《木户幸一日记（下）》，830页。秩父宫家《雍仁亲王实纪》，吉川弘文馆，1972年，639页。

⑥ 缔结同盟表面上的目的是制止日美战争，但真意完全不同。《木户幸一日记　东京审判期间》，东京大学出版会，1980年，460页。田中伸尚，上述《记录　昭和天皇（一）》，117—118页。井上清，上述139页。

为陆军对三国协定负有主要责任，但是从未承认过海军的决定性作用。

1940年9月27日，裕仁向全国发布了皇帝诏书。与他一贯的做法相反，很显然，他这次没有对已经准备好的措辞作修改。诏书宣称：

> 弘扬八纮一宇之大意，乃皇祖皇宗之大训。朕夙夜眷眷，不敢忘怀。而今，世局动乱，不见休止。人类蒙难，不可限量。朕诚愿早日勘定，恢复和平。故命政府商议与意图相同德意两国协力之事宜。于此，亲见三国条约成立，朕深感欣慰……[①]

诏书发表后不久，10月4日，三国同盟协定签署。近卫首相在京都的记者招待会上发表了一份挑衅性的声明，声称："如果美国不理解日、德、意三国立场，处处与三国作对的话，三国将毅然决然与其战斗。"[②]当时几乎没有一位日本领导人理解三国协定在思想意识形态上的重大意义，也没有人知道罗斯福政权将如何利用三国协定来刺激反日情绪。与此同时，在木户的陪同下，天皇在横滨检阅了海军大演习。一个星期后，仍然对与英国决裂怀有顾虑的天皇，在祷告中向神报告了与德意的结盟，请求神的保护。[③]

之后的一个月，日本全国上下为纪念神话中的神武天皇建国2600周年举行了庆祝活动。纪念活动的准备工作从1935年起就开始着手进行。官方纪念活动开始的前一天，11月9日，政府为了给全面战争作准备，推动国民"精神总动员"，在内务省设立了"神祇院"。国民精神总动员运动始于中国战争开始时的第一届近卫内阁，目的在于让那些即将被送往战场的年轻人参加，鼓励他们"敬神"，"尽忠报国"，在对抗中国的战争中勇往直前。

为了这件大事，政府各机关策划了1.5万项各种各样的纪念和庆祝活动，耗资1.63亿日元。[④]庆祝活动高峰是11月10日和11日，大约50万人参加了祝宴。为了表示对前线士兵的思念，食物都是特意按照军队的野战食品样式准备的，所有的食物被皇宫广场参加庆祝的人们吃喝殆尽。就在这些提示战争和新的对外政策的活动中，11月10日，《东京朝日新闻》连续刊登了题为"新秩序问答"栏目，强调了世界新秩序中年轻人的重要作用。[⑤]11日的晚刊上，天皇和皇后的照片又占据了主要版面。

---

① 千田夏光《天皇与敕语与昭和史》，汐文社，1983年，311—313页。

② 森茂树《松冈外交的对美及对英策略——日德意三国同盟缔结前后的构想与展开》，《日本史研究》四二一号（1997年9月），50页。

③ 上述《木户幸一日记（下）》，830页。

④ 古川隆久《关于纪元二千六百年奉祝纪念事业的整治过程》，《史学杂志》第一〇三编九号（1994年4月），1页。

⑤ 松尾章一《近代天皇制国家与民众　亚洲（下）》，法政大学出版局，1998年，183页。

同一天，天皇发布的诏书指出“世界局势处于剧变期”，期望国民“向国内外弘扬我惟神之大道，并对人类福祉万邦协和有所贡献”。[①]毫无疑问，裕仁不仅承认了自己是“新秩序”的象征，具有合法性，而且还是为其巧言粉饰的代言人。上午11点25分，来自日本各地和世界的五万名代表，包括纳粹德国的青少年团成员，齐声高呼：“万岁！”停泊在东京湾的战舰鸣响了礼炮。电台一整天都在报道有关庆祝活动的消息。

英国对于轴心国的军事同盟的反应是重新开放早期经协议关闭了的缅甸公路。这个措施旨在寻求一种“在不失外交礼仪的情况下，给日本制造不利”的方法。[②]罗斯福总统的反应则是向蒋介石提供了另外一笔小额贷款，并对美国进一步支持中国继续战争做出了保证。11月，罗斯福批准了哈洛德·斯塔克上将的“犬”计划。这个计划在假设德国是主要敌人的前提下，重新修订了美国的防御战略。从此，美国将执行首先打败德国的战略，把焦点对准欧洲战场并支援英国。如果太平洋爆发了战争，美国准备先打一场防御战，在德国垮台之前，不会用全部砝码对付日本。[③]在中国，蒋介石决心即使得不到英美彻底的援助，也要继续独自抗击日本，但是，蒋介石确信太平洋战争的爆发只是一个时间问题。

---

① 《东京日日新闻》，1940年11月11日，临时晚刊。

② Antony Best, Britain Japan and Parl Harbar: Avoiding War in East Asia, 1936—1941 (Routedge, 1995), p. 130.

③ Edward S. Miller, War Plan Orange: the U. S. Strategy to Defeat Japan, 1897—1945 (U. S. Naval Institute Press, 1991), pp. 269—270. 1940年11月，罗斯福批准了这个计划的总体构想，“为使英国参加制定战争状态下美英结盟时的条约计划，同意与英国进行秘密交涉”。美英从1941年初开始共同制订战争计划。

第十一章　珍珠港序幕

1941年夏，随着德苏战争的爆发，日本陆海军参谋长与天皇的重要顾问们一起，开始越来越多地在皇宫里工作了。[①]裕仁的统帅权迅速发生变化，他将成为从任何意义上讲都是名副其实的大元帅。1937年11月设立的大本营政府联络会议两个月后基本停止运营，直至1940年7月才重新恢复。现在大本营政府联络会议比以前召集得更加频繁，机能也被逐渐强化。计划院总裁和内大臣成为联络会议的固定成员。1940年一年中，联络会议发展成为决定国家政策及其方针最重要的、定时召开的会议组织。

此外，联络会议还将审议地点从首相官邸搬到了皇宫里面。[②]这就使内阁失去了存在感，决策功能被轻视。联络会议实际上是一个讨论会，最终还必须由天皇本人做出决定。从1940年9月27日到1941年11月，联络会议共召集了几十次。直至1944年8月上旬，联络会议被最高战争指导会议所取代为止，又多次召开了会议。[③]

联络会议的最终决定仍通过御前会议正式公开，如今，御前会议也比以前召开得更加频繁了。大本营也被重组，至1945年，增加了新的机构或部门处理诸如情报、兵站、科学技术、占领区的军政等问题。到1945年5月，大本营的职员发展到1792人，其中一些人在皇宫内工作，但大多数在皇宫外工作。[④]

然而，统帅部的某些主要特征和裕仁在其中的工作方式依然如故。天皇的军人和文职顾问集团各自独立的官僚利益继续左右着政策。战争指导方针的草案继续由军事指挥系统的下层起草，经过磋商与合意，然后提交上来。天皇对报上来的所有报告始终谨慎，总是寻找出其中矛盾或不相符之处。所以，即使是陆海军参谋长或者主要阁僚们的正式报告有矛盾之处，或者军部与政府的意见相当一致或近似一致，只要裕仁没有被说服，他都会驳回报告。

随着与美英作战危险的逼近，也随着参谋本部资深军官（如常被呵斥的杉山将

---

① 森山优《日美开战的政治过程》，吉川弘文馆，1998年，164页。

② 森茂树《国策决定过程的变化——第二次、第三次近卫内阁国策决定中的“国务”与“统帅”》，《日本史研究》三九五号（1995年7月），58—60页。

③ 藤原彰《昭和天皇的十五年战争》，青木书店，1991年，97页。

④ 秦郁彦编《日本陆海军综合事典》，东京大学出版会，1991年，497页。

军）对裕仁的性格及其渊博的军事知识的了解，那些为天皇准备说明资料的中层军官知道了如何避免他们的顶头上司被责骂，或被问一些令他们为难的问题。不排除这样的可能性，为天皇批准（或者否决）指挥决策而准备的判断材料中，虽然算不上歪曲，但至少都受到两军种策略的引导。①如果仅是作为优先次序和简化的手段，那么复杂的决策系统经常会招致操纵行为。

另一方面，裕仁非常清楚政策审议过程是如何运作的。他掌握着陆海军和外务省最重要的局长、部长和课长的名字及其工作情况，包括他们的倾向。皇宫中的侍从武官府有一条热线电话与陆军参谋本部作战课、海军军令部作战课以及参谋本部和军令部的第一部相连，以便侍从武官能迅速传达天皇的质询或提出自己的疑问。②裕仁还知道是谁领导着参谋本部负责作战计划和部队配置的第一部——更具体一些说，是谁统管第一部第20班（负责战争指导）和第二课（负责作战行动）。更重要的是，他熟知联络会议上被审议、经他研究的“国策”文件的起草过程中，官僚政治体制的每一个工作程序。

1941年以后，统帅机构逐渐变得更加复杂精细。天皇涉及了所有的军事情报，范围广且深。作战课的参谋们汇编了详尽的问答资料。有关战争形势的报告每周、每日，有时一天两次，提交给天皇。有关战况分析，则有月报和年报供天皇阅览。正如历史学家山田朗论证的那样，裕仁会例行地收到正在制订中的战争计划草案、有关作战的全面说明，并附有详尽的地图。给天皇的报告中详尽说明了作战理由和执行计划的具体部队。

太平洋战争爆发后，战况报告每天都会送到宫中，昼夜不论，随时呈递给天皇。这些报告详细列举了战斗损失及其原因、日本军队的战斗表现等，甚至包括了诸如运输船被击沉地点和因此损失的物资这样的细节。有时，“就连从前线发给大本营的电报”也由24小时轮流值班的三位陆军和五位海军侍从武官交到裕仁手上。③这些侍从武官诸多的工作之一是定期更新裕仁手边的作战地图。④此外，太平洋战争期间，大本营海军部还向天皇提交了题为“关于战况的说明资料”的正式书面报告。这些资料，再加上其他情报来源，使得天皇格外消息灵通。但是这个情报系统有一个缺点，那就是陆军和海军分别准备、分别向天皇提交各自的秘密情报，因此

① 森茂树《山田朗著〈大元帅昭和天皇〉》，东京历史科学研究会编《人民的历史学》第一二四号（1995年7月），27页。

② 濑岛龙三《大东亚战争体验》，军事史学会编《第二次世界大战（三）——终战》，锦正社，第31卷第一二合并号（1995年9月），400页。

③ 同前397页。

④ 同前400页。

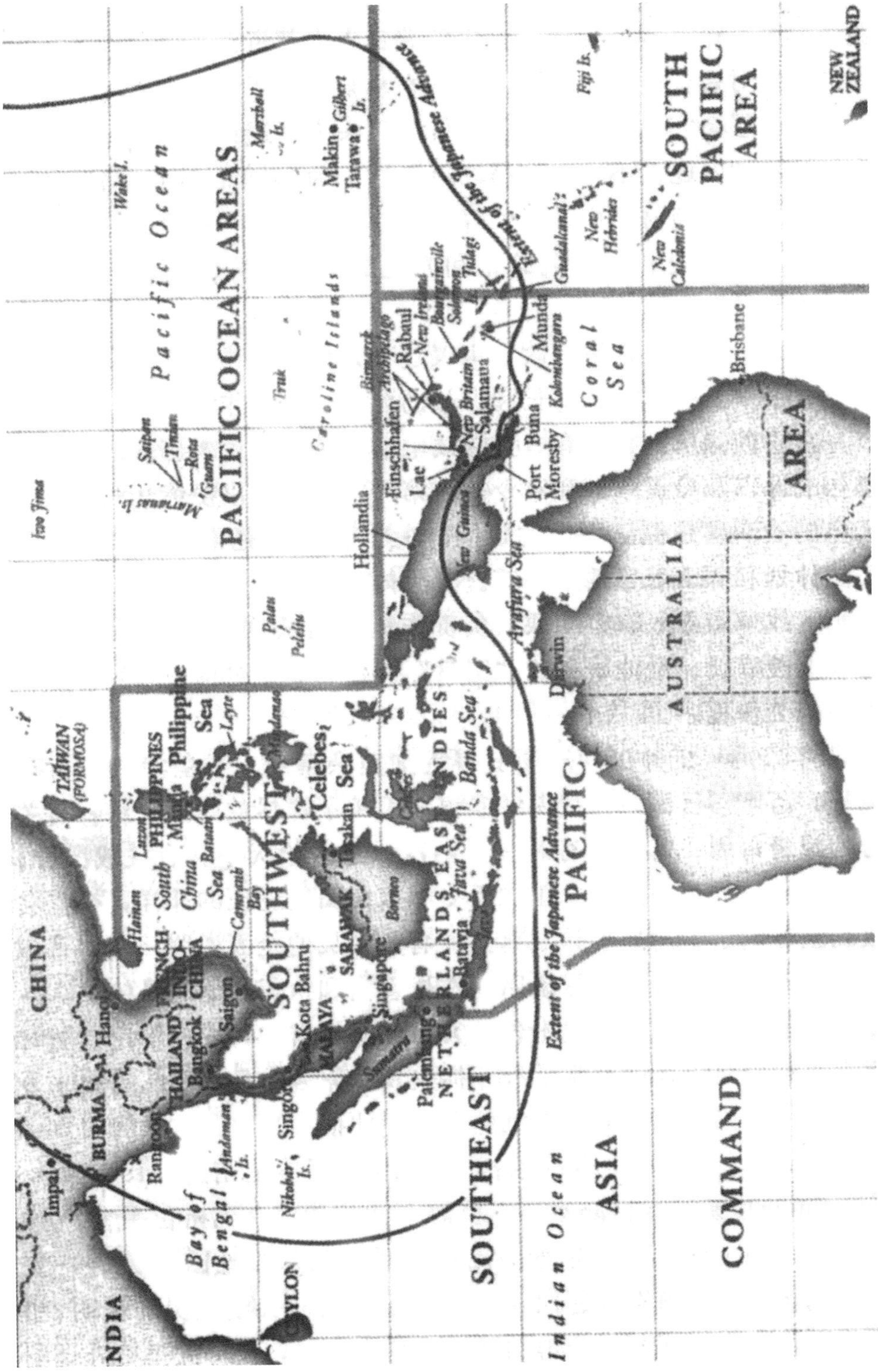
PACIFIC OCEAN AREAS
Pacific Ocean
SOUTH PACIFIC AREA
SOUTHWEST PACIFIC AREA
AUSTRALIA
SOUTHEAST ASIA COMMAND
Indian Ocean
Coral Sea
Arafura Sea
Banda Sea
Java Sea
Celebes Sea
Philippine Sea
South China Sea
Bay of Bengal
Caroline Islands
CHINA
BURMA
INDIA
THAILAND
FRENCH INDO CHINA
PHILIPPINES
NETHERLANDS EAST INDIES
MALAYA
TAIWAN (FORMOSA)
NEW ZEALAND
Extent of the Japanese Advance
Iwo Jima
Saipan
Guam
Truk
Hollandia
Rabaul
Lae
Port Moresby
Buna
Guadalcanal
Darwin
Brisbane
Singapore
Borneo
Sumatra
Java
Batavia
Saigon
Bangkok
Hanoi
Rangoon
Imphal
Manila
Hainan
Wake I.
Fiji Is.
New Caledonia
New Hebrides

日本的南进，1942年

只有天皇本人始终了解全貌，特别是关于损失方面的情况。[①]

当前线报告的“事实”有误时，裕仁的“情报”就成了误报。不过，山田评论说，向天皇汇报的人们“确信他们所报告的事实”。确实，他们的上奏目的不是要欺骗天皇，而是要报告军队遭受的人员和军备上的损失的准确数字，以及给敌方的打击。他所收到的资料是及时的、详细的，质量也很高——事实上也必须如此，因为天皇不仅要指导战争中重要战略的开展，还要敦促解决那些不可避免的灾难，以及参谋和战地指挥官对情况的错误估计。[②]

此外，为了确认他所收到的报告的准确性，裕仁还经常派他的陆海军侍从武官，或者他的弟弟们到各个战区视察，收集常规途径以外的情报。1942年3月至1945年11月，尾形健一担任裕仁的侍从武官，据他所言，天皇“经常差遣武官到战地去。到了战地，他们尽可能地靠近前线，而且经常选在将士们最艰苦的季节去。另外，他们回来后的复命受到天皇的格外重视”。在问询国务大臣或参谋总长时，裕仁会频繁地引用这些报告。[③]也是通过这种方式，裕仁一直在盯着他的指挥官们。

最后要指出的是，裕仁有观看国内外新闻纪录片和电影的习惯，而且一直保持着，通常是一个星期在皇宫内观看两到三次。裕仁时常翻阅经过审查的日本报纸，并且经常就他在报上读到的消息，有针对性地询问军队的首脑们。[④]因此说，他不但了解战争的真相，而且也知道那些有倾斜的报道，或是有关被彻底“洗脑”的日本人所接受的那些报道。

早在珍珠港事件前夕，统帅部为了保证裕仁得到全面的报告，曾进行了巨大而且耗时的努力。

从那时起，参加作战和战略策划的重要军官们的效率就开始降低。例如，第一部部长由于要花大量时间使天皇同步了解事态进展，经常无法完全埋头于自己的主要任务，即作战行动和战略的策划。1941年在陆军参谋本部任职的井本熊男认为，天皇的这种工作方式，无意中成了日本战败的一个因素。要让裕仁消息灵通，需要超人的努力，这迫使部长们不得不将最高层的工作委托给“课长甚至课长的下属”。而这些人很快就被“卷入部长们的战争领导工作中。这样一来，虽然他们能

---

① 关于山田的报告，参见《彻底检证　昭和天皇〈独白录〉》，大月书店，1991年，101页。

② 山田朗《昭和天皇的战争指导——情报集中与作战参与》，《季刊　战争责任研究》第八号（1995年夏季号），日本战争责任资料中心，18页。

③ 森松俊夫《缅怀昭和天皇——从尾形侍从武官日记说起》，《昭和军事秘话——同台俱乐部讲演集中卷》，同台经济恳话会，1989年，7—8页。

④ 山田朗，上述《昭和天皇的战争指导》，19页。

处理日常事务，却无法统帅大本营。在这个问题上，出现了重大的缺陷”。[①]

I

1941年初，包括天皇在内的日本决策者们为陷入僵局的中国战争与欧洲事件的关系问题所吸引。特别是德苏关系牵动着他们的注意力。1939年8月缔结的互不侵犯条约，两国都明显地摆出阵势，要进一步瓜分欧洲。不过，两者的关系中已暗藏着纠纷。希特勒在秘密地作准备，打算攻击他的新同盟。斯大林察觉到希特勒正沿苏联西部边界集结部队，也考虑到德国装甲部队在西部战线迅速取得的令人惊恐的胜利，还有德国在巴尔干半岛的军事战役，以及苏德关系的全面恶化，但却未能看破入侵的危险正在逼近。斯大林意识到保卫苏联远东边界的安全，以及由苏联承担代价，阻止德日轴心国进一步扩张的迫切需要。[②]斯大林想通过对近卫内阁重新开始为缔结条约而采取的主动姿态做出回应，来避免两线受敌的噩梦。斯大林一心想把日本的注意力从苏联远东引向英美的利益范围——东南亚和南太平洋。为此，斯大林同意与日本签署中立条约，作为交换，让日本保证将其在北萨哈林的煤炭和石油开采权交给苏联。

4月7日，松冈洋右从柏林到达莫斯科。[③]随后几天是艰难的讨价还价，此间，松冈已经做好互不侵犯条约签订不了的心理准备。最后是他接受了斯大林的条件，满足于苏联给出的价码。苏联外交部文献资料馆新近公开的一份文件透露，4月12日，与斯大林在克里姆林宫会面过程中，松冈提议日苏关系中的问题应该“立足于大局”来解决。松冈还表示：“苏联如果想经由印度进入温暖的印度洋，我认为这应该容许。而且如果苏联想要卡拉奇港成为自己的，日本会视而不见。海因里希·斯塔默特使（盖世太保代表、后来的德国驻日大使）访问日本时，我就对他说，如果苏联要通过伊朗前往温暖的海洋的话，德国应该和日本一样对待此事。”然后，松冈又重提他得意的主题——“将亚洲从盎格鲁—撒克逊的统治下解救出来”，以及“将英美的资本主义影响从亚洲清除出去”。松冈试图让斯大林承诺停止对蒋介石的援助。[④]斯大林回答说：“在大的问题上，苏联原则上默许日本、德国和意大利之间的合作”，但是“此时我只想谈与日本的中立条约，因为在这个问题上，毫无疑

---

① 井本熊男《作战日记缀成的大东亚战争》，芙蓉书房，1979年，37—38页。藤原彰、粟屋宪太郎、吉田裕、山田朗《彻底检证　昭和天皇〈独白录〉》，大月书店，1991年，104页。

② Haslam, The Soviet Union and the Threat from the East, 1933—41, p. 136.

③ 据说希特勒在上火车之前，在车站这样警告松冈说：“你回日本的时候，不能对天皇报告说德苏的战争不在问题之内。”Paul Schmidt, Hitler's Interpreter (New York: Macmillan, 1951), p. 231.

④ Borisu Suravinsukii《考证　〈日苏中立条约〉——公开的俄罗斯外交部机密文件》，岩波书店，1996年，114—116页。

问时机已经成熟”。[①]

第二天，4月13日，有斯大林在场，松冈和特命全权大使建川美次与莫洛托夫签署了为期五年的中立条约。[②]条约中，两国约定“保持和平友好关系”，相互尊重对方领土。万一缔约国一方成为第三国军事行动的对象，另一方将“在整个冲突期内保持中立”。条约于批准之日起开始生效，有效期为五年。苏联在一份独立声明中承诺，尊重满洲国的不可侵犯，同时也让日本承认苏联在“蒙古人民共和国”的利益。如果第四年，莫斯科和东京都未通知对方废除条约，那么条约将自动延续到下一个五年。裕仁于4月25日批准了条约，随后一天，苏联官方报纸《真理报》发表了日苏中立条约生效的消息。[③]

约六个星期后的6月5日，日本驻柏林大使大岛浩向天皇和统帅部报告说，希特勒将入侵苏联。[④]陆军参谋本部的“第20班”立即做出反应，起草了一份对苏联开战的同时，向南进军法属印度支那的计划。陆军省军务局也马上制订了自己的计划，但是与参谋本部的计划不同，它主张推迟对苏联的攻击，“直至时机成熟”。就在陆军参谋本部和陆军省围绕如何评价德苏战争这一新要素争论不休时，一份新文件——《形势变化下的帝国国策要纲》开始形成。[⑤]

6月22日，形势如预测的那样发生了变化。在与英国的战事陷入僵持后，希特勒把矛头转向了斯大林。希特勒无意中步了拿破仑·波拿巴的后尘，侵入了苏联。

第二天，6月23日清晨，海军省和海军军令部举行高层领导人会议，各课长、局长也参加了会议。会议明确了海军的立场：为了确保法属印度支那南部的军事基地和飞机场，即使“冒着与英美开战的危险”也应该进驻那里。正如几天后一位重要的与会者，海军省军务局联络官藤井茂大佐所解释的那样，日美战争恐怕是避不开的，但只有通过对美英采取“极为强硬的路线”，让它们感到恐惧，并在所有英美显露威胁的时候都坚持这种强硬态度，战争才有可能避免。他将这个方法比作“走钢丝”。[⑥]现在，我们称之为“边缘政策”。

对于所有希望向北进击摧毁整个东西伯利亚至贝加尔湖地区的苏联势力的人来说，德苏战争是一个巨大的诱惑。另外，它还对决定了日本对美英宣战的政府联络

---

① 同前117页。

② Joseph Gordon, “The Russo-Japanese Neutrality Pact of April 1941”, in S. H. Jones, Jr. and John E. Lane, eds., Columbia University East Asian Institute Studies 6: Researches in the Social Sciences on Japan 2 (June 1959); Suravinsukii，上述114—116页。

③ Borisu Suravinsukii，同前129—130页，134—135页。

④ 同前148页。

⑤ 同前134—142页。

⑥ 引自藤井茂（海军军务局员——日文）的未出版日记。同前143页。

会议和御前会议的参加者们产生了影响，他们的主要顾虑是日本进入印度支那南部后，美国会加紧对日本的经济制裁，罗斯福总统将对英国、中国和苏联防御进行支持。由于英国对德国港口实行封锁，结果造成对德国的同盟国日本也加紧了经济制裁。英国的政策间接地促使了日本与英美关系的恶化，从而进一步减少了1941年后期在亚洲通过外交手段实现和解的可能性。

1941年，在所有影响决策的背景要素中，处于第五个年头的中日战争的僵局状态最为重要。然而，那种认为日本军队在中国已经“手忙脚乱，不可开交”或是被“钉在那里动不了”的一般印象又有些不准确。战争确实使日本在中国的大量军队陷入了困境。然而正是因为日本与中国的作战，才使得它的陆军和海军得以扩充兵员，储备武器，并获得1941年秋和冬初对抗美英所需的巨额资金。经过在中国四年零五个月的战争，日本陆军从1937年7月的17个师团25万人扩大到了1941年12月8日的51个师团210万人。①

由于日本在中国实施军事行动时只有最小限额的后勤补给，因此当地军队进行了大规模的掠夺和抢劫。此外，日军在占领区建立起附庸的“傀儡”政权而不是直接实行军事统治，不仅如此，每年非常时期军费开支的一大部分也都转向了充实基础战斗力。通过这些方式，陆军和海军将军备力量提高到被认为可以冒太平洋战争风险的地步。从这个意义上讲，中国战争解除了日本军事开支上的限制。中国战争不仅为日本不断膨胀的军费开支提供了正当理由，而且还是军事预算的根源。没有在中国的战争，无论是陆军还是海军，即使它们想这样做，也没有能力孤注一掷，在1941年后期凭借武力向南进军。②

Ⅱ

德国入侵苏联十天后的1941年7月2日，近卫召集御前会议，准备处理经过两次讨论都没解决的问题。这两次讨论，一次是6月5日至23日陆军省海军省和参谋本部

① 安部彦太《大东亚战争的计数分析》，近藤新治编《近代日本战争史　第四编　大东亚战争》，东京堂出版，1997年，824页。

② 吉田裕也论及此，认为“临时军事费特别会计”是一个能使陆海两军得以蓄积巨大战费的制度。陆海两军把日中战争的军事费用，转用于基本战争能力的增强。陆海两军节省地使用与中国作战的预算，确保了巨大军费的大部分用于储备和扩军。吉田裕引用大藏省的正史（《昭和财政史　第四卷》，东洋经济新报社，1996年），估算出到1945年为止，用于日中战争的直接军费，仅相当于临时军事支出的1／3。吉田裕《日本人的战争观》，岩波书店，1995年，17—19页。及Captain John Weckerling, “Military Attache Report No. 9221”, Feb. 3, 1938, p. 4, National Archives, Reel no. 13.

的讨论，另一次是6月30日至7月1日的大本营政府联络会议上的议论。御前会议上达成的共识是，向法属印度支那南部派驻部队和飞机，不会刺激美国站出来反对日本，即使美国这样做，为了至关重要的国家目标也要冒这个险。

《形势变化下的帝国国策要纲》在御前会议上通过后马上得到天皇的批准，它开启了日本对抗苏联、英国和美国的新战争的准备步伐。在政府的政策声明中，这是第一次使用“与英美之战”的表现。特别是7月2日的文件号召建立“大东亚共荣圈”，迅速解决中国战争，“为了确立国家生存和安全（原文为‘自存自卫’）的牢固基础，向南推进……”文件进一步表明：

依照形势变化，解决北方问题（即进攻苏联）……为此，要做好与英美作战的准备……（而且）帝国为实现此目的，不惜与英美一战。

如下所述，这份文件从头至尾为形势所制约，为突发事件所左右。

如果德苏战争的进展对帝国有利，（那么）我们将行使武力，解决北方问题，确保北部边境的安定……万一，美国参战（欧洲战线），（那么）帝国将依照三国协定行动。不过，诉诸武力的时机和方法，将自主决定。①

关于法属印度支那，《国策要纲》提出为了确保进一步军事行动所需要的基地，计划向金兰湾和西贡方面派遣军队。②《国策要纲》还计划“在合适的时候”接收中国国内其他西方国家的租界，并且明确指出要为摧毁亚洲的英美军事势力完成准备工作。另一方面，《国策要纲》既没有赞同日本介入德苏战争（如外务大臣松冈和枢密院议长原嘉道所要求的那样），也没有排除介入的可能性。事实上，7月2日的御前会议批准了命名为“关东军特种演习”的计划，其目的是为将来进攻苏联做秘密准备。这个决定引发了一连串国内部队的秘密调动，以及7—8月第一周约70—80万日本军队在满洲国北部集结。部队的任务是9月初以前做好与苏作战的准备。不过，只有在德国迅速有效摧毁了苏联西部的抵抗力量的情况下，战争才能开始。③

---

① Nobutaka Ike, ed. and trans., Japan's Decision for War: Records of the 1941 Policy Conferences (Stanford University Press, 1967), pp. 78—79. Nobutaka Ike的译文部分调整引用。参见参谋本部编《杉山备忘（上）》，原书房，1967年，260页。

② 粟屋宪太郎等编《东京审判资料　木户幸一询问调查书》，大月书店，1987年，557页。

③ 田中伸尚《记录　昭和天皇（一）侵略》，绿风出版，1984年，129页。岛田俊彦《关东军》，中公新书，1965年，168—175页。

裕仁不愿认可这个强硬路线，但还是批准了它。[①]因为，他支持“帝国为实现此目的不惜与英美一战”的思想。天皇批准日本部队在印度支那南部驻军的行为很快就激起了美英的军事反应。后来他部分取消了这个新国策。这提醒人们，御前会议的决定并不是不可改变的，只要天皇想的话，是可以更改的。

7月30日，裕仁对作战计划进行了重大干涉，他建议参谋总长杉山停止在满洲国集结部队，因为那有可能阻止苏联的远东部队调往西线作战。[②]这里，他丝毫没有要帮他的盟友希特勒的想法。只是此时，天皇并不想与苏联或者美国发生全面战争。但是如果不得不战的话，同与俄国人作战相比，他更倾向于在南方英美的利益范围内冒险。如果苏联的远东军向西移动，北方军事力量对比将有利于日本军队。那么苏联利用日本在中国和南方作战之际，乘虚而入的威胁就减弱了。当然，根本的原因还在于，由于美国的石油禁运，短期内不可能向北入侵。因此，苏联远东部队向西移动可谓正中裕仁下怀。虽然7月初仅是很短的一段时间，但是“热爱和平的”天皇竟认真地考虑过军事入侵苏联。而刚刚三个月前，他才批准了《日苏中立条约》。现在，天皇改变主意并且下达了命令，其结果是8月9日的政府联络会议取消了当年“预定”入侵苏联的计划。[③]就这样，正如陆军上层所希望的那样，裕仁的干涉阻止了日本对苏联的战争。这一次，天皇最初的决定也没有约束最终的决议。

7月2日和9月6日的两次御前会议之间，日本的统治机构及决策者们所面临的形势发生了一系列重要的变化。近卫首相与坚决主张北进的松冈外相的矛盾日益尖锐。在松冈强烈要求就与美交涉问题进行对质时，近卫在陆军大臣和海军大臣的支持下，为了清除松冈迅速改组了内阁，平庸的丰田贞次郎海军大将被纳入内阁。然而，新组成的第三届近卫内阁在陆海军中层军官中引起了不安。他们担心近卫会很快放弃三国同盟，放弃向南印度支那进军的计划。结果，陆军大臣东条英机和海军大臣及川古志郎把强化对美英战争准备当成了他们的入阁条件。[④]而且，最重要的是，裕仁也开始认为与美英开战这个险不得不冒了，尽管他还是希望尽量避免战争。

---

① 在《昭和天皇〈独白录〉》中，天皇与其左右极力想让7月2日的御前会议和向南部法属印尼进军的决定显得很不重要。天皇把这次决定带来的美国对日态度强硬化的责任推给军部。“7月2日的御前会议上，抑制了对苏宣战论，也有作为补偿的这层意思，承认了进驻法属印尼”，天皇说到这里，他（也可能是笔录其谈话的某人）加上了一个于理不通的说明，“8月左右（正确时间应为7月），正值我进驻部队在海南岛集结，这个时候调他们回来是有可能的，所以我通过莲沼蕃武官告诉东条，国内的大米收成极为不好，如果从南方进口的大米停了，国民只能饿死，让他们停止进驻，但东条没有听从，这样，7月26日公布的日军对法属印尼的进驻招致了可怕的对日经济封锁。”上述《昭和天皇〈独白录〉》，文艺春秋，1991年，59页。

② 上述杉山《杉山备忘（上）》，284页。

③ 森山优，上述171页。

④ 同前164—165页。

与此同时，遵循7月2日起开始实施的复杂而又暧昧的国策，陆海军加速了向东南亚扩张的步伐。根据与法国维希政权的交涉，7月28日，日本开始了对法属印度支那南方的和平占领，为攫取荷属东印度和英属马来西亚的资源作准备。入侵行动投入了四万多兵力，后来增加到18.5万多。①随着日军的深入，罗斯福总统及其顾问团在做出象征性的军事反应的同时，对日本发动了严厉的经济制裁。

7月26日，罗斯福总统下令加强美国在太平洋最重要的领地菲律宾的防御。他承诺尽快派272架B-17远程重型轰炸机和130架新型P-40战斗机，用于那里的防卫。他还任命退役的陆军总参谋长道格拉斯·麦克阿瑟将军为美国远东军总司令。五年前，在菲律宾筹备成立共和制国家时，罗斯福曾派麦克阿瑟作为军事使节团团长到马尼拉。麦克阿瑟承担了一个十分艰巨的任务，即负责筹备该岛国的防御系统，以对抗将来日本的攻击。如今，罗斯福总统将美国的外围防线向西移动了8000公里，移到了一个多岛海域。虽然它靠近日本南进线路，但是在优先打败德国的原则下，它的战略重要程度被定为次级。罗斯福还任命了一位具有非凡领导才能的将军指挥太平洋部队，这位将军因其言辞夸张、性格奔放不羁而闻名。②

同一天，7月26日，罗斯福签署了一份行政命令，冻结日本在美国的资产，由此将“所有涉及日本利益的金融和进出口贸易置于政府控制之下”。③美国国务院和财政部，以及生产管理局（负责防止原材料不足，调节美国国防生产）的官员们立即执行冻结令，8月1日，对出口日本的石油和汽油实行全面禁运。

美国的经济制裁使近卫内阁陷入恐慌情绪，促使海军内部，以及海军和陆军之间的意见更加分歧。同每个人一样，裕仁对快速升级的英美经济制裁也感到震惊。他静观着他的陆海军领导人就危机的应对问题，在努力统一认识。在美国冻结日本在美资产并随后实行石油禁运的五天前，即7月21日，裕仁曾被告知海军军令部总长永野在政府联络会议上曾提议与美国开战。永野声言，如果立即对美开战，日本“有胜利的把握”，因为两国在战争准备上有差距。否则，随着时间的流逝，这种

---

① 吉泽南《战争扩大的构图》，青木书店，1986年，232页。

② Michael Schaller, “The Debacle in the Philippines”, in Robert Love, Jr., ed., Pearl Harbor Revisited (Macmillan Press Ltd., 1995), pp.111—129; John E. Costello, “Remember Pearl Harbor”, in U. S. Naval Academy, Proceedings (Sept. 1983), p. 55. Brian McAlister Linn, Guardians of Empire: The U. S. Army and the Pacific, 1902—1940 (University of North Carolina Press, 1997). 麦克阿瑟当时指挥着1.0569万名美军和1.1963万名菲律宾的“侦察队”，共计2.2532万人。12月份，这支部队得到相当的增强。等到日本开始攻击的时候，“派遣部队增加到大致1.9万人，另外还有1.9万人在奔赴菲律宾的途中”（同书，245—254页）。华盛顿大部分政治家和军队的官僚很清楚麦克阿瑟的防卫力量很薄弱，不可能做到保卫菲律宾。

③ Foreign Relations of the United States. U. S. State Department documents pertaining to peace and war, Japan 1931—1941, vol. Ⅱ (Washington, D. C.: USGPO, 1943), pp. 266—267.

“可能性”将会减少，而且形势从此将会“变得对帝国不利”。永野还补充说：“如果占领了菲律宾，海军就比较容易进行战斗。南太平洋的防御基本上可以保证不出问题。”[①]

裕仁很清楚海军的准备根本没有达到可以与美国作战的程度，这也是海军内部意见分歧大的主要原因。因此，天皇对永野在联络会议上的发言感到很恼怒。而且，他对这位大将最近的上奏也一直感到不快。7月30日，在阻止与苏联开战的同一天，他召见了海军军令部总长并表达了他的不满。据《杉山笔记》记载，裕仁单刀直入地问永野：“伏见总长说应避免与英美的战争。你的想法有变化吗？”永野回答道：“我的主意没变。由于物资越来越少，将渐渐陷入物质匮乏状态，反正不行的话，我认为还是早打为好。”[②]据海军次官泽本赖雄的日记记述，天皇还问永野：“你有打持久战的策略吗？”永野回答说对打一场长期战完全没有胜利的把握。他还表示三国同盟对日本调整对美关系造成了障碍。[③]对这种事态负有责任却又不愿意责备自己的裕仁只能是聆听着。

第三届近卫内阁成立之初便伴随着政治危机，而这种危机又被日美关系危机进一步激化。海军又开始担心陆军是否会单独对苏开战。事实上，7月下旬以后，陆军内部就为这个问题，以及三国同盟应该优先于《日苏中立条约》的问题重新展开了争论。可是，7月30日，如前所述，天皇让杉山停止了关东军特种演习，8月9日，陆军总参谋部搁置了1941年内入侵苏联的计划，尽管一直到8月下旬陆军才把这个决定正式通知了海军。然而，陆军主要的决策者们仍坚持认为德苏战争将是短时间的，并且会以德国的决定性胜利而告终。在这种形势下，9月初，陆军统帅部逐渐形成了“做好（1942年）春天北方作战的准备，在此之前，先把南方问题解决了”的认识。因此，美国石油禁运仅一个月后，陆军就改变了立场，希望与美国进行一场迅速取胜的战争，以便一年之内可以转身“对付北部”。[④]所有这些分歧和对立在9月5日非正式报告给天皇之前，都在联络会议上反复讨论过。

与此同时，美国的经济制裁对近卫首相也产生了影响。英国对作为德国盟友的日本早已实施了经济限制，7月下旬，它又效法美国冻结了日本的资产。而日本与荷属印度群岛政府关于购买石油的谈判也告失败，7月28日，荷兰当局冻结了日本资产。日本如今不得不动用其石油和其他战略物资储备了。

① 森山优，在上述166—167页里，采用了尚未公开过的泽本赖雄海军省次官及藤井茂海军军务局员的日记等海军资料。

② 上述《杉山备忘（上）》，286页。

③ 森山优，在上述169页，引用了《泽本日记》。《木户幸一日记（下）》，东京大学出版会，1966年，895页。

④ 森山优，上述171—176页。

1941年春，近卫曾希望通过谈判争取美国对日本采取较为友好的政策。野村吉三郎驻美大使和美国国务卿科德尔·赫尔举行了秘密的、非官方“会谈”，会谈中，日本曾要求美国政府停止支持蒋介石并恢复向日本供应战略物资，会谈持续了几个月但是毫无结果。如今，日本调兵进入法属印度支那南部，会谈因此面临彻底破裂。自然，近卫的希望也随之崩溃。[①]绝望之余，再加上他认为当初派去与美谈判的人无能，所以，近卫决心直接与罗斯福见面，打破僵局。

8月4日上午11：40，近卫与天皇谈了大约40分钟，估计得到了他对最高级会谈设想的支持。天皇之所以同意，原因在于他此时完全没有下定决心与美开战。这就是天皇，无论什么时候，当他感觉没有足够把握作判断时，他往往喜欢用一个替代的原因拖延时间。当天晚上晚些时候，近卫会见了陆军大臣和海军大臣，向他们说明了国家首脑的最高级会谈或许能使谈判重新开始。[②]由于海军和陆军都不想在这个时刻承担责任反对近卫，尤其是相信他已经取得了天皇的支持，所以同意了他的想法。[③]之后，近卫指示野村向罗斯福总统建议，在他和罗斯福之间举行一次会谈（在火奴鲁鲁或者中太平洋的海上），以阻止阴森逼近的战争。由于赫尔对最高级会谈计划反应冷淡，而罗斯福总统当时正乘船前往与温斯顿·丘吉尔首相在纽芬兰的阿根夏（Argentia）举行历史性会谈的途中——那次会谈促成了大西洋宪章的诞生。因此，近卫的提议直到8月17日才被传到。

最终，罗斯福与近卫的会谈没有举行。10月2日，美国政府间接地拒绝了最高级会谈的提议，理由是对东京的谈判立场早已清楚。对于这一天，一些持“大东亚战争”肯定论的日本保守派和右翼辩护士，都坚持认为这次拒绝是罗斯福“向日本进行战争挑衅”的证据。[④]但实际上，近卫计划在会谈中表明的只是日本在中国事件解决后，将从法属印度支那撤军一点。至于石油禁运后呈现出的所有关键问题，诸如如何解决中国战争、日本部队从中国撤军问题、日本与三国同盟及南进问题等，近卫的谈判草案中都没有提及。近卫肯定日本对中国的侵略，肯定日本在那里用武力攫取的特权，肯定将汪精卫的南京政权并入基本条约（《日华基本条约》——译

---

① Robert J. C. Butow, “The Hull–Nomura Conversations: A Fundamental Misconception”, in American Historical Review 64, no. 4 (July 1960), PP. 822—836; Butow, “Backdoor Diplomacy in the Pacific: the Proposal for a Konoye–Roosevelt Meeting, 1941”, in Journal of American History 59, no. 1 (June 1972), pp. 48—72.

② 须藤真志《日美开战外交的研究——从日美交涉的开始到最后通牒》，庆应通信，1986年，184页。上述《木户幸一日记（下）》，897页。

③ 森山优，上述177页。同前《日美开战外交的研究》，184页。

④ 最近也有这种议论，例如Seishiro Sugihara, Between Incompetence and Culpability: Assessing the Diplomacy of Japan's Foreign Ministry from Pearl Harbor to Potsdam, trans. Norman Hu (University Press of America, 1997).

者注）之中。他想要求美国劝告蒋介石停止抵抗日本。如此看来，即使最高级会谈如期举行，近卫那早已被证明没有说服力的陈旧立场，也绝不会导致暂定协议的形成，甚至可能会加速战争的到来。[①]或者还可以推测，近卫或许指望通过暧昧的表达方式欺骗大师级的伪善者罗斯福。

日本的领导人要么屈从于美英领导的反轴心国联盟的压力，要么继续他们的既定路线。随着美国经济制裁冲击波的扩散，宫廷派和重臣之间就如何应对危机发生了争议。以天皇和木户为中心的宫廷派的“主流”倾向于信赖陆海军中强硬派领导层，对与美英之战抱积极态度。近卫、冈田启介元首相及其身边的人构成“非主流”派。他们开始从先前对纳粹德国的醉心痴迷中醒过来，转而支持陆军内的非主流派。他们不赞成拖延南进就意味着失败这个决策的前提，并且他们希望只要可能就继续与美国对话。宫廷派中的不同意见自9月份就开始暗中酝酿，可是直到10月中旬近卫下台之后才清楚地浮到表面上来。

III

此间，伴随着石油禁运，日本与华盛顿关系中的紧张因素迅速上升，日本领导人面临的选择也因此而变得非常有限。1941年初秋，近卫内阁、海军和宫廷是如何设想战争风险的，这从高木惣吉的记录中可以略知一二。他们可以屈从美国的经济压力，这会给他们一个喘息的机会；他们也可以采取其他方式结束、抵消或者避开这个压力。如果他们选择发动战争的话，则必须筹备必需的资源以确保帝国立于不败之地。8月4日，在与近卫的秘书官细川护贞共进晚餐时，细川问高木是否确实“必须对美国开战”。高木的回答实际上从几个方面将日本和美国做了比较：美国人有更多的国内资源，其海军正值“战略性发展”阶段，而且他们正在加强太平洋防御。高木还提到了“英国、美国和荷兰的互助关系”。他强调说美国相对于日本正变得更加强大。“如果这种现状继续下去，帝国要么全面屈服，要么被迫去打一场没有希望的战争。因此我们应该全力以赴，做好战争和外交两手准备。如果外交谈判不能确保我国生存的底线，我们就必须做好一战的心理准备。”[②]

细川完全清楚高木所说的“国家生存底线”的含义，即指陆海军的离岛基地、驻防地、机场、防御工事、殖民地等战略性配置。它们不仅保卫着日本国内所缺乏的原材料的来源地，而且还保卫着运输这些原料的海上航路。“底线”还包括了日本本土和中国大陆某些向南延伸的沿海地区的防御，因为敌机从这些地区起飞可以

① 须藤真志，上述186页。

② 纐缬厚《日本海军的战争终结工作》，中公新书，1996年，57—58页。

攻击连接日本与东南亚资源丰富的殖民地的海上航路。

8月8日，高木与内大臣的秘书官长松平康昌还有过另外一次谈话，谈到日本能够接受的选择。他们的谈话反映了下一次御前会议上同样的观点：

松平：前几天，总长（海军军令部总长永野修身）的内奏给我的印象是，日美战争将是一场“决死战”，而且事到如今，已无路可退。我还听说海军内部有主战的强硬论。

高木：完全不是这样。虽不熟知总长的内奏，但很难想象他会这样说。依我之见，如果听任今日物资匮乏的压迫，日本必将不战而降。现在，就算做战争的打算，也不会是绝望之战。倒是犹豫不决会使形势逐渐变得对我们不利。

松平：高松宫殿下也持同样见解。[①]

针对日本的进一步扩张，英国、美国和荷兰巴达维亚（现在的印度尼西亚首都雅加达——译者注）政权携手共建了防卫线。身陷这种令人绝望的境地，近卫内阁公开批判这是“ABCD包围圈”。主战派的高木将日本的困境归咎于石油禁运和陷入僵局的日—美谈判上。天皇也是如此，通常天皇重视以统计数据为基础、经过技术性、高质量论证的论据，而且喜欢有能力的专家明确、详尽的理论分析。此时，裕仁站到了高木和海军的一边，对造成日本目前困境的根源没有表现出有丝毫认识。正是因为近卫内阁残忍地侵略中国，而今又侵略东南亚的侵略政策的破产，才使日本陷入困境。尽管如此，用木户的话来讲，他却希望“在主动发动战争之前，就能确保战争的胜利”。[②]

在裕仁批准入侵东南亚之后，政府联络会议召开了十多次，如今它已经完全篡夺了内阁的决策权。每次会后，裕仁都能从首相和统帅部那里得到有关危机发展情况的报告。

裕仁的弟弟，在海军军令部供职的高松亲王也对裕仁表达了他对时局的见解。8月下旬，他提醒天皇：“10月，石油储备将尽。”裕仁回答说（据高松亲王转述）：“如果不把舰队保留下来的话，讲和时就没有威慑力了。”对此，亲王反驳说：“就像先前欧洲大战时的德国舰队，放着放着，结果什么作用也没起。桦太（库页岛）北部的石油根本不够用。”[③]

---

① 同前58—59页。

② 1946年3月4日，木户在巢鸭监狱回答Henry R. Sackertt的询问，p. 603, in case 5, vol. 5, series 81180, National Archives Record Group 331, Records of Allied Operational and Occupation Headquarters, World War Ⅱ.

③ 上述《高松宫日记　第三卷》，中央公论社，1995年，283—284页。

经过8月一个月的时间，裕仁已经十分了解海军的主张，海军希望尽早开战，因为美国的石油禁运将逐渐削弱日本的军事力量。很快，裕仁就开始认为，决定是否发动一场新的战争，最终要以军事专家提供的战术和技术上的根据为基础，并且要有海军的图上演习结果作为支持。[①]这些根据包括帝国陆海军的规模、装备质量、丰富的战斗经验和就绪的准备、士气、战争物资的消耗和重新补给的预测值，以及在中国和东南亚今后的部署计划。

很显然，裕仁和最高统帅部的计算中缺少对罗斯福所储备的巨大的非物质的政治力量的估价，这股力量为与轴心国可能发生的战争而储备，并且正在被迅速动员起来。为完成空前规模的“战争游戏”，美国陆军开始扩展征兵，美国公众也随之开始支持政府，美国的国民意识（nationalidentity）变得更加尚武。

在东京，海军首脑们一边要求继续同美国谈判，劝其改变立场，一边在为早日开战作准备。然而这个阶段，海军的主张还没有体现在国策上，因为主要人物之间，陆海军大臣和次官、陆军参谋总长和次长、海军军令部总长和次长、外相丰田和首相近卫的意见无法达成一致。他们不愿意从中国撤军或者脱离轴心国，其中大多数人都相信轴心国将战胜英国和苏联，因此，决策者们都将国际形势的变化作为各自战争或外交方案中一个重要的因素来考虑，但却从未仔细研究过政策选择上的所有可能性。即使是倡导要继续与美国交涉的近卫首相也在讲：“尤其要警惕的是毫无意义的拖延，必须避免在陷入‘逐渐衰弱’时又不得不战的局面。”[②]

所以，决策者们就像都戴着巨大的眼罩，不得不沿着自己已经挖好的垄沟艰难地前行。9月3日，联络会议开会并通过了一份简短的文件（《帝国国策遂行要纲》——译者注）。文件的开头是这样的：“一、帝国为了实行自存自卫，决意不惜与美（英、荷）开战。大约于10月下旬完成战争准备。”“二、与上述事项并举，帝国将通过所有外交手段向美英阐明帝国的要求。”第三条阐明了日本到什么程度将“不得不开战”，这一条主要是为陆海军做战争准备需要时间所考虑的。它声明：“至10月上旬，如果根据上述外交交涉，依然看不到接受我方要求的可能性，将立即决定对美（英、荷）开战。”[③]

现在，决策过程中加进了时间因素。如果天皇批准了这个时间界限的设定，政府就要在与美国继续谈判的同时，继续为战争作准备。如果“10月上旬”通过外交解决的方针没有得到批准，那么就要召开另一次御前会议，对是否开战做出最终的

① 山田朗《军备扩张的近代史——日本军的膨胀与崩溃》，吉川弘文馆，1997年，223页。防卫厅防卫研修所战史室《战史丛书　大本营陆军部　大东亚战争开战经纬1》，朝云新闻社，1979年，368—369页。

② 纐缬厚《日本海军的战争终结工作：亚洲—太平洋战争再检证》，66页。

③《杉山备忘（上）》，303—305、312页。

决定性选择。

9月5日下午5点，近卫首相来到皇宫，将最新的“国策”文件呈给天皇，前一天晚些时候，内阁已经盖章通过了这份联络会议上决定的文件。[①]其实，40岁的裕仁早已得知了此文件的概要，所以，听到报告或者请求召开御前会议，他几乎没有什么惊讶。关于逐渐恶化的危机状况和相应的军事计划，最高统帅部一直都在向天皇做着详细的报告。根据《木户日记》记述，天皇知道“如果美国没有简单明确地接受日本的要求”，那么不久他将被请求做出重大的决定。[②]

对天皇来说，一个非常的时刻到来了，他要集中全力面对他一生中最重要的决定。他将被要求通过诉诸战争的手段去对抗一个占绝对优势的对手，同时又是大陆巨人的美利坚合众国，而日本是不可能在军事上击败它进而使自己摆脱陷入僵局的对外政策的。

日美战争并不是注定要爆发的。本来裕仁不是非得匆忙地接受最高统帅部设定的与美国外交谈判的界限，也不是非得同意外交从属于战争准备的主张。德国入侵苏联已经进入第六周，但距离决定性的胜利还差得很远，大不列颠帝国仍在与德国战斗。在这种状况下，一个像裕仁那样训练有素、疑心很重的人相当程度上应该能料到德国不会轻易取胜，不管是战胜英国还是苏联。近期回国的日本驻英国大使重光葵是一个新秩序运动的强硬支持者。他在拜谒天皇和在宫廷“讲座”中想必都明确地谈到这样的见解，即日本如果立身于欧洲战争之外，就能在战后的国际政治中保持大国地位并能发挥影响。而裕仁需要做的就是要求“重新检讨当前的政策”。[③]

很显然，裕仁此刻是有选择余地的。他本可以选择对那场已在进行中的战争全力以赴，从而减缓爆发新战争的冲力。他本可以将配备在满洲—苏联边界的庞大的陆军投入到中国战争。或者就如伦敦和华盛顿警告的那样，选择做欧洲战争的局外人，从欧洲战争中获得商业利益。然而，这意味着停止向南推进，并从被分割成殖民地的东南亚撤军，这样就失去了攫取荷属东印度群岛的机会。海军的一些上层军官对进驻印度支那怀有深深的忧虑，但是如果天皇做出决定的话，所有人都会同意的。

高木惣吉的报告书中有一份没有标题的文件，记述了9月5日晚上奏的情形。把这个记述与当时的其他证据对照，可以搞清楚裕仁正式批准在特定条件下发动战争的前夜到底发生了什么。与战后公开的木户和近卫的日记，或是《杉山笔记》不

---

① 同前310页。

② 上述《木户幸一日记（下）》，900—901、904页。特别是8月11日、28日条。防卫厅防卫研修所战史室《战史丛书　大本营陆军部　大东亚战争开战经纬4》，朝云新闻社，1974年，543—544页上，引用了近卫和木户的日记。

③ 重光葵《续　重光葵手记》，中央公论社，1988年，104—106页。

同[1]，高木版的记述不但包括了天皇对杉山的怒斥，还在结尾描绘了天皇与近卫极为重要的对话。近卫是当时在场的人中唯一肩负着宪法规定的辅弼天皇责任的人。

天皇：真的到了开战的时候，作战上有取胜的把握吗？

杉山：有把握。

天皇：支那事变发生时，我听陆军说只要三个师给他们一击，就能立刻恢复和平。杉山当时任陆相……

杉山：支那地域广大，出口入口极多，作战中的困难出乎意外的多……

天皇：对于这些我不是每次都在提醒你吗？杉山不是在说谎吧？

永野：如果能得到陛下允许，永野欲奏上，请准许我发言。

天皇：可以。

永野：孙子曰，古来兵无百分之百的胜算。德国同塞尔维亚之战姑且不论。两国交战，如果力量相近则很难估算胜负。可是，假使这里有一个病人，如果置之不理，肯定会死去，如果手术的话，有70%存活的机会，如果医生的诊断如此，就只能认为这是不得已的天命。今日事态正是如此……如果一味拖延时日，身心衰弱时再被迫作战，那就无能为力了。

天皇：好吧，我明白了。（脸色温和起来）

近卫：明天的议程要更改吗？如何计划？

天皇：不更改。[2]

对永野的逻辑持怀疑态度的近卫给了天皇最后一个修改要纲的机会，可是，他为永野和杉山的强硬路线所说服，没有理睬近卫的用意。

---

① 根据木户在巢鸭监狱的日记，近卫最初对木户说的是“受军部逼迫”。后来，木户与裕仁商量时，提议让杉山参谋总长与永野军令部总长前来拜谒。即：

针对两总长对天皇提问的回答，天皇斥责杉山参谋总长，这时，正如上面所谈，永野军令部总长说“有时外科手术也是必要的……”出现了出面相帮的一幕。

木户的说明，给对美英开战持暧昧态度比较消极的裕仁形象做了补充。9月5日杉山的备忘也证明了这一点。备忘记载裕仁大声地（近卫的回忆录也谈到这次见面）呵斥道：“（南方作战）会像你们计划的那样实现吗？”“你做大臣时还说蒋介石马上就会来纳降，现在你都没有做到。”但《杉山备忘》中没有记载近卫对裕仁的提问。参照以下文献：《木户幸一日记　东京审判期间》，东京大学出版会，1980年，461—462页。《杉山备忘（上）》，原书房，1967年，310—311页。矢部贞治《近卫文麿（下）》，弘文堂，1952年，361页。

② 高木惣吉《政界诸情报——从昭和十二年起》，589、591—595页。高木史料的原文在“陆相职内”后面做了省略，“困难很多”下面也省略了。该文件保存在东京的防卫厅战史部图书馆，此处引用的是纐缬厚上述《日本海军的战争终结工作》，71—72页。

日本投降后不久，永野在一次战时同僚座谈会上回忆这次会见时，还记得天皇那天晚上“非同寻常的强硬态度”，暗示了裕仁并非迫于压力才同意了“国策”的基本方针。此外，永野说是他而不是近卫询问：“要不要改变原案第一项和第二项的顺序？”天皇回答说：“原案的顺序就可以。”①不管是反对与美国作战的近卫，还是赞成战争的永野提问的，这并不重要。重要的是天皇被提醒过，甚至可以说是以并不难解的方式。这是一个中止、推迟或者延缓一场全方面、毫无节制的战争的机会。然而，天皇非但没有以某种方式对军中的主战力量表示不满，反而接受了他们的“国力急速衰退”论，并认可了设定时限的条件，就是说，他支持了一旦具备了某些特定条件就发动战争的决定。很显然，趋向战争的冲力在继续增加。

现有的政策计划还远不能使天皇满意。9月5日，在听报告时，他表现出对杉山和陆军统帅部总体工作上的不满，显示出和他的参谋长们在战略思考上的不同。正如之后四天中清楚展现的那样，裕仁警告说世界形势仍充满各种可能性，这时让他正式做出开战决定为时尚早。②

第二天，9月6日上午9：40，御前会议开始前20分钟，裕仁召见了木户并告诉他，他将在会议上提几个问题。木户答道：“重要的问题宜质询枢密院议长原（嘉道）。”另外，“最后结束时，务必要这样警告，如果说这次决定成为一场关系到国家命运的战争的重大决定，那么统帅部亦应全面协力，以助外交工作之成功。”③

那天会议的主要议题是战争准备和完成开战决议的时间。会议期间，杉山准备好了回答天皇质询的资料，甚至可能已经向天皇介绍过。这些资料清楚地显示了两点：一点是美国无法被击败，另一点是因此不可能预测与美国的战争何时结束。然而，如果日本在南方的军事行动取得了重大胜利，那么英国就将被打败，而且是一败涂地。资料分析说：

美国的舆论会因为英国的战败而发生大的转变，战争因此而结束的可能性并不是没有。不管怎样都要占领南方的战略要地。在建立战略优势的同时，开发南方丰富的资源。利用东亚大陆的经济力量建立一个长期自给自足的经济体系。此外，与德意相提携打破美英联合，以亚欧的联合，定能确立不败之态势。此间，再因势利导，把战争引向终结。这是一个可信的光明前景。④

---

① 新名丈夫编《海军战争讨论会议记录——太平洋战争开战的经纬》，每日新闻社，1976年，28页。

② 土门周平《战斗的天皇》，讲谈社，1989年，22页。

③ 上述《木户幸一日记（下）》，905页。

④ 上述《杉山备忘（上）》，322页。

听过正式的陈述报告，裕仁批准了《帝国国策遂行要纲》——带着疑虑，没有乐观的胜利前景，甚至是对于有可能要进行一场长期战没有任何的认识。现在，所有出席会议的人都必须在10月下旬以前完成与美国、英国和荷兰的战争准备，如果到10月上旬的最后期限，通过华盛顿协商日本的要求不再有希望实现，他们就必须下决心开战了。

到了这一步，裕仁仍很从容。为了打消对于战争或和平问题的悬念，为了让最高统帅部协力配合，给外交运作更多一些时间，9月6日的会议即将结束时，裕仁开口说话了（如木户事先安排的那样）。[①]“两统帅部长的意见如何？”他问道，“很遗憾，两统帅部都没有什么表示。”然后，他从口袋里掏出一张纸，大声地朗读起来。那是明治天皇一首著名的短歌：“四海之内，皆为同胞，如此世界，何以风波不止？”[②]他读完后，陆海军的参谋长们陈述了他们外交优先的意向，会议便在紧张的气氛中结束。

明治天皇在日俄战争开始时写下的这首诗，表达了他对可能出现的后果的担忧。幸运的是，明治天皇第二年可以作诗庆贺胜利了。就这样，明治天皇的这首诗表达了他对胜利的渴望和焦虑的复杂心情。[③]裕仁向两位很少全面合作的参谋长大声朗读这首诗时，借“何以风波不止？”一句发出了清晰有力的信息。会议结束时，参谋长们终于意识到天皇对正在推进中的军事与外交的双轨政策有可能出现的后果的相应准备上还有忧虑，于是，他们承诺把外交置于优先位置。随后的几天里，参谋长们努力缓解裕仁对于陆海军不团结、战争准备不充分和行动仓促的疑虑。

9月9日，陆军参谋总长杉山向裕仁提交了一份详细的有关南进作战的报告。天皇再次提出要重新确认苏联的情况，他问：“如果北方的压力增大了，怎么办？”杉山做了回答。

杉山：南方作战一旦开始，在目的达成之前不能左顾右盼，必须一直向前迈进。也希望您这样做。不过，如果北方有情况发生，将抽调支那兵力支援。南方的行动不可半途而废。

天皇：那就放心了。可是从支那抽调兵力会不会有很大困难?

杉山：由于支那方面的力量被削弱，我想需要缩小战线并兼顾其他方面。这些都在年度作战计划中有考虑，所以说，不必担心支那的事情。[④]

---

① 土门周平《战斗的天皇》，22页。

② James W. Morley, ed., David A. Titus, trans, Taiheiyo senso e no michi. English Selections: The Final Confrontation: Japan's Negotiations with the United States, 1941 (Columbia University Press, 1994), p. 176.

③ 岩井忠熊《明治天皇——“大帝”传说》，三省堂，1997年，150—151页。

④ 上述《杉山备忘（上）》，331页。

第二天，杉山再次面奏天皇并再次被天皇“下问”。这次是关于南进作战的动员问题：

天皇：可以进行动员了。但是如果近卫和罗斯福的会谈有结果了，就停下来吧。

杉山：是，照办。

天皇：我再问你一次，我们在南方动手的时候，北方不会有什么动作吧？

杉山：我不能讲绝对不会。不过，由于季节原因，大规模行动的可能性不大。①

仅仅三天的时间，天皇就发生了转变。9月6日，他一直犹豫的对美战争问题已居次位，双线作战问题成为首要问题。

几天后，已经在策划对美国作战的联合舰队司令长官山本五十六大将拜访了日渐消沉的近卫首相。根据他们的谈话“记录”（一个多月后才整理的记录），山本试图安慰近卫：“在调整（与美国的）外交关系上，陆军的事我不清楚，如果你担心海军，那么我请你放宽心。这次的战争将是长期的游击战。山本我绝不想在旗舰上享清闲，亵渎吾职。”这位大将打算投入他的整个舰队，尤其是重点利用飞机和潜艇，尽其所能促成一场速决战。如果能打赢，就可能避免一场长期的消耗战，即使败了，也算是赢。这次为鼓励消沉的首相而举行的最高层会谈中，看起来他们依然相信近卫亲王和罗斯福总统的海上会谈能够实现。近卫希望在外交上得到突破性进展，同时又担心即使他与罗斯福见了面，什么也没形成，战争就开始了。山本五十六建议用诈术。“假如海上会谈破裂，不要当场较量，争辩黑白。希望您留有余地地回来。而舰队将在瞬间采取行动。”②

然而，近卫亲王如今考虑的是辞职离开内阁，而不是与不想帮助日本却只想扼制它的美国总统的最高级会议。随着9月6日决定的最后期限的快速逼近，9月26日，近卫向内大臣木户抱怨说，如果军部坚持10月中旬开战的决定，他就离去。③

裕仁10月上旬设定的“调整”与美国关系的最后期限过去了，协商没有取得任何进展。10月13日，天皇对木户说：“在当前形势下，看起来实现日美交涉的希望越来越小。万一开战，我认为这次应该发布宣战诏书。”④第二天，近卫举行了他最

① 同前。

② 纐缬厚，《日本海军的战争终结工作》，74—75页。

③ 上述《木户幸一日记（下）》，909页。近卫自杀以后，木户在巢鸭监狱写的日记，对1941年9月26日与近卫的会谈做了这样的说明。近卫说：“如果陆军无论如何都要在10月15日开战，我可没有自信，只好考虑进退问题了。”对此，木户说：“9月6日在御前会议上做出这个决定的不是你自己吗？那个决定放置不动，却要阻止开战的话，太不负责任了。”上述《木户幸一有关文件》，30页。

④ 上述《木户幸一日记（下）》，914页。田中伸尚《记录　昭和天皇（一）》，141—142页。

后一次内阁会议。陆军大臣东条讲得最多：

自4月起的六个月中，一直在调整国交。此间，外相煞费苦心，努力备至，对此，我深表敬意。然，僵局已定……“如果到了10月上旬，通过外交交涉仍然不能达成我们的要求，立即决定对美英荷开战。”而今天是10月14日……已动员了几十万的兵力，支那满洲也在调兵，并且还征用了200万吨船舶，给各方添了麻烦。这些调动都是按照上述方针，就是我在这里讲话的时候，部队都在调动中。外交上如果有突破的方法，这些完全可以停下来，而且也必须停下来……（强加于我们的从印度支那和中国的）撤军问题是关键所在。陆军认为这个问题极其重大。如果完全听从于美国的主张，支那事变的成果将毁于一旦。满洲国也将遭遇危机，进一步讲，会威胁到我们对朝鲜的统治。①

两天后，10月16日，近卫辞职，成为他本人曾参与制定的国策文件中所设时限的牺牲品。满洲事变后，近卫一直叫嚣着反英美亲德国。1941年1月21日，他曾在一次国会的秘密会议上断言“德国将取得胜利”。②可是现在，他既确信德国将败，同时也确信陆海军的上层指挥机构无法保证日本的胜利。近卫曾试图通过华盛顿谈判解除国际社会对日本的压力，这一政策离间了政府和军部内亲轴心国的势力。当确信天皇和木户支持东条、杉山和永野提出的开战论后，近卫决心退出舞台。

作为首相，近卫最后一个公职工作是与东条一起推荐东久迩亲王做他的继任者。许多人相信东久迩亲王能够控制陆海军，维持国民的高度团结。然而，裕仁拒绝了这个举荐，与从前的理由一样，他不希望皇室的未来遭到任何不必要的危险。他本人后来承认“驳回了陆军的要求，让东条组阁”。当然，这与东条是他中意的人选有关，现在他尤其相信他优选的这个人能解决问题。③近卫在辞呈中指出，在与东条的四次单独会见时，他都曾谋求撤军以维持与美国的和平关系，而东条不仅反对撤军甚至反对撤军的动机。中国问题尚未解决，作为天皇的“臣子”，他无法承担投入一场新的、无法预见结局的战争的责任。裕仁接受了近卫的辞职，支持陆军大臣继任组阁。这意味着他也接受了东条的推理：陆军的士气必须维持，撤军不能

① 上述《杉山备忘（上）》，348—349页。此前一天，近卫内阁举行最后一次内阁会议，天皇对木户说：“看这段时间情况，日美交涉渐次无望，万一开战，这次应该发布宣战诏书。”上述《木户幸一日记（下）》，914页。

② 小田部雄次“曾反美英的近卫首相也修正了‘独断者’松冈的形象”，《信浓每日新闻》，1995年6月5日。

③ 上述《昭和天皇〈独白录〉》，69页。

解决与中国关系的问题，向美国屈服只会使美国更加傲慢专横。[①]

皇宫里举行了一次重臣会议，决定继任首相人选。受陆军的林和阿部前首相的支持，木户推荐东条，海军的冈田前首相则反对。木户解释说，东条将放弃设定战争的最后时限，重新审议与美关系的全部问题。但木户没有讲让东条明确承担起避免战争的责任是重新审议国策的理由，因为天皇从未命令过要避免战争。木户也没有说东条主持的重新审议将对9月6日御前会议决议之前日本的各种选择重新进行检讨。

就这样，陆军中最强烈的战争倡导者，从中国撤军的主要反对者东条大将受到重臣的一致推荐。那天晚些时候，裕仁毫不犹豫地将东条提升为他的、国家的新首相。关于任命一事，东条对其秘书描述说："腿直抖，搞不清楚发生了什么。"[②]"不入虎穴，焉得虎子"，这是十天后，天皇对木户流露的话。[③]天皇和木户以及他们周围的人如今都相信战争是不可避免的了。任命东条组阁那天，高松亲王在日记中吐露："终于下了开战的决心。现在必须为开战进行异常的努力。只是，处理得不高明，会给外国造成太鲜明的印象。开战了，反而要放松，政治上至少像目前这样保持低调为好。而总辞职却让人不好办。"[④]实际上，罗斯福政府中的许多人也是这样认为。近卫下，东条上，这似乎意味着开战。

近卫内阁秘书官长富田健治后来记录了近卫关于辞职的回忆。其中，近卫暗示说很显然是天皇错了。

> 勿论，陛下是和平主义，一心想回避战争的心情不容置疑。作为总理大臣，当我向陛下陈述目前开战的不利之处时，陛下是表示了赞同的。可是，第二天就听他说，"昨天，你说得那么严重，其实，不用那么担心"。已经开始有点倾向于战争了。到下一次时，就更加倾向于战争论。就是说，陆海军统帅部的人们的意见发挥了作用，认为首相不懂军事。能看出陛下认为自己很懂军事。因此，对统帅没有任何权限的总理大臣，唯一可依赖的陛下如果是这样的态度，实在是再努力都没用了。[⑤]

终有一天，昭和天皇将沿着漫长血腥的第二次世界大战之路走下去。他会褒扬

---

① 有关近卫的辞呈，参照上述《近卫文麿（下）》，395—396页。

② 保阪正康《昭和陆军的兴亡　第六回　昭和天皇与东条英机》，《月刊Asahi》（1991年2月），163页。

③ 上述《木户幸一日记（下）》，918页。

④ 上述《高松宫日记　第三卷》，307页。

⑤ 上述《昭和天皇的十五年战争》，126页。引自富田健治《战败日本的内侧　近卫公追忆》（古今书院，1962年）。

忠诚效力的东条，而认为试图阻止与美国战争的近卫缺乏“坚定的信念和勇气”。[①]具有讽刺意味的是，战后，作为战犯嫌疑者遭逮捕的是近卫，而不是天皇。

Ⅳ

10月17日组成的东条内阁做出保证，所有正在研究的重要问题都向天皇报告。贺屋兴宣任藏相，东乡茂德为外相。之后的两周中，尽管这两个人都对与美国战争的胜利持悲观态度，但是谁也不愿意做出单方面让步，以争取美国同意参加谈判。即使确实认为有悖自己的信念，这两个人也从来没有公然威胁过辞职和倒阁。

11月1日，举行了长达17个小时的马拉松式的联络会议。会议的主要议题是对《帝国国策遂行要纲》的修正做出决议。会上，东乡试图将华盛顿协商的时间延长，超出陆海军设定的时限以避免开战。最终，他还是对军部的压力和东条首相的主张做了让步。东条坚持“我相信困难面前，国民会精神振奋。日俄战争也是在没有必胜的前提下发动的。鸭绿江战役开始后，坚持了一年，到底是胜了”。[②]

东乡回应道：“你是说无法确保我们短期内获胜吗？”[③]可是，联络会议结束后，东乡与陆海军就中止与华盛顿交涉的日期，以及随后开展欺诈外交等达成了一致。从此，东乡便不断地拒绝野村大使关于向美国做出有意义的让步的请求。

11月2日，东条与统帅部的陆军参谋总长杉山、海军军令部长永野就事前决定的国策向天皇做了报告。东条报告说，他从10月23日开始对十一个重点项目做了重新审查，其中包括资源状况，结果是徒劳一场，浪费了宝贵时间。[④]天皇似乎很满意。毫无疑问他觉得已经迈出了一大步。现在，他有了批准发动战争这一决定的借口。既定的开战程序即将进入下一个步骤，而他还需要搞清楚一个细节。他问东条：“有关战争的大义名分，你有什么考虑？”为了维护他与军和政府领导人完全不同的公众形象，更考虑到公众对即将到来的战争的支持，裕仁命令忠臣东条尽可能考虑出最合适的战争理由。东条回答说：“目前正在研究中，有结果时我会奏上。”[⑤]

同一天，裕仁向东条提出了一个令人意外的建议。他对东条说，为了能够控

---

① 上述《昭和天皇〈独白录〉》，67页。

② 保科善四郎《大东亚战争秘史——失去的和平工作》，原书房，1975年，43页。海军兵备局长、参加了珍珠港袭击作战计划起草的保科中将于11月1日出席了长达17个小时的联络会议，做了笔记。

③ 同前43页。

④ 田中伸尚《记录　昭和天皇（一）》，270—271页。

⑤ 上述《杉山备忘（上）》，387页。

制和预见最后的战争行动，要制订一个结束战争的行动计划。要与梵蒂冈的“罗马教皇”进行接触。[①]东条迅速行动起来，显示出他的可信赖性。然而，11月15日的联络会议上正式通过的由战争转入和平的计划，不过是根据设想拟订的一个方案而已。方案说一旦日德胜利，便抓住机会结束战争，实际上这场战争尚未开始（方案设计是以战争至少是平局方式结束为前提）。[②]尽管如此，这仍使裕仁感到很高兴。

11月8日，裕仁收到了关于珍珠港攻击计划的详细报告。15日，他又接受了关于战争的全面而详细的报告。[③]这份最终完成的计划，唯一重要的特征在于它的假定性。计划认为南太平洋海上攻击的第一阶段完成后，将确立一个“坚不可摧”的军事体系，主要用来保卫长期战所必需的经济上的自给自足。除此之外，关于持久战阶段的战争指导问题，没有一份长期具体的计划。关于进攻阶段，陆军和海军有着不同的战略观念和目标，就像战争决策过程中普遍存在着随机应变、见机行事的心理那样，如今不可预知的条件和形势将决定战争的策略。还有，这个计划也没有明确说明最初的攻击开始于何地，结束于何时。尽管有这样明显的缺陷，大元帅裕仁仍批准了它。这成为日本后来在太平洋转入防御作战时行动迟缓的致命祸根。

值得一提的是如下有关作战计划的说明：“本奇袭作战与桶狭间之战相比，是极为大胆的。从根本上讲，成功与否主要取决于战运。然而，奇袭当天只要敌舰队停泊在那里，分别击沉战舰和航空母舰两三艘还是可能的。”[④]

陆海军统帅部的总长和计划院总裁铃木贞一提交的证明用统计数据，巧妙地糅进了日本军事史中诱人的例证。这很有可能帮助说服了裕仁，即使没有任何现实可行的计划，一场长期战不但可以进行，而且能够令人满意地结束。

11月3日，天皇与统帅部的高级指挥官们进行了讨论。4日接近中午时，他对木

---

① 同前。昭和天皇谈到“希特勒的教皇”、反犹太主义的庇护十二世。

② “关于促进对美英荷蒋战争结束的腹案”包含了下面的内容。在这里介绍的是最后两项，是在昭和天皇的要求下插进去的。

等待欧洲战局形势变化的好时机，特别是英国本土的没落、德苏之战的终结、对印度施策的成功。

为此，迅速强化对南美诸国、瑞典、葡萄牙、梵蒂冈的外交及宣传的施策。

（中略）在英国屈服之际，不立即与之讲和，而是勉力施策以英诱美。

这份文件，在山田朗编《外交资料　近代日本的膨胀与侵略》，1997年，355页做了全文收入。

③ 山田朗《大元帅昭和天皇》，新日本出版社，1994年，156页。

④ 同前，156页。日本战国时代的1560年，最初统一了日本的织田信长在本州中部的桶狭间击败强大的敌人，开辟了国家统一的新道路。在日本的军官中，经常可以看到把现代的“国家实力拼搏战”与封建时代、前封建时代的历史进行类比的现象。

户说，关于作战行动，仍有两个问题困扰着他：

入侵泰国时，很显然需要大义名分。关于这个问题研究得怎么样了？在以澳大利亚为基地的飞机及潜水艇的反击下，能否保证石油运输的顺利实行。对此有什么方略吗？[①]

这确实是一个严重的问题，表明裕仁对于日本在南太平洋的战略性弱点的锐利洞察力。如果日本对海路的控制权由于受到英美飞机和潜水艇的攻击而被削弱，日本长期战的战略将被证明是有缺陷的。另外，天皇的疑问还显示了他一个根深蒂固的习惯，即往往只追求程序或战术细节，有时却忽略了重大的问题，对于最高统帅来说这是一个危险的习惯。

那天下午，裕仁破例第一次参加了军事参议官会议。他一言不发地在那里坐了三个半小时，聆听东久迩亲王、朝香亲王、南方军总司令官寺内寿一、陆军大将山田乙三和土肥原贤二、海军大将及川古志郎和吉田善吾向统帅部和东条首相的质询。裕仁出席讨论会的目的在于为即将产生的国策文件赋予最大的权威性，而且是在文件被批准之前。那天晚上，大本营战争指导班长种村佐孝在第20班的秘密日志里写道："圣上极为满意，这样国家的决心愈发坚定，结果会很好的。"[②]

在11月初的另一个场合，裕仁再一次与陆军参谋总长和海军军令部长研究了战争方案：

天皇：我明白你们想在马来亚作战开始后再攻占香港。支那的那些租界怎么办？

杉山：目前正在研究租界的接收和交战权的启动。

天皇：是在攻占香港之后接收租界吗？

杉山：是的。如果从其他方面入手，对马来亚的奇袭将会失败。

天皇：那租界什么时候接收？

杉山：这与外交有关系，改日再向您报告。不过我们会注意不先接收租界的。

天皇：你说过，由于季风，登陆将会很困难。12月份也能登陆吗？……海军的开战预定在什么时候？

永野：预定在12月8日。

---

① 上述《木户幸一日记（下）》，921页。

② 军事史学会编《大本营陆军部战争指导班　机密战争日志（上）》，锦正社，1998年，182页，1941年11月4日条。上述《杉山备忘（上）》，388—406页。

天皇：8日不是星期一吗？（这里指日本时间，夏威夷是星期天）。

永野：我们认为休日后第二天最好，因为周末人们会玩得比较疲劳。[①]

很显然，11月初，裕仁的注意力一直集中在战争上。他不再为陷入僵局的日美协商而苦恼。在参谋总长们日常的内奏时，他已经对将在下一次御前会议上提交的国策文件内容同意在先。军事参议官会议也认可了开战。在内阁开会审议之前，所有这些都已经决定下来，尽管这是个事关生死的重要问题。[②]

11月5日，在没有见诸报端的这次御前会议上，裕仁批准了“完成作战准备”和中止与华盛顿外交交涉的最后期限——12月1日午夜，事实上做出了（这基本就是最终决定）战争决定。[③]然而，与美国的交涉将继续进行，日本陆续提给对方甲乙两个提案，交涉就以这两个方案为基础。

为陆军所支持的甲案，11月7日传递给美国。它对早期日美会谈中提出的意见进行了修正，意在寻求全面解决分歧，其中包括在中国的驻军问题、在中国的自由贸易原则以及对三国同盟的解释等。这一次，陆军表示将把部队限制在中国华北和蒙古的特定地区，其行动将是有时限的；它不准备依照三国同盟的约定自动参战。关于自由贸易原则，东乡坚持要添加一个条件才能接受，即这个原则不仅要适用于中国而且要适用于世界范围，包括西方的殖民地。

乙案，11月20日传给美国。提案没有提及中国，只是寻求签署一个暂定协议。它承诺日本军队的推进将不会超过法属印度支那，而且在与中国的战争结束后将撤到印度支那北部。作为回报，希望美国将日美关系恢复到冻结日本资产之前的状态，向日本供应100万吨航空汽油，并帮助日本从荷属东印度获得原材料。[④]每个提案都包括了一个一揽子交易，每个提案都有一个11月30日午夜的最后期限。由于已经决定继续进行最终的战争准备，而用来解决日美分歧的时间只有几个星期，其结果将是不言而喻的。

5日，木户写道：

上午10：30至下午3：10，御前会议召开。决定了对美、英及荷兰的策略。下

---

① 防卫厅防卫研修所战史室《战史丛书　大本营陆军部　大东亚战争开战经纬5》，朝云新闻社，1974年，338—339页。

② 藤原彰，上述129页。

③ 田中伸尚《记录　昭和天皇（二）开战》，绿风出版，1985年，265页。

④ Nobutaka Ike, trans. and ed., Japan's Decision for War: Records of the 1941 Policy Conferences (Stanford University Press, 1967), p. 204; James MacGregor Burns, Roosevelt: The Soldier of Freedom (Harcourt Brace Jovanovich, Inc., 1970), p. 155.

午3：40，东条首相来办公室，我们谈了组成南方面军、派来栖氏（特使）去美国等问题。[①]

与此同时，海军军令部长永野就战争计划向天皇做了详细说明。这份“对美英荷战争海军作战计划”由联合舰队司令部在战舰“长门”号上起草后，未经指挥系统各环节，直接就被送到海军军令部。[②]裕仁批准了攻击珍珠港的最终决定，当时，没有一位阁僚在场。

根据《杉山笔记》，天皇（早已知道了攻击的大约时间、地点和方法等所有情况）很担心保密的问题。他希望知道攻击部队什么时候能进入待命出击状态。永野回答说准确的时间将很快定下来。保密非常重要，所以他们必须特别小心，避免过早的作战部署。即使是非常小心，一个包含了如此多的部门的大规模作战行动，谁也不敢保证所有的情况能隐藏多久。一直担心苏联的裕仁，提醒永野在北方要尤其小心，不要激怒俄国人。

然后，话题转向了中国，在那里，经过约四年又五个月的战斗，日本建起了一支庞大的部队并且拥有了摧毁蒋介石军队的潜力。杉山对大元帅昭和天皇说：“因为此时从宜昌（靠近长江峡谷入口处的重要河港，是日本陆军进入四川攻击重庆的一个最合适的立脚点）撤出军队不合适。我们考虑是否需要从内地调一部分军队来。我们正在研究此事。”然而，裕仁有着不同的意见。“从宜昌撤出来比较好吧。”[③]

这最后的发言看起来有些令人费解。然而，不管天皇真实的想法如何，他是希望保住宜昌的。1940年以来，宜昌就是武汉的日本第十一军向重庆发动攻击的前沿阵地。不过现在，至少一段时间内，它被降为次重要的了。就这样，天皇在一旦最初的作战成功地完成后，部队是否返回宜昌的问题上，留下了余地。当然，根本的战略问题在于裕仁和最高指挥部正在将国家带入一场全新的战争，而超过半数的日本陆军正被拴在中国大陆，而且也不得不继续被拴在那里。

---

① 上述《木户幸一日记（下）》，921页。木户记录了11月5日御前会议的日记被作为证据没收。为此，针对美国的讯问，只能表示御前会议不太重要。东条数次否定存在11月5日的御前会议，被追及之后，又对会议内容做了伪证。昭和天皇的《独白录》也没有谈这次御前会议。东京审判时，检察当局对这次重要会议的宗旨把握不够。“Case FiIe No. 20, Tojo Hideki.”粟屋宪太郎、吉田裕编《国际检察局询问调查书　第五卷》，日本图书中心，1993年，108、134页。有关1946年3月12日、15日对东条的讯问，也参照该书。

② 防卫厅防卫研修所参考了防卫厅防卫研修所战史部《战史丛书　陆海军年表》之《付　兵语、用语解说》，朝云新闻社，1980年，85页。

③ 上述《杉山备忘（上）》，431页。

V

11月5日以后，无论是以从美国和荷属东印度获取石油为目的的谈判，还是意在阻止美英干涉日本在中国的行动的谈判，或者是阻止美英采取行动威胁日本舰队在东南亚作战的谈判，可以说日本所有的这些“谈判”，都变成了半真半假、虚虚实实。几个月来，这些谈判对于日本领导人，包括裕仁在内，都曾是极为严肃和重要的。裕仁不仅掌握谈判的细节，而且希望它们能取得成功。虽然裕仁确实曾将希望寄托在乙案上，但他同时也认为不会有什么成果，所以不如先吊住华盛顿的胃口，直至他和统帅部为最后的决战做好准备。在罗斯福及其战略家们看来，谈判反映了日本人的软弱。他们认为如果同意了东京提出的任何提案，将会被所有美国人看作“绥靖”行为。更重要的是，他们承受着来自英国和中国的沉重压力，不容许对东京采取妥协政策。由于没有严肃地对待日本的军事威胁，所以罗斯福政权也没有认真地探讨如何应对这种威胁。美国采取的是解决分歧的临时措施。它保证给日本最小限的石油，期待以此在反轴心国同盟还脆弱的时候，鼓励日本继续进行谈判。

美国国务卿赫尔读到了翻译过来的日本外交电文（由被称为“魔术”的密码系统截获并破译）。他和罗斯福一样，知道了东条内阁的战争时间表和日本军队向东南亚的移动。11月26日，尽管驻东京大使格鲁有不同意见，赫尔还是向野村大使和特使来栖三郎递交了《共同政策宣言草案》和一份包括十项内容的文件。这是一份综合协定的原则性大纲，不是临时协定或是战术上的权宜之计。由两部分组成的这份文件抬头上写着“极密、属于试案无约束力”。其中标题为“美日协定提案基础概要”的第二部分，完全没有涉及早些时候日本关于临时协定的建议。它呼吁日本“从中国和印度支那撤出所有陆、海、空和警察部队”，可是对正文中六次出现的“中国（China）”字样都没有给予定义。它也没有对满洲做任何提及，因为赫尔从对话一开始就抛弃了斯廷森早期的不承认原则。同样重要的是，赫尔没有指定撤军的最后期限。另一方面，草案文件相当清楚地表明，美国在中国将不会支持蒋介石的国民政府以外的任何政权。

这份“赫尔照会”——日本战后的固定用语——27日送达东京。东条对其进行了曲解，他告诉政府联络会议，华盛顿发出了“对日最后通牒”。当然，东乡知道赫尔的声明并不是最后通牒，因为它清楚地标明了“试案”，而且也没有设定答复的最终期限。可是东乡保持了沉默。之后，枢密院的一些成员也指出赫尔照会不能被认为是美国的最终决定，因为它明确标着“试案”。这些言论显然对东乡没有什么影响，很快他也同意了开战，正如11月初，他曾同意陆军要求美国停止支援蒋介石时一样。

也许，东乡从赫尔照会中察觉到了美国式的殖民主义者傲慢的腔调。面对以抽象原则为基础的美国的强硬态度，东乡与其他在场的人一样也松了一口气。因为，赫尔照会免除了日本为即将开始的战争在道义上所承担的责任。如今他们可以声称是美国政府“强迫”他们选择了战争，进行自卫：并不是我们想发动战争，触发战争的是“赫尔照会”，今后就可以用这份美国文件作证明。①

赫尔—野村秘密会谈经历了三任外相——松冈、丰田和东乡。秘密会谈的每一个阶段，陆军、海军和外务省都采取了不置可否、悬而未决的策略。没人放弃自己的主张，不同意见并未解决只是被掩盖起来而已。不仅是三位外相互相牵制，就是陆军也从来没有为构筑信任关系做出过有意义的让步，比如说提议尝试新的行动方式。②三位外相墨守着一份早就签订的协议——与汪精卫伪政权的《日华基本条约》。这份条约为日本在中国驻军提供了保障。尤为重要的是，他们所坚持的决策体系由于官僚间的冲突与对立，从未得到过巩固。因此，1941年末，这个体系就只能单方面地不断朝着战争方向发展。

总而言之，对于这个过程中的每一股力量，包括天皇和木户在内，与其冒险使统治系统瘫痪或完全崩溃，不如选择向战争发展更有利。对于裕仁尤其是这样。满洲事变后的十年中，裕仁曾在不同时期表达过他对缺少尚武行为的忧虑——不强调支持“国体”，不压制不同政见，都将危及天皇制统治，并最终摧毁天皇制。对裕仁来说，国内冲突比战争升级更危险，因为它们会带来君主制崩溃的风险。在战时体制下，日本的决策制定都是由主要的决策者们在“和”这一冠冕堂皇的原则下运作并且最终达成合意的，结果往往是国家利益服从了官僚和团体利益。无论何时，如果无法达成一致，他们便会在暧昧的政策文件中掩饰他们的分歧以安抚各方，并允许根据形势的迫切需要，为战争作准备，允许他们按照各自的特殊利益来决定最终的行动方针。

裕仁即将做出最终的战争决定，随着这一时刻的临近，他提出与政府领导人和重臣们进行最后一轮讨论。11月27日，一支拥有六艘航空母舰的庞大的日本特遣队，从南千岛择捉岛的单冠湾出发向夏威夷进发。同一天，联络会议决议通过了“关于宣战的行政手续”。③11月29日，领导者们会集皇宫，天皇听取了他们的意见。东条首相及其内阁成员首先发言。随后，重臣——若槻、广田、近卫、平沼、冈田、原、林和阿部都发表了意见。广田、林和阿积极支持战争，多数人则认为忍

① 须藤真志《起草最后通牒的男人——日美开战外交与“雪”作战》，文春新书，1999年，176页。

② 森山优，上述222—225页。

③ 田中伸尚，上述第二卷256页。上述《杉山备忘（上）》，536页。

受美国压力维持现状更好，但是没有人坦率地表示反对战争。[①]

11月30日，高松亲王来到皇宫，试图阻止他哥哥将帝国带入一场新的战争。他警告说，海军已经应付不过来了。海军领导者们对于最终能否取得胜利没有任何把握，所以只要可能，还是希望避免与美国交战。他们的会面虽然只有五分钟，但是在政策制定过程中，高松没有忘记在最后时刻发出自己的声音，即使是徒劳的努力。之后，困惑的裕仁问木户："这是怎么回事？"木户回答说："这次的决议（第二天将做出）极为重要。一旦做出圣断，就不能再撤回。因此，只要您稍有不安，请务必三思直至自己完全认同，不留疑念。"[②]接下来，在质询了东条之后，裕仁又召见海军最高指挥者永野和岛田进行了共同探讨。两个人都向他保证作战将会成功。高松担心的是战争开始两年后的海军的自信度，对此，裕仁是否向海军再次确认过，我们就不得而知了。

12月1日下午，战争倒计时进入最后阶段。内阁19名阁僚都到齐了，人人表情严峻。天皇进来，坐到他惯常的座位上——在房间一端金色屏风前的高台上面，会议便开始了。

一个小时后，面对面坐在两张长条桌子前的人，面向天皇，由右侧开始顺序发言。每个人都做了陈述后，枢密院议长原向内阁和军部高官提问，估计他是代表天皇提问的。原在最先的评述中歪曲了赫尔的声明。他声称："美国……要求我们从'整个中国'（日本方面加的强调标志）撤军。"而事实上，赫尔仅用了"中国"这一个词。原说道："我想知道，'支那'一词中是否有包括'满洲国'的意思？两位大使是否确认了这一点？"[③]

东乡回答说，两名大使在26日与赫尔的会谈中没有搞清楚美国所说的"中国"的意思。他解释说：

> 本来，美国在4月16日的提案中，已经承认满洲国的现状，因此支那应该不包括满洲。可是，他们的立场这次又有了转变，目前他们承认重庆政权为唯一政权，否

---

① 田中伸尚，同前259—260页。《杉山备忘（上）》，535页。上述《木户幸一日记（下）》，926—927页。

② 上述《木户幸一日记（下）》，928页。《高松宫日记　第三卷》，缺少从1941年11月14日至30日至关重要的17天的记录。同日记的编者阿川弘之也注意到了这点，为了回答是不是高松宫本人还是其他什么人把这部分销毁了的疑问，他这样说："做了再次确认，完全看不到抹消的痕迹或后来从笔记本上撕扯的迹象。也就是说，虽然原因不明，这年11月的日记在13日停了下来，其后两周多没有再记。"上述《高松宫日记　第三卷》，422—423页。

③ 上述Ike, Japan's Decision for War, p. 279. 须藤真志，上述《起草最后通牒的男人》，180页。

认汪政权。考虑到这些因素，他们也许会否认前言。[①]

东乡的回答惊人地含糊和不合逻辑。在整个日美协商中，对于赫尔来说，满洲问题一直处于次优先地位，他一次也没有提过从满洲撤军的问题。而且，野村在与赫尔的会谈中，在讨论“中国”时，也没有将满洲包括进去。两个人都一直将满洲与中国的其他部分做了区别。此外，如历史学家须藤真志近来指出的那样，如果赫尔希望改变满洲的现状，“在谈判过程中，早就会作为重要问题把满洲提出来了”。[②]东乡是清楚这些情况的，可他却故意强调美国国务卿要求日本从满洲撤军，因为美国拒绝承认南京政府——罗斯福和赫尔的一贯立场。东乡答非所问之后，会议上就没人再追究满洲国的问题了，因为他们都有同样的错觉，认为美国试图改变的不只是中国，还有满洲地区的现状。

原在对自己的质询进行归纳总结时，将这个战争决定定位在中日甲午战争至满洲事变这一广阔的历史背景下。按照他的观点，发动战争比接受赫尔的提案更为可取，因为：

如果我们忍受了这个提案，那么不仅要放弃日清战争（甲午战争）和日俄战争的果实，还必须放弃满洲事变的成果。无论如何，这是无法忍受的……况且，帝国的生存已经受到威胁，明治天皇的功绩亦将丧失。显而易见，我们再做什么努力都是徒劳的。[③]

原讲完话，天皇仍旧一言不发，于是东条说道：“一旦陛下决定开战，我们所有人今后都将更加至诚效忠。我们发誓，要政军一致，周密策划。举国上下，团结一致，抱定必胜信心。竭尽全力，迅速实现战争目标，请陛下放心。就此，今日会议结束。”[④]

在这最后“一刻”，杉山记道：“圣上对每一个说明都一一点头，没有表现出

---

① Ike, Japan's Decision for War, p. 279.

② 须藤真志，上述188—189页。日本在满洲的行动已成既成事实，赫尔和罗斯福都没有把它看成日美之间直接引发战争的导火线。

③ 上述《杉山备忘（上）》，542页。Ike，Japan's Decision for War，p. 282。这里按照池氏的翻译为准。

④ Ike, Japan's Decision for War, p. 283. 仅对池氏的翻译做了一点变更。田中伸尚，上述第二卷287页。

丝毫不安。看到圣上情绪很好，我感到无限敬畏。”[①]

同时，在皇宫的另一处，杉山拜见了天皇，并汇报了12月8日的攻击计划。[②]

从12月2日到8日，即“×日”之间，在日本民众仍然一无所知的时候，裕仁天皇不断地与参谋长们会面，向他的侍从武官询问国家防空情况，审查舰队编制，细查战争方案和地图，并且接受奔赴各不同入侵地点的部队状况报告。

Ⅵ

自从即位，实际上裕仁所做的每件事基本上都脱离了他祖父明治天皇创下的惯例。10月末开始起草的战争诏书也不例外。

以前的战争诏书中都有告诫不许违背国际法的措辞，比如，“只要不违背国际法”“在国际法的范围内”。而裕仁的诏书则不含这样的限制，因为它要与两场同时进行的突袭作战相配合：空袭夏威夷珍珠港的美国舰队和海军设施；在英属马来亚哥打巴鲁（Kota Bharu）登陆。

从哥打巴鲁出发，日本军队将避开热带雨林和山脉，沿马来亚西岸向南行进，主要目标是攻占位于马来亚半岛尖端的新加坡，它是大英帝国在东南亚的关键之地，也是获取荷属东印度群岛资源的门户。向新加坡进发的途中，日军需要通过宋卡（Songkhla），这必然要侵犯泰国的中立地位。宋卡是哥打巴鲁北部暹罗湾的一个战略性港口，位于泰国南部克拉地峡地区。因此，整个南方作战是以违反国际法为前提的，它涉及美英两个大国和一个次重要但外交上活跃的第三国——泰国。充分意识到这些作战上的必需条件，在无法确定泰国是否会加入战争站到日本一边而不是英国那边，天皇和外相东乡从诏书草稿中删掉了尊重国际法的条文。[③]

同样，作为官方战争目标的“大东亚共荣圈”也被省略。一份由外务省起草并经11月20日联络会议正式通过的文件（就是说，在“赫尔照会”和最终天皇的开战决定之前）“南方占领地区施政要领”中指出，如果日本提倡从白种人的至高无上和殖民统治下“解放东亚民族”，其战争目的将“变得利他主义，对国民没有什么说服力……国际上恐怕会将其视为种族对抗。然而，非官方地宣扬这一点，应无问题”。[④]

---

① 上述《杉山备忘（上）》，543页。木户仅在日记中简单记下“两点，召开御前会议，终于决定了对美开战。四点半，首相来室，协议宣战诏书事宜”。上述《木户日记（下）》，931页。

② 上述《战史丛书　大本营陆军部　大东亚战争开战经纬5》，517页。田中伸尚，上述第二卷291页。

③ 井上清《天皇的战争责任》，现代评论社，1976年，181页。

④ 冈部牧夫《亚洲太平洋战争的开战手续》，《季刊　战争责任研究》第八号（1995年夏季号），29页。

按照裕仁的性格，他积极参与了开战诏书制定的各个过程，近乎挑剔般地审查了战争诏书。在内阁秘书官稻田周一、新闻记者德富苏峰和一位宫廷御用汉学家吉田益三的协助下，外务省承担了实际的起草工作。[①]陆海军军务局的军官以及内阁的文官们也参加了对诏书的推敲润色。随后，天皇和木户又阅览了所有不同的草案。历史学家冈部牧夫通过对三份现存的草稿版本—— 一份没有编号，另外两份标着第四号、第五号——的分析，认为诏书可能经过了十或十一个不同的修改版而成。[②]木户、东条、东乡和天皇在整个过程中都发挥了积极的作用。在裕仁的坚持下，正文中加进了好几处重要的更改。

他的父亲和祖父在公共生活中，一直扮演着希求和平的角色，同样的内容也收录在裕仁青年时代重要的教科书中。如今在他唯一的一份宣战公告中，裕仁也在小心地重申着和平的主题。比如，在“今日不幸，与美英交锋”的句子后，他命令插入惯用的表现，声明天皇并不希望发动战争（“实乃不得已之事，非朕所愿”）。这样的表现强调了他似乎真企盼和平，实际上，这里的“和平”指的是广义的世界和平，而不是狭义的特定国家之间的和平。

另外，开战诏书的最后一行，原本有“以期向内外宣扬皇道之大义”的句子。天皇对于帝国陆军的《战阵训》中使用“皇道”一词来护身避邪没有异议。实际上，1931年以来，日本领土扩张的所有行动都是在“皇道”的名义下进行的，但是他不希望把国家扩张的思想写进面向全体日本人、为全世界所注目的战争诏书中。[③]在他的指示下，木户将这行改成了“以期维护帝国的荣光”。不言而喻，这些改变都无损全文的主旨，即日本“为了生存和自卫”，消除英美帝国主义在亚洲的统治。

最后，为了维持昭和天皇作为一位名副其实的立宪君主，他只是依照内阁大臣的建议批准变更重大政策的假象，由国务大臣部署了开战诏书。最后这一步，体现了明治时代形成的日本无责任体系的特征。

东京时间12月8日黎明前，日本帝国陆海军密切配合向宋卡和哥打巴鲁发动了突然袭击。一个多小时后，他们攻击了防御良好的珍珠港美国海军基地，几个小时后，又攻击了吕宋岛中部的克拉克空军基地，就这样，日本打击了正在亚洲抬头的美利坚帝国的主要支撑点。罗斯福总统现在面临着他所不希望的一场战争，因为他认为对美国安全构成威胁的，第一是德国，其次才是日本。

---

① 上述《木户幸一日记（下）》，932页，1941年12月5日、6日条。田中伸尚，上述第二卷361—363页。

② 冈部牧夫，上述29—30页。

③ 1941年开始采用的战争训，从这样一段话开始：“夫战阵，基于大命，发挥皇军神髓，攻必取，战必胜，遍宣皇道，使敌仰感皇威尊严。”

内大臣木户和裕仁的海军侍从武官城英一郎的日记，使我们能够在“大东亚战争”的第一天逐时逐刻地注视天皇。根据城英一郎的日记：“开往马来亚的部队凌晨1：30开始在宋卡登陆，早上4：30完成登陆。凌晨2：30外相（东乡）将罗斯福总统的亲笔信呈递给天皇。”（据侍从们回忆）这似乎使天皇有些苦恼。①城英一郎继续写道：

4：00（日本时间），对美国最后通牒。3：30，夏威夷奇袭成功。5：30，轰炸新加坡，效果甚大。空袭达浮奥、关岛、威克岛。7：10，上奏战况概要。上海方面，缴获美国炮艇“威克”，击沉英国炮舰“海燕”。7：15至7：30，海军军令部长上奏战况。7：30，首相拜谒，就宣战诏书内奏（从7：00开始内阁会议）。7：35，陆军参谋总长上奏战况。10：45，出席枢密院会议。11：00，发布宣战诏书。（11：40，裕仁与木户商量了约20分钟。）14：00，御召陆海军大臣，向陆海军赐诏书。陆军大臣代表两军奉答。（15：05，天皇与木户进行第二次会谈，大约20分钟。）16：30，陆军参谋总长和海军军令部长同时拜谒，就日德意三国军事协定案上奏。20：30，海军军令部长就夏威夷空袭成果上奏……终日，陛下身着海军制服，看起来情绪极佳。②

---

①野村实编《侍从武官　城英一郎日记》，山川出版社，1982年，119页。裕仁对罗斯福亲笔信所做反应的最足凭信的文献是《高松宫日记》。1941年12月10日，高松宫这样记录了裕仁的发言。裕仁提起罗斯福总统的亲笔信通过Grew带到，并说：“说是按照政府间交涉的内容做了答复，我觉得说得很没意思。”高松宫还写道：“7日晚上亲笔信就到达了，首相官邸、外务省等忙忙乱乱的样子，新闻记者们认为是这个亲笔信的缘故，没有意识到一个重大的作战计划正在秘密制订。”同书第三卷，333页。裕仁《独白录》的说法最不值得相信，他把没有回信的原因都推到了东乡外相头上。

“我通过短波，预先得知罗斯福将有亲笔电报到来。木户也很担心地等待着，但总是不见来，正想着会不会出什么事的时候，12月8日早上3点，东乡终于带着它来了，说Grew大使说想亲自拜谒时带来。我想回答这个亲笔电报，东乡说，6日在夏威夷我潜艇二艘被美国击沉，还是不回答为好，我听从了这个意见，就没有回信。”上述《高松宫日记　第三卷》，333页。上述《昭和天皇〈独白录〉》，77—78页。

②上述《城英一郎日记》，119—120页。

第十二章　大元帅的严峻考验

裕仁面临着选择。其一，在石油禁运带来的军事钳制下，承认在中国的失败。其二，由此放弃日本在大陆的大部分帝国版图，这样极有可能动摇他所继承的君主制。然而，裕仁做出了第三种选择：与美英开战。和大多数高级指挥官一样，他也相信德国将打败英国，就像它已经席卷了整个欧洲那样。如果能迅速地实现预定的战略计划，日本就能够对抗生产能力、军事实力俱占优势的美国，至少是打成平局。[①]做出这个选择后，裕仁便全身心地投入到指挥战争，不惜一切代价引导战争走向胜利的事业当中。那是一个备受要求的角色，一个绝对生死攸关的角色。

然而，协调和控制分散的权力，调整内阁与统帅部之间的矛盾需要一个强有力的、极具领导才能的人，而天皇恰恰缺乏这方面的能力，不能胜任。在决断时，裕仁过于谨慎、迟缓，所以，他从未能克服陆海军之间的冲突，更未能统一两军的意志与力量。后来的事实证明，为此付出的代价是高昂的。裕仁出于对日本帝国，从根本上说是对皇室利益的强烈责任感，对统帅部进行了严密的监督。他还强化了他们固有的进攻优于防御的信念。天性乐观的他，面对艰难的军事形势，相信只要部队英勇奋战就能取得胜利。另一方面，在批准作战计划之前，他通常又总是十分谨慎。他不但能找出作战计划上的漏洞并且能预料到可能会出错的地方，实际上，他还预测到如果统帅部不按照他的建议行事可能会出现的后果。难得的经验使裕仁成了一个疑心很重的领袖。他对陆军统帅部的作战方式没有充分的信心。有时他会很尖锐甚至是极为严厉地批评他们指挥上的错误，指责他们过于自负。

尽管裕仁从未像其他国家最高司令官那样访问过战场，但是在制订和执行作战计划方面，他对战场行动施加着决定性、控制性的影响。无论何时，只要他想这样做，都可以做到。在对中国战争的前四年中，他陆续发出大本营的最高军事命令，同时还经常出席那些以天皇的名义做出决定的会议。他不断接见从太平洋和中国前

① 在受到珍珠港攻击时，美国每年生产相当于日本12倍的钢铁、5倍的船舰、105倍的汽车、5.5倍的电力。山田朗《军备扩张的近代史——日本军的膨胀与崩溃》，吉川弘文馆1997年，219—220页。安部彦太《大东亚战争的计数分析》，近藤新治编《近代日本战争史　第四编　大东亚战争》，东京堂出版，1997年，824页。

线返回的陆海军将领们，公开鼓励和表彰前线部队（后来还包括后方组织）。他还持续不断地向前线发电报、派信使，向有功军官授诏书（它所包含的荣誉与权威远远高于美国总统对司令官的表彰）。为了表达准确，裕仁撰写诏书时，字斟句酌，极其谨慎。此外，他还访问基地、军舰和陆海军司令部，视察军事学校，接见工业界领袖，鼓励他们提高生产。他对武器开发也抱有浓厚兴趣。总而言之，裕仁要把为国牺牲的思想传播到各个方面，各种人。

不过，裕仁在战争时期最大的实力在于他将自己天生的缄默和自制力成功地转化为领导才能这一点。裕仁的领袖魅力取决于他作为天皇的存在，这与他作为一般人时相当平常的资质截然不同。具体可以理解为是他那始于神话时代的血统、多少世纪以来皇位的传统和义务，以及现代形象设计师们纯粹的捏造和操纵决定了他作为领袖的感召力。从许多方面来讲，天皇能从战争中幸存下来，全凭他的坚忍不拔和作为君主不肯认输的坚强意志。

1889年明治宪法的缔造者们没能预见到一位有着裕仁这样刻板的性格，但却拥有容忍变更制度的能力的天皇。御学问所的老师们也没能预见到“大东亚战争”，一场由裕仁发动、引导以及在长期犹豫不决地拖延下才结束的战争。然而，军事上作为授权的大元帅，天皇一个人要对宣战、实行战争、讲和、停战最终负责。伊藤博文和他的同僚们在几十年前就使尚未出生的昭和天皇背负了巨大的责任，只要他在位就逃避不掉。

此外，从皇位的本质出发，天皇还要履行宗教职责。对于烦琐的宗教义务，裕仁的前任中甚至出现过由于不堪麻烦、宁愿放弃皇位的天皇。而裕仁即使在战时也没有放弃履行他的宗教义务。比如，一年一度的“歌会始”活动，他一直都在坚持，这是一项由他和宫中官员对臣民们呈交上来的和歌进行评判的活动。

自从将国家的命运和保卫皇位的赌注压在了战争上，天皇就比过去更加需要求助于神道的神明。例如，攻击珍珠港一年后的内大臣木户幸一的日记写道：

> 1941年12月11日：今天是圣上陛下去伊势神宫亲拜的日子……
>
> 12月12日……上午6：45出京都皇宫……10：00抵山田站。首先，在外宫参拜，然后在内宫行在所用午餐后……入内宫亲拜。战时下，天皇亲自参拜祈祷真乃前所未有，体会陛下之心，深感敬畏。能在此盛典中享有侍奉陛下之荣光，为臣深感无上荣誉。①

从天皇的海军侍从武官城英一郎的日记中也可以读到：

①《木户幸一日记（上）》，东京大学出版会，1966年，999—1000页。

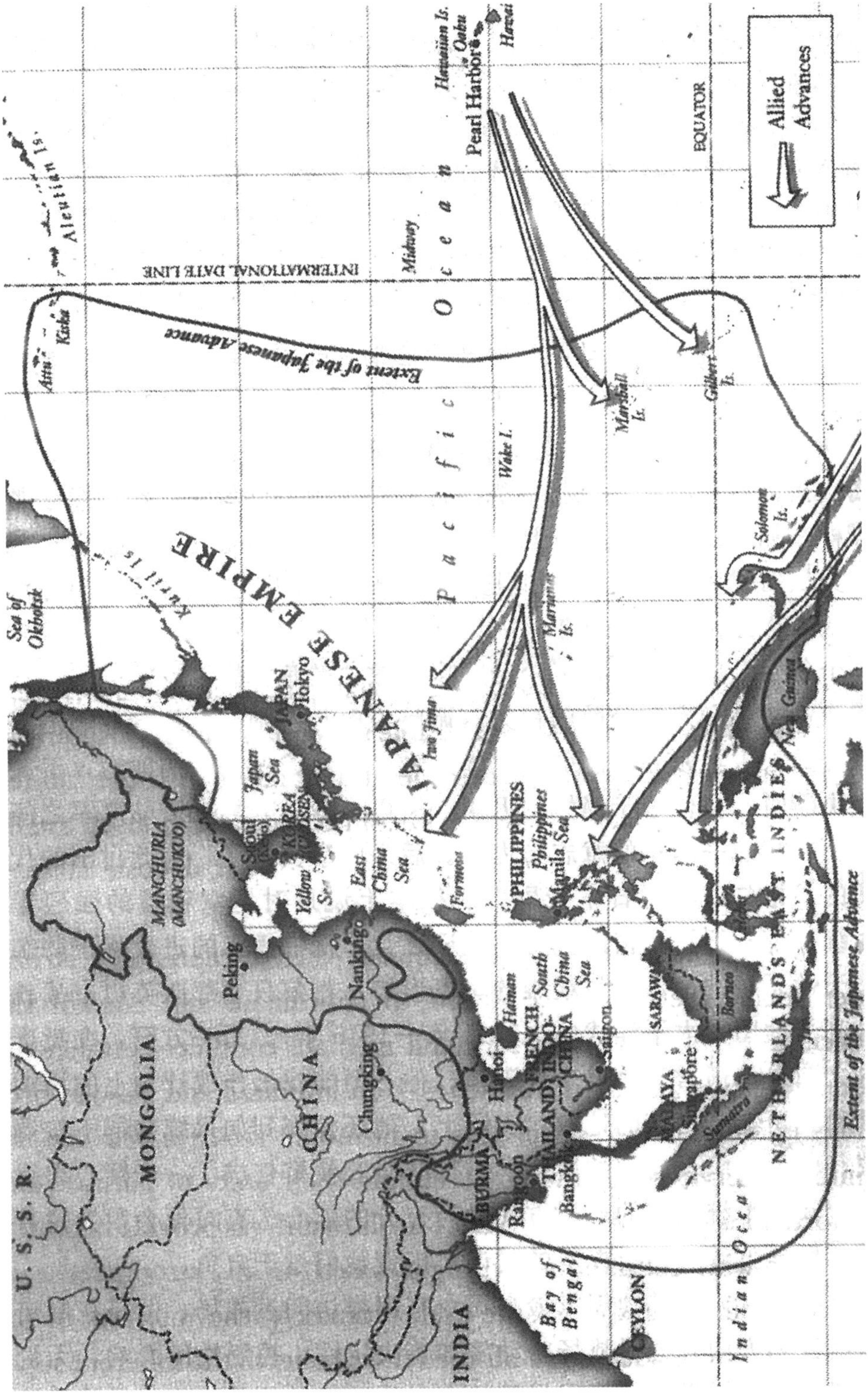

太平洋战争，1941—1945年

1942年2月11日，值班。9：45至10：20，纪元节（国家创建日）陛下亲拜。他在祷告文中报告了前线情况。①

1942年12月12日，13：20，陛下在皇太神宫参拜，念祷告文。祷告文：感谢初战告捷。国难当头，吾将亲率国民共赴国难，还祈求神明保佑将来。②

1943年1月28日，歌会始。于凤凰间陪席。满怀感激拜听两陛下的和歌。③

1943年6月30日，今日，举行“节折之仪”（皇宫的神道仪式。驱除和净化人们犯下的罪孽——译者注）。听说陛下对侍从武官长讲，他为最近战况不振做了驱邪除厄。④

虽然，裕仁的职位要求他必须主持神道仪式和每年宫廷的各种典礼，但同时，在接受程式化的表演和传统仪式上，他表现得也很主动，因为刻板的程序符合他的性情，还为他解除心劳提供了途径。不过，他大部分时间都是在扮演大元帅的角色。

I

太平洋上的第二次世界大战被东条内阁正式命名为“大东亚战争”。它持续了三年零九个月。主要战场在南太平洋和西南太平洋，日本帝国海军及海军航空兵从未预料到会在那里进行决战。相反，海军想当然地认为，且裕仁也相信，联合舰队只有在中太平洋才会与敌人进行舰队对舰队、舰艇对舰艇的海战。实际上，在南太平洋展开的却是一场计划不足、准备不足、不断升级的损耗战。对预料之外的攻击，陆海军逐次应对，不仅增援缓慢而且很不充分，接二连三遭受失败，结果失去了越来越多的飞机和熟练飞行员、部队和军需品运输船、战舰和整支的地面部队。

南太平洋战场，在战争的前26个月里，海军航空兵损失的飞机，接近战争期间其全部损失（2.6006万架）的1／3，还有数千名有经验的飞行员。⑤被击沉的战舰总计达几十万吨。商船和海军运输船的损失尤为严重。1943年末，切斯特·尼米兹指挥的太平洋地区美军终于在中太平洋开始全面反击，对此，日本不得不开始拼命缩小防御

---

① 野村实编《侍从武官　城英一郎日记》，山川出版社，1982年，139页。

② 同前218页。

③ 同前235页。1943年1月28日的日记，谈到这个与其说是宗教的，不若说是非宗教的仪式。为了把近代的君主制与过去以及国民牢固地联系在一起，在明治维新第二年的1869年1月24日举办了第一次赋予古典和歌传统的“歌会始”，这个仪式的作用在于让人想到，最高指挥官应该也是诗人。

④ 同前293页。6月30日与12月31日是大祓节，裕仁穿上白绢与麻做的特殊服装，执掌清除“国民不知不觉中冒犯的不洁之物”的仪式。井原赖明《增补皇室事典》，富山房，1938年，194页。

⑤ 安部彦太，上述839页。

圈，并试图重建其在南太平洋残酷野蛮的作战中被摧毁的海军航空兵和海上力量。

从一开始，裕仁就与海军将领们有着共同的错误的战略设想，对首要敌人，他也同他们一样，有着错误的判断。此时的陆军参谋总部的注意力都在苏联方面，因此，日本大部分的地面部队被部署在朝鲜、满洲国和中国。他们从来没有研究过也没有准备在太平洋遥远的丛林岛屿上作战，即使在那里已经成为主战场之后。裕仁也在注视着苏联，不过没达到陆军那种程度，而且也没有那么长时间。[①]特别是，在陆军统帅部还没意识到之前，他已经抓住了陆军策略上的短处。为了扭转陆军方向性的错误，裕仁做了许多工作。

1941年12月8日至1942年1月末，开战后的前两个月里，日本对东南亚弱小而且毫无准备的殖民地军队的进攻几乎完全按照预定计划展开。作战依照的是珍珠港战役之前制定的战争指导方针，这个方针经过了裕仁的质询和审查。在此期间，帝国陆海军接连取得胜利。珍珠港一战重创美国舰队后，12月9日，又在新加坡击沉了英国战舰“威尔士王子”及巡洋舰“反击”号。随后，日本飞行员开始了对菲律宾的征服战，麦克阿瑟刚刚得到增强的空军，大部分被消灭在地面上。关岛、威克岛和香港相继陷落。海陆军联合特遣队于12月16日攻占了西里伯斯岛和婆罗洲的荷兰油田，12月末，在菲律宾北部、南部和东部部署了地面部队和飞机。1942年1月3日，日本占领了被麦克阿瑟宣布为“不设防城市”的马尼拉。麦克阿瑟口头上说是要保护平民免遭战火，实际上也是因为他的部队太弱无法保卫马尼拉。

日本的闪电攻击使同盟军没有时间整理部队，补充力量。占领了美国和英国在东南亚和菲律宾的备用机场后，海军航空兵便一步步向前推进，为海上和陆地的进攻提供空中掩护。为了占领荷属东印度群岛中的爪哇岛，他们向西南太平洋方面进一步推进，1月22—23日，夺取了新不列颠岛腊包尔的澳大利亚海军和空军基地。至此，珍珠港事件之前设定的南太平洋作战的大部分目标都已达成。南方重要的战略资源地区基本上都落到了日本人手中，战争的第一阶段按计划结束。[②]

战况良好，士气大振，大本营决心乘胜追击。此时的大本营对如何结束战争

---

① 1943年9月末，帝国陆军70个师团中，只有5个师团部署在太平洋。其中大部分驻扎在南太平洋以及西南太平洋，大约有20万只配有轻装备的步兵部队。尽管同盟国军队向日军集中了压倒性的火力，直到战争最后一年，陆军都没有放弃白刃突击第一主义，没有从失败中学到新的教训，也没有针对正在进行的战争性质进行改革。相反，随着战争的进行，陆军没有增强火力和机动能力，反而缩小了师团的规模，始终轻视了美英的战斗能力。所以，陆军的状态一直是，与其说集中兵力，不如说分散了兵力，根据必要性而临时投放部队。安部彦太，上述830、845、850页。山田朗，上述《军备扩张的近代史——日本军的膨胀与崩溃》，209、221页。

② 中尾裕次《大东亚战争防势转移迟延的要因》，军事史学会编《第二次世界大战（三）——终战》（第三一卷第一、第二合并号），锦正社（1995年9月），110页。

没有任何缜密周到的计划，也没有停止“南进”，并转而实行更加灵活的战略设想。相反，1月29日，大本营命令联合舰队攻击位于新几内亚不列颠岛（东部）的莱城、萨拉莫阿和莫尔斯比港，由此迈出了孤立并且最终攻占澳大利亚的第一步。[①]2月7日，天皇发出第14号“大海令”，命令联合舰队攻击印度尼西亚东南的帝汶岛。[②]现在，裕仁与他的高级指挥官们一样陶醉在胜利之中。陆海军联合特遣队于2月20日攻占了帝汶岛上葡萄牙和荷兰的领地，3月5日攻占了爪哇岛的巴达维亚，此后不久又占领了所罗门群岛中最大的岛屿布干维尔，开始威胁美国和英国对澳大利亚的供给航路。

3月7日，在《今后应采取的战争指导大纲》中，大本营政府联络会议决定迅速扩展太平洋战争攻势。第一条称：“为迫使英屈服使美丧失战意，应该继续扩大战果。应建立长期不败之态势，同时看准机会，采取积极对策。”[③]第二天，新几内亚的莱城和萨拉莫阿被攻占。至1942年4月，日本已经占领了边远的安达曼和尼科巴群岛上的战略要点，属于英国殖民地印度的这些领土，自马六甲海峡一直延伸到印度洋入口，因此，印度洋上小规模的英国舰队不得不撤到东非沿岸。

与此同时，在东南亚，日本陆军早在2月5日就占领了英国的殖民地新加坡。集结在泰国的日本军从那里进入了英属缅甸，3月8日攻占了仰光（缅甸的重要港口）。紧接着，4月28日占领腊戍（缅甸公路的起点），5月1日占领曼德勒。在南太平洋，从5月起，陆海军进入了南所罗门群岛（瓜达尔卡纳尔和图拉吉），7月21日前后，先是占领了荷兰第亚，接着又夺取了新几内亚最东端的布纳。最后，6月7日，他们将广大的太平洋防线向北一直推到阿拉斯加方面，部队就驻扎在阿留申群岛的基斯卡和阿图岛上。

当南太平洋的作战胜利展开的时候，在菲律宾的地面进攻，除了最初取得非常迅速的胜利外，很快就变得缓慢起来。美国和菲律宾部队撤到了巴丹半岛的预设阵地和位于马尼拉湾的科雷吉多尔岛的要塞，在那里待机而战。就在此时，裕仁对于进行中的太平洋前线的作战进行了第一次重要的干涉。为进攻吕宋受阻而担忧的天皇，1月13日和21日，分别两次向陆军参谋总长杉山施加压力，让他增援部队，发动一场对巴

---

① 防卫厅防卫研修所战史部《战史丛书　陆海军年表》《付　兵语、用语解说》，朝云新闻社，1980年，104页。财团法人史料研究会编《大海令解说》，每日新闻社，1978年，122页。关于这些动向的解说，参见中尾裕次，上述110页。

② 同前《大海令　解说》，97页。

③ 参谋本部编《杉山备忘（下）》，原书房，1967年，81—82页。中尾裕次，上述110—111页也有同样的引文。这个政策文件名为《今后应采取的战争指导大纲》，第三项说：“为了更加积极地指导战争的具体方法，根据我国国力、作战的推移、德苏战况、美苏关系、重庆的动向，制定此大纲。”

丹半岛的速决战。曾经倾向于低估敌人抵抗力量的杉山，这一次却正确地判断出美军在巴丹的驻扎不会对日本向南纵深作战构成任何威胁。[①]但是，没有哪一位参谋长能无视天皇反复的“要求”。1月22日，日军不顾食物、军需和人力的不足，重新开始了对巴丹半岛的攻击，同时，最高指挥部开始设法筹备所需的增援力量。

在随后的战斗中，被围困的约八万美国和菲律宾军给了日本军以沉重的打击。2月9日和26日，裕仁再次就巴丹作战向杉山施加了压力。4月9日，巴丹的抵抗部队投降，这已经是麦克阿瑟将军乘坐鱼雷艇和B-17轰炸机逃到澳大利亚墨尔本的几个星期后。科雷吉多尔的守军一个月后也停止了抵抗。[②]美国和菲律宾在巴丹—科雷吉多尔的这场防御战为随后的珊瑚海和中途岛战役搭设了舞台。由于战期较长，为美国的情报机关截取、破译和分析日军无线电通讯提供了可能。

无法断定裕仁是否知道臭名昭著的“巴丹死亡行军”，约7.8万名美国和菲律宾俘虏受到虐待。然而，巴丹陷落后不久他就遇到了俘虏问题。从航空母舰“大黄蜂”起飞的16架美国B-25轰炸机对东京、横滨和名古屋进行了“单程”轰炸（飞机不返航，只携带足够降落到盟国中国机场的燃料）。这个事件发生在4月27日，巴丹陷落的九天后。执行轰炸的美国飞机降落在中国江西省的日本占领区，以詹姆斯·杜利特尔为首的八名机组成员被俘。由于“他们的行为构成了对人道的犯罪”，依照战地指挥官制定的“军法”，被判处死刑。这些美国人很快被送到了东京，提交给陆军省处置。[③]

最初，东条反对判美国俘虏死刑，担心（理所当然地）居住在美国境内的日本人遭到报复。而杉山和整个陆军统帅部都坚持处决八个人，给美国人（他们的轰炸杀害了约50名平民）一个切实的教训，由此减少进一步空袭的可能性。按照陆军省特别起草的事后军法，处决将获批准。[④]然而，裕仁选择了干涉，对五个人予以减刑。这里，无法解释天皇为什么会违反国际法，允许处死另外三个人。战争结束时，日本销毁了所有关于俘虏的记录和文件。也许是裕仁希望展示他的“仁慈”，最多也就到此为止，不会有更深的寓意，还有一种可能是，到那个事件为止，他已经批准了那么多违反国际法的行为，再违反另一项国际法并不算什么。

除了督战巴丹进攻，干涉“杜利特尔飞机”案之外，天皇还与在缅甸和中国进行的作战行动保持着密切的联系。他仍然相信这些地方将成为主要战线。1942年中，2月9日、3月19日和5月29日，裕仁至少三次敦促杉山研究对重庆进行最终攻击

---

① 山田朗《大元帅昭和天皇》，新日本出版社，1994年，180页。

② 同前181页。

③ 北博昭《军事法庭　战争期间不为人知的“审判”》，朝日新闻社，1997年，53—54页。

④ 伊藤隆、照沼康孝编《续　现代史资料四　陆军　畑俊六日志》，美铃书房，1983年，376页。北博昭，同前54—55页。

1942年，裕仁在茨城霞浦空军基地视察海军航空兵训练。随着瓜达康纳尔岛战事的激化，他对如何加强西南太平洋的航空力量忧虑不已。

的可能性。[①]“你不能想个什么方法了结支那事变吗？”5月29日，他接见杉山时这样问道。在他的催促下，杉山开始起草大规模进攻的方案（“五号”作战），计划用15个师团彻底消灭蒋。[②]

当“五号”作战还在酝酿中，海军连续遭受了两场失败，太平洋突然间成了战争的重要前沿，不过大本营认识到这一点还需一年多的时间。5月7—8日，天皇收到来自菲律宾新的胜利报告，与此同时，珊瑚海战役打响。日本在这次海战中取得了战术上的胜利（以美国舰只的损失），但战略上却失败了，因为帝国海军损失了一

① 山田朗，上述185页。藤原彰《昭和天皇的十五年战争》，青木书店，1991年，135—138页。

② 藤原彰，同前136页。关于“五号”作战，参见防卫厅防卫研修所战史室《战史丛书　大本营陆军部5　至昭和十七年十二月》，朝云新闻社，1973年，76—81页。

艘轻型航空母舰和104名熟练飞行员，而且不得不推迟正在计划的从海上对同盟国在新几内亚莫尔斯比港基地的攻击。[①]

一个月后，6月5—6日，在中太平洋中途岛附近的战斗中，海军遭受了另一次挫败，失去了四艘大型航空母舰、一艘重型巡洋舰和大约3000名士兵，其中包括121名熟练飞行员。[②]美国方面士气大增，东京方面却忽视了这次失败的深刻意义。6月10日，海军向大本营政府联络会议递交了一份不完整的战斗报告，理由是真实的损失程度是军事机密，不能对所有与会者全盘托出。[③]只有天皇得到了航空母舰和飞行员损失的准确报告，他决定不马上将情况告诉陆军。没有得到珊瑚海和中途岛战败的准确报告，决策者们无法判断失败的真正意义。他们依然相信短时间内联合舰队是健全的、牢不可破的。是裕仁没能领会到两个失败的重要性吗？6月8日，木户在与裕仁讨论了中途岛海战后写道：

航空战队蒙受巨大损失，念陛下定会劳心焦虑。然拜见天颜，但见神色自若，举措如平日，毫无二致。据陛下所言，已嘱托海军军令部长，此次损失实在令人遗憾，需注意勿因此丧失士气。而且，令其今后作战不可因此消极保守。敬仰陛下英雄豪迈之气概，深感此乃皇国日本之万幸。[④]

海军没有就中途岛失败可能对未来作战带来的影响进行任何分析。[⑤]但是后来，裕仁和最高统帅部取消了攻占斐济和萨摩亚确立印度洋制海权的计划。中途岛海战并没有使他们结束在南太平洋的进攻。不过，联合舰队不得不在没有足够的空中战斗力的情况下，开始在中所罗门和南所罗门群岛附近进行作战。

Ⅱ

战争中，在许多困难的时刻一直协助裕仁的是海军侍从武官城英一郎。他是一位熟练的飞行员，1937年末，曾参与策划和指挥从航空母舰“加贺”上对中国城市进行的第一次空中袭击。城还是一位业余的自然科学家，对气象学抱有兴趣。回

① 山田朗《日本法西斯主义中打击性军事力量建设的挫折——日本海军航空兵力的特征及崩溃的军事要因》，《人文学报》一九九号（1988年3月），东京都立大学人文学部，138—139页。

② 田中伸尚《记录　昭和天皇（三）崩溃》，绿风出版，1986年，203—204页。

③ 上述《杉山备忘（下）》，130—131页。在6月10日的联络恳谈会上，海军仅仅报告丧失航空母舰一艘、遭重创一艘，巡洋舰受重创一艘。

④ 上述《木户幸一日记（上）》，966—967页。

⑤ 中尾裕次，上述111页。

日本后，他在海军军令部工作，并在海军大学和陆军大学执教。之后，城又作为第十三海军航空队副长返回中国，指挥对中国内陆地区的轰炸行动。在中国待了一年后，城被派到皇宫任海军侍从武官。他的职责是编制每天的战况报告书，向天皇传递海军最高机密资料和命令。另外，还负责传递海军军令部总长和海军大臣对天皇的“下问”所做的“奉答”，同时还作为使者和情报员协助天皇。

城是九州武士菊池武房的后裔，他的武士阶级背景标记了日本国防史上最大的国难。（据《城英一郎日记》的编者野村实所言）菊池曾参加13世纪抗击蒙古舰队，保卫日本的行动。当时突然刮起了“神风”，消灭了即将上陆的蒙古军。[①]后来，1943年6月，城起草了第一份详尽的“神风”特别攻击队的计划，决心从美国舰队的攻击下拯救日本。可以认为，城的上述背景在其中起了作用。[②]城的构想是，从年轻的飞行员中征募志愿者，训练他们将装备250公斤炸弹的“零”式战斗机撞向美国舰船的甲板。城的这一构想后来被采纳，并由他的朋友，大西泷治郎中将在菲律宾付诸实施。

很明显，裕仁喜欢城，因为他们拥有对科学和自然的共同兴趣。[③]在皇宫任职期间，城记了详尽的日记，再三地描述了裕仁非常人性化的一面。例如，他暗示裕仁对日本和德国的新闻纪录影片有着不倦的兴趣（即使在日本失去了对太平洋的制空权和制海权之后，前线的日本摄影师也总是设法提供最新的镜头）。[④]城还记述了裕仁休息、执行神道仪式和履行各种公务时的情况。1942年2月18日，在第一次庆祝太平洋战争胜利庆典时，裕仁骑着白马，在著名的通往皇宫的二重桥上出现了十分钟，向聚集在宫城广场的人群挥手致意。2月20日晚上，他在侍从武官的值班室休息了近两个小时。[⑤]

与侍从武官们一起看电影、玩纸牌、下象棋，或者向他们介绍他的昆虫收藏，是整个战争期间裕仁惯常的晚间活动。例如，1942年5月20日，城在那天晚上写道：

陛下来室之际，话题从昆虫说到玉虫厨子（一种甲虫——译者注）。陛下让人从书房取来昆虫图鉴，对照彩色图片做了说明。晚饭后，陛下唤侍从把装着在宫城内采集的三只玉虫（其中一只黑色）的盒子拿到值班室，让三井及城观看。城深怀

---

① 上述《城英一郎日记》，8页，野村实的《解题》。城英一郎作为海军侍从官，从1940年11月15日到1944年1月19日，在昭和天皇身边服务。

② 同前288—292页。

③ 同前6—8页。

④ 瓜生忠夫《国策电影　日本新闻小史》，《别册　一亿人的昭和史》，每日新闻社，1977年，522页。

⑤ 上述《城英一郎日记》，142—143页。

感激，拜见。[①]

这些是战况好时的样子，白天裕仁经常骑马，在生物研究室工作，公务之外，只要时间允许他就出席皇宫内的讲座。2月24日，城记录天皇看了一部新闻纪录片，第二天“在内廷滑雪”。[②]

2月26日和28日，裕仁听取海军军令部次长报告战况以及对“特种潜艇攻击队”作用的说明。次长让他看了“特攻队的有关照片以及出发前在同一张纸上的留言（自杀志愿者写下的）”。天皇“一一浏览，露出满意的神情”。[③]“人体炸弹”，即驾驶员操纵一个装置单独突击，撞沉敌舰的攻击方式，这个装置的目的只有一个——撞击敌舰。尽管“人体炸弹”应用到战机上是两年后的事情，但此时，这个概念已经比较具体化了。

1942年3月9日，正当陆海军向中太平洋和南太平洋的各岛屿挺进时，内大臣木户在日记中这样记述了天皇：

龙颜大悦，言道：“战果来得太快喽！”七日，爪哇方面的万隆敌军告降。眼下，我军正在引导荷属印度全面投降。苏腊巴亚的敌军也投降了。缅甸方面的仰光也攻陷了。我见陛下的确非常满意，感激之余，也讲了一些庆祝之辞。[④]

两天后，裕仁的海军侍从武官城离开横须贺，开始了为期六周的对中太平洋和南太平洋的战场巡察。城的出行表明了日本军部指导者的思想，他们在3月提出的“世界局势评估”（7月和11月再次评估）中预计美国人最早要到1943年下半年才能发动真正的反攻。[⑤]因此，日本继续在赤道以南展开进攻是安全的。敌人认为不值得在如此遥远的地域重建原来的秩序。

城首先来到马里亚纳群岛的塞班，然后到加洛林群岛的特鲁克，从那里再到俾斯麦群岛中的新不列颠岛的腊包尔，海军正在那里建设一个重要基地，为向西南推进准备落脚点。从那里，他去了马绍尔群岛的夸贾林环礁，之后又去了威克岛、关岛、帕劳（现在的贝劳）、佩莱利欧以及位于菲律宾群岛南部、明达瑙岛的达浮澳的新日本水上飞机基地。城继续他的巡视，访问了荷属东印度群岛。回程时，他到了菲律宾的苏比克湾和马尼拉，最后于4月23日回国，乘飞机回到横滨（途中在塞班岛停留）。在

① 同前159页。

② 同前142—144页。

③ 同前144页。

④ 上述《木户幸一日记（上）》，949页。

⑤ 中尾裕次，上述8页。

长长的旅途中，城素描了热带花草，收集了贝壳和供天皇欣赏的美国电影，其中包括在关岛找到的沃尔特·迪士尼的卡通片。[①]城的日记中看不到对日本的运输和通讯网扩展过度的认识。事实上，他似乎完全没有意识到严重的、难以解决的后勤问题，即维持如此广布的基地系统对于一个战争力量远不如其敌人的国家意味着什么。

Ⅲ

在大本营仍为中途岛的失败而惊魂不定时，纳粹德国的国防军在苏联发起了夏季攻势，隆美尔将军在北非取得了对英国的胜利。德国的攻势对日本形成了支援。仿佛是对中途岛打击的补偿，裕仁和最高指挥部又一次过高地估计了德国的军事和工业实力。[②]1942年6月26日，裕仁问木户："德军不但攻占了北非的图卜格鲁，还继续进攻埃及并占领了萨卢姆和西迪巴拉尼。对此，向德国总统发一份贺电如何？"[③]木户劝其不要这样做，因为德国总统从未向天皇表示过祝贺。然而，此时裕仁和最高指挥部已经断定，对印度洋上的锡兰（现斯里兰卡）发动进攻可能有助于德国最终在中东的进攻。

7月11日，裕仁批准了永野取消攻占斐济和萨摩亚群岛战略据点的作战请求，这是5月18日由大本营决定，并经他同意的作战计划。在汇报中，永野提议发动一场战役摧毁敌人在印度洋的舰船和交通。这样的作战将"切断美国和澳大利亚之间的联系，阻止澳大利亚被用作美国进攻日本的基地……迅速确立我方不败的态势"。[④]

与此同时，在离东京约9260公里的腊包尔，联合舰队指挥部正在做计划，准备派工程兵和劳工在瓜达尔卡纳尔建造机场和海军基地。当计划接近完成时，8月6日（中途岛战役的两个月后），杉山参见天皇，向他报告新几内亚的战斗进展情况。此时，天皇的提问令杉山窘迫不堪："在新几内亚的地上战中，海军航空兵不会得不到充分的支援吧？不需要派出陆军航空兵吗？"[⑤]这是只有掌握了海军熟练飞行员整体损失情况的裕仁才能提出的问题。杉山回答说陆军没有这样的考虑。其实，他还可以进一

---

① 上述《城英一郎日记》，151—153页。

② 山田朗，上述《大元帅昭和天皇》，196页。日本的战争立案者们，1941年末对美国的产业能力与军事能力评价过低，1942年末他们再次犯了这个错误，对德国的产业能力明显评价过高。据历史学者安部彦太说，1942年10月，陆军参谋总部认为德国一个月的生产能力，可造战车2000辆、飞机3000架。而1942年12月的实际产量为战车760辆、飞机1548架。参谋总部的估计将实际情况分别放大了2.6倍和1.9倍。安部彦太，上述853页。

③ 上述《木户幸一日记（上）》，970页。

④ 山田朗，上述《大元帅昭和天皇》，196页，1942年7月11日《用兵事项上奏》（非公开刊登）。

⑤ 上述《战史丛书　大本营陆军部5》，350页。

步讲（实际上并没有这么做）大本营陆军部正在从南方（主要是腊包尔）撤出陆军的航空力量，以便开始对重庆的进攻，这是天皇5月份曾督促过的。基于这个原因，陆军当然不愿意向遥远的新几内亚和所罗门地区派陆军的战斗机飞行员。

就在第二天，8月7日，美军在西南太平洋地区司令官尼米兹上将和麦克阿瑟将军的指挥下，向南方防备薄弱的日本军阵地，开始了第一次、局部性的猛烈攻击。1.9万名海军陆战队员，兵分两路，登上了图拉吉和邻近的瓜达尔卡纳尔岛。这两个岛位于所罗门群岛南部赤道以南10°，炎热、潮湿、疫病流行。两天后，瓜达尔卡纳尔附近的萨沃岛发生了夜间海战。日本海军的炸弹和鱼雷击沉了四艘美国重型巡洋舰。瓜达尔卡纳尔的陆战和海战持续了整整六个月，日本海军的航空兵遭重创，元气大伤。这成为太平洋战争第一个真正的转折点。

从一开始，日本海军在瓜达尔卡纳尔的登陆作战计划就很不充分，天皇为此很担心。陆海军正在为发动对莫尔斯比港的地面进攻作准备，在这关键时刻，两军能克服相互猜忌，为巩固在所罗门和新几内亚东部刚刚获得的据点通力合作吗？[①]当美国陆海空三军开始进攻瓜达尔卡纳尔时，东京的最高指挥部顿时目瞪口呆，不知所措。陆海两军的统帅部长和作战课的军官们曾想当然地设想，英美的真正反攻要到1943年才会开始。他们完全没有预想到，在此之前，他们的敌人能以迅雷不及掩耳之势穿越太平洋。就同他们自己七个月前攻击珍珠港那样，他们的敌人也完成了一次飞跃。[②]

陆军参谋总长杉山同意了海军的请求，决定立即向瓜达尔卡纳尔派增援部队阻止美军的集结，但是他没有觉察到形势的严重性，只从关岛抽调了一支小部队。[③]这支一木支队（大约1500人）上岛三天便基本上被消灭。9月初，陆军投入了第二支小部队，这次是从帕劳调来的川口支队（约3000人）。这支部队于9月13日晚夜袭了美军阵地，也基本上被全歼。后来，10月初，南太平洋的第十七军决定让它的第二师团——约两万名精锐步兵部队登陆瓜达尔卡纳尔。此时，前期投入的部队残部已陷入饥饿不堪的状态。第二师团与这股残存部队会合后，马上向丛林中的美军阵地发动了两次同归于尽的自毁式攻击，结果依然是失败。此后，陆军投入了更多的增援部队，其中包括三十八师团的几部分部队。

日本在瓜达尔卡纳尔的陆海空战斗中均遭失败，裕仁对此的反应相当能说明问题。当得知美军登陆时，他马上觉察到了潜在的危险——“这是否是美英反击的开

① 山田朗，上述《大元帅昭和天皇》，198—199页。

② 土门周平《战斗的天皇》，讲谈社，1989年，61页。

③ 同前61、63页。

始呢？”[①]然而，他认为日本若想保证稳定地增加石油、橡胶等重要资源的储备，就必须维持进攻的态势。因此，尽管他心存疑虑，担心会陷在瓜达尔卡纳尔战役里拔不出来，但还是不断地鼓励所罗门的指挥官保持继续进攻的势头，动用一切可以使用的武器和兵力狠狠打击敌人。在一木支队实际上被消灭之后，9月15日，杉山曾告诉天皇：“我相信它（瓜达尔卡纳尔）肯定能保住。”裕仁流露了他对陆海军是否真心想打这场战役的怀疑，试图以此要求杉山和永野信守诺言。裕仁的施压虽然增强了二人重新夺回并保住岛屿的决心，但结果却导致了裕仁最害怕的局面：陷入损耗战。

对于裕仁和东条首相来说，瓜达尔卡纳尔战斗的第一个月也是政治出现危机的时期。几个月来，陆军一直在策划建立一个新的大东亚省，除了台湾、朝鲜和萨哈林以外，对东南亚和中国所有日本占领的领土实行管辖。外相东乡茂德不同意这个计划，拒绝向陆军进一步割让政治权力做出妥协。此外，得知海军在中途岛和瓜达尔卡纳尔战斗中失败的消息后，东乡暗地里也许希望以没有为那里增加足够的战斗力为由改组内阁。[②] 1942年8月29日，当东条英机的秘书通知东乡将把陆军设立大东亚省计划列入下次内阁会议日程时，东乡表示坚决反对，并为此到皇宫向天皇说明了情况。裕仁马上决定阻止东乡的倒阁企图。对东条来说，这无疑是解决了他的后顾之忧。

有了裕仁的强烈支持作武器，东条在9月1日的内阁会议上提出了这个问题，东乡当下就表示要辞职。休会期间，裕仁遣海军大臣岛田繁太郎给返回外务省的东乡做工作。东乡提出了一个妥协方案，可是东条专横地拒绝考虑，于是东乡提出了辞职，裕仁立刻接受了他的辞呈。第二天，裕仁批准东条（暂时）兼任外务大臣。在美国对所罗门群岛进行反攻的关键时刻，决心不让内阁垮台的裕仁给了东条强有力的支援。在裕仁的庇护下，东条英机巩固了他“独裁者的地位”。[③]

1942年秋，就在裕仁与最高统帅部，同时私下里也与木户讨论所罗门岛的一系列战役时，日本战斗机、战舰、运输船的损失和士兵伤亡人数在不断增加。由于没有适当的医疗和足够的食品，瓜达尔卡纳尔的部队正在死于热带疾病、热病和饥饿，尽管如此，裕仁却要求他们进一步战斗。只是到了1942年末期，他才最终放弃了消灭瓜达尔卡纳尔美军的希望。裕仁的顽强和进攻精神影响了最高统帅部，或许也鼓舞了所罗门群岛那些病弱不堪、营养不良的日本士兵，他们勇敢地

---

① 中尾裕次，上述118页。

② 东乡茂德《时代的一侧面》，改造社，1952年，294、298页。

③ 同前296—297页。上述《木户幸一日记（上）》，980—981页，1942年9月1日条。东条直到1943年8月20日重光葵被任命为止都没有放弃外务大臣的位置。东乡辞去外相职务后也与东条对立，1943年一直在政治上层和宫中四处活动，直到东条不得不辞去外相职务。东乡茂德，上述302页。

战斗到了最后一刻。同时，更为重要的是，天皇死守瓜达尔卡纳尔的决心，与海军想通过决定性的海战取得胜利的意向互相作用，致使日本在太平洋战场迟迟不能转向防御态势。

10月23—24日，日本陆军在瓜达尔卡纳尔前线的进攻再一次失败后，裕仁对其进行了第二次干涉。几天后，日本帝国海军与美国舰队进行了第二次大规模海战，击沉美国航空母舰“大黄蜂”和一艘驱逐舰。[①]根据联合舰队参谋长宇垣缠中将的日记，10月29日，天皇向联合舰队司令长官山本五十六发布了诏书。诏书称道：“联合舰队此次于南太平洋大破敌舰，朕深感欣慰，特予嘉许。”裕仁还特别附带了一句：“只是，战局依然严峻，汝等尚需加倍努力啊！”[②]

宇垣继续写道，那天晚上晚些时候，一份单独的电报传到了他的手上，传达了天皇把致山本五十六大将的诏书交给永野之后的嘱托：“就此诏书后段所述，附加于此。瓜达尔卡纳尔乃彼此两军力争之地，亦属海军重要基地。故，勿安小成，速速夺回是要。”[③]当天皇的诏书和对永野的口头告诫电传到腊包尔的联合舰队司令部时，宇垣记道：“见陛下对瓜达尔卡纳尔的失策如此惦念，甚是惶恐。若不能尽快实现目的，实在无言以对陛下。”[④]然而，海军非但未能扩展“小成”，两周内，在第三次所罗门海战中又输给了有雷达装备的美国舰队，损失了战舰“比睿”和“雾岛”。

在瓜达尔卡纳尔艰苦的地面和海上战斗中，天皇不断地向海军指挥部施加心理压力，让他们重新攻占这个岛。9月15日、11月5日、11月11日，他前后三次催促陆军最高统帅部投入更多的部队和飞机帮助面临危机的海军。[⑤]起初，杉山很不情愿，部分是因为陆军的飞行员没有越洋战斗经验，同时，也因为他正计划加强华北地区陆军，在陆军航空兵的配合下，对重庆进行一次大规模的进攻。[⑥]然而，天皇的坚持使陆军首脑们妥协了。在裕仁第二次要求陆军航空部队加入所罗门前线后，杉山第二天即向他报告说，陆军已经决定向新几内亚和腊包尔部署空中力量。改变正在进行中的作战计划的举动遭到陆军上层和中层的抵制，可是裕仁强行改变了作战计划。[⑦]

9月15日，当杉山报告说对第二次派遣部队在瓜达尔卡纳尔的“登陆作战不能抱什么希望”时，天皇不但要求他投入陆军航空部队加入战斗，而且提出极为超前的问题，追问他什么时候能占领新几内亚最东端的拉比。也就是说，裕仁一方面还在

---

① 山田朗，上述《大元帅昭和天皇》，203页。

② 宇垣缠《战藻录》，原书房，1968年，224页。

③ 同前224页。

④ 山田朗，上述《大元帅昭和天皇》，205页。

⑤ 土门周平，上述65页。

⑥ 山田朗，上述《大元帅昭和天皇》，199—201页。

⑦ 同前201页。

为瓜达尔卡纳尔局势焦虑，一方面已经考虑在新几内亚开始一场新的进攻。[①]

1942年秋，裕仁向前线部队表述了自己的感想，其中，他特别称赞了海军在西南太平洋海战中的胜利。这就使海军奏请中止瓜达尔卡纳尔战役变得极为困难。同样，裕仁也向陆军施加了压力，他在诏书中说“期待你们不负朕之信任”，暗示着部队尚未达到他的期望。[②]然而，到了1942年11月，对于天皇和东条来说，事情已经变得很清楚，重新占领瓜达尔卡纳尔是不可能的了，放弃了它，未必会破坏整个所罗门前线的格局。事实上，放弃瓜达尔卡纳尔反而有助于其他战略据点的作战展开。

裕仁对所罗门作战和欧洲战局感到十分忧虑，尤其是这一时期的欧洲战局越来越不利于轴心国，因此陆军中止了“五号”作战的准备工作。但是腊包尔的第八方面军司令部，对海军怀有极强的不信任感，而且大多数高级参谋官都非常骄傲，不肯公开承认从瓜达尔卡纳尔撤退的必要性，更不要说利用撤退整顿陆军，使其从战败中汲取教训了。

持续的人力和军备物资的消耗终于促使上层做出从瓜达尔卡纳尔撤军的决定。可是，这个决定同时也使陆海军在船舶和匮乏物资分配上的既有矛盾进一步尖锐化。日本海军的战舰损失大体与美国相当。从1941年12月8日的战争开始到1942年9月末，帝国海军月平均损失运输船13.5艘，计6.1万吨。然而，1942年10—11月，在瓜达尔卡纳尔周围仅两个月的战斗中，帝国海军就损失了59艘运输船，合计32.4万吨。沉没的舰船大多数是运输船，满载了兵员、武器和补给物资。结果，陆军省和参谋本部围绕船舶使用发生了冲突，问题的焦点在于是否要把那些专运东南亚原材料的运输船转为运兵船和武器运输船。[③]

除了军舰和运输船的损失外，从1942年8月至1943年2月初的最后撤退，在历时六个月的瓜达尔卡纳尔战斗中，日本海军还损失了892架飞机和1882名飞行员。山田朗指出，这相当于“中途岛海战中飞机损失的2.5倍，飞行员损失的15倍”。[④]

裕仁非常希望避免消耗战损失，结果，恰恰是他自己导致了这场巨大的损失。1942年12月12日，深感绝望的裕仁特意安排了一次两日出行，参拜了伊势神宫。[⑤]12月28日，裕仁对侍从武官长莲沼蕃说，他对陆海两军参谋长的1942年战况报告及其计划依然不满意。他们答应提交从瓜达尔卡纳尔撤军的计划，对此，天皇抱怨道：“我想知道的是如何让敌人屈服的具体方略。事态确实非常严峻。我觉得有必要召集一次大

---

① 同前202页。

② 中尾裕次，上述119页。防卫厅防卫研修所战史室编《战史丛书　南太平洋陆军作战2》，朝云新闻社，1969年，444页。

③ 山田朗，上述《大元帅昭和天皇》，207页。

④ 同前218页。

⑤ 上述《木户幸一日记（上）》，999页。上述《城英一郎日记》，218页。土门周平，上述68页。

本营会议。为此，没有什么年末年初之分。我已做好准备随时出席会议。”[①]

就这样，受天皇旨意，大本营御前会议于1942年12月31日召开。统帅部报告说，他们将取消重新占领瓜达尔卡纳尔的尝试，部队将于1月末开始撤离。裕仁批准了这个决定但是坚持道：“单单是放弃占领瓜达尔卡纳尔让人难以接受，有必要在别的什么地方发动进攻。”杉山答道：“在新几内亚地区发动攻击，再振士气。”[②]这次，裕仁和参谋本部又将他们的希望寄托在新几内亚的新的进攻上面，这就再一次延迟了日本在太平洋战场由进攻向防御的战略转移。[③]

1943年新年，新任参谋本部作战部长的绫部橘树少将飞往腊包尔，传达天皇的瓜达尔卡纳尔撤退命令。[④]在裕仁的坚持下，统帅部开始计划夺取所罗门群岛北部的新乔治亚岛和圣伊萨贝尔岛，还有如一条脊梁贯穿了新几内亚全程的斯坦利山脉北部的战略据点。战斗的焦点转向了新几内亚。海军承担了新乔治亚岛、圣伊萨贝尔岛和所罗门群岛中部的一些小岛屿的防卫；陆军将在所罗门群岛北部进行防御，包括布卡岛、布干维尔岛和肖特兰岛。[⑤]首相兼陆相的东条，为了贯彻这个战略转变，不得不向统帅部施加重压。裕仁对指挥官们新的攻击计划虽不满意，但还是接受了他们的安排，批准了从瓜达尔卡纳尔撤出残余部队（部队从最多时的3万人减到1.1万多人，且多为伤兵）。随后，他密切关注着这场艰难的撤退。1943年2月7日，海军完成了撤退。[⑥]

Ⅳ

美国夺取了瓜达尔卡纳尔，结束了日本在太平洋过分扩张的进攻，战争进入了僵持与防御阶段。可是，大本营仍在拖延对其太平洋防线进行大幅度收缩。在新几内亚的莱城、萨拉莫阿和芬什哈芬的丛林战中，美国、澳大利亚和新西兰军队共同抗击增援后的日本军队，在日本军还未来得及巩固它占领的据点之前，便将其逼

---

① 上述《战史丛书　大本营陆军部5》，561页。

② 中尾裕次，上述119页。井本熊男《作战日记缀成的大东亚战争》，芙蓉书房，1979年，275页。

③ 大本营御前会议结束后，裕仁对杉山参谋长说：“瓜岛攻下以后，我想发一份诏书，你看怎么样？将士们打得很不容易，发一份诏书如何？如果发的话，什么时候为好？”诏书是1943年1月5日发出的，但没有公开发表。防卫研修所战史室藏《战史资料　陆第二号（东南方面作战资料）》，《真田穰一郎少将手记》，19页。

④ 同前18—19页。以上为宾田根据那份日记，围绕昭和天皇决定从瓜达尔卡纳尔撤退之前的状况整理的笔记。

⑤ 山田朗，上述《大元帅昭和天皇》，213—214页。

⑥ Charles W. Koburger, Jr., Pacific Turning Point: The Solomons Campaign, 1942—1943 (Praeger, 1995), p. 75.

回专守防御状态。裕仁和统帅部的参谋长们研究了地图后，决定加强在新几内亚和所罗门群岛剩余的战略据点。东京的陆军参谋本部意识到除了运输、空中力量、给养、炮队和军火上的不足，作战中，部队还必须面对变幻莫测的地形和气候。尽管不是很具体，裕仁也隐约意识到了这些。尽管如此，就在1943年1月26日，他仍然反对任何形式的从新乔治亚的蒙达机场（距离瓜达尔卡纳尔约290公里）撤退，因为这意味着从三周前刚定下的防线向后撤退。海军军令部长永野重申了海军守卫蒙达的意向，尽管他早些时候曾示意天皇，蒙达从1943年1月初开始就一直处于美军海上炮火之下，因此可以考虑放弃。①

几个星期后，2月中旬，裕仁又向永野施加压力，要求他从蒙达和科龙班伽拉（Koronbangara）的基地对瓜达尔卡纳尔进行空中和海上打击。他质问说："参谋总长上奏说要从蒙达和科龙班伽拉向瓜达尔卡纳尔进行攻击，可是后来不是一点动作也没有吗？"②于是，大本营马上为所罗门中部和北部的长期防御战拟订了具体的作战计划。6月初，美军登陆新乔治亚岛，守岛的约一万名日本士兵为天皇尽忠，在美军的攻击下，设法支撑了近三个月。③此后，日本人手中还有的重要岛屿就只有布干维尔了。

随着所罗门中部及北部的日本防线全线形势逐渐恶化，天皇继续要求海军进行决战，重新夺取战争主动权，并向各个岛屿的驻防部队提供补给使他们不至于完全孤立。当3月3日听到海军增援莱城的尝试失败的报告后，裕仁评述道："为何不马上改变计划，在马当（Madang）登陆？这次是失败了，如果能为今后的成功打下基础，我认为这倒是为将来提供了一个良好的教训。为了让我将来能放心，给我好好干。"④"给我好好干"这句话象征性地表现了这位大元帅的好战性。

海军全力投入的瓜达尔卡纳尔海战的失败，尤其是所罗门战斗中其空军力量的惨重损失在困扰着裕仁。1943年3月30日，木户在日记中记录了清晨的拜谒："陛下就战争的前景及预测等，不同寻常地谈了很长时间。"⑤他们讨论了中途岛失败以来海军的损失，天皇担忧如果这样的损失继续下去，海军将失去制海权，就不可能维持广布的外围防线。⑥

渐渐地，天皇对海军的态度发生了明显的改变。几个月前还是捷报频传，眼前

---

① 上述《城英一郎日记》，235页。Koburger, Pactic Turning Point, p. 78.

② 防卫厅防卫研修所战史室编《战史丛书　东南方面海军作战3　瓜岛撤离后》，朝云新闻社，1976年，106页。

③ Koburger, Pactic Turning Point, p. 90. 美国在新乔治亚岛付出了战死者大约1000名、负伤者400名的代价。

④ 藤原彰，上述140页。

⑤ 上述《木户幸一日记（上）》，1020页。

⑥ 木户日记研究会编《木户幸一有关文件》，东京大学出版会，1966年，128—129页。

的景象却是损失和失败一个接着一个。5月29日，驻守阿留申群岛的阿图岛的2500名士兵被全部消灭，裕仁在分别听取杉山和永野关于阿留申前线的报告时，严厉地斥责了他们。裕仁说他们本该对事态发展有所预见，可是正相反，“在敌人5月12日登陆之后，居然用了一个星期研究对策”。对他们错误的判断和自负所导致的缺乏预见性，天皇很恼火。他对侍从武官长莲沼蕃说，“说什么浓雾如何如何”，可是：

大雾的情况事先就该考虑到。必须及早预见到才是。陆海军之间是否真正做到了能推心置腹商量事情？这次的“失败”是不是一方积极要求，另一方不负责任地接受下来的结果？如果是商量好的事则必须实行。陆海军的协定再好，如果承诺的东西一点也不落实，那么比没有更糟糕。（瓜达尔卡纳尔以后，陛下一直在说这一点。）[①]

为了取得一场决定性的海战胜利，裕仁再次发了脾气：

这样的战法与瓜达尔卡纳尔一样，只会令敌人士气大长，中立国及第三国动摇不安，支那顺势得逞，对大东亚共荣圈内各国影响巨大。不能想想办法，在什么地方与美军正面交锋，狠狠地打击它一下吗？[②]

要领会裕仁对海军的理想破灭的重要意义，有必要记起下面的事实。20世纪30年代初期开始，他就将自己在日本政治环境中的位置确定为相对中立。然而，他实际支持的“自由派”和“稳健派”——首相（以及退役将官们）齐藤实、冈田启介、米内光政和铃木贯太郎——事实上都是奉行强硬路线的帝国主义者。支持了他们，就等于坚定地支持了对中国的领土扩张和侵略政策。后来，海军领导层比陆军更热衷于扩大在中国的战争，海军的这种变化影响了天皇的态度。1943年后半期，虽然海军遭受了严重的损失却仍然还有很强的战斗力，不过，太平洋防线主要的防御任务却逐渐都被陆军接管，这表明，裕仁对海军将领的信任已经减弱。

裕仁不但密切地关注着所罗门的撤退，同时也在注视着遥远的欧洲和北非的战事，那里的德国和意大利军队也被迫转入防御状态。1943年7月10日，当同盟军登陆西西里岛，几个星期后又登陆意大利本土时，裕仁第一次预感到德国有可能战败。墨索里尼成了轴心国第一个倒台被送往监狱的领导者。9月8日，意大利国王维克托·伊曼纽尔三世和彼得罗·巴多利奥政权从罗马逃往南部，无条件地投降了同盟国。德国军队进驻了罗马。一夜之间，三国同盟的轴心国成了两国同盟，意大利军

① 上述《杉山备忘（下）》，20—21页。

② 同前21页。

队从同盟者转变成敌人——至少在理论上是这样的。

裕仁20岁时访问过意大利，可那已经是20多年前的事情了。如今，对意大利的投降，裕仁首先想到的是为德国的战时经济提供动力的罗马尼亚油田。它们会不会遭受来自意大利南部同盟国基地的空袭？裕仁对于希特勒的罗马尼亚石油的忧虑，也许出自他对日本在荷属东印度新获得的石油资源的不安。[①]

随着日本太平洋防线的慢慢缩小，防卫空间被用来交换了时间。而这种交换还包括失去的战舰、运输船和拥有无可替代的熟练飞行员的航空兵的大量损耗。这种交易无法再持续下去了。1943年8月，美军加速了对所罗门群岛的进攻，由于美军跳跃式的推进，许多岛屿被遗漏，结果剩在那里的日本守军陷入了孤立无援的困境。8月5日，裕仁被参谋总长杉山告知，所罗门和俾斯麦海域的战况很危险。总是反复强调要寻找机会进攻的天皇质问道："就不能狠狠地给美国一巴掌吗……究竟在什么地方才能好好地打一仗？在什么地方决战？"杉山为不见好转的战况向天皇赔罪，裕仁恼怒地回答道："下次，不要再像现在这样，总是让美国人说'必胜！必胜！'（他反复强调了这句话）为此，要好好动动脑筋，研究研究。"[②]

裕仁再也不掩饰他对永野的不满了。8月24日，因为海军在贝拉贝拉岛海战中的懦弱表现，他严责了永野："前几天，去护卫陆军登陆艇的四艘驱逐舰不是逃跑了吗？"[③]裕仁的不满逐渐变得具体而尖刻，9月11日裕仁与杉山的对话就表明了这一点：

陛下：第十七师团的主力都投到了腊包尔，可是，关于补给，你有什么考虑？"将士们战斗得都非常英勇，结果却饿死了。"这让我痛惜不已。明治天皇也说过，君子之战，父子之情。我完全同意这个观点。你们与海军怎么谈的？你们这些人到底是怎么想的？

杉山：陆军首先担心的是补给问题，第二是船舶的运输能力问题。海军非常重视腊包尔，他们认为，"失去了腊包尔，就失去了机动性，无论如何也要帮他们保住腊包尔"。他们表示尽一切努力解决补给和运输船的问题。我考虑只要有这个决心，总能有出路，于是就达成了合意。

陛下：你说要派兵团去腊包尔。那么新几内亚西部，什么时候，派谁去呢？如果不派部队过去，那里的兵备会变得很薄弱。

杉山：投入后援部队，让其充分发挥作用。先投入机场和公路建设队，而后以

① 山田朗《昭和天皇的战争指导——情报集中与作战参与》，《季刊　战争责任研究》第八号（1995年夏季号），20页。

② 这里的对话等都是8月5日的。上述《杉山备忘（下）》，24—25页。

③ 中尾裕次，上述120页。引自《真田穰一郎少将手记》。

兵团和师团为单位投入战斗部队。

陛下：也向特鲁克派吧。

杉山：投入五十二师团的先遣部队。

陛下：敌方反攻的气势很强。安达曼、尼科巴和苏门答腊目前的防御怎么样？

杉山：正在计划加强安达曼和尼科巴的防卫，将尽快落实。（苏门答腊的）巨港的防御也初步采取了措施。①

裕仁和首相东条重新研讨了迄今为止的整个战争，考虑将陆军全部撤出腊包尔，海军军令部对此坚决反对，担心这样会关闭在南太平洋的全部支援据点。然而，天皇和东条决心让日本在战略上回到正常轨道上来。他们重新检讨了战争的指导方针，一致认为必须缩小太平洋战线，同时有必要在新几内亚的东部展开新的攻势。新的“绝对防线”将与前线拉开一些距离，在与敌人结合部的正后方。在这些经战略性选择而确定的后方据点，陆海军及其航空兵进行了改编、重组、集结，用以快速反击敌人的挑衅，实行积极防御策略。

9月15日，永野和杉山向裕仁提交了正式的书面报告，很显然，二者在“绝对国防圈”的理解上存在着分歧。永野一方面意识到加强加罗林岛周围“后方”防御阵地的必要性，另一方面又强调海军应该在战局“有些不利”——就是说，在几乎是接近彻底失败的太平洋地区继续寻找机会。海军所追求的海战大胜利的战区其实位于“绝对国防圈”之外约2000公里处。简而言之，海军仍然试图在马绍尔和吉尔伯特群岛地区进行决战。海军的“后方”概念只意味着一个立脚点，一个积蓄战斗力的地方，从那里，海军可以向远方的前沿发动攻击。②而陆军方面，杉山则主张对“已占领地区”进行积极防御，赢得时间，为建设更为强大的后方防御做好准备。杉山对“绝对国防圈”的理解，正如天皇所命令的那样，是为适应快速反击或猛烈攻势而开辟的准备补给和部队的地方。③

对陆海军两统帅部之间的不合，裕仁究竟是怎样裁决的不太清楚，也没有记录表明，为了使两个军种对“绝对国防圈”概念的应用达到一致，他曾进行过强有力的干涉。看起来更像是裕仁一方面默许海军继续进攻的意向，同时也没有否决陆军缩小前线的主张。这种双轨态度完全符合他的性格。在随后的两周内，大本营政府联络会议多次召开会议，讨论向防御态势的转移。最后，于1943年9月30日，召开了御前会议。

---

① 山田朗，上述《大元帅昭和天皇》，240—242页。

② 《战史丛书　大本营陆军部7　至昭和十八年十二月》，朝云出版社，1973年，148页。

③ 同前158—159页。

会上，天皇沉默不语，只是倾听，枢密院议长原嘉道代表他向东条、杉山、永野、计划院总裁以及商工大臣质询。原的质询显示，政府计划在1944年“生产四万架飞机”，而当前的年生产量，正如东条冷静地承认的那样，只有“1.7到1.8万架”。当原问永野如果有四万架飞机，海军是否“有自信确保绝对国防圈”时，永野答道：“我不能确保战争的前途。”这个回答使“会场气氛一下子变得紧张起来”。还是东条为永野打了圆场，他说：“正如诏书所阐述的，这场战争从根本上讲是为了自存自卫，是不得已而发动的。与德国的存否无关，帝国必须战斗到底，今后战局无论如何发展，日本实现战争目的的决心不会有任何改变。”①

随后展开的议论令人费解。尽管日美之间工业实力的巨大差距早已在前线被痛苦地证明，可是，最高指挥部却不做理性判断，开始依赖唯心论、精神主义：

杉山：按照作战要求，需要5.5万架飞机。可是，倾尽国力亦不能达到时，不得已将动用机动资源来弥补数量的不足，努力达成我们的目标。

原：人不是神，不能不犯错误。但是统帅部如果失去了信心，那就很成问题。听了上面的话，感到你们信心十足，这就好。②

会议结束时，陆海军两统帅部长至少是书面上达成了一致意见。双方表示，通过建设“绝对国防圈”，防止进一步的人员和军备消耗，重建、重编、重新部署部队，以迎击即将到来的同盟军的总进攻。③那天正式通过的政策文件有如下表述：

排除万难，大致以1944年中期为目标，确立帝国战略态势，应对美英进攻。随时捕捉机会，摧毁敌人的反攻战斗力。帝国战争只要进行，就必须绝对确保太平洋和印度洋方面的战略地区，以及环形防线的各地区，包括千岛、小笠原群岛、南太平洋内侧（中西部）以及西部的新几内亚、巽他海峡和缅甸。④

这条“环形防线”内，有日本本岛、千岛列岛、小笠原群岛、硫黄岛、马里亚纳群岛、菲律宾群岛、荷属东印度群岛和印度洋上的安达曼及尼科巴岛。在它的外

① 上述《杉山备忘（下）》，471页。

② 同前471—472页。

③ 山田朗，上述《大元帅昭和天皇》，239页。

④ 关于1943年9月25日在大本营政府联络会议上制定的草案（五日后得到御前会议采纳），参见上述《战史丛书　大本营陆军部7　至昭和十八年十二月》，185页。参见山田朗上述《大元帅昭和天皇》，242页。关于1943年9月30日采纳的政策文件《今后应采用的战争指导大纲》的全文，参见山田朗《外交资料近代日本的膨胀与侵略》，新日本出版社，1997年，373—374页。

侧是腊包尔、所罗门岛中部、新几内亚东部、马绍尔群岛及吉尔伯特群岛的塔拉瓦岛和马金岛。[①]超过14万人、大部分驻扎在腊包尔的陆军第八方面军和在新几内亚东部的部队，将再也得不到后勤补给，只能他们自己想办法自给自足。

1943年最后三个月至1944年前半年，大本营为了建设和守卫“绝对国防圈”，不断地从大陆抽调部队。来自中国、关东军和朝鲜军的整个师或是师团的一部分被火速调往中太平洋，去保卫位于遥远的并且最终注定要失守的岛上战略基地和飞机场。可是美国的进攻迅疾难防，日本陆海军的防御和反击能力总是落其后面。由于无法破译同盟军的通讯密码（而英美能够破译日军的），最高指挥部无从确定到底在哪里集结部队才能打击同盟军。

尽管损失在不断增加，但裕仁仍不气馁，依旧严格律己且斗志昂扬。1943年9月21日，海军侍从武官城向裕仁报告：“新几内亚东北部集中了很多敌人运输船，我方处于警戒状态。”听后，裕仁（从上奏材料中得知美军正朝芬什哈芬进发）答道：“仅仅是警戒状态不行，必须进攻。”[②]

1943年11月1日，布干维尔的飞机场开始遭到美军攻击，这是所罗门群岛中日本人手上最后一个重要岛屿。[③]11月9日，永野第二次向裕仁报告了布干维尔空战的战果。根据城的日记记载，天皇“看起来很满意。他在武官府与侍臣们举杯庆贺”。[④]关于布干维尔第一次空战，永野在11月5日的报告中，大大夸大了战果，声称美国航空母舰“独立”号和“邦克山”号被击沉，而事实上，只是摧毁了一艘鱼雷艇。尽管没有欺骗天皇的企图——其实，永野和大本营也相信了最前线的统计数据——这个插曲表明，裕仁在听取所罗门战争报告时，将越来越难以掌握精确的战况。[⑤]

12月末期，在失去了对斐查兹和丹皮尔海峡——新不列颠岛和新几内亚北海岸之间海域——的控制后，日本海军从所罗门群岛撤军。1944年1月2日，麦克阿瑟新任命的战地指挥官罗伯特·艾克尔伯格将军率领的美国和澳大利亚军队占领了布纳。之后的几个月里，同盟军在西面沿着新几内亚海岸，东面穿越所罗门中部和北部继续缓慢地向前推进，这使驻守新几内亚的日本陆军的前途愈加暗淡起来。新几内亚西部的日本第二方面军大约五万人，以及这个巨大的热带岛屿东部的第十八军的5.5万人，或被孤立，或被绕开，并最终被消灭，尽管他们在被消灭前打死打伤了

---

① 山田朗，上述《大元帅昭和天皇》，242页。

② 上述《城英一郎日记》，324页。

③ Harry A. Gailey, Bougainville 1943—1945: The Forgotten Campaign (University Press of Kentucky, 1991), p. 3.

④ 上述《城英一郎日记》，341页。

⑤ 上述《城英一郎日记》，《解题》，19—20页。

约1.13万名美国士兵。[①]与此同时，腊包尔被围困，在那里和所罗门群岛的其他岛屿上，超过13万人的部队陷入孤立。

美国的航空母舰特遣队和海军陆战队也开到了中太平洋，在吉尔伯特群岛的塔拉瓦岛和马金岛激战中，全歼了日本守军。1944年2月18日，美国飞机摧毁了特鲁克岛联合舰队的主要停泊地，迫使日本海军不得不撤离，还放弃了许多油轮，使海军未来作战能力受到破坏。至此，日本在中太平洋进行一场大决战的梦想终于破灭了。大本营无计可施，只能眼睁睁地看着他们曾寄予希望的防御线被逼至马里亚纳群岛。针对他们的攻击主要来自两个方面，一方在西南太平洋，另一方在中太平洋。他们无法阻止其中任何一方的攻击速度和强势。

在此形势下，东条在征得裕仁的同意后，对指挥系统进行了大改组。1944年2月21日，身为陆军大臣和总理大臣的东条打破惯例，迫使陆军参谋总长杉山辞职，以便他（东条）能担任这个职务。同时，海军大臣岛田繁太郎为了自己能兼任海军军令部长一职，也开始向永野施加压力企图迫使他辞职。尽管陆海军两统帅部的大多数人都反对这样做，可东条再一次得到了天皇强有力的先决支持。在杉山直接向天皇表达他对人事变动的担忧时，裕仁只是告诉他要予以配合。[②]对立就这样消除了。如此看来，当裕仁认为必要的时候，他情愿将最为神圣的明治时期的军事传统之一——国务与统帅权力的相互独立——搁置一旁。

东条试图统一陆海军统帅部与陆军省、海军省（间接地，政府事务和军事指挥之间）的背景是同盟军在不断地接近日本本土，统治圈内对统帅部作战指挥的不信任感在不断增强。军事上的危机加剧了关于战略方针的争论——马里亚纳岛是否能守住及如何分配生产飞机和船舶的稀有物资。最高指挥部的这些争论导致了飞机和船舶生产的延误。如果是一位不那么自我抑制、不那么在意自己形象的大元帅的话，他很可能会强有力地干涉这些事情，并做出裁决，然而，没有任何迹象表明裕仁除了将各种事物的处理委托给他喜爱的东条以外，还做了什么。因为东条把自己正在实施的和准备实施的行动，事无巨细都向他汇报，所以，在天皇眼中，东条是不会做错事的。最终，东条对指挥系统不成功的改造和他一身兼三职都不过是增加了他的政敌，加速了他跌下政坛的进程而已。[③]

战时的外交，当时主要是指与南京汪政府的关系，以及对南京与重庆间联系的操作。与缅甸前线的军事行动一样，战时外交也吸引了天皇的注意力。1942年末

① Stephen Taaffe, MacArthur's Jungle War: the 1944 New Guinea Campaign (University Press of Kansas, 1998), pp. 3, 53.

② 上述《杉山备忘（下）》，31页，稻叶正夫《资料解说》《东条陆相的参谋总长兼任经纬》。

③ 同前26—34页。

至1943年初，裕仁和东条都积极鼓励对中国采用新政策，希望能够减少在中国的驻军，以补充太平洋方面的军事损耗。①这个改变政策的议题在联络会议上讨论了一年，但是它的实施却由于统治精英们对放弃日本在中国的既得“权益”的普遍抵制而被推迟。②

最终，1943年1月9日，东条政权和南京的汪精卫政权发表了联合声明，向世界宣布日本将放弃在中国的租借地和治外法权的特权。在这个新政策下，陆军得到指令，与主权平等国家同样的标准对待刚刚向美英宣战的日本傀儡政权——“南京政府”，中止对被占领区的中国行政机关的军事监管。为了促进对南京政府自治权的承认和部分恢复其主权，裕仁派他最小的弟弟三笠亲王，作为中国派遣军司令部的成员去了南京。③三笠的使命是参与参谋官们的讨论，促进他们对新的中国政策的理解。在中国推行这个政策和其他和平策略的同时，东条政府还准备实施“一号”作战，摧毁中国境内为美军B-29轰炸机所使用的空军基地。1944年4—10月之间实施的“一号”作战，取得了一定的战果。

民族自决的原则是同盟国战时外交的一个重要问题，而裕仁并不承认这一原则。而且，他也从未要求过重新审定日本与殖民地朝鲜和台湾的关系。与外相东乡及其继任者重光葵一样，裕仁也按照“位置”的概念进行思考，就是说在日本主导的、序列化的“共荣圈”里，每个种族实体都有其相应的位置，而日本则拥有条约所保障的特权。然而，随着战争形势的恶化，裕仁迫于形势需要，再一次发挥了政治主动权。裕仁开始与东条讨论怎样利用“一号”作战带来的机会。他们决定改变对延安的政策，实际上，为了利用共产党对抗重庆政府，日本对延安毛泽东的共产党政权予以了默认——同时这一行动还会取悦苏联。④

东南亚也吸引了天皇的注意。1944年1月7日，他批准了从缅甸进入印度阿萨姆邦的进攻行动。其目的在于先发制人，抢在同盟军收复缅甸的战斗之前采取行动，并尽可能促使印度的民族主义者起义反抗英国统治。尽管没有文献表明裕仁本人积

---

① 土门周平，上述99页。

② 波多野澄雄《太平洋战争与亚洲外交》，东京大学出版会，1996年，77—78页。

③ 1944年1月5日，三笠宫在南京面对青年将校，大胆地批判了日本陆军，指出他们容易被收买、腐败并且傲慢。三笠宫要求将校们改变这种现象，支援“本政府（汪精卫政权）真正实行为了四亿民众的政治”。三笠宫事先准备了一问一答形式的底稿，参谋部的将校们就都放松下来。于是，他们轻率而偏颇的反犹太主义发言被三笠宫记录下来。另外，三笠宫注意到了日本的种族歧视和英美的东亚政策。三笠宫崇仁（若杉参谋）“作为日本人对支那事变的内省”（幕僚用），《THIS IS读卖》（1994年8月号），63、65、67、69、71页。

④ 明石阳至《太平洋战争末期日本军部与延安政权的停战探索背景》，军事史学会编《第二次世界大战（三）——终战》（第三一卷第一、第二合并号），锦正社（1995年9月），177—178页。当地司令官对这一政策变更的实施进行了猛烈地抵抗。

极地推进了这次特别的作战行动，但这与他在整个战争期间推动过的作战行动的特征很一致——富于攻击性且目光短浅。既是为了保卫缅甸，也是为了振作部队士气的英帕尔战役于3月8日开始，4月初即陷入困境。从一开始就对这次行动表示怀疑的东条和杉山，向战区派出了观察员，以便天皇能够同步了解不断恶化的形势。[①]最终，7月5日，裕仁接受东条的劝告，下令停止这场灾难性的英帕尔战役。其时，日本军死伤约7.2万人。[②]

V

尽管接连遭到失败，裕仁和最高指挥部的决定仍然十分大胆。6月中旬，当一支大型美国舰队接近塞班岛，开始攻击马里亚纳群岛的主要日本军基地时，联合舰队投入了一支重新整编的机动部队，包括九艘航空母舰和460多架飞机，试图阻止美军在塞班登陆。[③]1944年6—8月，在马里亚纳群岛进行的陆、海、空作战，对于日本海军及海军航空兵来说，是一场决定性战役。三艘日本航空母舰被击沉，395架飞机被击落，而美国的进攻部队却没有受到什么严重损失。[④]这一次，日本陆军又没能做好充分的纵深防御准备，因此，虽经苦战，塞班岛、关岛和提尼安岛相继陷落，并迅速成为美军远程B-29轰炸机（“超级堡垒”）的前方基地。1944年7月7日的塞班岛失守，对最高统帅部是一个特别沉重的打击。驻岛守军虽然艰苦抵抗了三周，最终仍难逃失败。结果，守岛部队死亡2.3811万人，非战斗人员死亡1万人。[⑤]从此，日本失去了太平洋全域的制空权和制海权。

塞班岛和马里亚纳群岛的其他日军基地如今也落入敌手。欧洲战场，同盟军在诺曼底登陆，正在向东向北展开进攻，苏联则在侵入波兰。大本营的作战参谋们现在不得不开始预测德国不久就会败北，美国强大的军事力量不久将从欧洲被调往太

---

① 防卫厅防卫研修所战史室编《战史丛书　英帕尔战役　缅甸的防卫》，朝云新闻社，1968年，151—159页。

② 原刚、安冈昭男编《日本陆海军事典》，新人物往来社，1997年，101—102页，及藤原彰等《彻底检证——昭和天皇〈独白录〉》，大月书店，1991年，96页。同盟国军队在英帕尔战役中大约有1.8万人死伤。

③ 历史教育者协议会《并非没有可能发生的本土决战》，高文研，1995年，16—17页。

④ 同前17页。

⑤ 在塞班的美国海军陆战队的战死者为3426人，负伤1.3099万人。看到日本顽强的抵抗，华盛顿的战略家们得出一个结论，“消灭七名日本兵就要付出一名战死、数名负伤的代价”。此后，美国的作战计划制订者们，将这个“塞班比率”用于“太平洋战略层面的死伤者推算”。关于这个问题，参见D. M. Giangreco, “Casualty Projections for the U. S. Invasions of Japan, 1945—1946: Planning and Policy Implications”, in Journal of Military History 61, no. 3 (July 1977), P. 535. 这本著作给我启发颇多。

平洋。菲律宾、台湾、冲绳和小笠原群岛也将被入侵。更为重要的是，几乎可以肯定日本本土将变成战场，因为东京距离塞班2050公里——终于进入了B-29的最大航程之内。

面对这令人惊恐的事态，裕仁的反应对于我们评价他在战争中的作用具有重要意义。面对确凿无疑的失败，他坚定顽强，拒绝接受失败。6月17日，在会见海军军令部总长岛田时，他表示："这次作战，事关国家命运。希望作战部队为取得像日本海海战（日俄战争时）那样的赫赫战果而努力奋斗。"[①]第二天，他警告东条："如果我们失去塞班岛，东京就会不断遭到空袭。因此，无论如何，要确保塞班。"[②]连续两天，陆海两军统帅部长都报告说塞班岛已经没有希望了，但裕仁无视这些报告，命令岛田重新占领那里。于是海军军令部第一部立即行动，全力以赴地应对这个问题。他们怀着"背水一战的心情"，夜以继日，终于在6月21日，完成了计划草案。[③]可是，在联合舰队司令部表明了反对意见后，6月24日，东条和岛田上奏说应该取消重新占领塞班的计划。于是，塞班岛便永久地失去了。[④]

仍然拒绝接受塞班岛失败的裕仁命令侍从武官长莲沼蕃召集一次有他出席的元帅会议，以便共同商议。6月25日，两位年长的亲王，加上永野、杉山、莲沼，两军参谋总长以及作战部的首脑们在皇宫召开了会议。与会者一致认为，统帅部先前提出的报告是恰当的，重新占领塞班岛是不可能的，当他们把这些认识向裕仁报告后，裕仁指示他们以书面形式记录下来，然后就离开了房间。

在随后的讨论中，东条透露，陆军设计了"气球炸弹"，计划在秋天向敌国方向放三万个升空，用来打击敌人。[⑤]裕仁很有可能在1943年12月至1944年1月的某个时间，得到了关于气球炸弹计划的非正式报告，从那以后，他就一直对这个武器的开发很关心。[⑥]战争前景暗淡，形势严峻。大本营正在考虑为将来在本土的地面战作计划。此时，从会议的报告中得知陆海军为迎击预料中的B-29的空袭的准备工作进展顺利，裕仁也许多少得到了些安慰。

气球炸弹是一种随风飘动的武器，不得不依赖这种特殊的报复武器，显示了裕仁不断增加的焦虑与动摇。马里亚纳群岛的失败不但使战争进入了一个新阶段，

---

① 防卫厅防卫研修所战史室《战史丛书　大本营海军部　联合舰队6　第三段作战后期》，朝云新闻社，1970年，21页引用的《军令部第一部长中泽佑少将业务日志》（非公开发表）。

② 同前。

③ 上述《战史丛书　大本营海军部　联合舰队6　第三段作战后期》，22页。根据制订塞班夺回作战计划的军令部一部一科参谋将校藤森康男中佐未发表的回忆资料。

④ 同前33页。

⑤《战史丛书　大本营陆军部10　至昭和二十年八月》，朝云出版社，1975年，37页。

⑥ 日本兵器工业会编《陆战兵器总览》，图书出版社，1977年，540页。

也引发了东京新的政治危机，其中裕仁本人再一次成为皇族批判的对象。这段时间，裕仁的弟弟高松亲王在日记中这样评论道：“天皇没有认识到形势的严重性，他固守官僚等级制度，动不动就免去那些越权行事的官僚的职位；他‘经常突然发怒’。”[①]当然，对裕仁作为天皇的表现，皇族一直都很挑剔，可是，他们的批判并没有什么新内容。更为重要的是，统治圈内出现了针对东条的批判，东条的集权完全是由于裕仁的大力支持才可能实现的。

从1943年所罗门群岛失利到1944年7月塞班岛陷落，以近卫为中心、由宫廷官员和重臣组成的小集团，在冈田启介大将为中心的海军集团的协助下，一直在秘密地运作，以迫使东条辞职。因为东条的势力来源天皇的支持和天皇的极大权力，所以，这些人相信只要裕仁下决心，他能随时免掉东条的首相职务。事实上，他们已经将天皇视为通往和平路上的主要障碍。[②]

就个人而言，对战局感到失望的裕仁，终于决定撤回对东条的支持，这为东条的政敌在1944年7月18日迫使东条内阁总辞职铺平了道路。

东条辞职两天后，裕仁亲自给他所喜爱的这个将军一份异常热情的诏书，赞扬他的“功勋和勤劳”，嘱咐他：“今后，期望你不辜负朕之信任，军务上愈加励精图治。”[③]尽管诏书没有公开，政府和宫廷圈内东条的政敌们不仅知道了这件事，而且对天皇对这个人所倾注的感情提高了警惕。当时，许多日本人实际上都很害怕东条这个独裁者。

木户，这个典型的幕后人物，过去与天皇一样曾高度评价过东条，而在东条倒阁的过程中，他又起了关键的作用。东条的继任者小矶国昭大将在任中，木户同天皇一起继续支持陆海军中的主战派。换言之，东条的免职并不表明天皇或是木户任何一方有结束战争的意图。

东条垮台后，天皇对战争的看法变得不那么乐观。尽管非常清楚B-29轰炸机很快将轰炸东京，可是他和木户两人依然没有考虑为实现早期和平做出努力，甚至连想都不愿意想。近卫公爵周围那些参与“和平策略”的许多重臣也持同样态度。[④]

然而，从政治上讲，裕仁对东条的免职标志着一个深刻的转变。1941年秋，在决定攻击珍珠港扩大战争时，天皇的主要政治顾问木户发挥主导作用在两股势力之

---

① 高松宫宣仁《高松宫日记　第七卷》，中央公论社，1997年，514—515、517页。

② 细川护贞《细川日记》，中央公论社，1978年，126页。

③ 文面参照《每日新闻》1995年3月19日。1945年9月11日东条自杀未遂时就把这个诏书拿在手里。

④ 山田朗、纐缬厚《过迟的圣断——昭和天皇的战争指导与战争责任》，昭和出版，1991年，132—133页。Leon V. Sigal, Fighting to a Finish: The Politics of War Termination in the United States and Japan, 1945 (Cornell University Press, 1988), p. 31.

间构筑了一个松散的联盟，这两股势力的一方是宫廷派和几名重臣；另一方是军队精英、“革新派官僚”以及财界领袖构成的战争推动力量。[①]美国大使格鲁甚至从未料到会形成这样一个集团。至于近卫，他在东条的任命之前就已经下台，成了与美英战争的反对者（当然，他没有公开这样讲）。[②]现在，经过了差不多三年，东条的辞职又将近卫及其周围的人推回了政治舞台，他们代表了日本社会所有重要领域中最强大的利益。近卫不为皇位的神秘所迷惑，对日本军事上的危险处境有着现实的洞察力。对宫廷派和皇族有影响力的近卫准备积极采取行动，通过向宫廷派和皇族施加影响，着手摆脱这场没有希望的战争。

Ⅵ

东条的继任者小矶首相实际上是一个默默无闻的人，他的内阁坚持了关键的八个月。在此期间，从1944年7月22日至1945年4月5日，战争逐渐走向绝望，日本民众被迫做出越来越多的牺牲。1944年7月24日，天皇批准了在北海道和千岛群岛以外的菲律宾、台湾、西南群岛、琉球群岛和日本本岛进行决战的战争计划。两天后，他指示小矶要尽可能留在首都，让战局来决定大本营是否要移往大陆。至于他自己，他打算“留在神州以死相守”。[③]

很快，8月4日，小矶内阁事实上决定了“全民总武装”，所有日本国民无论是在工作场所，还是在学校都必须开始军事训练（使用竹制标枪）。两个星期后的御前会议上，裕仁正式批准了为抵御即将到来的敌人而制订的新防卫计划。防御重点放在了空中和“内陆”，而不是“在水边”。另一个重点是迅速开发“决胜兵器”。这意味着将大规模生产“人体炸弹”或称“特攻”武器。所谓“特攻”武器就是以冲锋舟驾驶员或飞行员的生命来“换取”特定的军事成果。[④]

1944年8月5日，更名为最高战争指导会议的大本营政府联络会议开始了新的主动外交，目标是让重庆国民党政府承认日本的“信义”。此外，联络会议还策划了给苏联的第一个开始暧昧外交接触的提议。后者的计划由外务省制订，很显然，为使中国共产党和蒋介石的国民党达成和解，日本在寻求苏联的帮助。这样，日本就可以与中国的新政权缔结和约，能够在“大东亚战争”中处于更有利的地位。作为回答，日本将努力促进其同盟国纳粹德意志第三帝国与苏联恢复关系——也就是实

① 同前148页。

② 吉田裕《昭和天皇的终战史》岩波新书，1992年，14页。

③ 上述《木户幸一日记（上）》，1131页。

④ 上述《并非没有可能发生的本土决战》，20—21页。

现和平。[1]日本这样做的目的在于企求稳固正处于崩溃中的日本在东亚的霸权。这最初的以苏联为中心的和平计划基本上无果而终。

政府圈内普遍体察到了天皇继续战斗的决心，特别是他在1944年9月7日第八十五次议会开会式上的诏书中清楚地表明了这一点。裕仁注意到敌人正在加紧进攻，整个战争形势“变得更加危急”。他宣布：“皇国倾其国力，决胜之机，即在今日，有劳众卿，身先士卒，重振精神，团结一致，粉碎敌国之狂妄，以佐无穷之皇运。”[2]

裕仁仍然对胜利抱有希望，这一点可以从他和大本营在菲律宾南部莱特岛战役中的表现看出来。美军夺回其前殖民地的军事行动开始于10月，由麦克阿瑟将军指挥的部队，在莱特岛和菲律宾海展开了空战、海战和陆地战。持续到11月的这些战斗摧毁了联合舰队残存的力量，约八万名日本守军战死。[3]10月8日，大本营做出的在莱特岛决战的决定，使得对吕宋岛的有效防御事实上变得不可能。战后，裕仁本人承认：“我与参谋本部和军令部的意见不同，我认为在莱特岛打一仗，如果美国退缩了，那么就有可能找出妥协的余地。所以就同意了莱特岛的决战。”[4]他的发言表明了实际发生的情况：裕仁和两军种统帅部长强迫前线司令官山下奉文陆军大将，在山下不希望作战并且是在日军防卫不备的莱特地区同进攻的美军交战。这是裕仁在作战上经常施加毁灭性影响的又一个例证。

莱特岛的战斗持续到1944年12月末，神风自杀性攻击此时开始运用到战斗中，由于飞机是从群山的背后飞出实行攻击，起初非常奏效。但最后大本营决定放弃这个岛。这场代价高昂的守卫战，致使包括本土在内的其他地方更为重要的战斗准备工作被延误。不过“气球炸弹”的研制仍按计划进行，9月25日，裕仁命令由陆军参谋总长梅津美治郎负责，10月底之前完成“气球炸弹”的研制。[5]作为对莱特岛失败的报复，11月3日的明治天皇纪念日前后，日本向美国本土方向放飞了第一批几千个“气球炸弹”，截止到1945年3月，一共放飞了约9300个气球炸弹。[6]其中只有极少数飘到了北美大陆，基本上没有造成什么损失。

包括家庭主妇和老人在内的全体日本人都在用竹制标枪进行军事训练；靠风飘

---

① 山田朗、纐缬厚，上述167—168页。

② 全文载千田夏光《天皇与敕语与昭和史》，汐文社，1983年，373页。

③ 原刚、安冈昭男编，上述109—112页。在莱特岛及菲律宾海战上，美国死伤约为1.5万名。

④ 寺崎英成、Mariko Terasaki Miller编《昭和天皇〈独白录〉——御用随员寺崎英成日记》，文艺春秋，1991年，100页。上述《战史丛书　大本营海军部　联合舰队6》，472页。

⑤ 关于气球炸弹的命令，参见《“大本营陆军部”大陆命　大陆指总集成》第九卷，Emutee出版，1994年，270—271、513、531、532—533页。

⑥ 上述《并非没有可能发生的本土决战》，23—24页。上述《“大本营陆军部”大陆命　大陆指总集成》第九卷，532—533页。

送的气球下面吊着一个小小的发火装置；无疑，这些措施的军事意义主要在于它的象征性，因为它们并无实用性。然而，对同盟国战舰和运输船来说，神风攻击却完全不同，它是一种真正的、危险性极高的威胁。[①]这是美国人、澳大利亚人和英国人完全无法理解的一种武器，正因为如此，就愈加感到困扰。然而，裕仁却十分清楚这意味着自我牺牲的用语，而且他也许在希望神风战术能显示出军事上的有效性。1945年新年，当东京遭受空袭时，天皇和皇后视察了给即将出发的自杀队员们提供的最后的特别餐。此后，裕仁不断地向"神风特别攻击队"表示感激之情，自从1944年秋，裕仁看了第一部神风特攻队的新闻纪录片（《神风特别攻击队出击》）后，他就通过报纸和电影密切地关注着他们的作战行动。[②]

美国夺回吕宋岛的战斗开始后，神风特攻队飞行员和"人体鱼雷"的自杀性攻击也开始增加。1945年1月7日，侍从武官吉桥戒三向天皇报告了菲律宾林加延湾附近的战役。当他刚提到一名"特攻飞行员"的自杀袭击时：

> 突然，陛下从椅子上站起来，深深地、无声地鞠了一躬。结果，陛下的头发触到了正在指点地图的我的头。我就像被电击了一般紧张，同时也令我非常感激。后来有一天，我报告了在名古屋上空，一名伍长驾机撞向了一架B-29轰炸机，中部司令官为此颁发了感谢状。此时，陛下同样站起来深深地鞠了一躬。这两次，房间里都是只有我在陛下面前。[③]

同这个国家的其他人一样，为自我牺牲的辞令所迷惑，天皇向"大和魂"的最高表现形式致以了最高敬意，并以这种方式开始了他一生中最重要的一年。

1945年上半年，美国军队重新占领了吕宋岛的大部，但在菲律宾的战斗实际上一直持续到战争即将结束的时候。美军还进攻了硫黄岛和冲绳。每一处战斗，美军都遇到了拼命而有效的地面抵抗以及越来越多的神风攻击，不过，随着美军对抗手段的发展，这些攻击渐渐地变得不那么致命了。在位于热带的小笠原群岛的硫黄

---

① 根据日本最近的调查，太平洋战争结束前夕，同盟国舰队受日军"身体炸弹"攻击的损失情况，包括三艘航空母舰在内共57艘。受到重创以致战争期间未能重返前线的舰艇，包括正规航空母舰六艘在内共计108艘。另外还有海军舰艇84艘或船身受到较大破坏，或遭遇了多人死伤，或两者兼而有之。神风刊行委员会《写真集神风　陆海军特别攻击队　上卷》，畅销书丛，1996年，19页。关于最近美国的研究，参见D. M. Giangreco, "The Truth About Kamikazes", in Naval History (May-June,1977), pp. 25—30.

② 吉桥戒三《侍从武官眼中终战之年的记录》，《季刊　军事史学2》，军事史学会（1965年8月），96—97页。胜野骏《昭和天皇的战争》，图书出版社，1990年，200页。瓜生忠夫，上述522页。

③ 吉桥戒三，上述97页。

岛，经过美海军三天猛烈的海上炮击后，2月19日，美国海军陆战队的两个师登上了硫黄岛。寡不敌众的日本守军第一次没有在海滩阻击进攻的美军，也没有诉诸大规模的猛攻，而是运用了“堑壕”战术，从洞穴和地下碉堡打击敌人。当那里的战斗进入最后阶段时，3月7日，天皇说：“海军部队与陆军充分配合，共任防务。即使敌人登陆后，他们依然英勇奋战，以寡兵破敌，为整个作战做出了贡献，我为此感到非常满意。”①

美国新闻界将硫黄岛描写成显示美国优越的象征，无论是从科技、火力、战术还是生来的勇敢等所有方面。那张美国海军陆战队在摺钵山顶升起胜利的星条旗的照片，赞扬了一心追求胜利的勇敢的海军陆战队，其实，那个形象并不完全符合现场（因为照片不是第一次而是第二次升旗的场面——译者注）。在东京大本营防空指挥部，裕仁从“皇军”的奋勇精神、视死如归的战斗意志的角度对硫黄岛战役做了分析。他曾命令各岛所有驻军构筑对本土的外围防御，为本土准备最后的决战赢得时间。守卫部队的使命是使敌人尽可能地流血牺牲。硫黄岛的指挥官栗林忠道将军忠实地执行了这个命令。结果，约两万名守军战斗至死，美军死了近7000人，1.9万人负伤。②裕仁对守岛日军决死战斗，使入侵的美军海军陆战队在比例上遭受了更大的损失感到满意。像瓜达尔卡纳尔作战一样，硫黄岛之战也成了他性格的试金石。天皇顽固地拒绝接受和处理日本的失败，唆使了这种杀戮行为。

另一个岛屿，冲绳岛的防御在战略上被天皇定义成可牺牲的外围防线，因此从一开始，天皇就经常根据自己的判断介入作战。正如他对参谋总长梅津所讲：“此战如果不利，陆海军将失信于民，今后战局堪忧。”看起来，他似乎没有理解到底发生了什么：“当地军队为何不出击？兵力不足的话，进行反登陆怎么样？”③“对敌人在冲绳上陆，就没有办法防备吗？能够让敌人登陆得逞，是不是因为没能击沉敌人的运输船？”④美军登陆的第二天，大元帅裕仁这样讲。同一天晚些时候，他对小矶首相说：“没有一件事是按预想进行的。”⑤

---

① 土门周平，上述192页。

② 原刚、安冈昭男编，上述112页。Graig M. Cameron, American Samurai: Myth, Imagination and the Conduct of Battle in the First Marine Division, 1941—1951 (Cambridge University Press, 1994) pp. 251—254. 美国重视升旗的象征意义。据Cameron说，实际上竖起了两面星条旗，因照片而出名的是后来竖立的第二面，“比前面竖起的那面旗帜要大，意在容易看到”。“向山顶奋勇杀开血路的士兵们留在照片上……尽管海军陆战队宣传部设法使得第二面旗帜有意的象征化不致带来混乱，但他们还是不为世人所知，很快就不再被人提起”。

③ 防卫厅防卫研修所战史室编《战史丛书　大本营陆军部10》，113页。

④ 藤原彰等《冲绳战与天皇制》，立风书房，1987年，28页。大田嘉弘《冲绳作战的统帅》，相模书房，1984年，401—402页。

⑤ 上述《战史丛书　大本营陆军部10》，113页。

第三天，裕仁催逼梅津下令给冲绳岛上陆军中将牛岛满指挥的第三十二军，或是发动进攻或是进行反登陆作战，总而言之，要有动作。[①]牛岛汲取了他的前辈在中太平洋战场所犯错误的教训，准备运用退避、挖战壕和利用掩蔽性很好的碉堡打击敌人的战术，打一场消耗战。可是，在裕仁干涉后，第三十二军的上级指挥部第十方面军司令部，命令牛岛满"向北部和中部的飞机场发动进攻"。[②]牛岛满只得服从命令，他回电大本营："就是剩一个人，也要勇往直前，消灭可恶的敌人。"猛攻是发起了，但是"可恶的敌人"仍然活着。裕仁还强烈要求海军发起反击，尽一切可能支援冲绳岛的守军。[③]

在冲绳岛的战斗不断加剧时，裕仁就缩小陆军在中国的防线，向北方重新部署部队，以加强满洲和朝鲜，特别是本岛的守卫等问题提示了梅津。4月14日，他告诫梅津："要注意敌人的宣传……这个时候破坏敌占区的铁路和村庄，不会对民心产生坏的影响吗？"但他主要关心的是部队撤出后，美军会在那里建设新的空军基地，从而对日本"产生不利"。[④]

直到5月5日，天皇仍在期待冲绳的胜利，他发给第三十二军的电报说："一定要让这次攻势成功。"[⑤]冲绳战役开始于4月1日，一直持续到6月中旬，估计损失了9.4—12万名日本士兵和15—17万名非战斗人员，其中包括被日本陆军强迫集体自杀的700多名冲绳住民。美军的战斗损失约为1.25万名死亡、3.3万多名负伤。这些伤亡中有7000人为海军，是神风攻击的牺牲者。日本输掉了战争，而且已经输了一年多了，可是战败的日本仍在顽固地继续作战。

在这个紧要关头，裕仁的性格、人生观、职位都对他产生了反作用。他比陆海军统帅部更早地看出许多问题，但他却总是倾向于恪守常规，而不是随机应变有弹性地解决问题。他一生过分认真，过分关注细节。如今，面对接二连三的失败，他将他的认真、他的僵化和过分注意细节都发挥到了极致。战争最后的、最具毁灭性的阶段即将开始，裕仁，这个舵手，摒弃了理性的判断并拒绝正视，更不要说采取行动去阻止这场大灾难。

① 土门周平，上述192页。

② 同前193页。

③ 同前。

④ 上述《战史丛书　大本营陆军部10》，128页。

⑤ 同前211—212页。5月9日，昭和天皇拒绝了梅津大将把朝鲜的第一七方面军编入关东军指挥下的要求，让陆军参谋本部作战科吃了一惊。天皇认为，这种措施，无视了作为外国的满洲与作为国土一部分的朝鲜之间的区别。同前224—225页。

第十三章　迟到的投降

1945年2月，裕仁就战事向他的七位重臣征求意见，此时正是硫黄岛即将遭到美国海军陆战队的攻击、冲绳被进攻的六个星期前。七位重臣是六位前首相——平沼、广田、若槻、冈田、近卫和东条——以及前内大臣长牧野伸显。会议尽管因空袭而中断，但还是取得了压倒性的一致意见，继续进行战斗。

在欧洲，德国及其纳粹政权正在走向失败。第三德意志帝国什么时候垮台尚不清楚，但是它的终结正在迅速到来却是确定无疑的。日本的形势也同样严峻。在缅甸的陆军已经被摧毁。在中国的陆军稍好一些。1944年的“一号”作战沿着北京到武汉，然后到最南端广州的铁路干线开辟了一条陆上通道。[①]但是在所有被占领的省份，日本军队都遭到反击。日本军队因其铺展过散、布置过稀而遭遇了代价高昂的游击战，仅在1944年一年就用去了日本紧急军费的64%。[②]

1945年的时候，在中国的陆军预测苏联将从北面侵入而美军会在上海登陆，为此不得不做好准备。不论是在中国还是在满洲国，都无法从大陆部队进一步抽调人力补充后备部队以保卫本土。[③]遭受了严重损失的海军也无法承担将陆军运往其他地方的任务。[④]

另一方面，莱特岛战役之前就在实施的神风战术是一个有潜在力的手段。为本土防御作准备，统帅部加强了陆军的航空兵力量，储备了武器，并组编了29个师团，51个步兵连队，以及多数的炮兵连队和坦克连队。1945年期间，43%的陆军将被部署在日本、朝鲜和中国台湾。考虑到这些因素，还有天皇狂妄乐观地自信这些因素将会最

---

① Dick Wilson, When Tigers Fight: The Story of the Sino-Japanese War, 1937—1945 (Viking Press, 1982), pp. 234—245.

② 吉田裕《日本人的战争观》，岩波书店，1995年，102页，表13。出典见大藏省财政史室编《昭和财政史4》，东洋经济新报社，1996年。

③ 同前102页，表12。出典为大江志乃夫编《支那事变大东亚战争间动员概史》，不二出版，1988年。

④ 到1944年12月末，日本海军战力剧减，把所有舰只加起来只有250艘，仅为1941年12月时的总吨数的53.8%。山田朗《军备扩张的近代史——日本军的膨胀与崩溃》，吉川弘文馆，1997年，205页。

终影响结果，所以对于他和木户来说，现在似乎不是考虑和谈的最佳时机。[①]

重臣会议上，若槻献策说，必须先让敌人看到“继续战争的不利”。牧野声言“最优先要考虑的是战况的有利展开”。冈田说日本应该等待“有利的时机”，然后再讲和。平沼和广田建议天皇战斗到底。[②]

只有近卫公爵与他们意见相左。[③]与其他人不同，近卫没有因包围着天皇的那种阴郁的情绪和崇敬而却步，18个多月以来，他一直试图向天皇传递如果战争继续下去的话，对天皇将是可怕的威胁这一复杂的信息。[④]几个月前他就曾告诉天皇的弟弟高松亲王，在统制派的形式下，陆军正为“癌症”所折磨，但是“木户和其他人”与他看法不同。近卫感到“陛下不太关心思想问题”。他进一步指出，过去的四年中，天皇一直被告知而且至今仍然相信“皇道派危险”。然而，对“国体”的真正威胁来自统制派，如果战争恶化的话，他们将会试图改变“国体”。近卫推测，不论威胁是来自国内的共产主义者——对近卫来说，这主要是指统制派内部的左翼激进分子，还是来自“敌人英美的最坏媾和条件”，两种敌人都会在保留天皇的同时，使日本共产化。[⑤]

2月14日，近卫在皇宫书斋向天皇提交了上奏文，其中详细阐述了这个阴谋理论。[⑥]当时木户也在场旁听。近卫断言，苏联将日本视为东亚的最大威胁。它已经联合了亚洲最强大的共产主义政党——中国共产党——与美英协作，将日本驱逐出中国。苏联一旦看准机会就会参战。近卫告诉天皇，如果战争继续下去的话，战败是不可避免的，但是比战败更令人担心的是“国体”的崩溃。因为战争已经侵蚀了国内的现状，助长了国内外对日本及皇室的威胁力量。天皇和木户对统制派将军们的

① 历史教育者协议会《并非没有可能发生的本土决战》，高文研，1995年，19—20页。山田朗，上述210页。

② 胜野骏《昭和天皇的战争》，图书出版社，1990年，205—206页。

③ 东京大学学者、做过近卫政治顾问的矢部贞治说，从1945年2月后就中断了的近卫的拜谒，时隔三年被再次允许。另外矢部还说，“木户至少到塞班失陷为止都是东条绝对主义，对木户说了什么，马上就会传到东条那儿去，所以很少能放心对他说什么”。矢部贞治《拥有皇室血统的近卫文麿》，《文艺春秋　特辑天皇白皮书》（1956年10月），190页。

④ 这是美国战略轰炸调查团说的。Japan's Struggle to End the War (Washington, D. C., July 1946), p. 2.

⑤ 高松宫宣仁《高松宫日记　第六卷》，中央公论社，1977年，466—467页。

⑥ 1945年1月或2月初，近卫就日本面临的状况写出了分析草稿，以此为基础起草了《近藤上奏文》。在这篇没有署名的手写文章里，近卫明确否定了昭和天皇和统帅部所持的苏联观，并认为《中苏中立条约》意图在于“助长日本与英美的抗争”。关于近卫的文章，参见庄司润一郎《近卫文麿手记“苏联对东亚的意图”》，《季刊　军事史学》第三卷第二号（1998年9月）45—48页。关于原法务总裁殖田俊吉的说法，参见殖田俊吉《军部　革新官僚的日本共产党计划案——昭和民主主义的挫折（下）》，《自由》（1960年11月号），89页。

信任很是危险，这些将军们无意中推动了日本的共产化。而共产主义革命将使“国体”无法维持下去，近卫恳求在这一切发生之前，应当尽快地寻求和平。[①]

裕仁对近卫有关陆军的担心表示同情，承认应该采取一些措施。但是在关于莫斯科意图的观点上他被近卫吓了一跳，因为他与统帅部都有相同的一厢情愿的考虑，认为苏联在不断逼近的与英美的对抗中会需要日本，因而不希望东亚的日本势力被摧毁。基于这样的认识，他坚决地拒绝了近卫让他立即亲自采取行动，直接结束战争的建议。[②]裕仁宁愿同意重臣们的意见：“除非再取得一次战果，否则很难谈。”据称，近卫回答说：“还有这样的时候吗？而且还必须是不远的将来，半年、一年以后就没用了。”[③]

然而，裕仁固执己见。据说，他同一天讲：“我相信这场战争只要坚持就能获胜，但我担心国民能否忍耐到那一天。”[④]从某种意义上讲，这也是近卫所担心的问题。不过，从另一个意义上讲，天皇是在呼唤日本古来的精神力量战胜物质差异的传统：我的臣民能付出超人的努力，不畏牺牲。因此，尽管我们失去了石油资源，每天都在遭受空中轰炸，日本仍然可以获胜。只要日本在最后的决战中取得胜利，和谈的前景就会改善。

在2月15日的最高战争指导会议上，情报机关负责人发出警告，苏联有意图“在东亚的未来中确保发言权”，有可能在春天废除《日苏中立条约》，并在它判断日本的力量已经被充分削弱之后，任何时候都有可能参战。[⑤]第二天，外相重光再次内奏了同样的警告。他在一次非正式召见中断言，纳粹德国已经进入了最后阶段，而“三国（雅尔塔）会议”明确了“英美苏在大局上的一致”。重光警告裕仁不要指望《日苏中立条约》，同近卫一样，他也历陈国内的共产主义危险。但是裕仁拒绝考虑自己对苏联所做的设想的荒谬之处。在长达一个小时的会见结束时，他不提雅

① 关于近卫手记的翻译与分析，参见John W. Dower, Empire and Aftermath: Yoshida Shigeru and the Japanese Experience, 1874—1954 (Harvard University Press, 1979), pp. 260—264.

② 纐缬厚《〈波茨坦宣言〉与八月十五日——受诺延迟的背景》，历史教育者协议会编《历史地理教育》五三六号（1995年8月），14—15页，天皇与近卫的谈话来自原田熊男的资料，从防卫厅防卫研修所战史室图书馆藏《高木惣吉资料》所收的《原田男内话党　昭和二十年三月二十一日》中引用。

③ 藤田尚德《侍从长的回想》，中公文库，1987年，66—67页。山田朗、纐缬厚《过迟的圣断——昭和天皇的战争指导与战争责任》，昭和出版，1991年，180页的中央公论社刊《细川日记》引用。

④ 土门周平《战斗的天皇》，讲谈社，1989年，192页。

⑤ 参谋总部编《战败的记录》，原书房，1967年，230—231页。

1945年3月，几周前就已经决心将战争进行到底的裕仁匆匆走过被轰炸后的首都的废墟——美国使用燃烧弹，目的在于摧毁日本国民的士气。

尔塔会议，却询问重光“德国大使馆情形如何”。[①] 十天后的2月26日，在皇宫进行的正式会见中，当东条勉强承认苏联对日参战的可能性“一半对一半”时，裕仁的想法依然没有改变。

随着1945年春天的离去，日本民众还能足够支撑下去的希望看起来日益渺茫。3月9—10日，美国太平洋空军部队动用了334架B-29轰炸机，对人口密集的东京发动了第一次烧夷弹夜间空袭。首都约40%的地方变为废墟，估计烧死了8—10万人。风暴般的大火是如此之热，河水为之沸腾，玻璃为之熔化，向上喷发的热气甚至毁掉了一些轰炸机。[②]九天后的18日，天皇在御医和侍从武官的陪同下，乘车视察了首都。在他们身后另一辆车里的吉桥戒三侍从武官后来这样回忆了受灾者的情形：

在废墟中挖掘的受灾者的毫无表情的脸，似乎充满怨恨的脸，他们目送着御车

① 《连立合作内阁　小矶、米内》，1945年1—2月，笔记第六卷1B-74。重光的资料现存于东京的宪政纪念馆。另外参照武田知己《重光葵的战时外交认识与政治战略——在与宫中、天皇的关系上》，《年报　近代日本研究20　宫中、皇室与政治》，山川出版社，1998年，197页。重光手写的备忘是拜谒之后匆忙写下的，明白无误地记录了裕仁与重光对德国皇帝和德国帝国崩溃的认识。

② 金原左门、竹前荣治编《昭和史（增补版）》，有斐阁，1982年，218页。Walter LaFeber, The Clash: A History of U. S.-Japan Relations (W. W. Norton, 1997), p. 236.

没有鞠躬。虽然说没有像平时巡幸那样事先公告，但看到三四辆带有菊花纹章的红色汽车，我想他们知道是天皇在巡幸。失去了亲人、被烧毁了家财的受灾者，是在怨恨陛下呢，还是处于虚脱状态？我觉察到陛下近距离看到这些不幸的人们时，无以言状的心中感受。[①]

吉桥对“虚脱”了的民众的观察值得注目。到了3月，工厂的生产开始下降，旷工现象上升。宫内省一直非常重视的不敬罪事例也在增加。此后直至战败投降的五个月里，皇族的军人及重臣们开始谈及“国体”的危机。近卫曾警告过的来自国内的危机似乎越来越触手可及。但是直到最后时刻，无论是农村的还是大城市的大多数日本民众仍然服从领导者，为了他们时时被告知的正在到来的胜利而工作和牺牲的决心依然坚定不移。

在裕仁视察遭受轰炸的首都两天后，原外相币原喜重郎表达了此时大多数日本统治精英的共同心态，这位曾是与英美协调外交的象征性人物主张，日本必须有耐心，无论如何不能答应投降。币原早些时候曾劝告外相重光说，民众会逐渐习惯于每天被轰炸。最终，民众的团结和决心将变得更强，这将为外交提供“在这场我国未曾有过的危局中，谋划回天救国之策的空间”。[②]

1945年3月20日，币原在给他的亲友、南满铁道株式会社前副总裁大平驹槌的信中写道，“纵使有几十万的非战斗员死伤、挨饿，几百万的建筑物被摧毁、烧掉，只要敢于继续抗战”，就会为日本创造更有利的国际环境留下空间。国家面临着正在临近的彻底失败，而币原却仍然认为整个日本变成战场将会对日本有利。因为到了那时，敌人的供给线将被拉得更长，敌人的战争将因此难以继续下去，从而为外交提供运作的机会。[③]这就是稳健派币原的想法，或许裕仁也持同样的观点。

在美军登陆冲绳的前一天，当宫廷内高层中流传着内阁即将更迭的传言时，据说近卫对秘书官细川护贞谈论说：“陆军更要宣扬玉碎论了。可是木户待在宫中，把什么都交给（参谋总长）阿南办。就我国国体而论，没有御上许可，什么也干不了。一想到为狂气所左右的当前局势，不禁令人产生厌世之感。”[④]

近卫那时很有可能把裕仁也包括在了“狂人”之中。

---

① 吉桥戒三《侍从武官眼中终战之年的记录》，《季刊　军事史学2》（1965年8月），97—98页。

② 功刀俊洋《币原喜重郎——“和平外交”的内心与外表》，吉田裕等编《战败前后——昭和天皇与五位领袖人物》，青木书店，1995年，96页。

③ 寄给大平驹槌的书简。大平是币原开始于大学时代的朋友。同前97页。

④ 细川护贞《细川日记》，中央公论社，1978年，373—374页，1945年3月30日。

4月5日——裕仁下令结束通过汪精卫政权的前高官（小矶坚定支持的缪斌）在中国的和平斡旋的三天后，亦是进入冲绳战役的第五天。天皇与小矶首相发生意见分歧。[①]天皇将莱特岛到硫黄岛的连续军事失败归咎于小矶，马上解散了他的内阁。裕仁选定了自己信赖的前任侍从长、78岁的退役海军提督铃木贯太郎领导新政府。即使在这个时候，无论是天皇还是铃木都没有考虑任何有可能引导战争结束的政策变更。只是到了冲绳战役打响并惨重地失败，60多个日本城市被美军的燃烧弹夷为平地之后，裕仁才表示了对和平的愿望，开始寻求结束战争的方法。

木户的日记中，第一次清楚地表示出天皇被要求认真地考虑提早和谈的记载是1945年6月9日。此前一天，木户起草了《收拾时局的对策草案》。这是一个关键的时刻。正好是皇宫刚刚被误炸之后，冲绳防卫又陷入绝望，（8日）最高战争指导会议通过了《今后战争指导基本大纲》。[②]欧洲的战争已经结束。日本现在陷入完全孤立的状态。木户的《草案》是一个模糊的方案，为了能使日本在与敌国交涉时尽可能获得有利的条件，它在寻求苏联作为中间人的协助。对木户来说，起草这个方案，表明他已经结束了与军部强硬派的长期蜜月；对裕仁来说，接受这个草案，暗示他终于明白要为尽早和谈作准备了。

随着日本帝国周围的崩塌，裕仁进入了一个高度紧张和情绪忧郁的时期。6月中旬，在听取了木户对长野县松代为转移他和大本营而建造的山中地下防空设施的情况说明后不久，他病倒了，不得不取消了预定的公务。[③]6月15日，他好不容易才算履行了去探望他母亲的诺言。6月22日，裕仁本人终于直接通知最高战争指导会议，他希望开始进行结束战争的外交斡旋。根据木户的纪要，天皇把6月8日御前会议“关于战争指导”的决定告诉了与会的战争指导者们。现在他希望他们，“关于战争终结，这次不必拘于过去的观念，迅速完成具体研究，努力付诸

---

① 在《独白录》中，谈到尝试通过在南京政府幕后活动的人来交涉停战的小矶大将，说他做了一件“毫无见识的事儿”。这件事说明当时与中国交涉的方法十分混乱，同时也说明裕仁对履行手续的规则要求严格。寺崎英成、Mariko Terasaki Miller编著《昭和天皇〈独白录〉——御用随员寺崎英成日记》，文艺春秋，1991年，106—107页。石源华（伊藤信之翻译）《日中战争后期日本与汪精卫政府的“谋和”工作》，军事史学第一三零号纪念专题号《日中战争的诸相》，锦正社（1997年12月），294—295页。齐藤治子《日本的对苏终战外交》，《史论》第四一集（1988年3月），东京女子大学读史会，54页。

② 《木户幸一日记（下）》，东京大学出版会，1966年，1208—1209页。大江志乃夫《御前会议》，中公新书，1991年，235页。6月9日，昭和天皇对侍从武官说，自己无意离开东京，这样，陆军计划为天皇在长野县松代建设地下壕（松代大本营）一事就搁浅了。

③ 上述《木户幸一日记（下）》，1210页。秦郁彦《裕仁天皇的五个决断》，讲谈社，1984年，46页，从《尾形健一侍从武官日记》的引用。

实现”。他还补充说，也不可因过度谨慎而失去和平的机会。[①]但是包括裕仁在内，当时在场的所有人都没有立即制定投降协定之意。他们想的只是尽早和谈，仅为此竭尽努力而已。

7月初，苏联大使雅各布·马利克中止了与前首相广田在日本举行的非决定性会谈，裕仁首次对向莫斯科派特使促进与苏联的直接交涉表现出强烈的意愿。但是天皇和铃木政权都没有制订具体切实的计划，为苏联能够参与调停解决停战提供基础，他们单方面认为苏联一直对此有兴趣，而实际上并非如此。在日本着手处理结束战争中，在与苏联的交涉中，保证天皇的政治地位和君主制的未来永远都比寻求和平、结束杀戮和痛苦重要。[②]

从1945年4月8日直至日本投降，铃木政府主要的战争政策是“决号”，这是对保卫本土的“捷三号”方案的改善版本。[③]其特点是对自杀战术的极端依赖，大量生产的武器仅仅是为了完成自杀使命。神风“特攻”飞机、潜水艇发射的载人鱼雷、卡车发动机做动力的满载炸药的“特攻艇”、飞机搭载导弹发射的载人炸弹以及接受特别训练的地面部队的自杀性攻击。当“决号”作战行动的准备工作正在进行时，6月9日，临时议会的特别会议通过了动员全体国民迎接最后战斗的战时紧急措施法和另外五项法案。

同一天，昭和天皇（还没有开始着手结束战争的活动）发布了帝国议会开院式的诏书，号令国民“粉碎敌国野心，达成征战目的”。与此同时，管制下的报纸连日发动了为天皇而死，感谢天皇仁慈之心的宣传活动。7月中旬以后，发展为“护持国体”的宣传运动。[④]

为了粉碎日本的战斗意志，美军发起了独自的宣传战进行反击。B-29轰炸机撒下了数百万张日语传单，有的是预先宣布B-29轰炸机下一步计划攻击的目标，有的是一边利用天皇批判军部一边敦促日本投降。印有菊花纹章的传单抨击“军阀”在“逼迫整个国家自杀”，号召“诸氏”“行使宪法明确赋予的权力，应该向陛下直诉（和平）。即使是强大的军阀也不能阻挡陛下和国民迈向和平的强有力的步伐”。[⑤]仅有700万张传单披露了美、英、中三国发布的《共同宣言》（《波茨坦宣

① 上述《木户幸一日记（下）》，1212—1213页。

② 山田朗、纐缬厚，上述204—206页。

③ John Ray Skates, The Invation of Japan: Alternative to the Bomb (University of South Carolina Press, 1994), p. 102. “决号”作战的英译文见Reports of General MacArchur: Japanese Operations in the Southwest Pacific Area, vol. 2, part 2 (Washington, D. C.: USGPO, 1966), pp. 601—607.

④ 松浦总三《天皇与大众传媒》，青木书店，1975年，3—14页。

⑤ 创建和平博物馆之会编《纸的战争　传单——谋略宣传传单讲述的》，Emiiru社，1990年，125页。

言》的条款）。[1]传单上写道："我们今天不是为轰炸你们而来。投下的这张传单，是为了通知你们，美国政府代表美国、英国、中国以及苏维埃联邦对贵政府提出的投降条件的答复。战争是否能马上停止取决于贵国政府。你们读了这两份正式通告，将会明白如何才能中止战争。"[2]

日本民众在敕令下，继续为本土决战作准备而且也只能相信胜利，现在又受到了来自空中的美军轰炸外加心理战的攻击，他们尽最大努力服从了命令。7月末至8月间，当各都道府县的知事、警察局长和"特别高等警察"的官员们就迅速萎靡的国民精神向内务省递交报告时，在他们近2000页的报告中，没有一句提及愿意接受《波茨坦宣言》的民众倾向。[3]即使在8月6日和9日美国向广岛和长崎投放了原子弹、8日苏联对日参战之后，民众仍广泛地寄希望于最后的胜利，并相信他们的"神州"是不可摧毁的。在以死效忠的口号动员下，对"神风"将拯救日本的集体记忆，帮助日本民众维持了继续战争的意志。[4]

与此同时，美国的情报分析官们侦察到了所有本土决战的准备工作。他们看到了日本人是怎样在冲绳战斗至死的——82天中几乎每天都死掉数千人——以及全体国民是怎样为以"玉碎"保卫国家的观念所束缚的。当华盛顿的政治指导者们谈及日本人很可能宁愿战死也不愿投降时，他们并没有夸大日本政府及其大众传媒所表述的内容。

I

罗斯福总统和丘吉尔首相留意到第一次世界大战后，在处理德意志帝国时所犯的错，然而他们首先关心的是在与轴心国的战争中保持高度的爱国热情和国际协作。他们依靠的是抽象的战争口号，和战争开始一年后提出的"无条件投降"的目标。他们不以谈判结束战争的方针目的在于打垮法西斯国家，然后实施新的、非法西斯政体。其目标是军事占领和战后的政治、社会改革——两者总是结合在一起。法西斯主义和军国主义思想将被彻底根除，被占领国家将实行民主化，并重生为热爱和平的资本主义社会。

---

① "Reports on Psychological Warfare Against Japan, Southwest Pacific Area, 1944—45", Mar. 15, 1946, p. 13. Bonner F. Fellers Collection, Hoover Institution Archives, Stanford, Calif.

② 东野真《昭和天皇的两个〈独白录〉》，日本放送出版协会，1998年，79页。

③ 粟屋宪太郎、川岛高峰《玉音广播是敌人的谋略》，《THIS IS读卖》（1994年11月），47页。1994年11月，东京的日本图书中心刊发《战败时全国治安情报》全七卷，收录了该报告，这是一份对了解战争结束时期日本人意识的很有价值的资料。

④ 13世纪末，"神风"两次摧垮向九州进攻而来的蒙古大舰队。攻击同盟国舰队的日本飞行员敢死队使用"神风"作为名字，唤醒了日本历史上最强烈的记忆。

1943年1月，罗斯福曾在卡萨布兰卡声言，同盟国将惩罚法西斯政权的领导人，但是不会消灭其人民。但是直到赢得了对轴心国的完全胜利为止，他和丘吉尔坚定地抵制了要求他们阐明简化了的“无条件投降”原则的意思的压力。罗斯福和丘吉尔需要苏联的军事力量，但他们也强烈意识到斯大林对他们的不信任，因为他们尚未在欧洲开辟第二战场以缓解形势紧迫的苏联红军的压力，因此，罗斯福和丘吉尔必须向敌国展示一种强硬的态度。[①]他们要使这场战争成为最后一场全面战争的决心，加上维持反轴心国同盟的需要，使他们下定决心回避侵略国首脑们任何正式的契约性提议，以保留他们在摧毁其军事力量，推翻其政权后，放手对那些国家进行占领和改革的权利。

罗斯福还将威尔逊（美国第28届总统）的理想主义注入了“无条件投降”中，并将它视为实现自由主义国际秩序的途径。谋求在投降后实现改革的无条件投降原则，确定了在法西斯主义被打倒后建设一个新的世界秩序的基本前提条件。[②]具体到日本，它从根本上确保了同盟国在日本本土行使最高权力，一种“超出了国际法承认的军事占领的权限”。[③]

1945年5月7日和8日，德国军队与同盟国签署了无条件投降文件。用美国记者威廉·L. 夏勒的话说，第三德意志帝国“即刻中止了存在”，只剩下日本仍处于战争之中。[④]那时，冲绳仍在激战中，新就职的杜鲁门总统于5月8日宣布，日本的投降将不会意味着“日本人的灭绝和奴隶化”[⑤]，暗示了未来的占领措施将不会在报复情绪支配下运行。但是由于无条件投降的原则并没有改变，前驻日本大使、国务院的

---

① 油井大三郎《美国的战后世界构想与亚洲》，《占领改革的国际比较——日本、亚洲、欧洲》，三省堂，1994年，12—13页。

② 粟屋宪太郎《日本战败是有条件投降吗？》，藤原彰等编《日本近代史的虚像与实像（四）投降——“昭和”的终结》，大月书店，1989年，14—20页。

③ 关于明确要求日本无条件投降的国务院重要文献，见PWC—284a of Nov. 13, 1944. Foreign Relations of the United States, Diplomatic Papers 1944, Vol. V: The Near East, South Asia and Africa, The Far East (USGPO, 1965), pp. 1275—1285；其基本背景见Robert E. Sherwood, The White House Papers of Harry L. Hopkins: An Intimate History, vol. 2, January 1942—July 1945 (London: Eyre&Spottis-woode, 1949), pp. 690, 693—694.

④ William L. Shirer, The Rise and Fall of the Third Reich (New York, 1990), p. 1139. 意大利的游击队在1945年4月28日判处墨索里尼死刑，立即执行。5月2日，意大利战争结束。希特勒4月30日自杀身亡。全德国的投降，在军队无条件投降后得到实现。5月23日，北部纳粹暂定政权的成员全部被捕后，美国、苏联、英国、法国在1945年6月，于柏林签署了宣言，明确了德国投降的性质。荒井信一《教科书检查与无条件投降争论》，《历史学研究》五三一号（1984年8月），青木书店，15页。

⑤ 杜鲁门发表声明后，几个小时之内，Ellis M. Zacharias海军大佐在对日广播中开始了一连串的周报，反复播放了杜鲁门的声明。Allan M. Winkler, The Politics of Propaganda: The Office of War Information, 1942—1945 (Yale University Press, 1978), p. 145.

“日本帮”领袖约瑟夫·格鲁催促总统公开宣布“无条件投降”原则的明确定义，以便劝说日本人投降。

保守的共和党人格鲁将裕仁看作日本投降的关键人物。他是“蜂巢中的蜂王……受到周围蜜蜂的注目”。[①]战前和战争期间，格鲁曾多次将天皇描述成军国主义者的“傀儡”、立宪主义者、和平主义者。格鲁相信那些围绕在日本天皇周围、被他称作“稳健派”的人对政策的影响力。1945年春天，随着日本帝国最后崩溃的逼近，格鲁考虑让这些人“自己决定他们未来政治结构的性质”。[②]事实上，格鲁经常活动于宫廷上层，对日本政治组织一无所知。

1952年出版的格鲁的回忆录中，在总统哈里·S. 杜鲁门和国务卿詹姆斯·F. 伯伦斯拒绝了他试图在《波茨坦宣言》草案中加入一项保证皇室地位的条款之后，格鲁写道：

> 历史上分歧的要点是，1945年5月，在B-29轰炸机对东京进行了猛烈的地毯式轰炸后，如果总统立即做出公开声明，明确地表示，如果日本人民希望保留的话，投降将不意味着废除天皇制，这样是否会加速日本的投降？……在美国占领后，许多稳健派的前日本领导人对担任要职的美国人的陈述清楚地表明，辅弼天皇的文官们早在《波茨坦宣言》之前就已经在向投降的方向努力，事实上甚至早于5月28日我与总统的会谈。因为那时他们就知道日本已经是一个战败国家。他们必须克服的障碍是日本陆军对政府的完全控制……天皇需要他所能得到的所有支持，并且……如果（杜鲁门）在1945年5月发表了像这样明确的关于天皇制的声明，政府中的投降派就有可能得到……一个正当的理由和必要的力量，促使他们早下决心……铃木贯太郎首相……甚至在1945年5月之前就有投降的意向，只要讲清楚投降不会导致天皇制的覆灭。[③]

格鲁马上遭到了国务院他的同僚——“中国帮”的强烈反对，他们认为保留天皇和保证君主制在未来的存在是对日本法西斯主义特有本质的妥协。[④]他们——迪安·艾奇逊，诗人、未来议会图书馆馆长阿奇博尔德·麦克利什，詹姆斯·伯

---

① “蜂王”的比喻，来自1944年12月12日在美国上院委员会公听会上的Grew演说。Nakamura Masanori, The Japanese Monarchy: Ambassador Joseph Grew and the Making of the “Symbol Emperor System”, 1931—1991 (M. E. Sharpe, Inc., 1992), p. 66.

② Joseph C. Grew, Turbulent Era: A Diplomatic Record of Forty Years, 1904—1945, vol. 2 (Boston: Hougthton Mifflin, Co., 1952), p. 1435. Grew虽然支持为了实施战后对日政策而维持天皇制度的杜鲁门政权的决定，但对他来说，裕仁免于战争责任追究，仍可继续在位，也是完全没有预想到的。

③ 同上，pp. 1425—1426.

④ 中村政则，上述The Japanese Monarchy, pp. 70—77.

伦斯——意识到格鲁对日本政治形势旧有的判断错误，以及他想保护天皇及日本保守的“稳健派”的倾向。他们当然不希望对待日本以及被他们视为日本军国主义和战争思想中心的天皇比处理德国更宽大，这样做会给国内外留下令人不快的姑息的印象。这些官僚间的不同意见反映了华盛顿最高层对于美国的战争目标缺乏统一认识。更重要的是，在1945年春天和夏天，他们强调了战时目标和战后政策的相互关系。

为了加速日本的投降，1945年7月26日，《波茨坦宣言》以最后通牒的方式进行了发布。[①]在波茨坦，杜鲁门听从丘吉尔的建议，阐明了实施无条件投降原则的条件。为了避免日本领导人铤而走险，杜鲁门总统同意在日本投降之前发布“无条件投降诸条件”，并且通过准许“日本国军队在完全解除武装后，返回他们的家乡”的方式，使宣言的第四条变得缓和。[②]

日本政府阅读了宣言，得知在日本政府宣布“全日本国军队无条件投降”，并在执行宣言的诚意上提供适当且充分的保证之后，如果履行了战胜国提出的单边义务（“我们的条件”），那么日本将被允许保留和平工业，并在平等获得原料的原则基础上恢复加入世界贸易。宣言在结束时明言：“日本的另一个选择是迅速并彻底的毁灭。”然而宣言没有对原子弹轰炸提出任何预先警告。第12条阐述说：“上述各项目标一经达成，并且按照日本人民自由表达的意志建立起了一个倾向和平且负责任的政府，联合国的占领军将立即从日本撤出。”然而，格鲁所坚持的“这将包括现皇室下的立宪君主制”一句被从这一条款中删除。结果，天皇的地位没有得到保证，无条件投降的政策仍是原封未动。

日本政府7月27日接到宣言，但是没有表现出接受的意向。相反，铃木内阁首先命令新闻界发表经过加工的同盟通讯社的新闻，以不作评论的方式使《波茨坦宣言》的意义最小化。[③]第二天，7月28日，在陆相阿南惟几、海军军令部总长丰田副武等敦促下，铃木首相在下午召开的记者招待会上正式声明，明确地表示日

① 《波茨坦宣言》的大部分是陆军部长亨利·史汀生与助手们起草的，但国务卿詹姆斯·贝尔纳斯做了修改，避免明确表示对于裕仁的处理，在发表的时间问题上也发挥了自己的影响力。

② 日本的无条件投降与德国的无条件投降的主要区别，是日本军队在本土直接就地复员。关于《波茨坦宣言》，当时美国的公开政策是，无条件投降适用于整个“日本”，即“不仅是军队，还包括天皇、政府和人民。所有人等对同盟国政策推进过程中的任何行动必须服从”。参照1945年7月30日国务院准备的备忘录“Comparison of the Proclamation of July 26, 1945, with the Policy of the Department of State”, in FRUS, Diplomatic Papers: The Conference of Berlin (The Potsdam Conference), 1945, vol. 2 (Washington, D. C.: USFPO, 1960), p. 1285.

③ 日本的报道删除了以下内容：“1. 一致同意，给予日本国结束这次战争的机会……4. 对那些把日本帝国带向灭亡深渊的顽固的军国主义帮凶，是让他们继续统治日本，还是选择理性的道路，日本到了必须做出抉择的时候了。”

本拒绝接受《波茨坦宣言》。他说，《波茨坦宣言》不过是《开罗宣言》的“翻版”，他打算予以“默杀”。在铃木的声明背后是裕仁继续战争的决心，和他对通过苏联进行调停的不现实的期望。每天都读报的裕仁，如果对铃木及其内阁向世界表明的不妥协姿态感到不快甚至是不安的话，在木户详尽记录了天皇谈话的日记中应该有所提及。可是日记中并没有这样的记述。木户知道，裕仁仍在等待苏联对日本和平斡旋的答复，无法下决心是投降还是为获得更有利的谈判条件而继续战斗。

还是在7月28日，当号称稳健派的重臣米内海相被他的秘书海军少将高木惣吉问及为什么允许首相做出如此荒谬的声明时，米内回答说：“声明是先发表一方有短处。丘吉尔已经没落，美国正陷入孤立。政府用默杀来应对。没必要仓促行事。”[①]

“没必要仓促行事”直接与《波茨坦宣言》第五条（“我们不容许拖延”）相抵触。这个立场进一步证实了同时期的西方认识，即直到7月28日，日本在他们的天皇领导下，对和平做出暧昧的主动表示的同时，从未改变过他们的决心，也没有松懈过他们战斗到底的意志。[②]铃木的意图并没有受到误解。

于是，美国加速了他们使用原子弹和进攻南九州的准备工作——预定于11月1日开始，命名为“奥林匹克行动”。8月6日上午8：15，一架B-29轰炸机摧毁了基本没有防御力量的广岛市，估计顷刻间杀死了10—14万人，之后的五年里又夺走了大约10万人的生命。[③]在爆炸中心，“产生了强于太阳3000倍的光线”，并形成了一个火球，热辐射“一瞬间烧焦了人、树木和房屋。随着空气变热上升冷空气流入，引起了风暴性大火……（几个小时后）一阵旋风使火焰达到顶峰，超过20平方公里的地方差不多都变为熔渣。饱含着辐射性落尘的黑色的、混浊的雨开始下起来”。[④]

---

① 关于高木惣吉的资料，参见实松让编《海军大将米内光政备忘录》，光人社，1988年，143—144页，或参见田中伸尚《记录　昭和天皇（五）　战败（下）》，绿风出版，434页。实际上，丘吉尔在1945年7月5日的总选举中败北，艾德礼的劳动党在27日与丘吉尔的保守党为主的连立政权进行了政权交替。

② 杜鲁门在回忆录中写道：“7月28日，东京广播报道了日本政府准备接着打下去的意思，对美、英、中共同发出的最后通牒没有做出正式回答。如果到8月3日日本还不投降的话，则预定投放原子弹。”Memories by Harry Truman, vol. 1, Year of Decisions (Garden City, N. Y.: 1955), p. 421.

③ 田中伸尚，上述《记录　昭和天皇（五）》，449页。自然，对于斯大林来说，铃木内阁没有发表的声明，或是规定了对已经节节败退的日本参战的雅尔塔规定都是没有什么必要的，因为斯大林已经决定，无论如何都去参战了。

④ LaFeber, The Clash, p. 247.

两天后，苏联以日本拒绝接受《波茨坦宣言》为借口，对日本宣战。[①]8月9日，美国在长崎投下了第二枚原子弹，一瞬间杀死了约3.5—4万人，使6万多人受伤。[②]同一天，在面向全国的有关波茨坦会议的广播中，杜鲁门总统对大多数美国人的复仇情绪做了全面的表达：

我们使用了新开发的炸弹。我们用它打击那些不宣战就在珍珠港袭击我们的人；打击那些使美国战俘挨饿、遭受殴打和枪杀的人；打击那些放弃了所有遵守战争国际法主张的人。我们使用它是为了缩短战争的极度痛苦，是为了挽救成千上万的生命和美国青年的生命。[③]

与此同时，在东京，从《波茨坦宣言》到8月6日广岛原子弹轰炸这一决定性的期间里，裕仁本人对于接受《波茨坦宣言》没有说任何话，做任何事。不过，7月25日和31日，他曾两次清楚地向木户表示必须不惜任何代价保卫皇家的神器。[④]三种神器——八咫镜、八尺琼曲玉、草薙剑——象征了他从北朝继承下来的统治的正统性，从裕仁对只有神授权力才能成为皇位占有者这一认识上讲是不可缺少的。他希望把它们拿到宫中加以保护。在是否马上接受投降的大问题当头时，只顾着皇位象征的裕仁没有考虑如何抓住时机主动地结束战争。

铃木首相在他最初拒绝了波茨坦最后通牒之后，已经看不出还能做什么。8月3日上午，召开了内阁顾问会议。内阁顾问会议由浅野水泥社长、日产财团创始人、日本银行副总裁和其他从战争中获得巨大利益的实业界代表组成。他们建议接受《波茨坦宣言》，理由是美国将允许日本保持其非军事工业和参加世界贸易。铃木在那天下午的内阁会议上就他们的建议做出了答复。据铃木的朋友、支持者农商省大臣石黑忠笃所言，铃木告诉内阁情报局总裁、内阁顾问会议的成员下村海南说：

---

① 苏联的宣战布告这样说道：“希特勒德国战败投降以后，日本成为依然继续战争的唯一一个大国。日本拒绝了今年7月26日美、英、中三国对日本武装力量无条件投降的要求。”日本新闻事业研究会编《昭和“发言”的记录》，东急Ejenshi出版事业部，1989年，94页。

② 田中伸尚，上述《记录　昭和天皇（五）》，475页。Committee for the Complication of Materials on Damage Caused by the Atomic Bombs, Hiroshima and Ngasaki: The Physical, Medical and Social Effects of the Atomic Bombings (New York, 1981), p. 114. 即使在今天，仍然很难全面掌握原子弹对人的危害的全貌。

③ Cyril Clemens, ed., Truman Speaks (Columbia University Press, 1960), p. 69.

④ 上述《木户幸一日记（下）》，1220—1221页。

这样的话出自敌方，说明对方已经出现了不得不停止战斗的实情。他们因自己的实情却要求这边无条件投降。越是这样的时候，如果我们牢牢地坚持住，对方就会先屈服。所以说虽然广播了这样的宣言，但没有任何必要中止战争。内阁的顾问们也许会让我考虑，可是我认为没有必要中止（战争）。[①]

就这样，十天里，当裕仁对事态相对保持了距离时，《波茨坦宣言》被“默杀”了。其间，原子弹爆炸，苏联军队从北满洲至朝鲜对日本开辟了广阔的战线。当时，无论如何也算不上鸽派的外相东乡茂德使天皇相信，宣言本身确实包含有条件投降的意思，而不是无条件的，虽然他对这样的解释或许还有他自己的疑虑。由于关键的问题尚未解决，裕仁在木户的坚定辅弼下冒险下注，授权东乡向世界通告日本将接受联合国的要求，但有一个条件，即“共同宣言提到的条件中，不包含变更天皇统治国家大权的要求”。第二天，8月11日，美国国务卿伯伦斯对这第一次的投降讯息做出回应，暗示天皇的权力将隶属于联合国最高司令官。这样的回答维持了至关重要的无条件投降原则。然而，由于伯伦斯没有就天皇未来的地位向日本人做出明确的答复，他的回答也可以被视作是对投降后天皇的地位有可能得到维持的暗示。

围绕对伯伦斯答复的理解，东京的领导层爆发了争论，迫使裕仁在8月14日再一次做出裁决，支持接受《波茨坦宣言》的意见。然后，他来到麦克风前，录下了将于8月15日正午向日本全国播放的投降通告。此时，胜者和败者已经进入了一种建立在无条件投降原则基础上的非契约性的关系当中。而稳健派的关心也早已发生变化，转向了如何将天皇与实际领导战争以及将日本带入战败的那些非现实的思考和失败的政策分离开的问题上去了。

为什么日本的高层领导人延迟了那么久才最终告诉他们的人民，要“堪难堪之堪，忍难忍之忍”，甚至连交涉都没做即宣告投降？如果格鲁等无条件投降的批评者们在5月、6月甚至是7月就达到了目的，并且就保证皇室存留问题达成了协

---

① 石黑忠笃《农政落叶笼》，冈书院，1956年，421—422页。铃木贯太郎传记编纂委员会编《铃木贯太郎传》，1960年，372页。下村宏国务大臣向内阁会议传达了内阁顾问会议对《波茨坦宣言》的忧虑。石黑农商大臣在回忆录中这样记下了铃木的意图所在。

我在入阁时与总理的交谈中，虽然没有明言此次内阁为停战内阁，但我想他是这样想的。但他后来在议会上强调，除了战斗别无选择，记者会见时谈到《波茨坦宣言》也是同样态度，搞不清他到底是想继续战争还是停止战争。从表面上看，只能看成继续战争。没有一个是要停战的表示。我想，毋宁说不表示停战，正是因为总理的心中有一个要停战的心情吧。

石黑为了庇护铃木，在文章中介绍了铃木的“腹艺”。“腹艺”是日本一种文化习惯，在交涉时双方使用微妙的、不直接说破的方式，互相伪装自己真正的想法而谈下去。

议的话，日本领导人会不会马上投降呢？或者说，这个问题上是否还有我们没看到的东西？

Ⅱ

有关裕仁天皇在结束战争中的作用上，通常的解释是，日本请求苏联进行调停，广田弘毅与雅各布·马利克会谈，以及东乡外相传给驻莫斯科的佐藤尚武大使的密电等，都可以看作为投降所做的重要努力。但是参加了6月至8月初和平斡旋的当事者们将它们理解为仅仅是延迟不可避免的投降的外交战术而已。只有对失去统治权的可能性感到极为苦恼的裕仁和陆军统帅部才对苏联充满了期望。

战后，天皇对与苏联的这些协商做过一个简短的、容易使人误解的说明：

> 之所以选择苏维埃作讲和的中介，主要有两个理由。一个是因为其他国家都力量微薄，它们即使作中介也会被美英压服，结果还是有无条件投降的危险。另一个是苏联既有势力，又有与我们缔结中立条约的情义。
>
> 但是，因为我们不认为苏联是一个有诚意的国家，所以首先需要试探底细。于是，我们决定进行广田—马利克会谈。会谈的内容是如果他们给我们输入石油的话，那么就把南桦太（南萨哈林）、满洲让给他们。[①]

裕仁没有提及，日本为了使苏联保持中立对其做出的领土让步与同盟国为了让苏联参战向斯大林开的价，二者相比是多么的有限。[②]他也没有提及为了促进苏联和纳粹之间的和平，重光外相早期所做的努力。[③]日本对苏联政策的主要目标是，维持与莫斯科的“安定”关系；促进纳粹—苏联和平；使同盟国之间相互对抗。这个政策在1943年里开始发生变化，到1944年年底——在裕仁得知斯大林将日本归为“侵略国家”之后[④]，裕仁批准了一个意图不清的提案，向莫斯科派出了特使。待铃木政府决定请求苏联进行调停结束战争的时候，苏联的政策已经从维持中立转向伺机进攻日本。但是裕仁对最近的日苏关系史没有过多留意。裕仁错误地解析了形势，因为它与其通过谈判结束战争的目的相抵触，裕仁的目的是要保卫以他自己和授权皇

---

① 上述《昭和天皇〈独白录〉》，120页。

② 和田春树《日苏战争》，原晖之、外川继男编《讲座　斯拉夫的世界（八）　斯拉夫与日本》，弘文堂，1995年，110页。

③ 齐藤治子，上述49页。和田春树，上述110页。

④ 1943年5月，斯大林说“法西斯阵营只会在遇到重大危险的时候才谈和平”，1944年11月6日，斯大林说日本是侵略国家。齐藤治子，上述49、52页。

位为中心的独裁的天皇制。

让我们继续来看他在战后对日本向莫斯科的提议的解释，天皇补充道：“可是，到了（1945年）7月上旬，苏联也没答复。而我们这边必须在波茨坦会议之前把事情搞清楚，迟了不行。为此，我与铃木商量决定中止广田—马利克会谈，直接与苏联进行交涉。”①

事实是，结束会谈的是马利克大使而不是天皇。裕仁在7月初对结束战争的交涉——皇家特权将得到保障——确实表现得比较关心。7月12日前后，他和木户派近卫亲王作为天皇的特使去莫斯科，以此推动与苏联的秘密直接交涉。然而，几天前的7月9日，前外相有田八郎在上奏中指出：“几乎无法指望重庆、苏联和延安站到我们一边，或者用他们来改善我们目前的形势。即使这样，我们还要尝试吗？那不过是浪费寸刻必争的宝贵时间而已。”对大局进行了冷静且理性判断的有田对天皇说：“为使神州真正不灭，单是呼号必胜不灭的信念没有什么用处。宜洞察大局，有时需要忍不可忍之事。”②

更为重要的是，6月8日以来，驻莫斯科的佐藤大使一直告诉东乡外相，想让苏联帮助日本根本是不可想象的。③ 7月13日，佐藤警告东乡“派遣特使是天皇陛下的意志，令人不胜惶恐”，但对苏联来说没有任何意义，只会给皇室带来麻烦，“即使他把根据陛下意思制定的日本政府的提案提出来，也缺乏具体内容，只是过去设想的罗列而已”。④

7月20日，佐藤报告东京，苏联“以目的暧昧为理由”，事实上拒绝了接见特使（他的一向主张不幸言中）。第二天，这位大使向东乡外相发出了到目前为止最带感情的电报，总结了他对整个形势的看法。佐藤（与7月9日的有田，2月以来的近卫亲王的所作所为一样）认为国家已在危急关头，唯一出路就是立即投降。有关“保持国体的问题”，佐藤强调说“是国内问题，可以排除在讲和条件之外”。⑤换句话说，就是日本没有必要坚持要外国对君主制做出保证：“国体”，对佐藤来说意味着天皇的特权，可以在立即投降的情况下得以保留，并在以后日本恢复独立

---

① 上述《昭和天皇〈独白录〉》，120页。

② 有田用下面的话结束上奏。“臣诚惶诚恐谨奏，请以陛下英明之资，处此难局。仰希达观战争趋势，一断以救皇国之危急。”外务省编《终战史录3》，北洋社，1977年，207—208页。

③ 佐藤大使发东乡外务大臣电报，1945年6月8日，同前191页。

④ 佐藤大使发东乡外务大臣电报，1945年7月13日，in FRUS, Diplomatic Papers: The Conference of Berlin (The Potsdam Conference), 1945, vol. 1 (Washington, D. C.: USGPO, 1960), p. 881.

⑤ 佐藤大使发东乡外务大臣电报，第1227号（1945年7月19日），in FRUS, Diplomatic Papers: The Conference of Berlin (The Potsdam Conference), 1945, vol. 2 (Washington, D. C.: USGPO, 1960), p. 1251 and p. 1256. 日本的原出典为《终战史录3》，同前199页。

时得到复活。

然而，东乡根据裕仁的意向，坚持原来的意见。他告诉佐藤日本不会在事前披露其讲和方案，他应该全力摸清苏联的意图，并使他们接受天皇的特别使节近卫公爵。8月2日，东乡向佐藤发送了另一封训电："御上也十分关注此问题的进展，总理和军事首脑部眼下也都将关心系于此一点。请考虑以上情由，虽然你也有意见，还请努力设法唤起苏联对派遣特使的热情，使之接见特使。"[①]佐藤在收到了东乡的电报后，再次向外务省致电，强烈要求立即接受《波茨坦宣言》。[②]

佐藤大使、前外相重光葵、有田八郎等，都不认为通过苏联的调停能够结束战争。东乡外相本人也怀疑这一点。然而，按照天皇的意愿，他希望天皇的特权能够得到国际保证，他一直在为此努力。即使在情报局总裁下村海南8月4日到他的住所拜访，恳求他时："单是以苏联为对手是不行的。这样下去就没有希望了。应该想办法与美、英、中进行接触，哪怕是通过非正常途径也好。"他也没有同意与联合国直接交涉。[③]

8月7日，东乡向佐藤发出最后的训电，仍然指示他探明苏联方面的态度。但此时斯大林已经得知了广岛的原子弹轰炸。8月8日晚，当美国大使埃夫里尔·哈里曼在克里姆林宫与他见面的时候，斯大林说："我认为日本人现在正在寻找可以接受投降的政府取代现政府的口实。原子弹也许会成为他们的口实。"[④]美国摧毁了整座日本城市的消息使斯大林解除了提防，他决定第二天正式参战，比先前的计划提前了一个星期，也比杜鲁门总统所预期的早了一个星期。[⑤]向广岛投放原子弹，杜鲁门不经意间加深了苏联独裁者对美国的疑虑，成为冷战开始的一个要因。

日本外务省给莫斯科的电报被美国情报机关截获破译，至少有一部分被杜鲁门读到。人们在议论，总统能够——而且应该——对无条件投降方案至少做出些让步。但是那些电报总是非常暧昧不定，以至于在终战谈判中无法被判定为认真

---

① 田中伸尚《记录　昭和天皇（五）》，439页，引自上述《终战史录3》，524—525页。

② 同前440页。

③ 同前444页。

④ 引自David Holloway, Stalin and the Bomb: The Soviet Union and Atomic Energy, 1939—1956 (Yale University Press, 1994, p. 128.

⑤ 田中伸尚，上述461—462页。杜鲁门在回忆录中说道，对苏联的决定并不感到吃惊。苏联对广岛原子弹爆炸的最初反应，见Holloway, Stalin and the Bomb, pp. 127—129, the review of Hollway by Vladislav Zubok in Science 266 (Oct. 21, 1994), pp. 466—468.

的尝试。[①]

有报告说，即使是外务省为近卫作为天皇特使计划秘密访苏（未实现）而准备的信件，其主要目的也是要苏联对未来的皇权及昭和天皇个人做出保证。[②]维持“国体”是至关重要的目标，是和平的唯一条件。此外，“天皇的亲笔信”暗示道，战争就像天灾一样是自然发生的，如果美英坚持无条件投降，那么阻碍和平进程的就是他们，而不是日本。

铃木内阁和最高战争指导会议，从来没有从使日本民众免遭进一步毁灭的角度考虑过和平构想，除非皇位以及裕仁的大权得到绝对保证，否则就不能做出结束战争的决定。相反，他们在等待，一直等到外敌制造出一种能给他们一个体面的投降借口的局势，以使“国体”不被来自日本人民自身的反军、反战的压力摧毁。原子弹，加上苏联随后的宣战，给了他们所需要的借口。这就是为什么（正如田中伸尚所指出的）8月12日，米内光政能对高木惣吉少将这样说的理由：

我想这种说法不太合适，但是原子弹和苏联参战，从某种意义上讲，实为天佑。这样，就不用迫于国内形势停止战争。我很久以来就主张收拾时局的理由，既不是敌人的攻击令人恐怖，也不是原子弹和苏联参战。最主要的是令人担忧的国内情势。所以，现在国内情势还没表面化就收拾了事态，毋宁说是幸运的了。[③]

近卫也认为这是政治上的好时机，他将苏联的参战称为“（此乃抑制陆军之）天佑”。木户则认为原子弹和苏联的介入“（在结束战争上）发挥了作用”，是

① 调查投放原子弹决定的历史学家们得出结论说，杜鲁门见过被盗听并破译好的日本的“和平尝试”，詹姆斯·福莱斯特海军部长和马歇尔陆军参谋长也知道这个电报。但是，这个电报最多只说明日本政府希望和谈，而不是准备无条件投降。到广岛原子弹爆炸、苏联参战为止，没有一条是关于无条件投降的。天皇、木户等要求的，不是“和平”，而是维持天皇的权威以及完整的天皇制。关于美国的认识，参见Walter Millis, ed., The Forrestal Diaries (Viking Press, 1951), pp. 74—77; Robert H. Ferrell, ed., Off the Record: The Private Papers of Harry S. Truman (Harper & Row, 1980), pp. 53—54; and Memoirs by Harry S. Truman, vol. 1, p. 396.

② 山田朗、纐缬厚，上述212—213页。近卫准备带到莫斯科的“天皇亲笔信”，看上去实在是很短的一篇东西。要点参见上述《终战史录3》，160—161页。

③ 关于米内与高木，参见吉田裕《昭和天皇的终战史》，岩波新书，1992年，27页。这里引用的全文，见《高木惣吉少将备忘录》，每日新闻社，1979年，351页。田中伸尚，上述475页中也有同样的引用。

“事情顺利进展的因素”。[①]一场刚刚开始的权力斗争正在进行，10万人还是20万人死去对于涉及其中的人来说变得无关紧要，只要他们取得了期望的结果：使君主制不受损伤地结束战争；有效地控制由于战败而不可避免地被释放出的不满能量。战争连续剧的最后一幕如同最初一幕一样，日本的“稳健派”发现屈服于外界的压力比主动积极地采取行动结束战争更容易些。

统治精英们考虑投降条件的另一个例子是《和平交涉纲要》，这份文件是在近卫勉强接受了去莫斯科的使命之后，由近卫和他的顾问、退役陆军中将酒井镐次起草的。[②]这份可能未在统治精英间传阅过的《纲要》规定了将保留天皇制（几乎包括全部的皇权）作为和平的绝对的最低条件。文件将日本“固有领土”定义为包括千岛群岛南部的领土，但是表露出愿意放弃所有海外领土，包括冲绳和美国占领的小笠原群岛以及南萨哈林。《纲要》还接受了一定时期内完全解除武装，在武装部队的遣散和缴械问题上向同盟国做出了妥协。

更为重要的是，附在《纲要》后面的“说明”表示，“主要是确保皇统，实施天皇政治。但最坏的情况下，也不得不让位。即使在此情况下，亦务必采取自发形式，努力避免强制方式”。近卫和酒井还准备“由我国自主恢复以天皇为首的民本政治”。在日本民众将民主主义视为敌国文化的时期，他们曾用大正时期的这个词表示“民主主义”。值得注意的是，即使是近卫也未敢请求天皇批准他附加的“说明”。[③]

在维护皇位的“名誉讲和”的策划中，近卫和酒井还表示，如有需要，可用密约的方式，送同胞去接受强制劳动以取代物质赔偿的意向。即《纲要》中表明的“驻海外军队于当地复员，并尽力让他们回国。在不得已的情况下，同意将其中若干人留在当地”，“同意提供一些劳力作为赔偿”。很清楚，拘留日本俘虏作为苏联经济的强制劳工（后在西伯利亚劳动营中实施）并非完全是苏联的意图，最初竟

---

① 木户一直努力着，想给昭和天皇和自己塑造一个一贯反对军国主义的形象。在1966年4月6日的一次访谈中，木户说“全体都做好了（投降）心理准备，所以原子弹爆炸没有感到多大震动。如果是在全面出击的时候吃了原子弹爆炸，那才叫麻烦呢，不可能马上投降的……两个月前，做了各个方面的准备……毋宁说，原子弹和苏联参战，对投降产生了正面作用。那时候，如果没有原子弹爆炸和苏联参战，说不定还不会成功呢”。第二年，木户夸耀地说，“可以说，因为苏联和原子弹帮了忙，日本才有今天这样的复活”。《与木户幸一的对话》，金泽诚等编《华族——明治百年的侧面史》，北洋社，1978年，185页。和田春树，上述119页。

② 关于《和平交涉的纲要》的文面，见矢部贞治编《近卫文麿（下）》，弘文堂，1952年，559—562页。

③ 吉田裕，上述23—24页。

然是天皇身边的人想出来的。[①]

Ⅲ

第一次原子弹爆炸和苏联参战的双重心理冲击，加上天皇和木户对于不断增长的民众对天皇及皇位的批判的担忧，以及他们近乎偏执的恐惧，担心如果他们允许战争继续下去的话，民众早晚会对他们的领导人做出狂暴的反应。这些因素最终导致裕仁在原则上接受了《波茨坦宣言》的条件。[②]

8月9日，从上午10：30到下午1：00，最高战争指导会议的六名成员召开了第一次会议。陆相阿南惟几、参谋总长梅津美治郎代表陆军，海相米内光政、海军军令部总长丰田副武代表海军，外相东乡茂德代表外务省，还有铃木贯太郎首相，人们猜想他们对接受《波茨坦宣言》进行了讨论。但是，他们讨论的不是无条件投降，而是要争取有条件投降：是一个条件，保留“国体”，还是四个条件？

根据海军军令部总长丰田的记述，在铃木首相谈了广岛原子弹爆炸和苏联参战后，米内海相第一个发言，将问题按照四个条件进行了设计。“不说话也解决不了问题（铃木首相发言后，有几分钟难耐的沉默），接受《波茨坦宣言》，仅仅是无条件的一口吞下，还是我方提出希望的条件，无非就这么两方面吧。他指出，如果想附加希望条件的话，审议的对象可以是这些方面。第一是保留‘国体’，然后是《波茨坦宣言》中的主要事项：处罚战犯、解除武装的方法、占领军的进驻问题。”[③]就这样，与会者们提取了他们认为《波茨坦宣言》中不清楚的地方并把它们当作了讨论的基础。

---

① 吉田裕《近卫文麿——“革新”派宫廷政治家的误算》，吉田裕、荒敬等，上述40页。1945年8月，苏联部队俘虏了63.9676万名关东军士兵，其中包括“2.6583万名校官与191名将官”。除了将官以外，基本上（约57万人）被关押在集中营从事劳动。S. I. Kuznetsov, “Kwangtong Army Generals in Soviet Prisons (1945—56)”, in Journal of Slavic Military Studies 11, no. 3 (Sept. 1998), p. 187.

② 在投降前后，木户频繁地会见宪兵将校以及民间人士，收集国内形势恶化的最新情报。战后高木惣吉海军少将回忆1945年7月12日近卫公爵谒见裕仁一节，做了如下记录：“‘现今社会上甚至出现了对皇室的怨言’，听了这句话后，天皇表示完全理解。”吉田裕，上述29—30页。林茂等编《日本终战史（上）》，读卖新闻社，1962年，196—210页。田中伸尚，上述460页。John W. Dower, “Sensational Rumors, Seditious Graffiti and the Nightmares of the Thoughl Police”, in Dower, Japan in War and Peace: Selected Essays (New Press, 1993), pp. 101—154.

③ 君岛和彦《关于“终战工作”与“国体”的一个试论》，《东京学艺大学纪要　第三部门　社会科学第34集》（1982年），157页。丰田副武《最后的帝国海军》，世界之日本社，1950年，206—207页。

陆军坚持要求四个条件。[1]第一，保留“国体”。所有与会人员认为这是有别于《波茨坦宣言》的条件。第二，由大本营承担解除武装和遣散部队的责任。第三，非占领。最后，授权日本政府进行战犯惩处。[2]陆军将“国体”等同于天皇的最高统帅权。其进行自主战犯审判的自私愿望是出于对联合国的不信任，因为他们相信联合国将会出于政治动机利用审判来起诉军部。因此，陆军领导人希望先行取得所有的国际审判工作，进行自主审判——正如第一次世界大战后未被占领、没有接受战犯审判的德国那样。[3]

同一天召开的内阁会议上，铃木内阁有三名文官阁僚支持军部的观点：司法大臣松阪广政、国务大臣安井藤治、厚生大臣冈田忠彦。[4]当天晚上的御前会议上（会议一直持续开到10日拂晓），外相东乡主张要坚持的唯一投降条件就是保留“国体”。在整个讨论中，对于东乡来说，“国体护持”意味着只是皇室或者皇统的保留，而不是裕仁统治的继续。

但对其他人来说，维护“国体”的含义则不同。同是一个条件派的平沼对于“国体”有着完全相反的解释。他认为“天皇统治的大权非依国法而生”。因此平沼坚决认为“即使国民全部战死，也要保卫国体，保卫皇室的安泰”。[5]会上各抒己见，对于“国体”的内涵没有完全统一的见解。一个条件对四个条件的争论，实际上成了对日本国家未来形式的讨论，并潜含着正在进行的对战后政治权力的争夺。

---

① 1949年11月28日，东乡对受GHQ历史科的嘱托前来讯问的大井笃说：“我想不起来米内海相是否全部提示了这四个条件。”东乡批判说，在自己提出的一个条件之上，阿南、梅津、丰田等又加上了三个条件。但是，他的这个说法没有得到佐证，受到讯问的其他官僚们说法相反。

② 田中伸尚根据丰田副武、东乡茂德的回忆描述了当时的情形。根据他的描述，梅津美治郎就当时的自主解除武装讲述了这样一段情况：

“投降两个字在日本军人的词典上是没有的。军队教育是，武器失去了就用手战斗，手不行了就用脚，手脚都不能用了就用牙咬，实在不行的时候，自己咬下舌头自杀。对这样的军队，命令他们放下武器投降，是不容易被接受的。所以，关于解除武装的方法，应该向对方提议，在各战局部地区，同盟国军与我军协商，指定地点和日期，这边自发地把武器集中在那里，部队也到指定场所集合，把武器交给对方，然后按照对方的命令行动。”

田中伸尚，上述479—480页。

③ 粟屋宪太郎《从东京审判看战后处理》，粟屋宪太郎等《战争责任　战后责任　日本与德国什么地方不同》，朝日新闻社，1994年，79—80页。

④ 田中伸尚，上述493—494页。东乡在1949年5月17日、1950年8月17日回答了GHQ历史科最终调查的讯问。U. S. Army Statements of Japanese Officials on World War Ⅱ (n. p. 1949—1950), vol. 4, Microfilm Sheet No. 51256.

⑤ 外务省编《日本外交年表并主要文件（下）》，原书房，1966年，630页。君岛和彦，上述161页。

很难确定天皇和木户是否是从一开始就站在了东乡一边反对军部领导人的四个条件的。更大的可能性是两个人仍然同情军部和与之态度相同的文官中的彻底抗战派，他们宁愿继续自杀性的战争也不愿意立即投降而且是无条件的。这可能就是为什么，8月9日，近卫让细川护贞去海军军令部，强烈要求天皇的弟弟高松亲王催促裕仁（通过木户）接受波茨坦条款；为什么那天下午晚些时候，近卫还谋求外交官重光葵的帮助，劝说木户改变支持四个条件的态度。在高松宫和重光的极力劝说下，木户最终转向了东乡的立场。①

结束战争的功劳还有辅佐宫廷领导人的年轻官僚们的一份。他们是内大臣木户的秘书官长松平康昌，铃木的秘书、内阁书记官长迫水久常，东乡和重光的秘书官加濑俊一和海相米内的助手、海军少将高木。这些人不但对催促天皇的重臣接受《波茨坦宣言》方面大有作为，而且投降后，为了保护天皇逃避战败的后果，还扮演了重要的幕后角色。②出于保卫天皇的愿望，他们后来对有关整个投降过程的描述做了限制和歪曲。松平甚至成功地将虚假的关于天皇在战争中的作用的官方说法，插入了《麦克阿瑟报告》中，使之成为正式的文件。③

对结束战争的历史记忆开始于8月9日深夜至10日早晨，在东京举行的御前会议。会上，拖延到6月才加入“和平阵营”，呼吁早日——尽管不是立即——投降，而后又犹豫不决的天皇，在木户为他准备的对大臣们的讲话中正式接受了《波茨坦宣言》。会议开始前不久，铃木请求并得到天皇的特别许可，让极端保守思想的代表平沼参加了会议。④迫水事先知道44岁的天皇当晚将发言，为了作记录，午夜也来到了会场。他将天皇的言辞流畅、清楚有序地记录了下来。

许多个月后，天皇本人叙述的他在8月9日至10日晚上的最高战争指导会议上做出的“圣断”，对理解他的动机很有帮助。过了凌晨2：00，会议在是否接受《波茨坦宣言》这一点上陷入了僵局。

铃木下定决心，在会议席上向我表示，希望在两论中决定一个。会议出席者，

① 1944年6月29日，暗地里策划东条内阁倒阁的高松宫在海军军令部会议上对细川护贞说：“在绝对国防线——新几内亚至塞班小笠原线已被突破的情况下，我想，应该抛弃过去那种建设东亚共荣圈的理想，极端地说，应将战争的目的放到怎样才能败得更好这一点上。”细川护贞《细川日记》，中央公论社，1978年，254页。

② 吉田裕，上述31页。

③ 松平的文章《日本天皇与战争》被收入《麦克阿瑟报告》第二部第二卷的附属文件。这份报告是在查尔斯中将的指挥下编辑的，于1950年在东京由麦克阿瑟的幕僚团刊行。Reports of General MacArthur: Japanese Operations in the Southwest Paeific Area, vol. 2, part 2 (Washington, D. C.: GPO, 1966), pp. 763—771.

④ 上述《木户幸一日记（下）》，1223页。

除了铃木总理外，还有平沼、米内、阿南、东乡、梅津和丰田六人。关于附加国体护持条件一案全员一致。但是，阿南、丰田、梅津三人主张还要加上不实行占领、由我方解除武装和处罚战犯三个条件。与认为在战争的现阶段还有交涉余地的意见相反，铃木、平沼、米内和东乡四人则认为没有那个余地了。

那时我认为不可能继续战争了，从陆军参谋总长报告得知，犬吠琦和99里海岸的防御工作仍没有准备就绪。而且，据陆军大臣说，不到9月份，关东地区的决战师团完成武装所需的物资无法运到。在这样的情况下，如何能保住帝都？如何还能战斗？我是没办法。

我说，我赞成外务大臣的方案，接受《波茨坦宣言》。

外务省的原案中有关“天皇国法上的地位”的词句，采用了平沼的修改，结果后来证明那反而不好。不管怎么说，这个会议依据我的裁决，决定接受《波茨坦宣言》，并通过瑞士和瑞典发出了接受宣言的电报。

……当时，促使我下决心的第一位因素是，照此下去，日本民族将灭亡，我没能保护好我的赤子（臣民）。

第二，在护卫国体上木户也是同样意见。如果敌人在伊势湾附近登陆，伊势、热田两神宫将立即处于敌人控制之下，不可能有时间转移神器，也没有可能确保它们。在这种形势下，保卫国体将是困难的。故此时我想即使牺牲我自己，也必须讲和。①

在这番讲话中，天皇声称陆军大臣说无法保卫首都。然而，从6月以来，他就一直完全了解将战争继续下去越来越困难。为什么他在制定立即投降的决策之前等待了这么久？如果铃木只希望一个条件，（一个条件派和四个条件派的）两种意见并不是不分上下的状态，实际上存在着多数派。那么为什么，他们没有按照多数人的决定结束战争，让裕仁事后批准他们的决定？

在广岛被炸之前，天皇就知道他的内阁在接受波茨坦条件方面存在分歧。他也知道只有他能够将国务和军事指挥统一起来。那么，为什么他一直等到9日晚上——就是说，直到另一个外来的巨大压力到来之后——才召集最高战争指导会议呢？②

在证明他的投降决定的合理性时，裕仁首先使平沼与军队强硬派对立起来，然后又批评他影响了外务省发给联合国的有条件接受《波茨坦宣言》的电报的措辞。平沼正是为了确保有关“国体”的右翼观点和神道的见解，还参加了最高战争指导会议和随后的内阁会议。在8月9—10日的御前会议上，是平沼而不是东乡，在保证

① 上述《昭和天皇〈独白录〉》，129页。

② 田中伸尚，上述472页。

“国体”的神权政治的思想，而非东乡的非宗教的文化的“国体”观这一根本需要上，表达了多数人的意向。当时裕仁支持了平沼，对多数派的观点没有提出反对意见，因为他相信他本人是神授君主。

对于裕仁讲话中疏漏了他的战败责任问题，会议并不是没有讨论。池田纯久陆军中将和保科善四郎海军中将参加了8月9—10日的会议，他们后来都称是枢密院议长平沼提出了这个问题。据池田描述，平沼在8月10日拂晓时转向天皇，轻声地说：“这次的败战，天皇陛下，您也有责任。怎么说不也是对不起皇祖皇宗的英灵吗？”海军省军务局长保科善四郎的记录也证明了平沼的话：“陛下有责任向皇祖皇宗汇报。对这个问题动摇了，陛下的责任重大。”[①]因此看来，8月9—10日的御前会议上，平沼有可能向裕仁提出了对战败进行赎罪的问题。人们有理由怀疑他们还讨论了天皇的退位问题。

一经天皇做出了“圣断”，内阁会议便就东乡的一个条件的投降议案进行了审议。在平沼的主张下，会议同意重新表述他们的接受条件：“同意在不包含要求变更天皇国家统治大权之下，日本政府接受宣言。”这样，平沼的“国体”概念的右翼思想成为会议的共识，而东乡认为应该保留的是皇统而不是裕仁个人这一更为理性的观念遭到了无视。

实际上，这就等于断言天皇的统治权，包括极为重要的统帅权，是优先于宪法存在并且是古来由神决定的，正如明治宪法的序文中所阐述的那样。[②]铃木政府仍然在争取维护包括天皇的政治、军事和外交大权的“国体”观念。无论如何，它都要求联合国保证天皇在国家神道的神权政治的前提下实行统治的权力。[③]当然，铃木内阁试图让联合国保证的并不是立宪君主制，而是以神谕君权的原则为基础的日本的君主制，使日本人民继续处于臣民的地位，保证军方在投降后仍起一些作用。即使在他们处于如此危急关头，“国体”对于他们来说，仍然意味着投降后天皇和“稳健派”可以继续利用它来控制陛下的“臣民”。也就是说，“国体”是根据正统的国家神道的教义形成的国家观，意味着天皇掌握着真正、切实的政治大权。[④]

假设保守派的约瑟夫·C. 格鲁等“日本帮”掌握了主导权，对无条件投降的原则进行了修改，日本投降后的领导人——当前围绕在皇座周围的“稳健派”——恐怕也没有可能抛弃明治宪法，使他们的政治制度民主化。格鲁和那些与他持相同立

---

① 御前会议的保科笔记，见上述《日本外交年表并主要文件（下）》，630页。另外，吉田裕，在上述《日本人的战争观》42—43页中，引用了池田纯久（陆军中将）的《日本的转折点》（千城出版，1968年）及保科善四郎（海军军务局长）的《大东亚战争秘史》（原书房，1975年）。

② 田中伸尚，上述506页。

③ 同前507页。

④ 横田喜三郎《天皇制》，博物馆图书，1997年，181—184页。

场的人对于日本国家没有什么了解，他们不相信普通的日本民众具有接受民主化的能力，更确切地说，他们不希望看到君主制的社会基础解体。

8月11日，国务卿伯伦斯对日本第一次投降提议做出了回答。回答重申了美国关于日本无条件投降的基本原则，没有任何折中和妥协。伯伦斯的照会声称："天皇和日本政府的国家统治权限"要交到联合国军最高司令手中；天皇要命令所有国内外的日本军队、官吏"停止战斗行为并交出武器"。它慎重地回避了天皇和天皇制在将来的地位问题。日本对无条件投降原则和天皇未确定的地位的完全接受，构成了麦克阿瑟将军的绝对权威和占领早期制度改革的基础。

为了使伯伦斯的照会更合裕仁、陆军领导人和平沼的口味，外务次官松本俊一（在与东乡外相讨论之后）和内阁书记官长迫水有意对英文原本中几处关键词做了误译。[①]原文的重要句子中，把"从投降的那一刻起，天皇及日本政府的国家统治权力应隶属于联合国最高司令"，松本将"应隶属"翻译为"将受限于"。（From the moment of surrender，the authority of the Emperor and the Japanese Government to rule the state shall be subject to the Supreme Commander of the A1lied powers.）

这一更改可能有助于仍处于极其犹豫状态的裕仁接受和平。第二天，8月12日，裕仁将他对投降的决定通知了皇族。当朝香亲王问如果"国体"得不到保留，战争是否还要继续时，裕仁回答说："当然。"[②]

此时，东京的一小伙中层军官中出现了拒绝接受伯伦斯答复的不稳定动向，裕仁为此不得不在8月14日重申了他的"圣断"。这最后一刻，在皇宫和厚木空军基地的政变企图没有产生什么影响就被制止了。裕仁8月10日的决定已经使大本营的军官们彻底沮丧，丧失了战斗意志。当陆军参谋总长梅津向他的下属们解释说天皇"对军队已经完全丧失了信心"时，那些彻底抗战派的态度急转直下，放弃了他们的主张。[③]

Ⅳ

日本的军方从未如格鲁所断言的那样，对政治进程或者战争指导实行过"完全的支配"。随着东条内阁垮台后战争的拖延，陆军和海军的高级将领们日益感激天皇周围的宫廷内臣和稳健派。这不仅是因为他们与裕仁更密切，也因为他们还负责

① 大森实《战后秘史2　天皇与原子弹爆炸》，讲谈社，1975年，267页。田中伸尚，上述531页。

② 上述《昭和天皇〈独白录〉》，129页。

③ 山田朗《大元帅昭和天皇》，新日本出版社，1994年，304页。

为天皇获取情报而进行的信息交换工作，这比陆军的国内情报网络更有效率。[①]

正如战争开始以及展开的每一个阶段一样，战争结束时，裕仁天皇在支持以他的名义开展行动上发挥了积极作用。当他作为大统帅在整个构图中被彻底复位时，事实就变得非常清楚：无论是（a）美国不愿意发表一份肯定的、及时的声明，如格鲁所主张的那样，保证君主制的存续，还是（b）站在反苏立场的杜鲁门及伯伦斯可能宁愿用原子弹也不用外交协商的方式。这都不足以构成导致使用原子弹，或是日本延迟投降的理由。确切地说，裕仁天皇不愿意面对战败的既成事实，未能果断地结束敌对行为和他政府的某些官方行为和政策，才是使战争继续下去的主要原因，尽管它们也不是使用原子弹的充分理由。最后的分析是，应把这两个方面也考虑进去，一个是皇位的巨大影响，及皇位拥有者的权力、威望和顽固的性格；另一个是哈里·杜鲁门的权力、决心和残酷。

从亚洲太平洋战争一开始，天皇就是在他周围发生的事件的主导者。在冲绳战役之前，他不断地施加压力，要求取得决定性的胜利。之后，裕仁承认了早期讲和，而不是立即和平的必要性。随后他又犹豫不决，与其说希望直接与联合国进行协商，不如说希望战争继续下去。当最后的危机彻底到来时，所剩下的唯一选择就是无需谈判的投降。即使到了那个时候，他仍在继续拖延时间，直到被投放了原子弹并遭到了苏联的进攻。

通常来讲，任何不予以交涉余地的投降要求对于结束战争的进程确实都会有一些影响。但是这一次，延长了亚洲太平洋战争的，与其说是联合国无条件投降的方针或“绝对胜利”的政策，不如说是日本最高领导层不现实和无能的行动。在战时支撑他们斗志的天皇思想的支配下，让他们做出投降的举动几乎是不可想象的。明知客观上已被打败，但是天皇及其战争指导者对于战争强加给他们人民的痛苦漠不关心，更不要说被他们破坏了生活的亚洲、太平洋和西方人民的痛苦。他们在寻找一个失败但不受损失的办法——以此缓和投降后国内的批评，并使他们的权力结构得以存留。

因为对皇室命运的全神贯注使他们陷入盲目，还因为专心致志于对苏乐观外交，这些领导人放弃了好几个结束失败的战争的机会。裕仁和他非正式的战时内阁——最高战争指导会议本应该直面现实，2月里就果断地采取行动寻求和平。当时，近卫亲王曾做了报告。近卫和外相重光还都警告过天皇《日苏中立条约》不会向日本提供保护。一旦欧洲的形势变得有利，苏联会毫不犹豫地在远东实行军事介入。陆军情报部也提醒他们注意苏联有可能在夏天对日参战。当时，本土只是遭到了小规模的轰炸，但是他们肯定知道，随着时间的推移，城市轰炸只会加剧。

---

① 吉田裕，上述《昭和天皇的终战史》，226页。

6月初，他们失去了第二个机会。冲绳决战以日本失败而告终，政府的分析显示战争很快就无法坚持下去，梅津将军向天皇披露了他对中国战线形势的独自调查结果，结论极不乐观。[①]4月5日，莫洛托夫外长通知东京方面，《日苏中立条约》将不会延续。因此，德国在5月7—8日无条件投降后，日本已经完全孤立起来。考虑到这些因素，这无疑应该是一个与美英开展直接交涉的最合适的时刻。

可是最高战争指导会议非但没有这样做，反而采取了两条危险的路线：一个是在本土进行决战的准备；另一个是通过向斯大林做出有限的领土割让以获取苏联的协助从而结束战争。在裕仁的同意下，六位最高战争指导会议成员同意退回到日俄战争之前的状态，保留朝鲜作为日本的领土，将南满洲变为中立地带。日苏交涉甚至尚未开始，他们就采取了四平八稳的程序来浪费时间。他们指派前外相广田与马利克大使进行商谈以便探查苏联领导人的“意向”。[②]

他们丧失的第三个机会是在7月27—28日。收到《波茨坦宣言》后，铃木内阁对其做了仔细研究，然后两次公开地表示拒绝接受。当时没有一位“和平派”的成员主动建议接受《波茨坦宣言》。天皇和木户将他们的希望寄托在未落实的近卫访莫斯科的使命上面，推迟了投降并允许战争继续进行下去。从7月27日收到《波茨坦宣言》到8月6日广岛原子弹投下这段时间里，虽然驻苏大使佐藤等人不断地讲莫斯科是不会答复的，天皇和木户还是等了又等。只是在广岛被原子弹轰炸之后天皇才开口：“既如此就不得不考虑了”，现在“是结束战争的好机会”。在这11天的时间中，又有超过一万名日本民众死于常规性空袭。[③]

德国签署投降协定后，日本向苏联发出的“和平”提议，是暧昧的、缺乏说服力和具有反效果的。毫无疑问，它们不能作为协商结束战争的认真尝试。[④]这些谋略背后的思想从未超越过1945年5月中旬最高战争指导会议做出的决定（《防止苏联对

---

① 裕仁在《独白录》上说过这样一段话：“梅津在会议的第二天从满洲归来，报告说，即使用我在支那的全部力量，最多能与美国的八个师团相对抗，如果美国派遣十个师团在支那登陆，我们绝无胜算。第一次听到梅津说这么沮丧的话。”上述《昭和天皇〈独白录〉》，116—117页。

② 在5月中旬召开的最高会议构成人员会议上，铃木首相说：“斯大林的人品与西乡南州有相似之处，让苏联做讲和的中介怎么样？”阿南陆相说：“战后将会成为美国对抗势力的苏联，不会希望日本一落千丈，说不定可以做一次相当游刃有余的交涉。”米内海相也说：“日本是不是可以用军舰与他们交换石油和飞机？”齐藤治子，上述55页。上述《日本外交年表并主要文件（下）》，612页。

③ 田中伸尚，上述459—460页。1949年5月17日在巢鸭监狱，木户在回答关于战争终结的询问时所做的书面陈述。

④ 东乡自身在1950年8月17日充分承认了这一点：“请求苏联做中介，但日本却未能向苏联提示自己对讲和条件的任何具体想法。”Togo statement of Aug. 17, 1950, p. 4, in U. S. Army Statements of Japanese Officials on World War Ⅱ, Vol. 4, microfilm shelf no. 51256.

日参战的对策与对苏和平工作方案》——译者注）。正如近卫准确把握的那样，天皇通过莫斯科结束战争的尝试将完全是浪费时间，等于是延迟了一项面对现实的国家决策。

如果杜鲁门政府在第一颗原子弹爆炸和苏联参战这沉重的双重打击之前“明示”了天皇地位，日本的领导人会更早地投降吗？恐怕不会。不过从另一方面看，他们有可能为了防止“国体”从内部被摧毁而投降。有证据表明，第一颗原子弹和苏联的宣战使裕仁、木户和宫廷派感到战争的继续将恰好导致这种毁灭。他们很清楚民众已厌倦了战争并且非常沮丧，也很清楚伴随着对天皇本人的公众批判，民众对军部和政府的敌意正在迅速增长。更具体地说，木户和裕仁对于内务省的治安报告也很知情。该报告是以全国各都道府县的知事和警察局长提供的信息为基础做出的汇总。报告显示民众开始把天皇作为一个应对不断恶化的战争形势负责的无能领袖来议论。

在此危急时刻，宫廷派对国内威胁的强烈感觉，毫无疑问都体现在了一触即发的警戒上。回溯到2月份，当天皇说“我担心的是国民能（否）忍耐”足够长的时间以获取胜利时，他所表达的并不是对他的臣民所承受的痛苦的担忧，而是害怕他们的痛苦将产生社会骚动的后果——就是革命。当时，他谈的一直都是通常的、战争中正常的艰苦，比如食物短缺、空袭、燃烧的城市、被毁的家园以及经常出现的所爱的人的死去等。而原子弹爆炸造成的死亡、伤痛和痛苦远远超出了人们的想象力，也大大提高了国内威胁的程度。当然有可能只有一个原子弹。可是突然间，第二朵蘑菇云升了起来，另一座城市几乎被消灭。但是，危机同时也是一个机会：裕仁现在可以以投降的方式将他正在遭受痛苦的人民从更为深重的痛苦中解救出来，同时摆脱将他们引入灾难的自己的责任，装出仁慈的样子，披上爱心的外表。裕仁确实做得很用心，然而首要的不是为了日本的民众，而是为了他自己的皇室和皇位。

7月16日，美国成功地试验了第一颗原子弹爆炸的那一天，意识到有情况将要发生的斯大林给苏联远东部队司令A. M. 瓦西列夫斯基打了一个紧急电话，询问对日作战的准备工作进展得如何，能不能将作战计划提前十天。瓦西列夫斯基回答说需要更多的时间来集结部队和进行补给。也许，如果斯大林能够在美国投下原子弹之前发动对日战争，对广岛和长崎的核破坏有可能得以避免。或者，如果日本在7月26日接受了《波茨坦宣言》，原子弹爆炸和苏联的参战就都有可能得到避免。[①]

杜鲁门在6月18日于白宫举行的参谋首长联席会议上，批准了进攻九州的作战计划，尽管为了支撑到1946年春天进攻本州为止，要有大量的人员伤亡和后勤及人力

① 齐藤治子，上述58页。

方面的投入。[1]当时，刚刚过去的冲绳战役还萦绕在每个人的脑海，杜鲁门评论说可以“让日本从头到尾都成为冲绳”。[2]到杜鲁门抵达波茨坦为止，美国对计划于1945年11月1日开始的九州进攻的伤亡预计是，刚开始的30天里将有22576人死亡、受伤或失踪，随后的30天里将进一步增加约1.1万人。[3]

没有人知道杜鲁门是否为美国对日本平民大规模的常规轰炸感到不安——这些行为可以被称为残暴。但是他很关心大数量的美国伤亡人数的预计。对于他来说，投放原子弹以外并非无所选择，比如等待苏联在满洲和朝鲜发动地面攻击，加上对日本本土的常规轰炸和炮击产生的效果，让日本领导人无法再继续承受下去。然而，拥有了新的世界末日的武器，杜鲁门缺少等待的耐心和远见。另一方面，日本的领导人在错误的、危险的思想控制下，为了维持他们自己和天皇的权力，宁愿牺牲无数的民众。在一定程度上也是为了摧毁这种心理——或者，用陆军参谋长乔治·C．马歇尔将军在1957年的话说：“使他们（日本领导人）因受到震惊而采取行动。”——这是杜鲁门和马歇尔对原子弹投放做的辩解。[4]

V

裕仁在8月9日至10日晚上表演的“圣断”，14日上午的重演，以及最后15日正午进行的国家规模的、全国民参加的、戏剧性的“圣断”广播的重演——这些活动增添了他的领袖魅力，同时，在即将开始的被称作“战后”的戏剧中，为他的新角色做了准备。

广岛被炸后，裕仁耽搁了一天半，于8月9日上午近10点时指示木户：“迅速控制局面”，因为“苏联对我国宣战，从今天起进入交战状态”。[5]木户立即与铃木首相联系，铃木便开始安排当天晚上举行的御前会议。按照8月10日的“圣断”精神，

---

① D. M. Giangreco, “Caualty Projections for the U. S. Invasions of Japan, 1945—1946: Planning and Policy Implications”, Journal of Japan, 1945—1946: Planning and Policy Implications, Journal of Military History 61, no. 3 (July 1997), pp. 521—581. 再现了6月18日白宫会议的记录，并加上注释。关于会议记录原文及军队的测算，见“Appendix” to Martin J. Sherwin, A World Destroyed: Hiroshima and the Origins of the Arms Race (Vintage Books, 1987), pp. 355—363.

② Giangreco, “Casualty Projections”, p. 560.

③ 同上，pp. 574—577的分析认为，应该把关于巴顿·伯恩斯坦死伤预测的议论与其进行比较。“The Struggle Over History: Defining the Hiroshima Narrative”, in Philip Nobile, ed., Judgment at the Smithsonian (Marlowe & Co., 1995), pp. 127—256.

④ Forrest C. Pouge, George C. Marshall: Statesman, vol. 4 (Viking, 1987), p. 19, from Pogue's February 1957 interview with Marshall.

⑤ 上述《木户幸一日记（下）》，1223页。

内阁书记官长迫水在裕仁讲话的基础上，负责起草了《终战诏书》。在两位汉学家川田瑞穗和安冈正笃的协助下，迫水用三天时间完成了诏书的草稿并提交给铃木内阁。8月14日晚，内阁经过六个小时有争议的讨论后对草稿进行了修改和通过。裕仁立即签了字。情报局总裁下村和木户劝说他把被适当进行了调整的最终定稿录了音，以备向全国播放。

8月14日晚，铃木政府通知美国和其他同盟国政府，接受《波茨坦宣言》和伯伦斯8月11日的答复。在无条件投降戏剧的高潮时刻，促使天皇加速采取行动的是美国的心理战。8月13日晚或是14日的清晨，一张从B-29轰炸机上投下的传单到了木户手中。木户参见天皇并说明了情况的危急。这张最新的敌人传单将政府提出“维持国体”作为投降条件的通告和伯伦斯的答复全文都告知了日本民众。如果继续下去的话，帝国政府将无法再依靠保密向民众隐瞒战败的真实情况和长期延迟投降的原因。出于对包括批判皇位在内的不断增长的失败主义迹象的担忧，天皇和木户不得不立即采取行动以防止人民崛起。于是出台了第二个“圣断”。[①]

8月15日正午，日本民众聚集在无线电广播的喇叭周围，第一次听到了他们天皇的尖锐声音：“朕已让帝国政府通告美英支（中国）苏四国，接受其联合宣言。”至于联合宣言的条款是什么，他没做任何说明，但是接下来他承认了战败，尽管是间接地、一直没有使用“战败”的词。通过宣称他正采取行动拯救“人类文明”免遭“毁灭”，“欲开万世太平之路”，以从联合国方面确保高水准的道德立场。裕仁重申——正如他的开战诏书中表述的那样——战争的目的是国家的“自存与自卫”。另外，他只对曾经是日本同盟的亚洲傀儡政权和对日协作政权表示了遗憾之意。

诏书的最后一段饱含情感，精明得无懈可击。天皇虽然没有具体阐述，但还是暴露了决心结束战争的真正目的。是他，曾经向日本人民宣示战争的意义和正当性。可是此时，他却想混淆责任问题，防止国民争斗和表达愤怒，并想加强以他为中心的国内团结。

> 朕于兹得以护持国体，信倚尔等忠良臣民之赤诚，常与尔等臣民共在。若夫情激之处，滥滋事端，或同胞排挤，互乱时局，因此误大道，失信义于世界，为朕最戒之事。宜举国一家，子孙相传，确信神州不灭，念任重道远，倾全力于将来之建设，笃道义，固志操，誓发扬国体之精华，期勿后于世界之进步。望尔等臣民善体朕意。[②]

---

① 松浦总三《天皇裕仁与地方城市空袭》，大约书店，1995年，175—178页。

② 正式的英译文参见Butow，Japan's Decision Surrender，appendix 1，p. 248. Bix，“The Shaowa Emperor's ‘Monologue’ ...”，pp. 300—302. 藤田省三《转向的思想史的研究》，岩波书店，1975年，227—230页。

裕仁的终战诏书，是第一份将他在国民前的形象重新定义为一个和平主义者、反军国主义者、战争中完全被动的旁观者——没有一个符合他曾有的表现——的文件。诏书在强调了他的“仁慈”和他对帝国主权的维护的同时，巧妙地遮掩了他前期不愿采取具体行动自主决定结束战争的表现。但是对于那些听到“玉音放送”的人来说，这是一次令人震撼的经历，一个毫无心理准备的晴天霹雳。

为了保证正确地理解以晦涩的宫廷文体写成的诏书，播音员和田信贤又用通常的语调重读了整篇内容。随后发布的内阁通告，谴责美国使用原子弹乃违反国际法，同样还谴责了苏联的对日宣战。对此和田做了如下评论：

草民难奉圣意，不得已纳戈而降，天奉不加呵斥，反说“朕自身如何不论，不忍见国民继续毙于战火”，天皇陛下对国民大慈大爱如此，谁能不反省自己的不忠呢。[①]

和田结束解说时重申了诏书的目的：“事已至此，举国一家，俱信神州不灭，为将来建设这个任重道远的使命全力奋进。”天皇投降宣言的特别广播将近结束时，一篇关于《波茨坦宣言》的新闻评论再次鼓励听众接受战败，要表现出应有的道德姿态，面对现实：“必须铭记，痛愤时局之余，同胞互相伤害，其结果，将会引发经济、社会和道德的混乱，导致皇国灭亡。”[②]

接受了《波茨坦宣言》的日本政府，自然也是接受了《波茨坦宣言》对日本所有现代战争价值判断的否定，因此日本政府负有追究战争犯罪的义务。然而，“玉音放送”和随后介绍8月14日“圣断”情况的报道，主要涉及的却是在维护天皇制和官方思想意识形态的同时，维持秩序。中国战争没有被提及，侵略行为被忽略，军队因他们的忠诚而得到褒扬。在减轻决策人的责任的同时，日本国民被植入了“现今是全体国民分担责任之时”的观念。

在随后的数星期以及数月里，大量关于日本战争犯罪和国家领导人战争责任的秘密文件被烧毁——执行8月14日铃木内阁的决定。在此期间，媒体以及8月17日接替铃木内阁的东久迩内阁，向国民描述天皇时，把他说成一位仁慈的圣人、结束了战争但又与政治无关的统治者。“玉音放送”成为对裕仁生来俱有的开创新局面的能力予以肯定的一个“仪式”。现在，日本国民可以回到和平追求经济发展的状态，并在任何时候都不会忘记是他们的天皇挽救了他们——和世界上其他国家的人

① 竹山昭子《玉音放送》，晚声社，1989年，128页。

② 同前134、138页。

们——以免遭受原子弹的进一步毁灭。①

“玉音放送”的命名是由统治集团的战时需要决定的，从那时起，对这一事件的深入分析便受到阻碍。裕仁的“圣断”被置于最明亮的道德之光照射下，并依此对天皇结束战争的行为做了描述，为其行为赋予了合理性。“圣断”的策略成了保护层，阻断了对裕仁在8月9—10日、14日至15日的行动的指责。与此同时，这一系列行动都被做了修订，以符合早已存在的皇家纪事对其统治的记述。最后的“圣断”显然起到了多重的政治和纪念作用。

宣布了“圣断”的天皇诏书，还引发了人们对原子弹加速战争结束的作用做出相反的评价。8月14日的天皇诏书绝不使用“投降”一词，并且间接地表述了（只有一处暧昧的表现）德国的战败和苏联的参战，“世界大势亦不利于我”。很明确，它在利用原子弹将日本描绘成受害者和世界的救星：“敌人使用了一种新式的、最残酷的炸弹，频繁杀伤无辜，以致无法估算残害所及。而我们若继续交战，不仅招致我民族的灭亡还将迁延人类文明的破坏。”

很显然，裕仁试图通过引用原子弹投放来证明他的投降决定的正当性。传达8月14日诏书的“玉音放送”，是日本第一次官方的、公开的承认原子弹的效力。至于天皇及其顾问们是否真的也这样认为却不得而知。因为三天后，即8月17日，裕仁向亚洲和太平洋地区所有战区发布了“赐陆海军人敕语”，命令他们停火并解除武装。这一次，因为诏书的对象只是军队，他强调了苏联参战和投降决定的因果关系，引人注意的是，这次对原子弹只字未提。

> 现今见苏联参战，察内外诸般形势，继续战争徒增祸害，遂有失帝国存立根基之虞。尽管帝国陆海军斗魂尚烈，为维护我光荣国体，朕在此与美英苏并重庆媾和。②

少为人知的8月17日对陆海军的诏书，将苏联的参战列为投降的唯一原因，将对“国体”的维护作为投降的目的。一直掩饰到最后——并持续到战后——天皇为其过迟的投降陈述了两种不同的辩解。③也许，这两种阐述都是真实的。

---

① 关于利用广播作为投降“仪式”的创意，参照同前71页。

② 千田夏光《天皇与敕语与昭和史》，汐文社，1983年，394页。

③ 大江志乃夫《免去广岛、长崎之罪的昭和天皇的责任》，《周刊星期五》，1995年4月28日，40页。关于8月17日诏书的英译文，见U. S. Pacific Fleet and Pacific Ocean Areas, Psychological Warfare Part Two, Supplement No. 3 (n. p., CINCPAC-CINCPOA Bulletin no. 164—45, 15 Aug. 1945).

第四部　没有反省的人生
（1945—1989年）

PART 4
THE UNEXAMINED LIFE,
1945—1989

第十四章　重建君主制

为了躲避美军空袭，11岁的皇太子明仁被疏散安置到栃木县日光市一家安全的旅馆。投降后，天皇裕仁和皇后良子给他写信，解释日本何以如此惨败。透过这些亲情温馨的信件，不但可以瞥见占领下首都的紧张局势，更重要的是，这些信件还展示了他们在战败不久这段时期的心理状态。

1945年8月30日，良子在信中写道："这里，B-29、舰上轰炸机、战斗机等如入无人之境，每天从早到晚，带着巨大的轰鸣声，飞行盘旋。遗憾的是B-29确实非常出色。坐在文库的书桌前写这封信，我只是抬头往外一看，就不知道有多少架飞机飞过。"[①]裕仁也对美军具体展现在"超级空中堡垒"上的科技威力留有深刻的印象。几个月前，他曾向明仁提到他和良子如何在御文库花园散步，"捡拾各种与B-29有关的物品"。[②]

9月9日，天皇略过他曾是核心人物的决策过程，在信中谈到了导致战败的主要原因以及一般性原因：

我国人过于相信皇国，轻视了英美。

我军人过于看重精神，忘记了科学。

明治天皇时期，有山县（有朋）、大山（岩）、山本（权兵卫）等陆海军名将，但这次，就像第一次世界大战时的德国，军人跋扈，不顾大局，知进不知退。

如果战争继续，将无法保护三种神器。国民也非得被杀。我含着眼泪，尽力把国民的种子留下来。[③]

年幼的皇太子明仁有一篇题为"建设新日本"的长篇日记，写于1945年9月，但

---

① 该信复刻版见《文艺春秋特别号　大昭和》（1989年3月）的364—365页。

② 1945年3月6日昭和天皇给皇太子的信。同前362页。

③ 鹤见俊辅、中川六平编《天皇百话（下）》，筑摩书房，1989年，39—41页。此信于1986年4月15日通过共同通信社发给日本国内各家报纸。届时，中曾根康弘内阁正在准备昭和天皇在位60周年纪念典礼。坂本孝治郎《迈向象征天皇制的表演——昭和期天皇巡幸的变迁》，山川出版社，1989年，65页。参见英文Asahi Evening News，1986年4月15日。

没有标明具体日期。这篇长长的日记提到了其他的战败因素。在重复了父母和宫廷导师教给他的关于国家屈辱失败的内容之后，他承认对于父亲承担“无条件投降这一国民的耻辱”感到“非常遗憾”。但不管怎么说，日本是战败了：

这是由于英美无可比拟的物质上的优势，美国的战争能力非常高强的原因。（英美）在战争之初因准备不足而失败，一旦做好了准备，他们就像猪武士一般攻来了。他们的攻击方法也很出色并且科学……最终，他们使用原子弹，致几十万日本人死伤，摧毁了城市和工厂……终于，战争无法再继续下去。其原因在于日本国力的劣势和科学力量之不及。①

明仁将战败的责任归咎于日本民众，而不是国家领导人和政治制度。“从大正开始到昭和初期，日本人考虑私事重于国事，只顾自己，因此不可能打赢这次的国家全面战争。”现在唯一的出路在于遵从天皇的指示：

无论如何艰苦，也必须从这深渊中站起来。为此，日本人必须坚守国体护持的精神，一致行动。一个日本人与一个美国人相比，任何方面都是日本人优秀。只是一到团体上就成劣势。因此从现在起，必须进行团体训练，发展科学，全体国民必须拼命苦干，建设一个比现在更好的新日本。②

也就是说，新日本应发展科技，加强对国家目标的集体奉献精神，认识到过去已经结束。

精英阶层从一开始，就详细分析了“大东亚战争”失败的责任。不过，他们的分析无视珍珠港事件前受到裕仁支持的满洲扩张，和在裕仁的鼓励下，近卫内阁将1937年中国华北事件升级为全面战争，以及亚洲民族主义对日本战败的贡献。1931年进攻中国和1941年攻击美英的责任被转换为导致最终给民族带来莫大耻辱和痛苦的战败责任。自然，裕仁没有以任何方式让自己或宫廷集团对这个后果承担责任。

皇太子明仁对日本人追求私利属于个人本位主义的认识，反映了官方的战争剖析中的另一个要素。裕仁的性格和所接受的训练，使他倾向于不相信个人的自我主张。他认为听从个人内心本能的摆布，是对理想化的集体中的自我信念以及对“国体”的信念的威胁。从昭和初期开始，裕仁和宫廷成员就积极地鼓励教导国民养成灭私奉公和服从官方的习惯。1937年以后，他们支持了为迅速增强战斗力量而制定

① 木下道雄《侧近日记》，文艺春秋，1990年，48—49页。

② 同前49页。

的大幅度降低生活水准的政策。现在，面对如何建设新国家的课题，他们首先想到的是要继续这个旧的价值观。怀着对自由主义、个人主义和民主主义的敌意，他们一方面谴责日本国民的“盲从”倾向，另一方面也谴责将个人利益置于国家利益之上的盲目行为。

这些广泛流传的对于战争性质的观点，影响了裕仁和近臣，以及保守的领导层追究战败原因与建设新日本之间的关联性。同时，这些观点还影响了他们如今采取的对美国占领者的方针政策。

I

结束了与军队强硬派的联盟，对宫廷集团进行了重整，裕仁尝试着使自己适应解除武装和外国占领下的过渡时期。为了保护君主制，很显然现在有必要以8月15日的终战诏书为基础，开展一场“精神动员”的新运动，使民众充分理解诏书所传达的信息。下一任总理有必要向困惑的、士气低沉的、被击垮的国民解释到底发生了什么。为什么所有忠良的臣民现在必须改变思想，礼貌地接受敌人，并且对他们自身的苦境，不要提谁来负责的问题。下一届内阁的当务之急，要为和平地接纳大量美国占领军作准备，并鼓舞国民，向他们传达现时与过去的连续性。这项使命，只有皇室的亲戚作为下一任政府首脑才能完成。

8月17日，裕仁任命了没有经过重臣会议，只是木户与平沼商议之后所推荐的东久迩宫稔彦为总理大臣。[①]东久迩宫与天皇一家关系密切。他的妻子是明治天皇的第九个女儿，而他的儿子又娶了裕仁的女儿照宫。尽管东久迩宫是个新手，完全没有政治经验，但是此时没有理由不信任他。裕仁让他担当起监督陆海军迅速、和平、（在美国占领之前）抢先复员的责任。东久迩内阁旋即被媒体称为“皇族内阁”，其任务是向联合国展示，只有君主制才能和平地遣散日本军队，并控制国家局势。东久迩挑选近卫担任副总理、朝日新闻社原副社长绪方竹虎担任内阁书记官长。这两个人在保护“国体”、使天皇的行为正当化、保护天皇不受批判方面起到了重要作用。宣传家绪方领导发动了反对批判战争领袖的运动，近卫则专注于接纳美国和英联邦军队的准备工作。

尽管全国各地都因为投降发生了自杀事件，但绝大多数日本人还是接受了新局面。他们对8月17日，东久迩为让国民了解政府的基本方针而进行的史无前例的广播讲话也表示了肯定。东久迩要求民众要“体会圣谕”，“……我们期望建设不落后于世界发展的最高度的文化……为此，特别期待活跃的言论与公正的舆论。今后，

① 千本秀树《天皇制的侵略责任与战后责任》，青木书店，1990年，141页。

我将鼓励建设性言论的展开，并承认健全的结社自由”。[①]和平为亲人的归来带来希望，也让人们多少摆脱了战时的束缚。

而另一方面，没有几个日本人知道占领将会为他们带来什么。住在军事基地附近的人则担心盟军部队会像他们自己的士兵在中国那样掠夺、抢劫和强奸，害怕异族通婚削弱自己的种族。对于担心一旦占领军登陆会发生强奸和暴力的问题很快得到了解决。在近卫建议下，东久迩同意动员妓女来应对那些将在几周内到达的性饥渴的盟军部队。

8月19日，内务省命令各都道府县政府设立“特殊慰安设施协会”（RAA），资金由国库提供。几乎一夜之间，全国的报纸杂志都登载了招募女性，并向所有志愿者提供食物、服装和住宿的广告。RAA举行启动式时，群众云集宫城前广场，大约1500名年轻妇女聚集到银座七丁目（现在的松坂屋附近）RAA临时总部外的街道上，聆听了RAA官员宣读的誓言：

> 数千“昭和阿吉”做人桩，筑起阻止（占领军）狂澜的防波堤，护卫培养民族的纯血统直到百年……同时，为社会的安宁做出贡献。再次说明，从大义上说，我们是（以身）护持国体，除此之外别无他意。特此声明。[②]

为了防止针对这些措施可能出现的敌对反应，8月23日，内务省警保局向全国各地警察发了极密“指导方针”，通知他们取缔公众对重臣或天皇投降决定的批判。天皇诏书已经颁布，国家现在必须按照天皇的指示前进，“唯圣意而顺从侍奉”。“指导方针”向警察发出警告：“要冷静、沉着，在任何情况下都要隐忍自重，绝对防止与盟军发生任何争执。心念圣上忧虑，同时一定要让世界保持对我们的信任”，如果与盟军部队之间发生任何不测事件，“都难保国家民族不陷入破灭，必须明白这一点”。[③]

然而，事实证明，来自战败军队的抵抗几乎不存在。驻扎在本岛的部队的士气8月15日之前就很低落，之后的三个星期里则陷于崩溃。各府县的知事和警察提交给木户内大臣办公室的报告书中讲到如下情况：部队要求立即退伍；神风飞行员满载着食物和其他物资飞回家乡；鹿儿岛陆军医院的军医护士置患者于不顾，竞相逃离了各自的岗位。当民众看到军队的无秩序状态、军需物资被盗和武装部队内普遍存

① 同前144页。五百旗头真《占领期——首相们的新日本》，读卖新闻社，1997年，39页。

② 金原左门、竹前荣治编《昭和史　国民中的波澜激动的半世纪》，有斐阁，1982年，244页。阿吉是在1856年，德川幕府的下田府派给美国第一个驻日总领事哈里斯做妾的年轻女子。

③ 粟屋宪太郎编《资料　日本现代史2　战败后的政治和社会1》，大月书店，1980年，23—25页。

在的无法无天状况的增加，民众对军队的尊敬彻底崩塌了。身着制服的军人很快发现他们已经普遍成为民众蔑视的对象。[①]

东久迩还不得不对付高层文官和军官对政府储备物资的大量盗窃。8月，警察的秘密报告书列举了数千件军需省、商工省以及陆海军省官吏染指黑市交易，为大公司买卖政府存储物资打掩护的事例。[②]政府只是小规模地逮捕了一些黑市商人，这种打苍蝇不打老虎的做法加剧了事态的发展，导致了公德心的低下，并使已陷困境的经济形势进一步恶化。

东久迩对急速扩大的黑市毫无对策。事实上，在他组阁之初就任命了右翼党羽、黑市商人儿玉誉士夫为内阁参与。9月初，儿玉对到他东京官邸拜访的三重县津市当选议员说："今后服从麦克阿瑟元帅的指挥，我们要掌握要领好好干。"[③]儿玉可能与"大哥"名分的笹川良一一样，参与了为占领军提供性和娱乐服务的俱乐部的开设工作。笹川不是内阁参与，战争时期曾担任过国粹同盟的领袖。他在大阪南区开设的美国俱乐部，是美国士兵到达后大阪市第一批开业的慰安设施之一。[④]

不论是有意还是无意，东久迩内阁将政治家、官吏和黑社会联结起来，使之成为战后重建的基础。不过，总理大臣主要关心的还是如何赢得公众对"国体护持"运动的支持。为了实现这个目的，他任命了1941年退休，之后将自己划归到反东条内阁阵营的石原莞尔为第二"内阁顾问"。石原是新千年王国运动——东亚联盟——的领袖，其支部从本州北部至九州南部，遍及各地。

与东久迩一样，石原也将战败的原因归结为日本民众道德的低下。他在东亚联盟的演讲中，反复强调了三个主题：决定日本战败是神的旨意，是为了让国民悔悟，重新树立对"国体"的信仰；一直在压迫民众的军队、警察和官僚要对现状承担责任；国民应该在占领统治尚未开始之前，"果断开始改革，让敌人感到惊叹"。比如说，在占领期间废止军备，清除特高警察，撤销对言论和信仰的限制。在今后的几年里，日本在退出世界舞台的同时，要尽可能地向美国学习更多的东西，模仿美国的方式方法。

为了协助石原扩大宣传，东久迩编组了特别列车，运送联盟成员去参加在各个城市举行的集会。（根据警察的报告）1945年9月14日，在岩手县的盛冈，石原号召全体国民为战败"忏悔"。他提醒听众，从现在到世纪末，"（美苏之间的）世界

---

① 粟屋宪太郎、川岛高峰编《国际检察局没收重要文件1　战败时全国治安情报　第二卷》，日本图书中心，1994年，8—10页、240—245页。粟屋宪太郎、川岛高峰《玉音广播是敌人的谋略》，《THIS IS读卖》（1994年11月），50—52页。

② 粟屋宪太郎、川岛高峰《玉音广播是敌人的谋略》，44页。

③ 同前56页。

④ 同前55—56页，引用了大阪府特高一科1945年9月19日的报告。

最终战争几十年后就会到来”，“八纮一宇的原理现在仍是生生不息”。[①]

裕仁密切关注着东久迩的言行和人事任命，从8月16日到9月2日，每天会见东久迩一次到两次。在征服者大举进驻之前，这关键的两个宫廷集团和东久迩内阁将注意力集中到那些真正与他们密切攸关的问题上：控制民众对战败的反应，使民众保持顺从以及对战争责任问题不关心的状态。尽管如此，无论他们做了怎样的努力，只要外国占领者进驻，君主制的革新和对国家领导人的惩罚就不可避免的认识在广泛蔓延。甚至有传言说，天皇自身有可能因承担战争责任而不得不退位。

Ⅱ

1945年8月30日，新任命的联合国军最高司令官（SCAP）道格拉斯·麦克阿瑟元帅到达日本，领导联合国军事占领工作。他在横滨设立了临时司令部。三天后的9月2日，重光外相率领天皇的代表在停泊于东京湾的美国“密苏里”号战舰上签署了正式的投降文件。文件以美国国务卿伯恩斯给日本接受《波茨坦宣言》回复中最为重要的语句作为结尾：“天皇及日本国政府的国家统治权力将受制于联合国最高司令官，当他认为对实施本条款是适当时，他就可以采取措施。”[②]麦克阿瑟来日当天，为了从麦克阿瑟那里获取信息，试探其意图，外务省设立了“横滨停战联络委员会”，由外交官铃木九万公使领导。对于许多日本人来说，这些都是最初的征兆，预示着“国体护持”可能比从前想象的更艰难，主要还需取决于麦克阿瑟将军。

9月15日，麦克阿瑟终于在位于东京中心正对着皇宫的“第一生命”大厦设立了他的总司令部（GHQ）。18日，从五角大楼传来了第一份秘密指示，同时还有杜鲁门政府关于改革日本的详尽蓝图的第一部分。[③]20日，麦克阿瑟告诉外相吉田茂，裕仁天皇可以来做非正式的访问。当天，侍从长藤田尚德带着宫廷信件拜访了GHQ：天皇

---

① 这里介绍的资料与石原的东亚联盟大会记录，引自《国际检察局没收重要文件1　战败时全国治安情报　第二卷》，84—85、90页。粟屋宪太郎、川岛高峰《玉音广播是敌人的谋略》的58—60页也有同样引用。

② “Text of the Instrument of Surrender” in Ramond Dennett and Robert K. Turner, eds., Documents on American Foreign Relations, vol. 3, July 1, 1945—December 31, 1946 (Princeton University Press, Kraus Reprint Co., 1976), pp. 109—110.

③ Theodore Cohen, Remaking Japan: The American Occupation as New Deal (Free Press, 1987), p. 4. 麦克阿瑟在10月22日之前没有看到改革指令的后半部分。

祝愿将军身体健康；希望知会将军，日本决心实施《波茨坦宣言》的各项条款。[①]

在占领初期，麦克阿瑟的“军事秘书”，曾任心理作战部门指挥官的邦纳·费勒斯准将与两名日本贵格会教徒重温旧好。其中之一是他在印第安纳州里士满的厄尔汉姆学院时结识的一色（旧姓渡边）友里；另一位是河井道，她是前YWCA总干事，1929年在东京创立了惠泉女学园。1922年，费勒斯初次访问日本时认识的她。他们第一次重聚时，费勒斯就坦言相告，他的当务之急是要证明，没有理由让天皇对珍珠港攻击事件承担责任。在河井道作为咨询和合作者的活动下，费勒斯很快与她的熟人关屋贞三郎接触上。关屋是宫内高官，从大正后期开始就作为宫廷与政府各部门之间的联络官起着重要的作用。关屋也希望能证明天皇是一位“和平爱好者”。[②]

就这样，一个以保护裕仁为目的的新的两国协作开始了。在GHQ、天皇、日本政府领导人以及战前与美国有影响力人物有交往的日本基督教徒多方努力的相互作用下，保护裕仁避开了战争责任、实现了天皇的“人间宣言”和皇室改革的进程。此后，在为了达到各自的目的而利用裕仁威望的过程中，麦克阿瑟和日本领导层将不得不对裕仁的人生和特性中至关重要的侧面进行误传，就像战前他们所做的那样。

作为对麦克阿瑟关于天皇访问的谈话的反馈，1945年9月27日早晨，天皇穿上正式的晨礼服，头戴礼帽，离开皇宫来到美国大使馆，礼节性地拜访了将军。关于这次拜会，日本民众事先并不知晓。民众更不知道两人都面临着严重的个人危机。在伦敦举行的外长会议上，麦克阿瑟实施的占领早已遭到来自苏联和英国的批判。美国国务卿詹姆斯·F. 伯恩斯迫于同盟国的压力，正打算做出让步，对随心所欲的最高司令官进行某种形式的集体监督。新西兰首相曾警告美国公使“不应实施宽大的讲和”，“天皇应作为战犯受到审判”。[③]

此外，杜鲁门政权对麦克阿瑟的GHQ发表的关于占领时间和一年内大规模减少占领军的声明（后来又被撤回）感到吃惊。[④]国务次官艾奇逊曾公开指责麦克阿瑟：“占领部队是执行政策的工具而不是政策的决定者。”[⑤]而杜鲁门则对麦克阿瑟无视

① 麦克阿瑟大约在一年的时间里一直希望昭和天皇前来拜访他。他曾对设在马尼拉的同盟国军翻译部（ATIS）部长Sidney Mashbir表达过这个意思。Mashbir回答说，“我们到了日本，马上就采取相应措施”。参照Sidney F. Mashbir, I Was and American Spy (Vantage Press, Inc., 1953), pp. 308—309。关于藤田侍从长的总司令部访问，参见高松宫宣仁《高松宫日记　第八卷》，中央公论社，1997年，152页。

② 高桥纮《象征天皇的设计者们》，《诸君！》（1995年1月），66—68页。高桥引用的关屋未发表的日记的抄录，说明关屋与河井以及费勒斯为了摘清天皇的战争责任，进行了怎样的协商。

③ Foreign Relations of the United States, Diplomatic Papers 1945: The Far East, vol. VI (Washington, D. C.: USGPO, 1969, hereafter FRUS, 1945—VI), p. 720.

④《纽约时报》，1945年9月26日。

⑤ 同上，Sept. 23，1946.

国务院的政策指导方针、在陆军参谋总长马歇尔两次催促下都没有回美国进行商议的做法感到特别不满。

裕仁的处境也是不明朗、游移不定的。他发动战争的责任成为同盟国中争论的焦点。1945年6月初进行的一份未公开的盖洛普民意调查显示，77%的美国民众希望天皇受到严厉的惩罚[①]。9月11日，紧接着对第一批日本战犯嫌疑人的逮捕，国外媒体就开始报道有关天皇即将退位的传闻。9月18日，第94号共同决议案被提交到美国参议院（之后被提交到一个军事委员会），决议案明确指出应将日本天皇裕仁作为战犯加以审判。[②]即使这些理由都不足以让天皇感到忧虑，那么《波茨坦宣言》本身也极其慎重地没有明确指明他未来的处境：将由“日本人民自由表达的意愿”来决定。

不过天皇这里的形势也不全是黯淡无望的。他和东久迩内阁将他们保护“国体”的决心付诸了行动，在麦克阿瑟到达东京之前就开始解除700万陆海军武装，并给他们办复员手续。由于他们主动采取了行动，结果使日本的非军事化比美国所期望或所想象的要容易得多。1945年9月6日，当杜鲁门总统向麦克阿瑟通告《投降后美国初期对日方针》时，曾涉及过这个重要的事实。这份文件指示麦克阿瑟通过包括天皇在内的日本现存的统治架构和机制行使其权力，但这只限于用来促进实现美国的目标。[③]

几个月前，即1945年4月到7月之间，麦克阿瑟和费勒斯就独自设计出了占领和改造日本的方案。他们认为，费勒斯在菲律宾战役和其他地区实施的心理战原则是完全正确的。这些原则在降低日本人士气，加速他们投降和使日本人为占领做好心理准备方面起到了关键作用。根据这些原则，只有日本的军事领导人要承担战争责任，天皇、皇权周围的“稳健派”和民众则完全是受到了他们的欺骗。所有的日本人都信赖天皇。美国的心理战要建立在日本人对天皇的信赖之上，然后再利用这种心理去对付他们。[④]这些观念，且不要说在中国华北的中国和日本的共产主义领袖，就是在太平洋从事心理战的美国专家中间也已经是“常识”。现在，它又成为麦克阿瑟坚定不移的原则，被编入他初期的占领计划中。

代号为“黑名单行动”的计划开始着手将裕仁与军国主义者区别开来，作为立

① 粟屋宪太郎、NHK采访班《走向东京审判之路》，日本放送出版协会，1994年，13—14页。

② Frederick B. Wiener, “Comment: The Years of MacArthur, vol. Ⅲ: MacArthur Unjustifiably Accused of Meting Out ‘Victors’ Justice in War Crimes Cases”, in Military Law Review 113 (Summer 1986), p. 217.

③ Report of Government Section, Supreme Commander for the Allied Powers: Political Reorienttion of Japan, September 1945 to September 1948 (Washington, D.C.: USGPO, 1949), vol. 2 (Appendices), p. 423.

④ 东野真《昭和天皇的两个〈独白录〉》，日本放送出版协会，1998年，62—68页。费勒斯在1944年中期起草的题为“对日本的回答”的心理战论文中写道：“日本人不相信天皇的正确性，就像天主教徒怀疑圣母马利亚的贞节一样，冒渎至极。”

宪君主保留他的位置，但只是做傀儡，并利用他实现日本民众的精神大转换。[①]要确保对民众的控制，保留天皇至关重要，因此占领军打算免除他的战争责任，不降低或贬抑他的权威，与此同时最大限度地利用现存的日本政府机构。简而言之，麦克阿瑟并没有针对天皇制定新政策，只是延续了太平洋战争最后一年的政策，并随情况的变化将政策的含义加以引申而已。更为重要的是，由于麦克阿瑟需遵从《波茨坦宣言》的指示给予战争罪犯以严厉的惩罚，因此在有关机构设立之前，需要证明裕仁的无罪。

因此，在占领之初，日本保护“国体”的防御策略就与麦克阿瑟的占领策略相吻合。当时，两方尚未得知对方的想法，尽管如此，当涉及天皇时，他们就会并肩而行。

Ⅲ

《纽约时报》的弗兰克·L. 克拉克洪早些时候对东久迩内阁的副总理近卫亲王做过一次访谈。很有可能是在GHQ的要求下，他向近卫提议，天皇向美国公众传达一个四点声明，自然，要通过克拉克洪的报社发表。因此，9月25日，也就是天皇拜访麦克阿瑟的两天前，天皇对克拉克洪和休·贝利分别进行了简短的召见，后者是美联社的总裁也是近卫的老相识。两位记者事先提交了书面提问。之后，他们收到了由币原喜重郎起草的英文书面答复。答复表明了两个基本点：（a）民主主义与和平主义（指日本暂时不拥有武装）是战后面向海外的天皇形象的主要构成要素；（b）天皇希望回避有关珍珠港的问题。

克拉克洪问道：“东条将军利用宣战诏书（1941年12月），向珍珠港发动突袭，结果导致美国参战。宣战诏书这样被使用，是否是陛下的意图？”天皇回答说：“没有让东条那样使用的意图。”[②]因此，应对袭击珍珠港承担责任的是东条，而不是天皇，这正是麦克阿瑟希望在与裕仁见面之前，让美国公众听到的信息。这

---

① 1945年8月8日“黑名单”作战的最终版，计划不允许日本参与占领工作。但实际上，占领之后立即转为允许日本领袖们对美国政策产生影响的积极参与占领。参见Reports of General MacArthur, MacArthur in Japan: The Occupation: Military Phase, vol. 1, Supplement, prepared by His General Staff (Washington, D. C.: USGPO, 1966), pp. 2—12.

② 丰下楢彦《对“天皇、麦克阿瑟会见”的检证》，岩波新书编辑部编《昭和的终结》，岩波新书，1990年，81页。松尾尊兊《考证　昭和天皇、麦克阿瑟元帅第一次会见》，《京都大学文学部研究纪要》第29号（1990年3月），46—48页。发言人发表的、后来做了订正的回答如下：“陆海军的配备、进攻的时间地点这些具体战斗的作战计划，天皇基本上都没有得到报告。基本上，都是最高司令官自己决定的。特别需要强调的是，天皇准备在战争开始之前发布正式的宣战布告。”（同前48页）

也是近卫亲王、东久迩和许多其他“皇权周围的稳健派”从1944年起一直倡导的保卫天皇的防御线。[①]

尽管裕仁阅读并认可了币原的答复，但他可能也不相信答复的内容，因为袭击珍珠港发生在他签署宣战诏书的八个小时之前，而且他本人曾尽极大的努力以确保攻击成为一场突袭。[②]《纽约时报》9月29日报道说，日本政府随后发表了一项声明，更改了天皇的发言以避免对东条的批判。这份部分撤回的声明虽然没有引发更多的问题，但是，它也暴露出不仅是SCAP与东久迩政府之间的沟通很不够，而且后者至此尚未完全制定好维护“国体”的政策等问题。维护“国体”，不仅需要通过陆海军的参谋长们做替身的方式，更需要通过指定东条做天皇的替身的方式来保护天皇。

在接见了克拉克洪和贝利之后不久，天皇拜访了麦克阿瑟，希望知道麦克阿瑟将对皇室采用什么样的政策。若要维护“国体”，避免因他先前作为最高统帅和政治体系中的主要活性剂的所作所为承担法律和道德上的责任，裕仁需要麦克阿瑟的个人支持。另外，对于麦克阿瑟来说，如果他要利用天皇使他的占领改革正当化，那么就需要裕仁完全否认自己是“邪恶的军国主义者”。

某些个人性格的因素也为他们的相互支持提供了额外的基础。麦克阿瑟年纪稍长却努力使自己表现得年轻而有活力。裕仁刚到中年却习惯于与年龄较大的辅弼者共事。两个人都接受过长期深入的军事教育，并且一生都与同龄人无缘。麦克阿瑟是一名职业军官，其父亲是一位在美国南北战争时获得过荣誉勋章的英雄，后来在美国征服菲律宾时曾任副司令。麦克阿瑟一路攀升到可能达到的最高指挥位置，成为美国陆军史上最年轻的将军、最年轻的总参谋长。[③]在晋升过程中，他成为一个善于有效使用有才能参谋的大师。麦克阿瑟一直觉得他天生就是领袖，认为在他的指挥下取得的所有荣誉和喝彩都应该由他独占。同样地，如果他失败了，那么失败的原因肯定不在他身上，而是上层不充分支持或是阴谋的结果。极度自我、有时自命不凡且傲慢的麦克阿瑟在家族名望的驱使下，要在所做的每件事中胜过别人。但是，没有记录表明这位未来的最高司令身边的成年人，曾试图将他培养成一个无私的和尊重他人意见的人。

裕仁和麦克阿瑟都重视忠诚和教养、但与部下保持一定的距离。他们将自己视为国家最重要的财富，并知晓如何使用诡计——麦克阿瑟欺骗的是他军事生涯每一个阶段的上级；裕仁则是整个日本民族。两个人都身兼多种形式的权力并且知道如何有效

---

① 细川护贞《细川日记》，中央公论社，1978年，180—181页。木下《侧近日志》，34—35页。

② 田中伸尚《记录　昭和天皇（六）占领》，绿风出版，1990年，237页。入江为年监修《入江相政日记　第二卷》，朝日新闻社，1990年，11页。

③ Cohen, Remaking Japan, p. 64.

地使用它们。尽管他们有这么多的相似之处，可是很难想象还会有人比天皇和这位将军在性格上更加不同的了。裕仁没有麦克阿瑟的“阴暗面”——古怪、极度的自我主义和自命不凡。他是真正的不出风头，习惯于参照多数人的意见而不是靠命令，并通过别人实行统治；而且他绝不是体格强壮能给人留下深刻印象的人。

当天皇到达美国大使馆的时候，一位美国摄影师已准备就绪。他在大使馆的主起居室拍摄了三张裕仁与麦克阿瑟并肩而立的照片，之后两个人退到了一间特别准备的房间里。在那里，他们通过翻译奥村胜藏进行了将近40分钟的私人谈话。大部分都是麦克阿瑟在讲话，由于两人都非常在意维护自己的形象，他们坚持谈话内容不作记录。

由于没有逐字逐句地记录（2002年10月，外务省与宫内厅第一次公开了会谈内容——译者注），之后出现了关于这次私人会谈相互矛盾的记述，它们分别出自麦克阿瑟本人、美国记者基于对天皇和麦克阿瑟两人采访的报道，以及日本官员和历史学家。[①]也许，关于这第一次见面，最多可以说的是在两个人的位置还不确定且需要重新调整的时期，两个人相见的事实，以及在结束离开时，两个人对成功的会谈的认识。裕仁很高兴麦克阿瑟打算利用他，并且也没有追究战争责任的问题。而麦克阿瑟方面则为天皇高度评价了他所实施的占领以及表示合作的承诺所感动。估计两个人都没有谈到各自的部下早已展开的为了保护天皇不被作为战犯遭到指控所做出的努力。

此后，联合国军最高司令将利用天皇，而天皇将以被人利用的方式提供合作。他们之间形成了一种既利己又相互保护的关系，相对麦克阿瑟，裕仁获得了更多的政治利益，因为裕仁方面要失去得更多——所有权威的象征、为使皇位正统化的全部道具。[②]

不过，为了让美国和日本的领导者能够友好合作相互影响，天皇将不得不与军国主义和像东条那样的军国主义者一刀两断，这是他非常不情愿去做的。麦克阿瑟将不得不确保天皇对他本人在战争期间的任何行为不负有责任，特别是珍珠港袭击。在关于战争性质以及天皇在战争中的作用问题上，GHQ和日本的继任内阁还不得不竭力重塑日本民众的历史认识。

对于大多数生活在战败废墟上的日本人来说，首次天皇—麦克阿瑟会谈的重要

① Douglas MacArthur, Reminiscences: General of the Army Douglas MacArthur (McGraw-Hill Book Co., 1964), p. 288; Richard E. Lauterbach, “Secret Japan War Plans: Official Reports Reveal Pearl Harbor Strategy”, Life, Mar. 4, 1946, p. 22: John Gunther, The Riddle of MacArthur: Japan, Korea and the Far East (Harper & Brothers, 1957), p. 116.《木户幸一日记（下）》，东京大学出版会，1966年，1237—1238页。丰下楢彦，上述《对“天皇、麦克阿瑟会见”的检证》，78页。

② 丰下楢彦，《对“天皇、麦克阿瑟会见”的检证》，83—84页。

1945年9月27日，这张麦克阿瑟和裕仁天皇摄于美国大使馆的著名照片标志着他们合作关系的开始。这张照片后来很快被刊登在日本报纸上，它所表明的意思很微妙，界于美国人的不拘形式和对天皇的不恭行为之间。

意义并不在于两位领导人所建立的相互尊重与合作的精神，也不在于官方所公布的两个人的谈话内容。重要的是一张拍得很好的两者在一起的照片。9月29日，当日本所有主要报纸都登载了美国摄影师拍摄的这张照片时，引起了骚动。照片是近距离拍摄的，戴着眼镜的天皇，身着正装礼服和条纹裤，立正般地站着，领带笔直，两手垂在身体两侧。而站在他旁边的是身材高大、形态放松随意的麦克阿瑟，身着敞着领口的制服，既没扎领带也没戴勋章。将军把手插在后腰上，所以照片上看不到。两个人都向前望着照相机。

许多日本国民从这张照片中解读出的信息使天皇将要退位的谣传再起。8月15日，他的投降广播曾迫使他的人民承认战争的失败。现在，这张照片又在逼迫他们面对战败带来的痛苦的政治含意。[①]他们在照片中看到的不是一个活着的神，而是一个肉身的人，他站在一个现在要向其表示恭顺、比他年长许多的人的旁边。裕仁极佳地体现了战败国家的形象；麦克阿瑟完全放松地站着，反映了来自胜利的信心。

通过这张照片，迈出了将天皇从日本的共同体意识的核心置换出来，将日本国民从过去的束缚中解脱出来的小小的第一步。

日本人是不可能拍摄这样一张照片的。当时，只有取得宫内省许可的摄影师才被允许拍摄天皇的形象。而且他们还不得不使用远镜头从至少20米之外拍摄。通常（尽管并不总是）不能只照天皇的上半身，也不能照他的背部，因为他有一点驼背。[②]天皇面带微笑的照片不能用，因为活着的神是不应该笑的。于是，摄影师们只能拍摄他一动不动地站着或做立正姿势的镜头。这些摄影师们都很值得信赖，不会运用摄影技巧去损坏公众对皇室的忠诚。最重要的是，他们被要求要表现出自己对摄影对象的崇敬之情。但当时没有几个美国人对天皇有崇敬之感。

日本政府立即禁止了照片的公开。裕仁从属于麦克阿瑟的现实太令人困扰。看到第二天报道最高领导人会谈的报纸上，只有文章没有照片后，GHQ向日本外务省提出了抗议。第二天，9月29日，《朝日新闻》《每日新闻》《读卖报知》等报纸将经过审查的照片同"审定过的"天皇答克拉克洪记者问和贝利"访谈"的报道一起登了出来。内务大臣山崎严立即介入，所有这些报纸都被当场查封，理由是天皇从来没有批评过他的臣民（东条），照片是对皇室的亵渎，会对国民产生不利影响。

东久迩政府与GHQ之间的矛盾随之产生，结果是GHQ不但命令刊登照片，而且撤销了对出版业的所有限制。[③] 10月4日，麦克阿瑟发布了"人权指令"，废除了一些阻碍民主化进程的主要障碍物：治安维持法、国防保安法、"特别高等警察"。一夜之间，思想控制被打开，批判天皇的法律禁忌被打破，为"护持国体"而建立的一整套法律法令体系也崩塌了。不过，"特别高等警察"还在继续他们的工作，并且仍认为自己是"天皇的警察"。

东久迩内阁马上总辞职。四天后（10月8日），麦克阿瑟加强了对东京报纸的SCAP审查制度，同时认可天皇选择74岁的前外交官、战前的稳健派币原喜重郎接替

---

① D. Clayton James, The Years of MacArthur, vol. 3, Triumph and Disaster 1945—1964 (Boston: Houghton Mifflin Co., 1985), pp. 322—323.

② 兼子昭一郎《新闻摄影记者的证言——战后新闻写真史》，日本新闻协会，1986年，28—33页。

③ 纽约时报，1945年9月29日，Daizaburo Yui, "Democracy From the Ruins: The First Seven Weeks of the Occupation in Japan", in Hitotsubashi Journal of Social Studies 19 no. 1 (April 1987), pp. 31—45.

东久迩。自战时的小矶国昭和铃木贯太郎内阁以来，幣原喜重郎一直是“稳健派”的重要候补人，他将继续执行维护“国体”的政策，但是会采取减少对抗、更为灵活的方式。

其后的几个星期，GHQ开始攻击“封建遗制”和天皇制。10月10日，GHQ明令禁止展示明治维新之前就已成为日本象征的太阳旗（日之丸），但是，没有限制齐唱更重要的事实上的国歌（君之代）。这是一首赞美君主政体荣光的歌，从1931年起成为学校日常教育的一部分。①

10月11日，GHQ释放了近500名共产党政治犯，并宣布了“五大改革”：妇女解放，鼓励结成工会，教育、法律和经济制度的民主化。随着这些目标的宣告，占领进入了一个新的阶段。民众获得了批判政府、天皇和君主制的自由。各政党很快重新开始活动。共产主义者开始公然批判天皇，就十多年徒劳的战争追究他在法律和道德上的责任问题。

10月22日，GHQ发布指令，命令进行教育改革，解雇所有曾经提倡过军国主义或者对占领政策有敌对情绪的教师。自此，战时各方面的领导人都陷入了危机之中。1945年10月30日，GHQ根据宫内省提供的大打折扣的数字向公众公布了皇室的总资产。裕仁天皇的臣民们这时才知道天皇拥有超过160亿日元的财产。丰富的森林、牧场、公司股票和国债、都道府县和地方债券为他提供了巨额收益，再加上所持有的大量金块和现金，裕仁原来是令他人望尘莫及的国内最大的地主和富翁。②公众抓住天皇的巨大财富问题不放，对大多数显赫的战争领导人的批判每天见诸报端，共产党要求废除“天皇制”。面对这些情况，很快，幣原内阁和帝国议会的政治家们不仅为“国体”的维持，也为自身的职位开始感到惴惴不安。③

也是在10月，有关天皇退位的问题再次出现在日本报纸上。10月12日，近卫亲王告诉一名记者说天皇已经意识到了这个问题。21日，近卫对美联社的拉赛尔·布赖恩斯说，“皇室典范”中没有退位的规定。四天后，《每日新闻》报道说天皇不可能退位，因为他已经接受了《波茨坦宣言》，有履行宣言的义务。10月里关于退位的谣传激起了宫廷的裕仁拥护者们的惊恐，并使裕仁对战争的道德、政治和法律

---

① 古川纯《天皇、日之丸、君之代——天皇制的记号》，横田耕一、江桥崇编著《象征天皇制的构造——宪法学者的解读》，日本评论社，1990年，229页。“君之代”在日清甲午战争、日俄战争期间（1894—1905年）的十年间，第一次作为正式的国歌登场。

② 参见1945年11月1日《朝日新闻》《读卖新闻》。1945年10月30日，GHQ发表的价格是根据投降初期的货币价值计算的。其后再次评价之后，皇室财产的总额急剧增加。祢津正志《天皇与昭和史（下）》，三一书房，1976年，265—266页。

③ Herbert P. Bix, “The Showa Emperor's ‘Monologue’ and the Problem of War Responsibility”, in Journal of Japanese Studies 18, no. 2 (Summer 1992), p. 307.

责任问题凸显出来。宫廷官员一边通过实行小规模的改革做出反应，一边向国民发出信号，表明天皇将继续在位的意向。[①]另外，从此以后，关于天皇退位的争论开始与保守知识分子关于重建以民族道德为基础的“自立的”民主化讨论交错进行——这种情形在裕仁还是统治者的时候不可能出现。[②]

与此同时，军事机构被逐步地削减。9月13日，存在了七年零十个月的大本营被撤销。10月10日，联合舰队和海军总队司令部正式解体。五天后，参谋本部和军令部被关闭，到了12月1日，陆军省和海军省被撤销。[③]到1945年末，裕仁曾经统帅过的武装部队不复存在。尽管天皇和麦克阿瑟的照片起到了使天皇非神秘化的作用，但是他身着军装的国家大元帅形象仍然存留在人们的印象中。

Ⅳ

天皇的顾问们现在将注意力都集中在消灭他的军事形象上。利用麦克阿瑟将军的为人宽容，他们请求允许天皇“私下”参拜位于三重县的伊势神宫，当即获得了批准。

在高级宫廷官员及好奇的联合国记者们的伴随下，11月12日，裕仁离开东京，开始了为期三天的巡幸，参拜供奉着他的皇室祖先的国家神社。表面上看，这次巡幸似乎仅仅是出于纯粹的宗教目的。他参拜了伊势神宫的内宫和外宫以及传说中第一代天皇，即神武天皇（位于奈良）和明治天皇（位于京都）的陵墓，夜间留宿在京都行宫里。这次巡幸所隐含的目的在于证明，在战败的情况下，以宗教和神话为基础的天皇制历史的生存能力。裕仁利用这个机会去试探舆论并消除他的军事形象。此次巡幸是他展示新的、战后的天皇服的第一个机会。这件衣服与铁路列车长的制服非常像，衣领紧闭且僵硬地立着。当然，此后他再也没有穿过这套服装，而是完全市民化地穿着朴素、不太合身的西装。定做那套类似铁道员服装的天皇服或许有这样的意图，即向国内外公众示意，他决心仍留在皇位上而不是退位。[④]

比较而言，裕仁从他的臣民那里得到的反馈是明晰的。11月12日，天皇乘坐的

---

① 在整个占领期间，退位一直都是一个重大问题。关于退位问题的考证，参见同上，pp. 312—318.

② 安田常雄《象征天皇制与民众意识——以其思想关联为中心》，《历史学研究》第621号（1991年7月），36页。

③ 山田朗《大元帅昭和天皇》，新日本出版社，1994年，306页。陆海军两省最后的残渣——第一、第二复员局，在1947年10月关闭。

④ 田中伸尚《记录　昭和天皇（七）延命》，绿风出版，1992年，167—168页。田中引用的是从沉没的战舰武藏幸免于难的反战活动家、著述家渡边清对11月8日新闻报道的反应。

列车在沼津站停车六分钟，内大臣木户很担心车站附近被战火烧尽地区的人们是否会向他们“扔石头或者其他什么”。[①]然而，不论天皇出现在伊势还是京都，都受到了热烈的欢迎，这让木户放下了心。尽管战败降低了皇位的神秘性，他的臣民依然忠心耿耿，许多人仍旧将他视为“神圣不可侵犯”的存在。天皇过去不喜欢出现在民众中间，曾一直将出行的次数控制在必要最低限之内，此次伊势—京都巡幸致使天皇后来下决心把外出巡幸坚持下去。返回东京一个月后，裕仁参拜了他父亲大正天皇的陵墓。11月乘列车巡幸和此次对父亲皇陵的参拜是裕仁战后最初正式的巡幸。

1945年11月29日，天皇告诉侍从次长木下道雄，七位皇族将代表他参拜历代天皇陵，他准备跟他们说：“上次关西巡幸（即伊势—京都巡幸）对促进上下亲密关系有很大效用。皇族处于朕与民众之间，应在此点（密切与民众关系）充分尽力。”[②]

与此同时，裕仁刚从京都返回，日本国民就得知所有学校、政府办公室和海外大使馆以及领事馆中悬挂的天皇肖像（大元帅装束）都要被取下。宫内省计划用一张新的肖像取代原来的那张，天皇将像从前那样将它“赐予”国民。不过，与他的军装不同，天皇的肖像不可以被草率处理。否则，天皇与臣民之间的纽带关系将被削弱。[③]

就在天皇表面上为了私人的宗教目的而乘车巡幸的三周之后，GHQ的民间情报教育局（CIE）发动了一场精心准备的运动，目的是改造日本人对战败和军国主义罪恶的认识。CIE策划科科长布拉德利·史密斯撰写了共十篇系列文章，由官方的共同通信社译成日文。这个系列文章《太平洋战争史——日本的谎言和军国主义的破灭》，“由盟军总司令部提供”。初次连载的序言于1945年12月8日——珍珠港事件纪念日——开始刊登在全国所有的报纸上。文章列举了日本主要的战争罪行，并称接连几届的战时政府“对事实的隐瞒”导致了“最为严重的后果”。

> 即使在日本从许多前线败退、海军早已不存在之后，真实的情况也从未被公布过。最近，天皇自己说，日本毫无警告突袭珍珠港并不是他的意思。是宪兵极力阻止国民知道天皇的见解……
>
> 现今，让日本国民全面了解这场战争的全部历史是绝对必要的，这样，日本国民才能理解日本是怎么被打败的，以及日本国民为什么要遭受由军国主义造成的悲惨境况。只有这样，日本国民才会反抗军国主义，才能作为国际和平社会的一员，

---

①《木户幸一有关文件》，东京大学出版会，1966年，139—140页。木户补充说：“御用列车到达沼津站，四下望去，车站在战灾中烧毁，只有一个临时搭建的小屋。群众聚集在只剩下了一点残形的栅栏前向这边看着，整体的气氛挺平和，有的低下头鞠躬，有的笑着，非常自然，本来想着会不会太长的六分钟，不知不觉地就过去了……”

② 木下道雄《侧近日志》，64页。

③ 田中伸尚《记录　昭和天皇（七）延命》，169页谈到11月24日《朝日新闻》的报道。

为了重建国家，掌握知识和力量……[①]

《太平洋战争史》强调了包括在南京发生的强奸和其他暴行在内的“日本军国主义造成的罪行”，但也强调了以裕仁天皇为中心的“稳健派”为和平做出的努力。第一篇文章追溯到几年前，将币原首相（1931年侵略满洲时的外务大臣，先是主张采取不扩大方针，后转变为关东军的主要拥护者）描述成一个在外相任期内尊重“和平和国际合作原则”的人。但是，通过将最大的责任归咎于一小撮“军阀”，将民众描写成单纯受欺骗的受害者——甚至天皇也受到了欺骗，这些GHQ有意改造日本人历史认识的努力，最终造成了日本民众在接受战争责任时的思想混乱。

为了日本人的意识变革，CIE通过广播新闻节目加强了其利用媒体的宣传活动。从1945年12月9日到1946年2月10日，NHK电台每周三次播放30分钟的夜间节目“真相大白”。这档美国人根据《太平洋战争史》制作的节目，是美国30年代最有名的新闻节目“时代步伐”的日本版。[②]节目开头，一位播音员以威严的声音戏剧性地宣告：

“那些背叛我们日本国民的人，现在已经暴露在光天化日之下。”

“战争犯罪嫌疑人的军阀们，我们已经看清了他们。”

“他们是谁？”

“是谁？”

“要说出来吗？别，别，等一下。”

“为了让你们能自己得出结论，还是先讲讲事实吧。”

（音乐声起，然后逐渐消失）

播音员：“这是连播节目‘真相大白’的第一集。”“通过这些广播，你们将明白大战的事实真相，以及战争的来龙去脉。”[③]

---

① 竹山昭子《占领下的广播——“真相是这样的”》，南搏、社会心理研究所编《续　昭和文化1945—1989》，劲草书房，1990年，121—122页。《朝日新闻》，1945年12月8日。

② John Dunning, Tune in Yesterday: The Ultimate Encyclopedia of Old-Time Radio, 1925—1976 (Prentice-Hall, Inc., 1976), pp. 393—396.

③ 竹山昭子《占领下的广播》，105—106页。也参照了Mark Gayn, Japan Diary (William Sloane Associates, 1948), p. 6。看了“真相是这样的”的彩排，Gayn这样写道：

对广播和预定明天开始刊登的20次（原文如此）报纸连载，让我感到难办的问题之一是其政治性。比如，那个懦弱的总理大臣币原喜重郎被描写成了果敢实行军国主义的敌人。攻击主要集中在军人身上，而天皇与财界的首脑这些清楚明白的战争罪犯却被排除在外。对最近发生的历史事件，有的地方给予朴素的解释，有的地方进行了极端的歪曲。

“真相大白”传达了这样一个信息，即日本进行的是一场侵略战争而不是自卫战争，日本领导人欺骗了国民。这个节目直接否定了日本人所熟悉的关于“大东亚战争”的宣传，使日本听众受到了很大冲击，也激怒了许多人。NHK收到了几百封信，抗议节目的惩罚性倾向，以及身份不明的日本人出演者表现出来的独断风格。①

日本的政治领袖们无法承认他们输掉的这场战争是侵略战争，因为那样的话他们就不得不讨论开战责任和战败责任的所在。而他们又无法将所有的责任都推到军部身上。他们需要阻止GHQ在军部和民众之间打下深深的楔子，否则将使天皇受到影响。自从天皇的投降诏书广播以来，他们就努力抵消盟军散布的关于战争的情报，在强调天皇“感人的仁慈之心”的同时，小心慎重地避免谈及责任问题。东久迩首相在8月28日的第一次记者招待会上，提出了这样的论调：

事到这一步，当然也是政府的政策不好。而国民道义的荒废，也是（战败的）原因之一。我认为此时军官民，全体国民必须进行彻底的反省和忏悔。全体国民的总忏悔是我国重建的第一步，也是国内团结的第一步。②

稍后，在9月4日的第88届帝国议会的施政方针演说中，东久迩重复了同样的意思：终战在天皇的主导下得以实现，现在需要国民忏悔，“护持国体”。他说，这次的战争结束，“第一是由于陛下的仁慈之心。至尊亲自谢罪于祖宗神灵之前，救万民于困苦之中，为万世开启太平。（掌声）身为臣子，从未像现在这样，为陛下宏大无边的仁慈所感动。（掌声）我们唯有感激涕零，向至尊表示深深的歉意”。③

东久迩关于全民忏悔和全国团结的呼吁带来了复杂的后果。虽然有些日本人马上接受了他的呼吁，但大多数人的反应是困惑或恼怒。时值经济严峻的时代，再加上近来体会到战争期间要求民众做出的牺牲中存在的极大不平等，削弱了东久迩所要传达的信息，增加了国民对国家领导层的不信任。东久迩承认日本战败的主要原因在于日本与敌国之间战斗力和国力的巨大差异，这使得许多人感到原来他们的领

① 竹山昭子，同前131—134页。GHQ民间信息教育局为了适应日本听众，修改了节目编成，也变更了广播形式。1946年1月下旬，新制作的比较低调的试验节目开始播放。节目的名字先是叫“真相是这样的　提问箱”，后改为“真相箱”，1946年2月17日至11月29日广播。后来再度进行修改，改名“提问箱”，成为关于太平洋战争、工会问题、新宪法、男女共学等问题的问答节目。“提问箱”到了1948年1月，改为NHK每天播出的“信息时间”（竹山，140页）。

② 《朝日新闻》，1945年8月30日，吉田裕《日本人的战争观》，岩波书店，1995年，26—27页。

③ Genji Okubo, The Problem of the Emperor System in Postwar Japan, Nihon Taiheiyo Mondai Chosakai, 1948, p. 9. 也参照了《每日新闻》1945年9月6日。东久迩演说的复刻版见《日本国会百年史　中卷》，国会资料编纂会，1983年，583—593页。

袖们并无胜算地发动了对美英的战争。[①]

东久迩辞职后，币原首相进一步改写历史。1945年11月5日，币原内阁表决通过了一份关于战争责任的文件，这份文件后来成为战后保守政治家战争观的主要依据。这份名为“关于战争责任等问题”的文件表明，保守主义者们认为“大东亚战争是帝国鉴于周边形势不得已而发动的”。这等于在说，东条内阁对美国和英国的突袭是出于自卫。文件还采用了明显虚假的表述作为正式见解，称天皇一直是一位热爱和平的立宪主义者，对攻击珍珠港实施细节并不知情。[②]

如果说CIE的《太平洋战争史》轻视了日本对亚洲人民发动的战争，那么币原内阁不诚实的政策文件则完全将日本从1931年起对中国的侵略和1940年开始的对东南亚的入侵置于不顾。11月5日关于战争责任的内阁决议文件从“ABCD包围圈”论起，颠倒了战败的因果关系。而“ABCD包围圈”是日本在攻击珍珠港之前的最后阶段，指美国、英国、中国和荷兰对日本施加军事和经济压力的用语。[③]

1945年末，为了保护裕仁和“国体”，天皇的近臣以及前战时内阁的成员们各自展开了活动。例如，《朝日新闻》刊登连载，记述了裕仁在投降过程中起到的英勇作用。由迫水久常执笔、题为“投降时的真相”的系列文章，与CIE的《太平洋战争史》同时连载，反映了GHQ和日本“稳健派”领导人在保护天皇问题上的基本一致和心领神会。

就这样，在保护天皇的同时，GHQ与保守统治精英们也在推销各自关于日本战败的见解。GHQ成功地向日本民众灌输了只有军国主义者是侵略者，而他们的统帅天皇则不是的观念。日本的保守主义者无法公开否定美国“太平洋战争”观。不过，他们仍然希望至少要像天皇诏书说的那样，即战争是为了自卫，日本是被迫卷入战争的，而且他们希望把这样的观念传承下去。最终，两方都成功地将他们的观点灌输到了民众的头脑中。日本从来没有为惩罚那些犯下罪行的人而主动地追究过战争犯罪，日本政府只进行了国家之间的赔偿，而从来没有对个人做过赔偿。

V

随着塑造历史认识战役的展开，GHQ恢复了对战犯嫌疑人的逮捕，将调查范围扩展到皇族。同时他们继续等待日本政府提出修改宪法的计划，新宪法将开创一个

---

① 吉田裕，上述27—28页。

② 关于对1945年11月5日政策文件的研究，参照Bix, “The Showa Emperor's ‘Monologue’ and the Problem of War Responsibility”, pp. 306—307.

③ 木坂顺一郎《亚洲太平洋战争的历史性质》，《年报　日本现代史　创刊号　战后五十年的历史检证》，东出版，1995年，9页。

民主主义的新时代。日本的各种民意调查显示了改革天皇制的强烈愿望。根据其中的一个调查，15.9%的被调查者“希望维持战前体系”；45.3%希望“以政治以外道义为中心”；28.4%希望建立一个“英国式的天皇制”。[①]然而币原内阁故意拖延时间，制订的计划只是对明治宪法做一些象征性的修改，使“国体”在实质上并没有被改变。看到这种进展，同时也是希望鼓励“自发性的”民众组织的努力，GHQ的改革者们将注意力转移到了“天皇制”上面。

12月15日，GHQ发出的一道指令，结束了国家对神社的支持，通过禁止学校进行与神道相关联的军国主义和极端民族主义的教学，将神道从教育体系剔除出去。“神道指令”引入了政教分离的原则，从而彻底结束了自明治初期以来，历任政府都明确支持的“政祭一致”（宗教与政治的统一）。指令还禁止在官方文件中使用如“大东亚战争”“八纮一宇”之类的用语。

1946年1月1日，日本各报纸全文刊登了裕仁天皇向国民首次发布的新年诏书，正式的标题是“国运振兴诏书”，但一般都将其称为“人间宣言”（走下神坛的宣言）。[②]诏书以晦涩难懂的古文语言写成，诏书中全文引用了明治天皇给人以平等主义印象的“五条誓文”，即以“广兴会议，万机决于公论”为开头，以“向世界求真理，大大振兴皇基”为结束。[③]字里行间表明，天皇与臣民之间的联系不是建立在他是“活神”这个“架空的观念”上。

这份诏书，最初由GHQ起草，后来又经过币原内阁和宫廷的翻译和修改。这个起草—翻译—修改的过程反映了以保卫“国体”为目的的宫廷和美国决策者之间的相互影响，后者虽然对君主制的感情很矛盾，但是认为对它的改革最好是以间接方式进行。双方都试图利用这份诏书为他们修复裕仁形象的运动打开一个新局面。

值得注意的是，裕仁没有否认称自己是太阳神天照大神的后裔的说法。为了强调明治时期以来君主制与民主主义的结合，他将明治天皇不是向日本国民而是向天照大神宣誓的五条誓言插入了诏书。这样，他就把自己与国民的关系不是基于假定的神性这样的信息置入了当时的背景中。确实，此时包括天皇在内的日本领导层的想法也在发生着变化。他们提出了天皇与民众之间的“信爱和敬爱”是君主制的基础这一观点。据此，他们就可以不用明确地否定现在已经没有几个日本人相信的神

---

① 赤泽史朗《象征天皇制的形成与战争责任论》，《历史评论》第三一五号（1976年7月），47页。

② 关于诏书的原文，参见千田夏光《天皇与敕语与昭和史》，汐文社，1983年，401—404页。

③ 关于明治五条誓文的分析，见John Breen, “The Imperial Oath of April 1868: Ritual, Politics and Power in the Restoration”， in Monumenta Nipponica: Studies in Japanese Culture 51, no. 4 (Winter 1996). p. 410。关于“人间宣言”，参照Bix, “The Showa Emperor's ‘Monologue’ and the Problem of War Responsibility”, pp. 318—321.

道的建国神话，而将其轻描淡写地略过去。[①]

GHQ和西方记者故意没有强调新年诏书的主要焦点是政治的连续性这一点，而是将重点放到了诏书对于错误教义的否定方面。西方媒体关于诏书的报道还无视了天皇没有提及其国家统治权来自天照大神的教义，因此也就不必否认关于建国的神话，而这个神话又是首先被否定的其神性的依据。尽管裕仁疏漏了对建国神话的否定，但这并没有影响《纽约时报》在社论中宣称，诏书的颁布，使天皇成为“日本历史上最伟大的改革者之一”。[②]也没有影响麦克阿瑟立即发表声明：“我对天皇的新年声明非常满意。通过诏书的颁布，他在国民的民主化中承担起领导角色。他堂堂正正地沿着自由主义路线选择了自己未来的立场。他的行动反映了健全思想无法抗拒的力量。健全的思想是不可阻挡的。”[③]

然而，关于裕仁天皇将明治的过去与现时的战后民主主义欺骗性地联结起来的情况，麦克阿瑟并没有向美国公众报告，美国媒体也轻视了。结果，1912年就已去世的明治天皇事实上被当作了将于1946年诞生的政治体制的创造者。“人间宣言”非但不是麦克阿瑟所称道的进步的、解放的声明，就像裕仁成年生涯中一直做的那样，“人间宣言”是他及其顾问们限制而不是引导“其国民的民主化”的又一挑战。

裕仁试图将民主主义的概念与日本历史统合起来，从而避免与过去的决裂。否则对民主主义怀有敌意的日本人将会抓住这一点不放，并在以后利用它来争辩说民主主义是国外输入的思想，这些都不成为问题。确切地说，问题在于哪段过去应该在“人间宣言”的文章脉络中以及当时的政治形势下被提及。左翼论客希望将民主主义植根于第一次世界大战后的“大正民主”时期，还有些人甚至努力将民主主义的观念与13世纪的佛教圣人亲鸾联系在一起。而裕仁的态度则是审慎地试图削弱这些较为激进的关于民主主义的观念。30年后，他在一次会见记者时透露，他“采纳了民主主义”不是因为主权在民，而是因为“（民主主义）是明治大帝的尊意”。[④]

1946年元旦，日本主要报纸在头版对诏书进行了报道，并为皇室编辑了专题。《每日新闻》做了通栏大标题：“新年赐诏　纽带乃是信赖和敬爱　朕与国民同在”。[⑤]《朝日新闻》登载了币原首相用平易通俗的语言写的“谨言”：

---

① 赤泽，上述46页。

② 《纽约时报》，1946年1月1日。

③ Chicago Daily Tribune, Jan. 1, 1946.

④ 关于1977年8月23日昭和天皇在记者会见时发言的全文，参照高桥纮《陛下，请问一下》，文春文库，1988年，250—262页。

⑤ 田中伸尚《记录　昭和天皇（八）象征》，绿风出版，1993年，112页。

圣虑仁慈，令人不胜惶恐感激。诏书开头，陛下引用了明治元年（1868年）三月发布的五条誓文，我国民主主义的发展已在此誓文中奠定了基础。明治十四年（1881年）开设国会的敕谕，明治二十二年（1889年）的宪法发布，直至议会政治的形成，都是依照誓文的宗旨，顺序发展而来的。尔来，我国议会政治尊此本义，本该得到健全的发展，不幸的是，近些年来，屡屡遭到反动势力的阻挠……以致宏远的明治天皇的尊意被埋没……然而，现在，我们国民又有了更始一新的机会……我们要建设一个彻底的民主主义、和平主义和合理主义的新国家，以安圣心。①

首相的措辞十分谨慎。“我国民主主义的发展”的表现虽然很含蓄，却有效地将天皇统治下的日本民主主义与美国式的民主主义进行了对比。根据这个“谨言”，日本对民主主义的采纳是尊重“天皇的意志”而不是人民的意志。这样，裕仁和币原就间接地牵制了麦克阿瑟。后者希望1945年能成为日本政治文化发生决定性转变的象征性的一年。②

然而，就日本国民来说，一条使他们可以从不同角度领会他们与统治者之间关系的道路已经开辟出来。新年诏书产生了深远的影响，对重新塑造天皇形象起了很大作用。通过强调其作为人的特性，主张其与国民的关系基础一直都是建立在信赖和敬爱基础之上的，天皇实际上开创了对自己的“崇拜”。有趣的是，《朝日新闻》在登载新年诏书和首相评论的当天报纸上，还编发了对裕仁的弟弟高松宫的采访特写，谈到一些能表明天皇性格的具体的事件插曲，并包括了未来几年重新塑造天皇形象的基调。③

1946—1947年间，通俗书刊和新闻报道接踵发表，向日本民众展示了“军部”以及围绕在天皇周围的其他邪恶势力曾拒绝公布的“人间天皇”及其家族私生活的全貌。这些文章和照片所进行的形象操作，非常典型地把天皇描述成一位非凡的自然科学家、一位“哲人”、一位“伟大的人格者”，而且尤为重要的，还是一位“永远与国民同在”的“热爱和平的文化人”。④

学者作家也加入到宣传新的“象征”天皇的运动中来。在裕仁否认了自己的神格之后，历史学家津田左右吉撰写的一篇文章很快就出现在战后新创刊的知识分子期刊《世界》的1946年4月号上，并立即被认定第一篇全面拥护新君主制的好论文。津田辩称，历代天皇与民主主义是和谐共存的，纵观日本历史记载，权威和权力在

① 坂本孝治郎，引自上述96页。

② 对于年头诏书的对照性的评价，参见秦郁彦《裕仁天皇的五个决断》，讲谈社，1984年，221页。田中伸尚《记录　昭和天皇（八）象征》，绿风出版，115—119页。

③ 吉田裕《昭和天皇的终战史》，岩波新书，1992年，78页。

④ 一年四次再版的小野升的《人间天皇》（一洋社，1947年），就是这种描写方法的典型。

天皇和统治阶级之间一直都是分割开来的。他认为，日本历史自发端起，国家和国民就融合在一起，正如他在论文中所表述的那样："日本皇室产生于日本民族内部，又统一了日本民族。"津田的皇室—国家—国民相融合的观点是一种浪漫的民族主义表现，很好地捕捉了战败后政治领导层的心情。吉田茂在他的自传中表达了与津田同样的观点。他断言："根据我国自古以来的历史观念和传统精神，皇室是我们民族的始祖宗家。"①

津田继续论述说，"大多数国民"应该对日本误入迷途承担主要的责任。皇室一直都是"顺应时势变化并适应了不同阶段的政治形态"，而国民却没有这样。他们"把国家委托给那些为政者，他们最终将国家引入穷途"，他们应当"自己反省并承担责任"而不是责备昭和天皇。津田用富有感召力的语言结束了文章——"热爱"并"拥抱"皇室，用他们的爱确保皇室"完美、安泰、永久"。因为"爱是民主主义最彻底的形式"。②

津田这篇被广为传诵和讨论的文章唤起了人们对东久迩首相关于日本战败"一亿总忏悔"论的记忆。他片面的热爱天皇论也提醒了读者，日本君主制的词典很丰富，有许多概念和用语能够容易地与和平的、非军事化的"文化国家"相调和。津田许多论调成为战后正统的天皇观的支柱。皇室的拥护者普遍与他的观点一致，认为直接通向天皇的垂直的"爱"是挽救"我们天皇"的关键。但是，对于天皇制的批判者来说，真正的问题在于皇室能够被"人化"到何种程度，因为日本国民很难"在（仅仅是）人的礼节范畴内"热爱天皇。③

为了理解战后君主制的拥护者和批判者——那些同情天皇和反感天皇的人——之间的对立，可以把津田对"人间宣言"的反应与1946年3月1日创刊的左翼揭露性杂志《真相》的反应做一个比较。《真相》的"创刊词"很好地捕捉了对天皇不敬的新精神：

"民可使近之，不可使知之"，这是封建大政治家德川家康的为政之训。明治以来的天皇政府，也在其开店致辞中罗列了所谓五条誓文的冠冕堂皇的条目，摆出一副多么贯彻民主主义的脸孔。但是，众所周知，其后80年来，直到去年夏天无条件投降的那一刻为止，天皇政府一直在遵循家康的政训，愚弄人民。

---

① 吉田茂《回想十年　第四卷》，新潮社，1958年，79—80页。伊藤悟《吉田茂——从战前到战后的亲美派》，吉田裕、荒敬等《战败前后——昭和天皇与五个领导者》，青木书店，1995年，260页。

② 津田左右吉《建国的事情与万世一统的思想》，《世界》（1946年4月），53—54页。

③ 坂口安吾《献给天皇陛下的话》，《定本　坂口安吾全集　第七卷》，冬树社，1967年，404页。

“创刊词”在强调“将人民从封建政治思想中解放出来”的必要性的同时，还指出为了判明日本进行的到底是不是“圣战”，要“揭穿从古至今的一切谎言”，追究“天皇制政府的本质”。“我们将从这样的观点出发，不讲大道理而用事实说话，对天皇制和资本主义机构做彻底的解剖，以期为人民诸君的民主主义教育做一些贡献。”[①]

《真相》对削弱天皇崇拜做出的贡献之一在于其创作的连环漫画。它使被画成奇形怪状的昭和天皇成为幽默的笑柄—— 一个受到宫廷守卫、议会政治家甚至是平民嘲笑的受害者。在占领期间的各种论争中，比如说要求天皇退位、冒充皇位继承者的现象（如报纸将56岁的杂货商熊泽宽道称为“熊泽天皇”）、天皇的肖像、还有《真相》将天皇描画成“扫帚”对天皇巡幸大加讥讽等事例，《真相》对“人性的”“伟大的”天皇所开的连续玩笑是最为突出的。[②]具有讽刺意味的是，与他们以揭露为目的的初衷相违，这些不敬的、左翼所描画的“人格化”天皇——不论是身着双排扣礼服还是西装，都在无意间强化了政府的官方见解，即天皇一直都仅是一位标准的立宪君主，决不会自行做出重要决策。

VI

“人间宣言”发表后不久，从华盛顿传来的有关日本宪法起草的指令，要求麦克阿瑟促进废除“天皇制”或“沿着更为民主的路线”对其进行改革。现在，麦克阿瑟面临着既要澄清裕仁下令攻击珍珠港的责任问题，同时还要结束裕仁的新地位的暧昧状态。1946年1月25日，他给当时美军陆军总参谋长德怀特·D．艾森豪威尔将军发了一份“机密”电报，声明自己相信天皇是完全无罪的。麦克阿瑟的电报以三个月前他的日本“专家”费勒斯准将提交给他的一份备忘录为根据，断言道：

> 没有发现明确且确凿的证据证明，过去的十年里，（天皇）可能参与了程度不同的、日本帝国的政治决策的确切活动。从尽可能彻底的调查中得到的印象是，直到战争结束为止，他与国事的关系大部分属于被动的，并机械地对辅弼者的建议做出反应。

---

① 《发刊词》，《真相》创刊号（1946年3月1日），3页。

② 《天皇是扫帚》，刊登在1947年9月1日发行的《真相》的封面上。这个命名的理由是：“我们的象征之所向，由地下千百丈的黑暗地带挟风疾驶而出，从街头一角到建筑的墙壁，又舔又拂，一瞬间就将其变成美丽的城市、美丽的乡村。”

迄今为止，没有发现任何美国文件显示麦克阿瑟或者是他的参谋人员对天皇的战争罪行进行过调查。他们所调查的是如何保护裕仁不受战犯审判的方法。早在1945年10月，在提交给麦克阿瑟的一份简短备忘录中，约翰·E. 安德顿少佐就列举了保护天皇的关键要素："为了保证和平占领和复兴日本、防止革命和共产主义的利益，有必要对所有在欺骗、威吓和胁迫下做的宣战决定，以及随后发生的有关天皇立场的事实加以整理。""如果这些事实足以建立起不容置疑的抗辩，那么就（应该）采取积极行动，阻止将天皇作为战犯的控告和起诉。"[①]

为了使杜鲁门政权感到震惊，麦克阿瑟在发给艾森豪威尔的电报结尾处，预言了如果把天皇作为战犯审判的可怕后果：

> 对他的控告无疑会在日本国民中引起巨大的骚乱，其影响是无法估量的。天皇是日本人统合的象征。排除了天皇，日本就会瓦解……很可能就需要供养一支百万的军队，无期限地维持秩序。[②]

1946年1月29日，麦克阿瑟在其东京的办公室会见了新设立的远东委员会的部分人士，就天皇的地位问题做了回答。2月1日，《每日新闻》发表了在GHQ的压力下，由国务大臣松本蒸治及其宪法问题调查研究会制定的日本政府宪法草案。[③]同一天，松本草案的英文译本被送交给麦克阿瑟。看到宪法草案中天皇的地位没有发生任何变化，他准确地判断出币原内阁没有能力撰写一部民主宪法。除非他本人在远东委员会第一次正式会议（预定于2月26日开会）之前迅速采取行动，否则他就会失去修正宪法的主动权，而那些对日本君主持有敌意的国家就会危及君主制的存留。

为了应对这个难题，司令官给由考特尼·惠特尼将军领导的GHQ民政局一周的时间——2月3—10日，令他们起草一份可以作为日本宪法范本的新草案。起草者们怀着让日本再也不能成为美国的军事威胁的目的开始了工作。他们首先从君主制的改革着手。将天皇与现实的政治权力分割开来，变成（被定义）只是日本国民统合的"象征"。他的"象征性"在于无论是其本人还是君主制都不可能再次成为军国主义复兴的工具。但是草案也允许天皇"在内阁建议和同意下"，就"国事"做出

---

① 通过"军事秘书"向"最高司令官"提交的Anderton备忘，见费勒斯文件。

② FRUS, 1946—Ⅷ, p. 396.

③ 松本草案，在维持天皇的机能、权力以及皇室典章制度的同时，仅对明治宪法的文言做了个别变更。更成为问题的是，松本草案缩小了"臣民"的权利，增加了他们的义务，除在宣战媾和与条约缔结上，天皇的权能从属于帝国议会常设委员的同意之下以外，实质上没有强化议会的权限。参照Political Reorientation of Japan: September 1945 to September 1948, vol. 1, pp. 98—101.

一些规定范围内的君主行为。

接下来，起草者向宪法插入了一项放弃战争的条款——著名的第九条——废除了帝国军队：

> 日本国民，真诚希求基于正义与秩序的国际和平，永远放弃以国家权力发动的战争，及以武力相威胁或是行使武力作为解决国际争端的手段。
>
> 为了达成上述目的，将不保持陆海空军及其他战斗力。不承认国家的交战权。[①]

多亏了美国的起草者，公民的自由保障条款写入了宪法，妇女获得了解放。日本的国政方式部分地得到了改造。草案从理论上削弱了官僚的势力，加强了国会的权力，并强化了司法权。最终定下的草案允许日本保留君主制，同时理所当然地将政治权力移交给了国会和内阁。[②]

宪法草案在战后史上一个非常微妙的危机时期被拟定并被提交给国会两院审议。普通民众为实现自己的愿望，从基层采取行动的力量还很薄弱。1945年间，国内完全没有反战运动，更不要说能成规模的共产主义运动了。[③]但是，君主制的神秘性已被打破。许多人不再崇敬天皇。左翼的反天皇情绪也不再受制约。甚至将美国人描述成了“解放军”。最重要的是，公众观念迅速转变，由从前顽固的军国主义分子一夜之间就变成了激情的“民主主义者”。[④]

除了共产主义者和一些改革论者这些显著的例外，大多数日本政治家仍然对君主制持有虔诚的敬畏。他们作为保守势力的态度与美国宪法草案的民主精神从根本上是对立的。几乎所有保守主义者、社会主义者和自由主义者的政治家们首要关心的是“国体”的维持。他们认为，在国内危机的时候，需要一位被赋予政治权力的君主。为了防止公众舆论转向支持废除君主制，有必要对宪法做些许修正。天皇的某些权力可以被废除，但不是废除所有的权力，尤其不应该将他变成“纯粹的摆设”。

在这个关键的时刻，裕仁无法揣测他的臣民对根本的社会改革的愿望。2月12日，他对侍从次长木下道雄说：“松本似乎希望在其任期中完成宪法修改工作。我想应该对币原也说一下，没必要如此匆忙，只要表达了修正的愿望就足够了。”[⑤]

---

① “为了达成上述目的”这句话是在议会审议的过程中，芦田均插入的。

② 渡边治《日本国宪法运用史序说》，樋口阳一编著《讲座　宪法学　第一卷　宪法与宪法学》，日本评论社，1995年，126—129页。

③ 渡边治《战后改革与法——天皇制国家打倒了吗》，长谷川正安等编《讲座　革命与法　第三卷　市民革命与日本学》，日本评论社，1994年，227页。

④ 同前226页。

⑤ 木下道雄，上述145页。

2月13日，当吉田外相和国务大臣松本在外务省收到美国的宪法范本时感到十分震惊。致力于在明治宪法的框架下维护“国体”的他们认为，除非允许天皇集权力与权威于一身君临天下进行统治，否则就无法利用天皇。之后的几个星期里，对于这个重要的问题，币原内阁的大多数成员都改变了想法。先进的美国草案至少保留了皇位的世袭原则，并保证了皇权的持续。在这个君主制面临危机的时刻，踌躇不前的只有裕仁自己。

币原内阁的厚生大臣芦田均属于稳健的保守主义者，同时还是负责宪法修正案的众议院特别委员会的委员长。他在日记中披露，在内阁审议美国草案的第二天，也就是2月22日，币原报告了他前一天拜访GHQ的情况：“首先跟以往一样，麦克阿瑟开始了演说。‘我是诚心诚意地为日本的利益在努力。自从拜谒天皇以来，我一直在想无论如何要让天皇安泰。’”然而，最高司令官也传达了华盛顿远东委员会上关于日本“令人不愉快的”讨论，以及他个人职位的不确定性。既然美国草案保留了天皇的皇位，他不相信日本草案和GHQ草案之间有什么“不可逾越的鸿沟”。后者的草案中，他认为天皇受到了保护，而且其权威得到了进一步的加强，因为他的权威是源自国民的信任而不是对祖先地位的继承。[①]

币原内阁成员对草案中“象征君主制”和放弃作为国家权力的战争感到不满。但是芦田指出：“国际争端通过仲裁和调停解决而不是诉诸武力的思想，是我国政府签订《白里安—凯洛格公约》（Kellogg-Briand Pact）和《国际联盟盟约》（Covenant of the Leagtle of Nations）时早已接受的政策。并不是什么新东西。”[②]显然芦田没有想过放弃战争将损害日本固有的自卫权，也没有预想过宪法第九条的法律编成会成为占领终结后激烈争论的焦点。芦田和其他内阁成员所忧虑的是天皇失去政治权力的问题。

币原及其内阁知道与麦克阿瑟对立是没有希望的，因此，如果天皇准许了的话，他们还会早一些接受美国的范本。证据显示裕仁没有同意接受这个草案。在他试图拖延的时候，要求他退位的压力加强了。2月27日，枢密院会上裕仁最小的弟弟31岁的三笠宫发言，间接地催促裕仁退位以承担日本战败的责任。与天皇和皇室其他成员一起参加了会议的芦田，记录下了三笠宫的发言：

关于天皇的问题、皇族的问题，社会上现在议论纷纷。我想如果政府现在不采取果断行动，将有后悔之忧。他的意思是，受旧思想支配的（政府）不采取彻底措施，乃是极大的不幸。

① 芦田均《芦田均日记　第一卷》，岩波书店，1986年，78—79页。

② 同前80页。

听的人都是一副沉思的表情。陛下今日的脸色显出从未有过的苍白和神经质。[①]

同一天，《读卖报知》头版刊登了根据美联社记者拉赛尔·布赖恩斯对东久迩亲王的采访而撰写的关于天皇“退位”的文章。文章说，皇室的许多成员都赞成天皇退位，以承担对战争负有的道义责任。文章暗示天皇已经处于孤立。只有宫内大臣和总理大臣反对退位。[②]3月4日，一篇根据对前首相东久迩亲王的另一次采访而写的类似的文章出现在《纽约时报》上，指出第二皇位继承者高松亲王有可能在明仁皇太子成年之前担任摄政。[③]退位的压力不仅仅来自东久迩亲王，也来自他弟弟的事实肯定促使裕仁克服了接受麦克阿瑟草案的勉强心理。20世纪30年代曾被军国主义者利用的皇室兄弟之争，现在给麦克阿瑟的宪法改革带来了利处。

3月5日，币原带着麦克阿瑟草案文稿和一份宣称天皇期望彻底修正宪法的天皇敕语草稿前来拜谒裕仁。如果裕仁希望维持与麦克阿瑟不平等的、但是能够为他提供保护的合作关系，现在则是果断采取行动的时候了。根据木下日记的记载，对于宪法修正“仓促接受的原因”在于“前几天（2月27日）《读卖》的文章，东久迩宫向外国记者谈论了天皇退位的问题……起初，在（3月）11日之前，提交松本草案就可以，可是现在却等不到那时了”。[④]

3月7日，日本国民在报纸上读到了日本政府的宪法草案概要。他们得知，主权将不再是天皇的意志，而是要交到他们手中，日本从此将放弃战争。3月9日，《每日新闻》刊登了自由主义的国际法学者横田喜三郎的观点。事前看过GHQ官员展示的宪法草案的横田认为，放弃战争条款与理想主义的《白里安—凯洛格公约》内容相同，并且在自卫或是“国际合作的情况下”使用军队也是可能的。[⑤]

1946年4—8月，帝国议会对宪法进行了审议和修订。没有证据显示以芦田为委员长、极为重要的众议院帝国宪法改正特别委员会小委员会的委员们接受了横田关于第九条的解释。他们中占主流的、大多数人的看法与当时公众的观点一致，即对武力使用的全面彻底的否定。而横田的解释则是第九条的措辞中包含了为了自卫和国际安全可以行使武力。

---

① 同前82页。

② 木下道雄，上述160页（1946年2月28日条）。

③《纽约时报》，1946年3月4日，第6页。

④ 木下道雄，上述163—164页。

⑤ 田中明彦《20世纪的日本2　安全保障——战后50年的摸索》，读卖新闻社，1997年，32—33页。在那以后，横田放弃了对宪法九条的最初解释，与早期批判天皇的立场拉开了距离。朝鲜战争爆发后，他与芦田一起成为再军备的强力支持者。至1960年为止，横田作为最高法官，工作得非常出色。

裕仁接受了麦克阿瑟草案八个月后，日本新宪法得以颁布，并于第二年，1947年5月3日，开始生效。届时，宫内省将变为宫内府，雇员人数大幅减少。贵族制度被废除。宫内府的预算由国库管理，帝室博物馆所有权移交国家，成为现在的国立博物馆。①

就这样，明治时期为支撑君主制建立的大多数制度、惯例、权力很快被中止。麦克阿瑟和币原所施加的压力、来自弟弟和叔父关于退位谈话的威胁以及对东京战犯审判的担心，使裕仁在两个星期的抵抗后做出了让步。他对币原黯淡地说："到了这一步，没有办法了。"②这种话正是他在统治期间面临其他关键的转折点——1931年10月同意轰炸南满洲的锦州；1940年9月与希特勒和墨索里尼签订军事同盟；1941年12月批准对珍珠港的攻击——时曾经说过的那类话。

后来，吉田茂在自己的回忆录中称正是天皇本人做出"圣断"，决定接受麦克阿瑟草案的。天皇的态度使意见不统一的币原内阁一致起来，同意接受草案。③GHQ关于占领的官方历史中，"日本的新宪法"一章的美国作者也有同样的印象，认为天皇是麦克阿瑟宪法草案热心的支持者，并在1946年2月22日，币原、吉田和内阁书记官长楢桥渡等人谒见时，向他们表示了他的积极态度。④

不过，历史学家渡边治揭露了美国的有关记载是如何在楢桥所谓的天皇拜谒记述的基础上写成的。事实是，并没有2月22日天皇明确表明赞同（麦克阿瑟草案）的拜谒。芦田的日记中关于这件事没有任何记录，吉田本人则否认那天拜见过天皇。数年后，新宪法遭到前A级战犯嫌疑人和曾被解除公职而后又得复归的政治家们的攻击，为了促使日本人接受新宪法，关于天皇的作用问题，吉田编创了自己的一套说法。到20世纪50年代中期为止，这些政治家们（与民主党的鸠山一郎联合起来）成为国会保守派的主流，领导着一股主张全面修改宪法的势力。1955年，吉田曾与在第一届吉田内阁时出任国务大臣的金森德次郎进行过一次非正式的录音访谈。吉田在访谈中透露，天皇对剥夺了自己所有政治作用的宪法，并不是热心支持的。谈到1946年3月5日币原的谒见时，吉田告诉金森，裕仁天皇（谈及他丧失所有政治职权

---

① 高桥纮《解说——昭和天皇与"侧近日志"的时代》，木下道雄《侧近日志》，268页。

② 上述《芦田均日记　第一卷》，90页。关于昭和天皇的抵抗，参见渡边治《战后政治史中的天皇制》，青木书店，1990年，及《天皇（战后）》，《日本史大事典　第四卷》，平凡社，1993年，1246页，这是一段很有说服力的论断。

③ 吉田茂，上述86页。

④ Alfred R. Hussey记录的GHQ的说明如下："1946年2月22日，币原首相抱着最后一线希望，与吉田、楢桥相伴来征求天皇的意见。裕仁没有踌躇。他对币原说，全面支持这次最为彻底的修改，甚至在对天皇自身所有政治权威都被剥夺这一点也无任何保留意见。" Political Reorientation of Japan, vol. 1, p. 106.

时）只是说了“还可以，就这样吧”之类的话。[①]

就这样，当涉及宪法的重要时刻到来时，裕仁同意了呈示给他的最为进步的改革。在他的同意下，他本人成为号称“均质的”大和民族后裔的国民的象征，同时也成为国家主权的——不再是支配者——象征。裕仁顽强地坚持“国体”的时间比任何人都长，当感到整个世界都在反对他的时候，他在恐惧的驱使下最终采取了行动：担心他将被迫退位，更重要的是，如果公众对他的踌躇不决的议论持续下去的话，将会引发无法控制的关于共和主义的辩论，从而导致君主制自身的消亡。此后的后半生，他一直都对自己的象征性地位有抵触，心理上也感到无法适应。[②]

日本方面关于新宪法的最终版的第一章第一条，将天皇重新定义为“日本国的象征、日本国民统合的象征，其地位基于持有国家主权的日本国民的意志”。在随后的第90次（也是最后一次）帝国议会的宪法审议中，议员们仍宣称自己是天皇的忠实臣民，对这个新的政治合法性的基础毫无重视。但是他们也没有试图要恢复天皇的权力。战前，昭和天皇没能完成他最为重要的职责——协调陆海军同政府之间的关系并使这个系统运作起来。失败就得不到酬劳。更重要的是，那些未被驱逐的政治家们不希望回到即使是保守政党也无法最有效地行使国家权力的战前的权威主义体制。至于第九条，一直到朝鲜战争使局势发生变化之前，没有政治家敢于挑战公众舆论，主张日本应保留维持自卫的战斗力的权力。

直到1947年，占领下的日本关于宪法的实质上的争论，是在以宫廷派与保守政治家为中心的“国体”护持派和为数不多的日本改革派之间进行的。后者的改革派希望实行礼仪性的君主制和真正的市民社会，但又缺乏独立实现这些目标的政治力量。[③]借助GHQ，改革派取得了胜利，使论坛上的两极最终处于孤立：他们分别是左翼的共产主义者和右翼顽固的“国体”维护者，加上由于过于拘泥于明治宪法而无法将民主主义国家概念化的少数战前宪法学者。

---

① 1977年4月18日《朝日新闻》晚刊，渡边治《战后政治史中的天皇制》，119—120页。

② 第二天，即1946年3月6日，木下就大权丧失安慰天皇说，不如说抛弃旧宪法是一件好事（木下《侧近日记》165页）。

……相反，在对政治家及国民精神的指导上，得到了自由天地，我说我认为这是件好事。陛下同样也这样想。

另外，关于退位问题，陛下说，退位了自己就轻松了，可以脱离今天这样的苦海了。但秩父宫正在病中，高松宫当时持开战论，而且又在军队的中枢，不能做摄政，三笠宫年轻没有经验。东久迩宫这次的轻举妄动让人特别遗憾，他恐怕对这些事情没有一点考虑。

③ 渡边治，上述《战后改革与法》，235—238页。渡边对1946年的修宪是继承了1870年代到1880年代初宪法制定运动的传统提出反论，强调了修宪过程的极端矮小化（同239页）。他指出，“战后改革的革命性运动在宪法的基本框架自上而下固定下来的前后终于开始了”。

裕仁的宪法老师清水澄和美浓部达吉就是后者的代表。清水对新宪法和巡幸时群众推挤天皇的报道是如此的沮丧抑郁，以至于自杀身亡。[①]美浓部曾经对战前的议会政治给予了极为重要的自由主义影响，可是1946年间却在报纸和期刊上发表文章反对新宪法。依然固执于德国的宪法理论的美浓部，战后成为主权在民主义和多数人裁定原则的顽固反对者。他坚持认为统一国家和实现“真正的民主主义”的唯一出路——与易导致“专治”的“美国式”的实践相反——在于日本要有集中掌握政治权力的君主。[②]

然而，裕仁天皇仍留在了皇位上——未被起诉、没有悔改、被新宪法削弱了权力的同时又受到了它的保护。因此，君主制仍是政治论争的要点，通过对于裕仁战争责任的辩论，旧宪法也继续发挥着影响。因为，如今明治宪法为他们提供了理论依据，可以将所有的战争责任都推到军部的头上。从此以后，裕仁战时行为的辩护者和批判者都将反复利用对旧宪法条款的不同阐释。辩护者们（当然也包括裕仁）将利用旧宪法为裕仁免除责任，他们的理由是，根据规定，立宪君主在政治上是被动的，对自己的行为不承担责任。他们还可以利用特殊理由，如宪法第三和第五十五条的天皇免责条款，将责任转嫁到天皇的辅弼者身上。

天皇的批判者则否认立宪君主制的前提。他们认为裕仁更接近于专制君主，强调裕仁作为最高统帅，作为决定武装部队编制及和平时期常备兵额的唯一的军事命令发布者应负的责任。批判者还将矛头指向战前的“统帅权独立”体系，以及天皇拥有发布军事命令的特别权力。最后，他们宣称，正是因为天皇没有遭到起诉，所有的问题都没有得以解决。[③]

日本国宪法剥夺了天皇所有的政治权力，将他排除在权力体系之外，并将他与“和平国家”的观念联结起来。从而在公众对君主制的议论尚未真正开始之前就预先予以阻止。与此同时，新宪法将天皇从绝对价值转变为一种相对价值，从一个“神圣不可侵犯的”神变为仅仅是法律之下的一个人。从此，将由宪法，而不是天皇，来表达日本国民的崇高理想、热望和目标。不再是裕仁制定宪法，而

---

① 1947年9月，79岁的清水澄留下一份遗书自杀了。他在遗书中对新宪法表达了愤怒，认为它把天皇变成了机器人，另外还对天皇被挤在群众中间的照片表示了悲叹。清水虎雄《殉死明治宪法的宪法学者——父亲死于自己的信仰》，《文艺春秋》（1964年11月），274—281页。

② 美浓部达吉《民主主义与我议会制度》，《世界》创刊号（1946年1月）。及其《民主主义政治与宪法》，《生活文化》（1946年2月），贵族院事务局调查部《关于宪法修改的诸论辑录》（贵族院汇报附录）1946年5月，所收。

③ 山田朗《现代的“战争责任”问题——以天皇的“战争责任”论为中心》，《历史评论》第五四五号（1995年9月），24—25页。山内敏弘《天皇的战争责任》，横田耕一、江桥崇编著《象征天皇制的构造》，241—258页。

是由国会来制约裕仁。至少在理论上，他没有英国君主拥有的一切大权，而且同其他国家机关一样可能受到批判。从宪法角度讲，日本确实创造了一个“立宪君主政体”的新变种——与大英帝国仍在存续的古老制度完全不同的、与现代协调的形式。

然而，宪法是活的东西，实施的时候要依照现存的习惯、先例和信仰。从国家本体最深的层面上讲，天皇主义仍控制着许多日本人的思想。由于许多有影响力的人物相信天皇和皇室的存续及其象征性，所以裕仁仍能影响日本的政治发展。在整个占领期间及其余生，任何对裕仁行为的质疑或对其地位的批判，都会遇到强烈的情感壁垒。

此外，日本国会1947年实施了皇室典范，然而，新典范与旧典范十分相似，甚至连名称都一样。起草时只是删除了旧典范当中可能会被解释为与1947年宪法相矛盾的条款，如“元号”制度和“大尝祭”。曾有在典范中插入关于天皇退位条款的尝试，最终被国会否决。与旧典范不同，新皇室典范将不再与宪法并同。但是它的存在使一些学者认为，正是因为世袭的皇位继承制，才致使日本在日本宪法之上又有了一部不成文的宪法。[①]

新宪法还产生了一些问题，它们将在20世纪剩余的时间里一直困扰着日本。其中一个问题是两种概念间的巨大分歧。一种是1946—1947年的日本政治统治者所持的国家概念；另一种是现代世俗的、非军事化的、被收入新宪法的市民国家的概念，它符合大多数日本人的心愿和渴望。[②]

政治领导层不是宪法的原始起草者，但是负有实施宪法的责任。与裕仁一样，他们也不相信宪法中的许多理想，特别是非军事化国家的概念和政教分离的原则。

日本国宪法也没有解决象征君主制在日本国家本体中的位置问题。从本质上互不相容的君主制和民主主义原则将如何调和？裕仁现在虽然只是一个“象征”，但是仍然在位，他没有为自己以前的行为承担责任，他从前是神现在是人。日本国民是怎样看这样一位天皇的？他们会认为并不存在任何矛盾吗？

随着历史形势的改变，这些问题的答案也在变化。1946年2—3月，就在君主制重新诞生、战犯被告名单将被提出、天皇及其助手们正在为给天皇辩护作准备的时候，木下侍从次长接受《潮流》杂志的采访，就天皇对日本民主化的思考做了回答。

---

① 横田耕一《〈皇室典范〉私注》，横田耕一、江桥崇编著《象征天皇制的构造》，106—108页。Political Reorientation of Japan, vol. 2, pp. 846—848.

② 渡边治，上述《日本国宪法运用史序说》，116—132页。

编辑：关于日本的民主化，陛下是怎样一种感受呢？

木下：皇室自古有一个传统，即以民心为己心。贯彻这个精神就是日本的民主化，这好像就是陛下的想法。

编辑：为了使民心成己心，我想，需要一种让民心自由舒展的政治形态……

木下：是这样。皇室应成为国民的精神中心而不是政治中心。为使民权民生的政治不从这个国家消亡，陛下将对其予以守护。

编辑：从形式上看，似乎大权缩小了。但实质上，是全面得到扩展了吧。

木下：是啊。[①]

① 木下道雄《圣上的心境》，《潮流》（1946年3月），86—87页。木下《侧近日记》，169页。关于这个对谈详见《记录　昭和天皇（八）象征》424—425页。这个采访稿在昭和天皇过目许可后刊登。昭和天皇清楚地表明了自己继续作为国民道德和精神中心的自信。

第十五章　东京审判

早在1942年，裕仁天皇就已经得知同盟国的公开目标是审判主要战犯。[1]1943年11月的《莫斯科宣言》确认了这一点。1945年7月的《波茨坦宣言》也重申了这个目标。1945年8月8日，在伦敦签署的国际军事裁判所（IMT）宪章明确地规定了同盟国对战犯的政策。[2]因此，8月9—10日，当裕仁和政府首脑们考虑投降的时候，战争犯罪问题就成为他们的一大心病。1945年9月11日，当麦克阿瑟下令逮捕和关押第一批战犯嫌疑人时，他们的这种担心就更加严重了。嫌疑犯中包括天皇的亲信总理大臣——不仅因为在他的统治下宪兵队实行的残酷镇压，还因为粮食配给的不公正，所以日本国民都十分痛恨他——东条将军。

眼前的危险处境使统治精英们十分恐慌，东久迩内阁立即提议由日本独立主持战犯审判，以便从同盟国手中夺回主动权。裕仁对此有些踌躇不安。如果战犯以他的名义依照国内法受到惩罚，那么他将被置于一种矛盾的立场，处境将非常尴尬。一直以来，东久迩每天都来拜谒天皇，突然间，他来的次数减少了。第二天（13日），重光外相请求GHQ允许日本进行独立审判，被GHQ拒绝。[3]将不会有由日本人主持的正式的战争犯罪审判；东京审判中将不会有日本法官参与；将不会有针对日本军队对日本人民犯下的罪行的审判。这些肮脏的工作将留给外国人去做。

麦克阿瑟个人对起诉战犯的事情很不耐烦。他的原则是迅速结束审判，对由于GHQ对证据和审理程序的宽松定义和不严密的规定所引起的滥用，既未加注意，也漠不关心。当审判曾在菲律宾与他对阵的投降的日本将军本间雅晴和山下奉文时，

① 韦尔斯副国务卿很早就公开表明了这个战争目的。1942年11月26日，前驻美大使来栖三郎在大政翼赞会的演说中，引用韦尔斯的发言，说美国的主要战争目的是对战犯的处罚。

② Timothy L. H. McCormack, “From Sun Tzu to the Sixth Committee: The Evolution of an International Criminal Law Regime”, in Timothy McCormack and Gerry J. Simpson, The Law of War Crimes: National and International Approaches (Boston: Kluwer Law International, 1997), p. 57.

③ 在等待GHQ回答的这段时间，日本陆军加紧破坏、捏造证据，为了保护自己的组织，召开了一次做表面文章的审判（军法会议），处罚了三个人。1946年3月9日，GHQ命令日本政府中止对战犯的追诉。Hitoshi Nagai, “War Crimes Trials by the Japanese Army”，参照《自然、人、社会》第26号（1999年1月）。

他即刻便做出了判决。在审判、定罪和宣判两人死刑（因为他们没有采取有效措施阻止下属的残酷暴行）之后，美国联邦法院的两位法官尖锐地批评了菲律宾美军军事委员会的诉讼程序以及他们所体现出来的报复情绪。对此感到恼怒的麦克阿瑟反击道："对这种公正的方法持反对意见的只是少数……诡辩不能将审判限制在任何（特定的）形式中。问题在于本质。审判的纯洁度在于其目的，而不是细节。战争的规则和军法……在道义的严格界限内实现正义时总是具有充分的弹性。"①

麦克阿瑟批准了两人的死刑判决，之后写道："其余的此类美国案件已由东京国际法庭做出裁决。"对他来说，美国军事委员会与国际战争犯罪法庭似乎没有什么不同。②

I

费勒斯准将在为CIA的前身、战略情报局（OSS）工作了一年后，于1943年下半年加入到麦克阿瑟在澳大利亚的西南太平洋陆军司令部。与麦克阿瑟同机到达日本的费勒斯立即开始工作，保护裕仁不因他在战争中和战争结束时所起的作用而受追究。费勒斯首要的目的是要确认他在战时搞的宣传计划的效果，同时保护裕仁不受战犯审讯。

费勒斯对大约40名日本战争领导人进行了私人审问，其中许多人后来被指控为最重要的A级战犯。他的审问主要集中在五个月的期间内——1945年9月22日到1946年3月6日，在东京的巢鸭监狱通过两名翻译进行的。费勒斯的活动提醒了所有主要战犯嫌疑人，使其意识到GHQ特别关注的事情，为他们调整各自的说法以免天皇受到指控提供了可能。③因此，在检察官为审判这些人收集可使用的证据的同时，费勒斯无意间为嫌疑犯们提供了帮助。很快，检察官就发现战争领导人的供述内容实际上是相同的。即天皇英勇地采取行动，独立自主地结束了战争。这个主题（检察官们并未告知）正好与费勒斯的目标——证实他自己对日宣传运动的有效性——相吻合。

① Evan J. Wallach, "The Procedural and Evidentiary Rules of the Post-World War Ⅱ War Crimes Trials: Did They Provide An Outline for International Legal Procedure?" in Columbia Journal of Transnational Law 37, no. 3 (1999), pp. 873—874. 在本间审判上，Murphy法官对逼供的证据的使用上缺乏保护手段提出异议。在山下审判上，Rutledge法官批判了设置马尼拉军事委员会的麦克阿瑟审判规程为"把军事委员会本身变成了法律"。关于菲律宾以及亚洲各地进行的战犯审判的详细情况，参见Philip R. Piccigallo, The Japanese on Trial: Allied War Crimes Operations in the East, 1945—1951 (University of Texas Press, 1979), esp. pp. 49—68.

② 同上，p. 66；citing Douglas MacArthur, Reminiscences: General of the Army Douglas MacArthur (MeGraw-Hill, 1964), p. 298.

③ 东野真《昭和天皇的两个〈独白录〉》，日本放送出版协会，1998年，102—103页。

同样，1945年9月下旬到12月，由美国战略轰炸调查团（USSBS）的文官和军人进行的调查访谈，为日本战时领导人保护裕仁提供了帮助。调查团的目的是评估空袭在日本决定投降上的效果，特别是原子弹的影响。USSBS成员也试图了解日本战时政治体系的运作方式。不用说，日本高层的政治和军事领袖，如木户内大臣、前总理大臣近卫、米内、铃木贯太郎、铃木的秘书迫水、木户的秘书松平康昌以及海军少将高木惣吉，将他们与调查团的接触视为保护“国体”的一种手段。他们回答问题时表现得极为配合，成为描述投降过程的主要证据来源。另外，他们还利用对自己的问讯影响了美国关于裕仁在结束战争时所起作用的官方看法。①

在结束了对被指控人的私人审问的同一天，费勒斯传唤海军大将米内光政到他在第一生命保险大厦的办公室。米内一直到最近都在东久迩内阁担任海军大臣，曾经见过麦克阿瑟。②1946年3月6日，米内和翻译沟田主一来到了费勒斯的办公室。他们被告知，一些同盟国国家，特别是苏联，要求把天皇作为战犯进行惩罚：

作为对策，最好由日本方面证明天皇是完全无罪的。为此，即将到来的审判是一次最好的机会。特别是应当让东条在审判中承担全部责任。

也就是，想让东条这样说：

“开战前的御前会议上，即使陛下反对与美作战，我决心已定，要强行推动战争。”③

米内大将表示他当然同意这个安排。证明天皇无罪的最好办法就是让东条和岛田承担所有责任。“而仅就岛田而言，我确信，他已经做好了承担全部责任的准备。”④

米内对岛田大将的信心是有根据的。币原政府一直在贯彻其为天皇免责的政策，并已通过横滨终战联络事务局局长铃木九万获得了岛田同意承担开战责任的保证。显然，还没有从东条那里得到类似的保证。

两个星期后，沟田对3月22日与费勒斯的第二次会谈做了备忘录。

---

① Gordon Daniels, ed.,“A Guide to the Reports of the United States Strategic Bombing Survey: Europe, The Pacific”(London: Offices of the Royal Historical Society, 1981), pp. xxiii—xxiv. 吉田裕《昭和天皇的终战史》，岩波新书，1992年，179—180页。

② 丰田限雄《战争审判余录》，泰生社，1986年，170页。

③ 高田万龟子《从新史料看〈昭和天皇独白录〉》，《政治经济学》第二九九号（1991年3月），41页。沟田文书第一次被披露，是在丰田限雄《战争审判余录》171—172页上。

④ 高田万龟子，上述41—42页。

谈话与对米内大将的内容大致相同。美国国内最有影响力的非亚美利加思想的倡导者是国务卿伯恩斯的最高顾问COHEN（犹太人、共产主义者）。几天前我对米内大将说的那番话，正像那时我说的那样，自己不是天皇的崇拜者，所以天皇制的存废自己并不关心，但如果让作为麦克阿瑟的合作者、帮助他能顺利地实施占领统治的天皇接受审判，对麦克阿瑟在本国的处境是非常不利的。这就是我提出那样要求的理由。

（向宫内省寺崎问）"那天我对米内大将说的话，已经跟东条说了吗？"[①]

费勒斯露骨的反犹太主义（就像他和麦克阿瑟对富兰克林·D．罗斯福、新政和所有自由主义者怀有厌恶一样），以及他和麦克阿瑟向日本领导人传达的褊狭的信念，在新宪法草案中都没有体现，对向"象征"君主制的转换也没有产生影响。[②]但是，麦克阿瑟为挽救裕仁不作为战犯受到审判而采取的特殊手段，对于日本人对战败的认识却带来了深刻持久的、扭曲了的影响。

在东京审判开庭的前几个月里，麦克阿瑟的高级将官们一直忙于将突袭珍珠港的最终责任归结到东条英机将军身上。东条的陆军同僚们也在这样做。早在9月份，当听说要逮捕他时，东条曾尝试自杀。在他身体复原时，他的前下属再次向他传言，他必须为保护天皇而活下去。东条接受了，并希望通过背负全部失败责任的方式接受耻辱。既然他的供词至关紧要，或者是免除裕仁的责任，或者是将裕仁牵扯进去，因此就必须有所准备，不能靠运气行事。

很显然，是考特尼·惠特尼少将最先意识到东条有关天皇战争责任供词的问题的。据东条的辩护律师盐原时三郎说，在东条开始为审判准备供词之前（估计在米内及其翻译与费勒斯会见之前），惠特尼就告诉米内说麦克阿瑟和杜鲁门总统"希望以天皇不承担责任的方式保护'国体'"。但是在美国国内有"相当的反对派"反对这样做。东条在回答美国质询官时，既可以在某种程度上怂恿天皇的反对者，也可以帮助控制局面。[③]惠特尼的话反映了麦克阿瑟对来自美国国内，任何对占领

① 同前42页。这里引用的文章中，费勒斯谈到新Deal派的法律专家Benjamin V. Cohen后来做了贝尔纳斯国务卿的顾问。

② 正如沟田文书也证明的那样，费勒斯之流持有的对反犹太主义观点的支持，对日本政府有关人员并非没有带来坏的影响。这些举动，使得为了让日本国民接受反欧美意识形态，日本政府在战争中推动的反犹太主义得以继续。直到今天还可以清楚地看到反犹太主义在大日本帝国和现代日本之间存在的连续性。

③ 《从原远东国际军事审判辩护人盐原时三郎的听取书（第一回）》，1961年7月4日听取，《远东国际军事审判相关听取资料》（靖国偕行文库所藏的井上忠男资料所收）。该资料是法务省司法法制调查部对盐原的听取记录。

实行干涉的过度敏感，也反映了麦克阿瑟打算利用东京审判作为他达成和平的手段的意向。

米内向盐原律师传达了这次谈话，盐原承诺在帮助东条设计辩护时会考虑到美国公众的意见。随后，在供词和法庭做证中，东条都遵循了日本政府关于天皇在1941年所起作用的官方见解：即只有被天皇委以权力的辅弼者应对当时的决策承担责任，“由于国家最高机关已经决定没有其他的选择，天皇不得不批准”开战。

数年后，东条的辩护顾问披露，当时，惠特尼、米内，甚至首席检察官都在向东条施加压力，要求他按照麦克阿瑟所希望的那样做证。另外，裕仁曾给东久迩亲王打电话，查问事情的进展。[①]

Ⅱ

1945年12月6日、7日，当美国首席检察官约瑟夫·B. 基南及其助手聚集东京，为组建由来自11个国家的法官和检察官组成的远东国际军事法庭（IMTFE）和国际检查局（IPS）时，他们所面对的是一个十分困难的局面。GHQ刚刚开始四处活动，命令日本政府保存好可能与战争犯罪有关系的官方机密文件。由于占领是通过日本政府间接实施的，直到1946年1月3日为止，IPS官员都未能调查政府各省的档案记录。[②]

更为重要的是，基南了解到麦克阿瑟遵照9月12日来自华盛顿的政策文件和10月6日基于此文件而制定的联合参谋部的指令，为国际法庭起草了宪章，并设立了一个统一的检察机关（IPS）。政策文件（SWNCC57／3）限定了IPS的权限范围，并将所有刑罚的“承认、减刑或……变更权力”交给麦克阿瑟一人。指令的最后一节，即第17项，指示他，没有华盛顿的明确指令，“不要采取反对将天皇作为战犯的措施”，从而为起诉裕仁留下了可能性。最高司令官一方面要在华盛顿的命令下行事，同时还要作为一个国际公务员，作为签署了投降文书、现在又被要求派出法官和检察官的同盟国的代表履行职责。麦克阿瑟的双重角色和他的行事方式增加了接踵而至的审判的复杂性。这使得法庭权威的本质变得模糊不清，不可避免地导致被

① 同前。

② “Investigative Division–Progress Report”，Memorandum of Lt. Colonel B. E. Sackett to Joseph B. Keenan, Jan. 22, 1946. 粟屋宪太郎等编《走向东京审判之路——国际检察局、政策决定有关文件第二卷》，现代史料出版，1999年，149—155页。

告方断言东京审判事实上是美国的审判。[①]

1946年初，宫内省的资产被冻结，人员被削减，情报来源也受到了限制。为了让裕仁及其顾问们对即将到来的战犯审判做有效的计划，需要开发新的情报来源。为此，松原康昌借助了战败后仍在复员省法务局继续活动的原陆军省秘密研究组的专门知识。研究组组长松谷诚大佐参与过战时的计划工作，曾任杉山和阿南两位陆军大臣以及铃木首相的秘书。松谷曾试图通过木户的秘书向天皇表达既然战败必至就应马上讲和的请求，但是没有成功。现在，面对即将到来的对战犯的严厉审判，

1946年2月：新“人间天皇”开始全国巡幸，最初视察的是被战争损毁的神奈川县，在占领当局的建议下，精心设计的裕仁的巡幸促进了“民主化”和君主制的转变。表现他“与国民在一起”的新闻影片在美国放映，对麦克阿瑟也是个很好的宣传。

① Foreign Relations of the United States, Diplomatic Papers 1945: The Far East, vol. Ⅵ (Washington, D. C.: USGPO, 1969, hereafter FRUS, 1945—Ⅵ), pp. 926—936. 日暮吉延《同盟国的远东主要战争犯罪审判的基本政策——从〈SWNCC五七／三〉到〈FEC零零七／三〉》，55—60页。Arnold C. Brackman, The Other Nuremberg: The Untold Story of the Tokyo War Crimes Trials (William Morrow & Co., 1987), p. 47. 传送给投降书各签署国的《SWNCC五七／三》及统合参谋总部的指令《JCS一五一二》成为IPS的法律框架。

松谷和他的小组正在研究减轻损害的方法。

1946年1月3—5日，他们召开了一系列秘密会议，以此开始了他们的活动。会议的参加者是来自私立和国立大学、东京银行、外务省、大藏省、工商省的精英分子以及代表裕仁出席的松平。同时出席并对会议的客观性做出重大贡献的还有马克思主义历史学家平野义太郎和政治学者矢部贞治。平野义太郎尽管是马克思主义者，却又是大东亚战争的坚定支持者；而矢部则长期以来一直推崇日本式的法西斯主义。与会者的结论是，在美国占领期间，大约用两年的时间，日本的政治、经济和思想就会稳步地向好的方向发展。随着苏联对思想混乱状态的利用，关于君主制的争论将会逐渐加剧。

会议的最终报告强调了在各个地区既要传播又要控制“协同民主主义”的必要性。如果将天皇作为“向心力”和“象征”保留下来——换言之，作为对日本社会非理性、传统的一面让步的话，则任何民众意识范畴的现实的革命都是可以避免的，这样的假定一点也不过分。战犯审判将成为“政治”展示，最好在幕后进行交易。与法官及控辩双方律师的友谊将得到培养。辩护的方针将强调军队对战争的独自责任，任何触及裕仁责任的暗示都将不被允许。审判将被用来维护和保卫国家，为了实现这个目标，为被告个人的辩护都将退居次位。①

然而，裕仁及其助手无法确定裕仁能否逃过审问——或是作为证人或是作为被告，因此1946年3月，他的五个助手开始着手准备为他的辩护。当时，日本媒体充斥着关于战争审判的猜测，认为起诉将主要集中于把战争扩展到美英方面的责任上。因此，裕仁和他的亲信们感到有必要主要针对英美开战问题，而不是他在中国战争中所起的作用问题进行辩护。麦克阿瑟司令部希望得到天皇回答的问题由新任命的宫廷和GHQ之间的联络官寺崎英成传给了裕仁及其助手。寺崎的妻子是美国人，交战的几年间在日本生活，而她又是费勒斯准将的亲戚。助手们向天皇提出美国方面的问题，然后又把他的回答记录下来。

口授会议进行了五次，用了八个小时。然后，寺崎用铅笔记下了这份长长的速记誊本的某些部分，速记誊本主要以宫内省内记部长稻田周一编集和遴选的记录为基础。寺崎的记录日期是6月1日，东京审判已经开庭了近一个月。更长的口述文本，最初题名为“昭和秘史回顾录”，稻田的记录就参照了这份文本，对这份文本的整理工作一直持续到6月末。之后，这份文本被更名为“天皇谈话录”（圣谈拜听录），不过寺崎没有再参与而且也许他连见也没见过它。

---

① 松谷诚《东京裁判与再军备等　日本重建秘话——亲历动乱的半个世纪的原首相秘书官的回想》，朝云新闻社，1983年，94—105、126—127页。1947年10月，成为厚生省一部分的该小组一直活动到审判结束。

这份《独白录》背后的政治意图，第一是要保卫天皇不受东京审判，第二是要提供一些信息情报，使美国能够用来指控那些将因日本的战争犯罪而受审的人们。裕仁对这些意图持赞同态度。他希望他的想法能被准确地转达给总司令部，但是他也希望能为东条英机辩护，他知道东条已被安排好当他的替罪羊。

在3月18日的第一次口述会议上，裕仁提醒大家注意太平洋战争背景中存在的紧张的人种关系。他首先提出了下述内容："在第一次世界大战后的媾和会议上，我国代表主张的有关人种平等的日本国民的呼吁为列国所不容。黄白人种的差别观残存于世界各地，如加利福尼亚拒绝接受移民，如澳大利亚的白人主义……这些都是使日本国民感到愤慨的充分理由。"看起来，裕仁似乎是在批判他认为存在于美国的亚洲政策根底的白人至上原则。当然，他无视了日本代表在凡尔赛的实际主张：人种平等只针对日本人，而不是世界各地的有色人种。

然后，他就助手们考虑的开庭时将涉及的七个问题阐述了自己的见解。首先谈到的是他和政府在战败前故意向日本国民提供了错误情报的事件：张作霖被满洲关东军参谋暗杀以及田中义一内阁（1927—1929年）的总辞职。然后谈到的是1930年的伦敦海军裁军会议、1931年的满洲事变和1932年的上海事变。他还谈了1936年"二・二六"事件、"军部大臣仅限于现役军官"的决定以及关于"对支和平、三国同盟"。[①]

第二次会上，寺崎通知在座的所有人，1946年1月，麦克阿瑟元帅给华盛顿拍发了秘密电报，确认天皇无须为战争罪行承担责任。天皇也许不会被起诉，但还是有可能作为证人被传唤。因此，抵制东京审判的准备工作必须继续进行。那一天，3月20日，裕仁就助手向他提出的关于阿部和米内内阁倒台的原因、三国同盟、7月2日和9月6日的御前会议、与东条有关的问题和珍珠港攻击计划等七个问题作了回答。[②]

两天后的第三次会议上，裕仁继续对东条内阁问题进行详细的解释，东条阻止战争的努力、开战诏书和陆海军之间的不和。[③]他对东条大加赞许，称他是"明白人"。他"之所以被人评判成专制者，原因在于本人担任了太多的职务。由于太忙，所以本人的想法无法传到下面，还有就是过度地使用了宪兵"。裕仁也承认他曾反对解除东条的职务，因为东条"一直与大东亚各地的人们有接触，我考虑如果无视这一点更迭内阁的话，会不会对大东亚的人心失去控制"。[④]之后的两次口述会

---

① 木下道雄，同前170—172页。

② 同前175页。

③ 同前176页。寺崎英成、Mariko Terasaki Miller编著《昭和天皇〈独白录〉——御用随员寺崎英成日记》，文艺春秋，1991年，71页。

④ 寺崎英成、Mariko Terasaki Miller，同前88、96页。

议在4月8日举行，五位助手从上午到下午聆听了裕仁的回顾。4月9日还进行了第六次口述会议，但是其内容没有被收录到《独白录》中。

到了此时，裕仁又在准备与麦克阿瑟元帅的第二次会面，他希望会面能在东京审判开庭之前进行。会面日期暂定在4月23日。将由寺崎担任翻译。可是到了22日，由于币原内阁出人意料的总辞职，寺崎不得不请求费勒斯将会面延期。会见的取消使裕仁失去了在审判之前面见麦克阿瑟，亲自向元帅解释他在位前20年的意图的机会。这种形势下（如NHK纪录片导演东野真在其《昭和天皇的两个〈独白录〉》中所猜测的那样），寺崎向费勒斯提交了他用英文做成的简短的（没有日期和标题的）概要，归纳了天皇前几次口述会议的要点。寺崎原打算为天皇和麦克阿瑟会谈做翻译时参考这份材料，可是会谈被取消了。由于费勒斯个人承担着让麦克阿瑟准确地了解这些事情的责任，“可以认为麦克阿瑟非常有可能读了这份英文版本的《独白录》”。[①]或许费勒斯也读了寺崎撰写的《独白录》的详细版，尽管迄今为止在麦克阿瑟或其他美国参与者的文书中没有发现相关的证明资料。

在《独白录》的详细版中，天皇谈及了30个话题。较短的英文版只包含了十个话题，重点强调了天皇的无权无力，完全省略了他在中国战争中所起的作用。很清楚，两份文件的目的是要提出论据，证明裕仁没有能力阻止开战，还说明了为什么只有在内阁不能行使机能的时候，他才可以独立行事。

Ⅲ

1946年2—3月，当日本民众正在逐步了解新宪法的时候，IPS的活动也在继续进行着。IPS执行委员会主要由组成法庭的各国“参与检察官”构成，首席检察官基南担任主席。在职员中最富有经验的律师的协助下，IPS集中精力审问和挑选那些将以“反和平罪”被起诉的嫌疑犯。美国检察官汇编的A级嫌疑犯名单上有30个人的名字，而英国检察官的名单上只有11人，两份名单都没有提到天皇。但是，澳大利亚检察官提交的一份应被起诉的“百人临时名单”中包括裕仁，指控他犯下了“反和平和反人道罪”。澳大利亚人还提供了一份详细的备忘录，作为指控天皇的证据。备忘录强调，“在任何时候”裕仁都不是“被胁迫签署同意文件”发动侵略性军事行动的。备忘录带有修辞色彩地问道：“正因为他批准了连自己都不认为是正确的事情，他的罪行不就更重大了吗？”[②]

---

① 东野真，上述140页。英文版《独白录》原文收于同书209—219页。

② 标注日期为1946年1月16日的澳大利亚日本战犯“第一次名单”，收于粟屋宪太郎等编《走向东京审判之路——国际检察局、政策决定有关文件　第二卷》，402—425页。

执行委员会将被告的范围集中在28个人身上。被排除者中有满洲事变的策划人石原莞尔。石原在起诉准备阶段就没有被约面谈。将他从被告名单上除去可能是因为他反对东条并试图推翻其统治，基南为此对他持正面印象。但这同时也反映了美国检察官的错误认识，他们认为中层幕僚，就同美国的情况一样，绝对不可能成为发动侵略的原动力。[①]

最终，26名被告人被起诉。曾经鼓吹过军国主义和种族狂热主义的实业家、大学的知识分子、佛教徒、法官和记者都没有在内。4月13日，苏联代表团姗姗来迟后，曾试图将在战争经济活动中起过主导作用的三名企业家包括进去，但最后只是将梅津美治郎大将和外交官重光葵的名字加进了名单。前外务大臣松冈洋右和前海军军令部总长永野修身在审判结束之前死亡。另一位被告——大川周明——被诊断为精神失常。

由于美国在亚太地区巨大的军事和经济支配力量以及麦克阿瑟手中过度的权力，东京审判被告的选定以及后来的审判本身都给人一种严重的扭曲感。不过首先，这种扭曲来自于所有的同盟国政府实行的国际法从属于现实政治的政策。那些政府都将本国的国家利益放在首位，法律和道德居后。裕仁和他的顾问们也是如此，在展开的法律戏剧的幕后偷偷摸摸地活动着。

因此，在斯大林的指示下，苏联代表团选择了跟随主导国家的做法，只有在美国主张的时候才会要求控告裕仁。仅有的参与了法庭审判的亚洲三国代表——中国、菲律宾和印度——也尽量避免与美国政策的冲突，努力贯彻各自的调查方针。

没有哪个国家比中国遭受的日本侵略更严重；也没有哪个同盟国领袖比蒋介石更了解日本君主制与军国主义之间的密切关系。但是蒋也认为裕仁将成为阻止共产主义传播的屏障，所以他也选择了不起诉裕仁。尽管蒋介石自己的军事法庭在十个城市因战争罪行起诉并审判了883名日本人，但他没有将东京审判放在优先考虑的位置上。蒋与共产党的战争即将重新开始。他需要美国的财政资助和军事援助，并希望劝说日本军事人员在投降后留下来，这样他就可以在与共产党的战争中利用他们。

蒋派遣到东京的规模很小的法律小组就反映了上述的优先考虑：一名法官（梅汝璈）、一名检察官（向哲濬），外加两名秘书。后来，蒋派了更多的人员并让他们收集了与战争犯罪有关的资料，不过这些远远不足以使中国人取得审判的主导权。1946年夏天，检察方面进行与中国有关的立证时，对日本犯罪行为的指控调查中起主导作用的是美国检察官，中国的向检察官只起了协助作用。另一

---

① 加藤阳子《东条英机与石原莞尔》，五十岚武士、北冈伸一编《〈争论〉东京审判是什么》，筑地书馆，1997年，118—128页。

方面，向积极地调查了有关南京暴行和日本军在中国许多城市杀害平民及解除武装的士兵的行为。他也提出了关于强奸罪的证据，可是当时没有把这种罪行当作反人道的罪行处理。

蒋的“抗日战争公私损失调查委员会”自1938年以来收集了大量关于中国战争伤亡人数的数据，可是中国国民政府决定不把这些数据交给IPS调查官。它也没有追究日本对平民强征劳工，在华北进行的“杀光、烧光、抢光”活动（三光作战）以及毒气的使用。由于这些“反人道罪行”（使用毒气除外）大多数是发生在共产党的根据地，所以蒋介石对其漠不关心。[①]这也许能解释为什么蒋的总参谋长何应钦将军将扫荡作战的策划者冈村宁次及其部下军官“在南京及周边地区……待如上宾，而不是战败的敌人”。[②]1948年7月，当南京的中国军事法庭宣告冈村犯有战争罪时，蒋保护了这位将军，先是下令假释冈村，让他在上海的医院治疗肺结核，而后又让他安全地返回日本。一年后，在GHQ的默认下，国民党最高指挥部通过在东京的驻日代表，在征募日本高级军官作为军事顾问赴台湾，帮助重建台湾武装力量一事上，曾秘密地得到了冈村的效力。[③]

战争中，菲律宾失去了一百多万非战斗人员并遭受了巨大损失。大多数菲律宾人认为裕仁负有责任。菲律宾政府任命巴丹“死亡行军”的经历者哈拉尼那法官作为政府的代表法官，而后又任命了罗佩兹任副检察官。在为菲律宾的审判立证期间，罗佩兹提出了144件日本军对菲律宾非战斗人员及美军、菲军战俘犯下的残暴罪行，从而为后来的赔偿请求打下了基础。由美国政府雇用的罗佩兹，和哈拉尼那一样，从未对裕仁不在指控名单上提出过异议。[④]

印度向法庭派出的代表法官是加尔各答最高法院的拉德哈比纳德·帕尔，60岁。帕尔曾是亲轴心国的印度民族主义者钱德拉·鲍斯（Chandra Bose）的支持者，一个为时甚久的亲日派。与大多数既谴责英国帝国主义又指责日本帝国主义并绝不接受大东亚共荣圈思想的印度精英人士不同，帕尔是彻头彻尾的日本帝国主义的辩护者。5月到达东京后，他接受了依照法庭宪章对他的任命，可是态度却

---

① 粟屋宪太郎《占领、被占领——以东京审判为事例》，《岩波讲座　日本通史　第一九卷　近代四》，岩波书店，1995年，196—197页。吉田裕《战争责任与远东国际军事审判》，中村政则等编《战后日本　占领与战后改革　第五卷》，岩波书店，1995年，74—76页。

② Donald G. Gillin with Charles Etter, “Staying On: Japanese Soldiers and Civilians in China, 1945—1949”, in Journal of Asian Studies 42, no. 3 (May 1983), p. 499.

③ 粟屋宪太郎《占领、被占领》，198页。吉田《战争责任与远东国际军事审判》，74—75页。中村祐悦《白团——创设了台湾军的日本将校们》，芙蓉书房出版，1995年，74—83页。

④ 永井均《菲律宾与东京审判——以代表检察官的检察活动为中心》，《史苑》第五七卷第二号（1997年3月），58页。

很不诚实，他不认为同盟国拥有审判日本的权力，更不要说任何方式的依法裁决了。从一开始就决心要看审判失败的帕尔打定主意，无论其他法官如何裁决，他都要写出独立的反对意见。对他拒绝签署“公正执法共同宣言书”，亦不必感到惊奇。[①]

此后，根据辩护律师欧文·坎宁安的估算，帕尔在466天的“审判日”中缺席了109天，是第二名缺席者，审判长威廉姆·韦布爵士（53个“审判日”）的两倍以上。[②]只要帕尔出庭，他一定会向被告鞠躬，他认为这些被告是亚洲解放运动的发起者。作为法官当中政治上最独立的人，帕尔拒绝让同盟国的政治关心和意图，更不要说法庭宪章，以任何方式影响他的审判。他会做出法庭上最具情绪化、充满批判色彩的政治判决。后来，许多批判东京审判的人在坚持战时“大东亚战争”的政治宣传论点的同时，认为亚洲遭受苦难的主要原因在于西方的白种人——即帕尔所说的“胜利者”。他们会赞赏地引用帕尔的论点。那些认为“白人”对亚洲的剥削是战争主要起因的人也一样。

在选定被告的整个过程中，检察官们保持着快节奏的工作。他们时时留意着时钟和纽伦堡的动静，担心一旦德国对22名主要战犯的审判结束，世界的关注就会消失。[③]纽伦堡既是他们的法律模范，也是他们心理压力的来源。麦克阿瑟通过基南向检察官们施加压力，要他们尽快结束准备阶段，进入案件审理程序。他拒绝给予检察当局审问裕仁的权力。他还决定既不让裕仁作为证人在法庭上提供证词，也不要求他提供日记或其他私人文件。

日记和（巢鸭）监狱的供词，不论是正式的还是非正式的，在决定起诉时都起了决定性作用，因为大量能表明罪行的日本文件都被烧毁或依照口头传达（为了避

① Brackman, The Other Nuremberg, pp. 92, 344.

② Meirion and Susie Harries, Sheathing the Sword: The Demilitarisation of Japan (London: Hamish Hamilton, 1987), p. 149. 日暮吉延《帕尔判决再考——东京审判不同意见的国际环境》，伊藤隆编《日本近代史的再构筑》，山川出版社，1993年，396页。

③ Memo, Comyns-Carr to Keenan, Feb. 25, 1946; Higgins to Keenan, Feb. 27, 1946, in GHQ / SCAP Records (RG331), International Prosecution Section, Entry 315; IPS Staff Historical Files, Microfilm Reel 2 (National Archives Microfilm Publications, M1663). 收于粟屋宪太郎等编《走向东京审判之路——国际检察局、政策决定有关文件　第三卷》，161—163、173—174页。成为先例的纽伦堡审判，使“对和平的”犯罪与“对人道的（更准确地说，或许应该是对人性的）”犯罪成为国际上的关注重点，并留下了处罚对象不仅局限于国家，如果个人违犯了也同样有罪的教训。参照McCormack and Simpson, The Law of War Crimes: National and International Approaches, p. xxii; Simon Chesterman, “Never Again... And Again: Law, Order and the Gender of War Crimes in Bosnia and Beyond”, in Yale Journal of International Law 22, no. 299 (1997), p. 318.

免留下书面证据）的内阁决定被处理掉了。[①]日本陆军的秘密记录也被藏匿起来。虽然不是全部，但大部分的证词是在4月9日完成的，即基南命令他们停止处理的一周后。所有的证人都试图保卫天皇，都把战争责任推到被选定的少数几个陆军军官身上。在幕后参与审判的亲英美“稳健派”们，通过他们自己的证词，向导致战败的陆军领导层进行了报复。与其他在法庭上为检察方提供情报的人一样，一些重臣如海军大将米内光政和冈田启介，为海军做了辩护，在夸大陆军影响的同时，将天皇及其随从的影响最小化。[②]

Ⅳ

1946年5月3日，开庭审判。法庭设在靠近东京都中心市谷的旧陆军省建筑物内、刚刚装修过的大礼堂。基南让人将这个日本军国主义的神经中枢改装成法庭，并用深色木质镶板重新整修，还为法官们制作了长长的、高高在上的桃花心木法官席。装备了一台审判长专用的麦克风。证人席设在靠近屋子中心的地方，旁边有为律师和法庭速记员准备的桌子和长凳。修缮班为首席检察官和首席辩护律师搭了高高的讲台，还为拍摄审判全过程的同盟国的摄像师和摄影师搭建了平台。另外，还为国内外的新闻社、广播电台的记者以及约30位将用两种正式审判语言工作的日语和英语翻译预备了特别席位。[③]后部上层的楼座能容纳660名旁听者，加上第一层的座席，共有旁听席近1000个。法庭书记员拿着移动式麦克风在庭内跑来跑去，悬挂在天花板上的巨大的强弧光灯将整个场景照得雪亮。[④]

三天后召开了第三次公审，上午9点15分，被告、法官、律师、头戴白色头盔的宪兵（MP）以及为了旁听被告的抗辩从世界各地赶来的几百名外交官和记者挤满了法庭。开庭后，首先对辩护律师进行了介绍，随后，围绕起诉书中的误译发生了

---

① 关于这个问题，“Case No. 43: Burning of Confidential Documents by Japanese Government”，粟屋宪太郎、吉田裕编《国际检察局（IPS）讯问调查书　第八卷》，日本图书中心，1993年，327—347页。畑俊六大将的原辩护人Aristides George Lazarus在给《远东经济评论》的信中谈到在杜鲁门总统的使者（估计是基南）的催促下参加了帮助昭和天皇逃脱审判的过程：“我和畑一起，在陆军的被告及其证人做证时要求他们特意加上这样的说明：天皇出席军事行动或军事计划审议会议，只是遵从礼仪习惯，在会场上，他只不过是一个深怀仁慈的存在而已。”

② 吉田裕《昭和天皇的终战史》，183—185页。

③ John L. Ginn, Sugamo Prison, Tokyo: An Account of the Trial and Sentencing of Japanese War Criminals in 1948, by a U. S. Participant (MacFarland & Co., Pub., 1992), p. 39. ISP语言部内设中文与俄文两个科，根本无法满足需要。

④ 座席的总数出现大幅度的变化。Brackman, The Other Nuremberg, p. 89. 东京审判手册编辑委员会编《东京审判手册》，青木书店，1989年，31页。

一阵争论。误译问题解决后，从荒木贞夫开始按字母顺序点名，被告听到自己的名字被点到时起立。所有被告对每一项指控都主张自己无罪。最具有教育意义的公审秀——即对主要战犯的审判将从积极的方面教育人们认识战争的犯罪性，而不是像斯大林的公审秀那样教给人们谎言——即将开场。法庭上挤满了旁听者，仍处于食物危机中的日本国民也在观看。

以6月4日基南戏剧性的开庭陈述为开端，检察当局在近八个月的期间里分阶段对各案件进行了立证。基南指出，东京法庭即将审判的是“对文明宣战”的一些人，因此应将审判视为“为了保护整个世界免遭毁灭的文明之战”的一部分。接下来，基南对检察方面的立论概要做了说明。①为了使人们理解美国和日本外交政策的实况，随后几天中，检察官们每天在法庭上介绍一些条约、协定和其他的文件。检察方传唤了109名证人进行口头做证，另外让561名证人留下了书面证词（以书面证词、宣誓口供和询问调查书的形式进行）。对被指控人不利的证据扎实有效地积累起来。最初显现出来的情节是日本为战争所做的准备工作，通过宣传、审查制度和中央集权化的教育教化手段。然后是对侵略战争实况的叙述结构，以帝国军队在各国犯下的战争罪行为焦点。

早在开庭的第二周，美国律师本·布鲁斯·布莱克尼少佐就对苏联法官的参加提出了质疑，因为苏联政府早些时候因对芬兰发动的局部战争而被驱逐出国际联盟。辩护方则提出了同盟国在刚刚被定性的世界再分割时代（1938—1945年）的行为问题作为争辩。从而引起了彼此彼此（“你也一样”）的争论，其目的是要削弱检察方的指控，并不是实际上的反证。每一次法庭都驳回了辩护方的论辩——事实上是在告诉辩护方，什么样的暴力行为是“侵略”和战争犯罪，什么样的行为不是。

6月13日，澳大利亚的副检察官艾伦·曼斯菲尔德向法庭提交文件，证明了日本是海牙诸条约的签约国，并详细阐明了日本的政治和官僚体制。每位被告的个人经历都被当庭宣读，检察官对日本如何为战争作准备进行了概述。日本证人当中，特别是币原喜重郎和若槻礼次郎描述了陆军实质上的独立、“警察国家”体制和20世纪30年代的政治精神状况。他们的证言加深了人们对“军国主义者”的印象，他们策划“事件”，挑战历届内阁的权威，并逐渐巩固了他们的权力。但是每当关于谁应当为军统帅部担负宪法上和道义上的责任这类问题出现时便没人回答，因为裕仁一直被“隐藏在幛子的后面”。②

在短短的夏季休庭期间，法庭安装了空调设备。法庭再次开庭后，开始听取满

① “Opening Statement” by Joseph B. Keenan, in Trial of Japanese War Criminals: Documents (Washington, D. C.: USGPO, 1946), p. 1.

② Brachman, The Other Nuremberg, p. 133. 朝日新闻法庭记者团《东京审判上卷》，东京审判刊行会，1963年，258—260页。

洲事变后开始的日本侵略中国的证言。6月27日，被暗杀的犬养毅首相的儿子犬养健作为检察方证人出庭。做证时，他直接地、意想不到地提到了天皇，称他的父亲在拜谒天皇时，曾直接要求天皇命令陆军退出满洲，那时他是他父亲的秘书。犬养健没有直说天皇拒绝了他父亲的请求，只是声明总理大臣“想把军队从满洲撤出的目的没有达到”。在后来对犬养的交互讯问中，被告木户和东条的律师穗积重威问他为什么天皇没有批准总理大臣犬养的请求，下诏命令军队撤出？穗积说，无论是英文的还是日文的，证人犬养的“证词都可以被理解为天皇对满洲事变的扩大负有责任”。[①]犬养试图更正他的证词，但是这种戏剧性且意想不到地将责任归咎于天皇的方式，已经在法官中引起了骚动。

第二天，韦布告知法庭，因为一些法官“认为关于陛下地位……有矛盾之处，所以希望证人今天对这一点做明确说明”。犬养部分收回了他前一天的证词，只是说他和他父亲说“从满洲撤退”时，所指的是命令朝鲜部队退回朝鲜，以及铁道守备队退回铁路地区。然而，最终犬养也没能澄清他证言中的矛盾之处。[②]七个月后，检察方写下了共同谋划的评语并结案。关于裕仁在各种事件中所起的作用问题就像一块乌云笼罩着审判过程。没有一位被告敢于谈论天皇的战争责任问题。

V

律师团花了11个月来证明各被告无罪——其中大部分是在1947年进行的，所用时间比纽伦堡审判的整个期间还要长。除了被告外，有310名证人出庭做证，另有214人提交了书面证词。在解释日本发动对美英战争的原因时，辩护方大体上采用了日本的战时宣传，并大量使用了战后批判罗斯福外交政策的文献。[③]当辩护方集中为日本在中国和太平洋地区的行为开释时，检察方指出辩护方存在许多事实上的严重错误，影响了辩护的表达。法庭一次次地裁定大部分的辩护材料不相关或无关紧要。被驳回的文件包括日本在亚洲为对抗苏联的共产主义所做的努力的细节，以及

① 《远东国际军事审判速记录　第一卷》第二十号（1946年6月27日），6、12页。Brachman, The Other Nuremberg, P. 134. 1947年9月，荒木大将在辩护人立证阶段也反驳过犬养健的证言。R. John Prichard and Sonia Magbanua Zaide eds., The Tokyo War Crimes Trial: The Complete Transcripts of the Proceedings of the International Military Tribunal for the Far East (N. Y.& London: Garland, 1981, hereafter TWCT), vol. 12: Transcript of the Proceedings in Open Session Pages 27, 839 to 30, 420, pp. 28. 131—132.

② Brachman, The Other Nuremberg, p. 135.《远东国际军事审判速记录　第一卷》第二十一号（1946年6月28日），2—3页。

③ Harries and Harries, Sheathing the Sword, p. 157.

美国国会对珍珠港袭击的调查。当律师布莱克尼试图向法庭提交一份前陆军军官斯廷森关于决定向日本投掷原子弹的记述概要时，法庭也以多数意见予以驳回。1948年冬天到春天进行的是检察和辩护双方的反证和最终陈述。[①]

从一开始，美国和日本的辩护律师们就表现得很糟糕。用主辩护律师和前众议院议员清濑一郎的话来说，他们本应努力“否定所有对被告起诉的事实”，但是最终也没能达成统一的辩护方针。[②]清濑在他长长的开庭陈述中指出，关于战争中的残暴行为，“我国从未有过类似所谓德国迫害犹太人那样故意违反人道的行为”，并且“我们要证明（被告被指控的行为）与德国的战争犯罪有很大区别”。[③]随之，辩护律师高柳贤三站起来开始攻击法庭宪章的合法性。一些作为战犯嫌疑人正在接受调查的日本陆军将校，接二连三地被传唤到庭为辩护方做证。许多辩护律师声称他们的委托人是在遵照上级的命令行事，或者是为了阻止共产主义在亚洲的扩散而战斗。许多律师提到了审判期间被引入日本词汇的“赫尔照会”，从那时起，就对它进行了恶意的指控。他们坚持认为，真正的罪魁祸首是迫使日本卷入“自卫战争”的美国。辩护律师还采用了拖延战术，希望美国和苏联之间逐渐恶化的思想意识上的冲突会对为日本军国主义者的辩护产生有利影响。

辩护阶段最突出的部分是前内大臣木户、前外相东乡和东条大将的法庭证言。在首席检察官的交互讯问中，他们三个人都在无意间将不在场的天皇牵扯了进来。

木户站在证人席上的最初两天，即1947年10月14—16日，尽管基南指责说陈述书不过是法庭文件的复制而已，木户的辩护律师威廉姆·洛根还是毫无遗漏地宣读了长达297页、冗长的英文文本。洛根读完后，十名律师用了近五天的时间轮流向木户提问。然后基南开始了数天的交互讯问，目的是证实“从（木户）的政治生涯开始直到日本投降为止”，他（用基南的话说）“在天皇试图采取实际手段……完全确立治安……彻底阻止暴力行为时……一直都是反对的”。[④]基南用原田熊雄的日记记录质问木户日记中的主张，表明了木户在中国战争期间一直与军国主义者同流合污，而不是与其对抗。尽管木户声称自己与政治无关，但在幕后却行使了巨大的政治权力。

首席检察官还指控木户经常将责任转嫁给他的朋友：原田和近卫——两个人都

① TWCT, Vol. 8: Proceedings of the Tribunal / Pages 17, 542—20, 105, p. 17, 662. 第二次世界大战结束50年后，辩护方未被采用的文书汇总成八卷在日本出版。东京审判资料刊行会编《东京审判未被采用辩护方资料》全八卷，国书刊行会，1995年。第一卷收录了在《日本时报》刊登过的Stimson著名的*Harpers*论文的缩写。

② Brachman, The Other Nuremberg, pp. 283—284.

③ 同上，p. 284.

④ TWCT, vol. 13: Transcript of the Proceedings in Open Session Pages 30, 421 to 32, 971, p. 31, 310.

在适当的时候死去了——以及高龄的牧野伸显。23日，基南与木户之间进行了几个回合的紧张问答，问题集中在：珍珠港袭击的前夕，裕仁在军事与外交上的权力；木户给天皇的建议咨询；其中包括他在三国同盟缔结时所起的作用；他推荐东条为首相；他对罗斯福总统写给天皇的最后的信件的处理。[①]等木户走下证人席的时候，天皇的战争责任问题再次成为焦点问题。

1947年12月下旬，前外相东乡站到了证人席上。他宣称东条、岛田繁太郎、铃木贞一是1941年宣战的主要倡导者，引起了全国的关注。更为重要的是，12月26日，东乡还称，赫尔国务卿曾命令所有日本军队和警察力量立即并全部撤出中国和法属印度尼西亚。

> 不仅如此……（如果执行）赫尔照会……日本还将面临不得不从满洲撤出的局面。这种政治形势也会自然而然地影响到朝鲜……换句话说，我可以不过分地讲，在对外形势上，日本的状况仍会同现在一样……总而言之，（赫尔照会）就是要求日本退回到日俄战争前的状况。这等于是日本作为东亚大国的自杀。如果这样做了，日本在经济上基本上无法存立。[②]

东乡暗示了日本政府是在仔细研究了“赫尔照会”后被迫选择了开战。可是，事实上，有关这种研究的记录当时及现在一直都没有人见过。除了日本驻华盛顿外交官职业性的无能外，东乡试图隐藏的还有赫尔从未对日本继续控制满洲提出过异议这一点；而他东乡，在那时本可以坚持把赫尔的照会作为协商的焦点，推迟与美国的战争，可事实上他并没有这么做。

1947年12月26日，当东条将军出庭做证时，GHQ和日本政府为了保护裕仁而进行的游说活动达到了高潮。《朝日新闻》将头版的大部分都用来登载东条的证言。当天的大标题是“天皇没有责任 彻底主张‘自卫战’”。[③]四天后，12月30日，在美国律师读完东条事先准备的供词的摘要后，东条不仅为天皇还为导致1941年12月决定开战的整个日本政治过程做了辩护。他坚持认为，日本政治没有向反动性发生任何转变，仍是原来的明治宪法体制下的政府。所有的日本战争暴行都是偶然发生的，无论是思想意识上的教化还是给陆军灌输的民族精神都与战争暴行无任何关系。主要是面对日本公众而不是法庭的听众，东条将自己描述成一个受到不公正待

① 朝日新闻法庭记者团《东京审判　中卷》，544—561页。《重臣评虚实的回答》，《朝日新闻》1947年10月23日。

② 《远东国际军事审判速记录　第八卷》第三四二号（1947年12月26日），8页。

③ 《朝日新闻》，1947年12月27日。

遇的受害者。他否认侵略战争是犯罪并宣称：

直到最后我都坚持这场战争是自卫战，是不违反现公认的国际法的战争。直到现在我都未曾想到，我国因为进行了这场战争，会作为国际犯罪受到战胜国的追诉，还有战败国的合法官吏个人会作为国际法的犯人、条约的违反者而受到追究。

东条巧妙地将他和天皇的开战责任与完全不同的战败责任进行了置换。战败是在两年前发生的，而且战争进行了一半的时候，东条就离开了政权。站在证人席上的东条显得心地高尚："第二个问题，即关于战败的责任，是当时的总理大臣我的责任。从这个意义上讲，我不但接受这个责任，而且衷心希望承担这份责任。"①

东条的表现激起了强烈的反响，借此，在那些对审判有敌意、希望看到哪怕有一个被告站出来表现得很忠诚的人们中间，东条的名誉得到了恢复。而基南的应对却没有产生什么效果。可是第二天，在木户的美国辩护律师威廉姆·洛根的质询下，东条无意间间接地牵连到了天皇，引起了法庭的轰动。

洛根：你能否记起哪怕是一个事例，木户违反天皇的和平愿望，采取了什么行动？或者是提了什么建议？

东条：当然不会有这种事例。据我所知，没有。不仅如此，日本国的臣民，违反陛下的意思干这干那是不可能的。更不要说，日本的高官了。②

东条的失口破坏了裕仁对开战决定不承担责任的论点，法庭审判长韦布立即向检察方指出了这一点。这是无法忽视的问题。裕仁的一个亲信侍从立即向巢鸭监狱的木户传话，让东条更正他的错误。在首席检察官基南的帮助下，东条在1948年1月6日的下一次做证时就此做了订正。尽管如此，还是带来了负面影响：检察方的证据和东条的证言再一次将没有出现在法庭上的天皇牵扯了进去。③

---

①《远东国际军事审判速记录　第八卷》第三四四号（1947年12月30日），16—17页。戒能通孝《中日战争与太平洋战争——日本法西斯主义论的序说》，2、6页。该论文本来预定刊登在《中国研究》第六号（日本评论社，1949年），SCAP审查后，将全篇论文都撤销了。

②《远东国际军事审判速记录　第八卷》第三四五号（1947年12月31日），1—2页。

③ 1948年1月26日，《生活》杂志批判审判的时候，Webb（2月21日）在给麦克阿瑟的信中说，他没有"进行过证人询问，来认定天皇在某件犯罪上是有罪的，或在某一点上显示有战争责任的迹象……另外，也没有向基南说过检察方的某条证据牵扯天皇"。

VI

在战犯审判之前、之间和之后很长时间，退位的威胁一直沉重地笼罩着裕仁。危险来自身边那些希望参与政治事务的皇族，和所有认为应该用特别的道德标准要求国家领导人的人。

高松亲王就是几位希望裕仁退位的皇族之一。日本正式投降约一年后，1946年9月20日，他在日记中吐露，仅仅因为裕仁积累了多年为君的经验，或者因为他的退位会给麦克阿瑟带来麻烦，所以就让天皇保留皇位是不明智的。[①]期望摄政但又不能言明，因此高松亲王支持推举秩父亲王为摄政的意见。早在1945年9月30日，他就在日记中写道，经过长期休养的秩父亲王返回首都，他“已经能见人，一旦需要的时候，也能做摄政”。[②]高松显然认为裕仁不会永远待在皇位上，所以一直保持着对裕仁的批判倾向。其他的皇族成员，如三笠亲王和东久迩亲王也支持让裕仁早期退位。

很快，一些著名的知识分子，如自由主义哲学家田边元，就公开呼吁裕仁“要敢于表现出更切实的责任感”。[③]东京帝国大学校长南原繁也规劝裕仁退位。著名诗人三好达治从战场上为天皇牺牲性命的士兵的立场出发，最早对天皇的道义责任提出指责。除非天皇“在形势的允许下尽快”退位，否则“世上就没有道理了”。三好在1946年春到初夏发表的一系列获得反响的随笔中说：

> 陛下作为一国元首，必须作为第一责任者为这次战败承担责任……陛下允许了军阀之流横行，多年来没有施应施之策，疏忽怠慢之责甚大。在陛下的赤子的名目下，他们朴素地信赖陛下如慈父。他们相信陛下真正是陛下军队的大元帅。他们在陛下的名义下服从军规，高呼着陛下万岁倒毙在军阵上。对如此忠良的臣民，却发出“陆军真是个麻烦”的陛下……对忠良的士兵们，陛下是有背信责任的。[④]

副侍从长木下道雄准确地认识到了这种威胁的长期性。他的日记中，有一张用宫内省的信纸写的、没有署名也没有日期，但有可能写于1946年初春的便条。木下

---

① 高松宫宣仁《高松宫日记　第八卷》，中央公论社，1997年，413、209—210页。

② 同前159页。也请参见209—210页。

③ 赤泽史朗《象征天皇制的形成与战争责任论》，《历史评论》第三一五号（1976年7月），48、50页。赤泽引用了《展望》（1946年3月号）上刊载的田边的《政治哲学的急务》随笔。

④ 三好达治《陛下宜立即退位》为在《新潮》杂志1946年1、3、4、6月号连载的《令人怀恋的日本》中的一篇。鹤见俊辅、中川六平编《天皇百话（下）》，筑摩书房，1989年，323—331页上有复刻版。关于这篇随笔的议论，参见Herbert P. Bix, “The Showa Emperor's ‘Monologue’ and the Problem of War Responsibility” in Journal of Japanese Studies 18, no. 2 (Summer 1992), pp. 314—315.

（或和他有同样想法的某人）写道，即使美国和麦克阿瑟决定保留君主制，随着战争犯罪人审判的进行，将出现是保留现帝，还是拥立新帝的问题。

（美国和麦克阿瑟）可能预想，日本国民对废除天皇制会彻底反抗吧。他们大概没有预想过现帝退位新帝即位也会引起日本国民的彻底反抗。根据情况，他们也许会提出后者。吾人必须有所准备。

不让他们提出退位问题的策略，至关紧要的，是要让他们感到，无论是统治日本还是国际关系特别是在东洋，现帝都是引导国际关系向有利于美国发展的，最合适的、最值得信赖的人物。[①]

到了1946年7月，就连GHQ中裕仁最热心的保卫者费勒斯准将都开始催促他，为了防止对君主制的长期危害，希望他向国民做出忏悔。[②]与此同时，被拘禁在巢鸭监狱的木户也对裕仁的战争责任问题进行了思考，但是将劝说退位的打算推到了他自己的严酷考验和占领结束之后。

在毛泽东的共产党军队占领了沈阳，斯大林以封锁柏林的举动向“杜鲁门主义”发起挑战的前后，1948年11月4日，东京审判在经过了六个月的休庭后开始进入收尾阶段。

审判长韦布在公审法庭内朗读了多数派的判决，他首先回顾了法庭宪章的法律条款——由麦克阿瑟颁布并修订——定义的三大类罪行。[③]第一类罪行是：“……策划、准备、开始、从事……侵略战争或者违反国际法、条约、协定的战争……或者

---

① 木下道雄《侧近日记》，225页收录的《国体护持之方略（木下的记录）》。

② 费勒斯为了参加共和党和极右组织的活动而返回美国之前，给昭和天皇写了一篇《精神上的重要问题》。这篇文章，通过政治家笠井重治交给了宫内省大金益次郎侍从长，所以一般认为这封信裕仁是读到了的。17年后的1963年，笠井给费勒斯的信中这样说（东野真《昭和天皇的两个〈独白录〉》，192—193页）：

今天，是天皇生日。托麦克阿瑟与你的福，天皇保住了他的皇位。对你真是非常感谢。你的努力非常出色。咱们两个曾设想请求天皇出面表示“遗憾之意”，你还记得吧？如果那个方案得到实施，天皇就不只会得到日本国民、还会受到世界人们的敬爱了。

③ 麦克阿瑟虽然部分遵循了《SWNCC五七／三》，但对纽伦堡宪章做了相当的修改。由他制定的IMTFE宪章，删除了纽伦堡宪章明确否定的对战时“国家元首”的免责条款（第七条）。IMTFE宪章也没有收入纽伦堡宪章上规定的对预备法官的任命。另一方面，规定了法庭的决定和判决，该案件取得出席法官的多数同意就可以作出决定。欠席的法官只要不在公开的法庭宣称不清楚“欠席中的审理”而使得自己丧失资格，仍然可以参加其后的审理。参见Wallach, “The Procedural and Evidentiary Rules of the Post-World War lI War Crimes Trials: Did They Provide An Outline Fo International Legay Procedure?” pp. 864—865; Yoram Dinstein and Mala Tabory, eds., War Crimes in International Law (The Hague, Boston: Martinus Nijhoff Publishers, 1996), p. 270.

参与了为实现任何上述行为而进行的共同计划或谋议。”依照纽伦堡审判的先例，从事这种战争被称为“反和平罪”。审判中，它主要是指对这几个条约的违反：《国际联盟盟约》、关于中国的主权独立和领土完整的《九国公约》，以及放弃作为国家政策实现手段的侵略战争的《白里安—凯洛格公约》。与常规的战争犯罪不同，“反和平罪”的犯罪主体是政策的制定者。[①]检察方并非主张。侵略战争本身是非法的，而且日本被指控的侵略战争中的每种行为都违反了日本加盟的条约。为了进行这项指控，检察官们不得不对亚洲太平洋战争的起因进行调查，为此，特别是不允许辩护方在证据文件中引用与亚洲的共产主义有关的内容之后，悬而未决的历史论争的马蜂窝又被捅开了。而另一方面，纽伦堡和东京都没有仅以“反和平罪”为依据做出死刑判决。

第二类罪行是“违反战争法规或惯例罪”（一般战争犯罪），相对来说对这类罪行的争论较少。这种犯罪是根据关于陆地战争的《海牙公约》，和关于战俘待遇的《日内瓦公约》来界定的。这两个公约都是公认的惯例法规，体现了人道行为的最低标准，适用于卷入国际武装冲突的所有国家。试图反驳“违反战争法规和惯例罪”指控的辩护方，面对检察方汇集整理的证明日本在战争中所犯罪行的庞大证据，全部以失败告终。[②]

“反人道罪”是第三类罪行。这个术语（因第一次世界大战中土耳其人对亚美尼亚人的暴行而产生）的定义与纽伦堡国际军事法庭所参照的四国伦敦宪章中的定义完全相同。其内涵是“战前或战时犯下杀人、灭绝、奴役、流放和其他非人道行为，或者以政治或人种为由的迫害行为……”这些主要针对平民的犯罪，只要与战争罪行有关联，“在国际法的范围内就可以惩罚”。在东京审判中，检察官根据由55件诉因构成的诉状，强调了各种类型的杀人罪，“当日本向有和平关系的国家发动攻击时，作为限定于侵略性攻击或违反条约的非法战争的结果”而被广泛接受。[③]“杀人罪”成了一把巨大的伞，日本对珍珠港攻击和“南京暴行”都能被罩在伞下。

韦布审判长还论述了法庭运营和各个案件的事实确认。尽管法庭查明日本陆军以胁迫和暗杀篡权有罪，但是免除了日本国民对陆军行为应负的责任。法庭还大幅减少了案件数量，在原来的起诉中这些案件都被认为得到了证实。韦布在概括多数派法官的观点时总结道：“……共同谋划发动了（一系列）侵略战争的行为，属于

---

① Dinstein and Tabory, eds., War Crimes in International Law, p. 5.

② 国际法学者Theodor Meron指出，“东京审判与IMT形成鲜明对照，并未把海牙规定整体作为正确反映惯例法的镜子”。参见Theodor Meron, Human Rights and Humanitarian Norms as Customacy Law (Oxford: Clarendon Press, 1989), p. 39.

③ “Opening Statement” by Keenan, in Trial of Japanese War Criminals: Documents, p. 19.

最高等级的犯罪。”[①]

接下来，他对全部25名主要被告下达了有罪判决。东条被判死刑，与他一起被判处死刑的还有其他五位将官和一名文官：板垣征四郎、木村兵太郎、土肥原贤二、松井石根、武藤章和前外交官及总理大臣广田弘毅。在麦克阿瑟拒绝接受所有暂缓执行死刑的请愿后，七位辩护律师向美国联邦最高法院提起了上诉。他们的依据是美国宪法：东京法庭实质上是美国的法庭，但它的设立却没有经过国会的同意。它源自杜鲁门总统的行政权，而且也一直是以此为基础运营的。在最高法院的法官们听取律师团的“上诉”前不久，恼怒的麦克阿瑟告诉英国代表阿尔瓦里·加斯科因，即使最高法院下达了人身保护权的书面命令，他也会“无视”它而“把这件事委托给远东委员会处理”。[②]12月15日，在最高法院审理此案的前一天，远东委员会赶在前面匆忙地宣布东京法庭“是依国际权威任命的国际法庭，并依国际权威行事的国际法庭”。[③]五天后，最高法院裁定自己没有权力或权限宣告判决无效。

辩护律师们努力强调东京审判的政治性。但他们只是在揭露东京审判的复杂性，并强调麦克阿瑟权限的双重、暧昧的特性上小有斩获。终于，最高司令官进而下令执行对七名死刑犯的绞刑判决。之后，他们的尸体被火化，骨灰的大部分被撒到了海里，法庭错误地认为这样就可以阻止某一天他们被当作烈士祀奉在寺庙里。[④]一位侍从称，听到了东条的死讯，裕仁走进他的办公室哭了起来。

包括前内大臣木户和前首相平沼在内的16名被告被判处终身监禁。前外相东乡被判处20年监禁。外交官重光葵，没有被认定为决定开战的主要负责者，但因为他担任小矶内阁的外相，并且没有尽力阻止虐待俘虏而被判处七年徒刑。

韦布在他自己单独提出的意见书中，在基本上同意多数派裁决的同时，认为在处理日本被告时，应该比处理犯有“令人发指、形式多样、涉及广泛的”罪行的德国被告多一些考虑。韦布尖锐地批判了赋予天皇的完全豁免权。韦布明确否定了关于天皇被胁迫的辩护，指出：“没有任何统治者可以在犯下了发动侵略战争罪之后，称不这样做的话他的生命就有危险，然后正当地要求赦免他的责任。”[⑤]

---

① Brachman, The Other Nuremberg, p. 374. 东京审判手册编辑委员会编《东京审判手册》，62—63页。

② 日暮吉延《东京审判的诉愿问题》，《军事史学》第三五卷第二号（1999年9月），52页。

③ Brachman, The Other Nuremberg, p. 399.

④ 据《朝日新闻》记者介绍，横滨火葬场埋葬的一部分遗骨在火葬之后就挖了出来，占领结束后，在市之谷举行的仪式上由厚生省有关人员交给了遗嘱。参见《朝日新闻》法庭记者团《东京审判　下卷》，970—972页。

⑤ “Separate Opinion of the President”, in B. V. A. Roling and C. F. Ruter, eds., The Tokyo Judgment: The International Military Tribunal for the Far East (I. M. T. F. E.), 29 April 1946—12 November 1948, vol. 1 (APA-University Press, 1977), p. 478.

法国法官亨利·伯纳德写下的反对意见也提到了天皇。他在结论中说，日本的宣战“有一名主要的始作俑者，由于他逃避了所有的追诉，现在的被告怎么说也只能看作他的帮凶而已”。[①]

荷兰法官B. V. A. 洛林则对裕仁的免责没有什么异议，因为他认为裕仁是一个十足的傀儡领袖。洛林的反对意见主要针对的是法庭宪章的不足之处，他从一开始就对宪章的合法性抱有疑问。他拒绝承认“侵略”属于国际法上的犯罪的观点，认为被告中的五个人——木户、畑、广田、重光、东乡——应该被宣告无罪。

帕尔法官在8月上旬就写好了他的反对意见，并要求韦布根据印度惯例在法庭上全文朗读。而多数法官投票表决的结果是，只要宣布这份反对意见书的存在即可，韦布在11月12日宣判的当天执行了这个表决意见。

对所有被告的所有指控均宣布无罪的帕尔裁决是独一无二的，不能代表印度或任何其他亚洲政府的立场。[②]从法律理论的观点出发，他否认（洛林的观点与帕尔相近）作为国家主权发动和进行战争是犯罪行为。他认为，不能发展或扩展19世纪就存在的国际法秩序，“侵略”的概念在法律上仍没有定义。纽伦堡和东京法庭超越了第一次世界大战前就存在的国际法框架，是非法的。因此，被告们没有违犯法律。

严重的事实认证错误损害了帕尔对日本行为的历史分析——这是其反对意见的第二要素。例如，他断言张作霖不是被日本军人暗杀的，主张“赫尔照会”是美国的最后通牒。他写道：“即使是当代的历史学家也可以想到。‘关于这次战争，如果收到了美国国务院在珍珠港袭击前夜送给日本政府的这种通牒，就连摩纳哥王国和卢森堡大公国这样的国家都有可能拿起武器与美国作战。’”[③]帕尔批判了审判的政治目的和占领的主要教育目标之一：即让日本人民了解战争的犯罪性。毫不顾及自己宣誓的意义，帕尔在结尾时主张日本无罪，坚决支持了日本关于战时历史的官方观点。

尽管CIE（民间情报教育局——译者注）的“战争有罪计划”禁止全文刊登东京审判中的个别反对意见，韦布审判长仍在法庭上提到接近半数的法官对法庭提出

---

① “Dissenting Judgment of the Member from France”, in Roling, Ruter, eds., The Tokyo Judgment, vol. 1, p. 496.

② 正如Richard Falk指出的那样，更准确地说，帕尔与其说是“从站在对发展中国家立场的分析和展望出发”，不如说是从反白人主义的亚洲民族主义立场来看第二次世界大战的。参照Richard Falk, “Telford Taylor and The Legacy of Nuremberg”, in Columbia Journal of International Law 37, no. 3 (1999), p. 697, n. 12.

③ “Judgment of Mv. Justice Pal, Member from India”, in Roling and Ruter, eds., The Tokyo Judgment, vol. 1, p. 929; TWCT, Vol. 21: Separate Opinions, p. 963. 关于帕尔的反对意见及其在东京审判中的作用，参见长尾龙一《帕尔法官的论理》，五十岚武士、北冈伸一编《〈争论〉东京审判是什么》所收，以及日暮吉延《帕尔判决再考》。

了个别意见。[①]外国法官的独立性和少数判决意见的存在给日本公众留下了深刻的印象，并对审判结果的被接受做出了贡献。

Ⅶ

东京审判，尽管有程序上的不完善和复杂的政治性问题，仍对日本国民和他们对战败的看法产生了多方面的影响。[②]一些右派对审判持高度批判的态度、充满愤恨和恼怒，决不肯对日本的侵略进行反省。岸信介在巢鸭监狱写下的日记中，将战犯审判描述成“闹剧”，并将他此后的政治生命都倾注到了清除审判的影响中。[③]其他的右派分子对日本在世界面前被剥得精光感到非常耻辱，努力无视审判的存在，忘记这场审判，拒绝接受任何正面的政治和文化上的教训。前保守派总理大臣芦田均预言审判不会在国内激起巨大的反响。

共产党实际上是唯一积极要求追究战争责任并严惩被判定有罪的罪犯的。但是在学术界，信奉马克思主义的知识分子则倾向于不接受东京审判，因为它失去了一次加深日本民主化的机会，缺乏历史意义。他们指出，为了让国家首脑逃脱责任，法庭宪章都被修改，麦克阿瑟全面豁免了天皇和国家实业界、财界的领袖，破坏了司法程序。另外一些马克思主义历史学家也正确地指出，因为审判使导致战争的过程变成了“以极端军国主义者与稳健的政治指导者的对抗为中心的过程[④]”，因此说东京审判助长了精英政治史观。然而，在学界之外，根据1948年8月的一份美国军事情报报告，大多数日本国民对被指控的国家领导人持“消极”态度，但还是认为他们在这种情况下受到了公正的审判。[⑤]判决下达后，民众对审判的肯定反应，表现在对重建、改进和将日本变成一个真正的“和平国家”所投入的持续努力中。

关于这一点也许有人会说：如果这些被告因违抗天皇的“和平精神”在日本法

---

① CIE把东京审判作为非军事化、民主化进程的一个部分，把每天通过日本报道机关对公审进行情况的报道作为建设“战争有罪计划”的基础。

② 吉田义明《占领期日本的民众意识——关于战争责任论》，《思想》第八一一号（1992年1月），吉田裕《占领期当时的战争责任论》，《一桥论丛》第一〇五卷第二号（1991年2月），荒敬《东京审判战争责任论的源流——东京审判与占领下的舆论》，《历史评论》第四〇八号（1984年4月）。

③ 中村政则《学习现代史——战后改革与现代日本》，吉川弘文馆，1997年，98—99页。

④ 中村政则，上述97页。

⑤ 粟屋宪太郎《从东京审判看战后处理》，粟屋宪太郎等《战争责任　战后责任　日本与德国什么地方不同》，朝日新闻社，1994年，116—118页。U. S. State Dept., “Japanese Reactions to Class A War Crimes Trial”, Aug. 27, 1948, in O. S. S. / State Dept. Intelligence and Research Reports, Part 2, Postwar Japan, Korea and Southeast Asia, Reel 5 (University Publication of America, Inc.).

庭受审的话，很让人怀疑他们能够受到同样公正的对待。这是通过在牧野伸显的文书中发现的、被认为可能是币原内阁时期的一份没有标明日期的文件——为审判和宣判死刑而制定的紧急敕令草案——推断出来的。[①]

更为重要的是，东京审判绝不是一个简单的对抗性诉讼，使胜者直接与败者对立。帕尔“胜者的审判”的激烈批判极端简单化，而且现在仍然存在这个问题，阻碍了人们理解东京审判的实况。实际上，东京审判是一个美日合作的政治审判。[②]在审判的准备阶段，裕仁与身边的人就在幕后进行了参与，帮助选定将受到战争犯罪指控的人选，并对他们施加了影响。天皇的亲信寺崎和松平充当了草拟被告名单的IPS执行委员会成员的情报提供人。试图保护天皇和重臣的其他随从也是如此。宫廷高官和外务省官员指示巢鸭监狱的A级战犯嫌疑人该如何发言，同时，他们还培养了与基南及许多法律家的关系，其中既包括辩护方也包括检察方。

皇室成员，特别是高松亲王和宫廷内侍松平等人邀请美国律师参加鸡尾酒会、招待会和皇室的“猎鸭”活动，目的是赢得他们的欢心，培养合作者和获取情报。裕仁个人也批准了为这种娱乐增加宫廷开支。他的官员们积极配合审问，宣誓做证，因为他们希望将侵略责任推到一小撮军阀身上——同时给人留下天皇和国民完全被欺骗了的印象。投降后不久就重新组织起来并得到扩展的宫廷集团，在美国关于第二次世界大战终结的官方见解中，成功地插入了虚伪的说明，遮掩了裕仁在延迟投降中所起的作用。这些被基南称作“和平爱好者”的保守派精英，从某种程度上影响了起诉的过程、法庭程序甚至于最终判决。

东京审判成功地揭露了战争领袖们的谎言和他们不愿意为在职期间的行为承担刑事责任的事实。它第一次在日本国内公开了暗杀张作霖的行为，以及是关东军的阴谋导致了满洲事变的的发生这一事实。审判还为在亚洲和太平洋许多地区发生的虐待杀害盟军俘虏及平民的事实提供了资料证明，其中包括“巴丹死亡行军”和横跨桂河的缅泰铁路等最著名的事件。[③]有关南京大规模暴行的证据得到了承认，在审判松井石根大将时，正值新闻报道了南京战犯审判，其中谷寿夫和矶谷廉介陆军中将因1937—1938年在大屠杀中所扮演的角色而被判处死刑，这些都强化了日本国民对证据的认识。日本人在马尼拉对平民的杀戮也得到了详细的介绍，美国在那里的无差别炮轰也导致了大量死亡。另外，对女性囚犯和占领地区女性强奸的证据的提

① 这个紧急敕令（草案）是粟屋宪太郎发现并被介绍为英文的。参见“In the Shadows of the Tokyo Tribunal”，“Appendix” in Chihiro Hosoya et alI, eds., The Tokyo War Crimes Trial: An International Symposium (Kodansha International Ltd., 1986), pp. 79—88.

② 吉田裕《昭和天皇〈独白录〉的历史定位》，东野真《昭和天皇的两个〈独白录〉》，266页。

③ 中村政则，上述93—120页。

出，以及在国际战犯法庭对强奸罪的起诉，都为后来建立了积极的先例。①

东京审判长期影响了日本的政治态度。许多日本人从被当作国策的战争中汲取教训，下定决心要日本永不再战，将自己投入到使民主主义理想和国际规范运作起来的工作当中。由于东京审判加强了公众对军国主义与战争的憎恨，因此也促进了人们对新宪法的接受。日本的和平运动引用东京审判的证据批判了日本帝国旧的价值体系。在CIE的要求下，日本的媒体连日报道了审判的进行情况，尽管受到占领军审查机关的监督，但是在关于日本走向战争的过程上，所报道的内容还是比一般日本人被引导相信的内容要精确得多。此外，检察方和辩护方所收集的大量文件材料被保留，直至今天仍作为非常宝贵的历史资料被人们利用着。

尽管如此，在当时和之后的某些日本及外国批判者眼中，东京审判存在着无法挽回的缺陷。法庭没有充分保护国际刑事法规定的被告的权利。在起诉过程中，检察方把重点放在了共谋罪上——以欧洲的自然法传统和盎格鲁—撒克逊的习惯法为依据的这个法律概念，让大陆法的专家来说，这是一个不明确的、不熟悉的，从历史角度来看已经落后时代的法律概念。②基南和麦克阿瑟遵从杜鲁门的政策，故意遗漏了一个在整个17年的所谓共谋期间（1928年1月1日到1945年9月2日）掌握权力的人物，从而使日本的决策过程变得让人困惑不解。那个人就是天皇：只有他一个人能使共谋的意愿结合起来、发生效力，去发动一场非法的“侵略战争，一场违反国际法、条约、协定和誓约的战争”。

此外，同盟国也犯下了战争罪行，但是却拒绝将纽伦堡原则应用到自身行为上。在审判进行的31个月里，美苏之间的冷战逐步恶化也影响了审判的进行。在亚洲，西方的殖民主义仍然健在，这意味着东京审判使帝国主义和国际法之间难以解决的关系凸现出来，而这是纽伦堡审判没有涉及的领域。没有来自“荷属东印度”或前殖民地朝鲜的法官，这个事实就说明了问题。更有力的证明是法国和荷兰的动向，这两个国家试图恢复它们在东南亚的殖民统治。还有美国的动向也能说明问题，它在亚洲和太平洋地区的每个角落都有影响力。杜鲁门政权向正在与越南作战的法国提供经济援助。在中国，它认可了投降的日本军为蒋介石方面战斗，并为蒋

① 强奸在诉状附录D第12节，与其强调对女性个人的暴力，不如说强调了“不履行尊重家族名誉与权利”的传统定义。粟屋宪太郎等编《走向东京审判之路——国际检察局、政策决定有关文件　第四卷》，416页。

② “The Crime of Conspiracy”, memorandum for Joseph B. Keenan, Washington, D. C., May 23, 1946; Arieh J. Kochavi, Prelude to Nuremberg: Allied War Crimes Policy and the Question of Punishment (University of North Carolina Press, 1998), p. 225. 对“共谋”的追诉还在伦敦会议围绕IMT宪章的交涉过程中，引发了英美和法苏之间的对立。

的军队提供装备和军事顾问，在重新开始的与共产党的内战中援助蒋介石。[①]在亚洲和太平洋不发达地区，美国领导人似乎在追随日本的先例，要给各个国家安排一个合适的位置，使其“各得其所”。

最终起诉书，与详细记述了被告所有被指控罪状的五份“附录”一起，于1946年4月29日正式提交给法庭。起诉书明确指出了日本的毒品生产和销售问题，附录D的第九节指控日本在中国的毒气战违犯了国际法。检察方对毒品问题进行了追究，但是中止了对毒气使用的指控。[②]

由基南指派负责调查“1937—1945年对中国的军事侵略”的法务官托马斯·H.莫罗上校，1946年3月来到中国，对毒气问题进行了调查。他4月16日给基南的报告引来了美国化学战部队（CWS）的秘密反击。CWS列出一大堆法律理论，主张日本在实施化学战时没有不法行为。CWS开发了世界上最先进的毒气兵工厂，而且在第二次世界大战中没有获得使用其新武器的机会，因此它希望法庭不要对使用毒气做出有罪认定，特别是在他们相信与苏联的战争即将来临之际。直到今天也不清楚，是不是麦克阿瑟或某个美国陆军指挥系统身居高位的人下达决定，实际上中止了追究日本陆军使用化学武器的指控。不过，在开庭之后的两个月之内，这个问题就被搁置了下来。缺乏想象力的杜鲁门总统没有意识到问题的关键，罗斯福曾经谴责毒气为非法、残忍的战争手段，杜鲁门事实上认可了对罗斯福这一战时政策的推翻。染指化学战的日本军官们和不希望国际法束缚手脚的美国陆军领导人是最大的受益者。而同时，世界却失去了阻止化学武器扩散的机会。1946年8月12日，也许是因为这个问题，失望的莫罗上校辞职返回了美国。[③]

麦克阿瑟和同盟国以国家利益为由对许多人免于了起诉，其中就有应对中国的细菌战承担责任的石井四郎军医中将和731部队的官兵。据估计，有3000到1万人在石井的生物试验所被杀害，多数为中国人俘虏，而这个事实却被东京审判忽视。美国联合参谋总部和麦克阿瑟认为得到与杀人有关的实验数据比审判更重要。[④]

许多日本人中挥之不去的“圣战”意识和旧价值观的延续，无疑缩短了战争犯罪被揭露后的反省时间。多数日本人认为，战争是一种自然现象，国家之间即使没有过错也可能发生，这种认识妨碍了他们对在中国发生的战争暴行的反省。在某些

① 戒能通孝《远东审判　其后》，《思想》第三四八号（1953年6月），28页。

② 粟屋宪太郎《从东京审判看战后处理》，粟屋宪太郎等编《走向东京审判之路——国际检察局、政策决定有关文件　第四卷》，416页。

③ 吉见义明《战争犯罪与免责——美国为什么中止了对日本毒气战的追究》，《季刊　战争责任研究》第二六号（1999年冬季号），2—7页。粟屋宪太郎《从东京审判看战后处理》，97页。

④ Stephen Endicott, Edward Hagerman, The United States and Biological Warfare: Secrets from the Early Cold War and Korea (Indiana University Press, 1998), pp. 37—41.

日本作家看来，个人主体性差、过度依赖他人观点的民族性也是造成这种倾向的原因之一。[①]但是日本战争犯罪被如此之快地遗忘的主要原因与裕仁本人有关。除非裕仁为他在战争中所起的作用，特别是他没能而且也不想要求日本军队遵守比忠诚和功勋更重要的道德行为标准，而受到法庭审判，或被质询，否则，侵略战争的合法性——日本入侵亚洲太平洋各国是为了解放他们的信念——就不会彻底失去市场。毕竟，许多日本人在参加战争时都与天皇有着共犯的关系，全体国民都认为，既然天皇对战争不负有责任，他们也不应该承担什么责任。

日本国民开始极为认真地面对战争的负罪感，可是麦克阿瑟和杜鲁门不公正地分摊责任的早期决定，让木户和东条做了天皇的替罪羊，缩短了这种反省认识的时间。杜鲁门1947—1948年戏剧性的政策转变更是加速了这个过程。在被分割的德国也发生了同样的情况，由美国高级专员约翰·麦克洛伊执行的杜鲁门政策，通过重新定义非纳粹化计划的范围，使适用对象仅限于少数几个德国犯罪者，从而限制了计划的影响力。东京审判与并行的剥夺公职运动，没有解决日本关于战争责任的多方面问题。从某种程度上，反而使问题变得更加棘手。

保护天皇和重塑天皇形象是复杂的政治任务，只有通过大肆夸张日本社会巨变造成的威胁、操纵证言、销毁证据和歪曲历史方能达成。[②]不知裕仁是否因这种对正义的歪曲而感到过不快，是否将这些情况在他向皇祖皇宗的神灵禀告时提到过。我们可以确定的是，直到处决东条为止的整个审判期间，裕仁从未忘记过自己更大的目标，那就是摆脱国内外要求他退位的压力，保留君主制并因此在日本人的政治生活中维持稳定的领域和正统性的原理。

---

① 作田启一《日本人的连续观》，作田启一《价值的社会学》，岩波书店，1972年，413页。

② 粟屋宪太郎《从东京审判看战后处理》，112—115页。

第十六章　再造神秘性

占领进入第五个月，迎来了1946年新年，此时的日本国民似乎被扯成了两半。一方面，复员军人和失业平民源源不断地被从亚洲大陆遣返回来。数百万人无家可归，与之相伴的是，食物配给失控，各地黑市兴起。农民为谋求村镇政府的民主化，展开了政治斗争。土地改革尚未开始，但佃农和小自耕农已在表达对地主阶级——明治以来，战前天皇制的社会支柱——的不满。另一方面，早已明显存在的混乱和士气消沉开始为精神上的骚动和亢奋所替代。不只是左翼，就连许多平民也认为，战败和占领将很快带来根本的、彻底的改革。大规模制度变革似乎已经近在眼前。

1月13日，学习院教员、GHQ民间情报教育局非正式顾问的雷金纳得·布莱恩写信给裕仁的侍从长藤田尚德。他认为食物配给制度很快就会崩溃，建议天皇对这个严重问题采取措施：

只有天皇有能力……为粮食不流入黑市得到适当的分配，提供一种感召力。天皇应该巡回日本，访问煤矿和农村，倾听人们的诉说，与他们交谈，向他们了解情况。归来后，他应当针对如食品囤积、现在正是需要与战时同样的牺牲精神等问题，发表一份声明。他应该以情动人，呼吁日本民众互相分享存粮。[①]

裕仁为改善岌岌可危的现状开始了他的“巡幸”，这一举动得到了麦克阿瑟和GHQ公共关系顾问的积极支持，他们希望他表现出“真正关心国民”的姿态来。[②]最初与民众见面时，裕仁一方是窘迫至极，民众一方则是震惊和半信半疑。

3月26日，记者马克·盖恩在群马县高崎市一家治疗战争负伤者的医院见到了巡幸中的天皇。时值裕仁刚刚走下神坛并希望推动这个过程的初始阶段，盖恩留下了这样一段令人印象深刻的描述：

① 木下道雄《侧近日记》，文艺春秋，1990年，112页。

② Blyth备忘录。同前112页。

我得以仔细地观察天皇，我们亦叫他“查理”。他是一个小个子男人，大约一米六，穿着一件剪裁糟糕的灰色条纹套装，裤子短了五厘米。他有很明显的面部痉挛，而且右肩不停地抖动。走路时，右腿稍微向外撇，似乎控制不了它。他显得很兴奋和不安，拿不准该如何摆布他的手脚。

起初，他拖步走过伤患者，偶尔停下来阅读病历。之后，显然觉得此时有必要说点什么。他问了几个问题，但似乎问得都很不适合。最后他固定在一个简单的问题上：“你是哪里人？”他走向一个又一个患者，问着他的问题，当病人做出回答时，他就会说“哦，是吗！”听起来似乎他对患者们来自秋田和歌山或北海道感到很惊讶。他尖锐的声音，随着时间的推移，变得更细更高。

现在，不敬的美国人都在等着他那声不像人声的“哦，是吗”，然后，互相轻推着、笑着并模仿他的声音。但是慢慢地，玩笑的心情消失了。我们看到了本来面目的天皇：一个疲惫的、令人同情的矮个子男人，被迫做着自己讨厌的工作，他绝望地试图控制自己不听话的声音和肢体。很热也很安静，除了天皇尖尖的说话声和他的陪护人员重重的呼吸声外，再也没有其他的声音。①

然而，国民很快就习惯于看到穿着“民主的”、不合体的西装，做着机械式的应答，有时甚至会微笑——一种现人神不应有的身体动作——巡回中的天皇。由忠实的官僚做“托”，在GHQ和新闻检查下的日本新闻界的协助下，巡幸的意义被不断夸大，公众的狂热也在逐渐高涨。这一年，一方面是宫内省发放了（得到麦克阿瑟的批准）金钱、土地、房屋和木材用于公共目的，以此寻求与国民的沟通。而在另一个完全不同的层次上，在这个已经把名字从强硬的“大日本帝国”改为柔和的“日本国”的国家里，新的君主制正在诞生中。②

策划巡幸的宫廷官员（宫内次官大金益次郎和宫内省参事官加藤进）强调说巡幸是“陛下的主意”，并举出明治天皇1872—1885年的大巡幸作为先例。然而，这个类比却是不恰当的。明治天皇是在一个以暴力动乱和政治争斗为特征，新兴君主制处于危机的时期进行巡幸的。他的巡幸是让民众认识到他的存在，属于树立其实权者权威这样一个更大过程的一部分，简而言之，是为了构建具有他的统治特色的天皇与臣民之间强硬的、非个人的关系。

与此相反，裕仁本人形容他的意图在于治疗。他希望“安慰正处于苦难中的国民”，并“鼓励他们为复兴而努力”。他认为（见1946年3月31日木下日记）一年之

① Mark Gayn, Japan Diary, Sloane Associates, 1948, pp. 137—138，井本威夫译《日本日记》，筑摩学艺文库，1998年，221—222页。

② 关于从阳刚的“大日本帝国”转向阴柔的“日本国”，参见Takashi Fujitani, Splendid. Monarchy: Power and Pagentry in Modern Japan, University of California Press, 1996.

内他能快速走遍全国，完成任务。他希望通过扭转和缓和以前天皇与国民之间的僵硬关系，使君主制更大众化和“民主化”，以预防共和主义情绪。当然，在比较裕仁和明治巡幸异同的时候，还有一个不该忘记的要素是，没有麦克阿瑟强有力的支持，就不会有任何巡幸。

4月30日，GHQ命令天皇停止参拜或代拜靖国神社、禁止纪念战争亡灵的国家仪式，天皇最初的巡幸就是在这时开始的。随着巡幸逐渐占据了公众的心，裕仁及其身边人员抓住机会，不仅证明了他在国民中的声望，借此向总司令部和远东委员会表示了裕仁的有用之处，而且还恢复了一些裕仁已经失去的权威。在每天要为食物和住所而艰难挣扎的城市地区，对天皇的反应普遍比较冷淡。但是在各阶层民众中，许多人对天皇仍然怀着旧有的敬畏和信赖感，同时对输掉战争、现在需要麦克阿瑟庇护的天皇也充满着怜悯和同情，这使他们对天皇的情感变得复杂。[①]另外，被否定了神格的裕仁，在相对自由的言论条件下，被暴露在民主主义的光照中，这种情况下，无论是裕仁还是近臣都无法轻易地阻止裕仁与国民日益增加的接触。

1946年10月初，裕仁与麦克阿瑟进行了第三次经过精心准备的会面。他首先感谢将军在5月份提供的大量食品援助，然后指出与GHQ内的友好情感相比，美国国内的对日情感“还很不好”。麦克阿瑟回答说，经过“再教育”，美国的舆论会好转的。他微笑着补充说：“我一直对美国的访问者说，天皇是（这个国家）最讲民主的人，但是谁也不相信我。”麦克阿瑟提到了新的和平宪法。裕仁则援引动乱的国际形势，表达了对可能危及日本的担心。麦克阿瑟预言说，终有一天新宪法会获得世界的称赞，一个世纪内日本将会成为“世界的道德领袖”。随后，裕仁谈到了对工人运动的忧虑。他声称，作为国民，日本人的教养水平还很低，“缺乏宗教心”。麦克阿瑟告诉他不要担心：“通过对你从未改变的尊重和热爱中，日本人的健全性得到了体现。”会面结束时，麦克阿瑟鼓励裕仁继续巡幸。[②]

在这次及1946年的其他会见中，裕仁都向麦克阿瑟吐露说日本国民就像小孩子一样，“缺乏镇静”，“附和雷同”，总是想模仿外国的样子。另外，他对为他编辑战争秘录的稻田和木下也说过同样的话。他私下里又补充说，由于有了修正后的宪法，“虽说这是战败的结果，但从宪法得到修改的现状来看，对我国民来说，与其胜利后走向极端的军国主义，还不如现在这样更幸福”。[③]裕仁热切地想给战

---

① 清水几太郎《占领下的天皇制》，《思想》三五八号（1953年6月），638页。

② 山极晃等编《资料　日本占领1　天皇制》，大月书店，1990年，570—574页。

③ 木下道雄，上述215页。

败点燃希望之火，他反复地告诉国家领导人他们早已知道的事实：如果他们能与敌人合作推进稳健的改革，战败就会带来积极的后果。投降一周年时，他在叶山的夏季住所告诫阁僚们说，记住，“这不是日本第一次战败。很久以前（七世纪）出兵朝鲜，因为白村江一战一败涂地，结果从半岛撤兵。从那以后，我们进行了许多改革，而这些改革构成了日本文化发展的大转折”。①

I

在打造裕仁作为“人间”天皇，与人民共患难的“民主”天皇的新形象过程中，1947年是至关重要的第二阶段。这一年，文部省编辑出版了一本影响极大的教科书辅助读物《新宪法的故事》，它一方面强调了民主主义、国际主义、国民主权、放弃战争的理想，同时又对天皇使用了最高敬语。②日本的大众传媒也就涉及天皇时使用最高敬语的规则与政府达成了一致。与此同时，宫廷方面恢复了战前荣誉授予的惯例。天皇通过首席检察官约瑟夫・B. 基南，曾致函杜鲁门总统。1月2日在皇宫的二重桥，他接受了国民的新年参贺。

1947年，裕仁巡幸再开，一夜之间就变成了狂热的群众活动，远远超出了计划者的预想。巡幸经过了一个又一个的府县和市区，与每天出现的战争犯罪审判和逐步恶化的美苏关系报道形成对抗。1947年3月12日，杜鲁门声明（Truman Doctrine）的发表，标志着欧洲冷战的正式开始。随着冷战的深化，美日政策逐渐保守化，政策的重点也从改革和自上而下的民主化转为重建和发展经济，以及恢复经营者特权上面。③

美国的赔偿政策出现了软化的征兆：3月17日，麦克阿瑟对外国记者团说，美国没有摧毁日本工业力量的意图。他在写给吉田首相的信中，指示吉田准备一份全面重新启动经济的计划。1947年4月25日举行的战后第二次大选之前，GHQ向日本政府提出了一个新指标：日本必须在经济上实现自给自足，才能在美国领导下的世界秩序重建中占据一席之地。

在裕仁看来，这些进展似乎预示着GHQ正在放松控制，暗示着他可以独立行事的可能性——这是从前不被认可的。1947年5月6日，新宪法颁布的三天后，裕仁再次

① 《稻田周一备忘录》，1946年8月14日条，东野真《昭和天皇的两个〈独白录〉》，日本放送出版协会，1998年，245—246页。白村江之战（663年）是朝鲜半岛西南部的百济王国与援军日本军和新罗、唐军之间的海战。战败的日本从朝鲜撤退，开始进行内政改革。

② 山住正己《战后教育是否成功》，藤原彰等编《日本近代史的虚像与实像（四）投降——昭和的终结》，大月书店，1989年，272—276页。

③ 在此之前，麦克阿瑟为了阻止自下而上的民主主义势头，禁止了预定于同年2月1日举行的全国性大罢工，给东京审判的被告们带来了希望。

与麦克阿瑟会面。与民主主义的深化相比，他更关心安全保障问题。据前外交官松井明所述，天皇向最高司令官问道："美国离开日本后，谁来保护日本呢？"对日本国家独立漫不经心的麦克阿瑟回答道："就像保护加利福尼亚一样，我们会保护日本的。"然后进一步强调了联合国的理想。①裕仁几乎没有得到什么承诺。但是6月，在会见美国记者时，麦克阿瑟宣称："我想日本人将不会反对美国保有冲绳，因为冲绳人不是日本人。"②其实，麦克阿瑟早已想到，宪法上"永远放弃作为国家主权发动战争"的日本，可以通过将冲绳转化为巨大永久的美国军事基地而得到保护。

1947年夏，裕仁又开始了巡幸。御用列车和汽车行列变得更加庞大。每一次出行都更加精心策划、更加耗资巨大，也更加受到大众的欢迎。保守派议员和地方政治家们判断，与天皇关系紧密将有利于提高自己在选民中的声望，于是纷纷赶来参加皇室巡幸的行列。6月初天皇到达大阪时，本来是以巡视战后灾区为目的的巡幸变成了壮丽的凯旋。被禁止的太阳旗飘扬在房顶上，在数千名欢呼着万岁的迎接者手中挥舞。不了解情况的人看到这种景象，还以为全体国民正在为取得最终胜利的天皇祝福呢。

同年6月1日，在新宪法下，由议会指名的片山哲组成了联合内阁。被排除在选任首相程序之外的裕仁尽管很不快，也只能说"感觉片山好像有些弱啊"来表达他的不满。③之后，他在京都的御所坚持要求新首相向他做正式汇报。7月22日，他要求片山内阁的外相芦田均继续就对外政策事宜向他报告。④即使是非常忠诚的大臣芦田也感到天皇的要求违犯了新宪法的规定和精神。他勉强遵照天皇的指示，此后定期向裕仁做简短汇报，尤其是关于最终签订的和平条约的准备工作和日本未来的安全保障问题。

如今，裕仁违犯新宪法，再次在国家事务中扮演了积极的角色。1947年6月5日，芦田外相对国外记者团发表评论说日本国民希望将冲绳归还日本。三个星期后的27日，麦克阿瑟将军对此做出了回答。在对一群美国编辑和发行人发表的、被广泛引用的评论中，他宣称"琉球群岛是我们的天然国境"，没有日本人反对美国保留冲绳，因为"冲绳人不是日本人"。况且，冲绳的美国空军基地对于日本自身的

---

① 松井在第八次至第十一次昭和天皇、麦克阿瑟会谈和昭和天皇与Dulles的两次会谈（1951年2月10日与4月22日）做翻译。《产经新闻》1994年1月6日，进藤荣一《被分割的领土》，《世界》1979年4月，47页。Pacific Stars & Stripes, May 7, 1947.

② 新崎盛晖《冲绳同时代史（五）"脱北入南"的思想　1991—1992》，凯风社，1993年，219页引用。另外，还参照了中村政则《宪法第九条与天皇制》（《月刊　裁军问题资料》1998年6月）。

③ 片山哲纪念财团编《片山内阁》，片山内阁记录刊行会，1980年，299页，引自渡边治《战后政治史中的天皇制》，青木书店，1990年，152页。同《战后改革与法》，长谷川正安等编《讲座　革命与法　第三卷　市民革命与日本学》，日本评论社，1994年，245—246页。

④ 芦田均（进藤荣一编）《芦田均日记（二）》，岩波书店，1986年，13—14页。

安全也是非常重要的。关于这一点，裕仁介入进来，在芦田和麦克阿瑟都公开地谈到了冲绳，但在美国国务院和五角大楼还没有确定对这个战略岛屿的政策之前，他发表了违反宪法的政治声明。在关于日本主权的问题上，支持了日本君主制的保护人麦克阿瑟的观点。①

1947年9月20日，裕仁向麦克阿瑟的政治顾问威廉·J. 西博尔德传达了他关于冲绳的未来的立场。通过他的翻译、经常与GHQ官员沟通的联络员寺崎，天皇请求美国考虑美苏间不断激化的对抗局势，长期延续对冲绳及其他琉球岛屿的军事占领。天皇在做出这个提议时，已经知道了麦克阿瑟关于冲绳地位的最新观点。天皇关于冲绳的想法也完全与日本主流保守政治精英的殖民地心理一致，就像大多数日本国民一样，决不接受非殖民化。早在1945年12月，第89次帝国议会就把冲绳人的选举权，同前日本殖民地台湾人、朝鲜人的一起废除了。因此，当1946年第90次帝国议会开会采纳新“和平”宪法时，没有一个冲绳代表在场。

裕仁的“冲绳口信”证明，他仍继续在国内外政策中秘密起着作用，而这些与宪法规定他应扮演的礼仪性角色没有任何关系。②不过这也暗示了他对“（日本）左右两翼集团抬头”的强烈忧虑，因为苏联很有可能利用他们引发的事件。③与外务省一样，裕仁也希望和平条约签署之后，日本内外继续保留美国军队。同时，或许他也感到在东京审判期间，有必要更加靠近美国以寻求庇护。但最重要的是，他的口信显示了新的象征天皇制、新宪法第九条与美国在冲绳的军事化之间的关联性。

1947年10月10日，正当裕仁在新潟县长冈市巡幸时，首席检察官约瑟夫·B. 基南宣布天皇和产业界都没有战争责任。④前一年，基南曾在美国披露“最高政治圈”决定反对追究天皇的战争责任。⑤早在几个月前，即1946年3月，裕仁就已经非正式地得知他不会被起诉，现在，基南在日本公开宣布了这个决定，对他来说，无疑是一个好消息。对于即将成为新君主制主要经济支持者的日本财界领袖们来说，基南的宣告也是一个令人高兴的消息，但是麦克阿瑟对解散日本巨大的产业复合体以及

---

① 新崎盛晖，上述219—220、230页。Nippon Times, June 29, 1947; Pacific Stars & Stripes, June 29, 1947.

② 进藤荣一《被分割的领土》，《世界》1979年4月，47—51页。

③ 明田川融《行政协定的缔结与“占领的论理”》，丰下楢彦编《安保条约的论理——生成与展开》，柏书房，1999年，68页。

④ 铃木志津子《天皇巡幸与象征天皇制的确立》，《历史评论》二九八（1975年2月），65页。关于新潟巡幸的全面情况，参见铃木正男《昭和天皇的巡幸》，展转社，1992年，166—170页。

⑤《纽约时报》，1946年6月18日，基南在华盛顿的记者招待会上说，天皇不是战犯，“只是欺骗日本国民的装饰物”。天皇制本身就是让国民远离真实的欺瞒手段这一看法，可以追溯到1912年的评论The Invention of A New Religion。

对一定的经济民主化所表示的不衰热情，部分抵消了他们的喜悦。[①]

与此同时，要求天皇退位和进一步进行宫廷改革的压力仍然存在。1947年10月14日，GHQ再次削减了有皇族地位的宫家数目。对于裕仁及其支持者来说，更加难以接受的消息接踵而至。外相芦田在日记中记录了与原陆军少将田中隆吉的一次会面，田中与首席检察官基南关系密切。田中告诉芦田，基南拒绝把对木户、东乡和东条的交互讯问委托给他人，而是由他本人亲自办理，但是他担心如果天皇、皇后和皇太子在全国巡幸时，行动“太惹人注意”，那么他们的苦心就可能变成徒劳。基南打算在审判后拜访天皇，讨论“退位等问题”。田中还说：“麦克阿瑟确信，为了日本国内的安定，为了抑制共产党，君主制也是必要的。”[②]一个月后，1947年11月14日，裕仁第五次会见了麦克阿瑟司令官。他们90分钟的谈话内容无人知晓，不过很有可能与从前的会面一样，谈论的是具体的政治问题。26日，裕仁出发前往本州西南部的中国地区，进行他本年度最后一次巡幸。

1947年12月7日——袭击珍珠港六年以后，战争结束28个月以后，裕仁及其一行来到了遭原子弹轰炸的广岛。因为天皇的到来，街道被特别地清扫过。天皇头戴深灰色卷边毡帽，身着同样颜色的服装，据一澳大利亚人观察，似乎“是故意选择这样的穿着以免显得太衣冠楚楚”。他看起来“象征着目前日本的逆境，以及坚持下去的决心”。数千名成人和儿童排列等候在长长的、经过审慎计划过的车队进入市区的道路两旁。在最初停车的地方，身穿黑色衣服的战争遗孤跪坐着等候他的到来：

站在他们身旁的是几位母亲，她们的脸上布满疤痕，怀里抱着的孩子程度不同都处于伤残状态。在照相机发出快门声并转动方向拍摄时，人群变得越来越兴奋，天皇手拿帽子，倾听这群人简短地诉说自己的经历。他低声说着“啊，是吗”，看起来似乎是在对着一个伸向他的麦克风说话。然后他嘴唇颤抖，简短地鞠了一躬，转身回到他的车中。就在此时，人群变得疯狂。他们声嘶力竭地呼喊着“万岁”向前拥去，眼睛发光，除去了脸上漫无表情的面具。在裕仁走回车子前，宫内府的官员和警察遭到群众的推挤和踩踏。没有人触摸到天皇，但是许多人似乎只要摸到天皇的车身就感到非常高兴。

我们继续驶向下一站，在临时开辟的广场上，市长、市府官员和相当于城市

① 一年前的1946年4月13日，麦克阿瑟将日本最大的兵器公司三菱重工的原社长乡古洁与梨本宫一起释放，随后还解除了三井财阀的原常务理事池田成彬等四位财界领袖的战犯嫌疑。粟屋宪太郎《从东京审判看战后处理》，粟屋宪太郎等《战争责任　战后责任　日本与德国什么地方不同》，朝日新闻社，1994年，98页。

② 芦田均，上述27页。

现有人口1/4的5万名群众，正等待欢迎他的到来……在这里又看到了动情哭泣的人们……天皇登上讲台……摄影师再一次从各个角度进行了拍摄。天皇（从口袋中掏出一张纸条）宣读了一段简短的讲话……在市政大厅，他爬到了屋顶，市长拿着地图等在那里，向他展示了城市的过去、现在和将来……为天皇准备的一副小型双筒望远镜放在一块紫色的绢帕上，但是他没有碰它。那一天，他第一次明显地为不安的情绪所压倒，看起来似乎想尽快离开那里。①

此时，GHQ注意到日益增加的国内外批判以及来自GHQ内部的批判，开始重新评价天皇的巡幸。民政局的保罗・J. 肯特被指派跟随天皇到本州的中国地区巡幸。1947年12月16日肯特的第一份报告记录了巡幸团的巨大规模：近百名官员和侍从，无数日本报纸和杂志的记者及摄影师，“不管是列车，还是地方的公共汽车或者小汽车都有他们的座位……他们跟随着天皇的每一段旅程”。肯特把出现“这一大群拥护者、追随者、勤务兵和管家随行”的责任归因于“地方政府和私人企业负担了巨额经费”。他继续记述道：

天皇一行经过的每条街道几乎都被重新修建……（并且）他停下来视察稻田和农田的地方都被铺上了地板并支起了天篷。用鲜花和树枝装饰的柱子、门和拱门矗立在广场的入口、街角和通往大桥的路上。他用手触摸过的栏杆被用布包了起来，他走过的路都被铺上了席子。考虑到所有这些情况……我们不能不得出这样的结论：巨额资金被投到没有任何实用目的的事情当中……这对于一个濒临财政崩溃的国家来说是完全不正当的。

他坚持认为天皇“没有看到实际情况”，天皇的视察更像是“政治宣传式的巡视”，其目的主要是在追踪他的巡幸中，将他每天都置于公众的视线当中。最糟糕的是，巡幸没有使君主制民主化，而是增强了“传统天皇制的权力和影响”。

肯特没敢因这种令人遗憾的状况而批判裕仁本人，但他是这样描述天皇的：

神经质到了似乎身体有残疾的地步；他的姿势和动作笨拙而且不协调。他在讲话和行动之前总是很犹豫。如果不是过分的自我意识，那么肯定是他感到十分不安……几乎在所有的场合，他的脸上都没有任何表情。当对孩子们讲话，或者万岁的呼声非常大的时候，他也微笑过几次。他的衣着甚至也很糟糕。

---

① “The Emperor's Visit to Hiroshima”, Dec. 9, 1947, Departmental Despatch, No. 45 / 1947: From Australian Mission in Japan, Australian Archives, ACT CRS A1838, Item 477 / 511.

最后，肯特将造成天皇局促不安的原因归咎于宫内官员的态度。他还举出了两件让他特别恼火的事情，认为责任也在他们身上。一件是天皇在袭击珍珠港六周年纪念日巡幸广岛。[①]另一件是12月11日，巡幸中国地区最后一天发生的“有组织的大范围的悬挂太阳旗行为”。[②]

GHQ迅速采取了行动。1948年1月12日，GHQ民政局下令停止天皇的“政治宣传旅行”，理由是宫内府官员违反了GHQ数项指令的精神。他们举止傲慢且非民主，日本官僚机构明目张胆地滥用公费，为资助天皇巡幸征收了不合理的税金。[③]GHQ还注意到关于暗杀天皇的谣传，其中涉及对新颁布的外国人登陆法不满的所谓朝鲜共产主义者。其实，没有明说的更深的担忧还在于，巡幸非但没有消除天皇已经放弃的神格的所有痕迹，使全体日本民众从臣民意识中解放出来，反而在事实上促进了旧的偶像崇拜。

II

1948年元旦，裕仁接受了聚集在皇宫广场数万名群众的问候。1月中旬，他在皇宫举行了大众性的“皇室新年诗歌朗诵会”（歌会始）。这个活动从明治维新的第二年，即1869年，开始举办，伴随着每一次民主主义浪潮的冲击而逐渐向臣下开放，最后向全体国民敞开了大门。参加者按照命题创作和歌提交上去，被选出的最优秀作品在大会上朗读。对于宫廷官僚和天皇制论客来说，这种歌会仪式有利于化解日本国民间的社会和政治分歧。而在现实中，其效果却完全相反。当天皇屈尊听只不过是普通庶民的诗歌以及下层的国民谦卑地聆听天皇的诗歌时，天皇和国民成为一体。因而，“歌会始”使保守的思想意识和政治价值观得以再生，成为日本国民是无阶级差别的铁板一块这一伪装的再象征。[④]

1948年后期，裕仁进行了慈善捐赠，被大肆宣传。另外还尝试了三种新形式巡幸访问：参加植树节的简短出行，出席体育大会和与皇室关系密切的民间组织主办

---

① 铃木正男，上述210—211页。

② “The Emperor's Tour of the Chugoku Region”, Dec. 16, 1947, in National Diet Library. GHQ / SCAP Records, Box No. 2195, Microfiche Sheet No. GS (B)—01787.

③ GHQ民政局科长Guy Swopes撰写的“Memorandum for the Record”, Jan. 12, 1948。在谈到广岛四天巡幸花去大量经费以后，还记述了县议会、市町村、民间企业为裕仁旅行准备了“巨额费用”来修复街区和道路。“日本的天皇做出了是人不是神的宣言”，但他“实质上还是拥有与以往相同的地位”。

④ John W. Treat, “Beheaded Emperors and the Absent Figure in Contemporary Japanese Literature”, in PMLA (Publications of the Modern Language Association of America), Jan. 1994, p. 106.

的文化、社会活动。

1948年1月，天皇召集国会开会时，国会议员习惯走的“螃蟹步”引发了事件。通常，当天皇通过一个专用的特别入口进入国会议事堂后，他首先在专门的谒见室接见两院领导人。按照传统，进入谒见室的议员径直走到天皇的正前方，深深地鞠躬，然后侧行或倒退步，从最近的出口退出。不让天皇看侧脸或头后部，是为了避免犯不敬之罪。但是1948年1月，当天皇进入那间专门的谒见室，准备接受国会两院议长和副议长的鞠躬时，参议院副议长、社会党员松本治一郎没有露面。后来他对同僚解释说：“我怎么能学螃蟹横着走？他不是已经成人间天皇了吗？”

松井揭露了不符合新宪法秩序的战前习惯是如何仍被固守着的。可是他的勇气不但没有被称赞，反而受到了制裁。他的言行（如记者松浦总三所指出的那样）彻底触犯了吉田茂以及顽固的保守派，后者自1946年“布告事件”以来，一直为争取新刑法恢复不敬罪在运动。很快，在吉田的要求下，松井被GHQ开除了公职，其政治生涯因而一时中断，而在天皇面前的蟹步行仍在继续。[①]

“螃蟹步”事件清楚地表明有必要对有关新君主制的行为准则做进一步的改革。尽管巡幸活动受到了禁止，主要日报上不再有关于巡幸的报道，但是天皇设法获得民众支持的努力仍在继续，限制君主制的进程同样也在继续。

1948年2月10日，由社会党主导的片山内阁由于党内左右两派的对立而全体辞职。片山随即就他的辞职向天皇做了汇报，尽管新宪法根本没有这样要求。[②]3月10日，芦田均组成了第二个不稳定的联合内阁。裕仁像以前一样告诫芦田“有必要对共产党采取措施”。芦田解释说，共产党是合法政党，除非他们进行了不法活动，政府才能起诉他们。他提醒天皇注意，GHQ收到的批判巡幸的信“堆积如山”，正在危及新的君主制。[③]就这样，芦田表明了他将继续片山未成功的宫廷民主化改革的意图。裕仁搬出了他得意的渐进改革的“钟摆理论”，抵抗了近两个月。[④]最终还是被芦田说服，同意罢免了他的高级顾问们。夏天巡幸主要的舞台监督大金、加藤和松平都退出了舞台。

这期间，天皇的威信仍然在受到攻击。4月，战犯法庭休庭，准备最终的判决。关心新君主制未来的知识分子再一次提出了裕仁继续回避因为他在战争中的行为和他给国民带来的苦难所产生的所有道德和政治责任问题。有些人甚至期望他利用审判结束的机会宣布退位。

---

① 松浦总三《天皇与大众传媒》，青木书店，1975年，25页。伊藤悟《日本国宪法与天皇》，藤原彰等《天皇的昭和史》，新日本新书，1984年，129—130页。

② Nippon Times, Feb. 25, 1948.

③ 芦田均，上述72—73页。1948年3月10日条。

④ 根据政治史的这项理论，日本一直在过激（多为右翼的）改革与中庸之间来回摇摆。

1948年是日本国内政治在美苏对抗的形势下调整轨道的时期。10月7日，历时七个月的芦田内阁倒台，几天后，更为保守的吉田茂组成了他的第二次内阁。一个月后，东京战犯审判宣告结束。11月12日下午宣布了审判结果。1948年12月23日，在巢鸭监狱，七名被宣判死刑的罪犯被处以绞刑。

第二天，麦克阿瑟释放了关押在监狱或在家软禁但没有被起诉的19名A级战犯嫌疑人。其中有1941年签署了对美宣战声明的前国务大臣岸信介、东条和铃木内阁时负责镇压政治异己的警察官僚安倍源基，以及右翼组织的首脑儿玉誉士夫和笹川良一。[①]

之后的几年中，日本政治家和天皇本人要求释放所有被定罪的A、B和C级战犯，几乎所有请求都得到了麦克阿瑟及其后任陆军中将马修·B. 李奇微的应允。至1952年4月与日本签订的《旧金山和约》开始生效时，在华盛顿的正式批准下，SCAP（同盟国最高司令官）释放了包括没有受审判的B级和C级嫌疑人在内的全部892名战犯。[②]对这些人的释放，以及随后出现的其中几个人在战后的国家里迅速升至权力高峰的情况，对20世纪50年代的日本政治产生了深刻的两极化影响。

1948年12月1日，美国国家安全保障会议第13／2号文件被送到麦克阿瑟手中。文件正式批准了美国的占领政策从政治民主化向重建经济和重整军备的转换。以后，美国不但要考虑在经济上、政治上而且要在军事上加强日本的力量——这违反了和平宪法。收到文件和杜鲁门的追加指令两周后的12月18日，麦克阿瑟指令第二次吉田内阁实行“安定经济九原则”，其宗旨是控制薪金和价格并最大限度地增加出口生产。第二年初，底特律的银行家约瑟夫·M．道奇来日本，指导日本实施通过产生大量失业者的极端的通货紧缩财政政策，复兴日本的资本主义。[③]这些由华盛顿批准的政策转换削弱了麦克阿瑟的权力，突然加速了日本政治中的“逆转进程”。

Ⅲ

1949年，在新的安排导演下，裕仁的巡幸重新开始并一直持续到1951年末。这

---

① 关于释放战犯嫌疑人，参见Sebaldto Sec. of States, Dec. 24, 1948, in Foreign Relations of the United States (FRUS), 1948, vol. 6, The Far East and Austratia, US Government Printing Office, pp. 936—937; Far Eastern Commission policy decisions of Feb. 24 and March 31, 1949.

② 在《旧金山和约》中，美国免除了对日本的赔偿要求，在第十一条，通过接受东京审判的判决这个最小限度的形式，让日本政府承认了战争责任。

③ 关于文件十三／二以及其后的展开，参见Michael Schaller, The American Occupation of Japan: The Origins of the Cold War in Asia, Oxford University Press, 1985, pp. 136—139；中村政则《日本占领的诸阶段——历史的整理》，油井大三郎等编《占领改革的国际比较——日本、亚洲、欧洲》，三省堂，1994年，94—96页。

段时期的初期，GHQ放松了对公众讨论广岛和长崎原子弹爆炸事件的限制，结果和平运动乘势兴起。到了末期，占领迎来了新的军事指导者并迅速走向结束。

这些年间，东亚的国际形势发生了巨大的变化。1949年，苏联开发并试制了核武器；毛泽东领导的中国共产党军队在中国大陆打败了蒋介石的国民党，国民党逃往台湾。1950年2月末，美国联合参谋部总参谋长奥马尔·布拉德利将军飞往东京，与麦克阿瑟就远东紧急事态的防御计划进行了磋商。关于这个问题，杜鲁门政府允许麦克阿瑟在紧急事态发生时扩大权限，管制包括琉球群岛在内的日本周边广大海域。同期，杜鲁门采取了具有挑衅性的冒险战略，具体见于1949年12月的国家安全保障会议第48/2号文件和之后1950年3月的68号文件。三个月后，6月25日，朝鲜战争爆发。为了应对这种局势变化，日本重整军备，加强警察力量，并开始接受美国大规模的经济援助。很快，日本不但经历了第一次战后经济繁荣，而且还经历了第一次民族主义的复兴。主要作为对这些变化的反作用，国际和平运动的一个分支——日本的和平运动诞生了。

1949年5月17日，应县议会对天皇巡幸的邀请，裕仁开始了为期24天的九州巡幸。[①]这时，将天皇从主权者变成象征人物的宪法已经颁布了两年，国民的心态也已发生了改变。1948年10月，吉田茂再次掌权，1949年2月组织了他的第三次内阁，这是第一个以稳定的保守派主流为基础的内阁。占领下的日本不再对侵略受害者进行象征性的赔偿，它正在成为“亚洲的工厂”。美国占领者也不再费力推行日本经济的民主化。不过，GHQ依然在控制政策的制定，也依然在执行对日本媒体的事后审查制度。然而，更多的行政权限正在逐渐移交给日本政府，1949年5月，保卫皇宫和天皇的责任完全移交给日本。6月，宫内府成为总理府的一个下属机构（宫内厅）。[②]

裕仁的九州巡幸规模上不再像从前那样铺张。然而，天皇一行还是受到了热烈欢迎。除了新兴媒体呼吁人们支持君主制，再加上政府在各个层面的持续努力，最终保证了巡幸最大限度地唤起国民极为一致、但又是“自发的”热情。身穿工作服的天皇视察了三井煤矿，还会见了记者、学术界人士和著名文学家。在长崎，他马上将焦点对准了原子弹爆炸的幸存者，他访问了长崎医院，站在濒死的医学教授、放射线辐射的受害者永井隆的病床边让记者拍照。同年初，永井的手记《长崎的钟声》拨动了日本国民的心弦，手记指出，长崎是为了结束战争被神选中的纯粹的祭品，被天皇巧妙利用的“永井热”是日本国民对被压抑的核经历的一种迟到的觉醒。

---

① 铃木正男，上述241—292页。

② 坂本孝治郎《迈向象征天皇制的表演——昭和时期天皇巡幸的变迁》，山川出版社，1989年，244页。

在不断深化的冷战背景下，新日本的国民开始了解原子弹受害者的经历和体验，尽管这项工作着手得很晚。大田洋子的《尸体的城市》、原民喜的《夏之花》、今村得之和大森实的《广岛的绿芽》成为1948—1949年的畅销读物。[①]不断增强的核意识与不断加深的冷战相结合，带来了对新宪法的和平原则更为积极的评价。但是，在新宪法下运营国政的保守政治家们所持有的国家概念，与大多数国民所持有的国家概念仍有很大差距。仿佛是对宪法理想与现实间矛盾的反应，无论宫廷官僚如何仔细地策划和组织，关于天皇应有的行为方式问题，民间的意见仍无法统一。有些人希望天皇进一步“人间化”，有些人则认为如果天皇变得太“人间化”，君主制本身将失去信赖性。

1949年夏天举办的全日本游泳锦标赛等一系列体育赛事，占领后第一次振奋了民族主义精神。天皇和皇后出席了比赛，裕仁发表讲话，对运动员进行了鼓励。当日本游泳冠军古桥广之进在洛杉矶的全美游泳比赛中创造了三项世界纪录之后，他和他的队友在皇宫受到荣誉谒见并被赐茶以示祝贺。[②]那一年，京都大学汤川秀树教授荣获诺贝尔物理学奖也增添了国民的自豪感。这些新日本“象征性人物”的出现，给裕仁提供了在媒体上大面积曝光的好机会。[③]

1950年初，裕仁发表和歌，表达了他九州之行和对汤川获得诺贝尔奖的喜悦心情，然后便踏上了另一次连续巡幸的旅程。[④]3月13日，为期19天的四国、淡路岛旅行开始。[⑤]他访问了县政府办公厅、公立学校和大学、农业试验基地、孤儿院、造纸厂、化学工厂以及纺织厂和机械工具厂。与以往一样，人们的反应各不相同。多数情况是，巡幸中的天皇作为爱的精神体现者、慈爱的人、名人，会受到热烈欢迎。然而，少数人仍然相信他是神圣的化身、活着的神，是一股激励人们精神和行动的强大力量。看到天皇来到近前，他们高呼万岁并激动得流泪。他们的面部肌肉绷得紧紧的，身体在颤抖，双腿彷佛接触了强电流不停地抖动。随后出现的将是情感麻痹，一时间失去意识，不知自己身在何处。这种现象，这种原封未动的臣民意识的身体表现，有过体验的人在回忆时都反复地描述过。[⑥]他们的共通之处是有一种充实

---

① 宇吹晓《被炸体验与和平运动》，中村政则等编《战后日本占领与战后改革（四）战后民主主义》，岩波书店，1995年，117页。也请参照John W. Treat, Writing Ground Zero: Japanese Literature and the Atomic Bomb, University of Chicago Press, 1995的议论。

② 坂本孝治郎，上述250—252页。

③ 同前253页。

④ 同前253—254页。

⑤ 关于四国巡幸，参见铃木正男上述295—324页。

⑥ 安田常雄《象征天皇制与民众意识——以其思想关联为中心》，《历史学研究》第六二一号（1991年7月），32—33页。吉见义明《占领期日本的民众意识——围绕战争责任论》，《思想》八一一（1992年1月），94—99页。

感，为能与天皇一起拼命工作，并一起遭受磨难。

而另一方面，无论怎么进行形象处理，也无法抹去他的战争责任。对天皇的淡漠感也在扩大。在少数左派人士那里，他的不善言谈依旧是他们嘲笑的对象。

美国和日本的外交准备正朝着和平条约的方向快速推进着，和平条约将把日本纳入美国领导的对抗苏联和中国新生的共产主义政权的集团当中。裕仁此时秘密地使自己参与到这个进程中来，使美日单边军事同盟的协商变得更加容易，关于这个协商，事实上日本给了杜鲁门政权所希望得到的一切。

根据历史学家丰下楢彦的推想，裕仁的外交介入是在1950年4月18日他与麦克阿瑟第十次会面之后随即展开的。两位领导人之间的问题（1947年5月6日的第四次会谈以来）一直是放弃战争的宪法和彼此对宪法重要性的认识。据第九次和第十次会谈时给天皇做翻译的松井明所言，1949年11月26日，正值关于和平条约的争论不断升温之际，他们讨论了“和平问题”。4月18日的会面中，话题中心是共产主义阵营对日本的威胁。据说，两次会面中，麦克阿瑟都宣扬了“第九条的精神”。而除了公关目的之外，从来不是和平主义者的裕仁则坚持认为只有军事力量才能保护日本。也许是感觉到在日本的安全问题上，他与最高司令官之间的分歧是无法克服的，天皇最终决定回避这个问题。

可能有两个背景因素影响了他。1950年2月，苏联重新提起了裕仁的战争犯罪问题，以他在二战中批准使用生物和化学武器为由要求对他进行审判。①

另外，4月6日，共和党人约翰·福斯特·杜勒斯律师被任命为国务卿迪安·艾奇逊的特别顾问，这引起了东京和华盛顿对和平条约的谈判将重新开始的推测。自1949年秋天以来，有关和平条约的谈判因美国国防部和国务院意见不一而受阻。丰下推测，裕仁与麦克阿瑟的第十次会面后，财政大臣池田勇仁赴华盛顿时，曾秘密带去天皇给麦克阿瑟的财政顾问约瑟夫·M. 道奇的私人信件。信件的大意是“（吉田）政府希望尽早缔结讲和条约。即使这样的讲和条约缔结了……也可能需要让美国军队在日本驻留，如果从美国方面不好说出口，作为日本政府，探讨由日本方面提出的方式也可以”。②简而言之，是裕仁，而不是吉田，做出了加速缔结和平条约的第一份努力，和平条约将结束占领统治、在日本保留美国军队和军事基地，并恢复日本的独立。

杜勒斯6月下旬来到东京，开始了结束占领的和平条约与《美日安全保障条约》

---

① 苏联的这个告发，根据的是以关东军司令官山田乙三为首的12个将校的哈巴罗夫斯克军事法庭的判决（1949年12月）。根据苏联的记录，在向法庭提出的十八卷证据文书中，有从事生物战的七三一、一零零部队的“极秘作战记录片”。

② FRUS 1950, vol. 6, East Asia and Pacific, pp. 1195—1196. 宫泽喜一《东京—华盛顿密约》，中公文库，1999年，55页。

的全面谈判。当他与吉田第一次会面时，他对这位首相感到很失望。在安全保障问题上，吉田与裕仁不同，表现出一副不慌不忙、不情愿接受安全保障问题制约的样子。三天后，6月25日，朝鲜派遣军队越过了北纬38°线，向南朝鲜的内地进军。分裂的朝鲜半岛的区域性纷争转变为全面内战。一向反应迅速的杜鲁门政府立即决定进行军事干涉，一夜间将冲突国际化。麦克阿瑟在东京的司令部，还没有做好心理准备，就对朝鲜展开了陆海空的军事打击。

与此同时，裕仁得知了吉田与杜勒斯的糟糕会谈。战争爆发的翌日晚上，他通过宫内厅的松平康昌给杜勒斯带去“口信”，表达了对吉田的不信任。根据杜勒斯的记述，口信的“要点”是，美国官员“前来日本视察实情时，只能见到日本政府中得到SCAP正式认可的日本人……显然，SCAP认为那些经验丰富的人物持有军国主义的观点，因此害怕与其接触”。但是，正是这些多数已被解除公职的干练官僚能够向“关心将来日美关系的美国人提供有益的建议和协力”。裕仁“建议在有关和平条约的条款进入最终程序之前，应该设立一个由真正代表国民的日本人构成的某种形式的咨询委员会”。[①]

在《新闻周刊》的两名记者三哈里·克恩和康普顿·帕肯汉姆安排的晚宴上，松平向杜勒斯传达了“口信”。早在两年前，对麦克阿瑟的经济改革和战犯清除持批判意见的克恩和帕肯汉姆就组织了一个“美国对日协议会”，致力于促进美国和日本之间的贸易往来。裕仁也许认为，涉及和平条约和军备重整问题，自称“臣茂”的吉田已不再是“日本国民的真正代表”。对于裕仁来说，克恩和帕肯汉姆再开了一条绕开首相的新的、独立的渠道，就像他先前绕过麦克阿瑟一样（原文如此），通过这两个人，他可以与华盛顿进行沟通。这在宪法上应该受到谴责，但这正是裕仁的特征。事实上，他正在复活战前“双重外交”的传统习惯。[②]

1951年1月25日，杜勒斯返回东京，解决剩余的问题。在第一次工作会议上，杜勒斯阐述了问题的症结所在：“我们是否有权力在我们认为必要的期间、必要的地方、驻扎我们认为必要数量的军队？”[③]希望在日本全国无限制地部署军队的杜勒斯

① 同上，pp. 1236—1237.

② 丰下楢彦《安保条约的成立》，岩波新书，1996年，165—186页。John G. Roberts, “The ‘Japan Crowd’ and the Zaibatsu Restoration”, in Japan Interpreter, 12, no. 3—4 (Summer 1979), pp. 402—403; Howard B. Schonberger, Aftermath of War: Americans and the Remaking of Japan, 1945—52, Kent State University Press, 1989, pp. 151—156. 根据商务长官W. Averell Harriman的要求，1950年8月中旬，Packenham与天皇近臣开始进行“口头语录”的文书化。上述丰下楢彦，172—173页。Schonberger，同上，p. 156.

③ 丰下楢彦，上述47页。Ronald W. Preussen, John Foster Dulles: The Road to Power (Free Press, 1982), p. 473.

担心日本会试图引美国让步。但是吉田没有做任何努力，即便是形式上的，去限制美国在独立后的日本所持的特权，他简单地就做出了让步。美国获得了军事基地和治外法权；日本甚至还要建立一支五万人的“代用”军队。显然，吉田表现得很无能。但是，他在这些谈判中的失败表现——同意设立基地以取得力量平衡、反驳杜勒斯关于美国将军队留在日本是一种友善行为的论点——恐怕更多地与裕仁的影响有关，而不是他自己的失误。

为了促进和平条约的商讨和谈判，裕仁及其亲信与美国对日委员会的主要成员接触了多少次，我们无法确定。我们不能过分强调他们的影响。但也不能忽视裕仁所起的作用。1951年2月10日，裕仁在皇宫为杜勒斯举行了晚宴。那一年，他还在其他场合与杜勒斯见过至少两次面。这位未来的美国国务卿一定不会仅仅将昭和天皇视为一位礼仪上的元首。

朝鲜战争导致日本的社会状况发生了急剧的变化。初期那股要发展民主主义的热情冷却下来，左翼领导的工会组织受到了攻击。对左翼的政治镇压风潮随之而起，吉田政府和日本公众对新生的和平运动，以及批判天皇表现得越来越无法容忍。那个夏天，讽刺杂志《真相》报道了一名来自长崎县佐世保市的青年称自己是裕仁的“私生子”。[①]吉田首相代表裕仁提起了诉讼。很快，《真相》的发行商佐和庆太郎被以诽谤罪判了刑。[②]就连裕仁最小的弟弟三笠亲王也因为公开反对复活“纪元节”（建国纪念日）和警告军国主义的危险性受到了批判。[③]

1950年11月末，在接受了杜鲁门授权越过三八线占领朝鲜北部的两个月后，也就是受到中国警告——美国（而不是韩国）部队的进攻将威胁到中国的安全并将导致中国做出直接反应——的几个星期后，麦克阿瑟得知中国说要做出反应的威胁变成了现实。中国30万人的部队越过边境进入了朝鲜。鲁莽地扩大战线的美军很快败北，不得不大幅度后退，遭受了严重的损失。到1951年1月，曾经命令部队挺进到鸭绿江边，如今变得恐慌沮丧的最高司令官在杜鲁门政权的眼中，只不过是一个危险

① 《父亲是裕仁》，《真相》43（1950年7月），7—17页。

② 松浦总三，上述29页。

③ 例如，三笠宫在与英国和平主义者M. Lester的对谈中，叙述了作为参谋在中国战线勤务时的见闻。据他说，他从士官学校时期以来交往的老朋友告诉他，“新兵的刺杀教育可以用活着的俘虏做靶子。不这么做，新兵的干劲儿上不来”。俘虏就这么被刺死了。三笠宫当时认为这是当事人的罪行。“现在……也是作为战友的我的罪行。所以，作为友人的我，也有一种不能不向世人道歉的心情。”（《和平是忌讳词？——人性的去向》，《文艺春秋》1951年12月，129—130页）。三笠宫的这个直率表白受到右翼攻击。

的政治上“棘手的花瓶”。①

在新任命的第八军司令李奇微中将将中国军队的推进阻滞在三八线附近之后，麦克阿瑟再次超越权限，发表了未经授权的公开声明，威胁中国说，“除了胜利，别无选择”。②4月11日，愤怒的、忍无可忍的杜鲁门终于因其反复违抗命令并企图将战争扩大到朝鲜以外的地方而罢免了他。四天后，裕仁对在战争中打败了他而在和平时期又保护了他、享有很高声望的元帅朋友进行了最后一次告别拜访。在日本期间，尽管裕仁的随从曾竭尽全力邀请，但麦克阿瑟一次也没有去过皇宫。1951年4月16日，麦克阿瑟启程回国。在他驱车前往羽田机场的途中，道路两旁是被征服的国民组成的长长的送行队列。欢送的人群中，吉田首相和宫内厅的代表向他挥手道别。

六年多的时间里，道格拉斯·麦克阿瑟成为裕仁生涯中最重要的人。他敬仰将军坚忍不拔的意志，视他为一个能够适应新形势的成功的角色扮演者。他的免职使裕仁感到震惊。这是否预示着和平条约的缔结将延迟？也许美国的基本政策要发生改变？朝鲜战争要进一步扩大？4月22日，裕仁再次直接询问杜勒斯以寻求答案。杜勒斯感到很不耐烦。他回答说，他“无意讨论事情的当否，但是……它至少是一个在我们的制度下，平民高于军部的示范……这件事也值得日本深思”。③谈论就到此为止。

1951年10月，裕仁准备启程访问京都及其他三个县。1000多名京都大学的学生举行和平集会，抗议吉田政府9月8日签署的《旧金山和平条约》和《日美安保条约》。他们发出了致“人间天皇”的“公开信”，把矛头对准了重整军备：“我们不得不承认，你现在，在单独讲和与重整军备的日本，还想像过去那样，作为战争意识的支柱发挥作用。”④11月12日，当裕仁出现在京都大学时，迎接他的是一幅巨大的条幅，上面写道：“在曾经是神的你的手上，我们的先辈在战场上被杀死。请你绝对不要再次成为神。请不要让我们再喊‘海神之声’。”⑤

2000多名学生唱着“和平之歌”，而不是传统的国歌“君之代”，在校园中迎接天皇的到来。当局对学生们象征性的行为和有失礼节的表现感到震惊，大约500名全副武装的防暴和常规警察冲入校园，与学生发生了冲突。第二天的报纸站在警察

---

① David McCullough, Truman (Simon & Schuster, 1992), p. 834. 更加现实的评价，参见Arnold A. Offner, “‘Another Victory’: President Truman, American Foreign Policy and the Cold War”, in Diplomatic Historyk 23, no. 2 (Spring 1999), pp. 127—155.

② James Chace, Achison: The Secretary of State Who Created the American World (Simon & Schuster, 1998), p. 313.

③ “Memorandum of Conversation”, in John Foster Dulles Papaers, “Japan Peace Treaty Files” reel 7, box 4, p. 604.

④ 伊藤悟，上述141页。

⑤ 京都大学文学活动小组《“和平之歌”把“君之代”冲得无影无踪》，《人民文学》1952年1月，41页。

一边，批判了学生的做法，宣称大学中发生了“世纪丑闻”。八名学生因和平抗议被开除学籍。学生组织遭到解散。受到控制和自我规范的日本新闻界将学生的行动视为不敬罪，连续数周以煽情手法对事件进行了报道。全国上下，许多人指责学生们是“愚蠢的赤化分子”或是不懂礼仪的年轻人。然而，同样也有许多学生的拥护者，表示对天皇的反感，或是对天皇完全没有兴趣。[①]

京都大学的抗议事件标志着不敬罪在事实上的复活，也标志着保护天皇更为传统的手段的恢复。它为“人间天皇”运动带来了一个唐突的收尾。它警告日本领导人，时代已经改变，任何想恢复君主权威的行为都会带来真正的危险。从这次紧张的冲突中，我们已经能够预见裕仁在适应日本不断涌现的反军国主义和一国和平主义的过程中将面临的问题。

Ⅳ

裕仁与麦克阿瑟的第一次会面使司令官确信，正如美国政府所期望的那样，天皇可以被利用。裕仁在离去时也确信他只要配合就能获得好处。占领期间重大的历史交易就这样开始了：麦克阿瑟利用天皇，天皇则毫无损失地利用GHQ恢复其角色。裕仁的巡幸一度是这个交易的一部分。对他而言，巡幸有得亦有失。战争在国民的记忆中依然是压倒一切的存在，一部分是由于败北的羞辱和惭愧，许多人站到了战败的天皇一边。事实上，他们在利用裕仁向世界宣告：“我们战败了，但并没有失去一切。我们仍然拥有天皇和我们的骄傲。”1947年的巡幸受到最热烈的欢迎，“巡幸”将公众的注意力转移到天皇微笑着挥舞帽子，到处走动所带来的欢快景象上，仅从这一点看就是对战犯审判的有力对抗。日本媒体通过赞美裕仁是“爱与和平的天皇”，将他的行动解释为对民主主义的促进，对事态起了推波助澜的作用。

1948年，欧洲的冷战对抗更加尖锐，美苏在柏林问题上的摊牌似乎也证实了这一点。裕仁更加关注国家安全保障问题。因为没有宪法上的权力，天皇只得在幕后操作，他鼓励美国保留冲绳作为军事基地，而后又为巩固日美军事同盟发挥了作用。对他来说，反对苏联和与美英合作是向以前政策的一种回归，由于他前期背离了这个政策才导致了日本的灾难。他不会允许这种事情再次发生。

① 南搏《天皇制的心理地盘》，久野收、神岛二郎编《“天皇制”论集》，三一书房，1974年，194—195页。坂本孝治郎，上述369页。

第十七章　平静的晚年与昭和的遗产

他说，天皇曾多次对他说，他的年号——昭和（意思）是开明的和平——现在看起来似乎是一种讽刺，但是他希望保留这个名称并盼望自己能够长寿，以保证在他的统治内实现真正的“辉煌的和平”。

——考特尼·惠特尼将军的文献

1952年4月28日，《旧金山和约》《日美安全保障条约》以及赋予在日美军特权的行政协定同时生效。GHQ被撤销，占领结束了。成千上万的美军开始回国。

日本终于重新获得了正式的独立。这也是自19世纪80年代中期的明治统治开始，一直持续到麦克阿瑟和李奇微时期的长期的军民联合统治的最终结束。裕仁也终于实现了他的夙愿，即经过长期占领后与美国结成同盟，军事上一直由美国保护日本。也许天皇已经预见到约一半左右的日本国民会欢迎这个同盟（与之相对的是大批美国部队的驻留），事实证明的确如此。[①]与48个国家签署的和平条约不包括苏联、中华人民共和国、菲律宾和印度，对此，裕仁并没有像大多数左派和某些保守派政治家那样感到困惑。那些人既反对片面和平，也反对以遏制中国和苏联为主要目标的防御性军事同盟。

日本恢复独立使裕仁再次意识到战败和麦克阿瑟的民主化改革给他带来的个人损失。他为加强国内统一维护天皇制而进行的全国巡幸基本结束了。他再也无法通过与美国高官秘密沟通来参与国家的外交和内政了。他通过军事结盟和经济发展实现和平与安全的见解，该如何向新日本的领导人传达呢？他希望人们仍将他视为一个重要的政治人物，而大多数狂热的天皇崇拜者继续认为天皇应当成为政治的推动力量。他将如何调整自己，才能适应新宪法所规定的天皇仅仅是一位礼仪性的君主这一角色呢？

---

① James J. Orr, “The Victim as Hero in Postwar Japan: The Rise of a Mithology of War Victimhood”. Ph. D. dissertation, Department of East Asian Studies, Bucknell University, Lewisberg, Pennsylvania, p. 230—231. 日本历年舆论调查，反对安保条约的意见占上风的，只有安保斗争最为激烈的1960年一次。到20世纪70年代初期，国民对条约的支持基本恢复。赞成条约的比例，从1969年的41%增加到1984年的69%，天皇去世前为67%。

很显然，裕仁在重建国家过程中发挥积极政治作用的唯一机会要靠保守政治家们仍有的忠诚，此时，这些问题吸引了他的全部注意力。1952年2月，改进党结成之际，同党中的一些政治家开始提倡修订宪法，这重新点燃了裕仁的希望。几年后，吉田的自由党和改进党的一部分政治家发动了一场运动，要求部分修改新宪法，删除第九条，给天皇以“国家元首”的称号，并恢复明治宪法规定下的天皇的某些权力。裕仁支持了这场运动。然而，在公众的强烈反对下，到20世纪50年代末，运动宣告失败。[①]

恢复独立后，日本便全力投入到重建产业、恢复对外贸易和发展经济的繁忙事业中。同时开始与苏联就千岛群岛、与美国就琉球群岛和小笠原群岛的领土问题进行交涉。日本国民对战败的记忆仍然鲜明，对军国主义怀有很高的警惕性，对旧军队的高级军官充满憎恨心理。人们都记得是天皇将他们的儿子、兄弟、丈夫和父亲送上了战场。但是却很少有人追究他发动战争的直接责任，或是在战争过程中违反了诸多国内和国际法的责任问题。当涉及这位国家统合的“象征”时，大多数日本人都不愿意行使他们获得的新自由。

独立后，裕仁继续留在了皇位上，这明显抑制了公众行使宪法赋予他们的思想和言论自由。

在一系列条约生效前不久的1952年1月，34岁的保守派政治家中曾根康弘在众议院预算委员会上的质询中，主张被称为“和平主义者”的天皇，在“皇太子业已成人”的今天，如果“痛感过去的战争给人们造成的苦恼”而退位的话，会给“遗族和战争牺牲者以莫大的感动，使天皇制的基础更加巩固”。吉田首相愤怒地称中曾根为“非国民”，而其他日本人则无视了他的主张。

裕仁也同样无视了这一点。除了对自己的祖先，他对任何人都没有道德责任感，即使是处于退位的压力之下，他还会时常暗示侍从，他仍然认为自己是神授君主。1952年初，在与侍从长稻田周一的私人谈话中，裕仁评述说，占领期间，无论其他人说什么，他本人从未考虑过退位。他认为他负有留在皇位上重建日本的神圣使命。“明治天皇曾说过，天皇与大臣不同，大臣可以辞职，但天皇不能退位，因为天皇必须履行皇史中所记的神敕……我的任务就是将从祖先那里继承下来的这个

① 渡边治《天皇（战后）》，《日本史大事典（四）》，平凡社，1993年，1248页。要求修改宪法的早期压力之一，来自1953年1月19日访日的美国副总统里查德·尼克松。他明确表示，放弃战争的条款是“错误的”。

国家传给子孙。”[①]不能不说裕仁的自我认识极其不符合民主宪法规定下的“象征君主”的原则，也是极不现实的。战后的道德标准在改变，而裕仁却没有变化。

在裕仁坚持陈旧的自我认识时，1952年前后，关于他可能退位的推测逐渐消失，日本媒体将注意力转到他19岁的儿子，皇太子明仁身上。没有战争犯罪暗影的明仁被新闻界拥戴为“未来日本的希望”。他接受的是西式教育，习惯社交场合的谈话，能以寻常的声音和语调讲日语（而他的父亲在这两方面都不正常）。此外，明仁的君德教导来自英国乔治五世而不是明治天皇，他的英语是由来自费城的教友派信徒伊丽莎白·瓦伊宁夫人教授的。如今，他正在为预定于1952年11月举行的“国家仪式”立太子礼作准备，新闻报道说，之后他将很快被派去英国，参加伊丽莎白女王的加冕礼。在占领后的初始阶段，裕仁、宫内厅和吉田内阁努力通过皇太子，向被誉为非政治化立宪君主制典范的岛国英国传递亲密友好的信息。[②]

I

与其他国家的军事占领相比，对日本的占领温和而适当。如今的和平条约也是极为宽大，属于非惩罚性的。事实上，日本不得不支付的赔偿——对菲律宾、印度尼西亚、缅甸，以及后来南越南的赔偿，仅相当于10.2亿美元的物资和“服役”，而且是分数年支付。[③]不过，至1952年末，约26万名美国军事人员仍驻扎在日本国内的

---

① 《朝日新闻》1999年1月6日。这个记录《关于退位问题——昭和天皇四十三年四月二十四日稻田侍从长承听要旨》是从原侍从长德川义宽未公开发表日记的附属资料中发现的。从投降至此共23年间，裕仁有过三次考虑退位的好机会（1945年8月终战、1948年东京审判结束、1952年占领结束），但都被他巧妙地化解了。1945年12月，德川齐宏把天皇退位的意思，向从国务院来的麦克阿瑟的政治顾问George Atcheson做了传达。伊藤悟编《政、官、有识者谈战后构想》，东出版，1995年，157页。

② 清水几太郎《占领下的天皇制》，《思想》三五八（1953年6月），640—641页。

③ Takushi Ohno, War Reparations and Peace Settlement: Philippines-Japan Relations, 1945—1956 (Manila: Solidaridad Publishing House, 1986), p. ix. 日本侵略给中国本土带来了最大的人员与物质损害，但到1949年为止，国民党只得到微不足道的一点赔偿，中国共产党什么也没得到。蒋介石和毛泽东都谢绝了赔偿。旧金山媾和会议前，在对日交战国之间的交涉过程中，台湾被迫接受美国关于放弃对日赔偿要求的方针。尽管几乎所有国民党高级官员都希望得到日本的损害（台湾居民自不必说）补偿，但蒋介石政府在日本的要求下，在媾和条约签署的几个小时前，同日本签署了不涉及赔偿支付义务的邦交正常化条约。直到今日，对中赔偿这个困难的问题仍未解决。殷燕军《中日战争赔偿问题》，御茶水书房，1996年，293—297页。同《日本的战后处理——以日中、日太关系为中心》，《年报　日本现代史》五（1999年8月），85—115页。西川博史《战后亚洲经济与日本的赔偿问题》，同前11—15页。

各个基地；战略要位冲绳和小笠原群岛继续被美军占领。[①]裕仁天皇曾向美国国务院和约问题特别顾问约翰·福斯特·杜勒斯表达过他个人对这些合意的赞同。因为裕仁比当时大多数日本人更了解宪法第九条中日本放弃战争与军备，与冲绳继续作为美国直接军事管辖下的巨大的军事基地之间的重要关系。

完整经历了战争、战败、外国占领和改革，日本对刚刚过去的历史，在认识上产生了深刻的分裂，对未来充满忧虑。对吉田内阁来说，有两个课题需要优先考虑：一个是如何处理围绕新的安保条约，国民间严重的意见分歧。另一个是如何通过日本人自身的“逆转过程”来矫正占领改革中的“过度行为”。有利的国际形势和巧妙的纪念战殁者的策略，促进了这两个课题的解决。从一般意义上讲，美苏的冷战允许了日本统治层中保守派在战犯问题上大要花招，并在他们着手在教育领域对涉及战争和天皇作用等方面重新施行审查时，使其免受国外的批判。和平条约签署时，吉田首相只最小限度地承认了日本的战争责任。他承认了（根据第11条）对判定有罪的战犯的指控，并接受了东京军事法庭和其他同盟国战犯法庭的判决。但是，在国内，吉田却否认战争领导者和国家对日本国民及世界所负有的责任，或者是使他们免予被质疑。[②]

这种否认态度也可见证于日本政府官员、少数有影响力的民间人士。他们认为东京审判是片面的“胜利者的审判”，因而拒绝接受审判的结论，否认发动并扩大了侵华战争，回避所有关于战争责任的讨论。从1951年到1960年，还出现了要求释放仍在监狱里的“被羁押同胞”的各种运动。国会里，保守派和社会党通过了要求释放有罪犯人的决议。与此同时，政府补发了他们的欠薪并恢复了他们的“抚恤金”，理由是他们不是依据日本国内法被判决的，因此不能按一般国内刑法的标准来对待。那些作为战争罪犯或罪犯嫌疑人被关押的人中有一小部分，如重光葵、贺屋兴宣、岸信介等，实际上都处于日本政治权力中心的高位。[③]这种对外承认战争责任、对内却加以否认的态度——历史学家吉田裕称之为“双重标准”——既体现在对战犯的实际待遇方面，也构成了对战败的思考框架。它首先随着占领的结束而形

① 在日美军的兵力在1959年缩小到5.8万人，但到1990年仍然有5.277万人驻扎。室山义正《日美安保体制（上）》，有斐阁，1992年，242页。荒敬《再军备与在日美军》，《岩波讲座　日本通史（二十）　现代（一）》，1995年，169页。

② 吉田裕《日本人的战争观》，岩波书店，1995年，82页。

③ 吉冈吉典《战后日本政治与甲级战犯》，《文化评论》三七二（1992年1月），90页。重光1950年末被释放后，历任改进党总裁、自民党副总裁、鸠山内阁（1954年12月—1956年12月）副首相、外相。贺屋在1955年获得释放后，从1958年开始五次当选众议院议员，在池田内阁时入阁担任法相。

成，随后在朝鲜战争期间和之后，在日本社会广泛流传。①

裕仁是这个“双重标准”的终极象征，因为他是保守派遏制国内不同意见、使全体日本人朝着稳步发展经济的目标努力过程中不可缺少的一部分。在向国民证明国家领导人了解给予战殁者及其遗属恰当的待遇的重要性方面，裕仁同样起到了重要作用。在恢复独立后的第一个国际劳动节，1952年5月1日，反对和平条约和国会正在讨论的“破坏活动防止法”的示威者在皇宫前与警察发生了冲突。两人死亡，约2300人受伤。第二天，为了与这种致使日本国民严重分裂的社会背景相抗衡，日本政府在东京的新宿御苑举行了第一次全国战殁者追悼会。在原国歌“君之代”（愿天皇的主宰天长地久）旋律的伴随下，裕仁身着礼服头戴礼帽，与皇后良子一起登上了追悼会的讲台，大声宣读了如下内容：

> 由于连续的战乱，死于战场者、工作中殉职者、死于非命者，不计其数。我衷心哀悼死难者，每当想到他们的遗族，总是痛心无比。今天，亲临追悼会，想到这些更感哀伤，于此，深表哀悼之意。②

七年前，裕仁在投降诏书中曾表述过类似的话。那时，他的目的在于保护“国体”。现在，他的意图在于亲近战殁者的遗属，使国民团结一致，同时也在巧妙间接地暗示，关于他本人的战争责任问题已经告一段落，不应再被提起。③

另外值得注目的是吉田首相的悼词。他强调说战殁者为日本的和平和未来的繁荣奠定了基础。他还说，战殁者是为国家而“牺牲”的，因此，这种牺牲将战殁者与他们活着的后代联结起来。此后的1/4个世纪，所有保守党政权都将反复强调“牺牲者”这个词。

1952年6月，裕仁参拜了伊势神宫，7月参拜了明治神宫，8月对战殁者进行了表彰，10月6日恢复了对靖国神社的参拜。自此直至1975年，裕仁共八次参拜靖国神社。就好像既没有发生过占领，也没有发生过改革一样。他完全漠视了靖国神社因为起到向战争注入宗教激情的作用而被从国家系统中废黜的事实。④

---

① 吉田裕，上述82页。同《战争的记忆》，《岩波讲座　世界历史（二十五）　战争与和平》，1997年，99页。

② 田中伸尚《战争的记忆——其隐蔽构造》，绿风出版社，1997年，60页。

③ 同前61页。

④ 吉田裕1997年12月20日在早稻田大学的研究报告。

Ⅱ

20世纪50年代初，保守派和革新派产生分歧的原因不仅在于他们对亚洲太平洋战争性质的不同认识，还在于对美国强加给日本的极其从属的军事关系的不同认识。作为结束占领的前提条件提给吉田内阁的安全保障条约，将日本纳入了美国的“核保护伞”之下，赋予了美军许多特权。军事、外交、心理等方面，日本依旧为前占领者所支配——成为美国亚太同盟体系中重要的国家和军事基地。

许多日本人认识到，日美军事同盟非常危险，是对新宪法中和平理念的公然否定。而包括裕仁在内的其他人则不这样认为，他们采取了“现实的”态度，只看到从属于西方最强大国家所带来的利于经济增长的国际环境。与美国的安全保障同盟减少了日本自己实行防御的支出，帮助日本产业界从朝鲜战争中自由地谋取巨大的利益，确保了日本从美国控制的市场、技术和原材料中获得实惠。另一方面，美苏的对抗变成了威胁世界的军备竞赛，就在日本发展和平主义和反军国主义文化的时候，它也被卷入了这场纷争。

劳动团体和经营者之间激烈的社会冲突带来国民间的对立与分裂，对此，日本的政治精英们产生了强烈的不安定感，他们对自身统管国民的能力缺乏自信。保守派（包括那些占领期间被拘禁的、人数很少却非常重要的少数派人士）开始计划修改“和平宪法”，期待通过改变天皇的地位来增强天皇的权力，即将天皇从暧昧的“象征”意义变为再次拥有宣布国家紧急事态、发布紧急法令的权力的“国家元首”。保守派的目的并不在于复兴战前或战时的“天皇制”，也不在于用根植于神话传说的旧的皇国史观教育后代。确切地说，保守派努力支持天皇重获权力是要利用它达到自己的目的。他们想以“公共福祉”的名义，限制宪法中关于人权的规定。他们还想在宪法中插入新的条款，保护遗产继承权，以此来强化家族体系，同时抑制占领期间得到戏剧性扩张的大多数妇女的权利。[①]

本来，裕仁对于国民关心自己的权力胜于关心自己的义务这一状况十分忧虑，保守派的这些复古行动无疑正合他的心意。他很高兴能够再次批阅官方文件，接受外国使节递交国书。多年来积极参与政治和决策，使他发挥了个人潜能，他渴望重新参与有实质意义的政治活动。但是，他的宪法地位如今仅仅是一个“象征”，宪法拒绝授予他介入军事、外交和政治事务的权力。1954年6月设立的“自卫队”和“防卫厅”，根据授权法规定的文官统治原则，由内阁总理大臣负责指挥。对于裕仁来说，被置于新的日本军事之外是痛苦的，更让他感到痛苦的是他距离日本的政

---

① 渡边治《日本国宪法运用史序说》，樋口阳一编《讲座　宪法学（一）》，日本评论社，1995年，136—137页。

治和决策过程越来越远。

那么，留给他的还有什么呢？只有内阁大臣们的秘密报告和年末警视总监及东京都知事关于法制的报告。但是这两种报告都不是宪法规定的，所以任何时候都可能被中止。[①]随着50年代中后期政治斗争的展开，裕仁只能寄希望那些有影响力的政治家不受宪法规定的“象征”天皇的制约，请求他继续提出政治建议，继续向他报告。

政治的混乱开始于吉田的继任者、致力于日本经济独立（因操之过急，未能达到预期目的）和政治独立的72岁的鸠山一郎。1954年12月10日，鸠山第一次组阁。这一天，曾作为战犯被定有罪的外相重光葵进宫向天皇汇报情况。重光是一个天生的保守主义者、富于理性和革新精神的野心家，20世纪30年代后期曾是亚洲“新秩序”和天皇亲政的倡导者。五年的铁窗生活没有改变他对新秩序理论构想的热情。也没有削弱他作为天皇的忠实臣子的个人意识，或是他关于处于权力空隙中的天皇仍然可以像旧宪法下那样，被国务大臣们利用的信念。

1955年间，重光和裕仁大约每月见两次，讨论重要的外交问题。社会党在国会中得势并取得了左右派的统一之后，保守党也加入进来，共同结成了自由民主党（LDP），鸠山出任第一代总裁。1955年，除了贸易方面，日本经济几乎在各个领域都超过了战前或是战时的顶峰状态。[②]在鸠山寻求修改宪法，废除第九条以提高天皇地位的时候，重光则着手恢复与苏联关系的正常化，拓展与中国的贸易。在美国依旧受麦卡锡主义的影响、拒绝承认追随斯大林模式发展专政统治的中国的形势下，后者的达成尤其困难。

与重光会面时，裕仁对于与莫斯科恢复关系是否会导致共产主义渗透日本的问题，表示了强烈的担忧。他警告外相要避免出现日本再次成为美国的战略对手的局面。1955年8月下旬，当赫鲁晓夫当政、寻求与日本签署和平条约时，裕仁在栃木县那须的御用邸与重光进行了会谈。据重光回忆，天皇强调了“日美协力与反共的必要性。驻屯军（在日美军）不能撤出”。[③]鸠山和重光很快就厌倦了裕仁不受欢迎的反共警告，不再与他商议。他们与莫斯科关于两国关系正常化的努力由于日本坚持让苏联返还二战末期被其强占的南千岛群岛而告失败。看到双方谈判的破裂，对他们的外交方针不满的裕仁或许会感到轻松一些。

到了1956年，在新宪法和好转了的经济形势影响下，越来越多的日本人逐渐摆脱了旧权威主义的政治意识。然而，公众并未准备接受那些否定日本没有战争责

---

① 渡边治《战后政治史中的天皇制》，青木书店，1990年，160、199页。

② Banno Junji, “Introduction: The Historical Origins of Companyism: From Westernization to Indigenization”, in Banno ed., The Political Economy of Japanese Society, vol. 1. The State or the Market?(Oxford University Press, 1997), p. 1.

③ 伊藤隆等编《续　重光葵手记》，中央公论社，1988年，732页。

任以及日本也是战争受害者神话的复员军人。事情是这样的，那一年，因战争犯罪被中国关押的复员军人返回了日本。他们决心填补关于日本军在中国作战认识上的空白，开始向公众坦白自己曾经历过的虐杀行为。1957年，他们写的题为“三光”（烧光、杀光、抢光）一书成为全国畅销书，使一般日本人了解了“三光作战”的含义。然而，对他们这一举动的反应也是非常迅速。有人指责复员军人“使所有的日本人蒙羞”。他们被打上了共产主义盲从者的烙印，被称作“被中共洗了脑”的人。受到右派暴徒的威胁，出版商很快停止了书的出版。在日本政府支持美国遏制中国的政策、纪念战殁者之际，杀光、烧光、抢光在日本人的集体记忆中是没有位置的。①

此外，许多日本国民仍然抱着以天皇为中心的旧民族主义的归属感。裕仁和他的弟弟高松亲王对占领结束后第一次民族主义浪潮中涌现的复古主义组织非常关心。前侍从武官平田升有时会来到皇宫，向裕仁报告复员军人团体的动向，例如他担任副会长的日本乡友联盟，以及占领初期建立并于1953年重组后逐渐带有保守主义色彩的日本遗族会等组织。

1958年8月15日，这两个团体与神社本厅和各种右翼组织一起，在靖国神社附近的九段会馆举行了追悼大会。追悼会的目的在于“对在大东亚战争中殉国的英灵进行表彰与慰灵”，“英灵”一词意味着在战争中取得伟大功绩的杰出人士，曾与“圣战”的观念联系在一起。不仅如此，它还暗示了对天皇制国家的积极态度和对宪法规定的战后价值观的否定。裕仁和皇后派人向追悼仪式送去了鲜花并带去了天皇的旨意。②不过，一直到1963年，也就是祭奠活动的名称被改为思想意识色彩不那么浓厚的“全国战殁者追悼会”之前，他们没有出席过这个每年一度的仪式。

即使是在那些纪念战死者、同时还不断重申“大东亚战争”的道德正当性的复员军人和遗族当中，也有许多人很清楚，裕仁是所有从未承认过自己战争责任的领导者的总代表。这种情绪常以间接方式表现出来，如1959年10月《静冈新闻》发起的要求天皇参拜靖国神社静冈县分社“护国神社”的运动。“天皇作为国民的代表，国家的象征，我们认为天皇代表国民的感情参拜护国神社并向战争亡灵鞠躬致意是无可厚非的……因为他们是为了日本国家、日本民族和天皇陛下而死的。难道说他不应该向这些人低头表示感谢，请求原谅吗？”所有这些请求天皇向战死者表达“感谢之意”、请求“原谅”的声音，都包含了重新点燃关于天皇战争责任讨论

---

① 笠原十九司《南京事件与三光作战——为了未来的战争的记忆》，大月书店，1999年，81—82页。

② 吉田裕，上述《战争的记忆》，105页。日本乡友联盟《日本乡友联盟十年史》，1967年，157—158页。中岛三千男《战争与日本人》，《岩波讲座　日本通史（二十）　现代（一）》，1995年，234页。

的可能性。[①]

作为对这种由旧军人和保守派团体发起的新民族主义运动的抵制，20世纪50年代中后期，来自左派的政治对抗也逐步增强。为数不多、对战争持批判观点的历史研究引起了国民的注意。大学里，对30年代和40年代初支持扩大战争的某些著名知识分子的批判又重新开始。共产主义者、左派社会主义者和自由主义者，还有一些学生团体和许多各阶层的劳动者对自民党修改宪法的谴责日益增强。激起他们反对的原因主要在于对日本卷入美苏战争的恐惧和对重整军备的担心。

自民党政权重新强化国家对教育的控制，复苏国民爱国热情的不明智举动引起了对他们的不信任感。50年代中期，文部省遏制了具有革新性质的日本教职员协会的影响力，废除了教育委员的公选制。文部省建立了学校教科书检定制度来代替后者——这是一个能使“双重标准”得以永存下去的理想工具。1956—1958年间实施的教科书检定淡化了日本对亚洲实施的殖民主义和侵略战争的性质。尽管都没有法律上的根据，但是，文部省还是尽力提倡学校悬挂“太阳”旗，学生齐唱“君之代”。（1999年，这两项最终实现了法制化。）

独立后的十年中，裕仁逐渐不再频繁地成为媒体关注的对象。他继续出现在体育运动会和植树节等公共场合、在国内各地进行短期访问，履行宪法规定的有限的义务。很快，两个对立的天皇形象出现了。一个是战后的“人性化”天皇，作为一位“科学家”“学者”和“有家庭的男人”受到民众的广泛欢迎。这个形象与被宪法法制化的、在逐渐出现的消费社会中得以实践的民主主义和自由主义价值观相吻合。而另一个则是疏远的、生硬的、使人畏惧、声音尖锐的天皇，与神道和旧的价值体系紧密地连在一起、不支持天皇制改革的天皇形象。许多中老年自民党支持者热忱接受的是后者的形象，坚持的是传统的政治价值观。

Ⅲ

1957年2月，主张修订《日美安保条约》，发展更为独立的外交政策的岸信介组阁，他曾任工商大臣，后来在东条英机手下任军需次官。岸的目标是重新建立与东南亚国家紧密的经济联系，争取使那些因拷问、强奸和谋杀罪被关押的B级和C级战犯得到释放。他们当中的一些人被关在巢鸭监狱里，其余的则仍处于前同盟国的监管之下。岸首相坚持认为，对他们的早期释放和赦免，易于日本告别过去，向美国靠拢。艾森豪威尔政权同意岸的见解，加速了剩余战犯的释放进程。

与前任鸠山一样，岸希望修正宪法第一条和第九条（关于天皇的地位和放弃战争

① 吉田裕，上述《战争的记忆》，108页。

的条款），扩大自卫队规模。岸预料到日本国民为抗议安保条约会进行示威活动，所以提出了一项加强警察权力的法案。1958年10月下旬，大众传媒和几乎所有的工会群起反对“警察官职务执行法案”提案，很快就形成了要求罢免岸首相的全国联盟。

11月初，400多万人的日本工会总评议会举行罢工，抗议警职法。就在反对岸首相的运动逐步升级时，11月27日，他的政府适时地宣布了皇太子明仁与正田美智子订婚的消息。正田美智子是一家大面粉公司董事长的女儿，出自天主教教会学校。公众的注意力马上从污秽的政治转向了由宫廷官员和媒体精心设计了所有细节的浪漫爱情上面。令人惊讶的“美智子”热潮席卷了日本，岸首相暂时安全地躲过了成为头条新闻报道对象的危险。

皇太子的订婚和结婚标志着君主制演变过程中一个重要的转变。“平民”和“恋爱”这样的词语与皇室联系起来，给人以新鲜感，特别受到大众的欢迎。裕仁天皇和良子皇后反对这桩婚姻，因为他们认为美智子没有能力处理错综复杂的皇宫礼俗。①最使裕仁感到担心的既不是美智子的天主教出身，甚至也不是皇室与神道关系的维持，而是这桩婚姻所意味的与传统的决裂。裕仁很难接受“开放的、国民的皇室”这一观念。但是同所有人一样，他和良子也认识到，与国家最有实力的企业家族联姻，将会使法律上和政治上被削弱的君主制得到巩固。

1959年2月，一份日本民意调查显示，87%的人支持明仁选择平民为妻。②但也有一些人对这桩婚姻感到不安。有些人担心，一个非常普通的女性嫁入皇室，会失去她惯有的自由而变得很不幸。少数评论家和小说作家，其中包括著名小说家深泽七郎，则主张皇室的男性不要与外部的女性结婚，这样，持续的近亲生育将最终导致整个天皇制的灭亡。顽固的传统主义者和神道家们也反对这桩婚姻。③对于他们来说，大众消费和享乐主义盛行的新社会里存在的只有威胁：战前的价值观被迅速侵蚀，皇太子的婚姻暗示着，如果皇权降低自己的威严，最终将导致自身尊严的贬值——在大众的欢呼和赞美声中。

皇太子明仁和美智子于1959年4月10日，在约1500万电视观众和50万沿途观礼的

---

① Nakamura Masanori, The Japanese Monarchy: Ambassador Joseph Grew and the Making of the ‘Symbol Emperor System’, 1931—1991 (M. E. Sharpe, Inc., 1992), p. 124.

② 安田常雄《象征天皇制与民众意识——以其思想关联为中心》，《历史学研究》第六二一号（1991年7月），31—32页。

③ 神道势力的右派论客苇津珍彦在皇太子结婚时充满讽刺地说：“结婚典礼在贤所前举行，究其根源，是因为正田美智子是圣心女子学院这家天主教学校的优等生。如果正田家是跟天主教根本没有缘分的家庭，政府至少不会像这次这样，下这么大的恢复皇室传统的决心。”《皇太子殿下成婚的波纹》，苇津《优雅与霸权》，日本教文社，1980年，165页。渡边治，上述《日本的大国化与新民族主义的形成》，64—69页。

群众面前举行了婚礼。[①]之后，新婚夫妇从国民的视野中消失，出发去度蜜月，公众的注意力于是又转回到重大的政治问题上来。1960年1月19日，岸首相在华盛顿签署了经过重新协商的、更为公平的《新日美安保条约》。美国承诺在调动驻日部队采取军事行动之前将同日本方面协商。然而，美国的军事基地仍旧留在了日本国土上，如果华盛顿断定与其他远东国家（如中国）开战，如果其他国家攻击美国在日本的军事基地，那么日本的自卫队都有义务协助美国军队。

条约的批准遭到了国会内在野党和国会外有组织的工人和学生团体的强烈反对。5月19日，500名警察进驻众议院，采取了名副其实的强制投票，从而引发了历时一个月、日本历史上规模最大的示威活动。6月15日，一名学生在国会大厦前与警察冲突时死亡，使示威行动达到了顶点，工会总评议会和市民团体呼吁实行总罢工。岸首相立即取消了预定的艾森豪威尔总统访日计划。四天后，安保条约开始生效，一个月后，已经实现了首要目标的岸首相及其内阁总辞职。

对裕仁来说，整个条约的批准过程是一次情绪上的严酷考验。他希望不惜任何代价改善与美国的关系，加强日美同盟。直到最后一分钟，他还在打算着到羽田机场迎接来访的艾森豪威尔总统，并让人们看到他与总统同乘一辆轿车，穿过欢迎的人群回到皇宫。然后岸首相就可以修改他的安保条约了，艾森豪威尔的访问将帮助天皇提升地位，从而在不修改宪法的情况下使他成为事实上的“国家元首”。艾森豪威尔访日的取消使他失去了上述机会，同时，反对条约的斗争使大多数日本国民的矛头暂时转向任何企图篡改宪法的行为。[②]

就这样，所有努力的结果混合在了一起。裕仁与自民党政权期待的与美国结成军事同盟，以确保在他剩余的统治期间继续贯彻日本外交方针的愿望终于得以实现。但是，对于统治阶层来说，以拥护民主主义为目的、反对安保条约和岸内阁的斗争是一个学习的过程。他们没有借助天皇的力量，经受住了独立后最大的国家危机。自民党中的下一代领导人从中认识到，没必要让君主制成为危机管理的机制。于是，裕仁梦想有朝一日重新参与政治的愿望，结果就只是一个梦想而已。

就在反对条约的斗争在日本展开的时候，韩国由美国支持的独裁者李承晚政权在学生运动的震撼下，正处于风雨飘摇之中。在左派带来的革命希望和右派引起的反革命恐惧的气氛中，深泽七郎撰写了一部名为“风流梦谭”的政治滑稽模仿

① 《皇太子成婚》（朝日新闻），鹤见俊辅、中川六平编《天皇百话（下）》，筑摩文库，1989年，477页。

② 渡边治，上述《日本的大国化与新民族主义的形成》，64—69页。

小说。[①]条约斗争后的1960年12月，发表在颇受大众欢迎的言论文艺杂志《中央公论》上。故事的开始，第一人称的讲述者买了一块奇怪的手表，只在他睡觉的时候，表的时间才是正确的。随着梦境的展开，他目睹了东京都中心发生的一场起义，左翼革命势力占领了皇宫。皇宫前的广场上，群众兴高采烈地观看“上流人士”被打倒在地的场面。做梦的人看到身穿晚礼服的皇太子明仁和穿着和服的皇太子妃美智子仰面躺在地上，等待死刑的执行。讲述者发现刽子手挥动的竟是自己的斧子。两个人的头被砍下来，滚过广场，发出罐头盒般叮叮当当的金属声，从他的视线中消失。[②]

不久，讲述者遇到了一个年长的宫廷侍从，侍从漠然地告诉他：“如果你现在到那边去，就能看到天皇和皇后陛下的被杀。”他按照指引向前走去，看到已经死去的天皇夫妇，他注意到裕仁的西装和良子裙子上的外国标签，上面写着“英国制造”。梦境的高潮是他与明治天皇的妻子——死于1914年的裕仁的祖母昭宪皇太后的对话，而且讲述者把皇太后与裕仁的母亲贞明皇后弄混了。

“你们这些东西，知道是靠谁活着吗？你们都是托我们的福。”

“说什么鬼话？你这个糟老婆子。凭什么这么说？像你们这帮吸血鬼，除了被你们榨我们的油水，什么时候沾过你们的光。”

“什么？你这个臭小子！忘了8月15日了吗？无条件地投降，救了你们一命全靠我家的裕仁！”

“实现终战，大家得救是因为周围的人像哄骗一样，教你儿子这样做的……”[③]

而后，遗孀皇太后挑衅似的嘀咕道：“所有国民都感谢我们，自愿为我们干这干那，到头来又说我们是榨干他们油水的吸血鬼。是你们这帮人自己想干的，现在却倒打一耙。哼，够烦人的了！”

在经济高速增长的初期，作为对“象征”天皇制和裕仁英勇挽救国民免遭毁灭这个捏造的神话的讽刺，《风流梦谭》可以被看作是关于天皇制问题的各种批判与论争的集大成者。这个时期，大多数日本人都回避正面涉及天皇的侵略战争责任问题，深泽作品中的人物，包括讲述者在内，头顶上都有一块秃疤。这块大家都有

---

① 河原敏明《天皇家的50——激荡的昭和皇族史》，讲谈社，1975年，172—175页。武田泰淳《梦与现实》《群像》，1961年2月，192—194页。John W. Treat, “Beheaded Emperors and the Absent Figure in Contemporary Japanese Literature”, in PMLA (Publications of the Modern Language Association of America, Jan. 1994).

② 深泽七郎《风流梦谭》《中央公论》（1960年12月），333页。

③ 同前336页。

的秃疤，是深泽对深埋在日本人良心深处的隐喻。事实上，《风流梦谭》指明了天皇和日本国民应分摊罪责的共犯关系，几乎所有日本人都曾经狂热地与天皇保持一致，为侵略战争提供了协力与合作。深泽暗示的是，日本国民把君主制当成自己统合的“象征”，这本身就意味着他们没有从天皇那里解放出来。没有追究天皇战争责任的日本国民，也回避了对自身战争责任的追究。

深泽虚构的对国民“象征性家族”的杀害，引起了某些读者的共鸣和赞同，但这种情绪很快被来自另一些人的愤怒掩盖，并最终导致了真正的杀人事件。宫内厅试图起诉书的作者和出版社，受到池田内阁的反对。右翼团体认为，反对安保条约的斗争和深泽的《风流梦谭》都来自同一个根源——对革命的渴望。他们在制裁这种“不敬”行为方面比政府更为成功。右翼势力聚集在中央公论东京总社门前，斥骂并威胁出版社的职员。右翼的暴怒逐步升级，1961年2月1日，一名17岁的激进派右翼团体成员闯入出版社社长岛中鹏二的家。社长正巧不在，少年用一把短刀刺死了家中一名女仆，并重伤了岛中的妻子。

刺杀事件发生后，深泽隐匿起来达五年之久。当然他再也没有发表过作品。据文学史家约翰·W. 特里特说，他“专心从事制作日本豆酱”，后来“在东京的劳动者街区经营了一个卖松饼的小店，并堂而皇之地冠之为‘梦屋’”。[①]岛中否认了与作者有任何关系。他没有指责右翼分子在他家进行的杀伤事件，或是捍卫言论自由和文艺表现的自由，而是反复在报纸上公开道歉，为给皇室添了麻烦表示歉意。[②]而后，为了进一步平息右翼团体和类似“宝贵”的意见，《中央公论》改变了编辑方针，开始出版不那么强烈谴责战时日本行为的作品。其他大型的商业出版社则紧随其后，对涉及皇室的话题进行更为严格的自我审查。从那以后，（除了少数小型或者是地下出版社）再也没有出版社敢出版讽刺天皇权威的作品。

《风流梦谭》和“岛中事件”明确表示了在新的、较为宽容的日本社会表现自由的界限。在它们的影响下，大众传媒停止出版可能被理解为批判或贬低裕仁和皇室的文章。1963年，由于被国会批判为“兴趣本位主义，不能接受”，平凡出版社中止了小山伊都子的小说《美智子夫人》的杂志连载，使“菊花禁忌”的范围进一步扩大。[③]然而，这些措施并没有压制住知识分子关于天皇制的争论，这些事件对大众媒体的影响也是暂时的。在这个从战争和被占领下形成的中产阶级的消费社会里，宪法获得了高度的合法性。战后世代在与受到战前和战时教育、对天皇制仍抱有强烈的、本能的忠诚和崇敬的上一代人所进行的价值观的斗争中，成长为民主主

① Treat，同上，p. 111.

② 松浦总三《天皇与大众传媒》，青木书店，1975年，110—111页。

③ 功刀俊洋《军国主义的复活与天皇》，藤原彰等《天皇的昭和史》，新日本新书，1984年，161页。

义和反权威主义的核心力量。在这场冲突中，裕仁站到了老一代人一边，但是他十分小心地从不公开拥护他们关于“大东亚战争”的观点。

占领初期，约233个犯罪组织和右翼团体被解散。而1958—1961年，右派恐怖主义又暂时回到了日本的政治舞台。尽管没有明确的证据证明岸及其自民党“主流派”直接指派恐怖主义分子攻击了政敌，然而，他们的强硬政策可能助长了出现恐怖事件的环境，而警察，如果不是和他们串通一气的话，也是故意把头转向了别处，默许了他们。右翼职业杀手袭击左派国会议员，威胁安保条约的反对者。社会党委员长浅沼稻次郎在电视现场直播他的演讲时被刺杀。激进的右翼分子还闯进了文化领域。战后还是第一次，他们把像深泽一样有力表达了有必要继续对君主制进行改革的作家们定为威胁和暗杀的目标。

Ⅳ

岸的继任者池田勇仁首相吸取岸倒台的教训，放弃了对宪法的修正，并提出“宽容和忍耐”的口号。池田主要以他每年9%的GNP增长率和十年内使国民收入“增加一倍”的计划而留在了人们的记忆里。从1960年6月至1964年11月，他在任的这段时间，日本进入了空前的经济增长时期，并一直持续到1973年第一次“石油危机”。尽管到了那时经济增长的速度放慢了，但增长率仍然远远高于所有西方国家。日本农业人口下降速度加快，从1960年约占总就业人口的1/3降到1970年的1/5，到1980年农业人口不足总就业人口的1/10。1968年，裕仁67岁时，日本成为资本主义世界GNP第二大国，1981年，他80岁时，多年前曾是天皇制重要支柱的农业社区几乎不再存在。①

1963年，池田成功地将8月15日投降日变成了纯世俗、非神道的战殁者追悼纪念日。为了避免对战争做历史性评价，池田与他的先辈吉田一样，也宣称战殁者是“我国经济和文化非凡发展的基础”。从此以后，全国战殁者追悼仪式成为历代首相再现吉田—池田追悼词的场合：正是由于战殁者的牺牲，才带来了战后的经济繁荣。②日本以这种方式，向着使战争合法化和重建广泛的国民共同体的方向迈进了一小步。也是在1963年，池田政府通过了一项旨在使“教育正常化”的关于教科书的新法案。新法律下，完全回避日本的侵略责任和裕仁在战争中所起作用的历史教科书和教学辅导书迅速出台。

池田还恢复了占领期间被废除的授勋制度。这项规定最初来自明治宪法，由天

---

① Nakamura, The Japanese Monarchy, pp. 132—133.

② 吉田裕，上述《日本人的战争观》，110页。

皇向文艺和科学领域为国家做出重要贡献的杰出人物颁发皇室勋章。在皇宫举行的授勋仪式，确定了以优秀和政治顺从为评价基准的文化序列，同时还强化了以天皇为顶点的社会等级。1963年恢复了对包括军人在内的生存者的授勋，1964年4月恢复了对战死者的授勋。从1963年起，自民党领导人每年两次草拟受勋者名单，提交给天皇审阅。皇家授勋通常在大选前举行，不但表彰了杰出的艺术家、知识分子和退伍军人，还为自民党赢得民众支持发挥了积极作用，而这正是他们的目的所在。[①]扩大皇室授勋范围以加强执政党的选民支持基础，这确实是“对天皇制的新的利用方法”，尽管国外也不乏类似的定例。[②]

昭和中期和后期，即60年代至70年代，为满足大型资本主义企业对基础设施、金融、技术和社会的需要，日本迅速转变成一个高度都市化的社会。最为重要的是，战后日本在政策上不计人力和环境成本地致力于对大企业、大型制造业和大规模通商的扶持。随着大企业的扩张与加强，日本的中产阶层也在扩大。占领期间，大企业组成了企业联盟，代表了不断变化需求的产业界、金融界的利益。这些企业联盟主要在企业利益和主要的官厅，如大藏省、邮政省、通产省和日本银行，以及执政党机构之间斡旋。[③]繁荣和富裕统一了这个新的日本社会，宪法规定的“象征”角色如今只是一个额外的附加物而已。

大多数战争时期的那一代人将自己与天皇视为一体，或者口头上认同（即使实际上并不相信的话）国家的思想意识原则，而70年代出生的“战后一代”则不同，他们是在新兴的企业社会环境下成长的。他们将自己与公司视为一体，对国家缺乏信任感，支持经济增长和民主主义的价值观。换一个角度说，正如明治前的日本武士对封建领主的忠诚在明治后转为“臣民”对天皇的忠诚一样，在这个以公司为核心的社会里，则变成了雇员对公司的忠诚。尽管日本迅速成为重要的经济大国，可是作为政治大国的地位还没有得到恢复。此时的日本已不再需要天皇制像明治时期那样对国家形成发挥积极作用，或是像大正和昭和初期那样用来阻挠和抑制民主变革。然而，由于宪法保留了违反法律面前人人平等原则的君主制，所以说它依旧是对个人自由的一种束缚。这并不是因为20世纪60年代、70年代保守政治体制要求天皇制发挥这样的作用，而是企业社会本身就形成了等级制度和差别待遇，居于顶端的天皇制则起到了认证这些原则的作用。[④]

岸卸任以后，任何一届自民党政权都不能无视自由主义派、革新派与保守派

---

① 功刀俊洋，上述183页。

② 渡边治《日本是什么样的国家　将走向何方》，教育史料出版社，1998年，287页。

③ Watanabe Osamu, “The Weakness of the Contemporary Japanese State”, in Banno Junji ed., The Political Economy of Japanese Society, vol. 1, pp. 120—124.

④ 安丸良夫《近代天皇像的形成》，岩波书店，1992年，291—292页。

在价值观上的分歧，特别是当这种分歧表现在选举结果上时。因此，关于宪法修订和军备重整等存在分歧的问题也没有被池田的继任者佐藤荣作（岸的弟弟）列上议程。佐藤首相一心追求的是经济增长和以物质丰富为基础的国家协调与统一。通过提倡“宽容和谐”的政治和鼓励对日本军国主义和殖民主义过去的忘却，佐藤荣作从1964年到1972年得以当权八年，长于任何一位首相的任职时间。与他的前任池田一样，佐藤也极其崇拜吉田茂，从任期开始，他就像吉田那样，通过推行亲美政策和向裕仁汇报政治形势讨好高龄的天皇。

12月26日，组阁大约六个星期后，佐藤拜访皇宫，第一次向天皇进行了汇报。[①]他们之间马上建立起友好的私人关系。此后（除了选举活动中和出国访问），佐藤不厌其烦地向裕仁就国际形势、国内政治、教育和国防问题、经济和农业政策等进行汇报。他的汇报既频繁又详细，有时甚至是在皇宫参加授职和授勋仪式时也作汇报。热切希望了解并参与国家事务的裕仁不断地向佐藤提出问题。

20世纪60年代中期和后期，美国总统林登·约翰逊开始把越南战争逐步升级，抗议的日本学生将矛头指向了冲绳的美军基地，因为对北越南进行轰炸的B-52轰炸机就从那里起飞。佐藤完全支持美国对北越南的侵略。随着战争的不断深化，对于美国来说，日本和冲绳的重要性也在不断增加。1964年10月，中国进行了第一次原子弹试验。两年后，中国又试射了一枚携带核弹头的导弹，东亚任何国家都在其射程之内。华盛顿消息灵通人士马上得知，中国大陆将很快拥有核储备。这意味着冲绳对于美国来说将变得更加重要。很显然有必要重新考虑美中关系。

裕仁对于中国第一次核试验以及之后的导弹发射的个人想法我们尚不清楚。然而，即使在中国着手开发核武器的情况下，似乎天皇和佐藤两个人都没有质疑过美国“核保护伞”的作用。据佐藤说，裕仁的问题集中在不断受到困扰的日美经济关系上。这种时候，佐藤总是尽量让天皇了解他们在日美纺织争端中所取得的进展。他们还谈到了越南战争的进程、首相的学生抗议运动的对策、约翰逊以及更加令人费解的尼克松的政策。裕仁一方面对佐藤的外交和内政处理表示赞赏，有时也会对自民党国会议员和内阁官员的腐败表示愤怒。[②]

佐藤内阁期间，裕仁搬到了一处新的、规模较小的宫殿（1964年）。他参加了东京主办的奥林匹克运动会（也在1964年），出席了庆祝“成功建设现代化”100年的“明治百年纪念式典”（1968年），并与皇后两次在大阪万国博览会上露面

---

① 伊藤隆监修《佐藤荣作日记（二）》，朝日新闻社，1998年，211页。

② 1966年8月6日，佐藤就“最高法院人事问题被报纸大量报道之事”，向天皇写到“受到批评，实在惶恐。对田中彰治事件亦低头陈谢”。田中是自民党众议院议员，利用其决算委员会委员长的地位，在一次土地买卖的过程中收取数百万日元的贿赂。两个月后，佐藤因为两个阁僚的滥用职权事件再次向天皇谢罪。同前469、502页。

（1970年）。这些重大事项增加了日本经济成就所带来的自豪感，昭示了国家尊严。日本国民的这种自豪感和尊严在佐藤成功与美国交涉，使冲绳重新回归日本后（1972年）进一步得到加强。不过，因为两方都希望冲绳岛仍保持美国“在太平洋上的直布罗陀”地位，所以美国可以在那里继续保持大规模驻军。在东京举行的最终归还仪式上，裕仁会见了外国高官，在仪式上的简短演讲中，他对战时和战后冲绳县民做出的牺牲表示了慰问。[①]

在佐藤和自民党保守势力掌握权力的时候，年迈的裕仁可以再一次梦想能更加积极地参与国事，甚至再一次成为国家元首。他继续会见国外高官和王室成员，跟他年轻时一样，继续举办宫廷招待会和优雅的游园会——尽管这些活动的意义已与从前大不相同。他出席全国民间体育运动会，协助自民党向世界传达日本关于和平和繁荣的理念。1970年，佐藤建议裕仁再次访问欧洲，裕仁接受了这个提议。第二年，迎来了70岁生日后不久，他便和皇后出发前往欧洲。55年前，右派曾反对过他的出访。这一次的反对来自左派，确切地讲，对于他自己和日本国民来说，这次出访突然唤醒了已经忘却的对过去的记忆。在他访问的七个国家中，特别是荷兰、西德和英国，愤怒的示威者向他的车队投掷东西并大声辱骂。很显然，他们不认为他是和平的象征，也不认为日本人仅仅是或首先是战争的受害者——而在当时，多数日本人却持这样的认识。裕仁和良子回到日本，但是欧洲的抗议提醒了人们，“战争责任”并不是一个已经过去的问题。

裕仁出访欧洲后，在佐藤的继任者田中角荣（1972—1974年）的努力下，日本与中华人民共和国恢复了邦交正常化。在田中的领导下，日本政治家们在公开评论战争时，继续采纳“双重标准”。1973年2月2日，当田中首相被一名共产党国会议员问及他是否认为日中战争是一场侵略战争时，他态度和蔼却很暧昧地答道：“日本确实曾向中国大陆出兵，这是一个历史事实。但是现在像你这样让我回答这是否是侵略战争，我不是能回答这个问题的人。这是一个由未来历史学家评判的问题。”[②]少部分日本人认为田中回避正面回答问题是不妥当的。还有更少部分人看出田中不肯作答是出于保护天皇的需要。

尽管违反了宪法规定，但是作为一种殷勤和礼貌，裕仁继续秘密接受有关国际和军事的非正式报告。1973年5月，田中内阁防卫厅长官增原惠吉向记者透露，天皇曾建议：“（在增强自卫队的计划中）希望不要学旧军队不好的地方，要吸取好的

---

①《朝日新闻》1972年5月15日，入江为年监修《入江相政日记（四）》，朝日新闻社，1991年，359、407页。

② 吉田裕，上述《日本人的战争观》，138页。

地方。”直到这时，日本国民才知道，天皇拥有向政府领导人表达意见的机会。[①]这引起了日本国民的批判：为什么72岁的“象征”天皇仍在秘密听取汇报？由于暴露了裕仁说“旧军队好的地方”的发言，田中不得已罢免了增原，这使天皇唏嘘不已：“看来，我只能是一个纸糊的摆设了。”[②]

这个事件之后，田中及其继任者（三木武夫、福田赳夫、大平正芳）停止了从60年代初期就一直进行的防卫厅长官向天皇的军事报告。但是裕仁对军事、政治和外交的强烈兴趣却从未衰退过。70年代后期，当日本企业在东南亚和中国拓展业务，使日本成为经济“超级大国”时，政府高官继续就军事和外交向年迈的天皇进行报告，来自各大学的教授们也继续为天皇讲解外交事务。

到了1975年中期，约半数的日本人口出生于第二次世界大战之后。[③]起源于战败，并且再次肯定了帝国日本价值的“英灵”观念，已不再像独立后的前20年那样具有普遍性了。或是作为观光游客，或是作为严肃的朝圣者前往二战战场收拾遗骨，就像朝拜圣地那样，越来越多的日本人走出国门。在中国、东南亚和太平洋诸岛，他们逐渐认识到在日本军的蹂躏下外国人遭受了怎样的苦难，而在亚洲又有多少人仍将日本看作实质上的军国主义和侵略国家。他们逐渐开始克服只强调自己是战争受害者的狭隘视野。

1975年9月，裕仁天皇和良子皇后对美国进行了访问。五年前，佐藤荣作就曾和天皇讨论过通过访美减轻与美国的经济摩擦，直到1973年才开始对出访进行实际准备。出发前夜，74岁的裕仁接受了《新闻周刊》记者伯纳德·克里舍的独家专访。据1975年9月22日的《朝日新闻》晚刊报道，克里舍提出的11个问题中有一个问题是：“众所周知，在结束战争时您起了重要作用。但是对那些主张您也参加了导致开战决定的决策过程的人，您将如何回答呢？”裕仁回答道：

> 是的，是我自己做出了结束战争的决定。首相征求我的意见是因为他无法统一内阁的意见……开战时，有内阁决定，我无法推翻那个决定。我相信我的行为是符合日本宪法规定的。[④]

---

① 岩见隆夫《新编战后政治（十五）》，《每日新闻》1991年7月14日，引自Bix, “The Showa Emperor's ‘Monologue’ and the Problem of War Responsibility”, in Journal of Japanese Studies, vol. 18, No. 2 (Summer 1992), pp. 362—363.

② 岩见隆夫《陛下的提问——昭和天皇与战后政治》，每日新闻社，1992年，85—88页。岩井忠熊《天皇制的50年》，立命馆大学人文科学研究所编《如何看战后五十——为了展望二十一世纪（下）》，人文书院，1998年，254页。Nakamura, The Japanese Monarchy, p. 139.

③ 吉田裕，上述《日本人的战争观》，140页。

④《朝日新闻》1975年9月22日。

表明天皇从未盲从过内阁或者是军部意志的《木户幸一日记》，以及揭露天皇是怎样积极参与政策制定过程的《杉山笔记》在日本出版都八九年了，可是裕仁仍在机械地重复着战后30年来使他本人和保守政治得以维持的虚假的陈词滥调：他一直是一位忠实的立宪君主，对开战没有任何责任，但结束战争的功劳应该归于他。明治宪法规定他在行使最高统帅权和宣战以及停战权时要听取内阁意见，诸如此类。

9月22日，驻东京的外国记者向裕仁提出了更多的问题。“许多美国人希望陛下谈谈对20世纪40年代日美战争的看法，您打算怎样回答这个问题？”裕仁答道：“关于这个问题目前正在讨论中，现在我想暂不表明我的见解。”简而言之，无可奉告。采访进行中，他又被问道：“陛下，您是否认为在过去的30年中，日本人民的价值观有所变化？”裕仁回答说：“我知道战争结束以来，不同的人表达了一些不同的意见，但是从广义上看，我不认为战前和战后的（价值观）有什么变化。”[①]裕仁对价值观连贯性的重点强调，可以被看作是对联合国占领以及改革从根本上改变了日本人的价值体系的否认。但这还有另一种解释，即可以理解为他对天皇制的本质并未改变这一陈腐观点的明确肯定。

这次采访结束时，裕仁被再次问及他在战争的开始和结束中所起到的作用。“您说您一直遵照（明治）宪法的规定行事。这种表述似乎在暗示您在当时并没有反对过军部的做法。所以我想问问陛下，您个人是否曾感到日本军部的领导人会将日本引入一场毫无结果的错误的冒险呢？”裕仁回答：“事实也许如你所说的那样，但是当时有关系的人还活在世上，如果我现在说些什么的话，我岂不是要批评当时军部的领导人了吗？我不想这样做。”[②]我们不知道他所指的是哪些军部领导人，但很显然不是他自己，因为在占领期间，关于战败问题，除了东条和木户，裕仁把他身边的所有人都批评过了。

接受了这一系列的采访，几周后，裕仁第一次正式对华盛顿进行了国事访问。在这个过程中，裕仁向在一年前访问日本的杰拉尔得·福特总统表达了他对第二次世界大战“深切的悲痛”之情。而后，他在美国进行了旋风般的巡游。访问的高潮是在加利福尼亚的迪士尼乐园，天皇微笑着与米老鼠一起在园中漫步。后来他又在圣地亚哥动物园抚摸了一只考拉熊。[③]许多美国人看到年迈天皇的照片都感到很高兴，显而易见，这加强了他那虚假的固定形象—— 一个热爱和平，却又身不由己的君主。

返回东京后，裕仁接受了电视采访（10月31日）。一名日本记者以天皇与外国记者团会见时提到的战争责任问题以及天皇对福特总统的讲话为由头，突然发问，

① 同前1975年9月23日。松浦总三，上述242页。

② 《朝日新闻》1975年9月23日。

③ Time (Intl. ed.), Oct. 20, 1975, pp. 14—15; Newsweek, Oct 20, 1975, p. 25.

提出了“不适当的”令人窘迫的问题：“陛下，在白宫的宴会上您说，‘我深深地为那场不幸的战争感到悲痛’。这是不是可以理解为您对战争感到有责任的意思？另外，我想问一下陛下对所谓的战争责任是如何认识的？”

听到提问，裕仁的面部表情变得僵硬：“关于这句话的实际意思，我没有研究过这方面的文学，所以不太清楚，所以我回答不了这个问题。”当被问及广岛的原子弹爆炸时，他说道：“对被投放原子弹一事，我感到非常遗憾。因为是战争中发生的事情，我虽然为广岛市民感到难过，但这是没办法的事情。”[①]裕仁的假装糊涂，似乎他只是一个在他的统治下所发生的重大事件中事不关己的旁观者，使许多日本观众感到难以忍受。他“没有办法”的发言，否定了导致广岛悲剧的过程中他本人的所有责任，这让专业的历史学家感到特别愤怒。那一年，井上清出版了第一部实证研究结果，严密记述了裕仁在中国和太平洋战争的各个阶段中所起的作用。祢津正志随后出版了第一部批判式传记。剥去天皇假面具的工作开始了。

这次记者采访的三个月后，共同通信社以3000名男女为对象，开展了对天皇制的社会调查。80%以上的人做出了回答。近57%的回答者或者认为天皇负有战争责任或者不能确定他是否负有责任。几次接受采访对问题的回答，再一次显示了裕仁与大多数日本国民在感受上的脱节。[②]

V

裕仁的欧洲和美国访问，加上对他的各种新闻访谈，致使被长期掩盖的天皇的战争责任问题又被重新提起，引起了日本国民的关注，但是对于裕仁自己却没有产生这样的效果。其实，促使他面对过去的完全是个人因素。《文艺春秋》是一份深受欢迎的杂志，1975年2月号上刊登了裕仁的弟弟高松亲王关于战争的某些回忆篇章。裕仁似乎直到1976年1月才得知有关这篇文章的消息。[③]记者加濑英明就战争问题采访高松亲王时，高松暗示他本人是鸽派人物，而裕仁却是不计后果的鹰派。他讲述了1941年11月30日，他与他的兄长曾进行过五分钟的谈话，他警告他兄长说海军统帅部对超过两年以上的战争没有信心。高松还回忆了中途岛海战结束后，他曾催促他兄长结束战争。他还描述了1944年6月他是如何在海军军令部的会议上发言并语惊四座的：“既然绝对防线圈已经被摧毁……战争的目标就应该集中在如何以最好

① 《朝日新闻》1975年11月1日。

② 吉田裕，上述《日本人的战争观》，163页。

③ 上述《入江相政日记（四）》，208、210—213页。

的方式战败。”最后，高松透露，他和近卫亲王曾考虑要求天皇在投降前退位。①

得知这些事情败露，裕仁非常沮丧。他觉得自己的弟弟做得太过分了。他该如何挽救他作为天皇的声誉呢？自从口述了《独白录》，并由稻田周一和木下道雄编写成首部《拜听录》以来，裕仁第一次重新拾起了确认史实整理记录的工作。记录他在位期间的事件，确定他在历史中将占有的地位，这些工作的焦点最终都集中到了他在战争和占领期间所起的作用上。很快，裕仁就对这项工程表示了强烈的兴趣，以至于他的余生一直都在从事这项工作。伴随着生来最不愿反省的裕仁，并一直困扰他的是他自己的过去。

1976年2月，在他最后一位侍从长入江相政的协助下，裕仁开始编写第二部《拜听录》。入江致力于《拜听录》的修改工作，直到1985年去世。可以认为，裕仁是在其他侍从的协助下继续这项工作的，差不多直到四年后他去世为止。工作的程序包括裕仁向入江口述事实，每当他回想起“新事实”时，就随时命其加到记录中。然后裕仁会重新阅读入江的记录，进行修改，最后交还入江进行润色并誊写在精品纸张上。有时候裕仁会每天或是一天两次地传唤入江对文章进行改动。两个老人几乎没有一个星期不是在一起工作的。

1976年11月10日，年届75岁的裕仁从整理秘史的工程中抽出时间，庆祝他在位50周年。大约7500名达官显贵参加了在东京日本武道馆举行的戒备森严的国家大典。值得注意的是，社会党和共产党议员以及几名县知事没有到场，他们不赞成对裕仁处于权力顶峰的“昭和”时期的前20年进行赞扬的政府方针。庆典结束后，裕仁又回到了他的口述工作中，依靠入江的文才来完成他的工作。1976年末，入江根据天皇对史实做的新解释，完成了“拜听录计九册和结束语”。②

1977—1979年，裕仁一直致力于修订他统治时期的回忆录。到了80岁，他还坚持继续这项工作，正如他坚持履行某些比较耗费体力的宫廷仪式，并坚持不让他的儿子在他活着的时候摄政一样。他似乎从未对他修订史实的工程感到过厌烦。入江在1980年的日记中就记述了天皇对（侍从武官长）本庄繁关于1936年2月26日军事叛乱的说明是如何感到忧虑的。在占领期间曾保护他免受指控的一些主要人物的名字如费勒斯、寺崎、基南等也被提及。③过去的声音不断地在他耳边回响，1941年发生的事件记忆犹新。他对弟弟高松发表的关于他的评述已经变得神经质。

就在裕仁孜孜不倦地重新修改关于1946年的战争记述时，其他人则开始考虑昭和之后的日本。神社本厅、旧军人和遗族团体、保守派国会议员和许多地方议员开

① 加濑英明《高松宫访谈》，《文艺春秋》（1975年2月），193、196、198、200页。

② 上述《入江相政日记（五）》，1991年，273页。

③ 上述《入江相政日记（六）》，1991年，56、57、111、114、132页。关于1980年“拜听录”的简单记述散见各处。

展了旨在加强君主制权威的运动。他们的目标之一是争取法律承认官方文书在记年时使用元号（例如明治、大正、昭和）。几年来，围绕这个问题的争论中，反对意见一直占上风。尽管如此，1979年，国会最终还是通过了“元号法”——以每一位天皇统治的年号来记年的方式实际上是一种复古的计时方式。

大约30年前，GHQ曾命令修订后的皇室典范删除“一世一元制”的规定。当保守派试图通过立法将这个惯例法律化时，GHQ宣布元号制度不符合新宪法精神，因为天皇已不再是统治者了。1979年，它终于变成了法律，这样，日本国民就必然会继续关于年号——随着每位天皇的死而结束——的思考。日本国民是独特的这一观念再次得到肯定。我们不知道裕仁对这个结果的反应，但是他不可能不感到高兴。元号法的通过为下一个十年中强化天皇制的权威创造了条件。

20世纪80年代初期和中期，曾遭受日本侵略和殖民的亚洲国家的经济快速增长，生产力大幅提高，与此同时，他们在国际事务中的发言权也在提高。在日本因采取保护主义的经济政策受到美国的严厉批判时，其国内政策也受到了东亚国家的严格监督。从1981年秋天开始，韩国新闻界开始批评日本教科书中的一些表述。教科书粉饰了日本对中国的侵略（将其称为“进入”而不是“入侵”）并歪曲了日本在朝鲜残酷的殖民统治历史（将“三一独立运动”称为“暴动”）。第二年夏天，由于历史和外交原因，中国也加入了要求明确日本对亚太战争责任的行列，从而使文部省的这些做法引起了世界的注意。

抗议的背后，是对日本经济力量的担心，还有对日本高官主张日本需要一个以光荣而不是耻辱为基础的新的国家特性，坚持提高天皇权威等做法的不安。铃木善幸首相（1980—1982年）很快缓和了针对有偏向的日本教科书的国际纷争，日中关系得到了一些改善。但是在铃木的继任者中曾根康弘的任期内（1982—1987年），在亚洲和西方人民的眼中，日本依然是疑云重重。中曾根下决心要让日本在国际社会中获得更多的参与机会，为此，他承诺要解决教科书问题。之后的十年中，随着日本对战败理解的不断变化，在不同的自民党首相的领导下，教科书编撰取得了实质性进展。

与许多日本人一样，同日中关系相比，裕仁更担心的是日益恶化的日美关系。美国受到不断上升的通货膨胀的打击，美国民众开始感到吉米·卡特总统的领导阻滞了国家的发展。1980年，他们选举了共和党人罗纳德·里根担任总统。里根和他的顾问们立即重新开始了与苏联的核武器竞赛，并创制了帝国主义干涉的侵略性政策。日本的领导层对此做出反应，他们以美国在全球的经济和军事霸权地位正在下降，日本应该做好自立准备为前提，增加了国防开支。中曾根马上寻找机会改善与里根政权的关系，加强国防，并调高年度军费预算，使其超过了国民生产总值1%的最高限度，这个上限是六年前由内阁决议正式制定的。

对裕仁来说，里根的政策挟带有战争的危险，而中曾根的主动行动又有正负两方面的意义。1982年10月17日，在得知里根政权要求日本不但要分摊其海洋航线的空防责任，还要承担封锁宗谷海峡责任的消息后，裕仁对入江说："这样干的话，不就有战争的危险了吗？……去跟（防卫厅）长官讲一讲。"[①]26日，他对入江吐露了他的担心："如果日本增加防卫规模，对苏联是个刺激吧。"[②]三天后，他和入江一起乘车去鸭场观察野鸟的路上："一路上谈论的全是防卫问题。'我们没有哪位政治家是从更高的视点来看这些问题的，并不是GNP的百分之几的数字上的问题，而是提高国防会刺激苏联，这是一个愚蠢的举动。'"[③]

侍从长入江相政于1985年去世。他最后两年的日记记录了裕仁对日美关系表现出的持续不断的忧虑。

20世纪80年代初期和中期，另一个扰乱日本政局的政治议题是国家对靖国神社的护持问题。尽管裕仁在1975年后就停止了对靖国神社的参拜，但他并不反对公务员参拜这个供奉着为天皇和日本而战死的亡灵的神社。另一方面，他又不希望因为靖国神社的国家护持问题而加深国内的分裂。自民党的国会议员们也持相同意见。渴望保住遗族会和神社本厅的支持，同时又不疏远反对派，他们从1969—1974年间，共五次提出"靖国神社法案"，每一次都因反对派社会党的反对使法案遭到否决，这使所有相关人士都长吁了一口气。1978年后，以"反人道罪"被处决的A级战犯被秘密地供奉在靖国神社，为此，关于国家支援神道设施的问题变得比以前更有争议。此外，这实际上使对自己的形象十分敏感的裕仁不可能再次参拜颂扬日本军国主义和"大东亚战争"的靖国神社。

与其前任铃木一样，中曾根希望象征性地强化与过去的联系。靖国神社的国家护持法制化，内阁大臣参拜靖国神社的定例化，正是达到这一目标的手段。1985年8月15日，中曾根成为日本最后一位以官方身份参拜靖国神社的总理大臣（本书出版的2001年8月13日，小泉纯一郎首相重新开始参拜靖国神社——译者注）。中曾根试图通过以公职身份参拜靖国神社的方式讨好保守派和右派，这引起了日本国内的强烈批判。为了把影响减到最小，中曾根声称，他没有采用二礼二拍手一礼的正式参拜方法，只是鞠了一个躬，以此表明参拜神社未必就是宗教行为。但是，当批评中有了韩国和中国的声音后，中曾根停止了参拜活动。这场争议很快消退，和它一起结束的还有靖国神社国家护持法议案。[④]

---

① 上述《入江相政日记（六）》，214页。

② 同前217页。

③ 同前。

④ 渡边治《九十年代日本国家与天皇制》，《文化评论》三五七《临时增刊　续　质问天皇制》（1990年10月），45页。

假如裕仁对维持与中国和朝鲜友好关系持有政治上的关心的话，看到靖国神社法案被搁置起来，他或许会感到些欣慰。然而，令人怀疑的是，裕仁是否对这个问题进行过伦理或宪法层面的考虑。现在，靖国神社的战争博物馆（即“游就馆”，1986年开馆——译者注）几乎把所有昭和时期展览中的天皇资料都撤掉了，象征性地改变了亚洲太平洋战争的性质。事实上，所有裕仁天皇、天皇思想与30年代至40年代早期战争之间的联系都被抹去了。参观者在观看后离开博物馆时都不会怀疑裕仁一度曾是战争中激发斗志的至关重要的领袖。

在中曾根首相身上，年迈的裕仁看到了一个在日本重新获得强国地位的时代，立场明确地利用君主制的领袖形象。中曾根强调从古代开始日本的权力和权威就是分离的，因此天皇的本质正如宪法所规定的那样，是“象征”。然而，中曾根希望提升天皇的地位，加强天皇的权威，以便使他由60年代起一直充当的高速经济成长的象征转为“国家的”象征。但是中曾根没能实现这个目标。他所做的许多关于国家和天皇的演说的唯一成果，就是复苏了右翼民族主义者长期郁积在心中的对东京战犯审判的怨恨。中曾根迎合宪法修订论者对审判的早期攻击，指责左派一直在试图向日本的青年一代灌输“东京审判史观”。当美国和苏联就中程核导弹问题达成一致意见时，正值中曾根任职的最后一个月，他重申了他的思想立场，号召进行一场“战后政治总决算”，并要求加强总理大臣的权力。

1987年10月下旬，中曾根下台时，裕仁的生命也正走向尽头。经过长期缓和，冷战正接近结束。很快，日本的政治家们意识到，很难再维持他们对那场失败的战争所采用的双重政治标准。1987年9月18日，有报道说，86岁的天皇染上了某种肠道疾病。他很快被送入医院施行外科手术，成为有史以来接受这种医疗措施的第一位天皇。手术虽然成功，但是一年后，1988年9月19日，他的病情加重。皇太子明仁被告知他父亲得了癌症，由于没有正式发表，新闻媒体只能对此进行一些猜测。日本国民陷入了长时间的悲痛情绪之中。111天中，日本国民时刻都在关注着濒死的老天皇的体温、血压和其他生命体征。他们排着长队为天皇祈祷，并在政府提供的祈求“康复”的名簿上署名。然而，真正为表示慰问署名的只占少数，多数人是因为公司的上司先签了名。但是看起来似乎整个国家都在守望着天皇。

当裕仁躺在吹上御所的深处等待死期来临的时候，日本媒体克制了对天皇和天皇制在日本军事侵略中的作用的议论。而在亚洲和欧洲，媒体的报道几乎全部集中在了天皇在战争中的作用和日本当局回避面对过去的问题上面。在天皇临终的日子里，日本人对他的态度，与其他国家的人民对他的感受有着天壤之别。[①]

1988年12月初，有关裕仁的病情得到首次披露，笼罩着整个国家过度的“自我克

---

① 尹健次《孤绝的历史意识》，《思想》七八六（1989年12月），12页。

制”的情绪得到缓和，日本国民恢复了往日的平静和冷静。12月7日，信奉天主教的自民党员、长崎市市长本岛等在长崎市议会发表讲话，切合实际地谈到了天皇的“战争责任”问题。他的讲话被媒体报道后，激起了右派分子的愤怒。他所属的自民党也对他采取了敌对态度。一年后，市长受到一名右翼暴徒的枪击，但幸免于难。

1989年1月7日清晨6时33分，在家族成员的守候下，死神降临了。医师们惊异于他顽强的生存意志，将他的持久力归因于他年轻时代开始的朴素、规律的生活。侍医高木显认为，支撑天皇的是他本人对精神力量的信念。直到最后他都拒绝投降。

竹下登首相发表了官方悼词。他重申了20世纪后半叶构成日本政治基础的两个虚构的事实。竹下宣称，“大行天皇”（天皇死去后，追封称号确定之前的临时敬称——译者注）一直是一位和平主义者和立宪君主。在62年动荡的岁月里，他“一心祈求世界和平和国民幸福，日日实践躬行”。“在那场违背他意愿爆发的大战中，他不忍见国民为战祸所苦，痛下决心，奋不顾身做出结束战争的英明决断。”

翌日，56岁的皇太子明仁继承了天皇的责任。作为三个已经长大成人的孩子——皇太子浩、礼、公主纪——的父亲，他面临的不是裕仁曾经历过的继任难题。在一个简短的仪式上，他宣誓将忠于日本宪法。

东德和西德最终统一、冷战结束、苏联社会主义联邦——世界上最大的帝国——开始解体的时候，新的“平成”（实现了的和平）时代开始了。世界各地的政治变得更加不稳定。日本国内，日常不断出现的腐败丑闻引起的轻度政治危机再次摇撼了其政治体制。在参议院选举中（1989年7月），自民党第一次因暂时的失败而下台。短短的一年里，有三位首相登台又谢幕。裕仁的葬礼和明仁的登基典礼因统治层内部激烈的论争而搁置。依照惯例举国一年的服丧过去了几个月，明仁天皇才开始举行登基典礼的各种仪式。与前任昭和天皇一样，大典全部由政府出资，但是这一次的仪式繁缛精致和令人兴奋的程度都较为逊色。公众们愉快地观看了典礼，但似乎没有几个人为这场仪式而感动。

1990年11月12日在皇宫举行的即位仪式是登基大典的高潮。约2500位显要人士参加了典礼，其中1500人来自全世界158个国家。两个星期后的11月23日，733位客人参加了在皇宫御苑举行的“大尝祭”。所有的仪式都与日本的民主主义相悖。即位仪式上的象征形式是中世纪式的——天皇高高地坐在神圣的皇位上面，卑躬屈膝的总理大臣站在下方，谦卑地向上仰望着。此时，甚至是国民主权的思想也遭到了讥讽。[①]长达六个小时的“大尝祭”是以1909年的敕令为根据进行的，与1947年的宪法没有任何关系。然而，明仁的誓言中宣布要维护的却是这部宪法。

“大尝祭”这种宗教仪式复活了以明治时期专制主义的政治文化为基础的国家

---

①《即位礼仪的焦点》，《朝日新闻》1990年10月19—23日。

神道。从这种意义上讲，它违反了宪法中政治与宗教分离的原则。[①]面对此类批判意见，内阁发言人解释说新君主最初的宗教行为与宪法无关，明仁的就职仪式只给了他代表人民进行祈祷的机会，绝不是赋予他神格。[②]事实上，与昭和的典礼相比，这次的登基大典是一个不完整的神道仪式。当局和记者们也没有利用这次机会提高天皇的声望。

1990年12月，皇位转换结束并被迅速地忘却后，明仁天皇举行了记者招待会。对于关于战争的提问，他回答道："我们这一代长期生活在与战争无关的年代，因此对战争没有什么印象和联想。"[③]如果是昭和天皇，就无法这样回答。此后，尽管每年天皇生日举行记者招待会已成为惯例，但再也没有人问及严肃的战争问题。

明仁天皇和美智子皇后很快重新开始了出国访问活动。1992年10月，他们在北京政府的再三邀请下，对中国进行了访问，结果引起了国内关于"皇室外交"价值的争论。1995年8月，在投降50周年纪念活动中，他们踏上了争议较少的"哀悼之旅"，前往广岛、长崎和冲绳岛。就这样，明仁只对过去日本的战争所引起的苦难表示道歉，却回避承认他父亲的战争责任。

20世纪结束了，虽然日本的发展暗示着有可能修改宪法，但是看起来明仁不太可能被推到前台，像明治天皇那样戏剧性地，或者像昭和天皇那样灾难性地领导日本国民前行。从他的性格、能力、所受的教育和兴趣来看，都排除了他成为上述角色的可能。另外，第二次世界大战以来许多仍然悬而未决的问题亦是如此——这些问题是日本天皇制本身所固有的，而与皇位的某个特定占有者无关。然而，正如伊藤和元老们之于明治天皇；木户、军部领导人、麦克阿瑟之于昭和天皇一样，未来崛起的国家领导层，或许会找到有效利用新天皇或是他的继任者的方法。他们会不会像他们的前辈那样——运用天皇制去阻止民主主义的深化和国民主权者意识的成长——这是新千年里日本的重大课题。

---

① 笹川纪胜《即位之礼与大尝祭》，横田耕一、江桥崇编《象征天皇制的构造——宪法学者的解读》，日本评论社，1990年，193—212页。

② Japan Times, Nov. 23, 1990.

③《每日新闻》1990年12月23日。

裕仁天皇：现代日本的形成与重塑

《真相：裕仁天皇与现代日本的形成》一书的再版促使我对美国武装力量在塑造和扭曲战后亚洲事务，尤其是日美关系方面的作用进行了广泛的反思。多场内战和大国争端正在从根本上改变着这个世界，从而给予这个主题新的紧迫性。美国武装力量在日本以及全球其他地区对平民生活持续不断的侵犯也加剧了这种紧迫性。

让我们首先聚焦于昭和天皇裕仁（1901—1989年）生活和统治中的重大事件。在此对本书几个主题进行简要的说明可能会对您有所帮助。第一个主题，这位天皇在被视为一个人的同时，还被视为一种意识形态、一种制度。这三者的目标一致，都是扩大和维护日本的国家利益。明治时代的寡头们分阶段构建了君主政体，确保它为帝国的发展提供方向和意义，其要素就在于对领导着武装部队的天皇、帝国宫廷和贵族阶级的狂热崇拜。相关宪法颁布后，不仅仅是天皇，整个组织都被赋予了“神圣的”品格。由此形成的金字塔般的政治结构中，那位笼罩着神话色彩的天皇高居于政治权力的顶端，照亮了一个不受问责、能够躲避文职官员管控的政治体系。

种族歧视和国内种族偏见的顽疾构成了第二大主题。[①]我重点讲述了以对立种族观念构建国际事务是如何影响了日本人，并以同样的方式影响了美国人的。无论在战争时期还是和平时期，它都强化了日本的殖民主义观念并影响了国家行为。曾经促使日本进行侵略扩张的“帝国之道”的极端民族主义和种族主义，在1945年后的日本走向瓦解。

宪政是第三个主题，指近现代日本的两部宪法以及它们如何塑造了日本国家的运作方式，定义了国家和人民。《大日本帝国宪法》，即1889年的“明治宪法”，被嫁接到了专制主义者的权力体系上。它将巨大的军事和民事权力交于神圣不可侵犯的天皇，将他定义为主权权力的监管人——君主的判断和意志应该渗透到统治体系内的所有群体。强加于议会的种种限制，以及通过写入譬如《帝国教育令》等文件建立起来的传统，也阻止了真正君主立宪制的发展演进。日本宪政的基本原则

---

① Paul Sweezy, “Monopoly Capitalism and Race Relations”, in Paul A. Baran and Paul M. Sweezy, *Monopoly Capital: An Essay on the American Economic and Social Order* (Monthly Review Press, 1966): 266.

是，天皇无须承担决策的责任，尽管他拥有实质权力和权威。决策责任的承担者是由大臣们组成的内阁，他们要对给予天皇的进言负集体责任。但事实也并非如此。

日本与美国在世界同一地区同时展开竞争是第四个主题。明治天皇与英美保持一致的政策为随后的海外殖民扩张奠定了基础。扩张的根源在于现实政治问题，但也引发了国内的阶级斗争。无论是处于快速现代化、资本和资源匮乏的日本，还是高度工业化、输出资本的美国，帝国主义都在基层民众中引发了不满，加剧了统治精英压制持不同政见者的倾向。当裕仁批准军方着手准备摧毁英美在亚洲的军事力量时，他就彻底脱离了明治的结盟政策。但任何时候，日本的扩张都是基于对现实政治的关注。

第五个主题讲的是政治与神话的复杂关系。裕仁与他的臣民一样被灌输了同样的创立神话。裕仁是一位“活着的神”，是继承了皇室的神话祖先太阳女神血统的后裔，这一观念被纳入全国小学和军校的教育。同样推行的还有政教合一的思想。直到裕仁为他生病的父亲摄政的学徒期结束，甚至可能是更后期，他自己也一直笃信着这些教义。

国内外几个关键的事件，预示了日本的珍珠港之路，以及在国家没有崩溃情况下的最终军事失败。在此过程中，裕仁成了一个活跃的、精力充沛的、干预主义的统治者，意图在政策制定中大显身手，他和他的宫廷随从们以不同的方式运用他的力量。在他统治的前二十年，即1925年至1945年，他们的行为导致了对国内不同政见的压制和海外民族主义的高涨。最终造成了日本人民和被侵略国家人民数千万生命的伤亡和前所未有的灾难。此外，尽管裕仁是在一个以他的神性神话为前提的决策体系中实行权力，但他对这个神话的怀疑使得他自己也无法完全相信这个功利的神话。然而，他却觉得让他的臣民相信并被这个神话欺骗是正当的，因为神话可以帮助他更好地实施对臣民的控制。另一方面，尽管天皇更像是一个绝对君主而不是一个立宪君主，他从天性上讲并不是一个急于发动战争的好战分子。他既不是希特勒或墨索里尼那样的独裁者，也不是专制政权的西方式的掌权者。裕仁在《明治宪法》保护下的君主立宪制中操盘，其随从或“宫廷集团”则向他提出建议。直到20世纪30年代末，裕仁才成为真正的战争领袖，开始行使其最高统帅的宪法特权。

1931年9月，由于担心蒋介石统一中国的运动会很快将中国内战扩散到东北三省，不服从命令的军官们决心违抗年轻天皇的意愿，筹划上演一场军事事件，并开始了对满洲的征服。在这片广阔的地区，正在崛起的日本曾经和美国争夺铁路权利，如今这里已成了日本和苏联的势力范围。裕仁默许了对满洲的征服，丝毫没有顾及人们对他的高级军官违反国际法的鲁莽行为所表达的疑虑，这些国际法包括保证中国领土完整的《九国公约》，以及禁止侵略战争但缺乏具体制裁内容的《白里安—凯洛格公约》。天皇没有惩罚任何违抗命令的行为；他忽视了其对日本在西方地位所造成的伤害，并且随着军队侵略的成功推进，他成了一名心甘情愿的参与者。与此同时，裕仁同意了其内阁和随从的决定，将满洲的军事战斗行为仅仅当作“事件”来处理，从而避免宣战。

但是，尽管裕仁在其保护者的建议下公开承认了高级军官的好战行为，但他们对允许职业政治家分享权力的容忍是短暂的。陆军和海军军官以及平民极端分子发动的未遂政变扰乱了正常的政治局势。随后，1932年5月15日，他的首相的住所遭到袭击，商界领袖和另一位首相被暗杀。最终，裕仁放弃了20世纪20年代在党内内阁中进行的试验，主持了官僚机构、军队、国家议会和商界精英之间权力平衡的转变。这一转变的目的在于，通过将权力托付给资深海军上将来加强皇权。不幸的是，海军上将们建立的“民族团结”内阁未能终结陆军中的极端主义思想，也未能重塑军中纪律。

1936年2月26日，在大雪覆盖的东京发生了另一桩具有标志性主义的事件。指挥着超过1400名全副武装士兵的陆军下级军官上演了另一场更为壮观的血腥叛乱。这是日本近代历史上最大的军队哗变，致使天皇最亲密的顾问被谋杀。裕仁下令立即镇压叛乱。之后他采取行动对决策过程实施了更强有力的控制。

随后一年，日本政治仍处于不断动荡之中。一连串的国内政治事件，在不断发生变化的国际背景下展开。在7月，裕仁站在鹰派陆军参谋人员一边，支持他们希望扩大在中国华北卢沟桥附近爆发的战斗，反对总参谋部希望在当地解决事件的非扩张主义军官。尽管担心日本与两个主要的西方帝国主义国家——英国和美国之间的持续冲突，裕仁还是批准了对中国发起的全面进攻，包括轰炸中国城市和未经宣战对蒋介石的国民党南京政权发动全面战争。古城南京也成了日本在中国暴行的地名象征。在美国国会，中国战争加剧了对日本帝国的妖魔化。美国媒体利用这场战争，利用中美两国人民在战争中的生命损失及其对美国在华经济利益的损害，表达了对日本惩罚性的、种族主义的立场。与此同时，媒体不真实地将美国描绘成了亚洲自由民主的崇高捍卫者。

裕仁不仅对日本的帝国历史有着深入的了解，还非常了解英美人对没有明显差异特征的有色人种的歧视历史，特别是白种人和黄种人之间的划分。

作为皇太子时，裕仁就知道了在1919年巴黎和会上，盟国强烈反对日本关于种族平等的提案。（用历史学家马克・马佐尔的话来讲）基于对日本人“遭遇的歧视和羞辱性的移民政策”的不满，以及“从充满敌意的反亚洲的澳大利亚到同样实行种族主义的加拿大和美国等环太平洋地区，这种歧视政策随处可见，日本代表团试图在联盟盟约中插入所有成员国平等待遇的条款。无法容忍种族平等思想的伍德罗·威尔逊总统否决了他们的请求”。[①]日本的政治和知识分子精英、自由派和反自由派很快就在联盟问题上产生了分歧，有些人支持它，而另一些人则认为联盟是维持中国的西方帝国主义现状的工具。

在裕仁凭自身权力成为天皇之前，美国日益高涨的反日运动在国会通过1924年移民法案时达到了高潮。该法案创造了移民配额，主要歧视对象是所谓“基因低劣”的东欧犹太人、意大利人和日本人。作为一名业余海洋生物学家，无论裕仁能否理解那种驱动西方国家优生狂热的特殊力量，他都知晓种族主义的社会达尔文主义，并很可能听说过关于优生学的日本文学。另外，第一次世界大战后，美国的上层和中产阶级同许多英国人一样，羊群效应般地认同一种荒谬的观点，即“种族劣等群体”正在掺假他们各自白人的基因库。一种解决办法是将他们清除，另一种是违背他们的意愿，大规模地强制劣等群体绝育。[②]

许多日本人被认为在种族上、生物学上是劣等的，这自然让他们深感受到冒犯。有些人甚至认为，那些反日本移民政策的支持者已向日本宣战。问题在于，日本不仅没有能力对此采取任何行动，而且其自身的国家意识形态也注重血统的纯正，切实需要那些受过教育的日本人去提升日本人民的体力和智力水平。[③]因此，西方优生学概念、公共卫生措施和殖民主义都被当作现代化进程的一部分，被同时采纳。与此同时，20世纪30年代早期和中期，不仅东京正式退出国际联盟并准备对大陆开战，日本精英们也在试图重新培育民族认同感。

这次民族重建活动的形式之一是“国体明征运动”运动，其重点是国家和宪法教学。该运动始于1932年并于1935年升温，当时军队领导人加入了蛊惑人心的右翼政客联合阵线，强调天皇作为绝对君主有权直接统治国家的观点。其结果是彻底摧毁了之前的“天皇机关说”，这是一种相对进步的宪法解释，由法学教授美浓部达吉在明治天皇去世时精心创立。其目的是保证政党内阁的合法性，并将军队权力控制在适当的范围之内。与此同时，日本的政治宣传家们一再声称日本有权保护亚洲免受西方侵害。他们美化等级制度，强调每个国家都要寻求与处于等级制度顶端的日本——大和种族——之间的适当位置，将满洲/满洲国宣扬为一个不同种族可以和谐共处的反种族社会的模范。但是，没有任何政治宣传能够掩盖日本帝国主义的残酷现实。

---

① Mark Mazower, *Governing the World: The History of an Idea*, 1815 to the Present (Penguin Books, 2012, 2013), pp. 163–64.

② Adam Cohen, *Imbeciles: The Supreme Court, American Eugenics and the Sterilization of Carrie Buck* (New York: Penguin Random House, 2016), p. 5.

③ Sumiko Otsubo and James R. Bartholomew, “Eugenics in Japan: Some Ironies of Modernity, 1883–1945”, Science in Context 11, 3–4 (Jan. 1998): 555–57.

1941年12月，在东京的政权更迭和在中国建立傀儡政府的政策实施四年后，尽管蒋介石的武装力量遭到了削弱，但日本也未能取得胜利，裕仁天皇扩大了陷入僵局的对中战争。他批准了对美国夏威夷的珍珠港海军基地的突袭，并深入参与了这次袭击的策划，使美国海军遭受了前所未有的惨败。自从被公认为强国之后，美国海军就把帝国化的日本视为威胁，但是，鉴于他们的种族主义局限，美国海军高级将领和陆军军官们在心理上对日本的军事胜利毫无准备。相反，日本自以为是的种族优越感塑造了其战时的外交政策，并最终导致其武装部队犯下滔天的战争罪行。[①]

裕仁对亚太战争的情形了如指掌，并在他愿意的时候积极参与其执行。他遏制了军事领导人的影响力，使他们永远无法完全主导政治进程或战争行动。军事领导人、裕仁和宫廷集团共同促成了日本的战败。

大多数美国人仍然认为对广岛和长崎突袭投下原子弹是日本投降的决定性原因。他们也错误地认为这些行为在军事上是必要的。长谷川毅的《与敌人赛跑》（Racing The Enemy，2005）一书指出，苏联加入对日战争从根本上讲更具决定性。[②]长谷川记录了展开“竞赛”结束战争的美国和苏联战争领导人的谎言、逃避和马基雅维利主义。他进一步说明，在波茨坦，“斯大林希望签署”对日的最后通牒，呼吁日本接受其武装部队无条件投降的条款，并且他自知这将“成为对日本的战争宣言”。用长谷川的话来说，“鉴于日本把最后的希望寄托在莫斯科的调解上，苏联签署最后通牒会使日本受到震慑而投降”。但是，哈里·杜鲁门总统手上掌握了原子弹并下定决心要使用它，这样既可以阻止苏联对日本的进攻，又可以为珍珠港事件报仇。他非常小心地避免邀请斯大林签名。

因此，倾向于复仇和偏执的杜鲁门不仅急于向日本的领导人，更要向苏联的领导人发送信息——很难说两个冲击中是哪一个导致了日本的无条件投降。是因为原子弹被故意投放到未设防城市的民用目标吗？是因为苏联的参战吗？还是两者兼而有之？这两件事都不能免除裕仁对广岛和长崎毁灭该承担的罪责。当资深政治家近卫文麿亲王在1945年2月14日因战败不可避免而恳求裕仁马上投降时，裕仁坚定地拒绝了他。据报道，他说：“如果我们在这场战争中坚持足够长的时间，我们也许能够获胜，但令我担心的是，我们民族是否能忍受到那个时候。”裕仁自身拥有特别的宪法权力可以发布命令结束战争。然而直到7月下旬，当美国空军可以用炸弹和燃烧弹摧毁的日本城市所剩无几时，裕仁仍执着地支持想要继续战争的死硬派军国主

---

① John W. Dower, *War Without Mercy: Race and Power in the Pacific War* (New York: Pantheon Books, 1986).

② Tsuyoshi Hasegawa, *Racing the Enemy: Stalin, Truman and the Surrender of Japan* (Cambridge, MA: Belknap/Harvard University Press, 2005).

义者。[1]此后，精心构建的神话、文件的破坏和麦克阿瑟对裕仁天皇的保护都被用来掩盖他在战争中的真实角色。

继日本“无条件投降”之后，恢复和平带来的所有好处都归功于裕仁，并在占领当局的协助下，实施了严格的审查制度，以防止他在战争中扮演的角色被澄清。道格拉斯·麦克阿瑟将军需要借助天皇使其全面的占领改革政策合法化，并进一步实现自己的政治野心。裕仁需要麦克阿瑟的暗中支持，因为国内外都有人呼吁废除君主制和让他退位。此外，他极清楚他有可能被东京国际军事法庭起诉。出于这些原因，两个机会主义者相互合作，相互保护。但是随着占领的展开，他们的利益发生了分歧，对于裕仁来说，新的问题出现了。

日本的国家宪法是在麦克阿瑟的监督下起草的，得到了日本进步律师的有力支持和最终一届帝国议会的辩论。在1947年5月3日生效后，裕仁被剥夺了权力，权威下降，宪法上被重新定义为国家的“象征”。新的身份显然让裕仁很受伤，战后的“象征皇帝”从此只能秘密地干预政治事务，他这样做也违反了国家宪法的文本及其精神。

然而，裕仁和麦克阿瑟有时却发现他们是团结一致的。当裕仁向麦克阿瑟的总司令部提议，允许美军在冲绳岛或琉球群岛的军事基地驻扎25到50年或更长时间时，这不仅体现了他自己的战略判断，也体现了日本保守派政治家、美国国务院和新成立的参谋长联席会议的共识。他们都同意有必要牺牲冲绳人，以支持美国对太平洋地区的控制权。这是包括裕仁在内的日本保守政治家中的守旧势力，他们要对这份服从美国军事利益的政治遗产负责。直到今天，居住在冲绳县的日本人民仍在忍受着不受欢迎的美国军事设施的运作，以及美国军事人员犯下的罪行和不公正行为。现今在冲绳服役的人员数量为25843人，与2003年的26282人大致相同。随处都可以感受到他们不受欢迎的存在。

当然，现存的传记有待修改。所以，当我的这本传记在2000年夏天首次面世时，我知道它不会是这个主题的最终版本。那以后，出现的新资料让我更好地了解了日本复杂的投降过程，更广泛地讲，是更清楚地了解了战后日美关系的本质。我相信日本在20世纪和21世纪初的经历，可以为我们提供一个不同的视角，让我们了解当前的状况，那就是不断使美国蒙羞、无休止、无止境、失控的军国主义和不断给美国带来影响的战争。从这个意义上讲，它具有独特的重要性。

在第二次世界大战结束后的第71年，鹰派总理安倍晋三的政府继续优先考虑自己未来的远景，而忽略了以往的道德教训。2014年7月，日本内阁错误地修改对现行

① Herbert P. Bix, “Japan's Surrender Decision and the Monarchy: Staying the Course in an Unwinnable War”, Japan Focus, http://www.japanfocus.org/-Herbert_P_-Bix/1787/article.html.

日本宪法的解释（即解禁行使集体自卫权——编者注）。日本宪法第九条这一外交基本原则的制定是为了反思第二次世界大战中最重要的教训。第九条规定："日本人民永远放弃以国家主权发动的战争、武力相威胁或武力行使作为解决国际争端的手段。"为达到前项目的，"不保持陆海空军及其他战争力量"并且"不承认国家的交战权"。到目前为止，第九条一直是日本真正的"象征"，是出于对日本现代战争经历的敏锐认识。它激发了公民的努力和承诺，他们相信"和平主义构建了对民主的支撑和人类的伟大进步"。[①]因此许多日本人至今仍对军国主义持敌视态度就不足为怪了。

就像美国2001年军事力量授权法（AUMF）一再被用来代替宣战一样，总有一天，对日本宪法第九条新的、含糊其词的"重新解释"，有可能被用来批准不必要的战争选择。不知什么时候总统就会凭借自己的权威，违反宪法使国家选择发动战争，并证明他们是为"自卫"或其他一些通常似是而非的理由而战。2015年，日本的新自由主义者非法强行在议会通过了新的安全法案，使其对美国全球军事行动的支持合法化。参加美国国家安全委员会和华盛顿各智囊团的美国日本问题专家对此举表示赞赏。我们只能揣测，安倍缓慢的、步步为营的日本国家安全建设会将日本带往何处。

具有讽刺意味的是，正是日本内务部在发掘日本参与第二次世界大战背后的更多真相方面发挥了重要作用。2014年9月，它宣布将裕仁的官方传记《昭和天皇实录》向公众发布。[②]随后按照时间顺序出版了18卷的《实录》，为研究天皇提供了大量的资料。这对于关注澄清日本战争与和平决策过程的历史学家们大有助益，因为资料确切地告诉了我们天皇召见了谁、何时、何地、以什么频率。它还介绍了天皇出席的帝国总部会议次数的新情况。当代读者可以对有关裕仁统治的重要学术历史资料来源做出评估。但正因为他在战争年代扮演的角色属于官方历史，这些文本并没有告知我们想要知道的一切。[③]

利用实录提供的三千多份文件和日记的巨大宝藏，历史学家丰下楢彦聚焦战后"象征天皇"的研究，创作了《昭和天皇的战后日本："宪法·安保体制"的道路（2015）》。历史学家们对裕仁在各种战后危机中所扮角色的重要性没有达成一致。丰下认为裕仁是一个现实主义者，因为他最终意识到他别无选择，只能与美国人合作。的确如此。但现实主义和真实并不等同，这一点很重要。裕仁确实是某种"现实主义者"，尽管他并不是一个致力于讲真话的人。然而，没人会反对丰下的说法，即

① Bix, "Whither Japan? Seven Decades After Defeat", Monthly Review 67, 6 (Nov. 2015): 19.

② Kanshu Kunaicho, Showa tenno jitsuroku (Tokyo: Shoseki, 2015).

③ For recent incisive discussion on the relationship between Hirohito and war, see Yamada Akira, "'Showa tenno jitsuroku' ni miru tenno to senso", Zen'ei, 926 (Sept. 2015): 132–46.

在保护君主制免受共产主义威胁时，裕仁毫不犹豫地同意了外国军队作为他的保护者。比较引起人们兴趣的是丰下关于裕仁在制定《日美安全条约》中所起作用的记述。许多日本人认为这一条约是日本保守党领导人遗留下来的最具争议性的遗产。

从我的书出版到今天，16年的间隔是一段任意的时间，在这段时间里，（a）美国发起了新的一轮非自卫目的的侵略战争，公然违反国际刑法和《联合国宪章》中的2（4）条款，即严禁成员国威胁或使用武力破坏其他国家的领土完整或政治独立；（b）中国崛起成为世界第二大经济体；（c）日本关于其失败战争的公开辩论被重新点燃。

2000年的时候，我尚未清楚地看到这世界正处于美国罪恶侵略、轰炸和残酷占领穆斯林土地新的延长期的边缘。一年后的2001年9月11日，在奥萨马·本·拉登的狂热圣战分子突然对世界贸易中心和五角大楼发动了自杀式袭击后，这一点变得清晰起来。这些恐怖主义行动是他们对早期美国军事干预的报复。例如，乔治·H·W·布什总统针对伊拉克入侵邻国科威特发动了对伊拉克的战争（1990—1991年）。他派遣了成千上万的美国军队进入沙特阿拉伯，表面上是为了保卫这个王国免受可能发生的伊拉克袭击，但多年来一直将部队留在了那里。在老布什发动了对伊拉克的单边空战、呼吁友好政府停止从伊拉克进口石油并对其进行经济制裁后不久，自民党首相海部俊树就因为日本的石油需求响应了美国的号召，为战争提供了大量资金。几年后，自民党首相小泉纯一郎向巴格达提供了另一项石油援助贷款，并在美国的要求下，向伊拉克派遣了为期两年的人数不多的地面自卫部队。在美国的压力下，日本正在将自身卷入到中东冲突之中，从而损害了日本的和平宪法。

第一次短暂而具有破坏性的伊拉克战争导致了美英数十年来的恐怖性轰炸，摧毁了伊拉克的平民社会。2003年开始的第二次伊拉克战争从未真正结束。经过多年反对美国非法占领的民主抗议，伊拉克人民迫使美国签署了“驻军协定”（SOFA），规定美国到2011年12月撤出大部分作战部队和民用承包商——随后这一限期被美国推迟到2012年12月。但奥巴马仍然在那里重新安插了少量部队，打击叛乱并支持伊拉克政府；日本继续向巴格达提供援助贷款以换取石油。

在对俄罗斯实施新的制裁问题上，资本家和军方精英之间存在着分歧，尽管他们双方是相互交融的。[①]丑闻缠身的中央情报局首脑和五角大楼的不同部门更倾向与华尔街相反的方向。和自身优先考虑的事务相比，他们会将市场和外交考量置于次要地位。这意味着他们主要服务于自己狭隘团体的利益，但是对于用军事基地来对

---

① Richard McGregor, “US business groups attack Russia sanctions”, Financial Times, June 26, 2014, www.ft.com/intl/cms/s/0/e76ed66a-fcbd-11e3-81f5-00144feab7de.html#axzz43Fn8az2m; C. Wright Mills, The Power Elite (Oxford Univ. Press, 1956, 2000), see the “Afterword” by Alan Wolfe, pp. 371-32.

抗和包围中国、或者将传统的敌人俄罗斯定义为“存在性威胁”，以及用远近的军事基地包围它等行为并不感到忧虑。[①]在总统的同意下，高级军官也可以利用他们自己的行贿基金开展“海外应急行动”，以对抗世界各地潜在的敌人。[②]五角大楼高层的问题在于如何为巨额的、对社会不负责任的军事预算进行辩护——6000亿美元的公共预算和100亿美元的秘密预算——这对美国人民造成了伤害，并会使世界其他地区的优先事务变得扭曲。[③]

对五角大楼而言，同样有效的是总统对来自孤立朝鲜的核“威胁”的刻意渲染。朝鲜采取的核政策是对华盛顿长期政权更迭政策的一种防御性反应。美国的战略是增加经济制裁，同时拒绝考虑第二条外交路线。中国和俄罗斯则支持通过协商，以和平条约取代目前的半岛停战协议。因此，和中亚形势一样，在朝鲜半岛，美国作为超级大国的选择是很有限的。

与此同时，日本追随美国采取了干预主义路线。然而，它与中国的关系并没有像中国在美国那样引发严重的国内冲突。日本的武器制造商很少。作为武器出口游戏的后来者，他们并不总能成功地获得大额的外国军事合同，就像澳大利亚政府给法国一家公司500亿美元的大单，以建造一支核动力潜艇舰队那样。[④]最重要的是，日本的军火商利用危机局势获取利益的能力有限，因为他们必须应对宪法第九条和日本民众持续的关注意识。

我们来谈第三个问题，日本战争遗留问题在该国政治中所起作用越来越大。就像有些人为了满足自己的需要而歪曲历史一样，有些政要试图恢复历史记忆。2000年12月，妇女国际战争罪行法庭在东京举行会议，审议日本帝国部队对妇女和少女的性暴力行为。法庭的目标是为亚洲和太平洋国家的“慰安妇”伸张正义，并要求日本政府承担责任。七年后，对“慰安妇”问题的历史认识不断深化，问题讨论蔓延到美国。2007年7月，众议院投票通过一项决议，呼吁日本政府对帝国军队在占领亚洲、

---

① J. J. Green, “Pentagon: Russia Poses ‘Existential Threat’ to the US Once Again”, Washington's Top News, Aug. 21, 2015, http://wtop.com/national-security/2015/08/pentagon-russia-poses-existential-threat-us/.

② Jason Ditz, “Officials Emphasize Wars on Records Budget Proposal: Pentagon Seeks Money for Multiple Africa Wars in 2017”, Anti.War.com, Feb. 9, 2016, http://news.antiwar.com/2016/02/09/officials-emphasize-wars-on-record-budget-proposal/.

③ Lora Lumpe and Jeremy Ravinsky, “The Pentagon's Secret Foreign Aid Budget”, Politico, March 8, 2016, http://www.politico.com/agenda/story/2016/03/the-pentagons-foreign-aid-budget-needs-oversight-000060.

④ Malcolm Sutton, “Winning submarine bidder must meet Australia's ‘range and endurance’ requirements”, April 25, 2016, abc.net.au.

太平洋群岛，以及其他地区时实施的性奴役“承担历史责任”。[①]在“历史责任”问题上，美国政府对日本的谴责表现得很虚伪，但更为重要的是，日本内部因历史问题产生的分歧和冲突已广为传播。妇女和少女遭受性奴役，被日军伤害的记忆被唤起，不再受到压制。在日本以外的许多国家，纪念她们的运动得到了广泛的支持。既然在美国的逼迫下日本和韩国终于达成了妥协，那么这个问题终将走向平息。[②]

对战争的历史记忆有多种形式，而恢复战争记忆的过程似乎因意外事件而起。正如我所提到的，对宪法第九条的重新解释标志着日本统治精英们对右翼历史修正主义的承诺以及回归军国主义的倾向。尽管这次是平民政客完全操控了局势，而自卫队（SDF）则是协助美军行动。尽管保守政治一次次出现倒退，但绝大多数民众都支持“和平宪法”，认为它确保日本不会轻易被诱导去支持美国的战争，从而成为一个国家安全体制。[③]作为世界上唯一正式接受和平主义原则的国家，宪法第九条也赋予了日本国际影响力。

认为日本是突然转向右翼历史修正主义的认识是错误的。事实上，这是合法的新自由主义结构改革的一部分。例如，2001年4月，受到广泛支持的自民党领袖小泉纯一郎被提升为总理，结束了保守党阵营长达十年的政治动荡。在小党派的帮助下，小泉推动了邮政事业和四所一流大学的私有化。在任职早期，他首次参拜了靖国神社。这家神社曾“将宗教能量输送进战争”，供奉着包括战犯在内的日本战死者的灵位。在之后的六年间，他多次参拜靖国神社。伴随小泉首次公开参拜的是来自中国和韩国政府愤怒的抗议声。虽然他的参拜引起了媒体的广泛关注，但事实很快证明只不过是一场闹剧。

更为重要的是新自由主义的私有化政策，特别是小泉和自民党领导人所希望的军备措施。这些政策标志着日本在美国的战争和破坏性干预中的道德共谋程度的提高。9・11事件后，乔治・W.布什总统成为“危害和平罪”的实施者，这一概念早已隐含在《白里安—凯洛格公约》中，并基于纽伦堡原则，在后来的法律指导方针中对

---

① https://www.congress.gov/bill/110th-congress/house-resolution/121. See Yoshida Yutaka, “Semegiau rekishi no ninshiki” [Clashes Over Historical Understanding] in Narita Ryuichi, Yoshida Yutaka, hen., Kioku to ninshiki no naka Ajia-Taiheiyo senso (Tokyo: Iwanami Shoten, 2015), p. 46.

② “Japan, South Korea reach ‘final’ deal to settle ‘comfort women’ issue”, The Japan Times, Dec. 2015, http://www.japantimes.co.jp/news/2015/12/28/national/politics-diplomacy/south-korea-japan-reach-deal-to-settle-comfort-women-issue/#.VyXi7mNqfeI.

③ The turns are treated in Watanabe Osamu, Abe seikenron: shinjiyushugi kara shinhoshushugi e [On the Abe Government: From Neoliberalism to Neoconservatism] (Tokyo: Junposha, 2007).

战争罪的构成做出了明确的规定。[①]布什的战争和占领，加上他以打击恐怖分子为名的残酷制裁，在阿拉伯世界的广大地区散播了死亡和破坏。小泉无视这些事实，承诺日本支持布什及其政策，不过他也小心翼翼地避免在布什发起的这场灾难性战争中进行实质性的军事参与。小泉似乎认为日本宪法中的和平主义原则仅仅是一个障碍，他可以迂回避开。2006年9月小泉的任期结束，在他下台的前三天，小泉授权实施在华盛顿起草的、为日本—美国防御战略制定的新“准则”，以对抗来自中国和朝鲜的威胁。随之而来的两个变化：一个是加速了日本在现代世界中已经发生的地位改变，另一个是扩大了保守派政治家与大多数日本人在国家概念上的认识差距。

小泉的继任者、现任总理安倍晋三，是美国数十年来施压日本修宪的产物。安倍被任命为极右翼的日本会议联盟特别顾问，该联盟成立于1997年，小泉也隶属于该联盟。秉承该组织对民族主义和历史修正主义的支持，日本会议拒绝了官方承认的战争罪行，并寻求就宪法修订举行全民公投。安倍的想法与日本会议相似。2006年当他上任时，他得到了日本会议和各类商团以及神道政治联盟的大力支持，后者主张回归1945年之前的“国家神道”。大城市中怀有仇外心理的市民也对安倍给予了支持。执政的一年中，安倍延续了自民党对市场自由化和公共服务私有化的新自由主义经济政策的追求。他许下了诺言，但在离任时却未能实现，那就是让日本有朝一日成为一个积极主动的军事强国。[②]

但是，2012年9月，正当日本人民试图从核灾难中恢复过来并重建东北海岸之际，国会第二次选择了安倍晋三。他承诺进行经济改革，结束几十年来经济停滞不前的局面。尽管安倍人气日衰，自民党还是对他不离不弃：安倍的政策包括优先发展核工业，这使那些遭受了2011年3月大地震、海啸和东京电力公司（TEPCO's）福岛核电事故创伤的选民疏远了他。灾难发生五年后，核反应堆仍继续向周边及太平洋排放放射性污水。东京电力公司故意隐瞒损害程度、欺骗公众的事实已是人尽皆知。为了防止重新启动闲置的核设施，针对安倍政府的公众示威和诉讼一直在继续。

从民主的角度来看，安倍又一次的错误判断，是支持了奥巴马兜售的那个由美国提议、遮遮掩掩的《跨太平洋伙伴关系协定》（TPP）。这一极其贪婪、反民主的计划将强行打开12个亚太国家经济的大门，美国国会及媒体亦被拒之门外。TPP是21世纪美国统治精英强迫他国接受其对世界未来愿景的一个案例。他们预示的未来将

---

① Jonathan A. Bush, “The Supreme...Crime” And Its Origins: The Lost Legislative History of The Crime of Aggressive War, Columbia Law Review 102, 2324 (Dec. 2002): 13; Nuremberg principles, Wikipedia. https://en.wikipedia.org/wiki/Nuremberg_principles. Murtaza Hussain, “No More Excuses: For Not Prosecuting Government Officials for Torture”, The intercept, Dec. 1, 2015, https://theintercept.com/2015/12/01/no-more-excuses-for-not-prosecuting-government-officials-for-torture/.

② Watanabe, Abe seikenron, pp. 203-20.

牺牲普通民众的利益，美国和日本的大公司将是受益者。对于加入该计划的亚太国家政府来说，TPP似乎开辟了通向财富的新道路。而对于这些国家大多数民众来说，这可能会导致工资降低、失业率上升，削弱劳工和环境标准。根据新自由主义意识形态的设计，协议的知识产权特征扩大了对版权和专利的保护，从而“使受保护的物品价格提高方式与进口关税提高价格相同”。这些特征还捍卫了在“规范生产和零售救生药物时的人为垄断法，保护了发明创造”。成员国的公共卫生系统肯定会受到不利影响。此外，TPP所声称的利益不仅会损害日本和美国工人，也会损害所有成员国的工人和农民。既然大多数贸易壁垒已被取消，那么TPP能否显著促进贸易就值得怀疑了。[①]它将要做的是建立新的剥削模式，以保证大公司获得巨大优势，损害中小企业的利益。他们甚至以“投资者—国家审理委员会”的形式向TPP中塞入一颗炸药，当任何一家公司或私人投资者挑战主权政府保护公众健康和环境的决策时，他们就立即采取行动并推翻国内法院的裁决。[②]其他的TPP条款“可能会剥夺（科技行业）工人转换工作的权力”。[③]

对美国外交政策持批评态度的人士对TPP也颇为敏感，因为它是一个有意排除中国的地缘政治组织，是奥巴马亚洲政策的关键。对于像安倍这样极右翼的修正主义者来说，军事化的意义在于成为美帝国主义的好盟友，更有效地支持全球经济一体化。这意味着消除宪法对使用武力的限制，也暗示了其重塑日本政治发展以迎合五角大楼和美国政府的社团主义优先原则的意愿。在安倍看来，恢复日本的“健康”，需要军事化、修订宪法和强化民族主义。这也导致了日本试图粉饰其严酷的帝国殖民历史。

出于对中国崛起的担心，加上希望刺激经济增长并获得东南亚和印度战略盟友的支持，安倍内阁解除了对军需品出口的禁令，并通过了新安全法案，允许日本加入美国战争。2015年，它批准了日本国防预算再小幅增长420亿美元（以美元计）。[④]这个数字仅为美国（被严重低估的）预算6010亿美元的7%，后者为世界上最大的国防预算，如果包括核武器的支出，这个数字会更大。不过需要提出的一个问题是：日本的国防开支是否在浪费纳税人的钱？这些钱本该用来满足日本人民更

① Dean Baker, “The Trans-Pacific Partnership, International Trade and Arithmetic Problems at The Washington Post”, Beat the Press, Sept. 21, 2015, http://www.cepr.net/blogs/beat-the-press/the-trans-pacific-partnership-international-trade-and-arithmetic-problems-at-the-washington-post.

② Dean Baker, Huffington Post, May 9, 2016, Op. Cit.

③ Friends of the Earth, “TransCanada Suit Illustrates Problem with TPP, Trade Deals”, Jan. 6, 2016, http://www.foe.org/news/archives/2016-01-statement-transcanada-suit-ilustrates-problem-with-t [URL is cut off?].

④ Ankit Panda, “Japan Approves Largest-Ever Defense Budget”, The Diplomat, Jan. 14, 2015.

为迫切的生活需求。

当苏联总统米哈伊尔·戈尔巴乔夫最终结束（1989—1991年）冷战时，日本的政治和商业阶层错过了重新调整与美国关系的机会。他们没有鼓励社会对日本现代历史和外交政策展开讨论，而是与美国建立了比以往任何时候都更加紧密的关系。其实，更合理的做法应该是实施一项扩大日本战略框架的政策。一项全方位的政策既为日本的公共利益服务，同时也兼顾到建立在强大的军事和金融基础之上的美国亚洲帝国固有的无常性。冷战结束时，这种力量在思想上已被否定。接下来的20年里，随着人们对美国在世界上的行为有了更多的了解，经验上的挑战将会越来越大。只要机会成熟，日本领导人就应该加强与资源丰富、拥有核武器的中国和俄罗斯的合作，提升外交关系。但期望一个像日本这样人口疲软且长期习惯于听命华盛顿的国家，能够突破其卫星轨道、公开抵制美国的压力，这也许是不现实的。当支付保护费更便宜的时候，为什么要破坏现状并危害友好关系呢？

导致当今亚洲冲突的原因多有不同，但都与美国军事力量一直以来在塑造和扭曲战后亚洲事务中所起作用有关。有些冲突因领土和海洋边界的分歧而起。另一些冲突的根源则在于与俄罗斯之间的千岛群岛（“北方领土”）问题，这是第二次世界大战遗留未决的问题；俄罗斯联邦非法吞并克里米亚半岛违反了国际法，尽管弗拉基米尔·普京总统辩称这是“和平”行动；还有美国保持朝鲜分裂现状的政策，拒绝结束半岛上的战争状态使其保持分裂，并持续不断地威胁平壤政权。近几十年来，美国只支持那些对北方采取强硬立场的首尔政权。历史上看，只有对朝鲜采取强硬立场的韩国政府才能获得美国的大力支持。

安倍对国家安全的关注、他依靠“内阁决议”绕过国会以及他对重整军备的强调引发了日本各年龄段公民的担忧。律师和许多大学学者也积极参与到了反对自民党政策的斗争当中。带着孩子的母亲和难民由于可能受到辐射和对政府的不信任而被迫搬离家园，其中一些人甚至公开反对自民党的政策。反核活动家继续开展工作，使公众了解核武器和核反应堆产生的放射性废物的双重危险。

对安倍政策的强烈反弹，还导致了学生捍卫自由民主紧急行动（SEALDs）组织的产生。这个青年团体反对主流政治，左翼激进主义卓有成效地组织了反对宪法修订和集体自卫权的示威活动，他们认为这是自民党试图使武装行为合法化的一步，这个认识是正确的。SEALDs的活动家也反对安倍对冲绳民主运动的镇压。[①]他们的示威活动也提醒人们注意安倍政府对整个福利和教育系统的重组。但是此刻，无论是SEALDs还是任何其他青年团体是否真的将和平意识提升到更高层次，似乎令人怀

① “Protestors Stage Massive Rally in Tokyo to Oppose U. S. Base Relocation in Okinawa”, Asahi shimbun, Nov. 29, 2015, http://ajw.asahi.com/article/behind_news/social_affairs/AJ20151130005.

疑。青年的抗议是对安倍内阁对大部分国立大学进行部分重组的抵制，就是我在上文中简要提到的改革。总而言之，基层民众一直都在反对悄然推进的军事化和它对思想自由构成的威胁，尤其在私立大学，学生发起运动倡导社会和政治变革也是如此。但这种激进主义并不能与1960年被推翻的安倍的祖父、同时也是他的榜样——前总理岸信介的激进学生行动主义相提并论。

今天，安倍面临着来自真正民主的、基层运动的政治挑战，他被要求停止在冲绳县的新军事基地建设。那里的居民被迫承受着驻日美军基地高达74%的负担，这个比列非常高。安倍决心镇压冲绳居民对建造新美国海军基地的抵抗，新基地选址在冲绳岛北部海岸边野古湾。[①]根据2015年底冲绳居民的电话调查，近80%的冲绳人支持县知事翁长雄志取消边野古项目的努力。一些习惯于根据文化和历史差异歧视冲绳人的本土日本人则支持安倍政府对冲绳人的不公正对待。安倍还会用多长时间，继续投入多少资源，来压制这场和平的不合作运动？在这个过程中，他还要讲多少谎言，以及将要花费的财力人力成本是多少？这些都是我们无法预见的。但清楚可见的是，安倍对《日美安全条约》和最近修订的由美国起草的“指导方针”的强调。安倍对“指导方针”“安全条约”和“殖民地式的军队地位协定”的严格遵守都将使日本退回到另一个核大国的对峙时代。他的保护者，总统巴拉克·奥巴马，致力于维护美国的全球霸权，并通过美国的海外军事基地维持世界大部分地区的治安。当安倍在自己的问题上步履维艰时，奥巴马推进了他的亚洲核心计划，其中包括将TPP国家与美国更紧密地联结起来，以便以各种可能的方式遏制中国。[②]据广泛报道，当“枢纽”完成后，大约60%的美国海军资源可能被部署在亚太地区。

要了解日本战后的历史，需要与美国扩张主义决策者在外交事务中不断让军队扮演重要角色这一点联系起来思考，并且这支军队全部是志愿的、且无需对国会负责。过去的美国政策导致了韩国和印度支那的总统战争和军事干预，以及加勒比、拉丁美洲和大中东地区的政变。

很显然，美国的战争、政变和对其他国家国际事务的不断干涉刺激了第二次世界大战期间美国“军事—工业—国会”综合体的发展。这个利益网络的直接经济受益者不仅是大型的、牟取暴利的公司，如诺格集团、洛克希德马丁公司、通用动力公司、雷神公司和波音公司，还有硅谷的私营公司。今天，我们从军工国会监督综合体获得的好处是全方位的。这个复杂的体系已经开始服务于外国统治精英的需

---

① Tim Shorrock, “A Broad Coalition of Okinawan Says No to a New US Marine Corps Base”, The Nation, Nov. 23, 2015, http://www.thenation.com/article/a-broad-coalition-of-okinawans-says-no-to-a-new-us-marine-corps-ba [URL is cut off?].

② David Pilling, “The ‘Anyone but China’ Club Needs a Gatecrasher”, Financial Times, Oct. 7, 2015, http://www.ft.com/intl/cms/s/0/62613e6a-6b5a-11e5-aca9-d87542bf8673.html#axzz3ntvJ095.

求，半个多世纪以来，日本从美国的战争中获利，并且在此过程中，他们很懂得如何利用美国的武力。

曾经，军国主义和帝国主义的驱动，以及不断重复的民族独特性和神权神话，在引诱日本人民参战方面起了重要作用。当我们想到那时的日本与现在的美国在时间上的脱节时，我们需要清楚二者有许多明显的差异，但也不能忽视那些令人清醒的相似之处。毕竟，与独特的大和种族神话相对应的是道德上的“美国例外论”。但是为了在战术上支持美国破坏民主运动和在全世界传播恐怖主义的政策，日本的自卫队是如何受训参加战斗的？

如果我们想理解日本和美国之间的关系，明智的做法是溯源到美国对日占领时期，当时的日本是美国的附庸，然后再跳到20世纪90年代的后冷战时期。到那时，双边关系已经发生了变化，在经济上已经发展演变得极为复杂，不能简单地描述为从属关系。冷战后的第一个十年，总统比尔·克林顿、他的政策制定者以及一些高级陆军将领和海军上将开始相信，他们可以随心所欲地单方面使用武力，而这违反了联邦宪法对总统发动战争权的严格限制。到1999年，当克林顿政府找到机会轰炸科索沃和塞尔维亚时，他们对于《国际人道主义法》和《联合国宪章》的漠视态度得到了充分展现。克林顿在为其军事行动辩护时援引“人道主义关切”（R2P）表现出的不诚实也是这种漠视态度的一种展示。美国在巴尔干地区的外交政策，特别是克林顿的科索沃先例，预示了布什—奥巴马在21世纪的军事行动，以及2008年8月在高加索地区的俄罗斯—格鲁吉亚战争。

转过来看安倍和自民党，他们一直没有松懈法律和教育政策方面的基础工作，目的在于使日本有条件卷入美国长期以来都未能取得成功的不义战争，这些战争多具有区域性、隐秘性特征。即使站在美国一边，也不应该意味着追随华盛顿的亲战外交政策，也不应该意味着在国外建军事基地，声称它们保护了日本或推进了人道主义目标。可是，日本如今却在非洲之角的小吉布提拥有自卫队基地，并在饱受战争蹂躏、石油资源丰富的南苏丹驻扎了一个旅的自卫队。在中东，安倍希望与他的盟友公明党协商，突破法律细则的羁绊，允许日本扫雷艇在狭窄的、具有战略意义的霍尔木兹海峡采取积极的行动。在东亚也同样，安倍援引集体防御的观点来为支持反中国的专制政权辩护。应奥巴马的要求，在其包围中国政策的背景下，菲律宾总统阿基诺三世签署了一项协议，把美国军队重新领回了他的国家。阿基诺还在探寻类似的安排，同样允许另一个前殖民者日本在菲律宾驻扎军事设备和武装人员。[①]

为什么日本的公共或民间社会不能让国家领导人改变方向？日本相对于美国的

① Aljazeera America, July 7, 2015, http://america.aljazeera.com/articles/2015/7/7/the-philippines-takes-china-to-court-over-the-south-china-sea.html.

经济疲软是一个因素。安倍政府努力培养利己的民族主义是另一个因素。不能忽视几百年来人们对于过去的遗忘和对最具军事和经济实力的强国的崇拜。还应该指出的是，民主改革的缓慢倒退，以及安倍和自民党一直在实施的对学术和新闻自由的侵蚀。也许这些政治家对美国怀有一种蒙恩意识，因为美国当年的非报复性占领拯救了君主制。不管是什么原因，没有一位日本政客挺身而出，依照和平宪法去领导一场争取更加独立的外交政策的运动。

如何对待日本战争历史的问题仍没解决。对美国和日本政治领导人过去犯下的不义行为，人们很少有机会公开表达他们的怨恨和不满。例如，没有一位在职的美国总统曾为广岛和长崎的核毁灭道过歉。这些种族灭绝行为树立了滥杀无辜的新标准。更为重要的是，此后他们将地球上的所有生命都置于核毁灭的威胁之下。现在，在奥巴马担任总统的最后几个月里，他参观了美丽的伊势志摩，这是神道教的“首都”。东道主安倍为七国集团峰会选择了这个地方做会址。有趣的是，这里离以前由国家资助的伊势大神社也不远。裕仁曾在那里向他的祖先作汇报，或派代理人代替他参拜。世界各国领导人可能无意中强化了安倍为神道民族主义争取合法性的意图。

奥巴马成为第一位访问广岛的在任美国总统。白宫新闻秘书将他即将到来的广岛之行描述为一件大事：这将减轻核威胁，并象征着奥巴马对无核世界的承诺。鉴于这位诺贝尔和平奖获得者暧昧的政治遗产中更多地倾向于战争而不是和平，他对无核世界的承诺只会显得见利忘义和虚假不实。奥巴马启动了一项为期30年、耗资一万亿美元的项目，旨在对美国的核武器库进行升级和部分小型化。这实际上很有可能会导致更多而不是更少地使用核武器。他与原子弹幸存者直接会面，效果与前景如何尚无法确定，这些幸存者都是杜鲁门犯下的屠杀平民战争罪行的受害者。但无论他是否能与他们会面，我预想大多数日本民众都会感谢他的到访，就像我预想战争和不公正的问题会一直困扰日本和美国之间的关系一样。

战后日本的和平主义政治文化已经落地生根，不可能被自民党顺势铲除。自20世纪50年代以来，公众渴望一个非军事化的公民国家。但日本的统治精英们并没有努力去实现多数民众的意志，保护和平主义理想和宪法赋予人民的权利和利益，而是秘密地制定政策，使自己的国家在军事上与奉行全球干涉主义的美国更紧密地联结在一起。美国是一个把战争、暗杀和恐吓当作推行国家政策的主要工具的国家。这种多数票通过的做法可以追溯到1952年的驻军协定或《日美行政协定》，以及1960年岸信介非法强压国会通过的《日美安全条约》。从那时起，日本领导人就一直可以躲避议会对于日美日益加深的军事联系的彻底审查。不幸的是，这些关联所导致产生的政策正在逐步破坏日本的民主。

考虑到当下多重危机的现状，安倍军事化的努力正在加大许多日本民众与政府间的分歧。日本不仅面临着全球政治、经济和生态的问题，而且还必须应对远距离战争对经济的影响，更不用说还有未来几年经济的萎缩。偏远的乌克兰，尽管日本在此没有明显的重大利益，但冲突带来了与俄罗斯关系复杂化的后果。正是因为日本太过坚持美国的反俄政策，主要是通过反俄的北约组织来实施，而美国又是北约的主要成员国，所以莫斯科不愿意与日本建立更密切的互利经济关系，更不用说在安倍寻求解决的北方领土问题上做出妥协了。与此同时，美日企业资本家的TPP和其他有抱负的项目也迫在眉睫。一种新的政治无责任制度正在日本形成。在即将到来的上议院夏季选举中，自民党的胜利将会引发一场斗争。在这场斗争中，安倍可以再次推动改写宪法，废除第九条，并进一步减少对国家权力的正式限制。

赫伯特·P.比克斯

2016年

译后记

现在美国纽约州立大学任教的日本史学家赫伯特·比克斯（Herbert P.Bix）从1991起，用十年时间完成了《真相：裕仁天皇与现代日本的形成》一书。该书在美国出版后引起强烈反响，并摘取了2001年普利策新闻奖中传记奖的桂冠。评选委员会评价这本书“改写了对裕仁的传统评价，揭示了历史的真面目，对日本有历史的警示作用”。此书在欧洲、日本、中国也同样引起舆论的极大关注，众多媒体对书的出版暨获奖都有报道与评论。

日本昭和天皇裕仁1926年即位，1989年逝世，在位63年。由于日本皇室和政府的严密封锁，有关他的一生世人了解甚少，尤其是他与那场以他的名义发动的侵略战争的关系则知之更少。裕仁逝世后，世界对他的关注程度不仅没有减弱，反而空前高涨。关注的焦点集中在裕仁与日本发动的侵略战争的关系上。随着昭和时代的结束，裕仁身边的一些工作人员的日记和回忆录逐渐公之于世。另外，美国国家档案馆也公开了许多有关太平洋战争和对日占领期间以及裕仁个人的机密资料。终于，躲在铁幕后面长达半个多世纪的裕仁被拉到了台前。

在书中，作者以其独特的视角记述了裕仁的一生，并着重描绘了他在那场侵略战争中所扮演的角色。

首先，裕仁不但不是傀儡，而且还是大权在握的实力人物。战后日美两国基于各自需要，共同为裕仁刻意塑造了一个和平君主的形象——热衷海洋生物研究，不介入政治，没有实权。而作者的结论是，在战前“长达20多年的时间里，裕仁独立于政府和官僚政治，在一个彼此制约的复杂体制中，行使了实权和权威。他熟知战争和外交情势，具有渊博的政治和军事知识；他参与了制定国家政策，并向陆海军将领们发布大本营命令；他在制定日本战争战略方面发挥了积极的作用，并指挥了对中国的所有军事行动。1941年，裕仁和他的宫廷近臣们与陆海军中反美英的强硬派联手，从而使亚洲—太平洋战争成为现实”。

因此，作者明确指出，裕仁对那场侵略战争负有责任，并且对日本侵华战争以及日军暴行负有直接责任。“本书关心的一个重点是裕仁的战争责任问题。对于那场以他的名义发动、他作为国家元首和最高指挥官积极指挥的战争，他从未公开承认自己负有道义上、政治上和法律上的责任。他不认为他应该对日本在海外的所作所为承担责任。那场持续13年又11个月的侵略战争夺走了那么多的生命，而他却从未对此认过罪。”“无论是1931年日本侵占中国东北，还是1937年日本对中国发动全面侵略战争，抑或日军在中国犯下的暴行——南京大屠杀、三光政策、虐杀俘虏、屠杀平民、开发使用化学武器等，裕仁不仅未采取任何阻止行动，反而嘉奖了犯罪者。”

尽管裕仁在侵略战争中起了如此决定性的作用，可是他最终逃脱了审判，没有受到任何追究。对此，作者认为除了日本政府和裕仁本人负有责任外，美国更应该负主要责任。美国出于占领需要，欺骗本国及世界舆论，极力掩盖了裕仁的战争责任。日本之所以几十年来迟迟解决不了其战争责任，以及一系列战后遗留问题，主要原因之一就在于美国保留下来的天皇以及天皇制的存在。“许多日本人在参加战争时都与天皇有着共犯的关系，全体国民都认为，既然天皇对战争不负有责任，他们也不应该承担什么责任。”

在迄今为止有关昭和天皇战争责任问题的论述中，像本书作者如此观点鲜明、角度多样的阐述还是首次。按照日本社会的舆论现状，对于如此评论昭和天皇的书，右翼文人和保守媒体往往不会坐视，然而这次似乎有些例外。对此，有日本学者分析说，主要原因是因为此书作为实证史学著作，作者的观点和结论多基于第一手资料，叙述客观，无懈可击。用事实说话，用史料说话正是此书的最大特色。全书50万字，其中12万字是对引用资料的注释和说明，可见作者治学之严谨。

比克斯教授在日本一桥大学研究生院任教时，我有幸作为他的学生接受他的指导。当我们向他表示想把《真相：裕仁天皇与现代日本的形成》一书介绍给中国读者时，他说：“中国是日本侵略战争的最大受害者，我希望中国读者能够读到这本书。”比克斯教授所言，也正是我们翻译此书的初衷。除此之外，我们还有一个愿望，那就是为国内的日本史学者介绍一部有学术价值的参考书。

在翻译过程中，为了尽可能准确地传达作者的意思和史料的原貌，我们对作者的表述基本上采取了直译的方法。而对书中引用的大量日文资料，则采取了直接从日文翻译的方式。这样做避免了从日文到英文，再从英文到中文的转译对原文造成的偏离。另外，对书中所涉及的日文史料、史实，也都进行了核实。在参照原始资料和本书日文版的基础上，并征得作者同意，对原著中与事实有出入的地方做了订正。

在本书的翻译过程中，我们得到了多方面的协助与支持，他们对于此书的翻译出版至关重要。首先，要感谢决定出版此书的新华出版社。还要感谢我的导师、日本一桥大学研究生院吉田裕教授。他负责审译了此书的日文版。在他的理解和协助下，查找日文原始资料以及史实核对的工作得以顺利进行。在有关日本皇室资料的翻译上，我们得到了友人榎本夫妇的无私帮助，尤其是榎本夫人高深的日本语和日本史造诣，帮助我们解决了许多古典日文和有关皇室资料的读解问题。还有东海大学名誉教授河上民雄先生，每当我们向他请教日本军事史问题时，总是能够得到完美的回答。在此，我们向他们表达深深的谢意。

第二次世界大战是迄今为止人类历史上最惨烈的战争，虽然那场战争已经过去半个多世纪，但战争并没有远离人类。在战争与和平仍然是世界各国人民共同课题的今天，分析战争的产生以及战争责任之所在，对防止新的战争有重要意义。我们向正在从事这项工作的比克斯教授表达我们最高的敬意。

王丽萍

2004年5月于东京